Horndasch • Verbundverfahren Scheidung

Verbundverfahren Scheidung

Scheidungsfolgenrecht in der anwaltlichen Praxis

von

Dr. K.-Peter Horndasch
Rechtsanwalt und Notar, Fachanwalt für Familienrecht, Weyhe

ISBN: 978-3-89655-366-9

© ZAP Verlag
LexisNexis Deutschland GmbH, Münster 2008
Ein Unternehmen der Reed Elsevier Gruppe

Alle Rechte sind vorbehalten.

Dieses Werk und alle in ihm enthaltenen Beiträge und Abbildungen sind urheberrechtlich geschützt. Mit Ausnahme der gesetzlich zugelassenen Fälle ist eine Verwertung ohne Einwilligung des Verlages unzulässig.

Druck: Bercker, Kevelaer

Vorwort

> Ehen werden im Himmel geschlossen,
> aber dass sie gut geraten, darauf wird
> dort nicht gesehen.
> *M. v. Ebner-Eschenbach, Aphorismen*

Wie wahr ist es doch, was die Schriftstellerin Marie von Ebner-Eschenbach mit versöhnlichem Humor beschreibt, scheitern doch heute mehr als ein Drittel aller Ehen.

Wer heiratet, kann sich an diesem Tage nichts anderes vorstellen, als dass seine Liebe immer und ewig währen wird, frei nach dem Dichterspruch: „Auf die höchste Liebe traue, / Die sich nimmer wandeln kann!"[*]

Wandelt sich die Liebe dann aber, aus welchen Gründen auch immer, – in mehr als jedem dritten Fall – doch in Gleichgültigkeit, Abwendung, Abneigung, sogar Hass, werden Auseinandersetzungen geführt, die juristischer Mithilfe, also der Beauftragung einer Rechtsanwältin/eines Rechtsanwalts, bedürfen.

So sitzt eine der Parteien schließlich, vielleicht schockiert vom plötzlichen Zerbrechen eines Lebensplanes, vielleicht nach jahrelangen, zermürbenden Auseinandersetzungen erleichtert, vor dem anwaltlichen Schreibtisch, beschreibt seine Sorgen und Nöte und erwartet Hilfe, Antworten auf alle Fragen von Trennung, Scheidung und ihren Folgesachen. Nicht selten sind wir Anwälte von den Fragen überfordert, vor allem dann, wenn wir uns nicht täglich und ausschließlich mit Scheidungsrecht beschäftigen. Der BGH hatte uns aber schon 1968[**] – und später immer wieder[***] – erklärt, welche Anforderungen er an uns stellt:

> „Nach fester Rechtsprechung ist der Rechtsanwalt, soweit sein Auftraggeber nicht unzweideutig zu erkennen gibt, dass er des Rates nur in einer bestimmten Richtung bedarf, zur allgemeinen, umfassenden und möglichst erschöpfenden Belehrung des Auftraggebers verpflichtet. Es ist Sache des Anwalts, dem Mandanten diejenigen Schritte anzuraten, die zu dem erstrebten Ziel zu führen geeignet sind. Er hat Nachteile für den Auftraggeber zu verhindern, soweit solche voraussehbar und vermeidbar sind. Unkundige muss er über die Folgen ihrer Erklärungen belehren und vor Irrtümern bewahren. Der Anwalt muss den Mandanten auch – anders als der Notar – über mögliche wirtschaftliche Gefahren des beabsichtigten Geschäfts belehren."

Solchen ganz erheblichen Anforderungen zu genügen und unseren Mandanten die erwartete Hilfe gewähren zu können, den Kolleginnen und Kollegen eine für die tägliche

---

[*] E. M. Arndt, Gedichte: An des kleinen Fr. Brandis Mutter.
[**] Urteil des BGH v. 18.06.1968, DNotZ 1970, 48.
[***] BGH, NJW 1992, 1159; BGH, NJW 1994, 1211; BGH, NJW 1995, 449.

Vorwort

Berufspraxis geeignete und umfassende Unterstützung zu geben, ist Anliegen dieses Buches. In jeder Phase des Scheidungsverfahrens sollen anwaltliche Fehler verhindert, Tipps zur möglichst erfolgreichen Vertretung der eigenen Partei gegeben und über alle Aspekte des Scheidungsfolgenrechts aufgeklärt werden.

Selbstverständlich ist das neue Unterhaltsrecht zum 01.01.2008 ebenso eingearbeitet, wie Hinweise auf zukünftige mögliche Veränderungen (z.b. im Zugewinnausgleich, im Familienverfahrensrecht und im Prozesskostenhilferecht) enthalten sind.

Ebenso selbstverständlich sind z.b. das Steuerrecht, das Gebührenrecht und das Verfahrensrecht notwendige Bestandteile der Beschreibung von Scheidungsfolgen.

So hoffe ich, dass Ihnen dieses Buch ein die Praxis begleitender, erfolgreicher Ratgeber sein kann, der Ihnen nicht nur täglich in allen Fragen des Scheidungsfolgenrechts helfen wird, sondern Ihnen den menschlich so sehr befriedigenden Bereich des Familienrechts noch näher bringt.

Weyhe, im März 2008   Dr. K.-Peter Horndasch

Inhaltsverzeichnis

	Seite
Vorwort	V
Inhaltsverzeichnis	VII
Literaturverzeichnis	XIX
Abkürzungsverzeichnis	XXI

	Rn.
A. Materielles Scheidungsrecht	1
I. Einleitung...	1
II. Auflösung der Ehe..	3
1. Aufhebung...	5
2. Scheidung	15
III. Materielle Scheidungsvoraussetzungen......................	16
1. Bestehen einer gültigen Ehe	17
2. Scheitern der Ehe.....................................	19
a) Nichtbestehen der ehelichen Lebensgemeinschaft	21
b) Wiederherstellung der Ehe nicht zu erwarten..............	28
c) Drei Ausnahmen vom „einzigen Scheidungsgrund".........	33
aa) Unzumutbare Härte für den antragstellenden Ehegatten ..	34
bb) Kindesinteresse...................................	51
cc) Härte für den anderen Ehegatten.....................	52
3. Einverständliche Scheidung.............................	58
a) Voraussetzungen	58
b) Regelung der Scheidungsfolgen: der Ehevertrag	63
aa) Regelung zu Beginn der Ehe........................	63
bb) Regelung bei Trennung und Scheidung	98
(1) Kindesunterhalt..............................	102
(2) Trennungsunterhalt...........................	104
(3) Nachehelicher Unterhalt.......................	110
(4) Zugewinn	118
(5) Versorgungsausgleich.........................	119
(6) Ehewohnung/Hausrat.........................	122
(7) Sorgerecht/Umgangsrecht......................	124
cc) Steuerliche Auswirkungen von Scheidungsvereinbarungen..	127
dd) Exkurs: Aufteilung von Steuererstattungen zwischen Eheleuten..	135
4. Streitige Scheidung	139

			Rn.
IV.	Verbundverfahren		140
	1. Zwangsverbund und gewillkürter Verbund		140
	2. Abtrennung von Folgesachen		147
	3. Ende des Verbunds		156

B. Elterliche Sorge und Umgangsrecht ... 165
 I. Elterliche Sorge ... 165
   1. Begründung und Inhalt ... 165
     a) Kerngehalt des Sorgerechts, § 1631 BGB ... 170
     b) Aufenthaltsbestimmungsrecht ... 184
     c) Aufsicht ... 204
   2. Elterliche Sorge nach Trennung ... 213
   3. Regelung im Verbundverfahren ... 215
     a) Einvernehmliche Alleinsorge ... 217
     b) Streit um Alleinsorge ... 221
       aa) Aufhebung der gemeinsamen elterlichen Sorge ... 224
       bb) Alleinsorge des Antragstellers ... 240
         (1) Förderungsprinzip ... 242
         (2) Bindungen des Kindes ... 245
         (3) Kontinuitätsgrundsatz ... 250
         (4) Kindeswille ... 255
       cc) Entscheidung des Gerichts ... 259
   4. Verfahrensfragen ... 272
 II. Umgangsrecht ... 282
   1. Rechtsnatur des Umgangsrechts ... 282
   2. Die Ausgestaltung des Umgangsrechts ... 289
   3. Beschränkungen des Umgangs ... 301
     a) Der begleitete Umgang ... 303
     b) Aussetzung und Ausschluss des Umgangs ... 310
   4. Verfahrensfragen ... 331
     a) Allgemeines Verfahren ... 331
     b) Vollstreckung ... 335
   5. Der Auskunftsanspruch, § 1686 BGB ... 341
     a) Allgemeines ... 341
     b) Regelungsgehalt ... 348
     c) Inhalt der Auskunft ... 352
       aa) Persönliche Verhältnisse ... 352
       bb) Vermögensverhältnisse ... 357
       cc) Häufigkeit der Auskunft ... 358
     d) Verfahren ... 360
   6. Exkurs: Umgangsrecht enger Bezugspersonen, § 1685 BGB ... 362

Inhaltsverzeichnis

	Rn.
C. Kindesunterhalt	372
I. Minderjähriges Kind gegen Eltern	374
1. Gleichwertigkeitsregel	379
a) Natural- und Barunterhaltsanspruch (Gleichwertigkeitsregel)	379
b) Teilung der Betreuung durch die Eltern (Wechselmodell)	403
c) Aufteilung der Kinder unter den Eltern (Geschwistertrennung)	414
2. Die Düsseldorfer Tabelle zum Kindesunterhalt	422
a) Unterhalt – Mehrbedarf – Sonderbedarf	422
b) Mindestunterhalt minderjähriger Kinder, § 1612a BGB	457
3. Besondere Vorschriften für nichteheliche Kinder	478
II. Exkurs: Minderjähriges Kind gegen Großeltern	486
D. Ehegattenunterhalt	494
I. Auskunftsanspruch im Unterhaltsrecht	497
1. Auskunftsanspruch	497
2. Auskunftserteilung	508
3. Vorlage von Belegen über das Einkommen	515
II. Gesetzesaufbau und Prüfungsschema	521
III. Grundlagen der Einkommensermittlung	530
1. Unterhaltsrechtliche Einkunftsarten	534
2. Berechnungszeitraum	541
3. Einkommensermittlung	542
a) Einkommen Nichtselbstständiger und Rentner	542
b) Einkommen Selbstständiger	556
4. Bereinigtes Nettoeinkommen	593
a) Einkommen- und Kirchensteuer	594
b) Vorsorgeaufwendungen	607
c) Berufsbedingte Aufwendungen	615
d) Konkreter Mehrbedarf wegen Krankheit oder Alter	628
e) Berücksichtigungsfähige Schulden	630
f) Kindesunterhalt	636
g) Vermögenswirksame Leistungen	638
5. Sonderfälle	639
a) Fiktives Einkommen	639
b) Unzumutbare Tätigkeit wegen Kindesbetreuung	662
aa) Altersabhängige Kindesbetreuung	663
bb) Betreuungskosten	707
(1) OLG Köln	716
(2) OLG Karlsruhe	718
(3) OLG München	719

		Rn.
	c) Prägendes Einkommen beim Ehegattenunterhalt	723
	d) Einkünfte aus Vermögen	750
	e) Einkünfte durch Sachentnahmen	753
IV.	Unterhaltstatbestände	757
	1. Betreuungsunterhalt, § 1570 BGB	774
	2. Unterhalt wegen Alters, § 1571 BGB	780
	3. Unterhalt wegen Krankheit oder Gebrechen, § 1572 BGB	788
	4. Unterhalt bis zur Erlangung von Erwerbstätigkeit, § 1573 Abs. 1 BGB	797
	a) Eigenverantwortung und angemessene Erwerbstätigkeit, § 1574 Abs. 1, Abs. 2 BGB	800
	aa) Ausgangslage	801
	bb) Erwerbsobliegenheit in der Neufassung des § 1574 BGB	802
	cc) Angemessene Erwerbstätigkeit, § 1574 Abs. 2 BGB	806
	dd) Ausbildungsobliegenheit, § 1574 Abs. 3 BGB	833
	b) Bemühungen um eine Erwerbstätigkeit	846
	5. Aufstockungsunterhalt, § 1573 Abs. 2 BGB	848
	6. Wegfall nachhaltig gesicherter Tätigkeit, § 1573 Abs. 4 BGB	857
	7. Ausbildungsunterhalt, § 1575 BGB	861
	8. Billigkeitsunterhalt, § 1576 BGB	864
V.	Höhe des Unterhalts	869
	1. Der Unterhaltsbedarf	869
	a) Bestimmung der prägenden Einkünfte	871
	aa) Erwerbseinkommen	872
	bb) Nichterwerbseinkünfte	882
	cc) Prägende Abzüge	885
	b) Die Bestimmung des konkreten Bedarfs	889
	2. Bedürftigkeit/Anspruchshöhe	906
	a) Einkünfte des Berechtigten	907
	b) Erwerbsobliegenheit	910
	c) Zuwendungen und Versorgungsleistungen	915
	aa) Zusammenleben mit einem Dritten	915
	bb) Versorgung Verwandter	919
	d) Feststellung des Restbedarfs	921
	3. Leistungsfähigkeit	926
	a) Eheangemessener Selbstbehalt	926
	b) Einkommen	935
	4. Zusatzfragen	950
	a) Unterhaltsbedarf	950
	aa) Altersvorsorgeunterhalt	952

	Rn.
bb) Krankenvorsorgeunterhalt	968
cc) Trennungsbedingter Mehrbedarf	974
dd) Ausbildungsbedingter Mehrbedarf	978
ee) Krankheitsbedingter Mehrbedarf	979

      b) Darlegungs- und Beweislast 981
5. Mangelfallberechnung.................................... 987
      a) Struktur der Unterhaltsrechtsreform 987
      b) Frühere Berechnungsmethode.......................... 991
          aa) Die Mangelfallentscheidung des BGH von 2003 992
          bb) Die Selbstbehaltsentscheidung des BGH von 2006 1007
      c) Geltende Mangelfallberechnung........................ 1011
      d) Begründung des Gesetzgebers zur Rangfolge............. 1016
6. Herabsetzung und zeitliche Begrenzung des Unterhalts,
   § 1578b BGB.. 1051
      a) Entwicklung von Gesetz und Rechtsprechung 1057
      b) Erwägungen zur Reform v. 01.01.2008................... 1070
      c) Tatbestandselemente des § 1578b BGB 1075
      d) Auswirkungen auf die Vorschriften der §§ 1570 ff. BGB..... 1096
7. Verwirkung 1103
      a) Kurze Ehedauer, § 1579 Nr. 1 BGB 1116
      b) Zusammenleben in verfestigter Lebensgemeinschaft,
          § 1579 Nr. 2 BGB.................................... 1129
      c) Straftaten gegen den Unterhaltsverpflichteten,
          § 1579 Nr. 3 BGB 1147
      d) Mutwillige Herbeiführung der Bedürftigkeit,
          § 1579 Nr. 4 BGB 1158
      e) Gefährdung von Vermögensinteressen, § 1579 Nr. 5 BGB.... 1162
      f) Grobe Unterhaltspflichtverletzung vor Trennung,
          § 1579 Nr. 6 BGB 1165
      g) Einseitiges, schwerwiegendes Fehlverhalten,
          § 1579 Nr. 7 BGB 1170
      h) Andere Gründe, § 1579 Nr. 8 BGB...................... 1177

E. Zugewinnausgleich 1179
   I. Struktur des Zugewinnausgleichs 1179
      1. Das Grundprinzip 1182
      2. Das Vermögen 1194
          a) Abgrenzung zur Hausratsteilung und zum Versorgungsaus-
             gleich.. 1196
          b) Abgrenzung zum Unterhaltsrecht 1206
      3. Stichtage und Gestaltungsmöglichkeiten.................. 1213

	Rn.
a) Vorverlegung des Endvermögensstichtags	1215
b) Ausnahmefälle	1217
4. Vorzeitiger Zugewinnausgleich	1223
5. Sicherheitsleistung	1232
6. Eilverfahren	1234

II. Die Güterstände 1241
   1. Zugewinngemeinschaft als gesetzlicher Güterstand 1241
      a) Rechtsnatur 1245
      b) Verfügungsbeschränkungen 1248
      c) Schlüsselgewalt 1254
   2. Die Wahlgüterstände 1257
      a) Optionen 1258
      b) Gütertrennung 1263
      c) Gütergemeinschaft 1272
      d) Errungenschaftsgemeinschaft 1283
   3. Der DDR-Güterstand nach der Wiedervereinigung 1286

III. Das Anfangsvermögen 1297
   1. Saldo am Tag der Hochzeit 1298
   2. Erbschaften und „privilegierter" Vermögenserwerb 1304
   3. Schenkungen und unbenannte Zuwendungen 1321
      a) Schenkungen 1323
      b) Unbenannte Zuwendungen 1334
      c) Schenkungs- und Zuwendungswiderruf 1347
      d) Zuwendungen von Schwiegereltern 1372
      e) Zuwendungen bei Gütertrennung (Innengesellschaft) 1385
   4. Sonstige Anfangsvermögensbestandteile 1404

IV. Das Endvermögen 1406
   1. Aktivvermögen 1407
      a) Vorhandenes Endvermögen 1410
      b) Zurechnungen zum Vermögen 1427
      c) Gemeinsames Endvermögen 1441
   2. Alleinschulden und gesamtschuldnerische Verbindlichkeiten 1446
   3. Steuerschulden 1454
   4. Forderungen der Eheleute untereinander 1457

V. Die Bewertung des Vermögens 1459
   1. Die Bewertungsmethoden 1461
      a) Allgemeine Wertbegriffe und Bewertungsgrundsätze 1462
      b) Grundstücke 1465
      c) Land- und forstwirtschaftliche Betriebe 1469
      d) Gewerbebetriebe und ihr Goodwill 1472

		Rn.

	e) Leasing	1488
	f) Nießbrauch, Wohnrecht und verwandte Rechte	1491
	2. Hochrechnung des Anfangsvermögens mit Indexzahlen.	1498
	3. Berechnung des Endvermögens.	1502
VI.	Der Auskunftsanspruch	1505
	1. Allgemeines	1507
	2. Auskunft über das Anfangsvermögen	1512
	3. Auskunft über das Endvermögen	1520
	a) Gegenstand der Auskunft	1520
	b) Inhalt der Auskunft	1528
	c) Das Bestandsverzeichnis	1531
	d) Wertermittlungsanspruch	1533
	e) Die eidesstattliche Versicherung	1538
	f) Verfahrensfragen	1542
VII.	Der Ausgleich	1549
	1. Fälligkeit und Zinsen	1550
	2. Erfüllung	1558
	3. Anrechnung von Vorausempfängen	1563
	4. Begrenzung der Zugewinnausgleichsforderung	1565
	5. Erweiterung des Anspruchs	1568
VIII.	Stundung, Herabsetzung und Wegfall des Zugewinnausgleichsanspruchs	1575
	1. Die Billigkeitsklausel	1576
	2. Stundung der Ausgleichsforderung	1591
	3. Zurückbehaltungsrecht	1598
	4. Verjährung	1600
IX.	Regelung des Güterstands durch Zugewinn „schaukel"	1605
F.	**Hausratsteilung**	**1613**
I.	Grundsätze	1613
	1. Begriff des Hausrats	1619
	2. Feststellung des Eigentums	1635
II.	Hausratsauseinandersetzung	1644
	1. Zeitpunkt	1644
	2. Aufteilungskriterien	1647
	3. Ausgleichszahlung	1650
	4. Durchführung der Teilung	1655
G.	**Das Schicksal der Ehewohnung**	**1660**
I.	Die Mietwohnung nach der Trennung	1660
	1. Freiwilliger Auszug	1662

		Rn.
	2. Gerichtliche Wohnungszuweisung	1666
	a) Schwere Härte, § 1361b Abs. 1 Satz 1 BGB	1666
	b) Unbillige Härte, § 1361b Abs. 1 Satz 2 BGB	1679
	3. Rechtsstellung der Ehepartner nach Trennung	1685
II.	Die Mietwohnung nach der Scheidung	1695
	1. Gerichtliche Wohnungszuweisung	1696
	2. Wohnungsteilung	1703
	3. Eingriff in die Vermieterrechte	1704
III.	Wohnungseigentum nach der Trennung	1711
IV.	Wohnungseigentum nach der Scheidung	1727
	1. Nutzungszuweisung an Nichteigentümer	1728
	2. Nutzungszuweisung an Miteigentümer oder Teilung	1735
	3. Zuweisung bei konkurrierenden Rechten der Ehepartner	1741
	4. Mietfestsetzung zugunsten des weichenden Eigentümers	1747
V.	Aufhebung des gemeinsamen Eigentums	1750
	1. Aufteilung des Hauses in Eigentumswohnungen	1760
	2. Verkauf innerhalb der Gemeinschaft	1763
	3. Freihändiger Verkauf an einen Dritten	1765
VI.	Verfahrens- und Vollstreckungsrecht	1767
H.	**Versorgungsausgleich**	**1780**
I.	Grundlagen des Versorgungsausgleichs	1780
II.	Auszugleichende Anwartschaften, § 1587a BGB	1788
	1. Ehezeit	1792
	2. Gesetzliche Rentenversicherung, § 1587a Abs. 2 Nr. 2 BGB	1802
	a) Grundstruktur der gesetzlichen Rentenversicherung	1803
	b) Beitragsprinzip und Rentenformel	1805
	3. Beamtenversorgung	1823
	a) Pensionsanwartschaft	1823
	b) Durchführung des Quasisplittings	1825
	c) Das erweiterte Quasisplitting	1831
	4. Laufende Versorgung	1834
	5. Betriebliche Altersversorgung, § 1587a Abs. 2 Nr. 3 BGB	1838
	6. Zusatzversorgung des öffentlichen Dienstes, § 1587a Abs. 2 Nr. 1 BGB	1841
	7. Sonstige Versorgungen	1845
	a) Berufsständige Versorgungen, § 1587a Abs. 2 Nr. 4 BGB	1845
	b) Private Altersversorgungen	1846
III.	Bewertung der Versorgungsrechte	1852
IV.	Schuldrechtlicher Versorgungsausgleich	1859
V.	Ausschluss und Kürzung des Versorgungsausgleichs	1864

			Rn.

 1. Vertraglicher Ausschluss 1865
 2. Gerichtlicher Ausschluss/Kürzung 1869
    a) Ausschluss gem. § 1587c Nr. 1 BGB 1870
       aa) Gesicherte eigene Versorgung 1871
       bb) Vorausgegangene Finanzierung des Ehegatten 1879
       cc) Einseitige Erwerbsbemühungen des Ausgleichspflichtigen 1881
       dd) Wirtschaftliches Fehlverhalten des Partners 1882
       ee) Ungewöhnlich lange Trennungsdauer 1884
       ff) Ausgleich von Bagatellbeträgen 1893
    b) Ausschluss gem. § 1587c Nr. 2 BGB 1895
    c) Ausschluss gem. § 1587c Nr. 3 BGB 1898
 VI. Verfahrensfragen 1902
    1. Amtsprinzip und Antragserfordernis 1902
    2. Verbund und isoliertes Verfahren 1908
    3. Rücknahme des Scheidungsantrags – Stillstand des Verfahrens ... 1915
    4. Auskunftsanspruch zur Ermittlung der Anrechte 1921
 VII. Härtefälle nach Durchführung des Versorgungsausgleichs 1924
    1. Heimfallprivileg 1925
    2. Unterhaltsprivileg 1928
    3. Geltendmachung von Härtefällen 1932
 VIII. Fehlerquellen im Versorgungsausgleich 1934
    1. Amtsverfahren 1934
    2. Ausschluss durch Ehevertrag 1941
    3. Das sog. Rentnerprivileg 1944

I. **Namensrecht** 1948
   I. Der Ehename (Familienname) 1950
      1. Die Namensrechtsreform 1951
      2. Der Name nach der Scheidung 1955
   II. Der Name des Kindes 1960
      1. Der Regelfall des Nachnamens 1960
      2. Kindesname bei Verzicht auf Ehenamen 1963
      3. Namensänderungen nach der Scheidung 1975

J. **Verfahrensrecht** 1996
   I. Allgemeine Verfahrensregeln 1996
      1. Sachliche Zuständigkeit des FamG 1997
      2. Örtliche Zuständigkeit des FamG 1999
      3. Internationale Zuständigkeit 2003
      4. Anwaltsprozess 2005

XV

			Rn.

- II. Das Scheidungsverfahren ... 2012
  1. Allgemeine Vorschriften ... 2012
  2. Folgesachen als selbstständige Verfahren ... 2024
- III. Rechtsmittel im Scheidungsverbund ... 2032
  1. Rechtsmittel und Rechtskraft ... 2035
  2. Rechtsmittel in Folgesachen ... 2042
  3. Fristablauf ... 2046
  4. Wiedereinsetzung in den vorigen Stand ... 2063

K. Kosten und Gebühren ... 2081
- I. Rechtsschutzversicherung ... 2094
- II. PKH ... 2098
  1. Die Prozesskostenarmut ... 2101
     - a) Einsatz des Einkommens ... 2106
     - b) Einsatz des Vermögens ... 2125
  2. Hinreichende Erfolgsaussicht ... 2140
  3. PKH im isolierten Verfahren ... 2152
  4. Sachlicher Umfang im Scheidungsverbund ... 2161
  5. Abzugsfähige Positionen ... 2183
- III. Prozesskostenvorschuss ... 2193
- IV. Gerichtliche Kostenentscheidung ... 2199
  1. Kostenentscheidung im Verbundverfahren ... 2201
     - a) Regelfall der Kostenaufhebung ... 2203
     - b) Ausnahmefall der Quotelung ... 2205
  2. Kostenentscheidung im isolierten Verfahren ... 2212
  3. Umfang der Kostenerstattungspflicht ... 2221
- V. Gegenstandswert im Scheidungsverfahren ... 2230
- VI. Vermögensrechtliche Streitwerte ... 2240
- VII. Anwaltliche Gebühren ... 2241
  1. Verfahren 1. Instanz ... 2245
     - a) Verfahrensgebühr ... 2247
     - b) Terminsgebühr ... 2250
     - c) Einigungsgebühr ... 2253
  2. Berufungs- und Revisionsverfahren ... 2259
  3. Besonderheiten im Verbundverfahren ... 2265
     - a) Verfahrensgebühr ... 2265
     - b) Terminsgebühr ... 2269
     - c) Einigungsgebühr ... 2271
     - d) Abtrennung von Folgesachen ... 2273
     - e) Aussöhnungsgebühr ... 2275

Inhaltsverzeichnis

		Rn.
L.	**Steuerrecht im Scheidungsverfahren**	2280
I.	Veranlagung von getrennten und geschiedenen Ehegatten	2283
	1. Zusammenveranlagung	2286
	2. Veranlagungswahlrecht	2290
	3. Wiederheirat im Jahr der Ehescheidung	2291
	4. Zusammenveranlagung bei Getrenntleben	2293
	5. Getrennte Veranlagung	2301
	6. Streit um die Veranlagung	2305
II.	Steuerliche Auswirkungen von Scheidungsfolgenverträgen	2309
	1. Scheidungskosten	2309
	2. Unterhalt	2314
	3. Zugewinnausgleich	2322
M.	**Anhang**	2329
I.	Merkblatt im Fall der Rechtskraft der Scheidung	2329
II.	Hinweisblatt zum PKH-Formular	2330
III.	Hinweisblatt Versorgungsausgleich	2331
IV.	Hinweisblatt Endvermögen	2332

Seite

Stichwortverzeichnis 509

Literaturverzeichnis

Andress/Borgloh/Güllner/Wilking, Wenn aus Liebe rote Zahlen werden – Über die wirtschaftlichen Folgen von Trennung und Scheidung, 2003;

Bamberger/Roth, Kommentar zum bürgerlichen Gesetzbuch, 2003;

Baumbach/Lauterbach/Albers/Hartmann, Zivilprozessordnung: ZPO, 2007;

Borgmann/Jungk/Grams, Anwaltshaftung, 4. Aufl. 2005;

Borth, Versorgungsausgleich in anwaltlicher und familiengerichtlicher Praxis, 3. Aufl. 2007;

Bundesministerium für Senioren, Frauen, und Jugend (Hrsg.), Unterhaltszahlungen für minderjährige Kinder in Deutschland, 2002;

Büte, Das Umgangsrecht bei Kindern geschiedener oder getrennt lebender Eltern, 2. Aufl. 2005;

Dauner-Lieb/Heidel/Ring, Anwaltkommentar BGB, 2005;

Dostmann, Steuerrechtsfragen in der familienrechtlichen Praxis, 2. Aufl. 1996;

Duderstadt, Aktuelles Familienrecht, 2005;

ders., Das neue Unterhaltsrecht, 2003;

ders., Elterliche Sorge und Umgangsrecht, 1998;

ders., Hausratsteilung, 2003;

ders., Scheidungsfolgesachen, Schriftenreihe des Saarländischen Anwaltvereins, Heft Nr. 77, 2006;

ders., Unterhaltsrecht, Schriftenreihe des Saarländischen Anwaltvereins, Heft Nr. 72, 2004;

ders., Versorgungsausgleich, 1998;

Erman, BGB, Handkommentar, 11. Aufl. 2004;

Finke/Garbe, Familienrecht in der anwaltlichen Praxis, 2008;

Garbe/Ullrich, Prozesse in Familiensachen, 2007;

Gerhard/v. Heintschel-Heinegg/Klein, Handbuch des Fachanwalts Familienrecht, 6. Aufl. 2008;

Grün, Das neue Kindschafts- und Unterhaltsrecht in der anwaltlichen Praxis, 1998;

Hartmann, Kostengesetze: KostG, 37. Aufl. 2007;

Hasberg, Liebe – Respekt – Vertrauen, 1995;

Hauß, Versorgungsausgleich und Verfahren in der anwaltlichen Praxis, 2004;

Heiß/Born, Unterhaltsrecht, Loseblattsammlung, Stand: 33. Erg.Lfg., März 2008;

Johannsen/Henrich, Eherecht, 4. Aufl. 2003;

Literaturverzeichnis

Kalthoener/Büttner/Niepmann, Die Rechtsprechung zur Höhe des Unterhalts, 10 Aufl. 2008;

Kogel, Strategien beim Zugewinnausgleich, 2. Aufl. 2007;

Müller, Vertragsgestaltung im Familienrecht, 2. Aufl. 2002;

MünchKomm-BGB, Münchener Kommentar zum Bürgerlichen Gesetzbuch, 2002;

Palandt, Bürgerliches Gesetzbuch, 66. Aufl. 2007;

Schausten, Trennung, Scheidung, Unterhalt – für Männer, 5. Aufl. 2008;

Schnitzler, Münchener Anwaltshandbuch Familienrecht, 2002;

Scholz/Stein, Praxishandbuch Familienrecht, Loseblattsammlung, Stand: 14. Erg.Lfg., August 2007;

Schramm, Trennung, Scheidung, Unterhalt – für Frauen, 4. Aufl. 2008;

Schwab, Familienrecht, 15. Aufl. 2007;

Schwolow, Von der Trennung bis zur Scheidung, 2. Aufl. 2005;

Seifert, Ehestabilisierende Faktoren, 1990;

Soergel, Bürgerliches Gesetzbuch mit Einführungsgesetzen und Nebengesetzen, 13. Aufl. 1999;

Soyka, Die Berechnung des Ehegattenunterhalts, 2. Aufl. 2003;

Staudinger, Kommentar zum Bürgerlichen Gesetzbuch, 2005 ff.;

Stein/Jonas, Kommentar zur Zivilprozessordnung (ZPO), 22. Aufl. 2006;

Strohal, Unterhaltsrechtlich relevantes Einkommen bei Selbstständigen, 3. Aufl. 2006;

Weinreich, Kompaktkommentar Familienrecht, 3. Aufl. 2008;

Wendl/Staudigl, Das Unterhaltsrecht in der familienrichterlichen Praxis, 6. Aufl. 2004;

Wendl-Kempmann/Wendl, Partnerkrisen und Scheidung, 1986;

Zöller, Zivilprozessordnung: ZPO, 26. Aufl. 2007;

Zugehör/Fischer/Sieg, Handbuch der Anwaltshaftung, 2. Aufl. 2006.

Abkürzungsverzeichnis

A

a.A.	andere(r) Ansicht
a.F.	alte Fassung
Abh.	Abhandlung
Abs.	Absatz
abzgl.	abzüglich
AfA	Absetzung(en) für Abnutzung
AG	Amtsgericht
Alt.	Alternative
Anm.	Anmerkung
AnwBl.	Anwaltsblatt (Zs.)
AnwKomm-BGB	Anwaltkommentar BGB
AO	Abgabenordnung
ARB	Allgemeine Rechtsschutzbedingungen
Art.	Artikel
Aufl.	Auflage
ausf.	ausführlich
Az.	Aktenzeichen

B

BAföG	Bundesausbildungsförderungsgesetz
BayObLG	Bayerisches Oberstes Landesgericht
BBG	Bundesbeamtengesetz
Bd.	Band
BeamtVG	Beamtenversorgungsgesetz
Beschl.	Beschluss
BetrAVG	Gesetz zur Verbesserung der betrieblichen Altersversorgung
BeurkG	Beurkundungsgesetz
BezG	Bezirksgericht
BfA	Bundesversicherungsanstalt für Angestellte
BFH	Bundesfinanzhof
BFH/NV	Sammlung nicht veröffentlichter Entscheidungen des BFH
BFH-Report	Schnelldienst zur höchstrichterlichen und finanzgerichtlichen Steuerrechtsprechung
BGB	Bürgerliches Gesetzbuch
BGBl.	Bundesgesetzblatt

XXI

BGH	Bundesgerichtshof
BGH-Report	Schnelldienst zur Zivilrechtsprechung des Bundesgerichtshofs
BMF	Bundesministerium der Finanzen
BMJ	Bundesministerium der Justiz
BNotO	Bundesnotarordnung
BRAGO	Bundesrechtsanwaltsgebührenordnung
BRAK	Bundesrechtsanwaltskammer
BRAK-Mitt.	Mitteilungen der Bundesrechtsanwaltskammer
BRAO	Bundesrechtsanwaltsordnung
BR-Drucks.	Bundesrats-Drucksache
Bsp.	Beispiel
BStBl.	Bundessteuerblatt
BT-Drucks.	Bundestags-Drucksache
BVerfG	Bundesverfassungsgericht
BVerfGE	Entscheidungen des Bundesverfassungsgerichts (amtliche Sammlung)
BVerwG	Bundesverwaltungsgericht
BVerwGE	Entscheidungen des Bundesverwaltungsgerichts (amtliche Sammlung)
bzw.	beziehungsweise

C

ca.	circa

D

d.h.	das heißt
DAI	Deutsches Anwaltsinstitut
DAVorm	Der Amtsvormund (Zs.)
ders.	derselbe
DFGT	Deutscher Familiengerichtstag
DM	Deutsche Mark
DStR	Deutsches Steuerrecht (Zs.)
DT	Düsseldorfer Tabelle
DVO	Durchführungsverordnung

E

EFG	Entscheidungen der Finanzgerichte (Zs.)
EGBGB	Einführungsgesetz zum Bürgerlichen Gesetzbuch
EheRG	Gesetz zur Reform des Ehe- und Familienrechts

ErziehungsgeldG	Erziehungsgeldgesetz
EStG	Einkommensteuergesetz
etc.	et cetera
evtl.	eventuell/e/er/es
EzFamR	Entscheidungssammlung zum Familienrecht (Zs.)
F	
f.	folgende
FamFG	Gesetz zur Reform des Verfahrens in Familiensachen und in den Angelegenheiten der Freiwilligen Gerichtsbarkeit
FamG	Familiengericht
FamRB	Der Familien-Rechts-Berater (Zs.)
FamRZ	Zeitschrift für das gesamte Familienrecht
FamS.	Familiensenat
FF	Forum Familien- und Erbrecht (Zs.)
ff.	fortfolgende
FG	Finanzgericht
FGB	Familiengesetzbuch (DDR)
FGG	Gesetz über die Angelegenheiten der freiwilligen Gerichtsbarkeit
FPR	Familie Partnerschaft Recht (Zs.)
FuR	Familie und Recht (Zs.)
G	
gem.	gemäß
GG	Grundgesetz
ggf.	gegebenenfalls
GKG	Gerichtskostengesetz
GmbH	Gesellschaft mit beschränkter Haftung
grds.	grundsätzlich
GVG	Gerichtsverfassungsgesetz
H	
h.M.	herrschende Meinung
Halbs.	Halbsatz
HausratsVO	Hausratsverordnung
HGB	Handelsgesetzbuch
HintO	Hinterlegungsordnung
Hrsg.	Herausgeber

I

i.d.R.	in der Regel
i.H.d.	in Höhe der/des
i.R.d.	im Rahmen der/des
i.S.d.	im Sinne der/des
i.S.e.	im Sinne einer/s
i.S.v.	im Sinne von
i.V.m.	in Verbindung mit
insbes.	insbesondere

J

JAmt	Das Jugendamt (Zs.)
JurBüro	Das juristische Büro (Zs.)
JVEG	Justiz-Vergütungs- und Entschädigungsgesetz
JW	Juristische Wochenschrift (Zs.)

K

Kap.	Kapitel
Kfz	Kraftfahrzeug
KG	Kammergericht
KindRG	Kindschaftsrechtsreformgesetz
KJHG	Kinder- und Jugendhilfegesetz
km	Kilometer
KostO	Kostenordnung
krit.	kritisch

L

l	Liter
LG	Landesgericht
LPartG	Lebenspartnerschaftsgesetz
LS	Leitsatz
LVA	Landesversicherungsanstalt

M

m.	mit
m.a.W.	mit anderen Worten
m.E.	meines Erachtens
m.w.N.	mit weiteren Nachweisen
MDR	Monatsschrift Deutsches Recht (Zs.)
Mio.	Million

MünchKomm   Münchener Kommentar zum Bürgerlichen Gesetzbuch

N

n.F.   neue Fassung
n.v.   nicht veröffentlicht
NamÄndG   Namensänderungsgesetz
NJW   Neue Juristische Wochenschrift (Zs.)
NJWE-FER   NJW-Entscheidungsdienst Familien- und Erbrecht (Zs.)
NJW-RR   Neue Juristische Wochenschrift – Rechtsprechungsreport (Zs.)
Nr.   Nummer
NRW   Nordrhein-Westfalen

O

OLG   Oberlandesgericht
OLGR   OLG-Report (Zs.)
OVG   Oberverwaltungsgericht

P

p.a.   per annum
PAS   Parental Alienation Syndrom
PKH   Prozesskostenhilfe
PKHB 2007   PKH-Bekanntmachung 2007
PKHBegrenzG   PKH-Begrenzungsgesetz
PKV   Prozesskostenvorschuss
Pkw   Personenkraftwagen

R

RegE   Regierungsentwurf
rk.   rechtskräftig
Rn.   Randnummer
RNotZ   Rheinische Notar-Zeitschrift
RPflG   Rechtspflegergesetz
Rspr.   Rechtsprechung
RVG   Rechtsvergütungsgesetz
RVO   Reichsversicherungsordnung

S

s.   siehe
S.   Seite
s.o.   siehe oben

Abkürzungsverzeichnis

s.u.	siehe unten
Sa.	Samstag
SchlHA	Schleswig-Holsteinische Anzeigen – Justizministerialblatt des Bundeslandes Schleswig-Holstein
SGB	Sozialgesetzbuch
So.	Sonntag
sog.	sogenannte/r/s
st.	ständige/r
Std.	Stunde
StGB	Strafgesetzbuch

U

u.a.	unter anderem
u.U.	unter Umständen
u.v.m.	und vieles mehr
UÄndG	Unterhaltsrechtsänderungsgesetz
Urt.	Urteil
usw.	und so weiter

V

v.	vom
v.a.	vor allem
VAHRG	Gesetz zur Regelung von Härten im Versorgungsausgleich
VBL	Versorgungskasse des Bundes und der Länder
VermG	Vermögensgesetz
VersR	Versicherungsrecht (Zs.)
VG	Verwaltungsgericht
vgl.	vergleiche
VV	Vergütungsverzeichnis
VwGO	Verwaltungsgerichtsordnung

Z

z.B.	zum Beispiel
z.T.	zum Teil
z.Zt.	zur Zeit
ZFE	Zeitschrift für Familien- und Erbrecht
ZfJ	Zeitschrift für Jugendrecht
Ziff.	Ziffer
ZJJ	Zeitschrift für Jugendkriminalrecht und Jugendhilfe

ZKJ	Zeitschrift für Kindschaftsrecht und Jugendhilfe
ZPO	Zivilprozessordnung
Zs.	Zeitschrift
ZSEG	Gesetz über die Entschädigung von Zeugen und Sachverständigen
ZVG	Zwangsversteigerungsgesetz
zzgl.	zuzüglich

A. Materielles Scheidungsrecht

I. Einleitung

Mehr als **jede dritte Ehe** in Deutschland wird geschieden. **Statistisch am häufigsten** ist die Trennung und nachfolgende Scheidung im **dritten bis vierten Ehejahr** sowie nach **15 bis 17 Jahren.**

Im ersten Fall lässt häufig die „Spannung" nach, Rituale wiederholen sich, Eigenarten und Marotten werden nicht mehr als interessant, sondern als störend empfunden. Im letzteren Fall werden die Kinder selbstständiger und die befriedigende Konzentration aufeinander gelingt nicht mehr.

Ebenso vielen Untersuchungen, die sich mit den Gründen für das **Scheitern einer Ehe** beschäftigen,[1] stehen solche gegenüber, die zu erforschen trachten, was eine **glückliche Ehe** ausmacht.[2]

Ist – aus welchen Gründen auch immer – das Ende einer Ehe erreicht, sind die rechtlichen Folgen zu klären.

II. Auflösung der Ehe

Eine Ehe endet – außer im natürlichen Fall des Todes – ausschließlich durch rechtskräftiges gerichtliches Urteil, §§ 1313, 1564 BGB.

Zwei Auflösungstatbestände sind zu unterscheiden, die **Aufhebung** und die **Scheidung** der Ehe.

1. Aufhebung

Aufhebung ist die **Auflösung** der Ehe aus Gründen, die **bei der Eheschließung vorlagen** (fehlerhafte Eheschließung), §§ 1313 ff. BGB, § 631 ZPO.

Eine Ehe **kann aufgehoben** werden,
- gem. § 1314 BGB bei Eheschließung vor Eintritt der Volljährigkeit (§ 1303 Abs. 1 BGB) oder trotz Geschäftsunfähigkeit (§ 1304 BGB),
- bei Doppelehe (§ 1306 BGB), Verwandtschaft (§ 1307 BGB) oder Formverstoß (§ 1311 BGB),

---

1   Vgl. z.B. zu Ursachen von Krisen aus psychoanalytischer Sicht Wendl-Kempmann/Wendl, Partnerkrisen und Scheidung, 1986.
2   Vgl. z.B. Seifert, Ehestabilisierende Faktoren, 1990; Hasberg, Liebe – Respekt – Vertrauen, 1995.

A. Materielles Scheidungsrecht

- bei Willensmängeln eines Ehegatten (§ 1314 Abs. 2 Nr. 1 bis Nr. 4 BGB),
- bei sog. Scheinehe (§ 1314 Abs. 2 Nr. 5 BGB).

> **Praxistipp:**
> Wird die Ehe wegen einer Schwangerschaft geschlossen, besteht eine Offenbarungspflicht über anderweitigen Geschlechtsverkehr während der Empfängniszeit auch ohne ausdrückliche Nachfrage.[3]

7 §§ 1314 ff. BGB bestimmen die Aufhebungsgründe abschließend. Eine Analogiebildung ist nicht möglich.[4]

8 Die Rechtsprechung neigt zu **restriktiver Anwendung** der Vorschriften zur Eheaufhebung.

So ist die Eheaufhebung wegen arglistiger Täuschung (§ 1314 Abs. 2 Nr. 3 BGB) dann nicht möglich, wenn bei zweifelhafter Vaterschaft aufgrund von **Mehrverkehr** der Bräutigam nicht ausdrücklich und konkret nach seiner Vaterschaft fragt.[5]

9 Auch das **Verschweigen** eines Ehegatten (hier: türkischer Staatsangehöriger), die **Ehe niemals vollziehen zu wollen**, stellt für sich allein gesehen noch keine – zur Anfechtung der Ehe gem. § 1314 Nr. 5 BGB berechtigende – arglistige Täuschung dar. Auch der Nichtvollzug der Ehe über Jahre hinweg lässt nicht ohne Weiteres auf Umstände schließen, die eine arglistige Täuschung des Ehepartners begründen könnten, wie etwa Heirat, nur um die Aufenthaltserlaubnis zu erlangen.[6]

10 Eine **Aufhebung ist ausgeschlossen** (§ 1315 BGB)
- in Bestätigungsfällen (§ 1315 Abs. 1 Nr. 1 bis Nr. 4 BGB),
- bei nachträglichem Vollzug der Scheinehe (§ 1315 Abs. 1 Nr. 5 BGB),
- bei Beseitigung der Erstehe vor der Zweitehe und Rechtskraft nach Eheschließung (§ 1315 Abs. 2 Nr. 1 BGB) und
- durch Zeitablauf bei formungültig geschlossener Ehe (§ 1315 Abs. 2 Nr. 2 BGB).

11 In den Fällen der Aufhebung der Ehe nach §§ 1313 ff. BGB kann der **gutgläubige Ehegatte** die entsprechend anwendbaren vermögensrechtlichen **Scheidungsfolgen**, v.a. also Unterhalt, Güterrecht und Versorgungsausgleich, durch Erklärung gegenüber

---

3 OLG Karlsruhe, EzFamR 2000, 34.
4 Vgl. AnwKomm-BGB/Finger, § 1313 Rn. 4.
5 OLG Stuttgart, FamRZ 2005, 2070.
6 So OLG Zweibrücken, FamRZ 2006, 1201.

II. Auflösung der Ehe

dem anderen Ehegatten **ausschließen**, falls dieser bösgläubig war, weil er die Gründe der Aufhebbarkeit gekannt hat, § 1318 BGB.[7]

Im Übrigen ist über die **Folgesachen nicht im Verbund**, sondern nach rechtskräftiger Aufhebung gesondert zu verhandeln, selbst wenn die Voraussetzungen im Einzelnen vorliegen. 12

Der Antrag auf Aufhebung der Ehe und ein Scheidungsantrag können hilfsweise oder im Wege der Widerklage miteinander verbunden werden.

Praxistipp:
Wegen der unterschiedlichen Folgen sind Haupt- und Hilfsantrag anhängig zu machen, um offene Widersprüche zu vermeiden. Für jeden Teilbereich gelten die eigenen Verfahrensregeln, wobei Aufhebungsanträgen der Vorrang zukommt, es sei denn, der Antragsteller legt eine andere Abfolge fest.[8]

Ist in 1. Instanz der **Antrag auf Aufhebung der Ehe abgewiesen** worden, kann die **Berufung** mit dem Ziel eingelegt werden, **nunmehr die Scheidung** der Ehe zu betreiben. 13

Gemäß **§ 611 Abs. 1 ZPO** können in Ehesachen bis zum Schluss der mündlichen Verhandlung, auch noch in der Berufungsinstanz, **andere Gründe** geltend gemacht werden, als in dem das Verfahren einleitenden Schriftsatz vorgebracht worden sind. Als Ausnahmebestimmung im Verhältnis zu den §§ 253, 523 ZPO gestattet § 611 Abs. 1 ZPO daher auch ohne Zustimmung des Antragsgegners die Verfolgung eines geänderten Klageantrags aufgrund des jederzeit zulässigen neuen Vorbringens.[9] Diese Möglichkeit eines **Übergangs von der Eheaufhebungsklage zum Scheidungsantrag und umgekehrt** (!) wird durch § 611 Abs. 1 ZPO bis zum Schluss der mündlichen Verhandlung, auf die das Urteil ergeht, ohne Einschränkung eröffnet.[10] 14

2. Scheidung

Scheidung ist die **Auflösung** der Ehe aus Gründen, die **nach der Eheschließung** eingetreten sind, §§ 1564 bis 1568 BGB, §§ 606 bis 620g, 622 bis 630 ZPO. Der Grund der **Scheidung** ist in der **Entwicklung der Ehe** zu suchen, während die **Aufhebung** aus Gründen erfolgt, die **zum Zeitpunkt der Eheschließung bereits bestanden** haben. 15

---

7 Finke/Garbe, Familienrecht, § 6 Rn. 8; zum Versorgungsausgleich nach Aufhebung einer bigamischen Ehe vgl. OLG Karlsruhe, FamRZ 2005, 370, 371; Wick, FK 2005, 98.
8 BGH, NJW 1996, 1209.
9 Zöller/Philippi, ZPO, § 611 Rn. 5
10 BGH, FamRZ 1989, 153; BGH, FamRZ 2007, 1111; Stein/Jonas, ZPO, § 611 Rn. 9.

A. Materielles Scheidungsrecht

Einziger **Scheidungsgrund** ist das **Gescheitertsein der Ehe**, § 1565 Abs. 1 Satz 1 BGB.

> **Hinweis:**
> Auch wenn die Verfahren auf Scheidung und auf Aufhebung nach § 610 Abs. 1 ZPO **miteinander verbunden** werden können, ist nach § 631 Abs. 2 Satz 3 ZPO, wenn in demselben Verfahren Aufhebung und Scheidung beantragt werden und beide Anträge begründet sind, **nur auf Aufhebung** der Ehe zu erkennen.

III. Materielle Scheidungsvoraussetzungen

16 Auf den gesetzlichen Hinweis in § 1353 Abs. 1 Satz 1 BGB, dass die Ehe auf Lebenszeit geschlossen wird, folgt in §§ 1564 ff. BGB ein detailliertes Scheidungsrecht, das auf der Erkenntnis beruht, dass Ehen häufig eben nicht ein Leben lang halten. Die Eheschließung „auf Lebenszeit" bedeutet aber, dass das rechtliche Band nicht beliebig aufkündbar ist und in seinen Wirkungen die Scheidung überdauert.[11]

1. Bestehen einer gültigen Ehe

17 Die Eheschließung (§§ 1310 bis 1312 BGB) ist im Scheidungsverfahren aufgrund des Untersuchungsgrundsatzes nach § 616 Abs. 1 ZPO eine von Amts wegen zu klärende Vorfrage.

18 Die **Beweislast** für den Bestand einer gültigen Ehe trägt der Antragsteller, da es sich um die erste Voraussetzung für ein Scheidungsverfahren handelt. Dem genügt der Antragsteller i.d.R. durch **Vorlage der Heiratsurkunde**.

> **Hinweis:**
> Vorhandene Zweifel führen nicht ohne Weiteres zur Abweisung des Scheidungsantrags. Die Frage kann durch Zwischenfeststellungsklage (s. § 256 Abs. 2 ZPO) oder Klage auf Feststellung des Nichtbestehens einer Ehe (s. §§ 606 Abs. 1 Satz 1, 632 ZPO) geklärt werden. Das Scheidungsverfahren ist ggf. auszusetzen, da Gelegenheit zu geben ist, Zweifel auszuräumen.

2. Scheitern der Ehe

19 Es existiert (entgegen der Überschrift vor §§ 1564 ff. BGB) **ein einziger Scheidungsgrund**: das **Gescheitertsein der Ehe**. Ist eine Ehe gescheitert, kann sie – von drei Ausnahmen abgesehen – auf Antrag geschieden werden.

---

11 Z.B. durch Unterhaltspflichten nach der Scheidung, vgl. dazu Schwab, Familienrecht, Rn. 98.

III. Materielle Scheidungsvoraussetzungen

Eine Ehe ist **gem. § 1565 Abs. 1 Satz 2 BGB gescheitert**, wenn
- die **Lebensgemeinschaft** der Ehegatten **nicht mehr besteht (Diagnose)** und
- wenn ihre **Wiederherstellung nicht mehr zu erwarten (Prognose)** ist.

20

a) **Nichtbestehen der ehelichen Lebensgemeinschaft**

Für die **Diagnose**, dass die eheliche Lebensgemeinschaft nicht mehr besteht, kommt es auf das Maß der noch vorhandenen Gemeinsamkeiten an. Die **eheliche Gemeinschaft besteht nicht** mehr, wenn die Ehegatten **jegliche eheliche Beziehung** zueinander abgebrochen haben oder zumindest ein Ehegatte sich vom anderen definitiv abgewendet hat.

21

Daher kann trotz **häuslicher Gemeinschaft** die Ehe gescheitert sein. Entscheidend ist ein **völliges Getrenntleben** der Eheleute i.S.d. § 1567 BGB. Geringe Gemeinsamkeiten, wie z.b. das dem trennungswilligen Ehegatten **aufgedrängte Putzen** der gemeinsamen Wohnung und Waschen der Wäsche, stehen der Annahme des völligen Getrenntlebens nicht entgegen, wenn sie sich als **unwesentlich** darstellen.[12]

22

Ebenso kann trotz des Willens eines Ehegatten, die Ehe fortzusetzen, die Ehe gescheitert sein, weil die eheliche Lebensgemeinschaft eine **wechselseitige** Bindung an die Ehe voraussetzt.

23

Typisches, aber nicht zwingendes Merkmal der Aufhebung der ehelichen Lebensgemeinschaft ist **die räumliche Trennung**.

24

Getrennte Wohnungen führen jedoch nicht quasi automatisch zu einem Getrenntleben im Rechtssinne. Wenn z.B. Ehegatten an **zwei entfernten Orten beruflich tätig** sind, liegt eine Aufhebung der ehelichen Gemeinschaft (noch) nicht vor. Umgekehrt ist eine **Scheidung auch ohne räumliche Trennung** möglich.[13]

25

Grundsätzlich wird das Getrenntleben übrigens nicht unterbrochen oder aufgehoben, wenn nach räumlicher Trennung der Parteien **sexuelle Kontakte** miteinander vorhanden sind.[14]

26

Allgemein gilt: Sind weiterhin **eheliche Gemeinsamkeiten** vorhanden (z.b. ehelicher Verkehr oder Ferienaufenthalte mit gemeinsamer Zimmerbenutzung, gemeinsame Freizeit etc.) liegt ein Getrenntleben nicht vor. Umgekehrt gilt aber ebenso, dass dann, wenn äußerliche Gemeinsamkeiten der Ehegatten – gemeinsame Mahlzeiten, Ge-

27

---

12   OLG Thüringen, FamRZ 2002, 99.
13   Beispiel: verfeindetes Ehepaar, dessen allein verdienender Ehemann sich strikt weigert, die Ehewohnung zu verlassen, vgl. BGH, FamRZ 1980, 128; Palandt/Brudermüller, BGB, § 1565 Rn. 8.
14   AG Bamberg, FamRZ 2005, 1839.

spräche, gemeinsames Beisammensein mit den Kindern – ausschließlich auf der Wahrnehmung des Umgangsrechts durch denjenigen Elternteil beruht, der die Kinder nicht ständig bei sich hat, solche Gemeinsamkeiten **keine ehelichen Gemeinsamkeiten** darstellen und der Trennung der Ehegatten im Rechtssinne nicht entgegenstehen.[15]

> **Hinweis:**
>
> Durch **Inhaftierung** (oder jahrelange **Weltreise**) eines Ehegatten ist nicht „automatisch" ein Getrenntleben herbeigeführt. Weder reicht die bloße Einstellung von Besuchen der JVA aus noch die Einstellung des Kontaktes. Der andere Ehegatte muss seinen **subjektiven Trennungswillen genügend deutlich zum Ausdruck** bringen.[16]

b) Wiederherstellung der Ehe nicht zu erwarten

28 Weitere Voraussetzung für das Gescheitertsein der Ehe ist die **Prognose**, dass die **Wiederherstellung der Lebensgemeinschaft der Ehegatten nicht mehr zu erwarten** ist.

29 Ein wesentliches Indiz ist v.a. die Dauer des Getrenntlebens.[17] Aus einer Trennungszeit von über einem Jahr folgt aber noch keine Vermutung, die Ehe sei gescheitert.[18]

30 **Indizien** sind aber insbes.:
- **Dauer** des Getrenntlebens,
- **unumstößliche Absicht** eines oder beider Ehegatten zur Scheidung,[19]
- Ehegatten **sprechen nicht mehr** miteinander,[20]
- Ehegatten haben **keinen Geschlechtsverkehr** mehr miteinander,[21]
- ernsthafte und dauerhafte **Verbindung mit einem neuen Partner**,[22]

---

15 Vgl. OLG Köln, FamRZ 2002, 1341.
16 Vgl. OLG Dresden, FamRB 2002, 257.
17 BGH, FamRZ 1980, 127.
18 Palandt/Brudermüller, BGB, § 1565 Rn. 3.
19 BGH, NJW 1979, 1042; OLG Stuttgart, NJW 1978, 546; OLG Naumburg, FamRZ 2006, 43: eine Ehe ist auch dann gescheitert, wenn sich nur ein Ehegatte endgültig abwendet; eine Wiederherstellung ist dann nicht mehr zu erwarten. Dabei ist es gleichgültig, warum ein Ehegatte die Ehe nicht mehr fortsetzen will. Seine Gründe müssen auch nicht vernünftig sein.
20 KG, FamRZ 1978, 594; OLG Köln, FamRZ 1978, 25.
21 BGH, NJW 1979, 1042.
22 BGH, FamRZ 1979, 1042.

III. Materielle Scheidungsvoraussetzungen

- **Trunksucht** und grobe Beschimpfungen.[23]

Der Nachweis des Gescheitertseins der Ehe kann auf 3-fache Weise geführt werden: 31
- durch **unmittelbaren Nachweis**, dass die Lebensgemeinschaft nicht mehr besteht und die Wiederherstellung nicht zu erwarten ist (**§ 1565 Abs. 1 Satz 2 BGB**);
- **mittelbar** durch die unwiderlegbare Zerrüttungsvermutung (**§ 1566 Abs. 1 BGB**) nach einjährigem Getrenntleben, wenn beide Parteien die Scheidung beantragen oder der Antragsgegner zumindest zustimmt;
- **mittelbar** durch die unwiderlegbare Zerrüttungsvermutung des **§ 1566 Abs. 2 BGB** nach 3-jährigem Getrenntleben der Ehegatten auch gegen den Willen einer Partei.

Geschieden wird allerdings stets aus § 1565 Abs. 1 Satz 1 BGB, weil die Ehe gescheitert ist.[24] Durch die in **§ 1566 Abs. 1 und Abs. 2 BGB** aufgestellten **Zerrüttungsvermutungen** wird lediglich das **Beweisthema geändert**. Statt des unmittelbaren Nachweises, dass die Ehe gescheitert ist, muss das Getrenntleben von einem bzw. drei Jahren sowie ggf. die Zustimmung zur Scheidung durch den anderen Ehegatten nachgewiesen werden. 32

c) **Drei Ausnahmen vom „einzigen Scheidungsgrund"**

Drei Ausnahmen durchbrechen den Grundsatz, dass eine **gescheiterte Ehe geschieden** werden kann: 33

aa) **Unzumutbare Härte für den antragstellenden Ehegatten**

Gemäß § 1565 Abs. 2 BGB müssen Parteien auch dann, wenn beide die Ehe für endgültig gescheitert halten, **ein Jahr getrennt leben**, bevor die Scheidung ausgesprochen werden kann. Zeitlich vorher kann die Ehe nur geschieden werden, wenn die Fortsetzung der Ehe aus Gründen, **die in der Person des anderen Ehegatten liegen**, eine „**unzumutbare Härte"** darstellt. 34

Die Auslegung dessen, was „unzumutbar" ist, wird von der Rechtsprechung eher **restriktiv** gehandhabt. Jedes mit diesem Partner „**Weiter-Verheiratet-Sein**" muss für den Antragsteller **unzumutbar** sein.[25] 35

Abgestellt wird nicht auf das subjektive Unzumutbarkeitsempfinden des antragstellenden Ehegatten, sondern darauf, ob ein **objektiver Dritter bei Abwägung aller Umstände sofort Scheidungsantrag** stellen würde.[26] 36

---

23 OLG Karlsruhe, FamRZ 1978, 590.
24 BGH, FamRZ 1980, 124.
25 BGH, FamRZ 1981, 127, 129.
26 OLG Brandenburg, FamRZ 1995, 807.

A. Materielles Scheidungsrecht

37 Dies ist z.B. bei Alkoholmissbrauch und/oder Gewalttätigkeiten der Fall, nicht jedoch bereits bei Fehlverhalten, das auf dem Ausbruch einer psychischen Erkrankung beruht.[27] Ausreichend ist weiter nicht nur eine **schwere Straftat** gegen den Ehepartner oder einen Verwandten, sondern bereits ein entsprechender **hinreichender Tatverdacht** trotz grds. Unschuldsvermutung, wenn es aufgrund des **Erscheinungsbildes in der Öffentlichkeit** nicht zumutbar ist, mit dem Ehepartner weiter durch das Band der Ehe verbunden zu sein.[28]

38 **Nicht** ausreichend ist es, wenn der antragstellende Ehegatte ein Kind von einem anderen Partner erwartet.[29]

39 Für den Ehemann kann jedoch ein Härtefall nach § 1565 Abs. 2 BGB vorliegen, wenn seine Ehefrau vor Ablauf des Trennungsjahres von einem anderen Mann **schwanger** geworden ist.[30]

40 Die unsubstanziierte Behauptung, der Ehepartner habe „ständig wechselnde außereheliche Beziehungen", reicht ebenso wenig aus.[31]

41 Als eine **Unzumutbarkeit** begründendes Verhalten hat die Rechtsprechung angesehen:

- körperliche (nicht einmalige)[32] Misshandlungen,[33]
- Bedrohungen, insbes. Morddrohungen,[34]
- dringender Verdacht der Tötung der Schwiegereltern (mit U-Haft),[35]
- schwerste Beleidigungen und Beschimpfungen,
- wiederholtes schlimmes Verhalten nach übermäßigem Alkoholgenuss,

---

27 OLG Düsseldorf, FamRZ 1992, 319; zu weiteren Beispielsfällen vgl. Palandt/Brudermüller, BGB, § 1565 Rn. 10.
28 So AG Hannover, FamRZ 2004, 630 (hinreichender Verdacht auf Missbrauch des Kindes); zur Unterschiedlichkeit der Bewertung vgl. einerseits AG Ludwigslust, FamRZ 2005, 808 und anderseits OLG Saarbrücken, FamRZ 2005, 809.
29 OLG Naumburg, FamRZ 2005, 1839.
30 OLG Frankfurt am Main, FamRZ 2006, 25.
31 OLG Stuttgart, FamRZ 2002, 1342.
32 AG Kitzingen, FamRZ 2006, 25: anschließendes „konstruktives Verhalten" des Ehemannes zeige, dass die „strengen" Voraussetzungen für eine Härtescheidung nicht vorlägen.
33 Ein einmaliger, überdies provozierter und im Affekt begangener Akt der Körperverletzung reicht nicht aus, so OLG Stuttgart, FamRZ 2002, 239.
34 OLG Brandenburg, FamRZ 2001, 1458; der Fall zeichnete sich dadurch aus, dass der Ehemann außerdem erotische Kurzgeschichten aus der Feder seiner Frau, die ausdrücklich nur für die Lektüre durch die Ehepartner bestimmt waren („zu privaten Zwecken verfasst", wie der Senat sagt), öffentlich gemacht und seine Frau damit bloßgestellt hatte.
35 FamG Hannover, FamRZ 2004, 630.

III. Materielle Scheidungsvoraussetzungen

- unprovoziertes Im-Stich-Lassen der Familie,
- grundloser „Rauswurf" des Ehegatten aus der Wohnung,
- sofortige Aufnahme eines anderen Mannes in die dörfliche Ehewohnung, nachdem der Ehegatte ausgezogen ist,[36] erst recht, wenn sie von diesem Mann schwanger ist,[37]
- Ehefrau nimmt nach der Trennung sofort die Tätigkeit einer Prostituierten auf,[38]
- Ehebruch.

Was den zuletzt genannten Grund anlangt, muss man freilich differenzieren: 42

Kurzzeitige folgenlose Seitensprünge begründen keine unzumutbare Härte; desgleichen nicht das Zusammenleben mit einem neuen Partner und die Ablehnung der Ehe mit dem Ehepartner.[39]

Bejaht wurde die unzumutbare Härte ferner in folgenden **Einzelfällen**: 43
- Die Frau verlässt die Ehewohnung, um mit dem Bruder des Ehemannes in eheähnlicher Gemeinschaft zu leben.[40]
- Ein in einer Kleinstadt lebendes Ehepaar nimmt die Schwester der Frau in der Wohnung auf. Der Mann beginnt ein Verhältnis mit ihr und zieht schließlich mit ihr in eine andere Wohnung des aus drei Wohnungen bestehenden Hauses.[41]
- Die Frau unterhält ein ehebrecherisches Verhältnis in der ehemaligen – vom seinerseits ehebrecherischen Ehemann zur Pflege seiner neuen Beziehung verlassenen – Ehewohnung.[42]
- Die Ehefrau geht während des Zusammenlebens fremd, erwartet ein Kind und erzählt dann dem Mann bewusst wahrheitswidrig, dies sei das Ergebnis der künstlichen Befruchtung mit seinem Sperma.[43]

---

36 OLG Karlsruhe, FamRZ 1992, 1305.
37 OLG Brandenburg, FamRZ 2004, 25.
38 OLG Bremen, FamRZ 1996, 489.
39 OLG Düsseldorf, FamRZ 2000, 286; anders am Fall OLG Köln, FamRZ 1996, 108: wenige Wochen nach der Hochzeit hatte der Ehemann ein seit einem Jahr bestehendes anderweitiges Verhältnis offenbart und seine Ehefrau dazu aufgefordert, dies zu tolerieren und aktiv daran teilzunehmen.
40 OLG Oldenburg, FamRZ 1992, 682.
41 OLG Köln, FamRZ 2003, 1565 („besonders demütigend").
42 OLG Köln, FamRZ 1999, 723 (str.).
43 FamG Biedenkopf, FamRZ 1999, 722.

A. Materielles Scheidungsrecht

- Die Ehefrau erwartet aus einem ehebrecherischen Verhältnis ein Kind. Hier kann sich der Ehemann sofort scheiden lassen, um der Vaterschaftsvermutung nach § 1599 Abs. 2 Satz 1, 1. Halbs. BGB zu entgehen.[44]

44 Eine unzumutbare Härte kann **selbst dann** vorliegen, wenn **auch** der antragstellende Ehegatte sich einem anderen Partner zugewandt hat, wobei es nach der überwiegenden Rechtsprechung aber darauf ankommt, wer „angefangen" hat.[45] Der Gesetzeswortlaut bestimmt nicht ausdrücklich, dass nur Gründe in der Person des anderen vorliegen dürfen.[46]

45 **Verneint** wurde die unzumutbare Härte in folgenden **Einzelfällen**:

- Das Fehlverhalten beruht auf einer psychischen Erkrankung oder wird im Zustand erheblich verminderter Schuldfähigkeit begangen.[47] Härtebegründend ist letztlich also eine **feindliche Willensrichtung**, nicht aber ein unerfreuliches Verhalten, das sich als Produkt einer „unglückliche(n), schicksalhafte(n) Entwicklung" – so die erstgenannte Entscheidung – darstellt.

- Der dringende Verdacht einer **Vergewaltigung und sexuellen Nötigung** der Ehefrau begründen – zumindest nach Auffassung des **OLG Braunschweig** – keine unzumutbare Härte, wenn wegen räumlicher Trennung mit Wiederholungen nicht zu rechnen ist.[48]

- Der Mann schlägt seine Frau ein einziges Mal; danach kommt es in ruhiger Atmosphäre zu Einigungsgesprächen über Folgesachen.[49]

- Die Frau tötet die beiden ehelichen Kinder, allerdings aufgrund einer schweren seelischen Krise, die vom Mann durch Untreue mit verursacht worden ist.[50]

46 Auch das **Zusammenleben mit einem neuen Partner** begründet nicht immer eine unzumutbare Härte, z.B. dann nicht, wenn eine Frau sich nach einer nur wenige Wochen dauernden ehelichen Lebensgemeinschaft wieder ihrem alten Freund zuwendet. Das FamG Lüdenscheid[51] sagt hierzu deutlich:

> „Die Zuwendung eines Ehegatten zu einem neuen Partner ist nämlich regelmäßig lediglich ein Grund, der auf die Zerrüttung der Ehe schließen lässt, nicht jedoch zugleich den Ausnahmetatbestand erfüllt, der die Scheidung vor Ablauf des Trennungsjahres rechtfertigt."

---

44 OLG Karlsruhe, FamRZ 2000, 1417; OLG Frankfurt am Main, FamRZ 2006, 625.
45 OLG Rostock, FamRZ 1993, 808.
46 So OLG Düsseldorf, FamRZ 1992, 319.
47 OLG Brandenburg, FamRZ 1995, 807 und OLG Hamm, FamRZ 1995, 808.
48 So m.E. unrichtig OLG Braunschweig, FamRZ 2000, 287.
49 FamG Kitzingen, FamRZ 2006, 625.
50 FamG Landstuhl, FamRZ 1996, 1287.
51 FamRZ 1994, 314.

Leben beide mit neuen Partnern zusammen und erwartet die Ehefrau aus der neuen Partnerschaft ein **Kind**, liegt **kein Härtegrund** vor.[52] Das Gleiche gilt, wenn der Ehemann keine neue Partnerin hat, seine Frau aber von ihrem neuen Partner schwanger ist und ihn heiraten will.[53]

Auch die schlichte Nichtzahlung von Trennungsunterhalt reicht nicht aus.[54]

Erklärt der Ehegatte, er werde keinen Unterhalt zahlen und in sein Heimatland ausreisen, reicht das gleichfalls nicht für eine unzumutbare Härte.[55]

Schließlich sind sexuelle Beziehungen zu einem **gleichgeschlechtlichen Partner** für sich gesehen noch kein Härtegrund. Derartige Affären unterliegen den gleichen Regeln wie heterosexuelle Beziehungen.[56]

bb) Kindesinteresse

Gemäß § 1568 Abs. 1, 1. Alt. BGB ist eine Ehe **nicht** zu scheiden, wenn dies ausnahmsweise und **aus besonderen Gründen** im Interesse der aus der Ehe hervorgegangenen minderjährigen Kinder notwendig ist. Diese **zeitlich begrenzte Ausnahme** greift nach Volljährigkeit der Kinder nicht mehr und stellt i.ü. einen restriktiv auszulegenden absoluten Ausnahmefall dar.[57] Die nachteiligen Folgen dürfen sich aber **nicht bereits aus der Trennung** ergeben, sondern müssen **bei Durchführung der Scheidung** als besondere Gründe **hinzutreten**.[58]

cc) Härte für den anderen Ehegatten

Gemäß § 1568 Abs. 1, 2. Alt. BGB soll eine Ehe **nicht** geschieden werden, obwohl sie gescheitert ist, wenn und solange die Scheidung für den Antragsgegner, der sie ablehnt, aufgrund **außergewöhnlicher Umstände eine so schwere Härte** darstellen würde, dass die **Aufrechterhaltung** der Ehe auch unter Berücksichtigung der Belange des Antragstellers **ausnahmsweise geboten** erscheint. Diese Ausnahme ist nicht schon dann zu bejahen, wenn z.B. die ernsthafte Gefahr eines Suizids des Antragsgegners

---

52 OLG Stuttgart, FamRZ 1999, 722.
53 OLG Naumburg, FamRZ 2005, 1839.
54 OLG Stuttgart, FamRZ 2001, 1458.
55 KG, FamRZ 2000, 288.
56 OLG Köln, FamRZ 1997, 24.
57 OLG Celle, FamRZ 1978, 508: starke Bindungen der Kinder können einer Scheidung im Wege stehen.
58 Zu einem dahin gehend entschiedenen Fall vgl. OLG Hamburg, FamRZ 1986, 469 (Selbsttötungsgefahr für das Kind) m. Anm. Henrich; krit. dazu Schwab, Familienrecht, Rn. 311 f.

A. Materielles Scheidungsrecht

besteht.[59] Es müssen **weitere Umstände hinzukommen**, um den grds. Anspruch einer Person auf Scheidung seiner Ehe zu Fall zu bringen.

Beispiele:

- *Spätstadium einer **multiplen Sklerose**, in dem schon kleine Aktivierungen der Entzündungsvorgänge massive Anfälle bewirken, die der Kranke aus eigener Kraft nicht mehr ausgleichen kann, sodass die Gefahr wesentlicher gesundheitlicher Verschlechterung besteht;*[60]
- *Spätstadium eines **Krebsleidens** mit einer Lebenserwartung von noch einem Jahr;*[61]
- *langjährige Ehe (35 Jahre), aus der ein **schwer geistig behindertes Kind** hervorgegangen ist, das die Antragsgegnerin allein betreut;*[62]
- *bei **Suizidgefahr** kommt es darauf an, ob der drohende Schritt des Antragsgegners eine von ihm zu verantwortende Fehlreaktion darstellt (hier: keine Anwendung der Eheschutzklausel) oder aus einer von ihm **nicht steuerbaren psychischen Ausnahmesituation** resultiert;*[63]
- *lange Ehedauer mit **wirtschaftlicher Krise**, gemeistert im Wesentlichen durch die Antragsgegnerin;*[64]
- *materielle Umstände, hier: **Krankenversicherungsschutz** des hinfälligen Antragsgegners.*[65]

53 Grundsätzlich gilt, dass **seelische Belastungen wegen der Scheidung zumutbar** sind.

54 Die Ehegattenschutzklausel soll dem an der Ehe festhaltenden Ehegatten ermöglichen und ihm Zeit einräumen, sich auf die Auflösung der Ehe einzustellen.[66]

55 **Depressionen** aufgrund des Partnerverlustes sind eine **häufige Begleiterscheinung** von Trennung und Ehescheidung. Sie können deshalb auch dann nicht als die Schei-

---

59 BGH, FamRZ 1981, 1161; OLG Hamm, FamRZ 1990, 630.
60 BGH, FamRZ 1985, 905, 906; weitere Beispiele bei Palandt/Brudermüller, BGB, § 1565 Rn. 5.
61 OLG Karlsruhe, FamRZ 1979, 512.
62 OLG Hamm, FamRZ 1985, 189; OLG Bamberg: der Umstand, dass ein Ehegatte infolge der Scheidung zum Sozialfall wird und sich allein um die gemeinsamen behinderten Kinder kümmern muss, schließt die Ehescheidung nicht aus, Urt. v. 22.01.2004 – 2 UF 208/03, n.v. (Abruf-Nr. 051562 unter *www.iww.de*); dazu Möller, FK 2005, 118.
63 BGH, FamRZ 1984, 559; OLG Hamm, FamRZ 1990, 60; KG, FamRZ 1983, 1133; vgl. dazu den Fall OLG Schleswig, OLGR 2006, 131; einzusehen unter Abruf-Nr. 061178 in *www.iww.de* und Anm. Büte, FK 2006, 122.
64 BGH, FamRZ 1979, 422.
65 BGH, FamRZ 1981, 649.
66 Vgl. Büte, FK 2004, 32.

III. Materielle Scheidungsvoraussetzungen

dung hindernde außergewöhnliche Umstände gewertet werden, wenn als Folge der Depressionen der **Suizid droht**.[67]

Es liegt aber ein **außergewöhnlicher Ausnahmezustand** vor, wenn die Fähigkeit eines Ehepartners zum eigenverantwortlichen Handeln durch die psychische Störung erheblich eingeschränkt ist.[68] 56

Zweifel am Verlust der Einsichts- und Steuerungsfähigkeit gehen zulasten des sich der Scheidung widersetzenden Ehegatten.[69] 57

3. Einverständliche Scheidung

a) Voraussetzungen

Für die sog. **einverständliche Scheidung nach § 1566 Abs. 1 BGB** reicht es **allein** aus, dass die **Voraussetzungen** dieser Vorschrift vorliegen, nämlich 58

- eine **einjährige Trennungszeit** und

- **beide Ehegatten beantragen** die Scheidung oder der Antragsgegner **stimmt der Scheidung zu**.[70]

Ist unklar, seit wann exakt ein Getrenntleben zwischen den Parteien anzunehmen ist, wird es für die Durchführung der einverständlichen Scheidung unumgänglich sein, sich hierüber **Klarheit zu verschaffen** bzw. zu verständigen. 59

> **Praxistipp:**
>
> Gefährlich ist allerdings in diesem Zusammenhang, wenn die Parteien die **einjährige Trennung** umgehen und den Trennungszeitpunkt **vorverlegen** wollen. Einem/Einer in diesem Zusammenhang mitwirkenden Rechtsanwalt/Rechtsanwältin „winkt" in diesem Fall eine **Strafbarkeit** wegen Beihilfe oder Anstiftung zur **Falschaussage**.

Gleichgültig ist für eine „einverständliche" Scheidung, ob sich die Parteien auch über die möglichen Folgesachen der Scheidung geeinigt haben, also Regelungen bspw. über Unterhalt, ehelichen Zugewinn oder Hausrat getroffen haben. Entscheidend ist neben der Diagnose die gemeinsame Prognose, dass eine Wiederherstellung der Ehe nicht zu erwarten ist, die sich im gemeinsamen Scheidungswillen äußert. 60

---

67 OLG Celle, NJW-RR 1995, 1409.
68 BGH, FamRZ 1981, 1161; OLG Hamm, FamRZ 2000, 1418.
69 OLG Karlsruhe, FamRZ 2000, 1418.
70 OLG Zweibrücken, FamRZ 1990, 59: die Erklärung, dem Scheidungsantrag nicht entgegenzutreten, genügt nicht.

A. Materielles Scheidungsrecht

61 **Scheitert eine einverständliche Scheidung,**[71] kann der Scheidungsantrag nur auf § 1565 Abs. 1 Satz 2 BGB (unmittelbarer Nachweis des Gescheitertseins der Ehe) oder auf die Zerrüttungsvermutung des § 1566 Abs. 2 BGB gestützt werden. Der Scheidungsantrag ist dann zwar zulässig, wenn beide Parteien zunächst die Scheidung wollen; die Scheidung wird aber **nicht aufgrund § 1566 Abs. 1 BGB** ausgesprochen, sondern nach Prüfung der Scheidungsvoraussetzungen gem. § 1565 Abs. 1 Satz 2 BGB.

62 Dies führt zu folgenden Konstellationen:
- Die Parteien stellen Scheidungsantrag, leben aber noch nicht ein Jahr getrennt; die Frage der Scheidung beurteilt sich nach § 1565 Abs. 2 BGB.
- Die Voraussetzungen nach § 1566 Abs. 1 BGB liegen vor; das Gescheitertsein der Ehe wird unwiderlegbar vermutet.
- Die Voraussetzungen nach § 1566 Abs. 1 BGB liegen nicht vor; die Scheidung ist nur nach § 1565 Abs. 1 BGB oder § 1566 Abs. 2 BGB möglich.

b) Regelung der Scheidungsfolgen: der Ehevertrag

aa) Regelung zu Beginn der Ehe

63 **Vereinbarungen** über den Ausschluss bestimmter gesetzlicher Regelungen i.R.d. Ehe, der Trennung und Scheidung sind **grds. zulässig**, unterliegen jedoch namentlich seit der wegweisenden **Entscheidung des BVerfG v. 06.02.2001**[72] engen Grenzen. In dieser Entscheidung und noch einmal deutlich in dem **Beschluss des BVerfG v. 29.03.2001**[73] hat das BVerfG erklärt, dass in Eheverträgen der **Schutz vor unangemessener Benachteiligung** beachtet werden muss. Ein Ehevertrag darf die Unterlegenheitsposition einer Partei nicht durch ihre einseitige vertragliche Belastung und die unangemessene Berücksichtigung der Interessen der anderen Partei ausdrücken.

64 Das BVerfG hat deutlich festgelegt:

„Ein Verzicht auf gesetzliche Ansprüche bedeutet insbesondere für den Ehegatten eine Benachteiligung, der sich unter Aufgabe einer Berufstätigkeit der Betreuung des Kindes und der Arbeit im Hause widmen soll. Je mehr im Ehevertrag gesetzliche Rechte abbedungen werden, desto mehr kann sich der Effekt einseitiger Benachteiligung verstärken."[74]

---

71 Etwa durch Rücknahme der Einverständniserklärung in der mündlichen Verhandlung, BGH, FamRZ 2006, 201.
72 Vgl. FamRZ 2001, 343.
73 FamRZ 2001, 985.
74 So BVerfG, FamRZ 2001, 985; OLG München, FamRZ 2003, 35 m. Anm. Bergschneider, FamRZ 2003, 38.

III. Materielle Scheidungsvoraussetzungen

Das **BVerfG** verlangt für die Frage der Korrekturbedürftigkeit eines Ehevertrages eine „**Gesamtschau**" **der persönlichen, wirtschaftlichen und sozialen Verhältnisse** der Parteien im Zeitpunkt des Vertragsschlusses und im Zeitpunkt der Scheidung.[75]

65

Praxistipp:

Vor Geltendmachung (bzw. umgekehrt: Nichtgeltendmachung) von Ansprüchen, z.b. wegen Unterhalts oder Zugewinns, ist daher im Fall des Vorliegens eines Ehevertrages der gesamte Ehevertrag zu überprüfen, damit die „**Freiheit der Lebensplanung**" eines Partners nicht „**die Freiheit zu einer unangemessenen einseitigen vertraglichen Interessendurchsetzung eröffnet**".[76]

Der **Rechtsanwalt**, der bei dem Zustandekommen eines Ehevertrages mitwirkt, **haftet** (!) für eine **vollständige und richtige Niederlegung des Willens** seines Mandanten und für einen **möglichst eindeutigen und nicht erst der Auslegung bedürftigen Wortlaut**.[77] Der **Notar haftet** in diesen Fällen zunächst **nicht**, weil sich seine Haftung auf diejenigen Fälle beschränkt, in denen „keine anderweitige Ersatzmöglichkeit" gegeben ist.[78]

Zu den **Risikofaktoren bei Eheverträgen**[79] kann die folgende **Checkliste** als Hilfestellung dienen.

66

Risikofaktoren ja:

☐ Vertragsschluss in einer **Zwangssituation** (Terminsnot, Schwangerschaft, wirtschaftliche Abhängigkeit, Drohung, Täuschung),

☐ für einen Vertragsteil werden **sämtliche Rechte abbedungen**,

☐ gemäß der **Gesamtschau** der Verhältnisse wurde ein wesentliches Teilrecht abbedungen,

☐ die **notarielle Belehrung** (§ 17 BeurkG) war unterblieben oder mangelhaft, sodass der oder die Beteiligten die Tragweite des Geschäfts **nicht verstanden** haben.

Risikofaktoren nein:

☐ nur ein unwesentliches Teilrecht abbedungen,

☐ Vertrag von jungen Leuten mit stabiler Einkommenssituation geschlossen,

---

75 BVerfG, FamRZ 2001, 985; zur richterlichen Kontrolle von Unterhaltsverzichten vgl. Goebel, FamRZ 2003, 1513.
76 BVerfG, FamRZ 2001, 985; OLG Köln, RNotZ 2001, 454; AG Kandel, FamRZ 2006, 345: „grobe Unbilligkeit".
77 BGH, NJW 2002, 1048.
78 Subsidiaritätsprinzip, § 19 Abs. 1 Satz 2 BNotO, vgl. BGH, NJW 2002, 1048.
79 Vgl. zur „Inhaltskontrolle von Eheverträgen" Münch, FamRZ 2005, 570.

A. Materielles Scheidungsrecht

- ☐ beim Globalverzicht wurden ausreichende, gleichwertige Kompensationsleistungen vereinbart (Lebensversicherungen, Grundstücksübereignung, Geldanlage),
- ☐ Ehepartner wollen beide freiberuflich tätig sein und haben daher aus Risikogründen Teilhaberechte abbedungen,
- ☐ Ehepartner haben keinen Kinderwunsch, feste und zukunftssichere Einkünfte und schließen sämtliche Teilhaberechte aus,
- ☐ beide Ehepartner haben unbelastete Immobilien, bereits ausreichende Rentenanwartschaften und verfügen über Ausbildungen in krisensicheren Berufen (Idealfall),
- ☐ junge Ehepartner haben bei Vertragsschluss sichere Einkommensquellen, akademische Ausbildungen, Berufserfahrung, dauerhafte Chancen auf dem Arbeitsmarkt, kein eigenes unbewegliches Vermögen, Absicherung durch Elternvermögen und einen Globalverzicht vereinbart.

Praxistipp:

Eine **Klage** auf Feststellung der Nichtigkeit eines Ehevertrages ist **mangels Feststellungsinteresses unzulässig**, solange kein Scheidungsantrag gestellt und auch sonst offen ist, ob es zur Scheidung der Parteien kommt.[80]

67 Zur zwischenzeitlich zahlreich ergangenen **Judikatur**[81] vgl. insbes.:

OLG München, FamRZ 2003, 35, m. Anm. **Bergschneider**, FamRZ 2003, 39	Missbrauch der Vertragsfreiheit, aufgehoben durch **BGH**, Urt. v. 11.02.2004, FamRZ 2004, 601.
OLG München, FamRZ 2003, 376	Einseitige Dominanz.
AG Warendorf, FamRZ 2003, 609	Zum beruflichen Werdegang.
OLG Koblenz, OLGR 2003, 187	Sittenwidrigkeit bejaht.
OLG Düsseldorf, FamRZ 2003, 1287	Sittenwidrigkeit verneint.
AG Schwäbisch Hall, FamRZ 2003, 1284, m. Anm. **Bergschneider**, FamRZ 2003, 1286	Sittenwidrigkeit bejaht.
OLG Düsseldorf, FK 2004, 109	

---

80 OLG Frankfurt am Main, FamRZ 2005, 457.
81 Eine Übersicht über die Rechtsprechung des Jahres 2005 findet sich bei Graba, FamRZ 2006, 297 und 302.

III. Materielle Scheidungsvoraussetzungen

OLG Koblenz, FamRZ 2004, 200, m. Anm. **Bergschneider**, FamRZ 2004, 201	Keine Sittenwidrigkeit trotz Änderung der Lebensplanung.
OLG Koblenz, FamRZ 2004, 805, m. Anm. **Bergschneider**, FamRZ 2004, 807	Anpassung des Vertrages.
OLG Celle, FamRZ 2004, 1202, m. Anm. **Bergschneider**, FamRZ 2004, 1204 und OLG Celle, FamRB 2004, 175, m. Anm. **Grziwotz**, FamRB 2004, 176	Keine Sittenwidrigkeit.
OLG Celle, FamRZ 2004, 1489, m. Anm. **Bergschneider**, FamRZ 2004, 1493	Sittenwidrigkeit des Ausschlusses von Zugewinn aufgrund Teilausschlusses von Betreuungsunterhalt und Versorgungsausgleich.
OLG Karlsruhe, FamRZ 2004, 1789, m. Anm. **Bergschneider**, FamRZ 2004, 1791	Ausübungskontrolle.
OLG Celle v. 08.09.2004 – 15 WF 214/04	Sittenwidrigkeit eines bedarfsunabhängigen Mindestunterhalts.
BGH, FamRZ 2005, 26, m. Anm. **Bergschneider**, FamRZ 2005, 28	Zur Wirksamkeits- und Ausübungskontrolle bei Ausschluss des Versorgungsausgleichs.
BGH, FamRZ 2005, 185, m. Anm. **Bergschneider**, FamRZ 2005, 188[a)]	Zur Anpassung des Ausschlusses des Versorgungsausgleichs an geänderte Verhältnisse und zur Beschränkung des i.R.d. Ausübungskontrolle durchzuführenden Versorgungsausgleichs auf die ehebedingt entstandenen Versorgungsnachteile eines Ehegatten.[b)]
OLG München, FamRZ 2005, 215	Zum Verzicht nach Scheidung.
OLG Düsseldorf, FamRZ 2005, 216, m. Anm. **Bergschneider**, FamRZ 2005, 220	Ende der Unterhaltsverpflichtung mit Vollendung des 18. Lebensjahres des gemeinsamen Kindes.
AG Rheine, FamRZ 2005, 451, m. Anm. **Bergschneider**, FamRZ 2005, 453	Sittenwidrigkeit aufgrund Ausnutzung der sozialen Unterlegenheit wegen einer Suchterkrankung.

A. Materielles Scheidungsrecht

OLG Nürnberg, FamRZ 2005, 454	Zur Inhaltskontrolle eines Ehevertrages, in dem eine schwangere Philippinin auf nachehelichen Unterhalt sowie die Durchführung des Versorgungsausgleichs verzichtet.
OLG Stuttgart, FamRZ 2005, 455	Sittenwidrigkeit eines Ehevertrages mit Unterhalts- und Versorgungsausgleichsverzicht durch eine berufstätige Schwangere.
BGH, FamRZ 2005, 691, m. Anm. **Bergschneider**, FamRZ 2005, 693	Zur Wirksamkeitskontrolle eines Ehevertrages bei kinderloser Ehe (Ausschluss des Versorgungsausgleichs) und Alter der Parteien von 44 und 46 Jahren bei Vertragsschluss (Vertrag wirksam).
OLG Hamm, FamRZ 2005, 1181	Wirksamkeit einer Trennungs- und Scheidungsfolgenvereinbarung, die die Parteien kurz vor der Trennung mit dem übereinstimmenden Willen geschlossen haben, dass im Fall des Scheiterns ihrer Ehe keiner mehr etwas von dem anderen zu verlangen haben soll (Ausschluss des Versorgungsausgleichs wirksam).
BGH, FamRZ 2005, 1444, m. Anm. **Bergschneider**, FamRZ 2005, 1149 und **Soyka**, FK 2005, 201.	Zur Wirksamkeitskontrolle von Eheverträgen bei Schwangerschaft und zur Ausübungskontrolle von Eheverträgen in Fällen, in denen sich die wirtschaftlichen Verhältnisse eines Ehegatten in der Ehe wesentlich ändern.
BGH, FamRZ 2005, 1449, m. Anm. **Bergschneider**, FamRZ 2005, 1152[c)]	Bei der Inhaltskontrolle von Eheverträgen teilt der Kranken- und Altersvorsorgeunterhalt den Rang des Elementarunterhalts, soweit die Unterhaltspflicht ehebedingte Nachteile ausgleichen soll.

OLG Hamm, FamRZ 2005, 1567, m. Anm. **Bergschneider**, FamRZ 2005, 1569.	Nach den Umständen des Einzelfalls kann ein während einer bestehenden Ehe anlässlich einer Ehekrise geschlossener Ehevertrag, durch welchen der Versorgungsausgleich und der gesetzliche Güterstand ausgeschlossen, Gütertrennung vereinbart sowie wechselseitig auf nachehelichen Unterhalt verzichtet worden ist, wirksam sein und nicht der Vertragsanpassung unterliegen (hier: keine gravierende Störung der Vertragsparität).
OLG Schleswig v. 20.05.2005	Auch ein Globalverzicht ist nicht grds. wegen Verstoßes gegen die guten Sitten nichtig; bei der Ausübungskontrolle ist jedoch zu berücksichtigen, dass aus der Ehe ein Kind hervorgegangen ist, das von der Ehefrau betreut wird.[d]
OLG Braunschweig, FamRZ 2005, 2071, m. Anm. **Bergschneider**, FamRZ 2005, 2072	Der Umstand der Schwangerschaft der zukünftigen Ehefrau bei Abschluss des Ehevertrages allein besagt nicht, dass sie sich in einer Position der Unterlegenheit befunden hat, wenn keine Situation vorlag, die ihr praktisch keine andere Wahl ließ, als den Vertrag auf Verlangen des zukünftigen Ehemannes zu unterschreiben.
OLG Hamm, FamRZ 2006, 268, m. Anm. **Bergschneider**, FamRZ 2006, 269	Ein mit einer Schwangeren abgeschlossener Ehevertrag, der allein die Regelung der Gütertrennung zum Inhalt hat, ist wirksam.
OLG Düsseldorf, FamRZ 2006, 347	Die Berufung auf den Ausschluss des Versorgungsausgleichs kann gegen Treu und Glauben verstoßen, wenn während der Ehe ein Kind geboren wird und die Erwerbstätigkeit deshalb unterbrochen wird.

OLG Düsseldorf, NJW 2006, 234	Ist im Scheidungsverfahren der Versorgungsausgleich wegen eines vertraglich vereinbarten Ausschlusses nicht durchgeführt worden, kann er nach Änderung der höchstrichterlichen Rechtsprechung zur richterlichen Inhaltskontrolle von Eheverträgen auf Antrag auch nach rechtskräftigem Abschluss des Scheidungsverfahrens durchgeführt werden; Voraussetzung dafür ist, dass der vertragliche Ausschluss des Versorgungsausgleichs sittenwidrig war.[e]
OLG Hamm v. 29.06.2005, n.v.	Die Berufung auf eine vereinbarte Gütertrennung ist treuwidrig, wenn die Ehegatten bei ihrer vertraglichen Abrede von beiderseitiger Berufstätigkeit ausgegangen sind, diese Planung sich aber später nicht verwirklichen lässt.[f]
BGH v. 17.05.2006 – XII ZB 250/03[g]	Salvatorische Klausel schützt nicht vor Gesamtnichtigkeit des Ehevertrages.
BGH v. 05.07.2006, FamRZ 2006, 1359	Sittenwidrigkeit wegen Beschneidung des Betreuungsunterhalts.
OLG München v. 01.02.2006, FamRZ 2006, 1449	Nichtigkeit eines Ehevertrages, mit dem u.a. der Wegfall der Unterhaltsverpflichtung für den Fall der Aufnahme einer eheähnlichen Beziehung vereinbart wurde.
BGH v. 25.10.2006, FamRZ 2007, 197, m. Anm. **Bergschneider**, FamRZ 2007, 199	Zur Frage, unter welchen Voraussetzungen ein ehevertraglicher Verzicht auf nachehelichen Unterhalt den Träger der Sozialhilfe belastet und deshalb nach § 138 Abs. 1 BGB sittenwidrig ist.[h]
OLG Stuttgart v. 18.10.2006, FamRZ 2007, 291, m. Anm. **Bergschneider**, FamRZ 2007, 292	Wirksamer Ausschluss des Versorgungsausgleichs.
BGH v. 22.11.2006, FamRZ 2007, 450, m. Anm. **Bergschneider**, FamRZ 2007, 452	Zur Unwirksamkeit eines Unterhaltsverzichts zulasten seines aus dem Ausland eingereisten Ehegatten.

III. Materielle Scheidungsvoraussetzungen

OLG Naumburg v. 07.07.2006, FamRZ 2007, 473, m. Anm. **Bergschneider**, FamRZ 2007, 476	Prüfung einseitiger Lastenverteilung i.R.d. Ausübungskontrolle.
OLG Karlsruhe v. 11.09.2006, FamRZ 2007, 477, m. Anm. **Bergschneider**, FamRZ 2007, 479	Zur Sittenwidrigkeit eines Ehevertrages bei Verpflichtung zur Zahlung einer Leibrente.
OLG Koblenz v. 23.10.2006, FamRZ 2007, 479, m. Anm. **Bergschneider**, FamRZ 2007, 480	Zur Auslegung des Wortlautes eines Ehevertrages.
OLG Zweibrücken v. 03.07.2006, FamRZ 2007, 480	Zur Wirksamkeit des Ausschlusses des Versorgungsausgleichs.
AG Lüdenscheid v. 20.09.2006, FamRZ 2007, 481	Zur Inhaltskontrolle eines Ehevertrages mit Ausschluss des Versorgungsausgleichs.
OLG München v. 12.12.2006, FamRZ 2007, 1244, m. Anm. **Bergschneider**, FamRZ 2007, 1246.	Zur Nichtigkeit eines Ehevertrages (hier: Ausschluss des Versorgungsausgleichs) zwischen einem Deutschen und einer Ausländerin bei einseitiger Schlechterstellung und einer erheblich schwächeren wirtschaftlichen Situation der Ehefrau, die sich zudem bei Vertragsschluss in einer erheblichen Drucksituation befand.
BGH v. 28.02.2007, FamRZ 2007, 974	Ein Ehevertrag ist nicht deshalb unwirksam, weil darin eine Anpassung an künftige Einkommenssteigerungen ausgeschlossen wurde.[i)]
OLG München v. 12.12.2006, FamRZ 2007, 1244, m. Anm. **Bergschneider**, FamRZ 2007, 1246.	Zur Nichtigkeit eines Ehevertrages zwischen einer Ausländerin und einem Deutschen.
BGH v. 28.03.2007, FamRZ 2007, 1310, m. Anm. **Bergschneider**, FamRZ 2007, 1312.	Ehevertragliche Regelungen betreffend den Betreuungsunterhalt und Ausschluss des Zugewinnausgleichs;[j)] zugleich Aufhebung des Urteils OLG Celle, FamRZ 2004, 1489.

Erläuterungen:
a) FamRB 2005, 8 m. Anm. Borth, FamRB 2005, 9.
b) Fortführung von BGH, FamRZ 2004, 601; vgl. dazu Wick, FK 2005, 67.

A. Materielles Scheidungsrecht

c) Vgl. zur Entscheidung und zur Schutzwürdigkeit von Alters- und Krankenvorsorgeunterhalt auch Soyka, FK 2005, 148.
d) 13 UF 162/04 – n.v., Abruf-Nr. 052922 unter *www.iww.de*.
e) Vgl. dazu Bergmann-Streyl, FK 2006, 81.
f) Einzusehen unter Abruf-Nr. 060995 unter *www.iww.de*; vgl. auch Soyka, FK 2006, 83.
g) N.v., Abruf-Nr. 061856 unter *www.iww.de*.
h) Vgl. dazu Möller, FK 2007, 37 mit Checkliste zur Sittenwidrigkeit von Eheverträgen zulasten von Sozialhilfeträgern, FK 2007, 38.
i) Vgl. dazu Soyka, FK 2007, 145.
j) Dazu Soyka, FK 2007, 171.

68 **Zu OLG Celle, FamRZ 2004, 1489**: Nach Auffassung des OLG Celle (19. Senat) „**infiziert**" die Sittenwidrigkeit des Teilausschlusses von Betreuungsunterhalt und Versorgungsausgleich auch den Ausschluss des Zugewinnausgleichs mit der Folge der **Sittenwidrigkeit auch dieses Ausschlusses**. Der **BGH** hat das Urteil am 28.03.2007 aufgehoben mit der Begründung, der Teilausschluss einzelner Unterhaltstatbestände (hier immerhin Betreuungsunterhalt) müsse differenziert betrachtet werden. Überdies hat der BGH das **Interesse des Ehemannes am Ausschluss des Zugewinns** zur Erhaltung der wirtschaftlichen Substanz des ihm künftig zufallenden Geschäfts als ausschlaggebend angesehen. **Bergschneider**[82] weist in diesem Zusammenhang zu Recht darauf hin, dass der BGH in dieser Entscheidung der subjektiven Seite (einseitige Dominanz, ungleiche Verhandlungsposition, Unterlegenheit) nicht die gleiche hohe Bedeutung beimisst wie das BVerfG in seiner Grundentscheidung v. 06.02.2001.[83]

69 **Zu OLG Karlsruhe v. 15.07.2004 (FamRZ 2004, 1789)**: Die Parteien heirateten 1987 und schlossen einen Ehevertrag, in dem der Unterhaltsanspruch der schwangeren Ehefrau für den Fall der Trennung und Scheidung geregelt wurde (Unterhalt i.H.d. Gehalts eines Beamten der Besoldungsgruppe A 3, 10. Altersstufe ohne Ortszuschlag.

70 Der Senat hat die Sittenwidrigkeit des Vertrages verneint mit der Begründung, der Kernbereich des gesetzlichen Scheidungsfolgenrechts sei nicht in wesentlichen Teilen abbedungen.

71 Der Senat hat allerdings die vertragliche Regelung angepasst im Hinblick auf die bei Vertragsschluss noch nicht eingetretene, im Verlauf der Ehe sich ergebende, außergewöhnlich gute Einkommensentwicklung seitens des Ehemannes. Damit ergab sich ein höherer Bedarf der Ehefrau als vertraglich geregelt. Der Ehefrau wurde ein monatlicher Unterhalt von rund 3.492,00 € zugesprochen, nämlich das Doppelte des Verdienstes nach der Besoldungsgruppe A 3 (verlangt hatte sie im Wege konkreter Bedarfsdarlegung knapp 6.000,00 €).

---

82 FamRZ 2007, 1312.
83 FamRZ 2001, 343.

III. Materielle Scheidungsvoraussetzungen

Zu OLG Celle v. 08.09.2004: Gegen die Wirksamkeit der Regelung eines bedarfsunabhängigen Mindestunterhalts könnte sprechen, dass der Verpflichtete in Abkehr vom Grundsatz der Halbteilung und ohne Rücksicht auf seine unterhaltsrechtliche Leistungsfähigkeit zur Zahlung eines Mindestunterhalts verpflichtet ist. Er hatte im zu entscheidenden Fall rechnerisch weniger als das Existenzminimum zur Verfügung. Das **OLG Celle** (15. Senat) hat in diesem Zusammenhang erklärt:

„Erweisen sich die vertraglichen Regelungen zum Unterhalt als unwirksam, bleibt der **Vertrag gem. § 139 BGB im Übrigen wirksam**, wenn dies dem mutmaßlichen Willen der Parteien entspricht. Die unwirksamen Regelungen werden durch gesetzliche Regelungen ersetzt."

72

Hinweis:

Salvatorische Klauseln in Eheverträgen haben danach evtl. eine auf den Einzelfall bezogene Bedeutung. Die Aufnahme von Standardklauseln in Eheverträgen führt jedoch nicht weiter.[84]

Zu BGH, FamRZ 2005, 26: Die in dem Beschluss aufgestellten strengen Voraussetzungen rücken die richterliche Inhaltskontrolle in die Nähe der Genehmigungsbedürftigkeit einer Scheidungsvereinbarung. Die Inhaltskontrolle wird daher regelmäßig in solchen Fällen gerichtliches Thema sein (Amtsermittlungsprinzip des FGG für Versorgungsausgleich).[85]

73

Hinweis:

In notariellen Vereinbarungen ist daher darauf zu achten, dass diejenigen Umstände in die Urkunde aufgenommen werden, die eine gerichtliche Akzeptanz erwarten lassen.

Zu BGH, FamRZ 2005, 185: Mit Ehevertrag v. 17.11.1977 vereinbarten die Parteien für ihre einen Tag später geschlossene Ehe **Gütertrennung und verzichteten gegenseitig auf den Versorgungsausgleich**. Zwei Kinder wurden 1980 und 1983 geboren. Während der Ehe erwarb die Ehefrau Rentenanwartschaften von rund 390,00 DM, der Ehemann von rund 3.084,00 DM.

74

Das zuvor entscheidende **OLG Koblenz** und der **BGH** haben bei der Prüfung der Wirksamkeitskontrolle die Entscheidung auch über den Versorgungsausgleich **nicht beanstandet**, obwohl bei Abschluss des Vertrages wertmäßig die Anwartschaften der Ehefrau aufgrund geringeren Einkommens nicht so hoch waren wie die des Ehemannes. Konkrete Planungen der Frau, den Beruf aufzugeben, hätten nicht bestanden,

75

---

84 Vgl. dazu Grziwotz, FF 2004, 277: „Papierverschwendung".
85 Vgl. auch OLG Koblenz, FamRZ 2004, 1970, 1971.

ebenso wenig wären Kinder erwartet worden. Auch für eine Ausnutzung der Unerfahrenheit der Ehefrau seien Anhaltspunkte nicht erkennbar.

76 Allerdings, so der BGH, sei **der Ehevertrag, aufgrund der später geänderten Verhältnisse, im Wege der Ausübungskontrolle zu überprüfen und nach den Regeln über die Störung der Geschäftsgrundlage anzupassen**. Das OLG Koblenz hatte durch Sachverständigengutachten feststellen lassen, wie hoch die Anwartschaften der Ehefrau im Fall der ungeschmälerten Fortsetzung der Arbeitstätigkeit gewesen wären und hat **Anwartschaften i.H.d. Differenz ihrer tatsächlichen Anwartschaften übertragen**. Der BGH hat diese Vorgehensweise bestätigt.

77 **Zu OLG München, FamRZ 2005, 215**: Auch ein erst **nach Scheidung vereinbarter Verzicht** auf nachehelichen Unterhalt **unterliegt der Inhaltskontrolle** von Vereinbarungen und kann bei **Kinderbetreuung** i.R.d. **Ausübungskontrolle** nach § 242 BGB dazu führen, dass sich der Pflichtige während der Dauer der Kinderbetreuung nicht auf den Verzicht berufen darf.

78 **Zu OLG Düsseldorf, FamRZ 2005, 216**: Ein Ehevertrag zwischen einem Multimillionär und einer Ärztin, der das Ende der Unterhaltsverpflichtung auf den Tag der **Vollendung des 18. Lebensjahres des jüngsten gemeinsamen Kindes** festschreibt, ist nicht sittenwidrig. Die Bedeutung des Urteils liegt darin, dass ein **Teilverzicht auf Unterhalt nicht generell für unzulässig** erklärt wurde. Ob allerdings im Wege der **Ausübungskontrolle** nicht trotz eines entsprechenden Teilverzichts für die Zeit nach der Kinderbetreuung ein Unterhaltsanspruch (beschränkt auf den angemessenen Lebensbedarf) gegeben sein könnte, wird im Urteil jedoch nicht problematisiert.[86]

79 **Zu OLG Schleswig v. 20.05.2005**: Vor der Eheschließung schlossen die Parteien einen notariellen Ehevertrag, in dem die **Zugewinngemeinschaft, nachehelicher Unterhalt und der Versorgungsausgleich ausgeschlossen** wurden. Die Antragsgegnerin war z.Zt. der Eheschließung philippinische Staatsangehörige, vermögenslos und hielt sich unberechtigt in Deutschland auf. Als die Parteien sich trennten, war die Ehefrau Deutsche und betreute das aus der Ehe hervorgegangene Kind.

Das **OLG** hielt den Ehevertrag für **wirksam (Wirksamkeitskontrolle)**, da sich die Situation der Frau durch den Ehevertrag nicht verschlechtert hatte. I.R.d. **Ausübungskontrolle** wurde der Ehefrau jedoch wegen des gemeinsamen Sohnes Unterhalt nach § 1570 BGB zugebilligt, dessen Bemessung sich am **notwendigen Selbstbehalt** orientierte.

Die Entscheidung ist **bedenklich**. Einer Ehe ist schließlich die **Möglichkeit, dass Kinder aus ihr hervorgehen, immanent**. Der Betreuungsunterhalt hätte deshalb nur

---

[86] Bergschneider, FamRZ 2005, 220.

durch eine **besondere Rechtfertigung** ausgeschlossen werden dürfen (die es nicht gab).

Etwas anderes – und damit die Betrachtung auf der Ebene der Ausübungskontrolle – hätte nur gelten können, wenn die Eheleute beabsichtigt hätten, eine kinderlose Ehe zu führen (und dies in den Vertrag aufgenommen hätten).[87] Dafür war nichts vorgetragen. Damit ist der Betreuungsunterhalt ohne jede Rechtfertigung ausgeschlossen worden. Dies lässt sich mit den im Folgenden erläuterten Grundsätzen, die der BGH zu Eheverträgen aufgestellt hat, nicht vereinbaren.[88]

Zu OLG Düsseldorf, FamRZ 2006, 347: Die Entscheidung des OLG Düsseldorf v. 14.07.2005 ist m.E. ebenso bedenklich wie diejenige des OLG Schleswig v. 20.05.2005, hier jedoch aus zwei Gründen.

Das **OLG Düsseldorf** hat den Ausschluss des Versorgungsausgleichs grds. gebilligt, weil zu diesem Zeitpunkt keine Schwangerschaft vorlag. Dies ist m.E. unrichtig, da – wie vorerwähnt – einer **Ehe die Möglichkeit immanent** ist, dass aus ihr Kinder hervorgehen. Im Sachverhalt war nichts dazu vorgetragen, dass die Ehepartner davon ausgegangen waren, keine Kinder zu bekommen. Der Ausschluss des Versorgungsausgleichs hätte **auf der Stufe der Wirksamkeitskontrolle** mit den entsprechend unterschiedlichen Berechnungsmodalitäten zur Höhe des Ausgleichsbetrages erfolgen müssen.

Sehr bedenklich ist darüber hinaus, dass das OLG erklärt, eine Anpassung sei vorzunehmen, wenn die Eheleute **einvernehmlich** eine zeitweise Unterbrechung der Arbeitstätigkeit der Ehefrau vereinbart haben. Auf die **Einvernehmlichkeit** kann es für die Frage der Unschädlichkeit versorgungsbedingter Nachteile bei Betreuung eines Kindes nicht ankommen. Die **Betreuung des Kindes ist ein verfassungsrechtlich geschütztes Recht** der Mutter aus Art. 6 GG. Auch eine gegen den Willen des Ehemannes vollzeitlich ausgeübte Betreuung des Kindes muss dazu führen, dass der Ehefrau die dadurch bedingten versorgungsrechtlichen Nachteile ausgeglichen werden.

Zu BGH v. 17.05.2006: Ergibt bereits die Gesamtwürdigung eines Ehevertrages, dessen Inhalt für eine Partei ausnahmslos nachteilig ist und dessen Einzelregelungen durch keine berechtigten Belange der anderen Partei gerechtfertigt werden, dessen Sittenwidrigkeit (§ 138 Abs. 1 BGB), erfasst die Nichtigkeitsfolge notwendig den gesamten Vertrag. Für eine Teilnichtigkeit bleibt in einem solchen Fall kein Raum.

Eine salvatorische Klausel kann den Gesamtvertrag nicht retten, wenn die Gesamtwürdigung des Vertrages ergibt, dass

---

87 Dazu BGH, FK 2005, 148.
88 Soyka, FK 2005, 182, 183.

A. Materielles Scheidungsrecht

- der Inhalt für eine Partei ausnahmslos nachteilig ist und
- dessen Einzelregelungen durch keine berechtigten Belange der anderen Partei gerechtfertigt werden.[89]

84 **Die Grundentscheidung des BGH:**

Der BGH hat in seinem **Urt. v. 11.02.2004**[90] das **Spannungsverhältnis** zwischen der grds. **Disponibilität der Scheidungsfolgen** einerseits und dem nicht akzeptablen **Unterlaufen des Schutzzweckes der gesetzlichen Regelungen durch vertragliche Vereinbarungen** andererseits aufgezeigt. Eine **unzumutbare Lastenverteilung** sei umso eher gegeben, je mehr die vertragliche Abbedingung der gesetzlichen Regelungen in den **Kernbereich des Scheidungsfolgenrechts** eingreife.

85 Zu diesem **Kernbereich** gehören in erster Linie der **Betreuungsunterhalt**, danach aber auch **Krankheitsunterhalt (§ 1572 BGB)** und **Unterhalt wegen Alters (§ 1571 BGB)**. Die Unterhaltpflicht wegen **Erwerbslosigkeit (§ 1573 BGB)** sei demgegenüber **nachrangig**, da „das Gesetz das Arbeitsplatzrisiko ohnehin auf den Berechtigten verlagert, sobald dieser einen nachhaltig gesicherten Arbeitsplatz gefunden hat".[91] Ihr folgten **Krankenvorsorge- und Altersvorsorgeunterhalt**. Am ehesten verzichtbar erschienen Ansprüche auf Aufstockungs- und Ausbildungsunterhalt, „da diese Unterhaltspflichten vom Gesetz am schwächsten ausgestaltet und nicht nur der Höhe (vgl. § 1578 Abs. 1 Satz 2 BGB), sondern auch dem Grunde nach zeitlich begrenzbar" seien.[92]

86 Der **BGH** nimmt damit eine **Rangabstufung bereits innerhalb der nachehelichen Unterhaltstatbestände** vor und baut damit eine Prüfungsreihenfolge auf, die im Anschluss eine Gesamtschau ermöglichen soll.[93]

87 Der **BGH** differenziert weiter zwischen den **Bereichen nachehelicher Unterhalt, Versorgungsausgleich und Zugewinn** in der Weise, dass der Versorgungsausgleich auf derselben Stufe rangiert wie der Altersunterhalt.

88 Demgegenüber erweise sich der **Zugewinnausgleich einer ehevertraglichen Disposition am weitesten zugänglich**. Die eheliche Lebensgemeinschaft sei nicht notwendig auch eine Vermögensgemeinschaft. Das Eheverständnis erfordere keine bestimmte Zuordnung des Vermögenserwerbs in der Ehe.[94]

---

89 Vgl. Möller, FK 2006, 128.
90 FamRZ 2004, 601.
91 BGH, FamRZ 2004, 605.
92 BGH, FamRZ 2004, 605.
93 So Haußleiter/Schiebel, NJW-Spezial 2004, 7.
94 BGH, FamRZ 2004, 605.

Der BGH konkretisiert damit den **Grundsatz, dass eine Gesamtschau der getroffenen Vereinbarungen, der Gründe ihres Zustandekommens sowie der beabsichtigten und verwirklichten Gestaltung des ehelichen Lebens notwendig ist.**[95] 89

Bei der Prüfung der Wirksamkeit von Eheverträgen sind **zwei Prüfungskomplexe** voneinander zu unterscheiden: 90

- die Prüfung der Wirksamkeit des Vertrages bei **Vertragsschluss (Wirksamkeitskontrolle)** und
- die Prüfung der Wirksamkeit des Vertrages bei **Scheidung (Ausübungskontrolle)**.

Zunächst ist die **Prüfung zum Zeitpunkt des Vertragsschlusses** vorzunehmen. Ergibt sich danach eine unzumutbare Lastenverteilung zum damaligen Zeitpunkt (die bei Scheidung nicht oder nicht mehr vorhanden sein muss), so ist der Vertrag sittenwidrig. Damit treten dann die gesetzlichen Scheidungsfolgen an deren Stelle. 91

Beispiel:

*Haben die Parteien den **Betreuungsunterhalt im Ehevertrag ausgeschlossen** oder unzumutbar begrenzt, so ist der Vertrag auch dann sittenwidrig, wenn das gemeinsame **Kind der Parteien** zum Zeitpunkt der Scheidung bereits **erwachsen ist**.*[96]

Unbedenklich ist aber ein Ausschluss von Risiken eines Partners, die dieser bereits **vor der Ehe** hatte. Dies betrifft vorhandene **Erkrankungen** ebenso wie eine **Ausbildung**, für die keine Beschäftigungschance besteht, oder ein **Alter**, ab dem eine Erwerbstätigkeit nicht mehr verlangt werden kann.[97] 92

Anderes gilt – im Gegensatz hierzu – für Risiken, die **der andere mit zu verantworten** hat, typischerweise im Fall der Schwangerschaft.[98] 93

Die **Prüfung des Ehevertrages bei Scheidung** erfolgt in der Weise, dass zu fragen ist, ob ein Ehegatte die ihm durch Vertrag eingeräumte **Rechtsmacht dadurch missbraucht, dass er sich auf den Ausschluss oder die Einschränkung der gesetzlichen Scheidungsfolge beruft (Ausübungskontrolle).**[99] 94

Beispiele:

- *Haben Eheleute Unterhalt wegen Krankheit und Alters ausgeschlossen, weil sie gemeinsam von beiderseitigem Einkommen und Berufstätigkeit ausgegangen sind und gehen aus*

---

95 So BGH, FamRZ 2004, 604; vgl. dazu ausführlich Bergschneider, FamRZ 2004, 1557.
96 Vgl. OLG Celle, FamRZ 2004, 1489 m. Anm. Bergschneider, FamRZ 2004, 1494; aufgehoben durch Urteil des BGH v. 28.03.2007, FamRZ 2007, 1310 m. Anm. Bergschneider, FamRZ 2007, 1312.
97 So Soyka, FK 2004, 75.
98 Allerdings nicht, wenn ein Dritter dafür verantwortlich ist, vgl. Soyka, FK 2004, 75.
99 Vgl. OLG Karlsruhe, FamRZ 2004, 1789, 1790.

der Ehe Kinder hervor, weswegen die Ehefrau ihre Berufstätigkeit aufgibt (und später noch erwerbsunfähig krank wird), ist eine Berufung auf den Ausschluss des Unterhalts gem. § 1572 BGB nicht möglich.
- *Dasselbe gilt, wenn die Ehegatten sich wegen einer gut dotierten Stelle des Ehemannes ins Ausland begeben, wo die Ehefrau keine oder nur eine geringfügig dotierte Stelle findet.*

95 Maßstab der Prüfung ist **§ 242 BGB (Ausübungskontrolle)**.[100] Dies bedeutet gleichzeitig, dass eine **Anpassung an die Gegebenheiten des Einzelfalls** erfolgt, eine Anpassung, die den berechtigten Belangen beider Parteien in der nunmehr zu beurteilenden Situation in ausgewogener Weise Rechnung trägt. Je stärker allerdings in den **Kernbereich** des gesetzlichen Scheidungsfolgenrechts eingegriffen wird, desto eher wird die **gesetzliche Folge** zu wählen sein.[101]

96 Ist ein **Scheidungsantrag noch nicht gestellt**, soll nach Auffassung des **OLG Frankfurt am Main** mangels Feststellungsinteresses eine Klage auf Feststellung der Nichtigkeit eines Ehevertrages **unzulässig** sein.[102] Es erscheint zweifelhaft, ob nicht schon die **Trennung** Ausgangspunkt der Inhaltskontrolle (natürlich nicht: der Ausübungskontrolle) sein kann.[103]

97 Für die **Gestaltung von Eheverträgen** ist die **folgende Checkliste**[104] zu empfehlen:

- ☐ **Präambel**: Beweggründe und Motive sollten aufgenommen werden, die den Abschluss des Ehevertrages veranlassen, namentlich den belasteten Ehegatten dazu bewegen, auf die ihm im Fall der Scheidung zustehenden Rechte zu verzichten. Die Einkommens- und Vermögensverhältnisse sollten erwähnt werden; ggf. bestehende Lebensrisiken (z.B. Erkrankungen) sind zu erwähnen.

- ☐ **Betreuungsunterhalt, § 1570 BGB**: Dieser betrifft den Kernbereich des Scheidungsfolgenrechts. Eingriffe sind nur in Ausnahmefällen und auch erst ab der Erwerbsobliegenheit für eine halbschichtige Erwerbstätigkeit möglich.

- ☐ **Unterhalt wegen Alters und Krankheit**: Auch diese Ansprüche gehören zum Kernbereich der Scheidungsfolgen.

- ☐ **Versorgungsausgleich**: Auch der Versorgungsausgleich gehört zum Kernbereich. Sein Ausschluss ist nur möglich, wenn im Gegenzug andere – äquivalente – Vorteile zugebilligt werden (gleichwertige Altersversorgung).

---

100 Vgl. BGH, FamRZ 2004, 601, 605.
101 Soyka, FK 2004, 82.
102 So OLG Frankfurt am Main, FamRZ 2005, 457.
103 So auch Herr in einer Anm. zu OLG Karlsruhe, FamRZ 2005, 458.
104 Vgl. Soyka, FK 2004, 86.

- **Unterhalt wegen Erwerbslosigkeit, Aufstockungs-, Billigkeits-, Ausbildungsunterhalt sowie Vereinbarung der Gütertrennung**: Diese Ausschlüsse rechtfertigen i.d.R. die Annahme einer Sittenwidrigkeit nicht.

- **Altersvorsorgeunterhalt**: Der Anspruch ist gegenüber dem Elementarunterhalt subsidiär, sodass ein Ausschluss zulässig sein dürfte.

- **Krankenvorsorgeunterhalt**: Der BGH stellt diesen Unterhalt mit dem Altersvorsorgeunterhalt gleich. Bedenken ergeben sich jedoch daraus, dass dieser Teil des Unterhalts ein wichtiger Bestandteil des gegenwärtigen Unterhaltsbedarfs sein kann, zumal dann, wenn damit zu rechnen ist, dass häufig ärztliche Betreuung notwendig sein wird.[105]

- **Weitere Hinweise**: Es ist darauf hinzuweisen, dass die Vereinbarungen bei Scheitern der Ehe der Ausübungskontrolle unterliegen und möglicherweise keinen Bestand haben, wenn die ehelichen Lebensverhältnisse von der Lebensplanung abweichen, also ehebedingte Nachteile entstanden sind.

bb) Regelung bei Trennung und Scheidung

Grundsätzlich spielt es keine Rolle, ob die Scheidungsfolgen bereits zu Beginn der Ehe oder im Rahmen von Trennung und Scheidung geregelt werden. Es gelten die Grenzen der §§ 134, 138 BGB.

Die **Gewichtung** ist aber eine andere. Im Rahmen von Vereinbarungen über Scheidungsfolgen geht es weniger um Verzicht und Aufgabe von Rechten als vielmehr um die **einverständliche Regelung** ansonsten streitiger und durch gerichtliches Verfahren gelöster Interessengegensätze.

Nachdem Gerichte streitende Parteien zu einverständlichen Vergleichen zu drängen verpflichtet sind, §§ 278 Abs. 1, 495 ZPO, liegt auf der Hand, sich zu bemühen, eine solche Regelung vor der (für die Parteien teure) Inanspruchnahme der Gerichte zu treffen.

Grundsätzlich sind alle Folgen einer Scheidung durch eine Vereinbarung regelbar, ohne einen Notarvertrag schließen zu müssen.

Im Einzelnen:

---

105 Vgl. BGH, FamRZ 1989, 483.

A. Materielles Scheidungsrecht

(1) Kindesunterhalt

102 Gemäß §§ 59, 60 KJHG besteht für den Unterhaltsverpflichteten auch ohne Einigung mit dem/der Berechtigten die Möglichkeit, beim **Jugendamt** eine Urkunde betreffend den **Kindesunterhalt** zu erstellen, in der sich dieser einseitig zur Zahlung eines bestimmten Unterhalts verpflichtet. Derartige Urkunden, die kostenlos errichtet werden können, stellen einen Vollstreckungstitel i.S.d. § 794 ZPO dar. Zu beachten ist, dass die Vorschriften nur für Verpflichtungen zur Erfüllung von Unterhaltsansprüchen von **Kindern**, die das **21. Lebensjahr** noch nicht vollendet haben (§ 59 Abs. 1 Nr. 3 KJHG) und für Ansprüche auf **Unterhalt nach § 1615 Abs. 1 BGB** (§ 59 Abs. 1 Nr. 4 KJHG) anwendbar sind, jedoch **nicht** für die Unterhaltsansprüche des Ehegatten.

103 Einigen sich die Parteien auf die Zahlung nach einer bestimmten Einkommensgruppe, so kann auch diese Einigung durch Zeichnung einer entsprechenden **Urkunde beim Jugendamt vollstreckbar** werden, ohne dass zusätzliche Kosten durch eine ansonsten für die Vollstreckbarkeit gem. § 800 ZPO unumgängliche notarielle Urkunde entstehen.

(2) Trennungsunterhalt

104 Einigen sich die Parteien zunächst nicht, steht es dem Unterhaltsschuldner zur **Konfliktvermeidung** und auch zur **Kostenersparnis** selbstverständlich frei, den seines Erachtens **unstreitigen Betrag in einer notariellen Urkunde** titulieren zu lassen.

105 Einigen sich die Parteien **insgesamt** über den zu zahlenden Unterhalt, bedarf auch diese Vereinbarung **keiner besonderen Form.** Hierfür sind lediglich Angebot und Annahme erforderlich, §§ 145 ff. BGB.[106]

> **Hinweis:**
> Die Rechtsprechung neigt dazu, die Erklärungen der Beteiligten „restriktiv" auszulegen, im Zweifel ist also keine Vereinbarung anzunehmen.[107]

> **Praxistipp:**
> Wer sich auf eine – ggf. mündlich geschlossene – Unterhaltsvereinbarung beruft, hat diese vollumfänglich zu beweisen.

106 Ein **unzulässiger Verzicht bzw. Teilverzicht** ist allerdings zu vermeiden. § 1614 BGB ist beim Trennungsunterhalt über §§ 1361 Abs. 4 Satz 4, Abs. 3, 1360a Abs. 3 BGB anwendbar, sodass auf Trennungsunterhalt für die Zukunft nicht verzichtet werden

---

106 OLG Brandenburg, FamRZ 2002, 960.
107 Vgl. z.B. OLG Brandenburg, FamRZ 2002, 960.

kann. Es ist daher darauf zu achten, dass es im Rahmen von Unterhaltsvergleichen nicht zum unzulässigen Teilverzicht kommt. Während eine **Unterschreitung** des Trennungsunterhalts von **20 %** noch für zulässig gehalten wird,[108] hält das OLG Hamm eine Unterschreitung von **1/3 für nicht mehr zulässig**.[109]

Die **Nichtgeltendmachung** ist demgegenüber jedoch **kein Verzicht**.[110]

> **Hinweis:**
>
> Beim Nachscheidungsunterhalt ist ein Verzicht nach § 1585c BGB in den Schranken des § 138 BGB möglich. In diesen Fällen ist jedoch zur Vermeidung anwaltlicher Haftung stets zu prüfen, ob zeitliche Begrenzungen möglich sind.

Soll die **Unterhaltsvereinbarung** – wie ein Urteil – **vollstreckbar** sein, bedarf sie allerdings einer **notariellen „Unterwerfungsklausel"** zur Zwangsvollstreckung in das Vermögen des Verpflichteten (**§ 800 ZPO**).

Wenn auch ein **Verzicht auf die Zahlung von Trennungsunterhalt** nicht möglich ist, können sich die Parteien im Rahmen unterschiedlicher Auffassungen über die Höhe eines zu zahlenden Trennungsunterhalts selbstverständlich verständigen. **Steht jedoch die Höhe** des zu zahlenden Trennungsunterhalts **fest**, darf eine Einigung nach ständiger Rechtsprechung die Zahlung von **4/5 des Betrages nicht unterschreiten**.

(3) Nachehelicher Unterhalt

Einigen sich die Parteien über die Höhe eines zu zahlenden nachehelichen Unterhalts, kann dies ebenso mündlich wie schriftlich geschehen. Ohne weitere Klage vollstreckbar wird diese Vereinbarung aber selbstverständlich nur bei notarieller „Unterwerfung unter die sofortige Zwangsvollstreckung in das gesamte Vermögen" (**§ 800 ZPO**).

Selbst ein **Unterhaltsverzicht** bedarf i.Ü. **keiner besonderen Form**, ist also auch durch mündliche Absprache bzw. ein Briefwechsel möglich, kann aber nach **§ 138 BGB** sittenwidrig sein.

Beispiele:

- *Ausnutzung einer **Zwangslage** des Verzichtenden, z.B. bei Vermittlung von Ehefrauen aus den Entwicklungsländern;*[111]
- ***Abkaufen** der Scheidungsbereitschaft durch den Verzicht;*[112]

---

108 OLG Düsseldorf, FamRZ 2001, 1148.
109 OLG Hamm, OLGR 2000, 70.
110 Palandt/Brudermüller, BGB, § 1361 Rn. 71.
111 BGH, FamRZ 1992, 1403.
112 BGH, FamRZ 1990, 372.

- **ursächliche Verbindung** von **Sorgerecht** und **Unterhaltsverzicht**;[113]
- bei **zwangsläufiger Überbürdung** der Unterhaltslast auf Dritte, z.B. das Sozialamt;[114] aber **OLG Karlsruhe**: „*bei notariell vereinbartem beiderseitigen Unterhaltsverzicht für den Fall einer rechtskräftigen Scheidung, auch bei Notbedarf, kann eine Sittenwidrigkeit nicht schon dann angenommen werden, wenn sie eine Belastung des Sozialhilfeträgers zur Folge hat. Eine Sittenwidrigkeit kann jedoch angenommen werden, wenn sich die Parteien zum Zeitpunkt der notariellen Vereinbarung der Sozialhilfebedürftigkeit einer der beiden Parteien bewusst gewesen waren.*"[115]
- in sonstigen Einzelfällen, wenn die Vereinbarung nach dem **Gesamtcharakter gegen die guten Sitten** verstößt. Im Einzelfall sind dabei die Motive der Ehegatten und der Zeitpunkt der Vereinbarung zu berücksichtigen;[116] zum Inhalt ehevertraglicher Abreden, die vor der Eheschließung mit einer Schwangeren getroffen werden und die die Betreuungs- und Unterhaltssituation des gemeinsamen Kindes nach einer Scheidung berühren, vgl. oben Ziff. A. III. 3. b) aa) (Rn. 63 ff.).[117]

112 Das BVerfG hat ja bekanntlich in zwei Entscheidungen v. 06.02.2001 und 29.03.2001[118] bestimmt, dass Eheverträgen dort Grenzen zu setzen sind, wo sie nicht **Ausdruck und Ergebnis gleichberechtigter Partnerschaft** sind, sondern eine auf ungleichen Verhandlungspositionen basierende **einseitige Dominanz eines Ehepartners widerspiegelten und zu einer einseitigen Lastenverteilung führen**.[119]

113 Wenn die Berufung auf den Unterhaltsverzicht im Einzelfall gegen Treu und Glauben verstößt (Störung der Geschäftsgrundlage), weil z.B. überwiegende schutzwürdige Interessen gemeinschaftlicher Kinder entgegenstehen,[120] ist **nicht der Unterhaltsverzicht insgesamt unwirksam** sondern nur insoweit, als der Berechtigte infolge der Kinderbetreuung seinen **notwendigen Bedarf nicht abdecken** kann. Nur diesen hat der Unterhaltsverpflichtete finanziell abzudecken. Nach Wegfall der Notwendigkeit der Betreuung ist ihm die Berufung auf den Verzicht nicht mehr verwehrt, es sei denn, es liegen noch andere, fortwährende Gründe vor.

---

113 „Abkaufen des Sorgerechts"; BGH, FamRZ 1984, 778; BGH, FamRZ 1986, 444; OLG Frankfurt am Main, FamRZ 1986, 596.
114 BGH, FamRZ 1992, 1463.
115 FamRZ 2001, 1217.
116 BGH, NJW 1991, 913; BGH, NJW 1997, 126; BGH, NJW 1997, 192.
117 Vgl. BVerfG, FamRZ 2001, 343 m. Anm. Schwab zu Rechtsprechung des BVerfG im Bereich der Unterhaltsvereinbarung/Unterhaltsverzicht, FamRZ 2001, 349.
118 FamRZ 2001, 443 und 985.
119 Vgl. Ziff. A. III. 3. b) aa) (Rn. 63 ff.); eingehend Bergschneider, FamRZ 2001, 1337; OLG München, FamRZ 2003, 35 m. Anm. Bergschneider, FamRZ 2003, 38 und Aufhebung dieses Urteils durch Entscheidung des BGH, FamRZ 2004, 601 sowie OLG München, FamRZ 2003, 376 m. Anm. Bergschneider, FamRZ 2003, 377.
120 Vgl. BGH, FamRZ 1997, 873, 874; OLG Hamm, FamRZ 1999, 513.

III. Materielle Scheidungsvoraussetzungen

> **Praxistipp zu Trennungs- und Scheidungsfolgevereinbarungen:**
> Ein notariell beurkundeter Anspruch auf Trennungsunterhalt, jede Regelung zum Trennungsunterhalt dem Grunde und der Höhe nach und auch ein entsprechender Verzicht auf die Inanspruchnahme des Anderen **erlöschen** auch bei nicht ganz kurzfristiger **Beendigung der häuslichen Trennung** infolge Versöhnung wegen der unterschiedlichen Qualität von Trennungs- und Familienunterhalt.[121] Soweit der Anspruch vor der Versöhnung tituliert worden war, lebt er **bei erneutem Getrenntleben nicht wieder auf**, sodass sein Erlöschen mit der Vollstreckungsgegenklage geltend gemacht werden kann.[122]

Besonderer Aufmerksamkeit bedarf i.Ü. die **zeitliche Begrenzung (Befristung)** des Unterhaltsanspruchs, die in § 1573 Abs. 5 BGB, in § 1578 Abs. 1 Satz 2 BGB und in § 1579 BGB geregelt ist.[123]

114

Liegen zum Zeitpunkt der Titelerrichtung über (nachehelichen) Unterhalt Umstände vor, die eine zeitliche Begrenzung der Unterhaltspflicht begründen können, müssen diese grds. **bei der Titulierung berücksichtigt** werden. Ausgenommen nach den Grundsätzen über die Störung der Geschäftsgrundlage ist **auch bei Vergleichen** eine **nachträgliche Befristung** nach der Rechtsprechung des BGH **ausgeschlossen**.[124]

115

> **Praxistipp:**
> Da eine Reform des Unterhaltsrechts stattgefunden hat, die über weitere Befristungsmöglichkeiten den Grundsatz der Eigenverantwortlichkeit stärkt, ist darauf zu achten, dass im Vergleichsfall die **Geschäftsgrundlage** dahin gehend aufgenommen wird, dass die Parteien **von der gegenwärtigen Rechtslage** ausgehen und bei Änderung der Rechtslage eine Abänderung vorzunehmen ist, soweit es sich um **wesentliche Änderungen** handelt.[125]

Wird ein bestimmter Unterhaltsbetrag außergerichtlich tituliert, kann es sinnvoll sein, die Vereinbarung mit einer **Wertsicherungsklausel** zu versehen. Nachdem das Statistische Bundesamt ab 2003 bestimmte Verbraucherindices nicht mehr berechnet, ist zu empfehlen, neue Wertsicherungsklauseln auf der Basis des „**Preisindex für die**

116

---

121 Vgl. OLG Hamm, FamRZ 1999, 30; Wendl/Staudigl/Gerhardt, Das Unterhaltsrecht in der familienrichterlichen Praxis, § 4 Rn. 13.
122 OLG Hamm, FamRZ 1999, 30; OLG Düsseldorf, FamRZ 1992, 943.
123 Dazu Herr, FK 2006, 16.
124 BGH, FamRZ 1995, 665.
125 Nach dem § 36 des Gesetzes betreffend die Einführung in die Zivilprozessordnung berechtigt eine wesentliche Änderung der Verhältnisse nämlich nur dann zur Abänderung, wenn diese „dem anderen Teil unter Berücksichtigung seines Vertrauens in die getroffene Regelung zumutbar ist". Wann dies der Fall sein wird, unterliegt tatrichterlicher Entscheidung.

Lebenshaltung aller privater Haushalte" für Deutschland insgesamt abzuschließen und evtl. bestehende Verträge mit langer Restlaufzeit entsprechend umzustellen.[126] Für den **Unterhaltspflichtigen** ist eine solche Anbindung nicht risikolos, da unsicher ist, ob sich seine Einkünfte entsprechend der Steigerung der Lebenshaltungskosten entwickeln werden. Für ihn bietet sich daher eine Klausel an, die die Unterhaltsrente an eine bestimmte Lohngruppe eines Tarifvertrages oder an eine beamtenrechtliche Besoldungsgruppe knüpft.

117 Da Wertsicherungsklauseln genehmigungsbedürftig sein könnten, empfiehlt sich die folgende, bisher genehmigungsfreie **Formulierung** (Muster eines konkreten **Beispiels**):

> Der Unterhalt wird entsprechend den gegenwärtigen Lebenshaltungskosten bemessen. Er erhöht oder vermindert sich im gleichen Verhältnis, in dem sich der Preisindex des Statistischen Bundesamtes für die Lebenshaltung aller privaten Haushalte verändert (Basis: 2000 = 100[127] Punktestand bei Abschluss dieses Vertrages [September ...]: ...). Anpassungen sollen nur erfolgen, wenn sich dieser Index um mindestens 5 Punkte verändert. Die erste Überprüfung soll zum 01.10. ... (z.B. drei Jahre später) erfolgen. Wird die Voraussetzung für eine Änderung der Zahlungsverpflichtung festgestellt, muss der aufgrund der Änderung sich ergebende Unterhaltsbetrag vom 01.11. ... (des Folgejahres) an ohne gesonderte Aufforderung gezahlt werden. Weitere Anpassungen erfolgen jeweils zum 1. des Monats, der dem Monat folgt, in dem sich der genannte Preisindex um mindestens 5 Punkte verändert hat.

(4) Zugewinn

118 Zu beachten ist, dass eine **Einigung** über den Vermögensausgleich nur dann einen **zukünftigen weiteren Anspruch ausschließt**, wenn gleichzeitig zwischen den Parteien die **Beendigung des Güterstands** der Zugewinngemeinschaft (in notarieller Form) vereinbart wird, es sei denn, der Scheidungsantrag einer Partei ist dem anderen Ehegatten bereits zugestellt. Mit der **Zustellung des Scheidungsantrags endet** die gesetzliche Zugewinngemeinschaft.

> **Praxistipp:**
>
> In der anwaltlichen Beratung darf deshalb bei vergleichsweiser Regelung des ehelichen Zugewinns vor Stellung eines Scheidungsantrags die notwendige Beendigung des gesetzlichen Güterstands nicht „vergessen" werden.

---

126 Vgl. „Wichtige Mitteilung des Statistischen Bundesamtes", FamRZ 2001, 404.
127 Der Index ist von 1995 auf das Jahr 2000 umgestellt worden; Umstellungshilfe im Internet unter *www.destatis.de*.

(5) Versorgungsausgleich

Jede einverständliche Regelung über den Versorgungsausgleich bedarf gerichtlicher Nachprüfung, es sei denn, die Ehescheidung wird erst **nach Ablauf von 12 Monaten** seit der Regelung und etwaigem Verzicht eingereicht.[128]

Ein **Ehevertrag** nach § 1408 Abs. 2 BGB, der wegen Nichteinhaltung der Jahresfrist unwirksam wird, kann in eine Scheidungsvereinbarung nach § 1587o BGB umgedeutet werden, unterliegt dann allerdings der Genehmigungspflicht.[129]

Gerichtlich genehmigt wird namentlich ein Verzicht auf die Durchführung des Versorgungsausgleichs nur dann, wenn sich in der Vereinbarung zum Ausgleich ein materielles Äquivalent wiederfindet. Dies ist in vertraglichen Vereinbarungen konkret zu erläutern.

(6) Ehewohnung/Hausrat

Hinsichtlich solcher Regelungen gelten keine Besonderheiten. Zu beachten ist allerdings, dass es einen „**Rücktritt**" von einmal getroffenen Vereinbarungen **nicht** gibt.

Mündliche Vereinbarungen müssen allerdings im Streitfall vollumfänglich bewiesen werden.

(7) Sorgerecht/Umgangsrecht

Sorgerecht und Umgangsrecht stehen grds. **nicht in der Dispositionsfreiheit der Kindeseltern**, da die „Elternverantwortung"[130] unter dem zwingenden Anspruch auf Ausübung „zum Wohle des Kindes" steht.[131]

Auch ein schriftlicher **Verzicht** eines Elternteils auf das Sorgerecht ist nicht bindend. Bis zur letzten mündlichen Verhandlung **kann sich** der Betreffende die Entscheidung **anders überlegen**, ohne dass dies Auswirkungen auf die Frage hat, ob das Sorgerecht einem der Elternteile allein zuzuerkennen ist.

Ein **Verzicht** auf die Ausübung des Umgangsrechts ist a priori **rechtsunwirksam**, da ein solcher Verzicht mit dem Kindeswohl kollidiert. Grds. sind regelmäßige Kontakte

---

128 Ein Ausschluss ist auch dann unwirksam, wenn der Scheidungsantrag zwar erst nach Ablauf der Jahresfrist zugestellt, jedoch innerhalb der Jahresfrist eingereicht wurde, vgl. Bergmann, Aktuelle Fragen des Versorgungsausgleichs, in: Brennpunkte des Familienrechts 2006, S. 215 ff., 228.
129 OLG Koblenz, FamRZ 2004, 1970.
130 So die Formulierung in BVerfG, NJW 1980, 1201.
131 BVerfG, NJW 1980, 1201.

zwischen dem Kind und dem nicht mit ihm zusammenlebenden Elternteil für seine Entwicklung förderlich, ja für das **Kindeswohl wesensmäßig notwendig**.[132]

cc) Steuerliche Auswirkungen von Scheidungsvereinbarungen

127 Bei **Übertragung von Grundstücken** zwischen Ehegatten kann es zur **Steuerpflicht** gem. § 23 EStG kommen (Gewinnversteuerung), wenn nämlich der Zeitraum zwischen Erwerb und Veräußerung des Grundstücks **nicht mindestens zehn Jahre** beträgt.[133]

128 **Anschaffung** ist der entgeltliche Erwerb, **Veräußerung** die entgeltliche Übertragung eines Grundstücks, sei es durch Verkauf oder durch ein Rechtsgeschäft, das einen tauschähnlichen Charakter hat.

129 Für die Berechnung der **Zehn-Jahres-Frist** wird **allein auf den schuldrechtlichen Vertrag**, also bei einem Grundstückskaufvertrag auf den notariellen Erwerbsvertrag abgestellt. Besitzübergang oder Geldzahlungen spielen hier genauso wenig eine Rolle wie etwa die Grundbucheintragung.

130 Zur Ermittlung des **Veräußerungsgewinns** wird die Differenz zwischen Veräußerungspreis und Anschaffungs- bzw. Herstellungskosten i.S.d. § 255 HGB gebildet. Ggf. sind Werbungskosten abzuziehen. Die Anschaffungs- oder Herstellungskosten mindern sich bei einer Anschaffung nach dem 31.07.1995 und in Herstellungsfällen nach dem 31.12.1998 um die Absetzung für Abnutzung (AfA); m.a.W.: **AfA erhöht den Veräußerungsgewinn**.

131 Die Steuerpflicht entfällt, wenn der betroffene Grundbesitz im Zeitraum zwischen Anschaffung oder Fertigstellung und Veräußerung ausschließlich zu eigenen Wohnzwecken oder im Jahr der Veräußerung und in den beiden vorangegangenen Jahren **zu eigenen Wohnzwecken genutzt** wurde.

132 Eine solche **Eigennutzung** liegt vor, wenn der Eigentümer

- das Objekt **allein** nutzt,
- das Objekt **mit Familienangehörigen** nutzt,
- das Objekt **gemeinsam mit Dritten** unentgeltlich nutzt,
- es nicht nutzt, aber es **unentgeltlich** zu Wohnzwecken einem **Kind** überlässt, für das Anspruch auf Kindergeld oder den Freibetrag nach § 32 Abs. 6 EStG (Kinderfreibetrag von 1.824,00 €) besteht.

---

132 St. Rspr. vgl. OLG Thüringen, FuR 2000, 121; OLG Brandenburg, FamRZ 2002, 414; BVerfG, FamRZ 2004, 1116.
133 Vgl. dazu und zum Folgenden ausführlich Gemmer, FK 2006, 50 und 71.

> **Hinweis:**
> Bei unentgeltlicher Überlassung an andere Angehörige liegt keine Nutzung zu eigenen Wohnzwecken vor, selbst wenn diese unterhaltsberechtigt sind. Die unentgeltliche Überlassung an den anderen Ehegatten zu Wohnzwecken ist also keine Eigennutzung und kann damit zum Verlust des Steuerprivilegs bei einer späteren Veräußerung führen.

Sind beide Eheleute Eigentümer und zieht einer von ihnen aus, ist die Frage der Nutzung zu eigenen Wohnzwecken **für jeden Miteigentümer getrennt** zu beurteilen. 133

Beispiel:[134]

Eheleute M und F haben im Jahr 1999 ein Einfamilienhaus erworben, das sie seitdem als Familienheim nutzen. Im Dezember 2002 kommt es zwischen ihnen zum Zerwürfnis. M zieht sofort aus. F verbleibt bis März 2003 im Haus. Anfang Dezember wird das Haus durch Notarvertrag veräußert. Danach gehen Besitz, Nutzungen etc. Zug-um-Zug mit vollständiger Kaufpreiszahlung über, die im Januar 2004 zu erfolgen hat. Alternativ hat der Käufer die Option, mittels einer Teilzahlung, die am 15.12.2003 zu leisten ist, Besitz, Nutzen etc. bereits an diesem Tag zu erhalten.

Erfüllen M und F den Ausnahmetatbestand der Eigennutzung?

Lösung:

*M erfüllt die Voraussetzungen des Ausnahmetatbestandes nicht. Denn er hat im Jahr der Veräußerung das Einfamilienhaus nicht mehr zu eigenen Wohnzwecken genutzt. Die Veräußerung seines Anteils unterliegt daher der Veräußerungsgewinnbesteuerung. F hat das Einfamilienhaus im Jahr 2003 noch zu eigenen Wohnzwecken genutzt. Allerdings ist für den Zeitpunkt der Veräußerung nicht auf den Abschluss des notariellen Kaufvertrages abzustellen, sondern auf den **Zeitpunkt, zu dem das wirtschaftliche Eigentum übergeht**.*[135] *Bei einer Grundstücksveräußerung ist damit der Übergang von Besitz, Nutzen und Lasten gemeint.*

Zahlt der Erwerber aufgrund der Option noch im Jahr 2003 einen Kaufpreisteilbetrag und gehen damit Besitz etc. noch 2003 auf ihn über, unterliegt der evtl. Veräußerungsgewinn der F nicht der Besteuerung nach § 23 EStG. Geschieht der Übergang erst im Jahr 2004, kommt auch F nicht in den Genuss des Steuerprivilegs.

Abwandlung:

Nach dem Auszug der F wird das Einfamilienhaus kurzfristig für sechs Monate vermietet.

Lösung:

Die Vermietung steht einer Steuerbefreiung aufgrund Eigennutzung immer entgegen und führt damit stets zur Anwendung des § 23 EStG.

---

134 Nach Gemmer, FK 2006, 71.
135 Finanzverwaltung BMF, BStBl. 2000 I, S. 1383 ff., Rn. 25.

A. Materielles Scheidungsrecht

> **Hinweis:**
> Aus steuerlicher Sicht sollte ein Auszug aus dem eigenen Familienheim bedacht und v.a. **nicht kurz vor Ende eines Kalenderjahres** durchgeführt werden, da ein Auszug steuerliche Tatsachen schafft.[136]

134 Bei der **Gestaltung von Scheidungsvereinbarungen** ist darauf zu achten, dass ggf. die kritische Veräußerungsfrist überbrückt wird, z.B. durch Bestellung eines **Nießbrauchs** oder durch Vereinbarung eines bindenden **Übertragungsangebots**, das jedoch erst nach Ablauf der Veräußerungsfrist angenommen werden kann. Zu beachten ist allerdings, dass nicht noch Begleitgeschäfte abgeschlossen werden, die in der Gesamtschau zur Vorwegnahme der wirtschaftlichen Eigentümerstellung führen, wie z.B. Übertragungsangebot und **Mietvertrag, dessen Zahlungen auf den Kaufpreis angerechnet werden**.[137]

dd) Exkurs: Aufteilung von Steuererstattungen zwischen Eheleuten

135 Werden Eheleute zusammen zur Einkommensteuer veranlagt, haften sie für die Steuerschulden dem Finanzamt gegenüber gesamtschuldnerisch.[138]

136 Die interne Ausgleichspflicht richtet sich daher wie bei anderen Schulden nach § 426 BGB.

Haben die Eheleute eine entsprechende ausdrückliche Vereinbarung über die Ausgleichspflicht getroffen, ist diese maßgebend. Im Regelfall wird es hieran jedoch fehlen.

137 Es ist sodann wie folgt zu verfahren:

Haben beide Eheleute positive Einkünfte erzielt (sog. Doppelverdienerehe), ist eine fiktive getrennte Veranlagung durchzuführen, um die Steuerlast intern zu verteilen.

Beispiel:

Eheleute F und M haben im Trennungsjahr noch die gemeinsame Veranlagung gewählt. Ihr zu versteuerndes Einkommen beträgt 60.000,00 €. Auf F entfallen 20.000,00 €, auf M 40.000,00 €.

Lösung:

Bei getrennter Veranlagung entfällt auf F eine Einkommensteuer von 2.902,00 €, auf M 9.547,00 €.

---

136 So Gemmer, FK 2006, 72.
137 Dies ist auf jeden Fall steuerschädlich, vgl. BMF, BStBl. 2003 I, S. 742.
138 Zu den Einzelheiten vgl. Kracht, FK 2006, 108.

Bei Zusammenveranlagung entsteht nach dem Splittingtarif eine Einkommensteuer von insgesamt 11.918,00 €.

Die interne Steuertragungspflicht der Eheleute wird daher wie folgt ermittelt:

F = (11.918,00 € × 2.902,00 €) : 12,449,00 € (= 2.902,00 + 9.547,00) = 2.778,22 €

M = (11.918,00 € × 9.547,00 €) : 12.449,00 € = 9.139,78 €

Die geleisteten Vorauszahlungen sind sodann bei der Ausgleichspflicht zu berücksichtigen.

Abwandlung:

M und F haben im Beispiel Vorauszahlungen von insgesamt 13.000,00 € geleistet. Hiervon entfallen auf F 3.000,00 € und auf M 10.000,00 €.

Lösung:

Der Erstattungsbetrag von 1.082,00 € (13.000,00 € ./. 11.918,00 €) ist auf die Eheleute intern wie folgt zu verteilen:

M muss 9.139,78 € tragen, F 2.778,00 € (s.o.). Vom Erstattungsbetrag erhalten somit

F = 3.000,00 € ./. 2.778,22 € = 221,78 €

M = 10.000,00 € ./. 9139,78 € = 860,22 €.

Hat **nur ein Ehegatte**[139] im Veranlagungszeitraum positive Einkünfte erzielt, profitiert er allein von der steuerlichen Entlastung i.R.d. Zusammenveranlagung. Dies ist folgerichtig, da im Güterstand der Zugewinngemeinschaft (oder der Gütertrennung)[140] getrennte Vermögensmassen vorhanden sind, sodass jeder Ehegatte die Steuern zu bezahlen hat, die auf seine Einkünfte entfallen.[141]

4. Streitige Scheidung

Eine Scheidung ist auch gegen den Willen eines Ehepartners möglich.

- **Leben die Ehegatten noch nicht ein Jahr getrennt**, kann die Ehe, auch wenn sie gescheitert ist, nur unter den **einschränkenden Voraussetzungen** des § 1565 Abs. 2 BGB geschieden werden. Zudem darf keine der beiden Härteklauseln des § 1568 Abs. 1 BGB vorliegen.

- **Nach Ablauf des Trennungsjahres** ist die Ehe zu scheiden, wenn ihr **Gescheitertsein bewiesen** wird. Zudem darf keine der beiden Härteklauseln des § 1568 Abs. 1 BGB vorliegen.
  Der **Beweis ist in zweifacher Hinsicht** zu führen, zum einen im Hinblick auf den

---

139 Zu weiteren Fallkonstellationen, z.B. ein Ehegatte hat positive, der andere negative Einkünfte, vgl. ausführlich Gemmer, FK 2006, 123.
140 Nach Sonnenschein, NJW 1980, 257 gilt das Gleiche auch im Fall der Gütergemeinschaft.
141 BGH, FamRZ 2002, 739.

A. Materielles Scheidungsrecht

Ablauf des Trennungsjahres, zum anderen zum **Gescheitertsein** der Ehe trotz noch nicht 3-jähriger Trennung. Räumt der Antragsgegner weder Trennungszeit (wegen fehlender räumlicher Trennung) noch Gescheitertsein (wegen Aussicht auf Wiederherstellung der Ehe) ein, wird der Beweis schwierig zu führen sein.

- **Nach 3-jährigem Getrenntleben** wird gem. § 1566 Abs. 2 BGB das Gescheitertsein der Ehe **unwiderlegbar vermutet**. Es darf jedoch keine der beiden Härteklauseln des § 1568 Abs. 1 BGB vorliegen.

> **Praxistipp:**
> Auch zum 3-jährigen Getrenntleben ist der Beweis vom Antragsteller zu führen, was im Fall (teilweisen) räumlichen Zusammenlebens in der Ehewohnung problematisch sein kann.

IV. Verbundverfahren

1. Zwangsverbund und gewillkürter Verbund

140 Der Scheidungsverbund entsteht als **Zwangsverbund** mit **Zustellung des Scheidungsantrags** (vgl. § 270 ZPO) wegen des von Amts wegen (also ohne Antrag) durchzuführenden öffentlich-rechtlichen Versorgungsausgleichs (in den Fällen des § 1587b BGB, § 623 Abs. 1 Satz 3 ZPO, soweit er nicht rechtswirksam ausgeschlossen worden ist).

141 Der Zwangsverbund erweitert sich zum sog. **gewillkürten Verbund**, wenn eine Partei verbundfähige Folgesachen des § 621 Abs. 1 ZPO bzw. einen PKH-Antrag für eine verbundfähige **Folgesache in das Verbundverfahren** einbringt.[142]

142 Das FamG muss über eine anhängige Folgesache gleichzeitig und zusammen mit der Scheidung verhandeln (**Verhandlungsverbund**) und – bei Stattgabe des Scheidungsantrags – entscheiden (**Entscheidungsverbund**), § 623 Abs. 1 Satz 1 ZPO.

143 **Verbundfähige Folgesachen sind**:
- die **elterliche Sorge** im Fall des Antrags gem. § 1671 Abs. 1 BGB (§ 623 Abs. 2 Satz 1 Nr. 1 ZPO);
- der Antrag auf **Umgang** gem. § 1684 BGB (§ 623 Abs. 2 Satz 1 Nr. 2 ZPO);
- die **Herausgabe eines Kindes** gem. § 1632 Abs. 3 BGB (§ 623 Abs. 2 Satz 1 Nr. 3 ZPO);
- der **Unterhalt** gegenüber einem gemeinschaftlichen **Kind** gem. § 1601 ff. BGB (§ 623 Abs. 1 Satz 1 i.V.m. § 621 Abs. 2 Nr. 4 ZPO);

---

142 OLG Karlsruhe, FamRZ 1994, 971; OLG Schleswig, SchlHA 1995, 157; zum PKH-Antrag a.A. OLG Naumburg, FamRZ 2001, 168 (LS).

IV. Verbundverfahren

> **Praxistipp:**
> Kindesunterhalt kann im Scheidungsverbund – außer für den Fall einer einstweiligen Anordnung – erst **ab Rechtskraft der Scheidung** zugesprochen werden.[143]

- der **nacheheliche Unterhalt** gem. §§ 1569 ff. BGB (§ 623 Abs. 1 Satz 1 i.V.m. § 621 Abs. 1 Nr. 5 ZPO);

> **Praxistipp:**
> Das Verfahren auf Zahlung eines Prozesskostenvorschusses ist daher keine Folgesache im Scheidungsverbund.[144]

- der **schuldrechtliche Versorgungsausgleich** gem. §§ 1587f bis 1587n BGB (§ 623 Abs. 1 Satz 1 i.V.m. § 621 Abs. 1 Nr. 6 ZPO);
- die Regelung von **Ehewohnung und Hausrat** nach §§ 1 ff. HausratsVO (§ 623 Abs. 1 Satz 1 i.V.m. § 621 Abs. 1 Nr. 7 ZPO);
- Ansprüche aus dem **ehelichen Güterrecht**, soweit nicht Dritte beteiligt sind, §§ 1363 ff. BGB (§ 623 Abs. 1 Satz 1 i.V.m. § 621 Abs. 1 Nr. 8 ZPO);

> **Praxistipp:**
> Das Verfahren auf vorzeitigen Zugewinnausgleich ist weder Folgesache noch Ehesache.[145]

Auskunftsansprüche gehören nur dann in den Scheidungsverbund, wenn sie als **Stufenklage** (mit entsprechendem Leistungsantrag) erhoben werden. Über einen gleichwohl erhobenen Anspruch **ohne Leistungsantrag** ist nach Abtrennung **isoliert** zu verhandeln. Der Antrag ist nicht wegen des fehlenden Leistungsantrags abzuweisen.[146]

144

Anträge können auch **in mündlicher Verhandlung zu Protokoll** erklärt werden, § 297 Abs. 1 Satz 2 ZPO. Die Rechtshängigkeit tritt auch bei Fehlen der Erfordernisse des § 253 Abs. 2 Nr. 2 ZPO sofort ein.[147]

145

Ein in solcher Weise erstmals in mündlicher Verhandlung gestellter **Antrag bedarf keiner Begründung**. Das FamG ist gehalten, der Partei die schriftliche Begründung zu ermöglichen. Die Verhandlung ist entsprechend zu **vertagen**.[148]

146

---

143 OLG Dresden, FamRZ 1998, 1389.
144 OLG Koblenz, NJWE-FER 2000, 2.
145 KG, FamRZ 2001, 166.
146 So BGH, FamRZ 1997, 811; OLG Hamm, FamRZ 1996, 736.
147 BGH, FamRZ 1987, 802.
148 Vgl. Klein, Fallstricke im familienrechtlichen Verfahrensrecht, S. 7.

A. Materielles Scheidungsrecht

> **Hinweis:**
> Der Rechtsanwalt ist verpflichtet, den für seinen Mandanten **kostengünstigeren** und ggf. risikoloseren Weg zu wählen,[149] was i.d.R. zum Scheidungsverbund zwingt. Versäumt er dies, droht ein **Haftungsfall**.

2. Abtrennung von Folgesachen

147 Ein **Rechtsanspruch auf Abtrennung** einer Folgesache aus dem Scheidungsverbund **besteht nicht**.[150] Ebenso wenig ist ein Rechtsmittel gegen die Ablehnung der Abtrennung einer Scheidungsfolgensache nach § 628 Satz 1 Nr. 4 ZPO zulässig. Die Parteien können allerdings **anregen**, eine Abtrennung vorzunehmen. Hierüber ist **von Amts wegen** zu entscheiden.[151]

148 Durch Rücknahme des Folgesachenantrags wird allerdings die Herauslösung erzwungen.[152]

149 Die Abtrennung von Folgesachen ist außerhalb des Bereichs von elterlicher Sorge und Umgangsrecht in der Praxis im Wesentlichen von dem Verlangen (einer der) Parteien nach **Abtrennung gem. § 628 Satz 1 Nr. 4 ZPO** bestimmt. Danach kann das Gericht dem Scheidungsantrag vor einer Entscheidung über eine Folgesache dann stattgeben, **wenn die gleichzeitige Entscheidung den Scheidungsausspruch so außergewöhnlich verzögern würde, dass der Aufschub auch unter Berücksichtigung der Bedeutung der Folgesache eine unzumutbare Härte** darstellen würde.

150 Dies setzt einen bisherigen **längeren Zeitablauf** und (!) **unzumutbare Härte weiteren Abwartens** voraus.[153] In der Interessenabwägung wird als Richtwert für die gewöhnliche Dauer eines **Scheidungsverfahrens zwei Jahre** angesehen.[154] Die weitere Verzögerung stellt nur dann eine unzumutbare Härte dar, wenn das Interesse an einer baldigen Scheidung **vorrangig** vor dem Interesse des Antragstellers der Folgesache ist, das gleichzeitig über die Folgesache entschieden wird.[155]

---

149 OLG Hamm, FamRZ 1992, 452; OLG Köln, FamRZ 1994, 314; Borgmann/Jungk/Grams/ Haug, Anwaltshaftung, Rn. 91 ff., Rn. 95 ff.
150 BGH, FamRZ 1991, 687; OLG München, FamRZ 2000, 166.
151 OLG Naumburg, FamRZ 2002, 248.
152 BGH, FamRZ 1991, 687 m. Anm. Philippi, FamRZ 1991, 1426.
153 KG, FamRZ 2001, 928; OLG Stuttgart, FamRZ 2005, 121.
154 BGH, FamRZ 1986, 898; OLG Bamberg, FamRZ 1988, 531; OLG Düsseldorf, FamRZ 2000, 842.
155 OLG Koblenz, FamRZ 1990, 769; KG, FamRZ 2000, 1292; KG, FamRZ 2001, 928; OLG Dresden, FamRZ 1998, 1526; OLG Hamburg, FamRZ 2001, 1228 m.w.N.; OLG Schleswig, OLGR 2001, 451.

Das **OLG Hamm**[156] hat dazu erklärt: Eine „unzumutbare Härte" i.S.v. § 628 Satz 1 Nr. 4 ZPO ist nicht schon bei außergewöhnlicher Verzögerung anzunehmen, sondern – unter Anlegung eines **strengen Maßstabs** – nur bei **Vorrangigkeit des Interesses des Antragstellers** an einer baldigen Scheidung (zu bejahen z.b. bei bevorstehender Geburt eines Kindes aus einer neuen Verbindung oder bei begrenzter Lebenserwartung des antragstellenden Ehegatten, der eine Wiederheirat beabsichtigt).[157] Zugunsten des der Abtrennung widersprechenden Ehegatten ist insbes. die wirtschaftliche Bedeutung der Folgesache zu berücksichtigen.

151

Bei Abtrennung einer Folgesache sind auch diejenigen Folgesachen **mit abzutrennen**, die dazu in einem **sachlichen Zusammenhang** stehen.[158]

152

Das Gericht **trennt von Amts wegen** ab. Es bedarf keines Antrags einer Partei.[159]

153

Will sich die mit der Abtrennung beschwerte Partei gegen die Entscheidung wehren, ist dies ausschließlich mit einem **Rechtsmittel gegen das Scheidungsurteil** möglich.[160]

154

Der Scheidungsausspruch kann dann allein mit der **Begründung** angefochten werden, dass er **nicht ohne gleichzeitige Entscheidung** über die Folgesache hätte ergehen dürfen.[161]

155

3. Ende des Verbunds

Der Verbund **endet** durch Abtrennung aller Folgesachen oder deren **Rücknahme**.[162]

156

Das **Scheidungsverbundverfahren** endet durch

157

- **Rücknahme des Scheidungsantrags** (§ 626 ZPO) oder
- **rechtskräftige Entscheidung** über den Scheidungsantrag (§ 629 Abs. 1 oder Abs. 3 ZPO).

> **Hinweis:**
>
> Soll verhindert werden, dass durch Rücknahme des Scheidungsantrags Folgesachen nicht weiter verfolgt werden, muss zuvor durch den Antragsgegner **ebenfalls Scheidungsantrag** gestellt werden.

---

156 FamRZ 2007, 651.
157 So schon OLG Hamm, FamRZ 1980, 373.
158 Dies ist bei Entscheidungen über elterliche Sorge und Betreuungsunterhalt nicht der Fall, so OLG Karlsruhe, FamRZ 2005, 1495.
159 OLG Naumburg, EzFamR aktuell 2002, 220 (LS).
160 BGH, FamRZ 2005, 191; vgl. dazu Wick, FK 2005, 76.
161 OLG Zweibrücken, FamRZ 2002, 334.
162 OLG Düsseldorf, FamRZ 2003, 388.

A. Materielles Scheidungsrecht

158 Im Fall der **Abweisung** des Scheidungsantrags werden die Folgesachen **gegenstandslos, es sei denn**, sie betreffen die Übertragung der **elterlichen Sorge** oder eines Teils der elterlichen Sorge auf einen Elternteil (oder Pfleger/Vormund). In diesem Fall wird die Folgesache als **selbstständige Familiensache** fortgeführt (§ 629 Abs. 3 Satz 1 ZPO).

> **Praxistipp:**
> Im Fall durchgeführter, in Rechtskraft erwachsener Scheidung sind bestimmte Folgen zu beachten. Der betreuende Rechtsanwalt ist **verpflichtet, auf solche Folgen hinzuweisen**. Unterlässt er dies, kann er sich **schadensersatzpflichtig** machen. Um Schwierigkeiten zum Nachweis (der Rechtsanwalt ist für die Aufklärung beweispflichtig) zu vermeiden, empfiehlt es sich, z.B. mit Zusendung des mit Rechtskraft versehenen Scheidungsurteils ein „**Merkblatt im Fall der Rechtskraft der Scheidung**" beizufügen und im Anschreiben darauf wie folgt hinzuweisen: „ ... Auch wenn die dort aufgeführten Punkte ganz oder zum Teil nicht auf Sie zutreffen sollten, bitte ich doch um Kenntnisnahme ... ", zum Inhalt eines Merkblattes vgl. das **Merkblatt** der Rechtsanwälte Dr. Horndasch und Partner, Rn. 2329.

159 Für den Fall, dass bei **Rücknahme des Scheidungsantrags** eine **Folgesache noch anhängig** war, ist sie dann erledigt, wenn Antragsteller der Folgesache und des Scheidungsantrags identisch sind. Sie gilt dann als **nicht anhängig**.

160 Hat der Antragsgegner die Folgesache beantragt, geht sie nicht unbedingt in gleicher Weise unter, sondern kann – soweit sie dazu geeignet ist – **als selbstständige Folgesache weitergeführt** werden.[163]

161 Bei gleichzeitig gestelltem Scheidungsantrag durch den Antragsgegner wird das Verbundverfahren fortgesetzt.

162 Liegt ein **Scheidungsantrag** des Gegners **nicht** vor, wird das Verfahren als selbstständiges Verfahren fortgesetzt.

163 Hierzu bedarf es eines entsprechenden Antrags. Dieser lautet etwa wie folgt:[164]

> „ ... beantragen wir, dem Antragsteller/Antragsgegner die Fortführung der Folgesache Zugewinnausgleich als selbstständige Folgesache vorzubehalten."

164 Der Antragsgegner sollte – auf Zugewinnausgleich bezogen – entweder **rechtzeitig einen eigenen Scheidungsantrag** stellen, um den Stichtag zu wahren oder muss im nächsten Zugewinnausgleichsverfahren die **Einwendungen nach § 1375 Abs. 2 BGB** vorbringen.

---

163 OLG Stuttgart v. 20.07.2005 – 17 WF 57/05, n.v., Abruf-Nr. 060419 unter *www.iww.de*.
164 So Möller, FK 2006, 41, 42.

B. Elterliche Sorge und Umgangsrecht

I. Elterliche Sorge

1. Begründung und Inhalt

Die **elterliche Sorge** umfasst die **Pflicht und das Recht**, für das minderjährige Kind zu sorgen, **§ 1631 Abs. 1 BGB** (pflegen, erziehen, beaufsichtigen, Aufenthalt bestimmen). Die Reihenfolge des Begriffspaares betont die Verantwortung der Eltern. Die elterliche Sorge umfasst die Personensorge einschließlich der Aufenthaltsbestimmung sowie die Vermögenssorge.   165

Verfassungsrechtlich gewährleistet ist diese „Elternverantwortung"[165] durch **Art. 6 Abs. 2 GG**, wonach Pflege und Erziehung der Kinder „das natürliche Recht der Eltern und die in erster Linie ihnen obliegende Pflicht" ist.   166

Inhaber der Elternverantwortung sind die **Eltern** i.S.d. Abstammungsrechts (§§ 1591 ff. BGB) und **Adoptiveltern** (§§ 1741 ff., 1754 BGB).   167

Miteinander verheiratete Eheleute üben die elterliche Sorge gemeinsam aus. Dagegen steht der **nicht verheirateten Kindesmutter die Alleinsorge** zu (§ 1626a Abs. 2 BGB).   168

Durch **beurkundungspflichtige Sorgeerklärung**[166] können aber auch nicht miteinander verheiratete Kindeseltern die **gemeinsame elterliche Sorge** begründen, allerdings nicht gegen den Willen der Kindesmutter.[167]   169

a) Kerngehalt des Sorgerechts, § 1631 BGB

Kern des Personensorgerechts ist **§ 1631 BGB**. Er nennt relativ unsystematisch den Inhalt des Personensorgerechts. Einzelaspekte werden nicht weiter präzisiert.   170

Nur ausnahmsweise sind vom Gesetzgeber einzelne Bereiche angesprochen, so etwa § 1631a BGB: Ausbildung und Beruf, § 1631b BGB: die freiheitsentziehende Unterbringung durch die Personensorgeberechtigten. Umstritten war immer, inwiefern § 1631 BGB präzisiert werden sollte.   171

---

165 So BVerfG, NJW 1982, 1201.
166 Vor dem Notar oder dem Jugendamt, § 59 Abs. 1 Satz 1 Nr. 8 SGB VIII.
167 BGH, FamRZ 2001, 907.

B. Elterliche Sorge und Umgangsrecht

172 Hier brachte zunächst das **KindRG eine Konkretisierung**. Diese ist nunmehr nach dem Inkrafttreten des **Gesetzes zur Ächtung der Gewalt in der Erziehung v. 08.11.2002** überholt.

Durch dieses Gesetz hat § 1631 Abs. 2 BGB die gegenwärtige Fassung erfahren.

173 Denn bei § 1631 Abs. 2 BGB in der **vorhergehenden Fassung** wurde von der Kommentarliteratur z.T. die Auffassung vertreten, dass körperliche und seelische Misshandlungen dann nicht als entwürdigende Erziehungsmaßnahmen anzusehen seien, wenn sie sich **angeblich in dem durch den Erziehungszweck gebotenen Rahmen** hielten.

174 Durch die neue Regelung ist nunmehr klargestellt, dass **jegliche Art körperlicher Bestrafung – zivilrechtlich – unzulässig** ist.

175 Eine bisweilen immer noch vorgenommene Berufung auf ein angenommenes, tatsächlich aber nicht bestehendes, gewohnheitsrechtliches Züchtigungsrecht kann nunmehr als **Rechtfertigungsgrund nicht mehr** in Betracht kommen.[168]

176 Gleichwohl sind **Diederichsen**[169] und **Hinz**[170] nach wie vor der Auffassung, körperliche Züchtigungen seien nicht als solche stets entwürdigend. Es könne ein Züchtigungsrecht als „angemessene Reaktion auf kindlichen Ungehorsam und nur unter Rücksichtnahme auf Alter, Gesundheit, seelische und körperliche Reife sowie psychische Situation und Würde des Kindes" in Betracht kommen.[171]

Noch weiter gegangen ist zumindest 1988 der **BGH** mit der Entscheidung, dass die Verwendung eines Schlaggegenstandes der Züchtigung schon für sich genommen noch nicht den Stempel einer entwürdigenden Behandlung aufdrückt.[172]

177 In der Regel sind **körperliche Züchtigen m.E. entwürdigende Behandlungen** i.S.v. § 1631 Abs. 2 BGB. Sie stellen häufig genug eine „**bloße Abreaktion elterlicher Affekte**" dar, aus denen nach Analysen der Kindesmisshandlungsursachen eine **dauernde Gefahr für das Kind** erwachsen kann.[173]

Trotz der (kleinen) Präzisierung in § 1631 Abs. 2 BGB arbeitet das Gesetz weitgehend mit **Generalklauseln**.

---

168 Vgl. dazu auch Kellner, NJW 2001, 796.
169 In Palandt/Diederichsen, BGB, § 1631 Rn. 9.
170 In MünchKomm-BGB/Hinz, § 1631 Rn. 23.
171 So MünchKomm-BGB/Hinz, § 1631 Rn. 23.
172 BGH, FamRZ 1988, 717.
173 Vgl. dazu MünchKomm-BGB/Hinz, § 1631 Rn. 23.

I. Elterliche Sorge

Wahrscheinlich wäre eine andere Regelungsstruktur auch nicht sinnvoll, denn Generalklauseln geben die für die Weiterentwicklung nötige Flexibilität, sind offen gegenüber neuen Konzepten und ermöglichen die notwendige Einzelfallgerechtigkeit.   178

Bei der Auslegung der Generalklauseln ist deswegen sicherzustellen, dass **nicht ideologische oder moralische Vorstellungen** der konkret agierenden Personen (Richter) in die Entscheidung einfließen.   179

Die Rechtsprechung etwa zu § 1666 BGB in der Vergangenheit zeigte, dass dies durchaus **häufig die Realität** war.

So hat das **KG 1917** erklärt: 180

„Der Minderjährige (ist) trotz des Ernstes und der Größe der Zeit nicht mehr imstande, deutsch zu fühlen oder überhaupt nur für das Große, das Deutschland an hervorragenden Männern und Taten hervorgebracht (hat), Verständnis zu gewinnen. [...] Zum Wesen einer deutschen Erziehung (gehört) nicht nur die Unterweisung in der deutschen Sprache, sondern auch die Gewöhnung an deutsche Sitten und Anschauungen. [...] [Es ist] Sache der verantwortlichen Stellen, dafür zu sorgen, dass in nationalem Sinne auf den Minderjährigen eingewirkt wird"[174]

Das **AG Berlin-Lichterfelde** urteilte **1935**:   181

„Es besteht die dringende Gefahr, dass das Kind nach der Rückkehr des Vaters (Anm.: seinerzeit als Kommunist in Haft) in staatsfeindlicher Weise und somit zu seinem Nachteil erzogen wird. [...] Es ist Aufgabe des Vormundschaftsgerichts, dafür zu sorgen, dass auf den Minderjährigen im nationaldeutschen Sinne eingewirkt wird."[175]

Ebenfalls bereits **1935** meinte das **LG Torgau**:   182

„Eine deutsche Mutter, die durch ihren Verkehr mit einem Juden zu einer Zeit, in der eine aufklärende Propaganda ihr das Verbrecherische ihrer Handlungsweise zum Bewusstsein hat bringen müssen, eine schamlose Gesinnung an den Tag gelegt hat, ist nicht würdig und nicht fähig, deutsche Kinder zu deutschen Menschen zu erziehen."[176]

Sinnvoll erscheint es deswegen nicht, verbindliche Leitnormen zu formulieren, sondern vielmehr von den **konkreten sozialen Lebenslagen von Eltern und Kindern** auszugehen und dafür zu sorgen, dass bei der Anwendung der Generalklauseln nicht abstrakte, allgemeine Vorstellungen deduziert werden, sondern geprüft wird, wie in den konkreten Lebenslagen eine dem Betroffenen hilfreiche Entscheidung möglich ist.   183

---

174 Beschl. v. 27.04.1917, JW 1917, 737, 738; es wurde „Fürsorgeerziehung" angeordnet.
175 Beschl. v. 15.04.1935, ZJJ, Bd. 27, 232; es wurde „Fürsorgeerziehung" angeordnet.
176 Beschl. v. 27.11.1935, JW 1936, 895.

b) Aufenthaltsbestimmungsrecht

184 § **1631 BGB** nennt als Teil der Personensorge das Recht, den **Aufenthalt des Kindes** zu bestimmen.

185 Das minderjährige Kind teilt grds. den Aufenthaltsort der Eltern.

186 Mit Trennung der beiden sorgeberechtigten Eltern erhält es einen **von beiden Eltern abgeleiteten Doppelwohnsitz**.[177]

187 Das Aufenthaltsbestimmungsrecht ist gleichzeitig Grundlage des Herausgabeverlangens nach § 1632 BGB.

188 Dort ist auch die Regelung des Umgangs des Kindes mit Dritten erwähnt (§ 1632 Abs. 2 BGB), es sei denn, es liegt der Sonderfall des § 1684 BGB oder des § 1685 BGB vor.

189 § 1632 BGB ist der zentrale Ort für das **Herausgabeverlangen**.

190 Eine Herausgabeentscheidung kann gem. § **33 FGG vollstreckt** werden. Das Betreten der Wohnung durch Vollstreckungsbeamte stellt dabei zugleich eine Durchsuchung i.S.d. Art. 13 Abs. 2 GG dar, die nur durch den Richter angeordnet werden kann, wobei Rahmen, Grenzen und Ziel der Durchsuchung in der Anordnung festzulegen ist.[178]

191 Probleme mit dem Herausgabeverlangen gab es wegen der rechtsdogmatischen Konstruktion, dass die elterliche Sorge nur zur Ausübung übertragen werde, und deswegen – nach Auffassung der h.M. – die Sorgeberechtigten die Kinder jederzeit herausverlangen können.

192 Deshalb wurde § **1632 Abs. 4 BGB** eingeführt. Mit dem dortigen Verweis auf eine **Verbleibensanordnung** nach § 1666 BGB wird das Herausgabeverlangen an das **vorrangig zu berücksichtigende Wohl des Kindes** gebunden.

193 Die Rechtsprechung ist weitgehend den Vorgaben des Gesetzgebers gefolgt. Sie ist durch eine Vielzahl von Einzelentscheidungen geprägt.[179] Dennoch lässt sich sagen, dass bei **Pflegeverhältnissen, die zwei Jahre oder länger dauern, die Herausnahme der Kinder regelmäßig abgelehnt** wird, und zwar relativ unabhängig vom Alter der

---

[177] St. Rspr. BGH, FamRZ 1984, 162; zuständig ist das zuerst angegangene Gericht: BGH, EzFamR aktuell 1997, 220; Frauen können im Frauenhaus einen Wohnsitz begründen: OLG Karlsruhe, FamRZ 1995, 1210; OLG Nürnberg, FuR 1997, 212.

[178] BVerfG, FamRZ 2000, 411.

[179] Zuletzt vgl. BayObLG, FamRZ 2000, 633; OLG Frankfurt am Main, FamRZ 2000, 1037, 1038; OLG Brandenburg, FamRZ 2000, 1038, 1039; AG Fulda, FamRZ 2002, 900.

Kinder; in konkreten Fallkonstellationen werden auch kürzere Zeiträume als ausreichend angesehen, um eine Herausnahme zu verhindern.

Der Grund für diese Rechtsprechung ist die Tatsache, dass **den entwickelten Bindungen und psychosozialen Beziehungen** von den Gerichten ein großer Stellenwert eingeräumt wird. Unter dem **vorrangigen Aspekt des Kindeswohls** spielt demgegenüber die **Art und Weise des Zustandekommens eines Pflegeverhältnisses keine Rolle**,[180] auch nicht die Tatsache, dass die leiblichen, nicht sorgeberechtigten Eltern das Kind abredewidrig bei sich behalten.[181]

194

Bei **älteren Kindern** wird auf die Willensäußerung der Kinder abgestellt und Verbleibensanordnungen getroffen, wenn diese sich eindeutig für ein Verbleiben an ihrem jetzigen Aufenthaltsort aussprechen, selbst dann, wenn dieser Aufenthaltsort „an sich widerrechtlich" begründet wurde.[182]

195

Seit dem Bestehen des § 1632 Abs. 4 BGB hat sich das BVerfG mehrmals mit der Verfassungsmäßigkeit diesbezüglicher gerichtlicher Entscheidungen befassen müssen und dabei herausgearbeitet, dass die **soziale Elternschaft** in den Schutzbereich des Art. 6 GG einzubeziehen sei:

196

„Art. 6 Abs. 3 GG (darf) bei der Entscheidung über die Herausnahme des Kindes aus seiner ‚sozialen Familie' nicht gänzlich außer Acht bleiben."[183]

Eine entsprechende Regelung findet sich in **§ 1682 BGB** für **Stiefeltern**.

197

Hiernach ist eine **Verbleibensanordnung** des FamG möglich z.B. in den Fällen, in denen das Kind im Haushalt seines Elternteils und des Stiefelternteils lebt, der Elternteil stirbt und dadurch der andere leibliche Elternteil alleiniger Inhaber der elterlichen Sorge wird (nach §§ 1678, 1680, 1681 BGB).

198

Hier könnte **dieser andere Elternteil nunmehr aufgrund seines Sorgerechts** die Herausgabe des Kindes aus dem Haushalt des (überlebenden) Stiefelternteils verlangen.

199

Die Verbleibensanordnung des § 1682 Satz 1 BGB ist von Bedeutung in den Fällen, in denen das Kind **seinen sozialen Bezugspunkt in der neuen Familie** gefunden hat und deswegen der Stiefelternteil „sozialer Elternteil" für das Kind geworden ist.

200

---

180 OLG Hamm, FamRZ 1998, 447; BayObLG, FamRZ 1998, 450.
181 BayObLG, FamRZ 1997, 223.
182 OLG Celle, FamRZ 1995, 955.
183 BVerfGE 68, 176, 187; BVerfGE 75, 201; BVerfGE 79, 51; BVerfG, FamRZ 2000, 1489; dazu Siedhof, NJW 1994, 616.

201 Die Bestimmung ist mit Wirkung v. 01.08.2001 erweitert worden auf den **Lebenspartner** einer eingetragenen Lebenspartnerschaft des Elternteils.

202 Durch den Verweis des § 1682 Satz 2 BGB auf § 1685 Abs. 1 BGB existiert ebenfalls die Möglichkeit einer **Verbleibensanordnung** durch das FamG für die in § 1685 BGB genannten Personen: **Großeltern oder Geschwister**. Auch hier ist natürlich eine Verbleibensanordnung davon abhängig, dass zwischen den Großeltern bzw. Geschwistern und dem Kind eine **verdichtete soziale Beziehung** besteht.

203 Auch ein **Herausgabeverlangen in anderen Fällen** – wenn also keine Familienpflege, kein zu schützendes Stiefeltern- oder Großeltern- oder Geschwisterverhältnis vorliegt – hat rechtlich nur dann Erfolg, wenn die Person, von der die Herausgabe verlangt wird, das Kind dem Sorgeberechtigten „**widerrechtlich**" vorenthält (§ 1632 Abs. 1 BGB): Bei der Überprüfung dessen, was **widerrechtlich** ist, hat das FamG das Herausgabeverlangen am **Kriterium des Wohls des Kindes** und damit an § 1666 BGB zu prüfen.

c) Aufsicht

204 Die Aufsicht über Minderjährige dient dem Schutz des Kindes; hier ist die **Haftung der Eltern gegenüber dem Kind** auf den Maßstab des § 1664 Abs. 1 BGB beschränkt.[184]

205 Von größerer Bedeutung ist der **Schutz Dritter vor Schädigungen durch das Kind**.

206 Die Haftung des Aufsichtspflichtigen ist in § 832 BGB geregelt, in § 1631 Abs. 1 BGB ist kraft Gesetzes festgelegt, dass die Personensorgeberechtigten zur Aufsichtspflicht verpflichtet sind.

Weitere Aspekte werden im Gesetz nicht genannt. Die Rechtsprechung hat hierzu umfangreiche Kriterien entwickelt für die **Ausübung der Aufsicht: Personen der Minderjährigen, deren Reife, Alter, Art der Beschäftigung, örtliche Umgebung, situative Momente**.

207 In diesem Zusammenhang sind auch pädagogische Vorstellungen zu berücksichtigen und pädagogische Konzepte möglich, die bewusst „**gelegentliche Aktionen, die nicht frei von einem freilich möglichst gering zu haltenden Risiko**" sind, beinhalten.[185]

208 Die Intensität der Aufsicht reicht über das **Informieren, Belehren, das Überwachen und Kontrollieren, Ge- und Verbote bis hin zum Eingreifen und Unmöglichmachen bestimmter Tätigkeiten**.[186]

---

184 OLG Düsseldorf, FamRZ 2000, 438.
185 BGH, NJW 1984, 790.
186 Ausführlich Münder, FamRZ 1991, 86.

Da die Aufsichtspflicht nur **Nebenpflicht** der generellen Erziehungsaufgaben ist, kann von den Sorgeberechtigten kein erzieherisch unzumutbares Verhalten verlangt werden. Die Aufsicht findet insofern ihre Grenze an der pädagogischen Zumutbarkeit. Gerade bei älteren Jugendlichen kann die **vorauszusehende Erfolglosigkeit** einer Aufsichtsmaßnahme schon die Anordnung für untunlich erscheinen lassen.[187] 209

Aber auch bei jüngeren Kindern hat die Rechtsprechung festgehalten, dass pädagogische Maßnahmen, die dem Ziel, junge Menschen zur Selbstständigkeit und Eigenverantwortlichkeit zu erziehen, **entgegengesetzt** sind, sich aus **Gründen der pädagogischen Unzumutbarkeit** verbieten.[188] 210

Der **BGH** hat diese, auf pädagogische Aspekte abstellende Grundlinie allerdings eingeengt: In zwei Fällen bei geistig retardierten, **verhaltensgestörten Kindern**, bzw. Kindern mit psychischen Störungen, wo es durch Zündeln zu entsprechenden Schadensfällen kam, hat der BGH ausgehend von der Tatsache der geistigen Retardierung bzw. der psychischen Störung eine **sehr umfassende Aufsichtspflicht** der Eltern betont.[189] 211

Seine früheren Entscheidungen hat er insofern eingeschränkt, als er die damaligen Ausführungen ausdrücklich nur für Kinder ohne besondere oder gefährliche Veranlagung gelten lassen wollte, während bei den benannten Kindern strengere Maßstäbe erforderlich sind, und hat hieraus eine Verpflichtung zu einer „engmaschigen Überwachung" gefolgert.[190] 212

2. Elterliche Sorge nach Trennung

Mit **Trennung der Eltern** besteht zwar grds. die gemeinsame Elternverantwortung fort, doch hat derjenige, der mit dem Kind zusammenlebt, die ausschließliche Entscheidungsbefugnis in allen Angelegenheiten, die **nicht von erheblicher Bedeutung für das Kind** sind. In allen anderen Fällen wird von den Eltern die **Herbeiführung eines Einvernehmens** verlangt, vgl. § 1687 Abs. 1 Satz 1 BGB.[191] 213

Angelegenheiten von erheblicher Bedeutung sind beispielhaft: 214
- **Aufenthalt**: Internatsunterbringung, freiheitsentziehende Unterbringung, Begründung eines Pflegeverhältnisses,

---

187 BGH, NJW 1980, 1044.
188 OLG Hamburg, FamRZ 1988, 1046.
189 BGH, NJW 1995, 3385; BGH, NJW 1996, 1404.
190 BGH, NJW 1996, 601.
191 In der Praxis eine „Alleinsorge mit einer Mitbestimmung des anderen Elternteils in wichtigen Angelegenheiten", so Schwab in FamRZ 1998, 457, 458.

B. Elterliche Sorge und Umgangsrecht

- **Ausbildung**: Wahl von Schulart und Schule, Schulwechsel, Ausbildungsstätte etc., auch mehrwöchige Schulfahrten,[192]
- **Gesundheit**: Einwilligung in Operationen (außer in Not- und Eilfällen), Behandlung mit erheblichem Risiko, längerfristige Behandlungen (z.B. kieferorthopädische oder psychotherapeutische Behandlung,[193] aber auch Impfungen),[194]
- **Namensfragen**: insbes. Familien- und Vornamensgebung,
- **Religion**: Grundentscheidung der Bekenntniswahl, Taufe, Kirchenaustritt, Beschneidung (nach jüdischem oder muslimischem Ritual),
- **Reisen**: mit Risiken oder Gesundheitsgefahren verbundenen Reisen in entlegene Gebiete oder in weiter entferntes Ausland,[195]
- **Umgang**: Grundentscheidung des Umgangs, § 1632 Abs. 2 BGB,[196]
- **Vermögenssorge**: Anlage oder Verwendung von Kindesvermögen.[197]

3. Regelung im Verbundverfahren

215 Wird **im Scheidungsverfahren kein Antrag** auf Übertragung der elterlichen Sorge gestellt, **verbleibt es beim gemeinsamen Sorgerecht** der Kindeseltern in der Ausgestaltung nach Trennung der Parteien. Dies ist statistisch bereits der Regelfall.[198]

216 Das Beibehalten des gemeinsamen Sorgerechts kann selbstverständlich zwischen Eltern auch ausdrücklich vereinbart werden, z.B. im Rahmen einer Vereinbarung, mit der Eltern für den Aufenthalt der Kinder das sog. Wechselmodell festlegen.[199]

---

192 Knittel, in: Schnitzler, Münchener Anwaltshandbuch Familienrecht, § 14 Rn. 58; nicht jedoch Nachhilfeunterricht, auch wenn sie nicht unerhebliche Kosten verursacht, so OLG Düsseldorf v. 08.07.2005 – 3 UF 21/05, n.v., Abruf-Nr. 060421 unter *www.iww.de*; vgl. Soyka, FK 2006, 44.
193 OLG Hamm, FamRZ 2000, 26, 27.
194 KG, FamRZ 2006, 142.
195 OLG Köln, FamRZ 1989, 249: zweiwöchige Reise mit 3-jährigem Kind nach Ägypten; OLG Naumburg, FuR 2000, 235: Flugreise mit 2-jährigem Kind nach Kanada; OLG Hamm, FamRZ 2005, 644: Reisen in Länder eines nicht umfassend vertrauten Kulturkreises; anders OLG Karlsruhe, FamRZ 2005, 1004: eine Urlaubsreise des Kindes mit dem mitsorgeberechtigten Vater kann nach den individuellen Verhältnissen der betroffenen Familie eine Angelegenheit des täglichen Lebens sein, so OLG Karlsruhe, FamRZ 2005, 1004; der Vater hielt sich häufiger in China auf, auch der ältere Bruder des Kindes war einmal längere Zeit in China.
196 Im Gegensatz zu täglichen Einzelentscheidungen (Kontakt zu Nachbarn, Freunden).
197 Im Gegensatz zur Verwendung von Taschengeld und sonstigen Geldgeschenken.
198 Vgl. Motzer, FamRZ 2004, 1145, 1155 (rund 75 % aller Fälle).
199 Zur Genehmigungsfähigkeit einer solchen Vereinbarung vgl. OLG Dresden, FamRZ 2005, 125.

I. Elterliche Sorge

a) Einvernehmliche Alleinsorge

Wünscht ein Elternteil für den Fall der Scheidung die Übertragung der elterlichen Sorge auf sich allein, so ist im **Verbundverfahren ein Antrag nach § 1671 Abs. 1 BGB zu stellen** (§ 623 Abs. 2 Satz 1 Nr. 1 ZPO). Ist dem Scheidungsantrag stattzugeben, ist gleichzeitig über die Folgesache **einheitlich durch Urteil** zu entscheiden (§ 629 Abs. 1 ZPO). 217

> **Hinweis:**
>
> Einem Elternteil, dem die **elterliche Sorge bereits entzogen** ist, steht **nicht das Recht** zu, die Übertragung der elterlichen Sorge nach § 1671 BGB zu beantragen. Dies gilt auch im Fall der Zustimmung aller Beteiligten (§ 1671 Abs. 2 Nr. 1 BGB) zu einer Sorgerechtsregelung.

Stimmt der andere Elternteil der Übertragung der alleinigen elterlichen Sorge zu, ist dem Antrag gem. § 1671 Abs. 2 Nr. 1 BGB **stattzugeben**, es sei denn, das über 14 Jahre alte Kind widerspricht der Übertragung. 218

Ausschlaggebend ist in allen sonstigen Fällen – ohne weitere Sachprüfung des Gerichts – der **gemeinsame Elternwille**. 219

Der **Widerspruch des über 14 Jahre alten Kindes** führt allerdings nicht per se zu einer Verhinderung der Übertragung des Sorgerechts. Vielmehr hebt der Widerspruch die Bindungswirkung des Elternwillens für das Gericht auf. Es ist in diesen Fällen zu einer **vollen Kindeswohlprüfung** verpflichtet.[200] 220

b) Streit um Alleinsorge

Im **Streitfall** ist dem Antrag gem. § 1671 Abs. 2 Nr. 2 BGB dann stattzugeben, wenn zu erwarten ist, dass die Aufhebung der gemeinsamen Sorge und die Übertragung auf den Antragsteller **dem Wohl des Kindes am besten** entspricht, das gemeinsame Sorgerecht also ausscheidet. 221

Der **Antrag** lautet wie folgt: 222

> In der Folgesache elterliche Sorge
>
> (volles Rubrum)
>
> wird für den Fall der rechtskräftigen Scheidung beantragt,

---

[200] Vgl. Gerhard/Oelkers, Handbuch des Fachanwalts Familienrecht, 4. Kap. Rn. 134; Grün, Das neue Kindschafts- und Unterhaltsrecht in der anwaltlichen Praxis, Rn. 68.

> das Sorgerecht für das gemeinsame Kind der Parteien ... , geb. am ...
> auf die Antragstellerin zu übertragen.

223 Das erkennende Gericht hat sodann eine **Kindeswohlprüfung in zwei Stufen** vorzunehmen.

Zunächst ist die Frage der **Aufhebung der gemeinsamen elterlichen Sorge** zu klären und sodann die **Übertragung der elterlichen Sorge auf den antragstellenden Ehegatten** zu prüfen.[201]

aa) Aufhebung der gemeinsamen elterlichen Sorge

224 Nach Neuregelung des § 1671 BGB i.R.d. zum 01.07.1998 in Kraft getretenen Kindschaftsrechtsreformgesetzes war zunächst der Schluss gezogen worden, es handele sich bei der gemeinsamen Sorge um die **gesetzliche Regel**. Die Alleinsorge sei die **Ausnahme**, die noch dazu als begründungsbedürftiger Eingriff in das Sorgerecht konstruiert sei.[202]

225 Der **BGH** hat jedoch bereits 1999 klargestellt,[203] dass die Neuregelung **kein Regel-Ausnahme-Verhältnis** darstellt dahin gehend, dass ein Vorrang der gemeinsamen elterlichen Sorge bestehe und die Alleinsorge eines Elternteils nur in Ausnahmefällen als ultima ratio in Betracht komme.[204] Ebenso wenig bestehe eine gesetzliche Vermutung dafür, dass die gemeinsame elterliche Sorge im Zweifel die für das Kind beste Form der Wahrnehmung elterlicher Verantwortung sei.[205] Funktioniere die gemeinsame elterliche Sorge nicht und seien die Eltern nicht zu gemeinsamen Entscheidungen im Interesse des Kindes fähig, müsse der Alleinsorge der Vorzug gegeben werden.[206]

226 Der **Vorzug der gemeinsamen elterlichen Sorge** besteht unzweifelhaft darin, dass das Kind die – für seine Entwicklung wichtigen – **Bindungen** an seine von Geburt an

---

201 Vgl. Knittel, in: Schnitzler, Münchener Anwaltshandbuch Familienrecht, § 14 Rn. 80.
202 So Schwab, FamRZ 1998, 457, 462.
203 FamRZ 1999, 1646; FF 1999, 184.
204 Gleichwohl hat der BGH bei Uneinigkeit der Eltern über die religiöse Erziehung (Vater: dem Islam zugehörig, Mutter: katholisch) und „tiefer Zerstrittenheit" das gemeinsame Sorgerecht nicht aufgehoben, sondern es bei einer Teilübertragung des Sorgerechts belassen, BGH, FamRZ 2005, 1167; krit. dazu Weychardt, FamRZ 2005, 1534: bei extremer Kulturverschiedenheit (ist) ein gemeinsames Sorgerecht sinnlos; vgl. dazu auch OLG Frankfurt am Main, FamRZ 1994, 920.
205 So auch OLG Frankfurt am Main v. 22.03.2007 – 3 UF 54/07, n.v., abrufbar im Internet unter *www.iww.de*, Abruf-Nr. 073438; vgl. dazu auch Büte, FK 2007, 206.
206 BGH, FamRZ 1999, 1646; so auch BVerfG, Beschl. v. 18.12.2003, FF 2004, 77.

I. Elterliche Sorge

vorhandenen und mit ihm verbundenen sog. primären Bezugspersonen **besser aufrechterhalten kann**.[207]

Grundvoraussetzung zur Aufrechterhaltung des gemeinsamen Sorgerechts ist jedoch: 227

- die **Kooperationsfähigkeit** der Eltern, also die Eignung beider Eltern zur Pflege und Erziehung des Kindes,
- die **Kooperationsbereitschaft**, d.h. der gemeinsame Wille, die Verantwortung auch nach der Scheidung gemeinsam zu tragen sowie
- ein **fehlendes Gebot im Interesse des Kindeswohls**, das Sorgerecht einem Elternteil allein zu übertragen.

Räumliche Nähe ist dagegen **kein Kriterium** für die gemeinsame Ausübung der Elternverantwortung. Auch wenn eine größere Entfernung die Zusammenarbeit erschwert, bestehen angesichts der **modernen Kommunikationsformen** keine Bedenken gegen die Beibehaltung des gemeinsamen Sorgerechts.[208] Ein **Umzug innerhalb Deutschlands** sollte daher kein Grund für die Übertragung der alleinigen elterlichen Sorge sein.[209] 228

Anderes sollte gelten, wenn der nicht mit dem Kind zusammenlebende Elternteil **in das Ausland verzieht**. Die Erreichbarkeit kann – selbst i.R.d. Europäischen Union – durch nationale Gegebenheiten oder Ereignisse stark eingeschränkt sein. 229

Die **Aufrechterhaltung** der gemeinsamen elterlichen Sorge ist ersichtlich nur dann möglich, wenn Eltern in der Lage sind, sich über die Angelegenheiten des Kindes **zu verständigen**. 230

So hat das **OLG Celle**[210] z.B. aufgrund der **religiös motivierten Verweigerung jeglicher direkter Kommunikation** mit dem Vater durch die zum Islam übergetretene Mutter die gemeinsame Sorge aufgehoben und das Sorgerecht auf den Vater allein übertragen. 231

---

207 So Gerhard/Oelkers, Handbuch des Fachanwalts Familienrecht, 4. Kap. Rn. 138; Johannsen/Henrich/Jaeger, Eherecht, § 1671 Rn. 34; OLG Celle, Beschl. v. 07.06.2004 – 19 UF 16/04.
208 So schon OLG Celle, DAVorm 1995, 866, 867; OLG Naumburg, FamRZ 2002, 564; OLG Hamm, FamRZ 2002, 565 (dort: Wangerode/Ruhrgebiet); OLG Köln, FamRZ 2003, 1036.
209 So jedoch KG, FF 1999, 59 (Berlin/Bayern).
210 OLG Celle, FamRZ 2004, 1667; ähnlich OLG Hamm, OLGR 2006, 14: Eltern missbrauchen ihr Sorgerecht und gefährden das Kindeswohl, wenn sie ihre Kinder nicht zur Schule schicken. Dies gilt auch dann, wenn sie aus religiösen Gründen einen Schulbesuch ablehnen und die Kinder zuhause unterrichten; vgl. auch OLG Brandenburg, FamRB 2006, 10.

232 Nach Ansicht des **AG Pankow/Weißensee**[211] ist für die Beibehaltung der gemeinsamen Sorge die positive Feststellung erforderlich, dass die Eltern zur **Kooperation hinsichtlich der wesentlichen Angelegenheiten des Kindes** in der Lage sind oder bei Fortdauer der gemeinsamen Sorge jedenfalls zu ihr finden werden.

233 Im Konfliktfall ist häufig nicht zu entscheiden, ob es den Eltern an der – objektiven – Kooperationsfähigkeit oder der – subjektiven – Kooperationsbereitschaft fehlt. Fehlt den Eltern über die Kooperationsfähigkeit hinaus allerdings die **Erziehungsfähigkeit**, ist nicht auf Antrag, sondern von Amts wegen einzuschreiten, wenn anderenfalls „das Wohl des Kindes gefährdet wäre" (§ 1666 Abs. 1 BGB).

234 Kooperationsfähigkeit und -bereitschaft setzen eine bestehende Kommunikationsbasis der Eltern voraus, die eine **Zurückstellung der Partnerprobleme zum Wohl des Kindes** beinhaltet.[212]

235 Wann dies noch der Fall ist, wird jedoch von der Rechtsprechung sehr unterschiedlich beantwortet. Z.T. wird die **Aufrechterhaltung der gemeinsamen elterlichen Sorge außerordentlich hoch angesiedelt** und nahezu um jeden Preis beibehalten.[213] **Andererseits** erscheint es problematisch, das einseitige „**Sabotageverhalten**" eines Elternteils dadurch zu belohnen, dass ihm das alleinige Sorgerecht übertragen wird[214] oder grds. angesichts aktueller Konflikte das gemeinsame elterliche Sorgerecht aufgelöst wird.[215]

236 So hat das **OLG Düsseldorf**[216] erklärt: Das alleinige Sorgerecht ist **trotz abweichender Empfehlung** eines gerichtlichen Gutachters dem Vater zu übertragen, wenn die Parteien **selbst in Bagatellpunkten** zu einer einvernehmlichen Regelung **nicht in der Lage** sind, die Mutter ihre Funktion als betreuender Elternteil dazu missbraucht hat, die Kinder von ihrem Vater zu entfremden, diesem in bevormundender Weise einen unbefangenen und reibungslosen Umgangskontakt unmöglich macht und schließlich nach Zustellung der erstinstanzlichen Entscheidung in die Niederlande ausreist.

237 Allgemein sollte **ausreichen**, dass **Parteien unabhängig von ggf. aktuellen trennungsbedingten Spannungen grds. willens und in der Lage** sind, einvernehmliche

---

211 AG Pankow/Weißensee, FamRZ 2005, 538 unter Berufung auf KG, FamRZ 2000, 502.
212 OLG Frankfurt am Main, FamRZ 1999, 392; OLG Köln, FamRZ 2005, 1275.
213 Vgl. Born, Anm. zu BGH, FamRZ 1999, 1646, in: FamRZ 2000, 396, 399; Weil, FamRZ 2002, 188; OLG Köln, FamRZ 2005, 2087.
214 Einerseits OLG Karlsruhe, FamRZ 2000, 1041 (m. Anm. Luthin) und OLG Hamm, FamRZ 2001, 182 (gemeinsame elterliche Sorge), andererseits OLG Dresden, FamRZ 2000, 109 (alleiniges Sorgerecht).
215 OLG Oldenburg, FamRZ 1998, 1464; OLG Bamberg, FamRZ 1999, 803 und FamRZ 1999, 1005, 1006; OLG Karlsruhe, FamRZ 2000, 111, 112.
216 OLG Düsseldorf, FamRZ 2005, 2087 = FuR 2005, 563.

I. Elterliche Sorge

Lösungen zu finden und in Erziehungsfragen keine unauflösbaren Meinungsverschiedenheiten bestehen.[217]

Praxistipp:

Im Streitfall ist erheblich mehr erforderlich, als allgemein auf fehlende Kooperationsfähigkeit oder -bereitschaft hinzuweisen. Es ist konkret am Einzelfall darzulegen, worauf die mangelnde Fähigkeit bzw. der mangelnde Willen zur Zusammenarbeit beruht.

Einmaliges Fehlverhalten reicht i.d.R. nicht aus, um die Unfähigkeit oder fehlende Bereitschaft des Anderen zur Ausübung der gemeinsamen elterlichen Sorge zu begründen.[218]

Grundsätzlich sind Eltern verpflichtet, die Zusammenarbeit zum Wohl des Kindes zu suchen.[219] Die **Gleichgültigkeit eines Elternteils** spricht allerdings gegen die Beibehaltung des gemeinsamen Sorgerechts.[220]

Hinweis:

Schwerwiegende **Verletzungen der Unterhaltspflicht** sind ein Indiz für Gleichgültigkeit eines Elternteils.[221]

Suchtverhalten spricht nicht zwingend gegen die Fortführung der gemeinsamen elterlichen Sorge.[222] Hier kommt es auf den **Grad der Sucht** und darauf an, ob **vernünftige gemeinsame Entscheidungen** unabhängig von bestehenden Problemen noch möglich sind.[223]

238

Die Frage **negativer Beeinflussung** ist demgegenüber keine solche des Sorgerechts sondern des **Umgangsrechts**.

239

---

217 OLG Hamm, FamRZ 1999, 1600.
218 OLG Karlsruhe, FamRZ 2002, 1209.
219 OLG Hamm, FamRZ 1999, 1154; a.A. Knittel, in: Schnitzler, Münchener Anwaltshandbuch Familienrecht, § 14 Rn. 92; Oelkers, FPR 1999, 132, 136.
220 Schwab, FamRZ 1998, 457, 463.
221 So Knittel, in: Schnitzler, Münchener Anwaltshandbuch Familienrecht, § 14 Rn. 93.
222 KG, NJW-RR 1992, 138, 139; a.A. OLG Brandenburg, FamRZ 2002, 120.
223 OLG Nürnberg, FamRZ 1999, 1160.

bb) Alleinsorge des Antragstellers

240 Ist die gemeinsame elterliche Sorge nach Prüfung durch das Gericht nicht aufrecht zu erhalten, ist in zweiter Stufe zu prüfen, ob die Übertragung der Alleinsorge auf den antragstellenden Elternteil dem Kindeswohl am besten entspricht.

241 Die folgenden Kriterien sind dazu zu prüfen, ohne dass eine unterschiedliche Rangfolge besteht:[224]

- Förderungsprinzip,
- Bindungen des Kindes (an Eltern und Geschwister),
- Kontinuitätsgrundsatz,
- Kindeswille.

Im Einzelnen:

(1) Förderungsprinzip

242 Nach dem Förderungsprinzip ist zu fragen, welcher Elternteil eher in der Lage ist, dem Kind die **Entwicklungsmöglichkeiten zu vermitteln** und den Aufbau seiner Persönlichkeit zu fördern.[225]

243 **Persönlichkeit und Erziehungskonzept** spielen dabei eine entscheidende Rolle. So entspricht z.B. die **persönliche Betreuung** eher als die Fremdbetreuung dem Kindeswohl. Die **Bereitschaft, sich unter Zurückstellung eigener Belange der Erziehung des Kindes anzunehmen**, ist insofern von größerer Bedeutung als die wirtschaftlichen Rahmenbedingungen. Letzteres spielt nur dann eine Rolle, wenn **wirtschaftliche Mindeststandards nicht gewahrt** sind.[226]

244 Letztlich ist entscheidend, das Kind zu lieben und als Individuum mit **eigener Würde, Rechten sowie wachsenden Fähigkeiten zur Selbstbestimmung zu achten** und entsprechend zu fördern (§§ 1626 Abs. 2, 1631 Abs. 2, 1631a BGB).[227]

(2) Bindungen des Kindes

245 § 1671 Abs. 2 BGB a.F. schrieb ausdrücklich, dass die Bindungen des Kindes an seine Eltern und Geschwister besonders zu berücksichtigen waren. Auch wenn die jetzige gesetzliche Regelung keine einzelnen Kriterien zur Entscheidung über die Alleinsorge

---

224 St. Rspr. vgl. BVerfG, FamRZ 1981, 124, 126; OLG Karlsruhe, FamRZ 1995, 562, 564; Oelkers, FuR 1999, 349; vgl. aber die differenzierenden, zehn Punkte umfassenden Kriterien in Duderstadt, Elterliche Sorge und Umgangsrecht, S. 36 ff.
225 BGH, FamRZ 1990, 392, 394.
226 OLG Bamberg, FamRZ 1985, 1175, 1178.
227 Staudinger/Coester, BGB, § 1671 Rn. 199 m.w.N.

mehr aufweist, ist wesentliches Kriterium für eine Entscheidung, **inwieweit die jeweiligen Bindungen zu den Elternteilen und ggf. zu den Geschwistern gewachsen und gefestigt** sind.

Dabei wird derjenige, der das Kind bereits einige Zeit **allein betreut**, regelmäßig die stärkere emotionale Bindung aufweisen können mit der Folge, dass eher diesem Elternteil die **Alleinsorge übertragen** wird.[228]   246

Ebenso zu beachten sind die **Bindungen an Geschwister**, auch bei Halbgeschwistern.[229]   247

Es gilt der Grundsatz, dass das **gemeinsame Aufwachsen von Geschwistern für die Entwicklung förderlich** ist, ein Auseinanderreißen von Geschwistern deshalb nach Möglichkeit zu vermeiden ist.[230]   248

Anderes gilt nur dann, wenn der **Altersunterschied** zwischen den Geschwistern derart erheblich ist, dass vom Zusammenleben keine Hilfe bei der Verarbeitung der Trennung der Eltern für das Kind zu erwarten ist und auch sonst eine besondere Geschwisterbindung nicht vorhanden ist.[231]

Umgekehrt können die **Bindungen des Kindes an seine Geschwister so stark** wiegen, dass die Übertragung auch auf den deutlich weniger geeigneten Elternteil in Betracht kommt.[232]   249

(3) Kontinuitätsgrundsatz

Eine besondere Bedeutung bei der Entscheidung über die Alleinsorge kommt dem **Kontinuitätsgrundsatz** zu, d.h. der Frage, bei wem die **Stabilität, die Gleichmäßigkeit und Einheitlichkeit der Erziehung am ehesten gewährleistet** ist.[233]   250

Stabilität bedeutet dabei die **Aufrechterhaltung der Betreuungsperson und des sozialen Umfeldes (Kindergarten, Schule, Freunde, Sportverein etc.)**.[234] Fallen die Betreuungsperson und das soziale Umfeld, z.B. durch Umzug der Mutter, auseinander,   251

---

228   OLG Düsseldorf, ZfJ 1999, 111.
229   OLG Hamm, FamRZ 1996, 562, 563; OLG Brandenburg, ZfJ 1999, 28, 31.
230   OLG Celle, FamRZ 1992, 465, 467; OLG Düsseldorf, FamRZ 1995, 182, 183; OLG Hamm, FamRZ 1999, 320, 321.
231   OLG Zweibrücken, FamRZ 2001, 184.
232   OLG Bamberg, FamRZ 1998, 498, 499.
233   BGH, FamRZ 1990, 392, 393; OLG Bamberg, FamRZ 1998, 1462.
234   OLG Brandenburg, FamRZ 2001, 1021.

wird allerdings die **Kontinuität der Betreuungsperson schwerer wiegen** als der Umgebungswechsel.[235]

252 Lebt das Kind bereits bei nur **einem Elternteil** (der getrennt lebenden Eltern), reduziert sich die Kindeswohlprüfung auf die Frage, ob ein **Wechsel des Aufenthaltsortes angezeigt** ist bzw. dem **Kindeswohl am besten** entspricht.[236]

253 Insgesamt ist nach dem Kontinuitätsgrundsatz ein **abrupter Wechsel** in wichtigen örtlichen Lebensfragen **zu vermeiden**.[237]

254 Problematisch können diese Grundsätze allerdings im Fall des **einseitigen Entzugs** des Kindes werden. Auf den Grundgedanken der Kontinuität kann sich deshalb nach ständiger Rechtsprechung derjenige **nicht** berufen, dessen Zusammenleben sich auf **rechtswidriger Kindesentziehung** gründet.[238]

(4) Kindeswille

255 Der **Wille des Kindes** kann eine entscheidende Rolle bei der Frage der Übertragung der Alleinsorge spielen. Etwa ab Erreichen des **zwölften Lebensjahres** wird der Entscheidung des Kindes eine entscheidende Bedeutung zugemessen.[239] Dies ist Ausdruck der verfassungsrechtlich zu beachtenden **Selbstbestimmung des Kindes**.[240]

256 Gerade bei **jüngeren Kindern** wird aber jeweils zu prüfen sein, ob **offene und unbeeinflusste Angaben** gemacht werden (können). Je jünger Kinder sind, desto mehr wächst die Gefahr, dass ihre Haltung fremdbestimmt ist.[241]

> Praxistipp:
>
> Häufig „gelingt" es Eltern, starke **Schuldgefühle** zu verursachen, die dem Kind anlässlich einer Anhörung keine andere Wahl lassen, als sich für ihn zu entschei-

---

235 OLG Nürnberg, FamRZ 1996, 563, 564; OLG Köln, FamRZ 1999, 182, 183.
236 OLG Karlsruhe, OLGR 2001, 221.
237 Schwab, FamRZ 1998, 457, 564; KG, FamRZ 2001, 185; OLG Köln, FamRZ 2003, 1950, 1951.
238 Knittel, in: Schnitzler, Münchener Anwaltshandbuch Familienrecht, § 14 Rn. 117 m.w.N.
239 Staudinger/Coester, BGB, § 1671 Rn. 242 m.w.N.
240 Staudinger/Coester, BGB, § 1671 Rn. 241 ff.; Schwab, FamRZ 1998, 457, 465; OLG Zweibrücken, FamRZ 2001, 176: erst ab dem 14. Lebensjahr.
241 OLG Braunschweig, FamRZ 2001, 1637 (zwei 9 und 13 Jahre alte Kinder hatten sich schriftlich von der Mutter losgesagt); vgl. auch FamG St. Goar, FamRZ 2001, 1722, 1723.

> den. In solchen Fällen ist auf die Einholung eines **kinderpsychologischen Sachverständigengutachtens** zu drängen.[242]

Sind gleichmäßige Bindungen und Neigungen des Kindes vorhanden, kann auch der Wunsch, **mit den Geschwisterkindern zusammen** bei einem Elternteil leben zu wollen, entscheidend sein.[243]   257

Der Wille des Kindes steht nach einer neueren Entscheidung des **BVerfG** immer unter dem Vorbehalt, dass dieser Wille mit dem Kindeswohl im Einklang steht.[244] Der Wille des Kindes und das ihn betreffende Kindeswohl kann aber aus verschiedenen Gründen auseinanderfallen, z.B. aufgrund von Beeinflussung durch Dritte.   258

cc) Entscheidung des Gerichts

Das Gericht kann den Streit um die Alleinsorge nach § 1671 Abs. 2 Nr. 2 BGB wie folgt entscheiden: 259

- Wird dem Antragsteller die **elterliche Sorge allein** zugewiesen, bleibt dem anderen Elternteil das **Umgangsrecht und das Recht auf Auskunft gem. §§ 1684 Abs. 1, 1686 BGB**. Streiten Eltern ausschließlich über das Aufenthaltsbestimmungsrecht als Teil der elterlichen Sorge, ergeht eine Entscheidung auch nur insoweit (**Prinzip des geringstmöglichen Eingriffs**).[245]

- Wird der Antrag **zurückgewiesen**, bleibt es beim gemeinsamen Sorgerecht (**§ 1687 BGB**). Der Streit über **Einzelfragen** ist gerichtlich gem. **§ 1628 BGB** zu entscheiden.

> **Hinweis:**
> Wird es notwendig, eine Frage grds. Bedeutung durch das Gericht zu klären, ist dies auch ein **Zeichen** dafür, dass die Ausübung des gemeinsamen Sorgerechts (mit dem Antragsgegner) nicht möglich ist.

- § 1671 Abs. 1 BGB lässt auch die **Übertragung nur eines Teils der elterlichen Sorge** zu, etwa die Gesundheitsfürsorge, die Aufenthaltsbestimmung oder die mit dem Schulbesuch zusammenhängenden Fragen.[246] I.Ü. bleibt es dann bei der ge-

---

242 Bedenklich ist in diesem Zusammenhang, dass statistisch nur in ca. 10 % aller gerichtlichen Entscheidungen im Bereich des Sorge- und Umgangsrechts ein kinderpsychologisches Gutachten eingeholt, dem Bericht des – häufig überlasteten – Jugendamts dagegen vorrangig gefolgt wird.
243 OLG Hamm, FamRZ 1997, 957.
244 BVerfG, Beschl. v. 08.03.2005 – 1 BvR 1986/04.
245 OLG Stuttgart, FamRZ 1999, 39, 40; OLG München, FamRZ 1999, 111, 112.
246 OLG Nürnberg, FamRZ 1999, 673.

B. Elterliche Sorge und Umgangsrecht

meinsamen elterlichen Sorge. Einerseits kann dies unter dem Aspekt der **Verhältnismäßigkeit des Eingriffs** angemessen sein, andererseits führt dies zu einer **rechtlichen Zergliederung** der elterlichen Sorge.[247]

- Erweist sich all dies nicht als mit dem Kindeswohl vereinbar, hat das Gericht **von Amts wegen zu prüfen**, ob es anderweitige Maßnahmen gem. § 1666 BGB treffen muss. Dies kann zum **Entzug der elterlichen Sorge** gegenüber beiden Eltern und zur Einsetzung eines Vormunds/Pflegers führen.[248]

260 Im Zusammenhang mit dem entscheidenden **Prinzip des geringstmöglichen Eingriffs** hat das **BVerfG** entschieden, dass die **Übertragung der alleinigen elterlichen Sorge auf einen Elternteil verfassungswidrig** ist, wenn die Meinungsverschiedenheiten der Eltern bereits durch die **Regelung des Aufenthaltsbestimmungsrechts** beseitigt werden können.[249]

261 Folgender **Sachverhalt** war zu entscheiden: Die Kindesmutter hat nach Trennung vom Ehemann und Kindesvater die Übertragung des alleinigen Sorgerechts über die drei gemeinsamen Kinder beantragt. Sie ist Spanierin und beabsichtigt, mit den Kindern nach Spanien umzuziehen. Der Ehemann ist damit nicht einverstanden. Im Hinblick darauf hat die Kindesmutter wegen fehlender Kooperationsfähigkeit und -bereitschaft die Übertragung der elterlichen Sorge auf sich beantragt.

262 AG und OLG haben antragsgemäß entschieden.

Entscheidungsgründe:

263 Das **BVerfG** hat einen **Verstoß gegen Art. 6 Abs. 2 Satz 1 GG** darin gesehen, dass die Gerichte nicht geprüft haben, ob die Meinungsverschiedenheiten der Eltern nicht schon allein durch die Regelung des Aufenthaltsbestimmungsrechts beigelegt werden konnten.

264 Es hätte geprüft werden müssen, ob i.Ü. eine **tragfähige soziale Beziehung zwischen den Eltern** gegeben und ein **Mindestmaß an Übereinstimmung** gewährleistet war.

265 Der Konflikt der Eltern beruhte allein auf Meinungsverschiedenheiten über den Aufenthalt der Kinder. Sonst waren **keine Anhaltspunkte für fehlende Kooperationsfähigkeit oder -bereitschaft zu erkennen.**

266 Um dem Elternrecht hinreichend Rechnung zu tragen, müssen die Gerichte prüfen, ob es bei den Eltern **auch in anderen Fragen** des Sorgerechts am gebotenen **Mindest-**

---

247 OLG Hamm, FamRZ 1999, 393, 394; krit. Schwab, FamRZ 1998, 457, 465.
248 Vgl. Motzer, FamRZ 1999, 1101, 1102.
249 BVerfG v. 01.03.2004, n.v., Abruf-Nr. 041171 unter *www.iww.de.*

maß an Übereinstimmung bzw. insgesamt an einer tragfähigen sozialen Beziehung fehlt.

Auch die vom anderen Elternteil zu bewältigende **Distanz** steht der gemeinsamen Sorge nicht entgegen, wenn der Elternteil in der Lage ist, den Kontakt zu den Kindern auch im Ausland aufrecht zu erhalten. Keinesfalls darf lapidar auf die weite Entfernung verwiesen werden. 267

Das **BVerfG** gibt eine bedeutsame Perspektive für die Frage, wann die Übertragung der alleinigen elterlichen Sorge auf einen Elternteil unverhältnismäßig ist. 268

Voraussetzung für ein gemeinsames Sorgerecht ist, dass es eine **tragfähige soziale Beziehung zwischen den Eltern** gibt und dass ein **Mindestmaß an Übereinstimmung in Sorgerechtsfragen** erzielt wird. 269

Bei Auseinandersetzungen muss geklärt werden, **ob sich die Meinungsverschiedenheiten auf bestimmte Umstände beschränken**, die durch **Übertragung von Teilbereichen** der elterlichen Sorge beseitigt werden können. 270

Es kommt z.B. die Übertragung des **religiösen Bestimmungsrechts** auf einen Elternteil in Betracht, wenn es um **Glaubensfragen** geht, z.B. wenn die Ehe zwischen einem Christen und einem Moslem gescheitert ist. In solchen Fällen dürfte es unverhältnismäßig sein, das gesamte Sorgerecht auf einen Elternteil zu übertragen.[250] 271

4. Verfahrensfragen

Im Verbundverfahren ist das **Gericht der Ehesache** vorrangig zuständig. Beantragt ein Ehegatte jedoch im Verbund eine Entscheidung nach § 1671 BGB, kann jeder Elternteil die **Abtrennung dieser Folgesache** beantragen. Sie ist dann **zwingend als isolierte Folgesache weiterzuführen** (§ 623 Abs. 2 Satz 4 ZPO). Für die abgetrennte Folgesache entfällt sodann, auch für die 2. Instanz, der Anwaltszwang.[251] 272

> Praxistipp:
> Anträge und Beschlüsse aus dem Scheidungsverbund wirken in diesem neuen Verfahren **nicht** mehr fort.[252]

---

250 So auch Soyka, FK 2004, 94, 99.
251 OLG Köln, FamRZ 2001, 1227; OLG Rostock, FamRZ 2007, 1352.
252 OLG Naumburg, FamRZ 2001, 1469.

B. Elterliche Sorge und Umgangsrecht

> **Hinweis:**
> Die örtliche Zuständigkeit des Wohnsitzes des Kindes ist allerdings nur bei einem isolierten Verfahren **ohne** parallel anhängige Ehesache gegeben (§ 621 Abs. 2 Satz 2 ZPO; §§ 43 Abs. 1, 36 Abs. 1 FGG).

273 Im Verfahren selbst gilt der **Amtsermittlungsgrundsatz** (§ 621a Abs. 1 ZPO, § 12 FGG). In diesem Rahmen steht es auch im **Ermessen des Gerichts**, ob es ein **Sachverständigengutachten** einholt. Die Entscheidung darüber ist als Zwischenentscheidung nicht anfechtbar.

274 Die Einholung eines solchen Gutachtens bedarf allerdings der Zustimmung des Sorgeberechtigten.[253] Wird sie versagt, kann sie gem. § 1666 BGB gerichtlich ersetzt werden.

275 Im Verfahren ist die **Beiordnung eines Rechtsanwalts** i.d.R. erforderlich.[254] Dies gilt nur dann nicht, wenn es sich ausnahmsweise um einen besonders einfachen Fall handelt,[255] z.B. bei Übereinstimmung der Eltern in der Frage der elterlichen Sorge.[256]

276 In Sorgerechtsverfahren sind die **Eltern und die Kinder grds. anzuhören**. Von der zwingend nach § 50b Abs. 1 FGG vorgeschriebenen Kindesanhörung kann gem. Abs. 3 nur aus „**schwerwiegenden Gründen**" abgesehen werden. Gründe sind Gefahren für das Wohl und die Gesundheit des Kindes im Fall seiner Anhörung.[257]

277 Eine Altersgrenze besteht für die Anhörung nicht. Allgemein wird jedoch angenommen, dass das Kind **drei Jahre und älter** sein muss, um angehört zu werden.[258]

278 Damit steht die Anhörung des Kindes **nicht in der Entscheidungsbefugnis der Eltern**. Sie kann auch dann nicht unterbleiben, wenn die Eltern übereinstimmend darum bitten.[259]

279 Im Verfahren wird ein Verfahrenspfleger für das Kind dann eingesetzt, wenn ein erheblicher Gegensatz zwischen den Interessen des Kindes und den seines gesetzlichen Vertreters besteht (§ 50 Abs. 1 FGG).[260]

---

253 OLG Zweibrücken, FamRZ 1999, 521.
254 OLG Hamm, FamRZ 1999, 393.
255 OLG Schleswig, OLGR 2000, 347.
256 OLG Bamberg, FamRZ 2000, 763.
257 OLG Karlsruhe, FamRZ 1999, 670, 671.
258 OLG Zweibrücken, FamRZ 1999, 246, 247; OLG Frankfurt am Main, FamRZ 1999, 247; OLG Köln, FamRZ 1999, 1517.
259 OLG Zweibrücken, FamRZ 1999, 246, 247.
260 BVerfG, FamRZ 1999, 85.

II. Umgangsrecht

Dies ist insbes. dann der Fall, wenn der Entzug der gesamten Personensorge droht.[261] 280

Die Endentscheidung des Gerichts im Verbundverfahren ist sowohl hinsichtlich der Ehesache als auch im Hinblick auf das Sorgerecht anfechtbar, einheitlich mit der **Berufung zum OLG (Revision zum BGH)**. Zwischen- und Nebenentscheidungen unterliegen der **einfachen Beschwerde (§§ 19 ff. FGG)**. 281

II. Umgangsrecht

1. Rechtsnatur des Umgangsrechts

Zu Unrecht wurde – und wird landläufig noch heute – das Umgangsrecht als **Einbahnstraße** i.S.e. Rechtsanspruchs ausschließlich des nicht mit dem Kind zusammenlebenden Elternteils angesehen. Die zentrale Vorschrift des § 1684 Abs. 1 BGB (seit 01.07.1998 in Kraft) beschreibt jedoch drei Bereiche, und zwar in folgender Reihenfolge: 282

- das **Recht des Kindes** auf Umgang mit jedem Elternteil;
- die **Pflicht der Eltern** zum Umgang mit ihrem Kind;
- das **Recht der Eltern** auf Umgang mit dem Kind.

Der mit Änderung im **Kindschaftsrechtsreformgesetz von 1998** vorgenommene **Perspektivwechsel** ist von erheblicher Bedeutung.[262] Elterninteressen werden zurückgestellt (an die dritte Stelle), **Kindesinteressen in den Mittelpunkt** gerückt (an die erste Stelle), Elternpflichten in den Blickpunkt gestellt (an die zweite Stelle).[263] 283

Dies hat bereits zu Entscheidungen geführt, nach denen das Kind sein Recht auf Umgang verbinden konnte mit einer **Zwangsgeldandrohung** gegen den umgangsunwilligen Elternteil.[264] 284

Das **OLG Brandenburg** hat hierzu ausdrücklich festgestellt, dass das Kind gem. § 1684 Abs. 1 BGB ein **subjektives Recht** auf Umgang mit dem nicht mit ihm zusammenlebenden Elternteil hat.[265] Dieser sei **verpflichtet**, den Umgang wahrzunehmen. 285

---

261 OLG Saarbrücken, DAVorm 2000, 689.
262 Der Perspektivwechsel hat u.a. auch dazu geführt, dass gem. § 1685 Abs. 2 BGB n.F. auch ein Umgangsrecht zu solchen engen Bezugspersonen besteht, die längere Zeit Verantwortung für das Kind tragen oder getragen bzw. mit ihm zusammengelebt haben, vgl. BGH, FamRZ 2005, 705; Büte, FK 2005, 133.
263 Vgl. dazu BVerfG, FamRZ 2005, 173 (einstweilige Anordnung betreffend das Umgangsrecht des nichtehelichen Vaters).
264 OLG Celle, MDR 2001, 395; OLG Köln, FamRZ 2001, 1023; vgl. auch BVerfG, FamRZ 2002, 534.
265 OLG Brandenburg, FamRZ 2005, 293.

B. Elterliche Sorge und Umgangsrecht

Die **gerichtliche Regelung** des Umgangs gegen den Willen dieses Elternteils und die Androhung eines Zwangsgeldes verstießen **nicht gegen die Verfassung**.[266]

286 Das **OLG München**[267] stimmte der Ansicht zu, dass ein Umgang nach dem Wortlaut von § 1684 Abs. 1 BGB auch gegen den Willen des betreffenden Elternteils angeordnet und mit Zwangsmitteln durchgesetzt werden kann. Bei der Gestaltung der Besuche müsse dessen Belangen aber ebenfalls Rechnung getragen werden. So seien durch Arztattest nachgewiesene gesundheitliche Probleme des betagten Vaters ein Grund, dem Kind die gewünschten Übernachtungsbesuche bei ihm zu versagen.

287 Der **BGH**[268] weist auf den Charakter des Umgangs als Pflichtrecht hin, welches nicht der vertraglichen Disposition der Eltern unterliegt. Daher kann auf das Besuchsrecht wirksam nicht verzichtet werden.

288 Kein Umgangsrecht steht allerdings dem biologischen – nicht rechtlichen – Vater zu, wenn zwischen ihm und dem Kind keine sozial-familiäre Beziehung und kein sozial-familiäres Band besteht.[269]

2. Die Ausgestaltung des Umgangsrechts

289 Das **Wohl des Kindes** entscheidet auch einzig über das Recht der Eltern zum Umgang mit dem Kind. **Zeit, Dauer und Häufigkeit** unterliegen der Entscheidung im Einzelfall.

290 Die in der Rechtsprechung üblichen Schemata wie „alle 14 Tage Sa. 9 Uhr bis So. 18 Uhr/die 2. hohen Festtage/einmal im Jahr 14 Tage gemeinsamer Urlaub"[270] werden seit Langem von Kinderpsychologen als allgemein nicht kindgerecht abgelehnt und sind angesichts der Betonung einer Ausrichtung ausschließlich am individuell zu bestimmenden Kindeswohl nicht mehr anwendbar.[271]

291 Die **Häufigkeit und die Zeitdauer** des Kontaktes sind zunächst abhängig vom Grad der Bindung des Kindes, sodann aber **stark altersabhängig**.[272] Je **jünger** ein Kind ist,

---

266 OLG Brandenburg, FamRZ 2005, 293.
267 OLG München, FamRZ 2005, 2010.
268 BGH, FamRZ 2005, 1471.
269 OLG Karlsruhe, FamRZ 2007, 974; vgl. dazu Büte, FK 2007, 152.
270 OLG Frankfurt am Main, FamRZ 2002, 978; OLG Brandenburg, FamRZ 2002, 974: zwei Wochenenden reichen; ein zusätzlicher Nachmittag pro Woche kommt nicht in Betracht; zum sog. Wechselmodell vgl. OLG Dresden, FamRZ 2005, 125; skeptisch dazu OLG München, FamRZ 2002, 1210.
271 Ein Wechselmodell kann aber gerichtlich nicht angeordnet werden, vgl. OLG Stuttgart, FamRZ 2007, 1266.
272 AG Kerpen, FamRZ 1994, 1486; OLG Frankfurt am Main, FamRZ 2002, 978.

desto **kürzer** müssen die Zeitabstände der einzelnen Kontakte sein (Häufigkeit).[273] Dafür bedarf es bei kleinen Kindern keiner so langen Zeitdauer wie bei älteren Kindern, die i.R.d. Kontaktes eher selbstbestimmte, vom Elternteil unabhängige Freizeittätigkeiten ausüben. Allgemein gilt dazu, dass jüngere Kinder eher eine regelmäßige und periodische Umgangsregelung anstelle in höherem Alter selbstständig vereinbarter, flexibler Besuchskontakte benötigen.[274]

Je weiter der Umgangsberechtigte vom Kind entfernt wohnt, desto größer werden die Zeitabstände zwischen den Besuchen ausfallen.[275] Die Dauer des einzelnen Kontaktes kann dann aber auch länger sein.[276] 292

Die **Ausgestaltung** selbst gehört zu den auch zwischen Eltern **strittigsten Elementen**. Stichworte dafür sind: Freizeitpapa-Alltagsmama oder als Gegensatz der Vorwurf, der den Umgang ausübende Elternteil kümmere sich während der Zeit nicht um das Kind („es sitzt vor dem Fernseher/wird zu Oma abgeschoben"). 293

Grundsätzlich trifft der Umgangsberechtigte, während das Kind sich bei ihm befindet, die **Alltagsentscheidungen**, also alle Entscheidungen, die nicht von erheblicher Bedeutung sind. Er entscheidet deshalb auch darüber, wo sich das Kind aufhält, mit wem es Kontakt hat etc. Die **Möglichkeit** des anderen Elternteils, an den **Besuchen teilzunehmen**, die Kontakte also zu begleiten und/oder zu kontrollieren („nur, wenn ich dabei bin"), wird von der Rechtsprechung ebenso zurückhaltend angenommen[277] wie der **Ausschluss bestimmten Kontaktes** („nicht mit seiner Freundin").[278] 294

Im Streitfall über die Dauer und die Ausgestaltung des Umgangs hat sich eine gerichtliche Entscheidung daran auszurichten, was dem **Wohl des Kindes in seiner konkreten Situation** gerecht wird.[279] 295

Die **Entscheidung des Gerichts** darf im Streitfall allerdings nicht auf die Ablehnung des Antrags auf eine bestimmte gerichtliche Regelung beschränkt bleiben.[280] Sie darf darüber hinaus nicht flexibel ausfallen. Sie **muss hinreichend bestimmt und vollzugsfähig** sein.[281] 296

---

273 OLG Oldenburg, FamRZ 2001, 1164; AG Saarbrücken, FamRZ 2003, 1200.
274 OLG Oldenburg, FamRZ 2001, 1164.
275 OLG Schleswig, FamRZ 2003, 950.
276 Vgl. dazu das Beispiel des pakistanischen Vaters AG Detmold, FamRZ 2000, 1605.
277 OLG Brandenburg, FamRZ 2002, 414; vgl. dazu Ziff. B. II. 3. a), Rn. 303 ff.
278 Anders bei Kampfhund in der väterlichen Wohnung, vgl. KG, FamRZ 2003, 112; van Els, FamRZ 2003, 946.
279 BVerfG, FamRZ 1993, 662 und BVerfG, FamRZ 2005, 871 (Ausschluss während der Ferienzeit verfassungswidrig).
280 BGH, FamRZ 1994, 158; OLG Nürnberg, FamRZ 2002, 974.
281 OLG Brandenburg, FamRZ 2002, 974.

297 Die **Kosten des Umgangs** des barunterhaltspflichtigen Elternteils mit seinem Kind können nach einer neueren Entscheidung des **BGH** zur **Erhöhung des Selbstbehalts** oder zu einer entsprechenden **Minderung des unterhaltsrechtlich relevanten Einkommens** führen, wenn dem Unterhaltspflichtigen das anteilige Kindergeld gem. § 1612b Abs. 5 BGB ganz oder teilweise nicht zugutekommt und er die Kosten nicht aus den Mitteln bestreiten kann, die ihm über den Selbstbehalt hinaus verbleiben.[282]

298 Die **Verweigerung** des Umgangs kann i.Ü. auch zur **Schadensersatzpflicht** führen, etwa bei sodann nicht angetretener Urlaubsreise.[283]

299 Das **OLG Karlsruhe**[284] und wohl auch der **BGH**[285] neigen in diesem Zusammenhang zu der Auffassung, das Umgangsrecht sei ein **absolutes Recht i.S.d. § 823 BGB**. Der **BGH** begründet dies damit, das Umgangsrecht bestehe nicht nur gegenüber den Sorgeberechtigten, sondern gegenüber jedem, in dessen Obhut sich das Kind befinde.[286]

300 Er hat dies im konkreten Fall jedoch dahinstehen lassen und die Schadensersatzpflicht auf die **Grundsätze der positiven Forderungsverletzung nach § 280 BGB** gestützt. Das Umgangsrecht begründe zwischen dem Umgangsberechtigten und dem Umgangspflichtigen ein **gesetzliches Rechtsverhältnis familienrechtlicher Art** mit der Folge, dass der Pflichtige darlegen und beweisen muss, dass er die Pflichtverletzung nicht zu vertreten hat, § 280 Satz 2 BGB.

> **Hinweis:**
> Die Verletzung des Umgangsrechts kann auch den Straftatbestand des § 235 StGB erfüllen, und zwar nicht nur, wenn ein Dritter das Kind während eines Aufenthalts beim Umgangsberechtigten entzieht, sondern auch wenn der Sorgeberechtigte das Kind dem umgangsberechtigten Elternteil entzieht.[287]

3. Beschränkungen des Umgangs

301 Soweit es das Wohl des Kindes gem. § 1697a BGB erfordert, sind **Beschränkungen des Umgangs** zu prüfen. Umgang dient grds. dem Wohl des Kindes. Er kann deshalb nur bei **ernsthaften Gefahren für das Kindeswohl** ausgesetzt bzw. ausgeschlossen werden.[288] Als geringerer Eingriff nach dem **Grundsatz der Verhältnismäßigkeit** ist

---

282 BGH v. 23.02.2005 – XII ZR 56/02, FK 2005, 73.
283 OLG Frankfurt am Main v. 29.04.2005 – 1 UF 64/05, n.v. (Abruf-Nr. 052537 unter *www.iww.de*); vgl. auch Büte, FK 2005, 165.
284 In FamRZ 2002, 1056.
285 In FamRZ 2002, 1099.
286 BGH, FamRZ 2002, 1099.
287 BGH, FamRZ 1999, 651.
288 OLG Thüringen, FuR 2000, 121; OLG Brandenburg, FamRZ 2002, 414, 415.

zuvor der Umgang mithilfe eines **„mitwirkungsbereiten Dritten"** (§ 1684 Abs. 4 Satz 2 BGB) zu prüfen.[289] Dritter kann auch ein zu bestellender **Verfahrenspfleger** sein.[290]

Der vollständige Ausschluss des Umgangs kommt dagegen nur in begründeten Ausnahmefällen und i.d.R. auch nur befristet in Betracht.[291]   302

a)   Der begleitete Umgang

Begleiteter Umgang gem. § 1684 Abs. 4 Satz 2 BGB stellt eine **erhebliche Belastung und Beeinträchtigung** für den umgangsberechtigten Elternteil ebenso wie, in geringerem Maße, auch für das Kind dar und ist deshalb bereits auf schwerwiegende Fälle zu beschränken.[292]   303

Die **folgenden Fallgestaltungen** sind zu unterscheiden:[293]   304

- **Belastungen zwischen Kind und umgangsberechtigtem Elternteil**: Zu diesen Fällen zählen **fehlender oder seit Langem unterbrochener Kontakt**, starke **Konflikte** zwischen Kind und umgangsberechtigtem Elternteil, **Gefahren psychischer Misshandlung, Vernachlässigung oder sexuellen Missbrauchs** des Kindes durch den umgangsberechtigten Elternteil.

- **Probleme beim umgangsberechtigten Elternteil**: Hierzu zählen Probleme der Erziehungsfähigkeit und -bereitschaft, Prostitution, **Suchterkrankungen** oder Inhaftierung.

- **Probleme bei der Durchführung des Umgangs**: starke **psychische Belastung des Kindes** durch den Umgang und Probleme bei der Gewährleistung der Versorgung oder der Sicherheit des Kindes.

- **Gefahr der Kindesentführung**: Anstalten des umgangsberechtigten Elternteils, das Besuchsrecht zur **Verschleppung des Kindes** zu nutzen.[294]

---

289   OLG Brandenburg, FuR 1999, 245; OLG Köln, FuR 2000, 238.
290   OLG Köln, FamRZ 2000, 1109.
291   OLG Schleswig, FamRZ 2000, 48; OLG Hamm, FamRZ 2000, 1108; BVerfG, FamRZ 2005, 1057; Büte, FK 2005, 152.
292   OLG München, FamRZ 2003, 551; zur Einteilung in drei Gruppen in Betracht kommender Fälle vgl. Fthenakis, Vorläufige deutsche Standards zum begleiteten Umgang, München 2001.
293   So Duderstadt, Elterliche Sorge und Umgangsrecht, S. 101.
294   OLG Köln, FamRZ 2002, 238 (Irak); OLG München, FamRZ 1993, 94 (USA); vgl. dagegen OLG Frankfurt am Main, FamRZ 1999, 1004.

305 Bei der Ausgestaltung des begleiteten Umgangs, v.a. bei der Frage zeitlicher Ausdehnung, ist der **Aufwand des Umgangsberechtigten**, z.B. weite Anreise, zu berücksichtigen.[295]

306 Grundsätzlich ist nach dem **Gebot der Verhältnismäßigkeit** zu prüfen, ob ein jeweils milderes Mittel ausreicht, um eine Kindeswohlgefährdung zu verhindern.[296]

307 So ist bei beantragtem Ausschluss des Umgangsrechts zu prüfen, ob **ein begleiteter Umgang ausreicht**, die Gefährdung des Kindes auszuschließen.

308 So hat das **BVerfG** eindeutig erklärt, dass das Grundrecht des Vaters aus Art. 6 Abs. 2 GG i.V.m. dem **Verhältnismäßigkeitsgrundsatz** verletzt sei, wenn das Gericht einen vollständigen Umgangsausschluss aussprechen würde, ohne die Möglichkeit eines begleiteten Umgangs in Betracht zu ziehen.[297]

309 Grundsätzlich sind **vier Formen des begleiteten Umgangs** je nach zugrunde liegender Konfliktlage zu unterscheiden:

- **Betreute Umgangsanbahnung**: Sie dient dazu, bei lange unterbrochenem Kontakt zwischen Kind und Umgangsberechtigtem diesen wiederherzustellen oder gar erstmals anzubahnen.[298]

- **Betreute Übergabe**: Diese stellt ein sinnvolles Mittel in Übergabesituationen dar, in denen es zu eskalierendem Streit und dadurch bedingten psychischen Belastungen des Kindes kommt, aber auch bei wechselseitigen Vorwürfen der Nichteinhaltung der vereinbarten Umgangskontakte bzw. Umgangszeiten.

- **Betreuter Umgang**: Dieser kommt in Betracht bei eingeschränkter Fähigkeit des Umgangsberechtigten zum belastungsfreien Umgang mit dem Kind, bei Beeinflussung des Kindes gegen den betreuenden Elternteil, bei psychischen Erkrankungen oder Suchterkrankungen oder bei der Gefahr des Kindesentzuges.[299]

- **Kontrollierter Umgang**: Dieser stellt die geeignete Maßnahme beim nachgewiesenen oder begründeten Verdacht auf eine Kindesgefährdung dar, der nur durch die ständige Anwesenheit begegnet werden kann, z.B. bei dem Verdacht des sexuellen Missbrauchs.[300]

---

295 BVerfG v. 18.01.2006, FamRZ 2006, 605: Ausdehnung von zwei auf fünf Stunden wegen Anreise von Berlin nach Köln.
296 BVerfG, FamRZ 2006, 606.
297 BVerfG v. 08.03.2005, FamRZ 2005, 1057, Abruf-Nr. 052274 unter *www.iww.de*.
298 OLG Frankfurt am Main, FamRZ 2002, 1585; OLG Braunschweig, FamRZ 2002, 118.
299 OLG München, FamRZ 1998, 976.
300 OLG Celle, FamRZ 1998, 973; OLG München, FamRZ 1999, 674.

b) Aussetzung und Ausschluss des Umgangs

Nach § 1684 Abs. 4 Satz 1 BGB kann das FamG das Umgangsrecht einschränken oder ausschließen, soweit dies **zum Wohl des Kindes erforderlich** ist. Auf längere Zeit kommt eine Aussetzung oder ein Ausschluss als **äußerste Maßnahme**[301] nur in Betracht, wenn anderenfalls das **Kindeswohl gefährdet** wäre, § 1684 Abs. 4 Satz 2 BGB.

310

§ 1684 Abs. 4 Satz 1 BGB entspricht dem Maßstab des § 1696 Abs. 1 BGB. Das Gericht hat die familiäre Situation gem. **§ 12 FGG** umfassend aufzuklären und ggf. mit gutachterlicher Hilfe die Möglichkeiten für das Kind möglichst konfliktfreier Anbahnung bzw. Aufrechterhaltung von Kontakten zu prüfen. Liegen Gründe vor, die befürchten lassen, dass sich das Kind ohne Einschränkung oder Ausschluss des Umgangs nachteilig entwickeln könnte, ist unter Beachtung des **Gebots eines geringstmöglichen Eingriffs** zu prüfen, welche Maßnahmen notwendig sind.[302]

311

Es muss sich allerdings um **konkrete, sehr gewichtige Gründe** handeln, die das Wohl des Kindes nachhaltig berühren.[303]

312

Allein wegen des Alters des Kindes ist deshalb z.b. ein Ausschluss nicht möglich. Das Umgangsrecht auch mit einem **Säugling** besteht **uneingeschränkt**.[304] Auf diese Weise wird der Gefahr einer dauerhaften Entfremdung vorgebeugt.[305]

313

Alle konkreten, in Betracht kommenden **Fallkonstellationen** sind jeweils darauf zu prüfen, ob ein geringerer Eingriff ausreicht.[306]

314

Beispiele:

- *Entführungsgefahr*

*Im Einzelfall kann es geboten sein, den Umgang auf **bestimmte Orte oder Gebiete** zu beschränken. Strittig ist, ob zur Vermeidung eines völligen Ausschlusses des Umgangsrechts verlangt werden kann, dass der **Reisepass** eines ausländischen Elternteils hinterlegt wird.*[307]

---

301 So OLG Köln, FamRZ 2005, 1770.
302 KG, FamRZ 1989, 656, 659; OLG Hamburg, FamRZ 1991, 471; BVerfG, FamRZ 2004, 1166.
303 So hat das OLG Oldenburg einen begleiteten Umgang bejaht und den Ausschluss des Umgangsrechts in einem Fall aufgehoben, in welchem der Kindesvater das Kind durch im Kleinkindalter zugefügte Misshandlungen zu einem schweren Pflegefall hat werden lassen, FamRZ 2005, 925.
304 OLG Celle, FamRZ 1998, 973, 974.
305 OLG Karlsruhe, FamRZ 1992, 58, 59.
306 BVerfG, FamRZ 2005, 1057.
307 So OLG München, FamRZ 1998, 976, 977; a.A. OLG Karlsruhe, FamRZ 1996, 424 m.w.N.; zum Streitstand vgl. Staudinger/Peschel-Gutzeit, BGB, § 1634 Rn. 303.

- **Sexueller Missbrauch**

Der geäußerte Verdacht sexuellen Missbrauchs führt zunächst **nicht** zu einem Ausschluss des Umgangsrechts.[308] Ein solcher Verdacht kann sich sehr schnell einstellen (oder auch produzieren lassen). Ist der Verdacht jedoch dringend oder zugestanden, ist das Umgangsrecht selbstverständlich **auszuschließen**[309] **oder auszusetzen**.[310]

Ob der Verdacht sexuellen Missbrauchs einen völligen Abbruch der Umgangskontakte rechtfertigt, hängt daher von der **Intensität des Tatverdachts** ab.[311]

Ist der Kindesvater **pädophiler Neigungen** verdächtig, ist zu prüfen, ob begleiteter Umgang ausreichen könnte, um die Gefährdung zu verhindern.[312] An die Prüfung sind nach Auffassung des BVerfG **strenge Maßstäbe** anzulegen.[313]

Im entschiedenen Fall hat das **BVerfG** erklärt, eine Gefährdung der Kinder sei nicht ohne Weiteres gegeben und hat sich dabei auf die Ausführungen einer Sachverständigen im erstinstanzlichen Verfahren gestützt. Diese hatte erklärt, eine pädophile Neigung bedeute lediglich, dass ein (auch körperlicher) Kontakt mit Kindern einen Erregungszustand auszulösen vermöge. Das besage jedoch nicht, dass Personen mit pädophilen Neigungen auch pädophil agierten.

Der Verdacht, es sei bereits einmal zu einem **sexuellen Übergriff** gekommen, überzeuge nicht, da das Verhalten des betroffenen Kindes auf eine **unsichere Bindung zurückgeführt** werden könne. Angesichts der **Intensität des Eingriffs in das Elternrecht** hätte die Gefährdungslage eingehender überprüft werden müssen.[314]

Dem BVerfG ist recht darin zu geben, dass der Ausschluss des Umgangsrechts wegen der grds. schädigenden Folgen für das Kindeswohl intensiv zu prüfen ist. Angesichts der häufig lebenslänglichen Schäden sexueller Übergriffe auf Kinder ist umgekehrt jedoch ebenso intensiv die Gefährdungslage zu überprüfen.

Lehnt der Vater den begleiteten Umgang ab, ist das Umgangsrecht allerdings auszusetzen.[315]

- **Widerstand des Kindes/der Mutter**

Die Umgangsbefugnis kann – befristet – ausgesetzt werden, wenn das Kind erkennbar erheblichen **Widerstand** leistet **und die Gefahr besteht**, dass das Kind durch Besuchskontakte einer von ihm **nicht zu bewältigenden** Konfliktsituation ausgesetzt wird.[316] Häufig genug überträgt sich die ablehnende Haltung des mit dem Kind zusammenlebenden Elternteils jedoch auf das Kind. Dies hat das BVerfG zu der Einschätzung bewogen, die Verweigerungshaltung (hier: der

---

308 OLG Stuttgart, FamRZ 1994, 718; OLG Hamm, NJW-RR 1995, 201.
309 OLG Bamberg, FamRZ 1994, 719.
310 OLG Celle, FamRZ 1998, 973.
311 So OLG Oldenburg, FamRZ 2006, 882.
312 So OLG Hamm, FamRZ 1993, 1233.
313 BVerfG, FamRZ 2005, 1816; vgl. dazu die Anm. Motzer, FamRZ 2005, 1971; vgl. auch BVerfG, FamRZ 2005, 1057; ausführlich dazu Motzer, FamRZ 2006, 73, 79.
314 BVerfG, FamRZ 2005, 1618, 1619.
315 OLG Köln, FamRZ 2001, 1163.
316 OLG Hamm, FamRZ 1996, 361; OLG Bamberg, FamRZ 1998, 969, 971; OLG Celle, FamRZ 1998, 971, 972 und 973, 974.

Mutter) sei es, die das Kindeswohl gefährden könne.[317] *Die ablehnende Haltung der Mutter und die damit einhergehende Übertragung auf das Kind vermögen einen Umgangsausschluss nicht zu tragen.*[318]

Bei ablehnendem Kindeswillen verlangt das BVerfG[319] die **Prüfung der Gründe der ablehnenden Haltung** des Kindes. Das Umgangsrecht des nicht sorgeberechtigten Elternteils stehe ebenso wie die elterliche Sorge unter dem Schutz des Art. 6 Abs. 2 Satz 1 GG. Der Wille des Kindes sei zu berücksichtigen, soweit das **mit seinem Wohl vereinbar** sei. Voraussetzung hierfür sei, dass das Kind in dem gerichtlichen Verfahren die Möglichkeit erhalte, seine persönlichen Beziehungen zu den Eltern erkennbar werden zu lassen.

315

Es heißt dann weiter in der Entscheidung:

316

„Diesen Anforderungen wird die angegriffene Entscheidung nicht gerecht. Im vorliegenden Fall ist das OLG zwar zutreffend davon ausgegangen, dass das Kindeswohl Richtlinie des Umgangsrechts sein müsse. Es hat jedoch seine Entscheidung allein auf den geäußerten Willen des achteinhalbjährigen Kindes gestützt. Aus der Entscheidung geht nicht hervor, dass das OLG geprüft hat, inwiefern dieser geäußerte Kindeswille auch tatsächlich mit dem Kindeswohl im Einklang steht. Hierzu bestand jedoch Anlass [...] Das OLG hätte daher eingehender, etwa dem Antrag des Bf. gemäß mit Hilfe eines Sachverständigen oder mittels eines Verfahrenspflegers, prüfen müssen, ob der Umgangsausschluss nicht nur dem vom Kind geäußerten Willen, sondern auch seinem Wohl entspricht."[320]

Andererseits sehen Gerichte häufig **ohne Mitarbeit** des mit dem Kind zusammenlebenden Elternteils **keine Möglichkeit**, den Umgang zwischen dem Kind und dem berechtigten Elternteil herbeizuführen.[321]

317

Nach Ansicht des **OLG Saarbrücken**[322] ist bei Ablehnung des Kontaktes durch das Kind entscheidend, ob dessen Einstellung auf **subjektiv beachtlichen oder verständlichen** Beweggründen beruht.[323] Soll ein der Ausübung des Umgangsrechts entgegenstehender Kindeswille Beachtung finden, müsse daher in jedem Einzelfall geprüft werden, ob die **Entwicklung der Persönlichkeit des Kindes** so weit fortgeschritten ist, dass eine dem Willen des Kindes zuwiderlaufende Ausübung des Umgangsrechts

---

317 BVerfG, FamRZ 2004, 1166.
318 So BVerfG zu OLG Rostock, FamRZ 2004, 968.
319 BVerfG, FamRZ 2005, 1057.
320 Ähnlich OLG Köln, FF 2004, 297.
321 OLG Karlsruhe, FamRZ 2002, 624; AG Lahr, FamRZ 2003, 1861; vgl. zum Problemkreis Klenner, FamRZ 1995, 1529.
322 OLG Saarbrücken, OLGR 2005, 616.
323 Ebenso OLG Köln, FamRZ 2005, 2011.

eine Gefährdung seiner Entwicklung bedeuten könnte. Im entschiedenen Fall eines **10-jährigen** Jungen wurde dies vom Gericht verneint.[324]

318 Allerdings kann nach Auffassung des **OLG Karlsruhe** ein Elternteil **auch durch Zwang** dazu angehalten werden, einen dem Umgang mit dem anderen Elternteil entgegenstehenden Willen eines Kindes durch erzieherische Maßnahmen zu beeinflussen.[325]

319 Das **OLG Karlsruhe** sieht diese Grenze bei **9 – 10 Jahren** erreicht.[326] Dies gelte jedoch nur dann, wenn zum einen aufgrund des Alters des Kindes davon auszugehen sei, dass der **Widerstand nicht nur vorgegeben** sei. Zum anderen dürfe die Verweigerung nicht darauf zurückzuführen sein, dass der Umgangsverpflichtete seiner aus § 1684 Abs. 2 BGB ergebenden Verpflichtung, erzieherisch auf das Kind zum **Abbau des Widerstandes** einzuwirken, nicht nachgekommen sei.[327]

Von der Anwendung von Zwang gegenüber dem Kind ist jedoch abzusehen.[328]

320 Zutreffend hält das **OLG Karlsruhe** im entschiedenen Fall die Kindesmutter jedoch für verpflichtet, auf die Kinder so einzuwirken, dass diese den Umgang ausüben.

321 Über den Wortlaut des § 1684 Abs. 2 BGB hinaus wird eine **aktive Gestaltung der Umgangskontakte** verlangt. Der Sorgeberechtigte muss bei der Erfüllung seiner Erziehungsaufgaben so auf das Kind einwirken, dass es **psychische Widerstände abbaut und eine positive Einstellung gewinnt**.[329] Das Kind darf den Umgang nicht als belastend empfinden.[330]

322 Bei **Kindern bis zu 10 Jahren** geht die Rechtsprechung davon aus, dass dies i.d.R. auch gelingt.[331]

---

324 S.a. OLG Naumburg, FamRZ 2005, 1771: keine Abänderung der Umgangsregelung bei vorübergehender Weigerungshaltung des 4-jährigen Kindes; so auch BVerfG, FamRZ 2005, 1057: allein der geäußerte – ablehnende – Wille eines 8 1/2-jährigen Kindes reicht nicht aus, den persönlichen Umgang auch nur befristet auszuschließen.
325 OLG Karlsruhe, FamRZ 2005, 295.
326 OLG Karlsruhe, FamRZ 2002, 624.
327 OLG Karlsruhe, FamRZ 2005, 1698.
328 AG Frankfurt am Main, FamRZ 2005, 295.
329 Büte, FK 2005, 165, 166.
330 OLG Celle, FamRZ 1998, 971; OLG Celle, FamRZ 1999, 173.
331 OLG Hamm, FamRZ 1996, 363; Büte, Das Umgangsrecht bei Kindern geschiedener oder getrenntlebender Eltern, Rn. 153; AG Essen, FamRZ 2004, 52

Wenn ein Elternteil **keinerlei Anstrengungen** unternimmt, damit das Kind eine gerichtliche Umgangsregelung befolgt, kann, so ebenfalls das **OLG Karlsruhe**,[332] die Festsetzung von Zwangsgeld verlangt werden.

Besonders problematisch ist die Anordnung eines Umgangsrechts in den Fällen des vom betreuenden Elternteil gezielt herbeigeführten PA-Syndroms. Das sog. **PAS (Parental Alienation Syndrom)** ist eine psychische Störung des Kindes, bei der die Ablehnung des nicht mit ihm zusammenlebenden Elternteils auf Vermittlung negativer Sichtweise, also **Manipulation** durch den betreuenden Elternteil beruht. Das Kind kann seine Beziehungswünsche zum Vater nicht äußern und gerät dadurch in einen massiven **Koalitions- und Solidaritätsdruck**, wodurch ihm eine spannungsfreie Auseinandersetzung mit der familiären Situation unmöglich gemacht wird. Die Ablehnung des Elternteils durch das Kind ist Ausdruck der **Solidarisierung mit dem betreuenden Elternteil** und des vermittelten Negativbildes.

323

In solchen Fällen ist der Umgang anzuordnen und durchzusetzen.[333] Bei hochgradigen Fällen von PAS, nach Scheitern aller Interventionsbemühungen und Uneinsichtigkeit des beeinflussenden Elternteils kommt als **ultima ratio ein Entzug des Sorgerechts** und ein Überwechseln des Kindes zum anderen Elternteil in Betracht.[334]

Büte meint dazu: Das Kind kann den Wechsel der Hauptbezugsperson leichter verkraften als eine fortdauernde Traumatisierung durch den erzwungenen Verlust einer Elternbeziehung.[335]

324

Einen ausgesprochen bitteren Fall hatte das **OLG Oldenburg**[336] zu entscheiden. Der das Umgangsrecht verlangende Vater hatte das Kind im Jahr 2000 **schwer misshandelt** und zum Pflegefall werden lassen (kräftiges Schütteln des Kindes mit der Folge von Gehirnbluten und inzwischen schwerster Pflegebedürftigkeit). Die Kindesmutter hatte die Ansicht vertreten, der **Kindesvater habe sein Umgangsrecht verwirkt**.

325

Das OLG führt aus, dass für einen **Umgangsausschluss** i.S.d. § 1684 Abs. 4 BGB der **gleiche Maßstab anzuwenden sei wie im Fall des § 1666 BGB**. Der längere Ausschluss sei nur als äußerste Maßnahme zulässig. Nicht ausreichend seien abstrakte

326

---

332 OLG Karlsruhe, FamRZ 2005, 919.
333 OLG Zweibrücken: alle zwei Wochen sonntags für eine Stunde in den Räumlichkeiten des Kinderschutzbundes in Anwesenheit einer vom Kinderschutzbund zu stellenden Fachkraft, Beschl. v. 09.05.2005 – 6 UF 4/05, n.v., abzurufen unter Nr. 053253 bei *www.iww.de*.
334 OLG Frankfurt am Main v. 19.04.2006 – UF 155/04, n.v. Abruf-Nr. 061999 unter *www.iww.de*; vgl. auch Büte, FK 2006, 143; OLG Zweibrücken, FamRZ 2006, 144 m. Anm. Ewers, FamRZ 2006, 1145.
335 Büte, FK 2006, 14, 15.
336 OLG Oldenburg, FamRZ 2005, 925.

Befürchtungen, vielmehr bedürfe es konkreter Gründe, die das Wohl des individuellen Kindes gefährdeten.

327 Es gehe **ausschließlich um die Feststellung negativer Aspekte** und nicht darum, ob der Umgang für das Kind „förderlich" sei. Eine auf konkrete Gründe gestützte Besorgnis einer Gefährdung des Kindes, so das **OLG**, lasse sich nicht feststellen:

> „Das Kind selbst ist aufgrund der Schwere seiner körperlichen und geistigen Beeinträchtigungen nicht zu feststellbaren Reaktionen fähig, also insbesondere nicht in der Lage, irgendeine Verbindung zwischen der früheren Straftat und der Person des Umgangsberechtigten herzustellen. Soweit etwas anderes vorgetragen wird (Reaktionen auf Männer, insbesondere wohl auf Bartträger), beruht dies auf bloßen Vermutungen. [...] Dies gilt umso mehr, als es hier lediglich um einen begleiteten Umgang geht. Einem etwaigen bisher rein theoretisch in Rechnung zu stellenden Gefährdungspotential wird auch in Zukunft hinreichend entgegengewirkt durch die Anwesenheit von fachlich geschultem Pflegepersonal."[337]

328 **Prüfstein** für eine Aussetzung oder einen Ausschluss des Umgangsrechts **bleibt das Kindeswohl**. Kontakt zu dem mit dem Kind nicht zusammenlebenden Elternteil dient grds. dem Kindeswohl. Ein völliger **Ausschluss** – auch auf Zeit – ist nur dann gerechtfertigt, wenn das Kind infolge des Umgangs **körperlich oder seelisch konkret gefährdet** ist und der Gefährdung **nicht durch eine bloße Einschränkung** des Umgangsrechts oder dessen sachgerechte Ausgestaltung begegnet werden kann.[338]

329 Der Einzelfall ist im Hinblick hierauf konkret zu prüfen.[339]

330 Für **Ferienzeiten** gilt dies ebenso: Der generelle Ausschluss des Umgangs während der Ferienzeiten ohne diesbezügliche Begründung verstößt gegen das Elternrecht aus Art. 6 Abs. 2 GG.[340]

4. Verfahrensfragen

a) Allgemeines Verfahren

331 Für Umgangsverfahren ist bei Anhängigkeit einer Ehesache das **Gericht der Ehesache ausschließlich** zuständig, § 623 Abs. 2 Nr. 2 ZPO.

332 Es gelten die oben beschriebenen Regeln zum Sorgerechtsverfahren.[341] Ein bereits eingeleitetes Verfahren wird nach § 64 Abs. 2 FGG mit der Ehesache **verbunden**. Es

---

337 OLG Oldenburg, FamRZ 2005, 925, 926.
338 So OLG Hamm, FamRZ 1994, 58.
339 In diesem Zusammenhang ist auch die Dauer des Ausschlusses konkret festzulegen, so BVerfG, FamRZ 2005, 1815.
340 BVerfG, FamRZ 2005, 871; dazu Büte, FK 2005, 164.
341 Vgl. oben Ziff. B. I. 4. Rn. 272 ff.

ist ggf. – auf Antrag – (wieder) **abzutrennen**. Das Verfahren wird in diesem Fall als **isoliertes Verfahren** fortgesetzt, § 623 Abs. 2 Satz 2 und Abs. 4 ZPO.

Nach Auffassung des **OLG Brandenburg** muss eine bedürftige Partei **vor Beantragung von PKH zunächst das Jugendamt** einschalten, bevor sie ein gerichtliches Verfahren einleitet.[342]

333

Dies gilt auch für den Antragsgegner. PKH kann wegen **Mutwilligkeit** abgelehnt werden, wenn er sich geweigert hat, an angebotenen Gesprächen mit dem Jugendamt zur Erzielung einer Einigung teilzunehmen.[343]

334

b) Vollstreckung

Auch bei **Verhinderung** eines angeordneten Umgangs ist die Vollstreckung gem. § 33 FGG mit der Folge der Verhängung eines Zwangsgeldes möglich.

335

Dies bedeutet gleichzeitig, dass **nur gerichtliche Entscheidungen vollstreckbar** sind. Im Verbundverfahren ist dies der Fall.

336

> **Hinweis:**
>
> **Vereinbarungen** der Parteien sind nur vollstreckbar, wenn sie **vom Gericht „genehmigt"** werden.[344] Dies erfolgt durch Beschluss, der i.Ü. die Anfechtbarkeit (befristete Beschwerde, § 621e ZPO) ermöglicht.

Ein **Zwangsgeld** ist für den Fall des Verstoßes gegen die Umgangsrechtsregelung zunächst **anzudrohen**.[345] Erst wenn davon unbeeindruckt weiteres entsprechendes Verhalten folgt, kann ein Zwangsgeld verhängt werden.

337

In der Regel wird **eingewendet** werden, dass ein schuldhafter Verstoß nicht vorliegt (z.B. Kind war erkrankt, war spielen und nicht aufzufinden etc.). Der Einwand, man könne ein Kind nicht gegen dessen Willen an den Umgangsberechtigten herausgeben, wird danach zu beurteilen sein, wie sich die konkrete Situation darstellt. Bleibt als einzige Alternative, „mit Brachialgewalt ein schreiendes Kind" herauszuwingen, wird

338

---

342 OLG Brandenburg, JAmt 2003, 374.
343 OLG Brandenburg, juris 2006, 36.
344 OLG Köln, FamRZ 1998, 961; OLG Hamm, FamRZ 1999, 1095; AG Saarbrücken, FamRZ 2003, 1200.
345 OLG Brandenburg, FamRZ 2001, 36, 37; OLG Rostock, FamRZ 2002, 967; die Androhung ist nach h.M. mit der einfachen Beschwerde anfechtbar, vgl. OLG Stuttgart, FamRZ 1999, 1094; Rakete-Dombek, in: Schnitzler, Münchener Anwaltshandbuch Familienrecht, § 15 Rn. 128; a.A. OLG Karlsruhe, FamRZ 1996, 1226 (unanfechtbar).

die Verhängung eines Zwangsgeldes ausscheiden.[346] Dies verbietet bereits der i.R.d. Kindschaftsrechtsreformgesetzes eingeführte **§ 33 Abs. 2 Satz 2 FGG**, wonach gegen das Kind auf keinen Fall Gewalt angewendet werden darf (**Verbot der Gewaltanwendung durch die Exekutive**).[347]

339 Die Verhängung eines Zwangsgeldes bzw. die Haftanordnung nach vorheriger Androhung ist **Beugemittel**, keine Strafe. Die Maßnahme kann daher bei jeder einzelnen Zuwiderhandlung **wiederholt** werden.[348]

340 Für den **Vollzug der Haft** gelten i.Ü. die Vorschriften der §§ 901, 904 bis 906, 909 Abs. 1 und Abs. 2, 910, 913 ZPO entsprechend. Die **Beschwerde** gegen die Zwangshaft hat **keine aufschiebende Wirkung**.

5. Der Auskunftsanspruch, § 1686 BGB

a) Allgemeines

341 **Erstmals** ist der Auskunftsanspruch durch das **Gesetz zur Neuregelung der elterlichen Sorge v. 18.07.1979**[349] in das Gesetz eingefügt worden, und zwar als § 1634 Abs. 3 BGB a.F. für die ehelichen und als § 1711 Abs. 3 BGB a.F. unter Verweisung auf § 1634 Abs. 3 BGB a.F. für nichteheliche Kinder.

342 Danach bestand der Anspruch nur bei berechtigtem Interesse. Auskunft konnte auch nur verlangt werden, „**soweit ihre Erteilung mit dem Wohl des Kindes vereinbar**" war.

343 Im Zuge der **Neuregelung** des gesamten Kindschaftsrechts durch das **Gesetz zur Reform des Kindschaftsrechts v. 16.12.1997**[350] ist der Auskunftsanspruch neu gefasst worden. § 1686 BGB gilt nunmehr für alle Kinder, unabhängig davon, ob ihre Eltern miteinander verheiratet sind oder waren. Auskunft kann nunmehr verlangt werden, **soweit dies dem Wohl des Kindes nicht widerspricht**.

344 Für Streitigkeiten ist nunmehr, anders als seit 1980, nicht mehr das Vormundschaftsgericht, sondern das FamG zuständig.

345 Der Auskunftsanspruch hat zunächst den **Zweck einer Ergänzung zur Umgangsverantwortung**, v.a. bei kleineren Kindern, die nicht oder nicht ausreichend selbst über

---

346 BezG Frankfurt an der Oder, FamRZ 1994, 58; OLG Brandenburg, FamRZ 1996, 1092.
347 Vgl. aber OLG Frankfurt am Main, FamRZ 2002, 1585.
348 OLG Nürnberg, FuR 1997, 307.
349 BGBl. I, S. 1061, in Kraft getreten am 01.01.1980.
350 BGBl. I, S. 2942, in Kraft getreten am 01.07.1998.

sich Auskunft geben können, aber auch für Informationen über das Kind, das diese nicht selbst geben kann (z.B. über behandlungsbedürftige Krankheiten).

Die zweite Funktion besteht im **Ersatz** (zum Umgang), wesentlich z.b. bei großer räumlicher Entfernung zwischen dem Kind und dem betroffenen Elternteil, aber auch bei Ausschluss oder Einschränkung des Umgangsrechts. 346

Der Auskunftsanspruch steht aber insgesamt als **selbstständiges Recht** neben dem Umgangsrecht und kann demgemäß selbstständig geltend gemacht werden. 347

b) Regelungsgehalt

Zur Auskunft berechtigt ist jeder Elternteil unabhängig von Sorgerecht und Umgangsrecht. 348

Auskunftspflichtig ist der andere Elternteil, nicht das Kind. Lebt es bei einer dritten Person, besteht dieser gegenüber der Auskunftsanspruch entsprechend § 1686 BGB.[351]

Ein **berechtigtes Interesse** liegt regelmäßig vor, wenn der die Auskunft begehrende Elternteil **keine andere Möglichkeit** hat, sich über die Entwicklung des Kindes zu unterrichten. Kann die Information unschwer beim nächsten Umgang mit dem Kind eingeholt werden, besteht darüber hinaus kein Auskunftsrecht. 349

Umgekehrt entfällt der Anspruch nicht dadurch, dass sich der betreffende Elternteil bisher/früher nicht um das Kind gekümmert hat. 350

Das berechtigte Interesse **fehlt** jedoch, wenn mit der Auskunft Zwecke verfolgt werden, die **mit dem Wohl des Kindes nicht vereinbar sind** (z.B. Herstellung eines abträglichen Kontaktes) oder wenn das Auskunftsrecht zur **Überwachung des anderen Elternteils** missbraucht werden soll.[352] 351

---

351 Bamberger/Roth/Veit, BGB, § 1686 Rn. 2; a.A. Palandt/Diederichsen, BGB, § 1686 Rn. 3.
352 KG, FamRZ 1980, 399; OLG Zweibrücken, FamRZ 1990, 779; OLG Köln, FamRZ 1997, 111.

c) Inhalt der Auskunft

aa) Persönliche Verhältnisse

352 Es wird nach § 1686 BGB Auskunft über **die persönlichen Verhältnisse** geschuldet. Dies sind alle Umstände, die für das Befinden und die Entwicklung des Kindes **von wesentlicher Bedeutung** sind.[353]

353 Mindestens ein **„überschlägiger Eindruck"** von der derzeitigen Situation des Kindes wird geschuldet.[354]

354 Dazu gehören Auskünfte über die **schulische Entwicklung** (unter Beifügung von Zeugniskopien), ggf. Angaben über die berufliche Situation **und allgemeine Angaben** sowohl über die **persönliche Situation** als auch über die **persönlichen Interessen des Kindes**.[355]

Zudem besteht ein Anspruch auf die Übersendung **zweier neuerer Lichtbilder** im Fall fehlenden persönlichen Kontaktes.[356]

355 Die Auskunftspflicht bezieht sich auch auf den **Gesundheitszustand** des Kindes.[357] Die Übersendung von Belegen, Arztberichten etc. wird jedoch nicht geschuldet.[358]

356 Im Einzelnen hängen Inhalt und Umfang von den Gegebenheiten ab, also vom Alter des Kindes, vom Umfang des eigenen Kontaktes, aber auch davon, inwieweit der Minderjährige bereits selbst darüber entscheiden kann und darf, welche Informationen über ihn gegeben werden.[359]

Anspruch auf Überlassung einer **Telefonnummer** besteht **nicht**.[360]

bb) Vermögensverhältnisse

357 Der Auskunftsanspruch bezieht sich **nicht auf die vermögensrechtliche Situation** des Kindes.

---

353 OLG Naumburg, FamRZ 2001, 513; AnwKomm-BGB/Peschel-Gutzeit, § 1686 Rn. 8.
354 OLG Koblenz, FamRZ 2002, 980.
355 BayObLG, FamRZ 1996, 813; OLG Köln, FamRZ 1997, 111.
356 OLG Köln, FamRZ 1997, 111; LG Karlsruhe, FamRZ 1983, 1169; AG Norderstedt, FamRZ 1990, 1150.
357 OLG Zweibrücken, FamRZ 1990, 779; BayObLG, FamRZ 1996, 813.
358 OLG Zweibrücken, FamRZ 1990, 779.
359 OLG Hamm, FamRZ 1995, 1288; AG Hamburg, FamRZ 1990, 1382.
360 OLG Düsseldorf, FamRZ 1997, 46.

Insoweit besteht ein Auskunftsanspruch i.R.d. § 1605 BGB. Dass sich aus der Auskunft unterhaltsrelevante Informationen ergeben könnten, steht dem nicht entgegen.[361]

cc) Häufigkeit der Auskunft

Die Auskunft wird in **regelmäßigen Abständen, etwa sechs Monaten**, geschuldet.[362] Ist die Beziehung zwischen den Eltern besonders konfliktbelastet, kann allerdings der Zeitraum länger sein.[363]   358

Besteht ein besonderes Auskunftsbedürfnis, etwa bei **akuter Erkrankung**, kann **sofortige** Auskunft verlangt werden.[364]   359

d) Verfahren

Zuständig ist das FamG; es entscheidet der Rechtspfleger, §§ 3 Nr. 2a, 14 Abs. 1 Nr. 16 RPflG, ohne Anhörung des Jugendamts.[365]   360

Es gilt der **Amtsermittlungsgrundsatz**, § 12 FGG. Die Vollstreckung richtet sich nach § 33 FGG.   361

> **Praxistipp:**
> In allen Umgangsrechtsverfahren sollte geprüft werden, ob der Auskunftsanspruch gleichzeitig zu regeln ist, um spätere Auseinandersetzungen zu vermeiden.

6. Exkurs: Umgangsrecht enger Bezugspersonen, § 1685 BGB

Die Neufassung des Gesetzes v. 23.04.2004 verzichtet auf die bisher abschließende Aufzählung der außer den Eltern umgangsberechtigten Dritten.   362

Wenn in **Abs. 1 die Großeltern und Geschwister** als Umgangsberechtigte hervorgehoben werden, so bedeutet das lediglich, dass dieser Gruppe von Verwandten ein Recht auf Umgang auch dann zustehen kann, wenn sie keine engen Bezugspersonen des Kindes sind oder waren und wenn sie mit dem Kind zu keinem Zeitpunkt in häuslicher Gemeinschaft zusammengelebt haben.   363

---

361 BayObLG, FamRZ 1993, 1487.
362 BayObLG, FamRZ 1996, 813; OLG Köln, FamRZ 1997, 111.
363 BayObLG, FamRZ 1996, 813.
364 AnwKomm-BGB/Peschel-Gutzeit, § 1686 Rn. 11.
365 Die Auskunftspflicht fehlt im Katalog des § 49a FGG.

B. Elterliche Sorge und Umgangsrecht

364 Umgekehrt brauchen die Umgangsberechtigten gem. **Abs. 2 mit dem Kind überhaupt nicht verwandt** zu sein, müssen dafür aber **enge Bezugspersonen** sein und in einer **sozial-familiären Beziehung** zu dem Kind gestanden haben.

365 Voraussetzung für ein Umgangsrecht nach dieser Vorschrift ist die **Kindeswohldienlichkeit**.[366]

Gemäß § 1685 Abs. 2 BGB muss die Bezugsperson mit dem Kind **längere Zeit in häuslicher Gemeinschaft zusammengelebt** haben. Eine vorübergehende Beziehung mit nur sporadischen Kontakten zu dem Kind reicht nicht aus.[367]

366 Der **BGH** hat in einer Entscheidung v. 09.02.2005 die **Voraussetzungen einer sozialfamiliären Beziehung** und den Geltungsbereich des § 1685 Abs. 2 BGB umrissen.

367 Folgender **Sachverhalt** lag zugrunde:

Der Antragsteller ist der leibliche Vater der 1996 geborenen I. Die Mutter war zum Zeitpunkt der Geburt der I und ist jetzt noch mit einem anderen Mann verheiratet. Der Antragsteller hat sich seit der Geburt, spätestens aber seit August 1997 um I gekümmert. Er hat mit der Kindesmutter von August 1997 bis September 1998 zusammen gelebt. Er begehrt von der Kindesmutter und ihrem Ehemann die Einräumung eines Umgangsrechts, nachdem er nach der Trennung von der Kindesmutter zunächst weiterhin Umgang – teilweise kurzfristig unterbrochen – bis Juli 1999 gehabt hat. Das AG und das KG haben seinen Umgangsrechtsantrag zurückgewiesen. Auf die zugelassene Rechtsbeschwerde hat der BGH die Sache an das KG zurückverwiesen.

Entscheidungsgründe:

368 Im vorliegenden Fall ist § 1685 in der Fassung v. 01.04.2002 anwendbar. Da die Neuregelung keine Übergangsvorschriften enthält, gilt sie für bestehende Verhältnisse ebenso wie für anhängige Umgangsrechtsverfahren.

369 Das Rechtsbeschwerdegericht muss bei der Entscheidung **geltendes Recht** anwenden, selbst wenn das Gericht der Vorinstanz dieses nicht anwenden konnte.[368]

370 Bei Anwendung von § 1685 BGB n.F. kann ein Umgangsrecht des Antragstellers **nicht von vornherein ausgeschlossen** werden. Denn er hat – dies ergibt sich aus der Vermutung des § 1685 Abs. 2 Satz 2 BGB n.F. – für I **tatsächliche Verantwortung getragen**, da er über ein Jahr lang mit der Kindesmutter zusammengelebt hat. Er hat auch nach der Trennung von der Mutter weiter Kontakt zu I gehabt.

---

366 So Palandt/Diederichsen, BGB, § 1685 Rn. 3.
367 OLG Düsseldorf, FamRZ 2004, 290.
368 BGH, FamRZ 1999, 778.

Für die Umgangsberechtigung ist es unerheblich, dass seit August 1999 kein Kontakt mehr bestanden hat. **Voraussetzung des Umgangsrechts ist kein aktuell persönlich-vertrauter Bezug** des Kindes zu der Umgang begehrenden Person.

371

> **Hinweis:**
>
> Der Gesetzgeber hat offengelassen, welche **Zeitspanne** die Person mit dem Kind in häuslicher Gemeinschaft zusammengelebt haben muss. Abzustellen ist auf das **Alter des Kindes und das Zeitempfinden in der jeweiligen Altersstufe**. I.d.R. wird man **ab sechs Monaten** von einer längeren Zeit ausgehen können.[369]

---

369 So Büte, FK 2005, 133.

C. Kindesunterhalt

Die Geltendmachung von Kindesunterhalt im Rahmen eines Scheidungsverbundes ist in der Praxis **außerordentlich selten**.   372

Dies liegt bereits daran, dass Unterhaltsansprüche im Verbundverfahren **erst ab Rechtskraft der Scheidung** ausgesprochen werden, sodass die Kindesunterhaltsansprüche für die Zeit davor untituliert bleiben. Ggf. ist deshalb doch die Erhebung einer weiteren – isolierten – Unterhaltsklage erforderlich betreffend den Zeitraum von der **Inverzugsetzung bis zur Rechtskraft der Scheidung**.   373

Da ein Verbundverfahren jedoch möglich ist, sollen die Grundzüge nachfolgend behandelt werden.

I. Minderjähriges Kind gegen Eltern

Die in der Praxis wichtigste Konstellation ist die, dass ein minderjähriges Kind, vertreten durch die Mutter, vom Vater Unterhalt verlangt (soweit die Mutter nicht in eigenem Namen vor der Scheidung nach § 1629 Abs. 3 BGB für die Kinder in „Prozessstandschaft" Kindesunterhalt geltend macht).   374

Gegenüber Minderjährigen besteht eine „gesteigerte" oder „verschärfte" Haftung[370] (§ 1603 Abs. 2 BGB), was sich u.a. bei der Selbstbehaltsbemessung niederschlägt. Die gesteigerte Ausnutzung der Arbeitskraft soll den Mindestbedarf der Kinder nach der Düsseldorfer Tabelle sicherstellen.[371]   375

Der Unterhaltsverpflichtete hat den Kindesunterhalt **vorrangig** aufzubringen, selbst um den Preis, dass eine damit einhergehende, notwendige Verringerung der Kreditraten z.B. die **Gefahr einer Zwangsversteigerung** des Hausgrundstücks der Parteien nach sich zieht.[372]   376

Das **OLG Frankfurt am Main** hat im Zusammenhang mit der Leistungsfähigkeit allerdings erklärt, dass auch bei gesteigerter Unterhaltsverpflichtung gegenüber einem Minderjährigen zu prüfen ist, ob der Unterhaltsschuldner als (dort: ungelernte) Ar-   377

---

370   OLG Schleswig, FamRZ 2005, 1109: es gilt der Erfahrungssatz, dass jeder Unterhaltsschuldner zur Zahlung eines Mindestunterhalts für seine minderjährigen Kinder in der Lage ist.

371   Früher: den „angemessenen" Unterhalt, also den Regelunterhalt, BGH, FamRZ 2000, 1358, 1359; OLG Nürnberg, FamRZ 2005, 1502: zur Sicherung des Regelunterhalts ist der Schuldner verpflichtet, neben einer Wochenarbeitszeit von 40 Stunden einer Nebentätigkeit nachzugehen.

372   OLG Celle, FamRZ 2005, 1504.

C. Kindesunterhalt

beitskraft auf dem heutigen Arbeitsmarkt überhaupt eine realistische Chance auf eine Vollzeitbeschäftigung mit einem Verdienst von bereinigt netto mehr als 890,00 €[373] hat.[374]

378 Die Höhe des Anspruchs richtet sich zum einen nach der Altersstufe des Kindes, zum anderen nach dem Nettoeinkommen des zahlenden Elternteils.

1. Gleichwertigkeitsregel

a) Natural- und Barunterhaltsanspruch (Gleichwertigkeitsregel)

379 Grundsätzlich gilt: Nach Trennung der Eheleute und vor Scheidung der Ehe kann der betreuende Elternteil gegenüber dem Pflichtigen im eigenen Namen für das oder die Kinder in „Prozessstandschaft" den Kindesunterhalt einfordern und einklagen, § 1629 Abs. 3 BGB.

380 Nach Scheidung fordert und klagt das Kind, vertreten durch den betreuenden Elternteil.

381 Im **Verbundverfahren**, also **vor** Scheidung der Ehe, klagt daher der entsprechende Elternteil in **Prozessstandschaft**.

382 Die Frage, wer Inhaber der elterlichen Sorge ist, spielt für die Bestimmung des Barunterhaltspflichtigen keine Rolle. Es kommt auch nicht auf den Status des „Verheiratetseins" oder darauf an, ob die Eltern jemals zusammengelebt haben. **Entscheidend** ist, welcher Elternteil das Kind – überwiegend – pflegt und erzieht und dadurch seine Unterhaltspflicht erfüllt, **§ 1606 Abs. 3 Satz 2 BGB**. Der andere Elternteil hat Barunterhalt zu leisten.

383 Der Barunterhaltspflichtige haftet gegenüber Minderjährigen **„gesteigert"** oder **„verschärft"** (**§ 1603 Abs. 2 BGB**), was sich u.a. bei der Selbstbehaltsbemessung nieder-

---

[373] Notwendiger Selbstbehalt zum Zeitpunkt der Entscheidung; derzeit: 900,00 €.
[374] OLG Frankfurt am Main, NJW 2007, 382; dazu auch Möller, FK 2007, 75.

schlägt.[375] Die gesteigerte Ausnutzung der Arbeitskraft soll nicht nur den Mindestbedarf, sondern den angemessenen Unterhalt der Kinder sicherstellen.[376]

Erste Voraussetzung zur Einforderung von Kindesunterhalt ist natürlich die **Unterhaltsbedürftigkeit**. Wenn z.b. das Kind eine **Jugendstrafe** verbüßt oder seinen **Grundwehrdienst** ableistet, entfällt der Anspruch, weil der Bedarf durch staatliche Versorgungsleistungen gedeckt ist.[377]   384

Die Höhe des Anspruchs richtet sich, wie eingangs erläutert, zum einen nach der Altersstufe des Kindes, zum anderen nach dem Nettoeinkommen des zahlenden Elternteils.   385

Ausgangspunkt ist eine Art unterhaltsrechtlicher Aufgabenteilung: Der eine Elternteil leistet **Naturalunterhalt**, der andere **Barunterhalt** (§ 1606 Abs. 3 Satz 2 BGB).   386

Barunterhalt bedeutet, dass der Unterhaltspflichtige zu zahlen hat, und zwar **für den laufenden Bedarf des Kindes**: Eine Zahlung auf ein Sperrkonto würde diese Pflicht nicht erfüllen; eine entsprechende Vereinbarung der Eltern wäre nichtig.[378]   387

Naturalunterhalt bedeutet, dass der Pflichtige das Kind mit Essen, Kleidung, Unterkunft, Erziehung, Pflege und Betreuung zu versorgen hat.   388

Die Betreuungspflicht und die Betreuung selbst entfallen nicht schon deshalb, weil das Kind sich im Rahmen eines Schüleraustauschs vorübergehend im Ausland aufhält. Der betreuende Elternteil ist also während dieser Zeit keineswegs am Barunterhalt zu beteiligen.[379]   389

---

375 Selbstbehalt gegenüber minderjährigen Kindern derzeit 900,00 €, gegenüber Ehegatten 1.100,00 €, gegenüber Kinder betreuenden Ehegatten ein Zwischenbetrag aus folgenden Gründen: Nachdem der BGH in einer Entscheidung v. 15.03.2006 (FamRZ 2006, 683) den Selbstbehalt gegenüber getrennt lebenden und geschiedenen Ehegatten mit (zu diesem Zeitpunkt) 890,00 € als zu gering angesehen hat und zwischen dem notwendigen Selbstbehalt und dem angemessenen Eigenbedarf (1.100,00 €) ansiedelt, ist dieser Selbstbehalt von der Rspr. mit 1.000,00 € angenommen worden, vgl. OLG Celle v. 12.05.2006 – 19 WF 159/06, abrufbar unter der Webseite des OLG Celle; OLG Schleswig dagegen: 990,00 €; der BGH hatte erklärt, dass sich der mit – damals – 890,00 € bewertete Selbstbehalt aus der gesteigerten Unterhaltsverpflichtung nach § 1603 Abs. 2 BGB ableitet, die im konkreten Fall nur im Verhältnis zu den minderjährigen Kindern gilt. Im Kontext der Unterhaltsansprüche von Ehegatten müsse demgegenüber ein höherer Selbstbehalt zum Zuge kommen, BGH, FamRZ 2006, 683, 686.
376 BGH, FamRZ 2000, 1358, 1359.
377 FamG Stuttgart, FamRZ 1996, 955; anders beim sog. freiwilligen sozialen Jahr, vgl. OLG Stuttgart, FamRZ 2007, 1353.
378 OLG Frankfurt am Main, FamRZ 1994, 1131.
379 OLG Hamm, FamRZ 1999, 1449; eine Kürzung aufgrund ersparter Aufwendungen ist allerdings möglich, i.d.R. auf 1/3, vgl. OLG Hamm, FamRZ 1994, 529.

C. Kindesunterhalt

390 Wenn Frauen verpflichtet sind, Barunterhalt zu leisten, **entfällt diese Pflicht nicht**, wenn sie in der **Zweitehe die Haushaltsführung** übernehmen,[380] ja nicht einmal dann, wenn sie in zweiter Ehe Kinder haben, denen gegenüber sie naturalunterhaltspflichtig sind,[381] wobei einer betreuenden Mutter allerdings **keine Vollerwerbstätigkeit zuzumuten** ist, wenn die Kinder aus zweiter Ehe noch klein sind.[382]

391 Übernimmt der aus früherer Verbindung unterhaltspflichtige **Ehemann** die Haushaltsführung, so ist diese Wahl im Hinblick auf seine Unterhaltsverpflichtung nur dann nicht zu beanstanden, wenn die Aufgabenverteilung der neuen Familie deutliche Vorteile bringt, weil die Ehefrau sehr viel mehr verdient, als der Ehemann zu verdienen in der Lage wäre.[383]

392 Für den **Notunterhalt des Kindes** aus erster Ehe muss der betreuende Ehepartner aber, auch wenn ein **Kleinkind** aus zweiter Ehe vorhanden ist, zielstrebig mit einer Nebentätigkeit sorgen, notfalls während der Freizeit, also z.B. am Wochenende.[384] Der andere Ehepartner hat ihm im Hinblick auf die bestehende Unterhaltsverpflichtung durch zeitweise Betreuung des Kindes die Aufnahme einer Erwerbstätigkeit zu ermöglichen.[385]

393 Hinzu kommt in diesen Fällen der **Taschengeldanspruch** des betreuenden Ehegatten.

> **Hinweis:**
>
> Das Taschengeld ist unterhaltspflichtiges Einkommen, auf das bei der Bemessung der Unterhaltspflicht zurückgegriffen werden kann. Er beträgt 6 % des für den Unterhalt der Eltern zur Verfügung stehenden Einkommens.[386]

---

380 Z.B. BGH, FamRZ 2001, 544 (LS); OLG Schleswig, FamRZ 1994, 1404; OLG Hamm, FamRZ 2003, 177.
381 OLG München, FamRZ 1987, 93.
382 OLG Düsseldorf, FamRZ 1993, 1117; BGH, FamRZ 2004, 364; FamG Aachen, FamRZ 1999, 398.
383 BGH, FamRZ 2006, 1827; anders OLG Karlsruhe, FamRZ 1996, 1238: Ein Kleinkind aus neuer Partnerschaft hindert die Aufnahme einer Erwerbstätigkeit; ähnlich OLG Hamm, FamRZ 1998, s1250: Eine Mutter, die aus zweiter Verbindung ein Kleinkind zu versorgen hat, kann sich auf dessen Betreuung beschränken, es sei denn, dass der neue Lebensgefährte die Rolle des Hausmannes übernommen hat (was dort nicht der Fall war).
384 OLG Karlsruhe, FamRZ 1993, 1118; OLG Bamberg, FamRZ 1999, 398; OLG Köln, FamRZ 1999, 1011;OLG Düsseldorf,FamRZ 1993, 1117;OLG Celle,FamRZ 2000, 1430; BGH, FamRZ 2004, 364; anders OLG Karlsruhe, FamRZ 1996, 1238; OLG Hamm, FamRZ 1998, 1250.
385 BGH, FamRZ 2006, 1827.
386 BGH, FamRZ 2006, 1827.

I. Minderjähriges Kind gegen Eltern

Beispiel:
Nettoeinkommen Ehemann 2.600,00 €; 2-jähriges Kind aus bestehender 2. Ehe

Nettoeinkommen Ehemann	*2.600,00 €*
Tabellenunterhalt Kind	*321,00 €*
(Einkommensgruppe 4/Altersstufe 1)	
verbleiben	*2.279,00 €*
6 %	*137,00 €*

Für den Ehemann bleibt der höhere, über dem Mindestselbstbehalt liegende Unterhalt von 1.000,00 € gewahrt.[387]

Hat eine Geschiedene aus **erster Ehe ein älteres Kind** und aus einer **nachfolgenden Beziehung ein 8-jähriges nichteheliches Kind**, so besteht nach anschließender Eheschließung durchaus eine Erwerbsobliegenheit gegenüber dem Kind aus erster Ehe. **Teilzeittätigkeit ist zumutbar**; eine Berufung auf den Selbstbehalt entfällt bei ausreichendem Einkommen des neuen Ehemannes.[388]

394

Eine Erwerbsobliegenheit der Mutter besteht laut **AG Backnang**,[389] wenn sie aus der ersten Ehe ein Kind betreut und aus der zweiten – mittlerweile auch schon geschiedenen – zwei. Das Kind aus erster Ehe hat also eine Chance, von der Mutter Unterhalt zu bekommen.

Wenn die Mutter aus der neuen Verbindung **keine kleinen Kinder** zu betreuen hat und der neue Partner angemessen verdient, wird ihr Selbstbehalt um 20 % gekürzt.[390] Ein **anderer Ansatz wird vom BGH**[391] im Anschluss an eine Entscheidung des **OLG Düsseldorf** gebilligt: **Ermittlung der konkreten Ersparnis** infolge gemeinsamer Haushaltführung mit dem neuen Partner. Zusätzlich stellt der BGH dort den **Familienunterhaltsanspruch** des Mannes gegen seine aktuelle Ehefrau in dessen Verteilungsmasse ein.[392]

395

Lebt eine Frau mit einem **sehr gut verdienenden zweiten Mann** zusammen, der ihren vollen Bedarf sichert, kann sie sich **überhaupt nicht auf den Selbstbehalt** berufen.[393]

396

---

387 BGH, FamRZ 2006, 683, 684; BGH, FamRZ 2006, 1827.
388 OLG Celle, FamRZ 2000,1430.
389 FamG Backnang, FamRZ 2000, 975.
390 So z.B. OLG Frankfurt am Main, FamRZ 1999, 399.
391 BGH, FamRZ 2004, 24.
392 BGH, FamRZ 2004, 24, 25.
393 BGH, FamRZ 2002, 742 m. Anm. Büttner, FamRZ 2002, 743; BGH, FamRZ 2006, 1827.

C. Kindesunterhalt

> **Hinweis:**
> Was **außerhalb einer Erwerbstätigkeit** zur Verfügung steht, ist **stets Verteilungsmasse**. Einzusetzen sind: das Taschengeld aus zweiter Ehe,[394] ferner Unterhaltsleistungen des getrennt lebenden zweiten Ehepartners, neuerdings sogar Familienunterhaltsansprüche gegen den Ehepartner,[395] Erziehungsgeld (!)[396] und anteiliges Kindergeld.[397]

397 Wenn die aus erster Ehe stammenden Kinder vom geschiedenen Ehegatten versorgt werden, kann ein Unterhaltspflichtiger, der keine Kinder zu betreuen hat, **nicht einfach sein Arbeitsverhältnis kündigen** und sich einer Weiterqualifikation widmen, die ihm mittelfristig nur das staatliche (vom Arbeitsamt gezahlte) Unterhaltsgeld garantiert. Das Recht auf freie Entfaltung der Persönlichkeit und freie Berufswahl ist durch Art. 6 Abs. 2 GG (Elternverantwortung) eingeschränkt, besonders in Fällen gesteigerter Unterhaltspflicht.[398] Es gibt also **keinen Fortbildungsbonus**. Der Unterhaltspflichtige darf sich in diesem Zusammenhang nach einem Urteil des **OLG Hamm** nicht einmal darauf berufen, dass ihm eine vollschichtige Erwerbstätigkeit nicht genug für den Notunterhalt einbringe.[399]

398 Diese Auffassung, die darauf hinausläuft, dass der barunterhaltspflichtige Elternteil sich **neben einer vollschichtigen Tätigkeit noch eine Nebentätigkeit** sucht, um den Kindesunterhalt zahlen zu können, ist insgesamt **in der Rechtsprechung führend**.[400]

399 Allerdings hat das **BVerfG mit Beschl. v. 05.03.2003**[401] der übermäßigen Inanspruchnahme des Pflichtigen im Einzelfall einen Riegel vorgeschoben: Nach dem **Verhältnismäßigkeitsgrundsatz** darf die Grenze des Zumutbaren nicht überschritten werden; deshalb verbietet sich – so der dort entschiedene Fall – die Zurechnung eines fikti-

---

394 FamG Weilburg, FamRZ 1997, 1419.
395 BGH, FamRZ 2004, 24, 25.
396 OLG Brandenburg, FamRZ 2002, 1497.
397 OLG Nürnberg, FamRZ 1998, 981.
398 OLG Düsseldorf, FamRZ 1995, 755; OLG Hamm, FamRZ 1995, 756.
399 Nach OLG Hamm, FamRZ 1996, 303 muss eine Verkäuferin, die mit einem Achtstundentag monatlich 1.396,12 DM verdient, noch eine sie „maßvoll in Anspruch nehmende Nebentätigkeit" ausüben.
400 Z.B. OLG München, FamRZ 2002, 694 und OLG Köln, FamRZ 2002, 1426. Desgleichen hat der Vater die Obliegenheit, nicht auf einen ihn weniger in Anspruch nehmenden und schlechter dotierten Job (hier: Wechsel vom Fernverkehr in den Nahverkehr) umzuschalten, weil Frau und Kleinkind in der Zweitfamilie ihn vermissen, OLG Nürnberg, FamRZ 2004, 1312. Nach Auffassung des OLG Celle ist aber auch bei gesteigerter Erwerbsobliegenheit kein unterhaltspflichtiger Elternteil verpflichtet, neben einer vollschichtigen Erwerbstätigkeit noch eine Nebentätigkeit auszuüben, FamRZ 2002, 694 m.w.N.
401 BVerfG, FamRZ 2003, 661.

ven Nebenverdienstes, wenn der Pflichtige hauptberuflich im **Untertagebau Schichtdienst** ausübt.

Nach der Entscheidung des **BVerfG** sind folgende, im Einzelfall zu prüfende Erfordernisse zu berücksichtigen:[402]

- Beachtung des Arbeitszeitgesetzes (§§ 3, 5, 6),
- Berücksichtigung der Arbeitsmarktsituation,
- Prüfung der rechtlichen Zulässigkeit einer Nebentätigkeit,
- Beachtung gesundheitlicher Beeinträchtigung,
- Berücksichtigung der Arbeits- und Lebenssituation.[403]

400

Die **Darlegungs- und Beweislast** zur Frage der Zumutbarkeit liegt beim **Unterhaltsverpflichteten**.[404]

401

In zwei Ausnahmefällen gilt die **Gleichwertigkeitsregel** allerdings **nicht**:

402

- Der barunterhaltspflichtige Elternteil ist auch **bei Beachtung gesteigerter Unterhaltspflicht nicht leistungsfähig**;[405] ihm bleibt bei Erfüllung der Barunterhaltspflicht weniger als sein eigener notwendiger Selbstbehalt.[406]
In solchen Fällen muss der leistungsfähige betreuende Elternteil auch den Barunterhalt decken.
- Der barunterhaltspflichtige Elternteil **gefährdet bei Zahlung seinen eigenen angemessenen Bedarf** von 1.100,00 €, während der betreuende Elternteil[407] über ein deutlich höheres Einkommen verfügt und deshalb den Barunterhalt auch ohne Gefährdung seines angemessenen Eigenbedarfs aufbringen kann. Die verschärfte Unterhaltspflicht greift in diesen Fällen nicht durch. Ggf. werden die Haftungsanteile im Einzelfall unter den Eltern aufgeteilt.[408]

---

402 Vgl. Soyka, FK 2004, 28.
403 Unbeeindruckt davon hat das OLG Hamm die Anforderungen an die Arbeitstätigkeit des Unterhaltspflichtigen (zur Vermeidung des Mangelfalls) hoch angesetzt und erklärt: „Auch bei Schichtarbeit und der Möglichkeit, auch Samstags zum Dienst herangezogen zu werden, ist der Unterhaltsverpflichtete zur Aufnahme einer Nebentätigkeit verpflichtet, um den Mindestunterhalt seiner minderjährigen Kinder zu sichern.", FamRZ 2004, 299.
404 BVerfG, FamRZ 2003, 662; BGH, FamRZ 1998, 357, 359.
405 Z.B. wegen vorhandener Schulden, BGH, FamRZ 1996, 160.
406 Also 890,00 € bei Erwerbstätigkeit bzw. 770,00 € bei fehlender Erwerbstätigkeit.
407 Als anderer unterhaltspflichtiger Verwandter i.S.v. § 1603 Abs. 1 Satz 3 BGB.
408 BGH, FamRZ 1991, 182; BGH, FamRZ 1999, 286, 288; BGH, FamRZ 2002, 742; OLG Bamberg, FamRZ 1995, 566.

b) Teilung der Betreuung durch die Eltern (Wechselmodell)

403 Teilen sich die getrennt lebenden Eltern die **Kinderbetreuung hälftig (Wechselmodell)**, **erhöht sich der Unterhaltsbedarf** der Kinder wegen Versorgung in zwei getrennten Haushalten **um einen zu schätzenden Mehrbetrag**.[409] Der Unterhaltsanspruch ist dann zwischen den Eltern nach Maßgabe ihrer Nettoeinkünfte – wie beim Volljährigenunterhalt – anteilig zu bedienen (§ 1606 Abs. 3 Satz 1 BGB).[410]

404 **Grundsätzlich**[411] muss in diesen Fällen gelten: Der Naturalunterhalt ist durch beide Eltern gesichert, der Barunterhalt wird nach Maßgabe der zusammengerechneten Einkünfte ermittelt, ein angemessener Mehrbedarf infolge Wechselmodell einbezogen, das Kindergeld hälftig geteilt.[412]

> *Beispiel:*
>
> *M und F haben ein 14-jähriges Kind, das von beiden zeitlich je zur Hälfte betreut wird. Ein Lebensmittelpunkt ist nicht erkennbar. F bezieht das Kindergeld.*
>
> *Einkünfte M 2.600,00 €, F 1.600,00 €*
>
> *Zusammengerechnetes Einkommen: 4.200,00 €*
>
> *Bedarf des Kindes: Einkommensgruppe 8, Altersstufe 3: 526,00 €*
>
> *Aufstockung wegen Mehrbedarfs infolge Wechselmodell: 600,00 €*
>
> *Quotierung:*
>
> *M: 2.600,00 € ./. 1.100,00 € = 1.500,00 €*
>
> *F: 1.600,00 € ./. 1.100,00 € = 500,00 €*
>
> *Summe: 2.000,00 €*
>
> *Quote M: 3/4, F: 1/4*
>
> *F schuldet 1/4 von 600,00 €, also 150,00 €, die an niemanden gezahlt werden, da die Bedarfshälfte (300,00 €) höher ist;*
>
> *M zahlt 3/4 von 600,00 €, also 450,00 €, abzgl. seiner Bedarfshälfte (300,00 €), abzgl. Kindergeldhälfte (77,00 €), also **73,00 € an F**.*

---

409 So ist in den Tabellensätzen der Düsseldorfer Tabelle „allenfalls" (so Luthin, FamRZ 2007, 710) der bei einem Elternteil anfallende Wohnbedarf enthalten, BGH, FamRZ 2007, 707, 709; vgl. auch Duderstadt, FamRZ 2003, 70.
410 OLG Düsseldorf, FamRZ 1999, 1530; KG, FamRZ 2003, 53.
411 Streiten kann man in diesem Zusammenhang allerdings über viele Fragen, z.B.: Ist bei der Eingruppierung vom Einkommen des Besserverdienenden oder vom zusammengerechneten Einkommen beider Elternteile auszugehen? Welcher Selbstbehalt ist abzuziehen? Wie hoch ist der Mehrbedarf? Kann der weniger Verdienende kategorisch die Hälfte des Kindergeldes absetzen, wenn er selbst nur wenig zum Unterhalt beiträgt?
412 So auch FamG Freiburg, FamRZ 2006, 567.

I. Minderjähriges Kind gegen Eltern

Ist man der Auffassung, dass jeder Elternteil separat Barunterhalt für diejenige Monatshälfte zu zahlen hat, in der das Kind nicht bei ihm lebt, die **Gleichwertungsregel also kategorisch aufrecht zu erhalten** ist, müsste wie folgt gerechnet werden: 405

M: 2.600,00 € = Einkommensgruppe 4, Altersstufe 3 = 420,00 €

*zzgl. Mehrbedarf (20,00 €) = 440,00 € : 2 = **220,00 €***

F: 1.600,00 € = Einkommensgruppe 2, Altersstufe 3 = 384,00 €

*zzgl. Mehrbedarf (20,00 €) = 404,00 € : 2 = **202,00 €***

*Kindergeldteilung: Durch Weitergabe der F an M verkürzt sich der Unterhaltsanteil des M auf **143,00 €**.*

*Saldierung: F hat an M noch **59,00 €** zu zahlen.*

Das Ergebnis überzeugt m.E. nicht. Es berücksichtigt die Prägung durch die früheren ehelichen Lebensverhältnisse nicht. Der ersten Berechnung nach § 1606 Abs. 3 Satz 1 BGB gebührt der Vorzug. 406

Wenn das Kind zeitlich zu einem **Drittel** vom Vater betreut wird, tritt bzgl. dieser Quote **nach Auffassung des KG** an die Stelle des Barunterhalts der Naturalunterhalt, d.h. der Barunterhalt wäre entsprechend zu kürzen,[413] wobei natürlich die Fixkosten ggf. gesondert zu berücksichtigen wären. 407

Der **BGH** hat dazu allerdings nunmehr erklärt, dass die Regeln des Wechselmodells **ausschließlich** bei in etwa gleich umfangreicher Betreuung durch beide Elternteile anwendbar sind. Liege dagegen die Betreuung auch nur **schwerpunktmäßig (im entschiedenen Fall zu 2/3)** bei einem Elternteil, so befinde sich das Kind in seiner Obhut mit der Folge, dass der Barbedarf des Kindes **allein an dem Einkommen des anderen Elternteils** auszurichten und von diesem zu zahlen ist, ähnlich wie bei „großzügigem Besuchskontakt".[414] Der Mehraufwand des zu einem Drittel betreuenden Elternteils führe nicht zu nennenswerten Ersparnissen bei dem anderen Elternteil.[415] 408

Auch wenn davon auszugehen ist, dass ebenso bei dem zu einem Drittel betreuenden Elternteil Fixkosten entstehen, ist dem BGH – noch – darin **zuzustimmen**, dass die überwiegenden Kosten, die mit dem Betreuungsunterhalt ausgeglichen werden sollen, bei demjenigen Elternteil anfallen, der überwiegende Betreuungsleistungen erbringt und der auf den Barunterhalt angewiesen ist.[416] 409

---

413 KG, FamRZ 2003, 53, 54.
414 BGH, FamRZ 2006, 1015 m. Anm. Luthin, FamRZ 2006, 1018.
415 So auch BGH, FamRZ 2007, 707.
416 Vgl. dazu auch Soyka, FK 2007, 145.

410 Rechnet man umgekehrt die Kosten der Beköstigung eines Kindes für neun bis zehn Tage im Monat hinzu und bedenkt man die entsprechende Ersparnis beim anderen Elternteil, ist allerdings zu fragen, **wo die Grenze der Anrechnung** zu ziehen ist.

411 Namentlich die Entscheidung des **BGH v. 28.02.2007**[417] erscheint unter dem Aspekt der **Grenzziehung** zwischen „deutlichem Schwergewicht der Betreuung bei einem Elternteil"[418] und der „im wesentlichen gleichgewichtigen Betreuung" problematisch.[419]

412 In der Sachverhaltsschilderung wird erklärt, dass die Kinder sich im Zeitraum von 14 Tagen neun Tage bei einem Elternteil und demgemäß fünf Tage beim anderen Elternteil aufhalten und die Ferienzeiten der Kinder geteilt bei beiden Eltern verbracht werden. Die Errechnung eines Anteils von „etwas mehr als 1/3 (gerundet 36 %)"[420] durch den BGH hält aber einer genauen Nachprüfung nicht stand: Es sind nahezu 40 %, also 2/5.[421]

413 Ein halber Tag mehr Betreuung pro Woche würde bereits einen Gesamtanteil von rund **44,4 %**[422] ausmachen. Von einem „deutlichen Schwergewicht" kann dann nicht mehr gesprochen werden. Bei einer Verteilung der Betreuung während der Woche auf durchschnittlich **drei Tage bei einem Elternteil und vier Tagen bei dem anderen Elternteil** wäre danach das Maß überschritten, mit dem man eine einseitige Barunterhaltspflicht rechtfertigen könnte. In solchen Fällen sind die **Regeln des Wechselmodells** anzuwenden.

c) **Aufteilung der Kinder unter den Eltern (Geschwistertrennung)**

414 Betreuen **beide Eltern je ein Kind** oder mehrere Kinder, so muss grds. jeder Barunterhalt für die nicht bei ihm lebenden Kinder leisten.

---

417 FamRZ 2007, 707.
418 So BGH, FamRZ 2007, 708.
419 Vgl. dazu Horndasch, ZFE 2007, 329.
420 BGH, FamRZ 2007, 709.
421 Die Ferienzeiten (84 Tage) machen zwölf Wochen aus; von den restlichen 40 Wochen befindet sich das Kind im Zeitraum von 14 Tagen fünf Tage beim geringer betreuenden Elternteil, also 2,5 Tage pro Woche; multipliziert mit den Wochen des Jahres ohne Ferien machen dies 100 Tage aus (40 Wochen × 2,5 Tage); hinzu kommen die Hälfte der Ferien = sechs Wochen = 42 Tage; 142 Tage im Jahr bedeuten 142/365 oder 38,9 %.
422 0,5 Tage × 40 Wochen = 20 Tage; den errechneten 142 Tagen hinzugefügt bedeutet dies: 162 Tage von 365 Tagen im Jahr = 162/365 = 44,38 %.

I. Minderjähriges Kind gegen Eltern

Eine **Verrechnung** des Kindesunterhalts findet **nicht** statt.[423] Jeder Elternteil erfüllt nur gegenüber dem bei ihm lebenden Kind seine Unterhaltspflicht durch Pflege und Erziehung (§ 1606 Abs. 3 Satz 2 BGB). Dem anderen Kind ist er grds. zum Barunterhalt verpflichtet. 415

Verdienen beide Unterhaltsverpflichtete etwa gleich viel, kann es sich empfehlen, eine – zulässige – wechselseitige **Freistellungsvereinbarung**[424] zu schließen, wonach jeder Elternteil in vollem Umfang für den Bar- und Betreuungsbedarf des bei ihm lebenden Kindes aufkommt.[425] 416

> **Hinweis:**
> Eine solche Vereinbarung bindet allerdings nur die Eltern.[426] Der Unterhaltsanspruch des Kindes selbst bleibt davon unberührt, da ein **Unterhaltsverzicht** der Eltern im Namen der Kinder für die Zukunft **nicht möglich** ist, § 1614 Abs. 1 BGB.[427]

Das Kind ist z.B. auch nicht gehindert, einen **höheren Unterhaltsanspruch** selbst geltend zu machen.[428] 417

Sittenwidrig ist eine solche Vereinbarung dann, wenn sie gekoppelt wird mit unzulässigen oder unberechtigten Anliegen, z.B. dem Verzicht auf die Ausübung der Umgangsverantwortung[429] oder einer Regelung der elterlichen Sorge, die das Kindeswohl unbeachtet lässt.[430] Ebenso sittenwidrig ist es, den sozial schwächeren Elternteil gleichzeitig einen nachehelichen Unterhaltsverzicht erklären zu lassen mit der Folge, 418

---

[423] Auch wenn beide Eltern in vergleichbaren wirtschaftlichen Verhältnissen leben, kann das Gericht nicht ein PKH-Gesuch eines der (während der Trennung) auf Kindesunterhalt klagenden Elternteile mit der Begründung zurückweisen, jeder habe Barunterhalt für die bei ihm lebenden Kinder zu leisten, vgl. OLG Zweibrücken, FamRZ 1997, 17.

[424] Rechtlicher Inhalt: Erfüllungsübernahme, vgl. Wendl/Staudigl/Scholz, Das Unterhaltsrecht in der familierichterlichen Praxis, § 2 Rn. 526; BGH, FamRZ 1986, 444.

[425] Vgl. Wendl/Staudigl/Scholz, Das Unterhaltsrecht in der familienrichterlichen Praxis, § 2 Rn. 309; zu beachten ist in jedem Fall, dass bei Geschwistertrennung Zwillinge der absolute Ausnahmefall sein werden und deshalb das unterschiedliche Alter und die ggf. unterschiedliche Alterseinordnung der Düsseldorfer Tabelle zu unterschiedlichen Zahlbeträgen führt.

[426] OLG Zweibrücken, FamRZ 1997, 178.

[427] BVerfG, FamRZ 2002, 343, 348 m. Anm. Schwab.

[428] BGH, FamRZ 1986, 444.

[429] BGH, FamRZ 1984, 778; OLG Hamburg, FamRZ 1984, 1223; OLG Karlsruhe, FamRZ 1983, 417; AnwKomm-BGB/Saathoff, § 1606 Rn. 16.

[430] BGH, FamRZ 1986, 444.

dass die eigene Betreuung des bei ihm lebenden Kindes nicht mehr persönlich gewährleistet werden kann.[431]

419 Die **Barunterhaltspflicht** des Elternteils gegenüber dem nicht von ihm betreuten Kind richtet sich nach den erörterten Grundsätzen. Maßgebend ist das anrechenbare Nettoeinkommen des barunterhaltspflichtigen Elternteils. Abzuziehen sind alle **Mehrkosten**, die dadurch entstehen, dass der unterhaltspflichtige Elternteil trotz der Betreuung des bei ihm lebenden Kindes einer Erwerbstätigkeit nachgeht, also Kosten der Fremdbetreuung, Kindergarten, Ganztagsschule etc. Ein **Betreuungsbonus** ist demgegenüber nur in seltenen Ausnahmefällen abzuziehen, z.B. bei Betreuung eines Kleinkindes durch den dazu nicht verpflichteten neuen Partner des Unterhaltspflichtigen, um diesem die Arbeitstätigkeit zu ermöglichen.[432]

420 Wird ein Kleinkind betreut, gilt bei Geschwistertrennung Ähnliches wie bei der oben erörterten **Rechtsprechung zur Haushaltsführung**. Nur dem eigenen Kind gegenüber wird die Unterhaltspflicht durch Pflege und Erziehung erfüllt (§ 1606 Abs. 3 Satz 2 BGB). Dem anderen Kind gegenüber besteht die Barunterhaltspflicht, also mindestens die Verpflichtung, das Existenzminimum des anderen Kindes sicherzustellen. Es ist daher eine **Nebentätigkeit**[433] aufzunehmen sowie – bei neuer Ehe – auch der **Taschengeldanspruch** einzusetzen.

421 Es gilt also grds. bei Geschwistertrennung, dass sich keiner der Elternteile mit der Begründung der Betreuungsbedürftigkeit seines bei ihm lebenden Kindes seiner Barunterhaltspflicht entziehen kann. Ausnahmen werden von der Rechtsprechung nur in seltenen, extrem gelagerten Fällen zugelassen,[434] sodass der betreuende Elternteil sich regelmäßig auf seine eigene Barunterhaltspflicht einzustellen hat.

2. Die Düsseldorfer Tabelle zum Kindesunterhalt

a) Unterhalt – Mehrbedarf – Sonderbedarf

422 Die ab **01.01.2008** gültige Düsseldorfer Tabelle regelt nicht nur die Unterhaltsansprüche ehelicher, sondern auch die der insoweit seit Mitte 1998 gleichgestellten nichtehelichen Kinder.[435] Sie befasst sich außerdem mit den Ansprüchen volljähriger Kinder, wobei viele OLG die Tabelle zum Volljährigenunterhalt nur auf solche Kinder anwen-

---

431 BVerfG, FamRZ 2001, 343, 348 m. Anm. Schwab; BVerfG, FamRZ 2003, 985.
432 BGH, FamRZ 2001, 352; vgl. dazu auch BGH, FamRZ 1991, 182, 184.
433 Dazu OLG Hamm, FamRZ 2003, 179.
434 Vgl. OLG Düsseldorf, FamRZ 1996, 167: Fremdbetreuung eines Kleinkindes auch bei Anlegung eines strengen Maßstabes nicht möglich, während das beim anderen Elternteil lebende Kind wesentlich älter und weitgehend selbstständig ist, dazu auch Wendl/Staudigl/Scholz, Das Unterhaltsrecht in der familienrichterlichen Praxis, § 2 Rn. 315.
435 So bereits seit der Düsseldorfer Tabelle v. 01.07.2005.

den, die noch in einem **Elternteilhaushalt leben**, nicht dagegen auf solche, die sich auswärts einer Ausbildung unterziehen.[436]

Die **Unterhaltshöhe** richtet sich nach: 423
- einer der drei **Altersstufen** des Kindes und
- nach der **Einkommensgruppe** des Unterhaltspflichtigen.

Findet in einem bestimmten Monat ein Altersstufenwechsel statt, musste nach früherem Recht **gesplittet** werden: Der alte Unterhalt wurde **zeitanteilig bis zum Geburtstag** geschuldet, der neue vom nächsten Tag an. **Anders beim Regelbetrag (bis Einkommensgruppe 6 der Düsseldorfer Tabelle)**: Hier war der neue Unterhalt **schon vom 1. desjenigen Monats an** zu zahlen, in dem das Kind in die nächste Altersstufe überwechselt (§ 1612a Abs. 3 Satz 2 BGB a.F.). 424

Diese ohnehin kaum nachvollziehbare Differenzierung ist nunmehr abgeschafft. 425

Im völlig neu gefassten **§ 1612a BGB**, der sich mit dem neu eingeführten Mindestunterhalt für das Kind befasst, wird in **Abs. 3** bestimmt, dass der neue Unterhaltsbetrag grds. **ab dem 1. desjenigen Monats** zu zahlen ist, in welchem der Geburtstag des Kindes zur nächsten Altersstufe liegt. 426

Die Kardinalregel lautet: 427

Je mehr der Vater verdient und je älter das Kind ist, desto höher ist der Unterhaltsanspruch.

Die Tabellensätze der Düsseldorfer Tabelle umfassen den gesamten Bedarf des Kindes, allerdings **ohne einen evtl. Mehrbedarf.** 428

Ein solcher Mehrbedarf ist nach ständiger Rechtsprechung aber **nicht bereits der Beitrag für den Kindergarten (halbtags)**, weil der Kindergartenbesuch heute die Regel darstellt.[437] 429

Mehrbedarf kann allerdings dann begründet sein, wenn der **Beitrag außergewöhnlich hoch** ist.[438]

---

436 Für im Ausland lebende Kinder gilt, dass für die Höhe der Unterhaltsansprüche die Geldbeträge maßgebend sind, die der Unterhaltsberechtigte an seinem Aufenthaltsort aufbringen muss, um den gebührenden Lebensstandard aufrecht zu erhalten; als Orientierungshilfe wird von der Rspr. die Ländergruppeneinteilung des Bundesfinanzministers zu § 33a EStG verwendet, vgl. OLG Koblenz, FamRZ 2007, 1592.
437 OLG Nürnberg, FamRZ 2004, 1063.
438 KG, FuR 2007, 379: 298,00 € Kindergartenbeitrag, sodass nur noch 110,00 € für den Lebensbedarf des Kindes blieben.

C. Kindesunterhalt

Die Kosten für einen **Ganztagskindergarten** stellen dagegen Mehrbedarf dar, weil sie das übliche Maß überschreiten. Hinzukommen muss jedoch, dass **besondere pädagogische Gründe beim Kind** vorliegen müssen. Es genügt nicht, dass etwa die Mutter ganztags arbeiten will.[439]

430 **Mehrbedarf ist regelmäßiger außergewöhnlicher Bedarf** wie z.B. Kosten für Nahrungsmittel bei Allergie, Privatschulkosten bei Lernbehinderung etc.

> **Praxistipp:**
> Mehrbedarf ist gesondert geltend zu machen und bedarf des **Verzuges**. Die bloße Aufforderung, etwa künftige Therapiekosten zu übernehmen, begründet keinen Verzug.[440]

431 Der **Klageantrag** auf Unterhalt und Mehrbedarf lautet wie folgt:

> Der Beklagte wird verurteilt, an den Kläger ab der ... jeweils monatlich im Voraus
>
> 1. eine Unterhaltsrente i.H.v. ... Prozent der jeweiligen Altersstufe
> 2. über Ziff. 1 hinaus als Mehrbedarf eine Unterhaltsrente i.H.v. ... €
>
> zu zahlen.

432 **Sonderbedarf** ist dagegen **unregelmäßiger außergewöhnlicher Bedarf**, § 1613 Abs. 3 Nr. 1 BGB. Es muss sich um überraschende, nicht vorhersehbare Kosten handeln, z.B. Nachhilfestunden,[441] außergewöhnliche Klassenfahrten etc.[442]

433 In einer Klage gemeinsam mit einem Antrag auf Zahlung von Kindesunterhalt nach der Düsseldorfer Tabelle würde in Ziff. 2 beantragt werden,

> über Ziff. 1 hinaus als Sonderbedarf einmalig ... € zu zahlen.

434 Ist der Grundbetrag bereits tituliert, so würde beantragt werden:

> Der Beklagte wird verurteilt, an den Kläger über die mit Urteil des Familiengerichts vom ... Az. ... titulierte Unterhaltspflicht hinaus als Sonderbedarf einmalig ... € zu zahlen.

---

439 Vgl. Brandani, FK 2006, 24.
440 OLG Düsseldorf, FamRZ 2001, 444.
441 Vgl. aber OLG Düsseldorf, FamRZ 2006, 223: Nachhilfekosten über einen längeren Zeitraum sind regelmäßiger Mehrbedarf.
442 Konfirmationskosten sind nach einer Entscheidung des BGH kein Sonderbedarf; vgl. auch ausführlich zu Sonderbedarf und Mehrbedarf BGH, FamRZ 2006, 612 sowie zur Abgrenzung Soyka, FK 2006, 44.

I. Minderjähriges Kind gegen Eltern

Die **Rechtsprechung zum Sonderbedarf** ist im Lauf der Zeit **immer einschränkender** geworden.[443] 435

So hat der **BGH** in einer Entscheidung v. 15.02.2006[444] erklärt, dass die Kosten für eine Konfirmation spätestens mit Beginn des Konfirmandenunterrichts absehbar und deswegen nicht überraschend i.S.v. § 1613 BGB sind. 436

Die Grundlage hierfür hatte der **BGH** aber schon **1982** gesetzt. Er hatte erklärt: 437

„Sonderbedarf als unregelmäßiger außergewöhnlich hoher Bedarf liegt nur vor, wenn der Bedarf nicht mit Wahrscheinlichkeit vorauszusehen war und daher bei der Bemessung des laufenden Unterhalts nicht berücksichtigt werden konnte."[445]

Der **Sachverhalt** der Entscheidung v. 15.02.2006: 438

Die Kläger sind Kinder des Beklagten und wohnen bei der Mutter. Der Beklagte zahlt jeweils 293,00 €. Die Kläger fordern 511,00 € für eine Konfirmandenfahrt und eine Konfirmationsfeier als Sonderbedarf.

Zu den **Entscheidungsgründen**: 439

Die Konfirmationskosten sind kein Sonderbedarf.

Der Unterhaltsberechtigte kann neben dem Elementarunterhalt unregelmäßige außergewöhnlich hohe Kosten als Sonderbedarf verlangen, **§ 1613 Abs. 2 Nr. 1 BGB**.

Unregelmäßig sind Kosten, die nicht voraussehbar sind und deshalb bei Bemessung des Barunterhalts unberücksichtigt bleiben.[446]

Ob Kosten **außergewöhnlich hoch** sind, richtet sich nach der Höhe des Elementarunterhalts und danach, ob der Berechtigte eigene Mittel einsetzen kann.[447] 440

Ob Konfirmationskosten Sonderbedarf und nach diesen Maßstäben zu bewerten sind, war bisher **streitig**: 441

- **OLG Schleswig**:[448] Sonderbedarf, wenn der Berechtigte sie aus dem Barunterhalt nicht ansparen kann;

---

443 Vgl. dazu und im Folgenden Brandani, FK 2006, 183 mit ausführlicher Besprechung des Urteils des BGH v. 15.02.2006.
444 BGH, FamRZ 2006, 612.
445 BGH, FamRZ 1982, 145; so auch BGH, FamRZ 2001, 1603.
446 BGH, FamRZ 2001, 1603.
447 BGH, FamRZ 1994, 470.
448 FamRZ 2005, 1277.

C. Kindesunterhalt

- **OLG Braunschweig:**[449] kein Sonderbedarf, da die Kosten voraussehbar sind.

442 Der **12. Senat des BGH** folgt der letztgenannten Ansicht.

443 Danach ist gem. § 1613 Abs. 1 BGB laufender Unterhalt nur für die Zukunft zu leisten. Das Gesetz schützt den Schuldner vor Ansprüchen, mit denen er nicht rechnen muss.

444 Gemäß § 1613 Abs. 2 Nr. 1 BGB ist Sonderbedarf bis zu einem Jahr rückwirkend zu zahlen. Systematisch folgt daraus, dass dieser Bedarf nur unter **engen Voraussetzungen** geschuldet ist. Das **Vertrauen des Schuldners**, mit den Zahlungen den Bedarf zu decken, hat **Vorrang** vor den Interessen des Bedürftigen, der seinen Bedarf absehen kann.

445 Nur derjenige Bedarf ist unregelmäßig i.S.v. § 1613 Abs. 2 Nr. 1 BGB, der **nicht mit Wahrscheinlichkeit abzusehen** war und daher bei der Bemessung des laufenden Unterhalts nicht berücksichtigt werden konnte. Die **Konfirmationskosten sind nicht unregelmäßig**, weil sie spätestens mit Beginn des Konfirmandenunterrichts absehbar waren.

446 Es wird zunehmend schwierig, **außergewöhnliche Kosten als Sonderbedarf** durchzusetzen.[450]

Viele der bisher als Sonderbedarf bewerteten Positionen sind ab einem bestimmten Zeitpunkt absehbar: Klassenfahrt ab Einschulung,[451] Babyerstausstattung ab Kenntnis der Schwangerschaft, allergiebedingte besondere Kleidung und Einrichtung ab ärztlicher Diagnose, Zahnspange ab Zahnbildung etc.

447 Hier wird es insbes. auf die **Höhe der Kosten, die Höhe des Barunterhalts** und die **Zeitspanne** zwischen Absehen und Eintritt der Kosten ankommen.

448 Bei der Ermittlung der Höhe des laufenden Unterhalts müssen in jedem Fall künftig entstehende besondere Kosten **sehr genau geprüft** werden. Der Berechtigte muss diese ggf. bei Leistungsfähigkeit des Schuldners durch Erhöhung des Barunterhalts oder als Mehrbedarf fordern. Der Unterhaltsberechtigte muss zudem die kommenden Beträge beim Schuldner anfordern, **sobald die Kosten absehbar** sind.

449 Bei **Einkünften oberhalb der höchsten Stufe** der Düsseldorfer Tabelle verfährt die Rechtsprechung nicht ganz einheitlich.

---

449 OLGR 1994, 305.
450 Brandani, FK 2006, 183, 184.
451 So jetzt auch OLG Hamm, FamRZ 2007, 77: Kosten für eine Klassenfahrt und Nachhilfeunterricht sind regelmäßig kein Sonderbedarf.

I. Minderjähriges Kind gegen Eltern

Das **OLG Köln**[452] hat eine **ältere Fassung der Tabelle systematisch (linear) fortgeschrieben**, um einen Vater richtig zu „erfassen", der 9.150,00 DM netto verdiente. Das ist nützlich und natürlich auch verlockend, weil man sonst – je nach Naturell – der Versuchung erliegen kann, in den oberen Regionen entweder degressiv oder „progressiv" zu verfahren.

450

Die 1999er Düsseldorfer Tabelle war ab einem Nettoeinkommen von 8.000,00 DM nach oben offen. Verdiente jemand mehr, so waren die Höchstsätze nach KG und OLG Koblenz „maßvoll zu erhöhen"[453] – getreu dem v.a. für den Volljährigenunterhalt entwickelten Grundsatz, dass einerseits den günstigen Lebensumständen des Pflichtigen Rechnung getragen werden, andererseits der Berechtigte aber keine Teilhabe am Luxus genießen soll. Das **OLG Oldenburg**[454] hat z.B. den Höchstsatz der 1992er Düsseldorfer Tabelle von 860,00 auf 1.100,00 DM aufgestockt, um einer Tochter gerecht zu werden, deren Vater zwischen 8.500,00 und 12.000,00 DM netto im Monat verdiente.

451

Das **AG Hannover** setzte den Unterhaltsbetrag wegen überdurchschnittlicher wirtschaftlicher Verhältnisse auf **1.902,00 €**.[455]

452

Anstelle des schlichten, aber flexiblen und deshalb leicht zu handhabenden Instrumentariums der Schätzung aus degressiver Sicht verlegte sich der größere Teil der Rechtsprechung dann aber auf eine **konkrete Bedarfsermittlung mit Angemessenheitskontrolle**.[456] Dieser Meinung ist z.B. auch das **OLG Frankfurt am Main**:[457] Danach kann eine Erhöhung über die Tabellenwerte hinaus „nur aufgrund vom Unterhaltsgläubiger darzulegender bedarfsbezogener Merkmale erfolgen".

453

Ebenso der **BGH** in seinem Urt. v. 13.10.1999,[458] in dem er die für die konkrete Bedarfsermittlung im Ehegattenunterhalt jenseits der relativen **Sättigungsgrenze** entwickelten Grundsätze auf den Kindesunterhalt übertrug. Danach muss das Kind (oder der betreuende Elternteil für ihn, klar wird das nicht) seinen Bedarf darlegen und beweisen, sofern er mehr verlangt, als die G 10 der Düsseldorfer Tabelle hergibt. Eine Teilhabe am Luxus wird den Kindern versagt. Anschließend heißt es in dem besagten **BGH**-Urteil[459] sibyllinisch, dass **an die Darlegungslast keine übertriebenen Anfor-**

454

---

452 OLG Köln, FamRZ 1992, 715.
453 KG, FamRZ 1998, 1386; ebenso OLG Koblenz, FamRZ 2000, 605.
454 OLG Oldenburg, FamRZ 1996, 288.
455 AG Hannover, FamRZ 2005, 477 (im Wege des Vergleichs vor dem OLG Celle wurde der Kindesunterhalt sodann auf 1.330,00 € festgesetzt).
456 BGH, FamRZ 2001, 1603.
457 OLG Frankfurt am Main, FamRZ 1993, 98.
458 BGH, FamRZ 2000, 358, m. krit. Anm. Deisenhofer, FamRZ 2000, 359.
459 BGH, FamRZ 2000, 358, 359.

derungen gestellt werden darf. Konkreter ist das Urteil des KG v. 30.04.2002, das den bis dahin gültigen Rekord markierte: 756,71 € inklusive Krankenversicherung für einen Neunjährigen.[460]

455 Die Tabellenwerte gehen von dem Fall aus, den die Schöpfer der Düsseldorfer Tabelle als Standardfall angesehen haben, nämlich dem Vorhandensein von insgesamt **drei unterhaltspflichtigen Personen**: einer Ehefrau und zwei Kindern.

456 Wenn ein Unterhaltsberechtigter weniger vorhanden ist, wird der Pflichtige in die nächste Gruppe hochgestuft, bei nur einem Unterhaltsberechtigten ein bis zwei Stufen. Umgekehrt: Wenn mehr als drei Personen unterhaltsbedürftig sind, wird entsprechend herabgestuft.

b) Mindestunterhalt minderjähriger Kinder, § 1612a BGB

457 Im Rahmen der Reform des Unterhaltsrechts hat der Gesetzgeber nunmehr eine Regelung zum Mindestunterhalt für minderjährige Kinder eingeführt, § 1612a BGB.

458 Die Vorschrift enthält eine neue **Definition des Mindestunterhalts in Anknüpfung an das einkommensteuerlich sächliche Existenzminimum i.S.d. § 32 Abs. 6 EStG.**

459 Durch die Anknüpfung an die steuerliche Bezugsgröße **entfällt die Regelbetrag-Verordnung sowie die Anrechnungsbestimmung des § 1615b Abs. 5 BGB zum Kindergeld.**

460 Gleichzeitig ist die Unterscheidung in den Regelbetragsätzen in Werten Ost und West hinfällig.

461 § 1612a Abs. 1 Satz 1 BGB behält aber seine Funktion: Der hier definierte Mindestbetrag bleibt weiterhin **Rechengröße**, der die Dynamisierung des individuellen Unterhaltsanspruchs des minderjährigen Kindes ermöglicht.

462 In Bezug auf die Bedarfsdefinition in § 1610 Abs. 1 BGB legt § 1612a Abs. 1 Satz 2 BGB **unabhängig von der konkreten Lebensstellung des Kindes einen Mindestbedarf** fest, den der Unterhaltspflichtige zu erbringen hat.

463 Die neuen Mindestunterhaltssätze haben sodann eine **Neufassung der Düsseldorfer Tabelle** und damit sämtlicher Leitlinien der OLG erforderlich gemacht, die ebenfalls mit Wirkung seit 01.01.2008 vorliegt.

464 An die Stelle der Regelbetrag-Verordnung ist die in § 1612a Abs. 1 Satz 2 BGB enthaltene Bezugsgröße (**ein Zwölftel des doppelten Kinderfreibetrages nach § 32 Abs. 6 Satz 1 des Einkommensteuergesetzes**) getreten.

---

460 KG, FamRZ 2002, 1645 (LS).

I. Minderjähriges Kind gegen Eltern

Der Grundsatz einer Bemessung des Kindesunterhalts nach der individuellen Leistungsfähigkeit des Barunterhaltspflichtigen bleibt dabei unberührt. Unverändert wird daher eine **unzureichende Leistungsfähigkeit** des Unterhaltsschuldners bereits bei der Höhe des Unterhaltsanspruchs berücksichtigt: Über den Selbstbehalt ist gewährleistet, dass dem Unterhaltsschuldner das eigene Existenzminimum verbleibt, sodass der Mindestunterhalt von vornherein unter dem Vorbehalt der Leistungsfähigkeit steht. 465

Rechnerisch führt dies zu folgenden Auswirkungen: 466

Nach § 1612a Abs. 1 Satz 1 BGB kann ein minderjähriges Kind von demjenigen Elternteil, mit dem es nicht in einem Haushalt lebt, den Unterhalt **als Prozentsatz** des nunmehr in Abs. 1 Satz 2 gesetzlich definierten Mindestunterhalts verlangen (**Dynamiksystem**), gestaffelt nach drei Altersstufen (6, 12, 18 Jahre). Erreicht ein Kind an seinem sechsten bzw. zwölften Geburtstag die nächste Altersstufe, ist der neue Betrag **ab Beginn desjenigen Monats** zu zahlen, in welchem das Kind seinen Geburtstag feiert.

Entscheidende Neuerung ist der **Anknüpfungspunkt aus dem Steuerrecht** und die dort enthaltene Bezugnahme auf den existenznotwendigen Bedarf von Kindern, der nach der Entscheidung des **BVerfG** v. 10.11.1998[461] von der Einkommensteuer verschont bleiben muss. 467

Dieses Existenzminimum wird von der Bundesregierung **alle zwei Jahre in einem Existenzminimumbericht** auf der Grundlage der durchschnittlichen sozialhilferechtlichen Regelsätze der Bundesländer und statistischer Berechnungen der durchschnittlichen Aufwendungen für Wohn- und Heizkosten in den alten Bundesländern ermittelt (zuletzt 6. Existenzminimumbericht der Bundesregierung[462]) und bildet die **Orientierungsgröße für die Höhe des einkommensteuerlichen sächlichen Existenzminimums**. 468

Auf dieser Grundlage gewährt das Steuerrecht in § 32 Abs. 6 Satz 1 EStG den steuerpflichtigen Eltern einen entsprechenden **Kinderfreibetrag (derzeit 1.824,00 €)**. Dieser Kinderfreibetrag stellt sicher, dass einkommensteuerpflichtigen Eltern der zur Sicherung des sächlichen Existenzminimums eines Kindes erforderliche Teil ihres Einkommens steuerfrei verbleibt. 469

Die als doppelter Freibetrag definierte Bezugsgröße des Kinderfreibetrages beträgt derzeit daher **3.648,00 €, monatlich also 304,00 €**. 470

Da mit steigendem Lebensalter ein höherer Barbetrag benötigt wird, beträgt die erste Altersstufe **87 %**, die zweite **100 %** und die dritte Altersstufe **117 %**. 471

---

461 BVerfGE 99, 216.
462 BT-Drucks. 16/3265.

C. Kindesunterhalt

472 Im Vergleich zu den früheren Regelbeträgen ergeben sich daher folgende Werte:

1. Altersstufe:	Regelbetrag 100 %	204,00 €
	135 %	276,00 €
Mindestunterhalt § 1612a Abs. 1 BGB		**265,00 €**
2. Altersstufe:	Regelbetrag 100 %	247,00 €
	135 %	334,00 €
Mindestunterhalt § 1612a Abs. 1 BGB		**304,00 €**
3. Altersstufe:	Regelbetrag 100 %	291,00 €
	135 %	393,00 €
Mindestunterhalt § 1612a Abs. 1 BGB		**356,00 €**

473 § 1612a Abs. 2 BGB ist in Bezug auf die Bestimmung der Prozentsätze und die Rundungsbestimmungen[463] unverändert geblieben.

474 Mit **Anrechnung des hälftigen Kindergeldes** unmittelbar auf den Bedarf nach § 1612b BGB[464] bedeutet dies in der ersten Altersstufe eine Verminderung des Unterhalts von **204,00 €** nach der früheren Regelung auf **188,00 €** (265,00 € ./. 77,00 € hälftiges Kindergeld), in der zweiten Stufe **227,00 € statt 247,00 €**, in der dritten Altersstufe **279,00 € statt 291,00 €**.

475 Um jedoch ein Absinken der zu zahlenden Unterhaltsbeträge gegenüber der Fassung der Düsseldorfer Tabelle mit Stand v. 01.07.2007 zu verhindern, ist als Übergangsregelung in das Gesetz betreffend die Einführung der Zivilprozessordnung eine neue Vorschrift, § 36 Abs. 4, eingefügt worden, wonach die Beträge des Mindestunterhalts für die

- Erste Stufe mit **279,00 €**,
- Zweite Stufe mit **322,00 €** und
- Dritte Stufe mit **365,00 €**

festgesetzt werden.

---

463 So wären 87 % von 304,00 € exakt 264,48 €, gerundet auf 265,00 €, 117 % von 304,00 € exakt 355,68 €, gerundet auf 356,00 €.

464 Nach § 1612b BGB ist grds. das Kindergeld auf den Bedarf des Kindes anzurechnen, und zwar hälftig bei Minderjährigen, vollständig bei Volljährigen.

Gemäß **§ 1612b BGB** ist jeweils das **hälftige Kindergeld bedarfsdeckend** abzuziehen, sodass die Zahlbeträge wir folgt verbleiben:

- Erste Altersstufe **202,00 €**
- Zweite Altersstufe **245,00 €**
- Dritte Altersstufe **288,00 €**.[465]

476

Im **Regierungsentwurf** heißt es u.a. zur **Begründung** der Änderung:[466]

477

„Für das Unterhaltsrecht bietet die Bezugnahme auf das Steuerrecht erhebliche Vorteile. Denn der steuerrechtliche Kinderfreibetrag basiert unmittelbar auf dem Existenzminimumbericht, er gilt – anders als etwa die sozialhilferechtlichen Regelsätze – bundeseinheitlich, wird der Entwicklung der tatsächlichen Verhältnisse angepasst und nennt konkrete Zahlen, sodass die Berechnung für den Unterhaltspflichtigen und den -berechtigten unmittelbar einsichtig und nachvollziehbar ist. Die Einführung einer weiteren, rein unterhaltsrechtlichen Bezugsgröße zur Bestimmung des Mindestbedarfs erübrigt sich damit; komplizierte Verweisungen und Bezugnahmen entfallen. Mit der Bezugnahme auf den einkommensteuerlichen Kinderfreibetrag wird zugleich der Entschließung des Deutschen Bundestages vom 06.07.2000 (BT-Drucks. 14/3781) Rechnung getragen, das Unterhaltsrecht mit dem Steuer- und Sozialrecht besser abzustimmen. Mit der Anknüpfung an das Steuerrecht und der dort verorteten Regelung des steuerlichen Existenzminimums wird der systematische Grundmangel der derzeitigen Regelung aufgehoben."

3. Besondere Vorschriften für nichteheliche Kinder

Solange das nichteheliche Kind minderjährig ist, hat es im Jugendamt seines Wohnorts auf Antrag einen Beitreibungsgehilfen („**Beistand**") nach § 1712 Abs. 1 Nr. 2 BGB. Beistand wird das Jugendamt jedoch nur noch auf Antrag. Das Amt sorgt für die Titulierung, d.h. Vollstreckbarmachung des Unterhaltsanspruchs und notfalls für die Zwangsvollstreckung aus dem Titel. Insofern ist es dessen gesetzlicher Vertreter. Der Beistand darf deshalb z.B. auch eine Unterhaltsvereinbarung ohne Mitwirkung des sorgeberechtigten Elternteils abändern.[467] Allerdings kann dieser Elternteil die Beistandschaft jederzeit mit Wirkung für die Zukunft beenden.

478

Nach Eintritt der Volljährigkeit muss sich das Kind, wenn es dann noch unterhaltsbedürftig ist, **selbst** um den Unterhalt kümmern.

479

Sonderbedarf ist auch bei nichtehelichen Kindern neben dem Regelunterhalt (ggf. mit Zuschlägen) zu befriedigen, wenn das nicht zu einer unangemessenen Lastenverteilung führt.

480

---

465 Vgl. auch DT v. 01.01.2008, FamRZ Heft 1/2008, Umschlagseiten II, VII ff.
466 RegE, BR-Drucks. 253/06, S. 50.
467 OLG Köln, FamRZ 2002, 50.

481 Wenn der Vater leichtfertig auf die Möglichkeit verzichtet, ein angemessenes Einkommen zu erzielen, wird der Unterhaltsberechnung ein **fiktives Einkommen** zugrunde gelegt.

482 Für die Höhe des Unterhalts für ein nichteheliches Kind galt bis zur Aufhebung des § 1615c BGB durch das Kindesunterhaltsgesetz v. 01.07.1998, dass „die Lebensstellung beider Eltern zu berücksichtigen" war. Der BGH hatte daraus die sog. Mittelwerttheorie[468] entwickelt. Danach war dem Unterhaltsanspruch der Durchschnitt der Einkommen von Vater und Mutter zugrunde zu legen. Ein Mann, der gut verdiente, während die „Kindesmutter" von der Sozialhilfe lebte, sollte sich also gegen die manchmal erheblichen Zuschläge zum Regelbedarf wehren können, die allein auf **sein** Einkommen abstellten.

483 Hinsichtlich der Unterhaltsbemessung gilt seit dem 01.07.1998 für alle Kinder die Regelung des § 1602 BGB. Danach sind die **wirtschaftlichen Verhältnisse des barunterhaltspflichtigen** Elternteils maßgeblich.

484 Die wenigen nach der Reform verbleibenden Vorschriften des alten nichtehelichen Unterhaltsrechts sind §§ 1615m und 1615n BGB. Danach muss der Vater die Beerdigungskosten tragen, falls die Mutter infolge von Schwangerschaft oder Entbindung verstirbt; die Erben des Vaters treten an seine Stelle, wenn er noch vor der Mutter stirbt.

485 Schließlich blieb auch § 1615o BGB in erweiterter Form bestehen. Danach darf schon vor der Geburt des Kindes durch **einstweilige Verfügung** dessen Unterhaltsanspruch für die ersten drei Monate gesichert werden, außerdem der komplette Anspruch der Mutter nach § 1615l BGB.[469]

II. Exkurs: Minderjähriges Kind gegen Großeltern

486 Dass die Unterhaltspflicht eine Generation überspringt, ist gar nicht so selten, wie man denkt.

Man stelle sich vor, dass die Mutter ein zwei Jahre altes Kleinkind hat und der Vater des Kindes sich einem Universitätsstudium widmet, nicht auffindbar ist oder im Gefängnis sitzt.[470] In diesem Fall ist weder bei der Mutter noch beim Vater Barunterhalt zu realisieren. Bei Inanspruchnahme des Sozialamts würde die Behörde die Mutter an die Großeltern verweisen.

---

468 Die Mittelwerttheorie wurde allerdings von weiten Teilen der Literatur und auch der Rechtsprechung für verfassungswidrig gehalten, vgl. Abhandlung Wolff, FamRZ 1995, 1536 m.w.N.

469 Zusammenfassend zur derzeitigen Rechtslage: Büttner, FamRZ 2000, 781.

470 Ersatzhaftung nach § 1607 Abs. 2 BGB, so FamG Bad Homburg, FamRZ 1999, 1450.

II. Exkurs: Minderjähriges Kind gegen Großeltern

Verfügt der Schwiegervater dieser Mutter über eine Pension von 2.000,00 €, wird er den Mindestunterhalt nach der Düsseldorfer Tabelle, also 279,00 € abzüglich hälftiges Kindergeld nach § 1612b Abs. 1 Nr. 1 BGB i.H.v. 77,00 €, mithin **202,00 €**[471] zahlen müssen, es sei denn, er kann andere Großelternteile an der Belastung beteiligen. 487

Die örtliche Zuständigkeit richtet sich nicht – wie im Verhältnis Eltern/Kinder – nach § 642 Abs. 1 ZPO (Wohnort des Kindes) sondern nach den allgemeinen Vorschriften. Der Großvater ist also an seinem Wohnort-Gericht zu verklagen.[472] 488

Ein **Titel gegen den Vater** auf der Grundlage eines fiktiven Einkommens **hindert die Ersatzhaftung** nicht, sofern aus dem „Tapezierurteil" nicht vollstreckt werden kann. Denn zur **Erschwerung der Rechtsverfolgung i.S.v. § 1607 Abs. 2 Satz 1 BGB** gehört auch die der Zwangsvollstreckung.[473] 489

Umstritten ist die „Spitzenbetragsersatzhaftung" der Großeltern: Wenn der **barunterhaltspflichtige Elternteil** bereits den Mindestunterhalt nach **Gruppe 1 der Düsseldorfer Tabelle** zahlt und der **Großvater** in die **Gruppe 6** gehört, muss letzterer m.E. **nichts mehr nach § 1607 Abs. 1 BGB** drauflegen;[474] anders m.E., wenn der **Vater den Mindestunterhalt nicht voll decken** kann: Dann **haftet der Großvater auf den Rest**. 490

Es haften allerdings alle leistungsfähigen Großelternteile nach den **auf sie entfallenden Quoten**. Dies macht es notwendig, **alle Großelternteile** zunächst zur entsprechenden Auskunft über die Einkünfte aufzufordern, ggf. auf Auskunft zu verklagen und sodann alle leistungsfähigen Großeltern auf Zahlung zu verklagen. Das Kind kann sich aber immerhin den Wohnsitz eines der beteiligten Großeltern für die Klage auswählen. 491

---

471 Mindestunterhalt nach § 36 Abs. 4 des Gesetzes betreffend die Einführung der ZPO.
472 OLG Köln, FamRZ 2005, 58.
473 Palandt/Diederichsen, BGB, § 1607 Rn. 11.
474 So auch OLG Karlsruhe, FamRZ 2001, 782 (bezogen auf die damalige Gruppe 3 der Düsseldorfer Tabelle); bemerkenswerterweise erging die Entscheidung am 26.10.2000, also vor Inkrafttreten des § 1612b Abs. 5 BGB; OLG Stuttgart, FamRZ 2000, 376 und OLG Zweibrücken, FamRZ 2000, 765, 766 tendieren allerdings (außerhalb des Kontextes zur Ersatzhaftung) in Richtung Sicherstellung des „Existenzminimums" (heute Gruppe 6 der Düsseldorfer Tabelle).

C. Kindesunterhalt

492 Der Selbstbehalt gegenüber Enkeln richtet sich nach neuerer Auffassung des BGH nach den Selbstbehaltssätzen, die beim **Elternunterhalt** gelten;[475] **gegenüber volljährigen Enkeln** beträgt der Selbstbehalt **mindestens 1.400,00 €**.[476]

493 Wenn der Großelternteil krankheitsbedingt einen höheren Unterhaltsbedarf hat und hohe Wohnkosten aufbringen muss, ist der Selbstbehalt großzügiger zu bemessen.[477]

---

475 BGH, FK 2006, 26 und FamRZ 2006, 27 m. Anm. Duderstadt, FamRZ 2006, 30 sowie BGH, FamRZ 2006, 1100; vgl. auch die unterhaltsrechtlichen Leitlinien OLG Oldenburg, Ziff. 21.3.: 1.100,00 € gegenüber volljährigen Kindern, 1.000,00 € bei Ansprüchen aus § 1615 Abs. 1 BGB, 1.400,00 € gegenüber Eltern, wobei die Hälfte des diesen Mindestbetrag übersteigenden Einkommens anrechnungsfrei bleibt; so auch OLG Celle, Leitlinien Ziff. 21.3.1. – 21.3.3., FamRZ 2005, 1319 und OLG Bremen, Ziff. 21.3., FamRZ 2005, 1315.

476 Vgl. z.B. Leitlinien KG, Ziff. 21.3., FamRZ 2005, 1350, wobei die Hälfte des 1.400,00 € übersteigenden Betrages anrechnungsfrei bleibt, „wenn dies der Angemessenheit entspricht" (Ziff. 21.3.3.).

477 OLG Oldenburg, FamRZ 2000, 688 (LS).

D. Ehegattenunterhalt

Der nacheheliche Ehegattenunterhalt ist die am meisten umkämpfte Scheidungsfolge, obwohl gem. **§ 1569 BGB** der **Grundsatz der Eigenverantwortlichkeit** gilt. Unterhaltsansprüche nach der Scheidung sollen danach **nicht die Regel, sondern die Ausnahme** sein.[478]

494

Der Grundsatz der wirtschaftlichen Eigenverantwortung wird allerdings durch den weiteren **Grundsatz der nach der Scheidung fortwirkenden Mitverantwortung** der Eheleute füreinander eingeschränkt.[479]

495

Diese Grundsätze bedeuten einerseits wechselseitige Unterhaltsobliegenheiten. Andererseits hat der Bedürftige die Unterhaltslast soweit wie möglich zu verringern; der Unterhaltspflichtige hat alles zu tun, seine Leistungsfähigkeit zu erhalten bzw. zu steigern.

496

I. Auskunftsanspruch im Unterhaltsrecht

1. Auskunftsanspruch

Um den Bedarf und die Bedürftigkeit des Berechtigten sowie die Leistungsfähigkeit des Unterhaltsverpflichteten feststellen zu können, sind genaue **Kenntnisse des Einkommens und Vermögens** des oder der Beteiligten erforderlich. Im Unterhaltsverfahren besteht daher aus dem Grundsatz von Treu und Glauben eine **wechselseitige Auskunftspflicht**. Diese ergibt sich für

497

- Kindesunterhalt/sonst. Verwandtenunterhalt/Ansprüche gem. § 1615 Abs. 1 BGB aus § 1605 Abs. 1 BGB,
- Trennungsunterhalt aus § 1361 Abs. 4 i.V.m. § 1605 Abs. 1 BGB,
- nachehelichen Unterhalt aus § 1580 Satz 2 i.V.m. § 1605 BGB,
- die Berechnung des Haftungsanteils beim Unterhalt volljähriger Kinder aus § 242 BGB (Sonderfall).

Allgemein besteht eine **Auskunftspflicht, wenn und soweit die Auskunft für die Unterhaltsbemessung von Bedeutung** ist.[480] Die Auskunft betrifft dem Wortlaut nach zwar nur das Einkommen und Vermögen, gilt aber darüber hinaus sinngemäß[481] für **alle**

498

---

478 BGH, FamRZ 1981, 242, 243.
479 BVerfG, FamRZ 1981, 745.
480 Vgl. Büte, FK 2004, 143.
481 Gem. § 242 BGB, so BGH, FamRZ 1983, 473.

D. Ehegattenunterhalt

Umstände, deren Kenntnis zur Bemessung des Unterhaltsanspruchs notwendig ist.[482]

499   Die Auskunftspflicht bezieht sich auch auf das **Vermögen**.[483] Dies wird in der Praxis meist unbeachtet gelassen. Wichtig ist dabei aber, dass i.R.d. Auskunftsverlangens ein **Stichtag** festgelegt wird (wegen der laufenden Veränderungen des Vermögens). Ansonsten besteht die Gefahr fehlender Vollstreckbarkeit. Es wird empfohlen, als Stichtag für die Vermögensbewertung regelmäßig den **31.12. des Vorjahres** heranzuziehen, da sich regelmäßig auf diesen Tag auch Bankabrechnungen etc. beziehen. Wie beim Zugewinn gem. § 1379 BGB ist zum Vermögen ein **Verzeichnis über den Vermögensbestand gem. § 260 Abs. 1 BGB mit Wertangaben** zu fertigen. Wenn auch ein Beleganspruch nicht besteht, kann doch ein Verzeichnis gefordert werden, das hinsichtlich **Anlageart, Anlagebestand, Anlageort und Anlagekonditionen** hinreichend konkret zu fassen ist.[484]

500   Übrigens sind die Passiva ebenfalls anzugeben, weil sich der Berechtigte sonst kein zutreffendes Bild zur Höhe seines Anspruchs machen kann. Diese Angaben sind ggf., wie beim Zugewinn, eidesstattlich zu versichern.

> **Hinweis:**
> Die Auskunft über das Vermögen kann auch für ein evtl. späteres Zugewinnausgleichsverfahren von Bedeutung sein. Ein „Vermögensschwund" bei dem Betroffenen kann damit verhindert oder später auf seine Berechtigung hinterfragt werden.

501   Auch in Fällen erkennbarer Leistungsunfähigkeit des Unterhaltsschuldners ist es i.Ü. unschädlich, außergerichtlich oder auch gerichtlich Auskunft über die Einkünfte zu verlangen. Die alleinige Geltendmachung des Auskunftsanspruchs berechtigt den Unterhaltsschuldner nicht zur Erhebung der negativen Feststellungsklage.[485]

502   **Beim Ehegattenunterhalt** besteht der **Auskunftsanspruch gegenseitig für beide Ehegatten** sowohl beim Trennungsunterhalt als auch beim nachehelichen Ehegattenunterhalt (§§ 1580, 1361, 1605 BGB). Zu beachten ist allerdings, dass die Auskunft für den nachehelichen Unterhalt nach § 1580 BGB erst ab Rechtshängigkeit des Scheidungsantrags geschuldet wird. Der Anspruch kann im **Verbundverfahren als Auskunftsklage oder als Stufenklage** geltend gemacht werden. Im Fall der Stufenklage

---

482   Z.B. Steuererstattungen, OLG Düsseldorf, FamRZ 1991, 1315.
483   Vgl. dazu Völlings/Kania, FamRZ 2007, 1215.
484   So Strohal, Unterhaltsrechtlich relevantes Einkommen bei Selbstständigen, Rn. 153; vgl. auch Wendl/Staudigl/Haußleiter, Das Unterhaltsrecht in der familienrichterlichen Praxis, § 1 Rn. 563; Weinreich, Familienrecht, § 1605 Rn. 34; BGH, FamRZ 1982, 680.
485   OLG Brandenburg, FamRZ 2005, 117.

ist über das Auskunftsbegehren vor Erlass des Scheidungsurteils vorab durch Teilurteil zu entscheiden.

> **Praxistipp:**
> Im Fall selbst nicht erteilter Auskunft droht bei Klagerhebung die sofortige Widerklage!

Beim Kindesunterhalt sind gem. § 1605 BGB Eltern gegenüber Kindern und Kinder gegenüber Eltern verpflichtet, auf Verlangen über ihre Einkünfte und ihr Vermögen **Auskunft** zu erteilen, **soweit dies zur Feststellung eines Unterhaltsanspruchs erforderlich ist.** 503

Soweit dies für die Berechnung z.b. eines eigenen Haftungsanteils erforderlich ist, ist i.R.d. Auskunft über Einkommens- und Vermögensverhältnisse auch Auskunft über das Einkommen des jeweiligen **Ehegatten** zu erteilen.[486] 504

> **Hinweis:**
> Dieser Anspruch besteht jedoch nicht gegenüber dem Ehegatten unmittelbar.[487]

Eine **Auskunftspflicht** besteht **nicht**, wenn sie den Unterhaltsanspruch unter keinem Gesichtspunkt beeinflussen kann.[488] Dies ist z.B. der Fall, wenn auch bei höherem Einkommen kein höherer Unterhalt verlangt werden könnte.[489] Das Gleiche gilt, wenn ein Unterhalt infolge der Härteklausel des § 1579 BGB **sicher entfällt**.[490] Soweit die **Höhe** des Unterhaltsanspruchs jedoch **für die Billigkeitsabwägung** nach § 1579 BGB von Bedeutung sein könnte, ist Auskunft zu erteilen, um den Anspruch berechnen zu können.[491] 505

Im Übrigen erstreckt sich der Umfang der Auskunft nach h.M. **nicht** auf persönliche **Umstände**, die für die **Bedürftigkeit** oder die **Leistungsfähigkeit** von Bedeutung sind wie etwa Heirat, Scheidung oder Geburt eines Kindes, auch nicht auf sonstige Umstände wie etwa die Bemühungen zur Erlangung eines Arbeitsplatzes.[492] 506

---

486 OLG München, FamRZ 2002, 50.
487 BGH, FamRZ 2003, 1836; Soyka, FK 2004, 19.
488 BGH, FamRZ 1985, 791; OLG Düsseldorf, FamRZ 1998, 1191.
489 Chefarztfall: BGH, FamRZ 1983, 473; BGH, FamRZ 1983, 996, 998; BGH, FamRZ 1994, 1169.
490 BGH, FamRZ 1983, 996; OLG Bamberg, FamRZ 1998, 741.
491 OLG Bamberg, FamRZ 2006, 344.
492 OLG Düsseldorf, FamRZ 1997, 361; Palandt/Diederichsen, BGB, § 1605 Rn. 12 m.w.N.; zum Umfang des Auskunftsanspruchs vgl. die Aufsätze von Peschel-Gutzeit (pro) und Klingelhöffer (contra) in: AnwBl. 2003, 476.

D. Ehegattenunterhalt

> **Hinweis:**
> Ist der Unterhaltsanspruch auf den **Sozialhilfeträger** übergegangen, **entfällt der Auskunftsanspruch nicht**. Der Auskunftsanspruch geht nur in dem Umfang auf den Sozialhilfeträger über, in dem Sozialhilfe gewährt wird. Dem Unterhaltsberechtigten verbleibt daher ein eigener Auskunftsanspruch, um die Berechtigung seiner ihm verbliebenen Ansprüche überprüfen zu können.[493]

507 Ein Auskunftsanspruch besteht i.Ü. **nicht**, soweit sich der die Auskunft Fordernde lediglich **Informationen verschaffen** will, die nicht im Zusammenhang mit der Bestimmbarkeit seines Leistungsanspruchs stehen. Für eine solche Klage **fehlt das Rechtsschutzbedürfnis**.[494]

2. Auskunftserteilung

508 Die **Auskunft ist schriftlich** zu erteilen gem. §§ 260, 261 BGB durch **Vorlage einer systematischen Aufstellung** aller Angaben, die notwendig sind, um den Berechtigten ohne übermäßigen Arbeitsaufwand die Berechnung seines Unterhaltsanspruchs zu ermöglichen.[495] Da die Auskunft als Willenserklärung grds. der Schriftform bedarf, ist sie auch zu **unterschreiben**, § 126 Abs. 1 BGB.[496]

509 Die Auskunftspflicht beim **nicht Selbstständigen und Rentner** bezieht sich auf das Einkommen **eines Jahres**, beim **Selbstständigen** auf das Einkommen von **drei Jahren**. Vom Selbstständigen kann die Auskunft auch dann verlangt werden, wenn sein Steuerberater die Gewinnermittlung noch nicht fertiggestellt hat. Häufig **verschleppen Freiberufler** (bewusst) das Auskunftsverfahren unter Berufung auf ihren Steuerberater. Es kann dann eine angemessene Frist zur Auskunftserteilung gesetzt werden. Wird die Auskunft dann nicht erteilt, gilt ein Einkommen zulasten des Selbstständigen geschätzt bzw. es wird eine Einkommensbehauptung des Unterhaltsberechtigten als zugestanden unterstellt. Nach der Rechtsprechung muss **spätestens ab Ende Juni** eines jeden Jahres unterhaltsrechtlich die **Gewinn- und Verlustrechnung für das Vorjahr** vorliegen.[497]

510 Der **Inhalt der systematischen Aufstellung des Selbstständigen** soll eine **Grobübersicht** über die Einkommens- und Vermögenslage unter Einstellung einzelner Teilergebnisse – Umsatzerlös, nach Gruppen geordnete Ausgaben – geben, damit sich der

---

493 Vgl. OLG München, FamRZ 2002, 1213.
494 OLG Zweibrücken, FamRZ 2005, 379.
495 BGH, FamRZ 1984, 144; OLG Stuttgart, FamRZ 1991, 84, 85; BGH, FamRZ 2003, 1836; OLG Hamm, FamRZ 2004, 1105; Soyka, FK 2004, 147.
496 OLG München, FamRZ 1996, 738.
497 OLG München, FamRZ 1992, 1207; Wendl/Staudigl/Gerhardt, Das Unterhaltsrecht in der familienrichterlichen Praxis, § 1 Rn. 569.

I. Auskunftsanspruch im Unterhaltsrecht

Auskunftsberechtigte in der wirtschaftlichen Lage des Pflichtigen **leichter orientieren** kann. Diese Zahlen kann der Selbstständige den steuerlichen Einkommensermittlungen entnehmen, wobei wegen der Einzelposten auf die beigefügten Ergebnisrechnungen als Belege Bezug genommen werden darf.[498]

Die **Kosten** der Auskunftserteilung hat grds. der Auskunftspflichtige als Schuldner zu tragen, mit Ausnahme etwaiger Sachverständigenkosten für eine notwendig werdende Wertermittlung.[499]   511

Grundsätzlich kann eine Auskunft erst nach **Ablauf von zwei Jahren** erneut verlangt werden, es sei denn, der Berechtigte kann glaubhaft machen, dass beim Verpflichteten schon vor Ablauf der Zwei-Jahres-Frist erhebliche Einkommenssteigerungen oder Vermögensmehrungen eingetreten sind, die erheblich ins Gewicht fallen (etwa eine Abänderung nach § 323 ZPO rechtfertigen würden). War Auskunft im **Trennungsunterhaltsverfahren** vor nicht zwei Jahren erteilt worden, kann das Auskunftsverlangen **im nachehelichen Unterhaltsverfahren** berechtigt sein, da Trennungs- und nachehelicher Unterhalt **nicht identisch** sind und die Anspruchsvoraussetzungen nicht unerheblich differieren können.[500]   512

Der **Verstoß gegen die Auskunftspflicht** kann einen **Schadensersatzanspruch** nach sich ziehen. Wenn z.B. in einer Stufenklage aufgrund verspätet erteilter Auskunft deutlich wird, dass ein Unterhaltsanspruch wegen fehlender Leistungsfähigkeit nicht gegeben ist, kann dieser Schaden im gleichen Verfahren (!) durch Klageänderung geltend gemacht werden.[501]   513

> **Hinweis:**
>
> Es wird oft versucht, dem Anspruchsteller „das Leben schwer zu machen", indem entweder ein ungeordneter Wust von Unterlagen oder aber „scheibchenweise" die Auskünfte erteilt, nachgereicht, komplettiert werden etc. Es ist nicht erforderlich, sich hiermit abzufinden. Der Anspruchsgegner schuldet eine **systematische, in sich geschlossene Aufstellung**, die **unterschrieben** (und mit Belegen versehen) wird.[502]

Soweit Auskunft nicht erteilt wird, gilt i.Ü.: Soweit das bedarfsprägende Einkommen des Unterhaltsverpflichteten in nachvollziehbarer und vertretbarer Weise vom Unter-   514

---

498   OLG München, FamRZ 1996, 739; AG Freiburg, FamRZ 2004, 1313; zu den unterschiedlichen Anforderungen in der Literatur vgl. Strohal, Unterhaltsrechtlich relevantes Einkommen bei Selbstständigen, Rn. 160.
499   BGH, FamRZ 1982, 682.
500   So OLG Hamm, FamRZ 2004, 377; a.A. KG, FamRZ 2004, 1314.
501   Vgl. BGH, FamRZ 1995, 348.
502   OLG Hamm, Beschl. v. 15.10.2003, ZFE 2004 125.

haltsgläubiger geschätzt wird, reicht dies zur Bejahung der hinreichenden Erfolgsaussicht des hierauf gestützten Klagebegehrens aus, solange der Unterhaltsschuldner, der zuvor erfolglos auf Auskunftserteilung in Anspruch genommen worden ist, dieser Behauptung nicht mit substanziiertem Bestreiten entgegengetreten ist.[503]

3. Vorlage von Belegen über das Einkommen

515 Um die Angaben des Verpflichteten überprüfen zu können, besteht für die **Höhe der Einkünfte (nicht des Vermögens!) ein Anspruch auf Vorlage von Belegen**, also insbes. Verdienstbescheinigungen des Arbeitgebers, Lohnsteuerkarten, Einkommensteuererklärungen mit sämtlichen Anlagen (= Bilanzen nebst Gewinn- u. Verlustrechnung), Einkommensteuerbescheide, ggf. monatliche betriebswirtschaftliche Auswertungen des laufenden Jahres.

516 In diesem Zusammenhang ist es wichtig, vom Verpflichteten **neben der Vorlage des Einkommensteuerbescheides auch** die zugrunde liegende **Einkommensteuererklärung** zu verlangen.[504] Aus der Steuererklärung kann nämlich entnommen werden, welche Einkommensteile steuerrechtlich unberücksichtigt geblieben sind und inwieweit steuerrechtlich anerkannte Absetzungen vorliegen, die unterhaltsrechtlich möglicherweise nicht als einkommensmindernd hinzunehmen sind.[505]

517 **Zusammenfassend** kommt je nach Art der Einkommenserzielung und Einkommenserfassung die Pflicht zur Vorlage **folgender Belege** in Betracht:

- **Bilanz nebst Gewinn- und Verlustrechnung** für drei aufeinander folgende Wirtschaftsjahre bei Gewinnermittlung nach §§ 4 Abs. 1, 5 EStG,
- **Überschussrechnung** für drei aufeinander folgende Wirtschaftsjahre bei Gewinnermittlung nach § 4 Abs. 3, §§ 8 ff. EStG,
- **Sachkontenbelege**, z.B. AfA-Listen, Personalkonten, Kapitalkonten,
- **Lohn- bzw. Gehaltsabrechnungen** aus nicht selbstständiger Arbeit für zwölf aufeinander folgende Monate,
- **Leistungsbescheide** der Krankenkassen, Arbeitsämter, Rentenversicherungen u.a. für einen der nicht selbstständigen Tätigkeit vergleichbaren Zeitraum,
- **Einkommensteuerbescheide** (sowie ggf. Änderungsbescheide aufgrund Außenprüfung, §§ 193 ff. AO) und die zugrunde liegenden **Einkommensteuererklärungen** nebst aller dazu vorgelegter Anlagen für den Zeitraum der Einkommensermittlung, wobei im Rahmen einer steuerlichen Zusammenveranlagung mit veranlagte, aber

---

503 OLG Hamm, FamRZ 2006, 44.
504 BGH, FamRZ 1983, 996.
505 BGH, FamRZ 1982, 680, 682.

unterhaltsrechtlich unbeteiligte Ehepartner Anspruch auf Schwärzung ihrer Einkommensteile haben.[506]

Der **Arbeitsvertrag** des Arbeitnehmers muss grds. **nicht** vorgelegt werden. Anders ist dies, wenn die Bezüge ansonsten nicht vollständig aufklärbar sind, z.b. bei unklaren Sonderzuwendungen, Sachbezügen und Spesen.[507] Die Vorlage des Arbeitsvertrages ist auch notwendig, wenn die **Arbeitsaufnahme** (z.b. bei vorheriger Arbeitslosigkeit) erst innerhalb des Zeitraums geschehen ist, für den die Auskunft erfordert wird.

518

Eine **eidesstattliche Versicherung** über die Richtigkeit und Vollständigkeit der erteilten Auskunft kann nur dann verlangt werden, wenn der **begründete Verdacht** besteht, dass die Auskunft in einzelnen Punkten nicht mit der erforderlichen Sorgfalt erstellt worden ist. Die Feststellung der Unvollständigkeit in Einzelpunkten reicht dazu nicht aus. Der Auskunftsberechtigte, der insoweit darlegungs- und beweispflichtig ist,[508] muss darlegen und nachweisen, dass sich die Unvollständigkeit oder Unrichtigkeit bei gehöriger Sorgfalt hätte vermeiden lassen können.[509] Dies liegt nach der Rechtsprechung i.d.R. bei groben Nachlässigkeiten oder, was häufig vorkommt, offenkundigen Betrugsversuchen vor.

519

Ist die Auskunft erst einmal erteilt, besteht eine Pflicht zur **Selbstoffenbarung** anschließend nur bei mehr oder weniger „betrügerischem Verhalten". Das **Verschweigen von Veränderungen** muss sich als „**evident unredlicher Verstoß gegen die Grundsätze von Treu und Glauben**" darstellen.[510] Dies wird selten der Fall sein. Ansonsten schuldet der Verpflichtete allerdings Schadensersatz. Zusätzlicher Unterhalt kann dann als **Verzugsschaden nach § 286 BGB** geltend gemacht werden. Der Verzug bezieht sich insoweit auf die unterlassene Information.[511]

520

II. Gesetzesaufbau und Prüfungsschema

Das Gesetz gliedert den nachehelichen Unterhalt in fünf Abschnitte:
- Grundsatz, § 1569 BGB,
- Unterhaltsberechtigung, §§ 1570 bis 1580 BGB,
- Leistungsfähigkeit und Rangfolge, §§ 1581 bis 1584 BGB,
- Gestaltung des Unterhaltsanspruchs, §§ 1585 bis 1585c BGB,
- Ende des Unterhaltsanspruchs, §§ 1586 bis 1586b BGB.

521

---

506 BGH, FamRZ 1982, 680; BGH, FamRZ 1994, 28.
507 BGH, FamRZ 1999, 28.
508 BGH, FamRZ 1984, 144.
509 BGH, FamRZ 1984, 144.
510 Vgl. hierzu ausführlich Hoppenz, FamRZ 1989, 337.
511 Hoppenz, FamRZ 1989, 337, 341.

D. Ehegattenunterhalt

522 Für den nachehelichen Unterhaltsanspruch gilt grds. das folgende, allgemeine **Schema zur Prüfung von Unterhaltsansprüchen**:
1. Überprüfung der **Anspruchsgrundlage**,
2. Ermittlung des **Bedarfs** des Berechtigten (Ehegattenquote),
3. Prüfung der **Bedürftigkeit** des Berechtigten (Anspruchshöhe),
4. **Leistungsfähigkeit** des Schuldners,
5. **Zusatzfragen.**

523 **Zu 1:**

Zu fragen ist, ob ein Unterhaltstatbestand nach §§ 1570 bis 1576 BGB besteht.

524 **Zu 2:**

Die Ermittlung des **Bedarfs des Berechtigten** geschieht anhand der ehelichen Lebensverhältnisse durch Bestimmung der **prägenden Einkünfte** und Festlegung des konkreten Bedarfs (**Ehegattenquote**).

> **Hinweis:**
> Der frühere Satz „Wovon haben die Parteien während der Ehezeit gelebt?" ist seit dem Urteil des **BGH** v. 13.06.2001[512] und der Bestätigung durch das **BVerfG** v. 05.02.2002[513] zu ergänzen: „ [...] und erwirtschaften evtl. zusätzlich anstelle der früheren Hausarbeit?"

525 **Zu 3:**

Die Prüfung der **Bedürftigkeit des Berechtigten**, d.h. die Berechnung der **konkreten Anspruchshöhe** erfolgt durch Bestimmung der tatsächlich erzielten bzw. der in zumutbarer Weise erzielbaren Eigeneinkünfte des Berechtigten und Festlegung der Bedürftigkeit des Berechtigten durch Anrechnung der Eigeneinkünfte auf den Bedarf.

526 **Zu 4:**

Leistungsfähigkeit bedeutet, dass der Pflichtige in der Lage ist, den Unterhaltsbedarf zu bezahlen (§§ 1603, 1581 BGB). Ein bestimmter Betrag eines Einkommens (sog. **Selbstbehalt = notwendiger Eigenbedarf**) bleibt dem Unterhaltspflichtigen für seinen eigenen Lebensbedarf. Reicht der übrige Teil (die sog. **Verteilungsmasse**) für die Befriedigung des Bedarfs nicht aus, liegt ein sog. **Mangelfall** vor.

---

512 FamRZ 2001, 986.
513 FamRZ 2002, 527.

Der **notwendige Eigenbedarf** gegenüber minderjährigen unverheirateten Kindern, sog. privilegierten Jugendlichen und gegenüber unterhaltsberechtigten Ehegatten beträgt im Fall der Erwerbstätigkeit **900,00 €**, sonst **770,00 €**.[514]

> **Hinweis:**
>
> In den genannten Beträgen sind bis 360,00 € Warmmiete enthalten. Der Selbstbehalt kann je nach konkreter Situation davon abweichen.[515]

Zu 5:

Im Anschluss zu prüfende **Zusatzfragen** sind z.B. die **Verwirkung** des Unterhaltsanspruchs wegen grober Unbilligkeit (§§ 1579, 1611 BGB) oder **Rangfragen** (§§ 1608, 1609, 1582 BGB).

Das **Unterhaltsrecht unterliegt derzeit starken Veränderungen**. Seit dem 01.01.2008 gelten veränderte Regeln in den Voraussetzungen zur Zahlung von Unterhalt sowie bspw. umfassende Regeln zum Zeitunterhalt. Am 05.04.2006 hat die Bundesregierung den Entwurf zur Änderung des Unterhaltsrechts beschlossen.[516] Grundlage ist der Referentenentwurf des BMJ vom Mai 2005.[517]

Der Gesetzentwurf enthält wesentliche Änderungen nicht nur zur Rangfolge im Unterhaltsrecht, sondern verändert in erheblicher Weise die Anforderungen und Voraussetzungen zur Zahlung von Unterhalt und führt bspw. eine umfassende Regelung zum Zeitunterhalt ein.[518]

Weitere wesentliche Veränderungen sind zum Versorgungsausgleich,[519] zum Zugewinn,[520] zur elterlichen Sorge, zum Lebenspartnerschaftsgesetz,[521] zum familiengerichtlichen Verfahren,[522] zur Scheinvaterschaft und zum einstweiligen Rechtsschutz geplant.[523]

---

514 Vgl. zu Abweichungen Soyka, FamRZ 2003, 1154.
515 Vgl. Anm. zur Düsseldorfer Tabelle Ziff. 6.
516 Abgedruckt in FamRZ 2006, 670.
517 Vgl. FamRZ 2005, 1041.
518 Auf die kommenden Veränderungen wird jeweils hingewiesen werden.
519 Abschaffung/Abänderung der Barwertverordnung.
520 Das sog. negative Anfangsvermögen soll in Ansatz gebracht werden.
521 Zuständigkeit des Standesbeamten in allen Bundesländern/Gleichstellung mit Eheleuten im Steuerrecht.
522 Sog. Scheidung ohne Rechtsanwalt.
523 So Staatsminister Dibelle auf der 9. Jahresarbeitstagung Familienrecht in Köln am 28.06.2006.

III. Grundlagen der Einkommensermittlung

530 Unabhängig von Gesetzesänderungen ist aber in jedem Fall zunächst zu klären, über welches – verteilungsfähiges – Einkommen ein ggf. Unterhaltsverpflichteter eigentlich verfügt.

531 Die geltenden Grundsätze zur **Einkommensermittlung** spielen sowohl für den **Bedarf** als auch für die **Bedürftigkeit** und die **Leistungsfähigkeit** eine Rolle. Die Einkommensermittlung bereitet aber in der anwaltlichen Praxis häufig die schwierigsten Probleme, weniger z.b. die Frage, welche Abzüge beim Arbeitnehmer vom Bruttoeinkommen vorgenommen werden können, mehr aber die Frage, wie das Einkommen eines Selbstständigen zu errechnen ist.

532 Die Einkommensermittlung beim Kindes- und Ehegattenunterhalt kann allerdings zu unterschiedlichen Ergebnissen führen, selbst wenn beides im gleichen Verfahren begehrt wird. Für den **Kindesunterhalt** ist stets das **gesamte Einkommen** zu berücksichtigen, für den **Ehegattenunterhalt** dagegen für die Bedarfsermittlung nur das sog. **prägende Einkommen** nach den ehelichen Lebensverhältnissen.

533 Für die Unterhaltsberechnung ist das sog. **bereinigte Nettoeinkommen** festzustellen.

1. Unterhaltsrechtliche Einkunftsarten

534 Zur Feststellung des Einkommens sind stets **alle** Einkünfte heranzuziehen.[524]

535 Hierzu zählen alle in § 2 EStG genannten sieben Einkunftsarten: **Einkünfte aus Land- und Forstwirtschaft, Gewerbebetrieb, selbstständiger Tätigkeit, nicht selbstständiger Tätigkeit, Kapital, Vermietung/Verpachtung** und **sonstige Einkünfte nach § 22 EStG**. Bei Einkünften aus nicht selbstständiger Tätigkeit sind regelmäßig **alle Leistungen** anzusetzen, d.h. auch **Urlaubs- und Weihnachtsgeld, Zulagen, Prämien, Überstundenvergütungen** i.R.d. Üblichen.[525] Darüber hinaus rechnen als Einkommen auch **sonstige vermögenswerte Vorteile**, z.B. **mietfreies Wohnen**,[526] **sozialstaatliche Zuwendungen** mit Einkommenscharakter,[527] **BAföG-Darlehen**[528] sowie **Versorgungsleistungen für Dritte**.[529]

---

524 BGH, FamRZ 1982, 250, 251.
525 BGH, FamRZ 1982, 250, 251; der BGH orientiert sich insoweit an den bayerischen Leitlinien.
526 BGH, FamRZ 1995, 869, 870; BGH, FamRZ 1998, 899, 891.
527 Z.B. Krankengeld, Arbeitslosengeld: BGH, NJW 1984, 1811.
528 BGH, FamRZ 1985, 916.
529 Haushaltsführung für einen Lebensgefährten; BGH, FamRZ 1995, 343.

III. Grundlagen der Einkommensermittlung

Leistungen nach Hartz IV werden beim Pflichtigen berücksichtigt, beim Berechtigten allerdings nicht, da die Leistungen nur **subsidiär** gewährt werden.

Kindergeld ist eine Steuervergütung an beide Elternteile und wird nach der Neufassung des § 1612b BGB nicht als Einkommen angesetzt sondern mit dem Kindesunterhalt verrechnet. 536

> **Praxistipp:**
>
> Für die Berechnung i.R.d. Gewährung von PKH war streitig, ob Kindergeld zum Einkommen gezählt wird.[530] Der **BGH** hat dies nun dahin gehend geklärt, dass Kindergeld, das die PKH begehrende Partei bezieht, als deren **Einkommen i.S.d. § 115 Abs. 1 Satz 2 ZPO anzusehen** ist, soweit es nicht zur Bestreitung des **notwendigen Lebensunterhalts** eines minderjährigen Kindes zu verwenden ist.[531] Der **notwendige Lebensunterhalt eines minderjährigen Kindes** mit Ausnahme der Leistungen für Unterkunft und Heizung sowie Sonderbedarf nach den §§ 30 bis 34 SGB XII drückt sich in den **Regelsätzen** aus, die durch Rechtsverordnung nach § 40 SGB XII zum 01.07. eines jeden Jahres festgesetzt werden.[532]

Wohngeld wird nur als Einkommen berücksichtigt, **wenn dadurch keine erhöhten Wohnkosten ausgeglichen werden.**[533] 537

Bei der Feststellung, ob der Unterhaltsberechtigte erhöhte Wohnkosten hat, werden die tatsächlichen Wohnkosten mit dem im Unterhalt eingearbeiteten Betrag zur Deckung des Wohnbedarfs verglichen. 538

Wird der Bedarf mit dem Existenzminimum (770,00 €/900,00 €) in Ansatz gebracht, kann der in den Selbstbehaltsätzen eingearbeitete Warmmietanteil von zurzeit 360,00 €[534] zugrunde gelegt werden.

> **Hinweis:**
>
> Bemisst sich der Bedarf des Unterhaltsberechtigten nach der Ehegattenquote, wird etwa **ein Drittel** davon für Mietkosten angesetzt.

---

530 Bejahend: 19. Senat OLG Celle, Beschl. v. 15.11.2004 – 19 WF 148/04; verneinend: 18. Senat OLG Celle, Beschl. v. 13.03.2004 – 18 WF 44/04; OLG Hamm, FamRZ 2000, 1093; OLG Brandenburg, FamRZ 2001, 1085.
531 BGH, FamRZ 2005, 605.
532 Vgl. Büte, FK 2006, 62, 64.
533 BGH, FamRZ 2003, 860; so bereits BGH, FamRZ 1980, 771; BGH, FamRZ 1982, 587; BGH, FamRZ 1984, 772; BGH, FamRZ 1985, 374; vgl. auch BVerwG, FamRZ 2005, 1245: Wohngeld ist sozialhilferechtlich nicht auf der Bedarfs-, sondern auf der Einkommensseite zu berücksichtigen; so auch BVerwGE, 45, 157; BVerwGE, 75, 168.
534 Vgl. Anm. 5 Düsseldorfer Tabelle.

D. Ehegattenunterhalt

1. Beispiel:

Bedarf des Unterhaltsberechtigten: *1.200,00 €;* Wohngeld 150,00 €; Mietkosten 450,00 € monatlich.

Das Wohngeld ist wie folgt zu berücksichtigen:

Der Unterhaltsanspruch beträgt ohne Wohngeld 1.200,00 €, der angemessene Mietaufwand ein Drittel davon, mithin 400,00 €. Die Mietkosten betragen 450,00 €, sodass erhöhte Wohnkosten von 50,00 € vorliegen. Das Wohngeld muss daher mit 100,00 € berücksichtigt werden (150,00 € ./. 50,00 €).

Die Unterhaltsberechnung ergibt daher: Bedarf 1.200,00 € ./. 100,00 € anrechenbares Wohngeld = 1.100,00 € Unterhaltsanspruch.

2. Beispiel:

Bedarf des Unterhaltsberechtigten: 900,00 €; Wohngeld 136,00 €; Mietkosten 380,00 € monatlich.

Das Wohngeld ist wie folgt zu berücksichtigen:

Der Unterhaltsanspruch beträgt ohne Wohngeld 900,00 €, der angemessene Mietaufwand ein Drittel davon, mithin 300,00 €. Die Mietkosten betragen 380,00 €, sodass erhöhte Wohnkosten von 80,00 € vorliegen. Angebracht ist es in diesem Fall jedoch, den Warmmietanteil von 360,00 € aus der Düsseldorfer Tabelle zugrunde zu legen, da es sich bei einem Einkommen von nur 900,00 € dabei um die angemessene Miete handelt. Danach sind 20,00 € erhöhte Wohnkosten zu berücksichtigen (380,00 € ./. 360,00 €). Das Wohngeld muss daher mit 116,00 € berücksichtigt werden (136,00 € ./. 20,00 €).

Die Unterhaltsberechnung ergibt daher: Bedarf 900,00 € ./. 116,00 € anrechenbares Wohngeld = 784,00 € Unterhaltsanspruch.

> **Praxistipp:**
>
> Bewohnen zusätzlich Kinder die Wohnung, sind 20 % des Tabellenbetrages der Düsseldorfer Tabelle (= Bedarfsbetrag) zum Ausgleich der Mietkosten hinzuzusetzen.[535] Erhalten Kinder keinen Unterhalt, werden sie mit dem halben Anteil eines Erwachsenen berücksichtigt.[536]

539 **Pflegegeld** ist in seinem **den Bedarf des Pfleglings übersteigenden Teil** Einkommen des Pflegenden. Der anzurechnende Teil unterliegt der Schätzung des Gerichts gem. § 287 ZPO.[537] I.d.R. sind **1/3 als Einkommen** anzusetzen.[538]

---

535 Vgl. Wendl/Staudigl/Scholz, Das Unterhaltsrecht in der familienrichterlichen Praxis, § 2 Rn. 214.
536 BGH, FamRZ 1982, 587.
537 Wendl/Staudigl/Dose, Das Unterhaltsrecht in der familienrichterlichen Praxis, § 1 Rn. 463.
538 BGH, FamRZ 1985, 1243; OLG Zweibrücken, OLGR 2002, 75.

III. Grundlagen der Einkommensermittlung

> **Hinweis:**
> Soweit Pflegegeld als Einkommen berücksichtigt wird, ist m.E. ein weiterer Teil (evtl. der restliche Betrag) im Fall zusätzlicher Arbeitstätigkeit der Pflegenden als **Erwerbstätigenbonus** zu berücksichtigen.[539]

Nicht zum Einkommen zählen Leistungen nach **SGB II (Grundsicherung für Arbeitsuchende)**[540] **und SGB XII (Sozialhilfe)** und der **Unterhaltsvorschuss**[541] als subsidiäre Leistung,[542] das **Hausgeld des Strafgefangenen**[543] und die **Arbeitnehmersparzulage**,[544] das **Erziehungsgeld**, § 9 ErziehungsgeldG,[545] sowie **freiwillige Leistungen Dritter**, auf die kein Rechtsanspruch besteht und die nicht der Entlastung des Unterhaltspflichtigen dienen sollen,[546] z.B. **Zuwendungen der Eltern** an ihre verheirateten oder geschiedenen Kinder bei Unterhaltspflicht des Ehemannes, § 1608 BGB. Handelt es sich dagegen wirtschaftlich gesehen um eine **Gegenleistung**, z.B. für Versorgungsleistungen, ist die Zuwendung Einkommen.[547]

540

2. Berechnungszeitraum

Für das bereinigte Nettoeinkommen ist das monatliche Durchschnittseinkommen festzustellen. Dies wird bei **Nichtselbstständigen** wegen der – in vielen Fällen noch gewährten – Sonderzuwendung (z.B. Weihnachtsgeld, Urlaubsgeld etc.) und bei **Rentnern** aus dem **Durchschnitt eines Jahres** gebildet,[548] bei **Selbstständigen** und **Gewerbetreibenden** sowie bei Einkünften aus **Kapitalvermögen** und **Vermietung und Verpachtung** wegen möglicher größerer Schwankungen aus dem **Durchschnitt der letzten drei Jahre**.[549]

541

---

539 OLG Braunschweig, FamRZ 1996, 1216.
540 Beim Bedürftigen.
541 Vgl. dazu Klinkhammer, FamRZ 2004, 1909 und FK 2005, 55.
542 BGH, FamRZ 1999, 843.
543 BGH, FamRZ 1982, 792, 794.
544 BGH, FamRZ 1980, 984, 985.
545 Ausnahme bei Verwirkung nach §§ 1579, 1611 BGB und bei der Leistungsfähigkeit nach § 1603 BGB.
546 BGH, FamRZ 1980, 40, 42.
547 BGH, FamRZ 1980, 40, 42; Wendl/Staudigl/Haußleiter, Das Unterhaltsrecht in der familienrichterlichen Praxis, § 1 Rn. 368 f.
548 BGH, FamRZ 1983, 996, 998.
549 BGH, FamRZ 1982, 680, 681.

D. Ehegattenunterhalt

3. Einkommensermittlung

a) Einkommen Nichtselbstständiger und Rentner

542 Die Ermittlung des Jahreseinkommens **Nichtselbstständiger und Rentner** ist problemlos. Die monatlichen Gehälter, Zusatzleistungen und sonstige Zuwendungen eines Jahres sind zusammenzurechnen und durch zwölf zu teilen.

Praxistipp:
Es wird gerne versucht (sei es aus Unkenntnis, sei es bewusst und gewollt), den **Auszahlungsbetrag** auf der Monatsabrechnung zugrunde zu legen, obwohl zuvor auch unterhaltsrechtlich irrelevante Abzüge verzeichnet sein können (z.b. vermögenswirksame Leistungen oder Lebensversicherungsbeiträge). Abzüge müssen daher auf unterhaltsrechtliche Relevanz geprüft werden.

Hinweis:

Einkommensbelege bieten über den Nachweis des jeweiligen Monatseinkommens hinaus viele **Informationen**, die wichtig sein können.

- **Die Anschrift**: Wegen eines evtl. Wohnungswechsels ist die Anschrift mit den bisherigen Informationen zu vergleichen.
- **Abrechnungsmonat**: Von besonderer Bedeutung ist die Dezemberabrechnung des vorangegangenen Jahres. Mithilfe der Dezemberabrechnung können Veränderungen für das Folgejahr, z.B. zur Steuerklasse, hochgerechnet werden und damit das mutmaßliche zukünftige Einkommen bestimmt werden. Gleichwohl sollte vor Abrechnung auf der Basis des kalenderjährlichen Einkommens geprüft werden, ob es im Erfassungszeitraum der letzten zwölf Monate Veränderungen, z.B. Gehaltserhöhungen gegeben hat, die in die Berechnung einzubeziehen sind.
- **Vereinbarte Arbeitszeit**: Es ist zu prüfen, ob tatsächlich vollzeitlich bzw. im Umfang der Erwerbsobliegenheit gearbeitet wird. Anhand der einzelnen Monatsbelege ist auch nachvollziehbar, ob es Arbeitszeitveränderungen gegeben hat. Zudem ist zu beachten, dass zur Sicherung des Kindesunterhalts eine Nebentätigkeit umso eher zumutbar ist, je geringer die Wochenarbeitszeit ist. Auf der Abrechnung erscheint i.d.R. die Gesamtstundenzahl; umgerechnet bedeutet dies:

172 Stunden	40 Std/W
165 Stunden	38,5 Std/W
150,5 Stunden	35 Std/W

129 Stunden	30 Std/W
86 Stunden	20 Std/W

- **Steuerklasse**: Bei Steuerklasse III ist die mutmaßliche Änderung im Folgejahr einzukalkulieren.
- **Sonstiges**: Steuerfreibetrag/Überstunden/steuerfreie Zuschläge (Nachtarbeit etc.)/Sonderzahlungen/Sachbezug (Pkw)/private Nutzung (Telefon/Tanken)/Pfändungen/Bankverbindung.
- **Saldiertes Jahreseinkommen**: Wer sich, wie in der Praxis üblich, mithilfe der Dezemberabrechnung und dessen Saldierung die umfangreiche Bewertung der Einzelbelege sparen will, sollte mögliche Veränderungen in der Gesamtzeit, z.b. Gehaltserhöhungen oder ausnahmsweise unterhaltsrechtlich unbeachtliche oder auf weiteren Zeitraum zu verteilende Zahlungen, z.b. anlässlich Firmenjubiläums, nicht unbeachtet lassen.

Im Einzelnen:

Überstunden sind i.d.R. voll anzurechnen, wenn sie berufstypisch sind und entweder in geringem Umfang anfallen oder zumindest das im Beruf des Pflichtigen übliche Maß nicht übersteigen.[550] Im Regelfall wird man Überstunden **bis zu 10 %** der normalen Arbeitszeit als Überstunden in geringem Umfang ansehen können und voll anrechnen. Bei Berufskraftfahrern können übrigens noch Überstunden **bis zu 25 %** der normalen Arbeitszeit als berufstypisch angesehen werden.[551] Geht das Überstundenmaß über diesen „üblichen Rahmen" hinaus, sind Überstunden wie Einkünfte aus unzumutbarer Arbeit zu bewerten und nach Treu und Glauben unter Berücksichtigung der Umstände des Einzelfalls anzurechnen.[552]

543

Einige **OLG** haben diese Frage in ihren **Leitlinien** behandelt:

544

- **OLG Bremen, Düsseldorf, Frankfurt am Main, Hamm, Köln und Oldenburg** halten eine Zeitanrechnung nach **Zumutbarkeitsgesichtspunkten** für angemessen.
- **OLG Brandenburg, Dresden, Düsseldorf, Frankfurt am Main, Hamm, Naumburg und Rostock** gehen im **Mangelfall** von der Zumutbarkeit auch **erheblicher Überstunden** aus, wobei OLG Düsseldorf, Frankfurt am Main, Naumburg und Rostock dies auf Unterhaltsansprüche Minderjähriger und ihnen gleichgestellter privilegierter Volljähriger beschränken. Nach **OLG Hamm** können überobligationsmäßige Überstunden die ehelichen Lebensverhältnisse nicht prägen (dies entspricht der BGH-Rechtsprechung).

---

550 BGH, FamRZ 1982, 779.
551 OLG Köln, FamRZ 1984, 1109.
552 BGH, FamRZ 1980, 984.

D. Ehegattenunterhalt

545 **Spesen** und **Reisekosten** werden unterhaltsrechtlich zunächst als Einkommen behandelt. Sie sind im tatsächlich entstandenen und nachgewiesenen Aufwand jedoch grds. in vollem Umfang abzuziehen. Decken solche Entgelte nur einen **tatsächlichen Mehraufwand** ab (Einzelfallentscheidung), bleiben sie unterhaltsrechtlich von vornherein unberücksichtigt.[553]

546 Bei **Tagesspesen/Essensspesen** nimmt die Rechtsprechung eine Ersparnisschätzung nach § 287 ZPO in der Weise vor, dass die Ersparnis bis **zu 1/3** (oder sogar zu 1/2) beträgt.[554]

547 In **Leitlinien der OLG** finden sich Hinweise auf Spesen und Reisekosten wie folgt:
- Nach KG, den Süddeutschen Leitlinien und OLG Bremen, Celle, Dresden, Düsseldorf, Frankfurt am Main, Hamm, Jena, Naumburg, Oldenburg, Rostock und Schleswig sind bei Spesen und Reisekosten, soweit sie durch Aufwendungen aufgezehrt sind, i.d.R. 1/3 der **häuslichen Eigenersparnis** als Einkommen anzurechnen (Anm.: die Spesen sind also nur Berechnungspositionen für die Beurteilung der Ersparnis).
- OLG Brandenburg und Köln sehen keine Anrechnungsregelung vor.

> **Hinweis:**
>
> Vielfach wird geradezu erbittert um die Anrechnung von Spesen und Auslösungen beim Einkommen gerungen. Der Aufwand lohnt sich selten. Es kann folgende „Faustregel" verwendet werden: Handelt es sich um **steuerfreie** Spesen, Reisekosten und Auslösungen, wird vermutet, dass nur entstandener Aufwand abgedeckt wird. In diesen Fällen sollte von vornherein eine Abrechnung erfolgen. Nur bei **steuerpflichtigem Unkostenersatz** erfolgt eine Zurechnung zum Einkommen mit der Folge, dass der tatsächliche Aufwand geprüft werden muss, es sei denn, man versucht, die 10 %-Regel des AG Diepholz durchzusetzen.
>
> Selbst eine nachgewiesene Ersparnis muss u.U. als **Einkommen aus unzumutbarer Tätigkeit** angesehen werden und kann deshalb nach § 242 BGB nicht angerechnet werden.[555]

Beispiele:

Besonders lästige Reisetätigkeit/Fernfahrer verbringt die Nacht in seinem Lastzug statt in einem Hotel.

---

553 BGH, FamRZ 1983, 670, 672.
554 OLG Bamberg, FamRZ 1982, 519; BGH, FamRZ 1990, 266; davon abweichend AG Diepholz: 10 %; Begründung: Spesen nur noch in geringem Umfang steuerfrei, FamRZ 2002, 1710.
555 Vgl. Wendl/Staudigl/Gerhardt, Das Unterhaltsrecht in der familienrichterlichen Praxis, § 1 Rn. 440 f.

III. Grundlagen der Einkommensermittlung

Bei **Sachbezügen** ist der Wert nach § 287 ZPO zu schätzen. 548

Auslandsverwendungszuschläge sind i.d.R. **hälftig** zu berücksichtigen (Billigkeitsabschlag).[556] 549

Für **Dienstwagen** bewertet die Rechtsprechung den Nutzungswert der erlaubten Privatnutzung **auf der Basis durchschnittlicher Vorhaltekosten, zu schätzen gem. § 287 ZPO**.[557] Vorrangig wird der **Nettogebrauchswert nach steuerlicher Bereinigung** angesetzt.[558] Der einkommenserhöhende Nutzungswert orientiert sich am **jeweiligen Fahrzeugtyp**. Betragsschätzungen sind nach der Rechtsprechung geboten, weil sich das tatsächliche Ausmaß der Privatnutzung nicht präzise ermitteln lässt. Zwar werden für die Schätzung auch **ADAC-Tabellen** oder die **Sachbezugsverordnung** herangezogen. Unterhaltsrechtlich ist aber oft maßgeblich, welche **Steuern mit dem Sachbezug** verbunden sind. 550

Beispiel:

Ein Sachbezug für den privat genutzten Dienstwagen i.H.v. brutto 650,00 € macht bei einem Gehalt von 6.000,00 € einen Auszahlungsbetrag von 3.361,79 € mit Sachbezug (Steuerklasse I) und ohne Sachbezug einen Auszahlungsbetrag von 3.694,91 € aus. Der Nutzungswert des Dienstwagens erhöht also fiktiv das Einkommen des Unterhaltspflichtigen um 333,12 € (3.694,91 € abzgl. 3.361,79 €). Jedoch ist weder der Nennwert des Sachbezugs (Steuerbrutto) noch das fiktiv errechnete Gehalt ohne Sachbezug mit dem Betrag gleichzusetzen, der einkommenserhöhend angesetzt werden muss. Dies bedarf der Schätzung des Gerichts (§ 287 ZPO).

Wie verschieden die Schätzung im Ergebnis ausfällt, zeigt folgendes **Beispiel:** 551

*Das **OLG Celle** bewertete den Vorteil privater Nutzung des dem Verpflichteten zur Verfügung gestellten Pkw (bei Mittelklassemodellen) gem. § 287 ZPO noch im Jahr 2002 mit 400,00 DM/€ 200,00 €.[559] Derselbe Senat hatte allerdings in einer Urteilsbegründung sechs Jahre zuvor erklärt: „Allein die Nutzungsmöglichkeit eines neuen Mittelklasse-Pkw ist mit mindestens 600,00 DM monatlich anzusetzen [...].*"[560]

> **Hinweis:**
>
> **Soyka**[561] empfiehlt, die **ADAC-Tabelle „Soviel kostet ihr Auto im Monat"** zugrunde zu legen. So kostet danach z.B. ein Pkw der Marke Audi A 4, 2,0 l Hubraum pro Monat 516,00 € oder 41,3 Cent/km (bei vier Jahren Nutzung und

---

556 OLG Schleswig, FamRZ 2005, 369.
557 OLG Hamm, FamRZ 1999, 513.
558 OLG Düsseldorf, Urt. v. 17.05.1991 – 6 UF 150/90, n.v.
559 Z.B. OLG Celle, Beschl. v. 06.02.2002 – 19 WF 232/01; ders. Senat im n.v. Beschl. v. 17.05.2004: 3.000,00 € p.a.
560 Urt. OLG Celle v. 26.03.1996 – 19 UF 184/94.
561 In: Berechnung des Ehegattenunterhalts, Rn. 24.

60.000 km Fahrleistung). Die Betriebskostentabellen werden jährlich in Heft 4 „ADAC Motorwelt und in Heft 6 „auto, motor und sport" veröffentlicht.[562]

Hinweis:
Dem Firmenwagen-Nutzer wird unterstellt, dass er diesen auch privat einsetzt. Er muss sich einen entsprechenden Sachbezug einkommenssteigernd zurechnen lassen. Der Unterhaltsgläubiger wird auf die unstreitige Möglichkeit der Pkw-Nutzung abstellen und vom Unterhaltspflichtigen die Darlegung von Ausschlussgründen für die bestmögliche Nutzung fordern. Der **Unterhaltspflichtige muss darlegen und beweisen**, dass die Nutzung unmöglich, eingeschränkt bzw. wirtschaftlich unbedeutend war.

552 **Einmalige Zahlungen** wie z.B. Abfindungen sind auf eine längere Zeit zu verteilen.[563]

553 Der Zeitraum richtet sich nach der Höhe der Zuwendung. Ein verhältnismäßig geringer Einmalbetrag hat keine Auswirkung auf das Folgejahr.[564] Die **Abfindung** als Ersatz des fortgefallenen Arbeitseinkommens dient allerdings dazu, dass eine Zeit lang die bisherigen wirtschaftlichen Verhältnisse aufrechterhalten werden können. Sie sind deshalb zeitlich so zu verteilen, dass der **angemessene Bedarf** des Berechtigten und des Verpflichteten **in bisheriger Höhe sichergestellt** wird.[565] Bei älteren Arbeitnehmern ist die Abfindung auf die Zeit bis zum Rentenbeginn zu verteilen.[566]

554 Bei Einnahmen aus **Nebentätigkeiten** sind i.d.R. Zumutbarkeitsgesichtspunkte zu berücksichtigen.[567] Handelt es sich um eine Nebentätigkeit neben einer tarifüblich vollen Haupttätigkeit, ist ein Maßstab anzuwenden, der mit der Situation eines **Überstunden** leistenden Arbeitnehmers vergleichbar ist. Prüfungsmaßstab ist § 1577 Abs. 2 BGB.[568] In **Mangelfällen** ist die Anrechnung eher zumutbar.[569]

---

562 Vgl. auch Romeyko, FamRZ 2004, 242.
563 BGH, FamRZ 1987, 930.
564 BGH, FamRZ 1988, 1039.
565 BGH, FamRZ 1987, 359; Wendl/Staudigl/Haußleiter, Das Unterhaltsrecht in der familienrichterlichen Praxis, § 1 Rn. 72 f.; so auch die Leitlinien KG, OLG Brandenburg, Hamm, Celle und Oldenburg; BGH, FamRZ 2004, 1352: keine Einbeziehung in güterrechtlichen Ausgleich; ebenso BGH, FamRZ 2004, 1866; OLG Köln, FamRZ 2005, 211.
566 Im Beispiel OLG Koblenz, FamRZ 1991, 573 auf sechs Jahre.
567 BGH, FamRZ 1983, 152.
568 BGH, FamRZ 1995, 475; dazu MünchKomm-BGB/Richter, § 1577 Rn. 17: „gesetzestechnisch missglückte Vorschrift".
569 BGH, FamRZ 1983, 569, 571; dazu ausführlich BVerfG, FamRZ 2003, 661.

Bei Einkünften aus **Kapitalvermögen und Vermietung/Verpachtung** ergibt sich das Einkommen nach § 2 Abs. 2 Nr. 2 EStG aus dem **Überschuss der Einnahmen**. 555

b) Einkommen Selbstständiger

Bei Einkünften aus **Land- und Forstwirtschaft, Gewerbebetrieb und selbstständiger Tätigkeit** ist gem. § 2 Abs. 2 Nr. 1 EStG der Gewinn im Wege der **Bilanzierung** oder durch eine **Einnahmen-Überschuss-Rechnung** zu ermitteln. Die erstellten Bilanzen bzw. Einnahmen-Überschuss-Rechnungen sind dabei **nach unterhaltsrechtlichen Gesichtspunkten (!) zu überprüfen**.[570] Nach der Rechtsprechung werden nicht alle steuerrechtlich möglichen Ausgabeposten unterhaltsrechtlich anerkannt. Das Steuerrecht privilegiert einzelne Einkommensarten und erkennt **Aufwendungen als einkommensmindernd** an, die **keine Vermögenseinbuße zum Gegenstand** haben (z.B. Beiträge zu Kapitalversicherungen und Bausparkassen) oder **nicht der tatsächlichen Wertminderung** (Abschreibung) oder **Nutzung** (privat- und berufsmäßig verwendeter Pkw) entsprechen.[571] 556

Hinzu kommt, dass der Unterhaltsgläubiger bei der Betrachtung von Bilanzen und Einnahmen-Überschuss-Rechnungen regelmäßig von **laufend ordnungsgemäß realisierten Einnahmen** ausgeht. Durch einen „kreativen Umgang" mit Forderungen und Verbindlichkeiten lässt sich der Gewinn jedoch in erheblichem Umfang beeinflussen. Da die Einnahmen-Überschuss-Rechnung nur die tatsächlichen Zahlungseingänge und Zahlungsausgänge enthält, verringert sich der Gewinn für das laufende Wirtschaftsjahr dann, wenn Rechnungen für erbrachte Leistungen erst kurz vor Jahresende geschrieben werden (der Zahlungseingang liegt dann sicher nach dem 31.12.), wenn eingegangene Schecks erst im Januar des Folgejahres vorgelegt werden (es kommt auf den Zeitpunkt der Gutschrift an) oder wenn eingegangene Rechnungen ohne Ausnutzung eines Zahlungsziels noch vor dem 31.12. bezahlt werden (die Ausgabe mindert den Gewinn für das laufende Jahr). 557

> **Hinweis:**
> Der Selbstständige ist i.d.R. daran interessiert, Gewinne in die Zukunft zu verlagern, weil bei einem geringeren Durchschnittseinkommen auch der zu zahlende Unterhalt geringer ausfällt. Gegenüber den Vorjahren plötzlich verringerte Einnahmen bei im Wesentlichen unveränderten Ausgaben können auf eine derartige Manipulation hindeuten, ebenso wesentlich höhere Ausgaben bei im Wesentlichen gleichen Einnahmen.[572]

---

570 BGH, FamRZ 1997, 357, 359.
571 BGH, FamRZ 1997, 357, 359.
572 Vgl. dazu Schürmann, Schriftenreihe DAI Bd.1, S. 210 ff.

D. Ehegattenunterhalt

> **Praxistipp:**
> Bei der Auskunft zur Höhe des Vermögens ist darauf zu achten, dass sich diese auf offene Forderungen **für bereits erbrachte Leistungen** erstrecken muss.[573]

558 Eine **Kürzung der steuerrechtlich anerkannten Ausgaben** kommt unterhaltsrechtlich bei zahlreichen Positionen in Betracht.

559 Der **BGH** hat dazu schon 1985 grds. Folgendes erklärt:

„In der Tat sind das steuerlich relevante Einkommen und das unterhaltspflichtige Einkommen nicht identisch. Das Steuerrecht erkennt in bestimmten Zusammenhängen Aufwendungen als einkommensmindernd an und gewährt Abschreibungen und Absetzungen, denen eine tatsächliche Vermögenseinbuße nicht oder nicht in diesem Zusammenhang entspricht (vgl. auch Puls, DAVorm. 1975, 147 f. sowie Göppinger/Wenz, Unterhaltsrecht, 4. Aufl., Rn. 1176). Die steuerlichen Absetzungen haben daher unterhaltsrechtlich außer Betracht zu bleiben, **soweit sie sich nicht mit einer tatsächlichen Verringerung der für den Lebensbedarf verfügbaren Mittel decken**. Der Unterhaltspflichtige, der sich auf sein zu versteuerndes Einkommen bezieht, muss die hierbei abgesetzten Beträge so darlegen, dass die allgemein steuerrechtlich beachtlichen von den auch unterhaltsrechtlich abzugsfähigen Aufwendungen abgegrenzt werden können. Die ziffernmäßige Aneinanderreihung einzelner Kostenarten wie Abschreibungen, allgemeine Kosten, Rückstellungen, Entnahmen und dergl. genügt diesen Aufforderungen nicht; die erforderlichen Darlegungen können auch nicht durch den Antrag auf Vernehmung des Steuerberaters ersetzt werden."[574]

560 In der Praxis wird vom Unterhaltsberechtigten sorgfältig zu prüfen sein, wo im Einzelnen seitens des Verpflichteten ggf. Verschleierungsmöglichkeiten bestanden. Zum einen ist zu prüfen, in welchem **Umfang Betriebskosten** ausgewiesen wurden, die letztlich allein, überwiegend oder aber zumindest auch dem Privatbereich zuzurechnen sind.

561 Um die **Lebensführungskosten** von den Betriebs-/Praxisausgaben abzugrenzen, müssen grds. folgende in der Gewinn- und Verlustrechnung aufgeführte Aufwendungen geprüft werden:

- **Beiträge** zu Verbänden und Vereinen;
- **Bewirtungskosten**: pauschal werden 20 % als Eigenanteil abgesetzt.
- **(Rechts-)Beratungskosten**: Eine etwaige gegenüber den Vorjahren eingetretene Steigerung kann darauf beruhen, dass der Selbstständige die im Unterhalts- und Scheidungsverfahren angefallenen Kosten als Betriebsaufwand geltend gemacht hat;
- **Fahrzeug-Kosten** sind **anteilig anzurechnen**, solange nicht nachgewiesen ist, dass ein Fahrzeug vorhanden ist, dessen Anschaffungs- und Unterhaltskosten nicht in

---

573 Ausf. dazu s.u. Ziff. E. I., Rn. 1179 ff.
574 BGH, FamRZ 1985, 357, 359 m.w.N.

einer Gewinn- und Verlustrechnung bilanziert sind. Sonst muss davon ausgegangen werden, dass in den bilanzierten Kosten auch ein privat genutzter Anteil enthalten ist. Allein die Nutzungsmöglichkeiten eines neuen Mittelklasse-Pkw ist mit mindestens 600,00 DM (zwischenzeitlich eher 350,00 € – 400,00 €) monatlich anzusetzen.[575] Zu hinterfragen ist auch die **betriebliche Notwendigkeit** (z.b. Holzhändler/Sportwagen oder Pkw neben Nutzfahrzeugen oder reine Büro-/Praxistätigkeit).

- **Geschenke**: Werbegeschenke, ggf. für private Zwecke;
- **Leasing-Gebühren**: z.b. auch für ein privat genutztes Kraftfahrzeug;
- **Miete und Raumkosten**: Wird eine Immobilie **teils privat, teils betrieblich** genutzt, können Hauslasten und Nebenkosten **nur anteilig** als Betriebsaufwand angesetzt werden. Ist z.b. das **häusliche Arbeitszimmer** eines Handelsvertreters betrieblich notwendig? Sind Kosten in angegebener Höhe verursacht oder handelt es sich nur um **steuerlichen Aufwand**, der das Einkommen nicht mindert?

> **Praxistipp:**
>
> Übt der Selbstständige sein Unternehmen in der Rechtsform einer GmbH aus und vermietet er Geschäftsräume an diese, sind die als Betriebsausgaben abgesetzten Mietzinsen als steuerpflichtige Einnahmen zu berücksichtigen.

- **Personalkosten**: Häufig hat während des Zusammenlebens der Parteien die Ehefrau, ohne tatsächlich zu arbeiten, zur Kostenerhöhung des Selbstständigen durch sog. geringfügige Nebentätigkeit beigetragen. Diese Kosten sind herauszurechnen.

> **Hinweis:**
>
> Leistung und Entlohnung sind besonders zu prüfen, wenn der neue Lebensgefährte des Schuldners z.b. die Aufgaben eines ausgeschiedenen Arbeitnehmers übernimmt. Leistung und Entlohnung müssen in einem angemessenen Verhältnis stehen. Entscheidend ist, ob tatsächlich im entsprechenden Umfang der Entlohnung gearbeitet wird. Es ist zu prüfen, ob ggf. Scheinarbeitsverhältnisse begründet wurden, um den Betrieb mit zusätzlichen Kosten zu belasten (hohes Gehalt für neue Freundin).

- **Porto**: ggf. für private Korrespondenz;
- **Provisionen**: z.B. für Angehörige;
- **Reisekosten**: Pauschalen nach § 4 Abs. 5 Nr. 5 EStG stehen keine gleich hohen tatsächlichen Kosten gegenüber; der Selbstständige muss sich die häuslichen Ersparnisse entgegenhalten lassen;

---

575 So OLG Celle, Urt. v. 26.03.1996 – 19 UF 184/94, vgl. oben Soyka, Berechnung des Ehegattenunterhalts, Rn. 24 zur Anwendung der ADAC-Tabelle „Was kostet ihr Auto im Monat".

D. Ehegattenunterhalt

- **Repräsentationskosten**: ggf. privat veranlasst;
- **Sonstige Kosten**: wenn nicht hinreichend aufgeschlüsselt;[576] häufig finden sich dort hohe Beträge, deren betriebliche Bedingtheit zu bezweifeln ist;
- **Spenden**: sind grds. auch beim Ausweis als Betriebsaufwand privat veranlasst;
- **Telefonkosten**: privater Eigenanteil;
- **Versicherungen**: ggf. privat veranlasst;
- **Werbekosten**: z.B. Kosten für Zeitungsanzeigen.

562 **Rückstellungen** werden gebildet, weil Ausgaben erwartet werden, die nach Grund und/oder Höhe noch nicht endgültig feststehen. Durch die Bildung von Rückstellungen sollen Belastungen periodengerecht erfasst werden und dem Unternehmen **die zur Erfüllung der Verbindlichkeiten notwendige Liquidität erhalten** bleiben. Die Bildung von Rückstellungen ist durch § 249 HGB handelsrechtlich vorgeschrieben. Eine solche Passivierungspflicht besteht z.B. für

- zu erwartende Gewerbesteuernachzahlungen,
- Jahresabschlusskosten,
- Prozesskosten,
- Gewährleistungsverpflichtungen,
- unterlassene Instandhaltung.

563 Die unterhaltsrechtliche Problematik in der Einordnung von Rückstellungen liegt daran, dass bei den Rückstellungen **ein Teil der Umsatzerlöse als Aufwand gebucht** wird und dieser so den Gewinn für einen Zeitraum mindert, in dem die Ausgabe **noch nicht angefallen** ist. Unterhaltsrechtlich sind Rückstellungen nur dann zu berücksichtigen, wenn in den vergangenen Jahren keinerlei **Rücklagen** für zu erwartende Ausgaben gebildet worden sind, die Eheleute also faktisch **über ihre Verhältnisse gelebt** haben.[577]

564 Rückstellungen werden häufig gebildet, um **bei Verkäufen des Anlagevermögens keine Gewinne** auszuweisen. Ob solche Rückstellungen zu Recht erfolgt sind, kann (vom Finanzamt) i.d.R. erst in späteren Jahren (durch Auflösung) korrigiert werden.

> **Praxistipp:**
> Misstrauen ist immer dann angebracht, wenn in einer Trennungssituation (oder in der evtl. Planungsphase einer Trennungssituation) in der Bilanz plötzlich Rückstellungen in erheblicher Höhe auftreten. Der Unterhaltspflichtige ist in allen Fäl-

---

576 BGH, FamRZ 1993, 1306.
577 Vgl. Schürmann, Schriftenreihe DAI, Bd. 1, S. 167 f.

len, in denen die Berechtigung bestritten wird, darlegungs- und beweispflichtig für die – **nur ausnahmsweise – gegebene Notwendigkeit.**

Vor allem bei den **Absetzungen für Abnutzung (AfA)** zeigt sich der Unterschied zwischen steuerrechtlicher und unterhaltsrechtlicher Bewertung. Steuerrechtlich bildet z.B. ein neu angeschaffter Pkw i.d.R. nach vier bis sechs Jahren das Vermögen Null, während er tatsächlich vielleicht nach acht bis zehn Jahren 0 € wert ist. Wie dies zu bewerten ist, wird allerdings sehr unterschiedlich beurteilt. 565

Der **BGH** hatte bereits 1980 im Grundsatz bestätigt, dass dem durch das steuerliche Institut der Abschreibung pauschal berücksichtigten Verschleiß von Gegenständen des Anlagevermögens oft **keine tatsächliche Wertminderung** i.H.d. steuerlich anerkennungsfähigen Betrages entspricht und erst recht **keine entsprechende Minderung des Einkommens** festgestellt werden kann.[578] Es wird danach verlangt, dass der Unterhaltspflichtige darlegt, **welche Nutzungsdauer** die abgesetzten Wirtschaftsgüter im Einzelnen haben; danach sind ggf. die jährlichen AfA-Raten unterhaltsrechtlich neu festzusetzen.[579] 566

Die **OLG** haben unterschiedliche Methoden entwickelt, mit den Absetzungen für Abnutzung umzugehen. 567

Das **OLG Dresden** nimmt auf die BGH-Rechtsprechung Bezug und stellt darüber hinaus fest, dass konjunktur-politisch bedingte Sonderabschreibungen ohne unterhaltsrechtliche Relevanz sind.[580] 568

In den Entscheidungen des **OLG Hamm**[581] werden überwiegend 2/3 der linearen AfA des abnutzbaren beweglichen Anlagevermögens als unterhaltsrechtlich abzugsfähig anerkannt. 569

Das **OLG Köln**[582] erkennt die steuerliche AfA im Grundsatz an, hat aber in der Entscheidung v. 17.01.2001[583] nur 2/3 für unterhaltsrechtlich relevant angesehen. 570

Die **OLG Bremen**[584] und **Bamberg**[585] halten die AfA nach den amtlichen Tabellen auch für unterhaltsrechtlich abzugsfähig.

---

578   BGH, FamRZ 1980, 770 und BGH, FamRZ 1998, 357.
579   BGH, 1998, 357.
580   OLG Dresden, FamRZ 1999, 850.
581   FuR 1998, 263; NJW RR 1998, 78.
582   FamRZ 1996, 966.
583   FamRZ 2002, 819.
584   FamRZ 1995, 935.
585   FamRZ 1987, 1181.

D. Ehegattenunterhalt

571 Das **OLG Karlsruhe**[586] hat bereits 1990 festgestellt, dass der steuerlichen AfA einkommensmindernde Tilgungszahlungen oder Rücklagen für Wiederbeschaffung gegenüberstehen, die AfA daher keine Veranlassung zu unterhaltsrechtlichen Zurechnungen gibt.

572 Das **OLG Frankfurt am Main** hat dies in einem Fall, in dem es um landwirtschaftliche Einkünfte ging, entsprechend entschieden.[587]

573 Auch das **OLG München** hat die steuerliche AfA unterhaltsrechtlich anerkannt.[588]

574 Dagegen will das **OLG Koblenz**[589] steuerliche Abschreibungen nur anerkennen, „soweit sie sich mit einer tatsächlichen Verringerung der für den Lebensbedarf verfügbaren Mittel decken".[590] Dies ist aber außer im Jahr der Anschaffung nie der Fall, es sei denn, dass durch Ratenzahlungsvereinbarungen oder Finanzierung die Bezahlung der Anschaffungskosten über mehrere Jahre verteilt wird.

575 Das **OLG Celle** neigt einer Pauschalierung zu, wie sie das **OLG Oldenburg** in seinen Leitlinien wie folgt aufgenommen hatte:

> „Bei der Ermittlung der Einkünfte eines selbständigen Gewerbetreibenden ist die Einnahmen-Überschuss-Rechnung bzw. die Gewinn- und Verlustrechnung in der Regel nicht ohne Korrekturen zu verwerten. Steuerlich und unterhaltsrechtlich relevante Einkommen sind nicht deckungsgleich. Steuerliche Abschreibungen (AfA usw.) sind – unterhaltsrechtlich unbeachtlich, soweit sie das unbewegliche Anlagevermögen betreffen – im Übrigen nach Billigkeit im Einzelfall linear bis zu 1/2 anzuerkennen.
>
> Eine ausnahmsweise weitergehende Berücksichtigung von Abschreibungen erfordert entsprechende Darlegung."[591]

576 In den Leitlinien ab 01.07.2005 ist allerdings nur noch von einer **Notwendigkeit unterhaltsrechtlicher Korrektur** von Rückstellungen sowie vorgenommenen Absetzungen für Abnutzung und Sonderabschreibungen die Rede.[592]

577 Grundsätzlich ist den Urteilen des **BGH** der entscheidende Ansatz zu entnehmen. Es kommt dem BGH nicht auf die steuerrechtliche Gewinnermittlung an, sondern auf die **Auswirkungen des geltend gemachten Aufwandes auf das tatsächlich verfügbare Einkommen.** Nur das tatsächlich verfügbare Einkommen ist **für die Bemessung des**

---

586 FamRZ 1990, 1234.
587 FuR 2002, 83.
588 OLGR München 2001, 98.
589 OLGR Koblenz 2002, 46.
590 OLGR Koblenz 2002, 46.
591 Vgl. OLG Oldenburg – unterhaltsrechtliche Leitlinien, Stand 01.07.2002, NJW 2002, 2078, 2079.
592 Leitlinien OLG Oldenburg, Ziff. 1.5.1., FamRZ 2005, 1363.

III. Grundlagen der Einkommensermittlung

Unterhaltsanspruchs von Bedeutung. Die unterhaltsrechtliche Berücksichtigung jeder Position hängt entscheidend davon ab, **in welchem Umfang sie das verfügbare Einkommen mindert.**[593]

Zur fachlichen Verdeutlichung sei noch auf Folgendes hingewiesen: 578

Grundsätzlich kennt das Steuerrecht **mehrere Arten von Abschreibungen**, von denen v.a. zwei Formen von besonderer Bedeutung sind:

Lineare Abschreibung: Sie bedeutet AfA in gleich bleibenden Jahresbeträgen, § 7 Abs. 1 Satz 1 und Satz 2 EStG.   579

Degressive Abschreibung: Bei ihr findet die AfA in fallenden Jahresbeträgen statt, § 7 Abs. 2 EStG. Die Anschaffungskosten können in den ersten Jahren nach dem Erwerb mit größeren Teilbeträgen gewinnmindernd angesetzt werden. Seit dem 01.01.2001 hat der Steuergesetzgeber die Möglichkeiten der degressiven Abschreibung auf das Doppelte des linearen AfA-Satzes und auf höchstens 20 % des jeweiligen Buchwertes begrenzt.   580

Unterhaltsrechtlich **gänzlich unbeachtlich** ist i.d.R.   581
- die **degressive AfA.**
Sie dient dem Ausgleich von Wert- und Substanzverlust.[594]
- die Abschreibung auf Immobilien.
Dem durch die AfA pauschal unterstellten Verschleiß steht bei Bauwerken keine tatsächliche Wertminderung gegenüber. Die Abschreibungssätze gehen – anders als beim beweglichen Vermögen – immer über den tatsächlichen Substanzverlust hinaus.[595]

Unterhaltsrechtlich **beachtlich** ist die lineare AfA von Anlagegütern.[596]   582

Hinweis:

Der Streit, ob – wie vom OLG Oldenburg praktiziert – eine pauschale Verringerung der Abschreibungspositionen stattfindet oder ob die Lebensdauer der Wirt-

---

593 BGH, FamRZ 1998, 357. Zur Auseinandersetzung über die Berücksichtigungsfähigkeit namentlich der Absetzung für Abnutzung vgl. Schürmann, Das Einkommen Selbstständiger im Unterhaltsrecht, in: Schnittstellen zwischen Steuer-, Familien- und Erbrecht, Bd. 1: Einkommen und Zugewinn, S. 168 ff. und Kemper, FuR 2003, 113 und FuR 2003, 168.
594 Vgl. Kalthoener/Büttner/Niepmann, Die Rechtsprechung zur Höhe des Unterhalts, Rn. 947.
595 BGH, FamRZ 1984, 39; BGH, FamRZ 1986, 39; BGH, FamRZ 1997, 281.
596 OLG Köln, FamRZ 1996, 966; ausführlich dazu BGH, FamRZ 2003, 741, 743 m. Anm. Gerken, FamRZ 2003, 744.

D. Ehegattenunterhalt

> schaftsgüter gem. § 287 ZPO zu schätzen ist,[597] kann dahinstehen. Aus Gründen der Praktikabilität sollte pauschalierend verfahren und ggf. im Streitfall die Einholung eines Sachverständigengutachtens vorgezogen werden.

583 **Sonderabschreibungen** und die **Ansparabschreibung** nach § 7g Abs. 3 bis Abs. 7 EStG sind dagegen Instrumente der Wirtschaftsförderung und haben keinen Bezug zum tatsächlichen Betriebsaufwand. Insbes. die aus steuerlicher Sicht unbedenkliche Ansparabschreibung gilt als geeignetes Mittel der **Gewinnmanipulation**.

584 Unterhaltsrechtlich sind solche Formen der Abschreibung **unbeachtlich**.[598] Der **BGH** hat allerdings entschieden, dass die **fiktiven Steuern** hierauf zu berücksichtigen sein könnten, je nach Fallkonstellation.[599]

585 **Forderungsabschreibungen** erscheinen dann in einer Gewinn- und Verlustrechnung, wenn eine Forderung als uneinbringlich anzusehen ist. Dies betrifft insbes. die Insolvenz eines Kunden. Diese **Bewertung** sagt aber nichts über die Höhe der tatsächlichen Einnahmen im betreffenden Wirtschaftsjahr aus. Grds. sind solche Forderungsabschreibungen nicht zu berücksichtigen, es sei denn, der Unterhaltsverpflichtete legt dar und beweist, dass und in welchem Umfang der Forderungsausfall Auswirkungen **auf die für die Lebensführung verfügbaren Mittel** hat.[600]

586 Führt dies alles in der Praxis zu keinem positiven Ergebnis, ist unterhaltsrechtlich noch zu prüfen, in welchem Umfang der selbstständig Tätige Privatentnahmen getätigt hat. **Privatentnahmen** sind zumindest ein Indiz für die Leistungsfähigkeit des Verpflichteten.[601]

587 Während in der **Rechtsprechung überwiegend** die Auffassung vertreten wird, dass die **Entnahmen nur dann** heranzuziehen sind, wenn das **Einkommen auf andere Weise nicht zu ermitteln** ist,[602] wird in der Literatur erklärt, das die Entnahmen das geeignete Mittel seien, um die Lebensverhältnisse darzustellen.[603] Die Entnahmen

---

597 BGH, FamRZ 1980, 770; BGH, FamRZ 1998, 359; OLG Koblenz, FPR 2002, 63.
598 Vgl. Arens/Spieker, FamRZ 2002, 129.
599 BGH, FamRZ 2004, 1177, hier: Auflösung im Erfassungszeitraum; vgl. auch Soyka, FK 2004, 136.
600 Vgl. Schürmann, Schriftenreihe DAI, Bd. 1, S. 166.
601 OLG Oldenburg, NJW 2002, 2078; OLG Dresden, FamRZ 1999, 850; das OLG verwechselt allerdings in diesem Zusammenhang Gewinn und Entnahmen: OLG Dresden, FamRZ 1999, 851; ausführlich dazu Schürmann, NJW 2002, 1149.
602 OLG Hamm, FamRZ 1996, 1216, 1217.
603 So Klingelhöffer, AnwBl. 2003, 484; Schürmann, FamRZ 2002, 1149.

zeigten das vollständige Bild der Lebensführung, weil sich aus ihnen ergäbe, welche Mittel effektiv hierfür eingesetzt wurden.[604]

Kommt man auch über sämtliche vorbezeichneten Punkte nicht zum Erfolg und trägt der selbstständig Tätige sogar über zwei oder drei Jahre Verluste seiner Firma vor, so kann man ihn auf Unterhalt über die **Grundsätze der Zurechnung fiktiven Einkommens** in Anspruch nehmen. Man wird ihm dann vorhalten können, dass es sich letztlich um einen unrentablen Gewerbebetrieb handelt, sodass es Aufgabe des Verpflichteten ist, den Gewerbebetrieb aufzugeben und sich, entsprechend seiner Qualifikation, als Arbeitnehmer eine Arbeitsstelle zu suchen.

588

Umgekehrt gilt dasselbe: Wer sich selbstständig macht, kann sich nicht auf wesentlich geringere Einkünfte berufen.[605]

Für eine Übergangszeit kann es auch schon während der Trennung der Parteien gerechtfertigt sein, den **Einsatz des Vermögens** zu verlangen.[606]

589

Bei ständigen Verlusten wird man dem Verpflichteten auch vorhalten können, dass diese Zahlen mit der unterhaltsrechtlichen Leistungsfähigkeit nichts zu tun haben, weil er anderenfalls seit Jahren nur mithilfe von Sozialleistungen hätte überleben können. Hat er diese nicht in Anspruch genommen, so liegt der Unterschied zwischen **steuerpflichtigem** Einkommen und **unterhaltspflichtigem** Einkommen auf der Hand.

590

Praxistipp:
Nach statistischen Erhebungen werden 16 % des Bruttosozialprodukts durch **Schwarzarbeit** erwirtschaftet. Die **Behandlung von „Schwarzgeld"** ist allerdings, namentlich im Prozess, **problematisch**. Gerichten obliegt eine **Anzeigepflicht (§ 116 AO)**. Die Konsequenz: Steuern sind (mit Zinsen und einer Geldstrafe oder Geldbuße) nachzuzahlen; das Einkommen vermindert sich erheblich; daneben droht die Bestrafung (wegen Beteiligung) der eigenen Partei. In solchen Fällen empfiehlt sich die **Einigung über die Höhe des Unterhalts ohne die Beteiligung Dritter** oder sonst die Geltendmachung des Unterhalts auf der Grundlage des **Bedarfs nach den ehelichen Lebensverhältnissen**.[607]

---

604 Heiß/Born, Unterhaltsrecht, 3. Kap. Rn. 418; Kalthoehner/Büttner/Niepmann, Die Rechtsprechung zur Höhe des Unterhalts, Rn. 696 m.w.N.; so auch OLG Köln, FamRZ 2007, 1559; dies gilt jedoch nicht, wenn die Entnahmen auf Schuldenaufbau beruhen, so OLG Frankfurt am Main, FamRZ 2005, 803.
605 Spangenberg, FamRZ 2004, 239; OLG Köln, FamRZ 2005, 215.
606 OLG Schleswig, FamRB 2002, 258 mit Beratungshinweis für die Praxis Klingberg.
607 Vgl. Schürmann, Schriftenreihe DAI, Bd. 1, S. 213 ff.

D. Ehegattenunterhalt

591   Entstehen bei mehreren Einkunftsarten in einem Bereich **Negativeinkünfte**, z.B. bei Einkünften aus Vermietung und Verpachtung, werden diese Negativeinkünfte unterhaltsrechtlich mit **Null** bewertet.[608] Solche Negativeinkünfte, die der Vermögensbildung dienen, beruhen nur auf steuerrechtlichen Vorteilen. Der Unterhaltspflichtige ist aber nicht berechtigt, auf Kosten des Unterhaltsbedürftigen Vermögen zu bilden.[609]

> **Praxistipp:**
>
> Es ist wichtig, sich niemals mit der **Übersendung weniger Unterlagen** (dann liegt der Verdacht der Verschleierung nahe) zufriedenzugeben, z.b., was gern versucht wird, mit irgendwelchen **Bescheinigungen von Steuerberatern** (die sich im Unterhaltsrecht selten auskennen).

592   **Allgemein gilt**: Unterhaltsrecht und Steuerrecht unterscheiden sich z.T. ganz erheblich. Was steuerrechtlich absetzbar ist, kann unterhaltsrechtlich unbeachtlich sein. Die Regel ist, dass unterhaltsrechtlich die Einkünfte sehr viel höher sind als sie sich steuerrechtlich darstellen.

> **Hinweis:**
>
> Die Einkünfte von Selbstständigen sind häufig nur mühsam zu ermitteln und nachzuweisen. Diesen Schwierigkeiten trägt die Regelung der **Darlegungs- und Beweislast** Rechnung: behauptet der **Berechtigte** – nachvollziehbar – ein Einkommen in bestimmter Höhe, muss der **Verpflichtete** als Selbstständiger (z.B. bilanzierender Unternehmer) dieses **substanziiert** durch Vortrag konkreter Tatsachen **bestreiten**, weil die entsprechenden Tatsachen zu seinem Einkommen in seinem Wahrnehmungsbereich liegen und es ihm im Hinblick auf die ihm obliegende unterhaltsrechtliche Auskunftspflicht (§ 1605 BGB) zuzumuten ist, sich zur gegenerischen Behauptung näher zu erklären. Ein bloßes Bestreiten ohne die nach den Umständen zumutbare Substanziierung ist unwirksam und zieht die **Geständnisfiktion** des § 138 Abs. 3 ZPO nach sich.[610]
>
> Der **Verpflichtete** genügt der ihm obliegenden **Darlegungspflicht** sodann, wenn er die Bilanzen sowie Gewinn- und Verlustrechnungen vorlegt. Im Anschluss ist es dann Sache des **Berechtigten**, einzelne Ausgabenposten zu **bestreiten**.[611] Zu solchen bestrittenen Positionen ist erneut der **Verpflichtete darlegungs- und beweispflichtig**. Das Gericht hat dann solche Positionen im Rahmen einer umfassenden **Beweiswürdigung nach § 286 Abs. 1 ZPO** zu klären. Dabei ist es dem

---

608   OLG Hamm, FamRZ 2005, 214.
609   BGH, FamRZ 1987, 36; Wendl/Staudigl/Gerhardt, Das Unterhaltsrecht in der familienrichterlichen Praxis, § 1 Rn. 202.
610   BGH, FamRZ 1987, 259; OLG Hamm, NJW-RR 1991, 1286.
611   BGH, FamRZ 1987, 259.

III. Grundlagen der Einkommensermittlung

Richter natürlich nicht verwehrt, nach § 286 ZPO eine Parteibehauptung ohne Beweisaufnahme als wahr anzusehen. Regelmäßig wird allerdings bei solchem Verfahrensstand **ein Sachverständigengutachten** über die Höhe der Einkünfte eingeholt werden.

Praxistipp:

Für den Fall, dass der Unterhaltsberechtigte keine Auskunft (und keinen Unterhalt) erhält, kann bei gemeinsamer Steuererklärung der Berechtigte **die beim Finanzamt befindlichen Unterlagen anfordern** und einen **Antrag auf einstweilige Anordnung mit einer Stufenklage auf Auskunft und Unterhalt verbinden**. Meint der Verpflichtete, es werde zu viel verlangt, wird er sehr schnell Auskunft erteilen.

4. Bereinigtes Nettoeinkommen

Das sog. **bereinigte Nettoeinkommen**, das für die Unterhaltsberechnung entscheidend ist, wird dadurch gebildet, dass die **vom Bruttoeinkommen unterhaltsrechtlich relevanten Abzüge** erfolgen (weil sie den Parteien bereits für den allgemeinen Lebensbedarf nicht zur Verfügung standen). Dies sind folgende Positionen: 593

a) Einkommen- und Kirchensteuer

Einkommen- und Kirchensteuer werden beim Nichtselbstständigen grds. **nur in tatsächlich angefallener Höhe** berücksichtigt, auch im Fall eines erkennbaren Wechsels der Steuerklasse, z.B. von Steuerklasse III vor der Trennung in Steuerklasse I nach der Trennung.[612] Erkennbare Veränderungen der Steuerbelastung (für das Jahr nach der Trennung der Parteien) werden erst dann beachtet, wenn sie sich **konkret auswirken**. 594

Steuerrückzahlungen sind dem Einkommen **im Jahr des Anfalls** hinzuzurechnen, Nachzahlungen mindern es.[613] 595

In **Ausnahme** dieser einhelligen Auffassung ordnet das **OLG Brandenburg** die Steuererstattung dem Jahr zu, das **dem Veranlagungszeitraum folgt**. Überdies halten OLG Brandenburg und Düsseldorf eine Berücksichtigung der Steuererstattung **im Veranlagungszeitraum** für möglich, wenn dies zur Ermittlung eines repräsentativen Einkommens erforderlich ist. Dies betrifft insbes. Selbstständige.[614] 596

---

612 St. Rspr. des BGH, vgl. z.B. BGH, FamRZ 1990, 449; BGH, FamRZ 1990, 503; BGH, FamRZ 1991, 304; BGH, FamRZ 1991, 670.
613 BGH, FamRZ 1980, 984, 985.
614 Vgl. dazu Strohal, Unterhaltsrechtlich relevantes Einkommen bei Selbstständigen, Rn. 316 ff., 319.

597 Bei der Ermittlung der **abzugsfähigen Steuern des Selbstständigen** wendet der **BGH** das sog. **In-Prinzip** an. Beim In-Prinzip werden Steuern grds. in der Höhe angerechnet, in der sie im Prüfzeitraum (drei Jahre) entrichtet wurden.[615] Dies umfasst Vorauszahlungen für das laufende Jahr und auch Vorauszahlungen für die Vorjahre sowie Erstattungen, die entsprechend zu verrechnen sind.

598 Dies eröffnet auch Manipulationsmöglichkeiten: Wer in Krisenzeiten Rückstände auflaufen lässt, kann später höhere Belastungen aufweisen. Deshalb wird z.T. das sog. **Für-Prinzip** angewendet.[616] Angesetzt werden danach die für das jeweilige Kalenderjahr veranlagten Steuern, die sich aus den Einkommensteuerbescheiden ergeben.

599 An den **Steuervorteilen nach Wiederverheiratung** des Leistungspflichtigen (nun Steuerklasse III statt I) partizipierten nach jahrzehntelanger Rechtsprechung des BGH alle Unterhaltsberechtigten, d.h. auch der geschiedene Ehepartner und die etwaigen Kinder aus erster Ehe.[617] Eine Einkommensreduzierung des Unterhaltsverpflichteten (Wahl der ungünstigen Steuerklasse V statt III) war nicht gestattet;[618] wohl aber die Wahl der Steuerklasse IV bei „Doppelverdienern". Mit seinem **Beschl. v. 07.10.2003**[619] hat das **BVerfG** diese **Rechtsprechung aufgehoben** und erklärt, dass **diejenigen Steuervorteile, die auf der neuen Eheschließung beruhen (Splittingvorteil), ausschließlich dieser Ehe** zugutekommen müssen. Es könne nicht davon ausgegangen werden, dass die Vorteile, die aus der neuen Ehe eines geschiedenen Unterhaltspflichtigen erwachsen, schon in dessen früherer Ehe angelegt waren und die Lebensverhältnisse der nunmehr Geschiedenen bestimmt hätten.[620]

600 Diese Grundsätze des BVerfG sind auf dem im Besoldungsrecht des öffentlichen Dienstes gewährten **Verheiratetenzuschlag nicht zu übertragen**, sodass dieser **unterhaltsrechtliches Einkommen** darstellt.[621]

---

615 BGH, FamRZ 1980, 984; BGH, FamRZ 1985, 911; BGH, FamRZ 1988, 486; BGH, FamRZ 1990, 981; BGH, FamRZ 1991, 304, 670; Graba, FamRZ 1990, 1050.
616 OLG Hamm, FamRZ 1995, 1153; Blaese, FamRZ 1994, 216; Büte, FK 2003, 41.
617 BGH, FamRZ 1988, 145, 148.
618 BGH, FamRZ 1988, 145, 148.
619 FamRZ 2003, 1821.
620 BVerfG, FamRZ 2003, 1821, 1824 m. Anm. Schürmann, FamRZ 2003, 1825; ausführlich dazu mit Berechnungsbeispiel Soyka, FK 2004, 1.
621 OLG Celle, Urt. v. 19.01.2005 – 15 UF 131/04, FamRZ 2005, 716; so auch Kleffmann, FuR 2006, 97, 99: „Der Verheiratetenzuschlag ist nicht durch die neue Eheschließung ausgelöst, sondern bestand schon vorher. Er ändert sich durch die Eheschließung nicht. Die zweite Ehe hat also keine Auswirkungen auf den Verheiratetenzuschlag. Es besteht danach kein Grund, ihn der zweiten Ehe vorzubehalten."; das OLG Hamm berücksichtigt den Verheiratetenzuschlag hälftig, OLG Hamm, FamRZ 2005, 1177.

III. Grundlagen der Einkommensermittlung

Demgegenüber ist der Familienzuschlag für **Stiefkinder** aus der neuen Ehe **nicht** in die Unterhaltsbemessung für die geschiedene Ehefrau einzubeziehen, sondern allein der neuen Ehe zuzuordnen.[622]

Steuervorteile, die ansonsten in zumutbarer Weise erzielt werden können, **sind allerdings wahrzunehmen** (z.b. Eintragung aller zustehenden Freibeträge auf der Lohnsteuerkarte).[623]

> **Hinweis:**
>
> Dies gilt **nicht für Kindesunterhalt**. Die steuerlichen Vorteile aus dem Ehegattensplitting aus der zweiten Ehe müssen für den Kindesunterhalt von Kindern aus erster Ehe eingesetzt werden.[624]

Aus dem gleichen Grund muss der Unterhaltspflichtige das **begrenzte Realsplitting nach § 10 Abs. 1 Nr. 1 EStG** durchführen. Das begrenzte Realsplitting bedeutet, dass der Unterhaltsverpflichtete mit Zustimmung des Unterhaltsberechtigten Ehegattenunterhalt bis zu 13.805,00 € (seit 2002 gleich gebliebener, gültiger Betrag; 2001: 27.000,00 DM) alsdann als Ausgaben steuerlich absetzen kann. Der Unterhaltsberechtigte muss den Unterhalt dann als Einkommen versteuern (§ 22 Nr. 1a EStG). Dieser zählt bei ihm als Einkommen, das beim sog. Gesamteinkommen nach § 10 Abs. 1 Nr. 5 SGB V, § 16 SGB IV berücksichtigt wird.

> **Hinweis:**
>
> Wird dadurch 1/7 der monatlichen Bezugsgröße für die **Sozialversicherung nach § 18 SGB IV** überschritten, erlischt die Familienversicherung in der Krankenversicherung.
>
> Die **monatliche Bezugsgröße** betrug
>
> **(West)**
>
> | | |
> |---|---|
> | **2002 und 2003** | 2.380 €, mithin 335 € |
> | **2004 und 2005** | 2.415 €, mithin 340 € |
> | **2006 und 2007** | 2.450 €, mithin 350 € |

601

602

603

---

622 OLG Celle, FamRZ 2005, 716.
623 BGH, FamRZ 1999, 372 (a.A. OLG Nauenburg, FamRZ 2002, 959).
624 OLG München, FamRZ 2004, 1892; BGH, FamRZ 2005, 1817 m. Anm. Büttner, FamRZ 2005, 1899 und Anm. Maurer, FamRZ 2006, 258; vgl. auch Soyka, FK 2006, 4 mit Berechnungsbeispielen.

> **(Ost)**
>
> | | |
> |---|---|
> | **2002** | 1.960 €, mithin 280 € |
> | **2003** | 1.995 €, mithin 285 € |
> | **2004 und 2005** | 2.030 €, mithin 290 € |
> | **2006** | 2.065 €, mithin 295 € |
> | **2007** | 2.100 €, mithin 300 €[b)] |
>
> In diesem Fall **erlischt** auch beim Getrenntleben die **Familienversicherung**. Es ist hier dann die Möglichkeit der freiwilligen Versicherung nach § 9 SGB V zu erwägen, der Nachteil ist auszugleichen.[a)]
>
> **Erläuterungen:**
> a) Zur Berechnung s.u. D. V. 4. a) bb), Rn. 968 ff.
> b) Nicht zu verwechseln mit der sog. Entgeltgrenze für Geringverdiener – bis zum 31.03.2003 325,00 €, seitdem 400,00 €.

> **Praxistipp:**
>
> Durch das begrenzte Realsplitting können insoweit auch die sozialversicherungsrechtlichen Privilegierungen entfallen, sodass Beiträge i.R.d. normalen Sozialversicherung (Renten-, Kranken-, Pflege- und Arbeitslosenversicherung) entstehen können.

604 Den eintretenden **Steuernachteil** des Berechtigten, der i.d.R. wegen der Steuerprogression niedriger ist als der Steuervorteil des Verpflichteten, muss der Unterhaltsschuldner jedoch erstatten, ebenso die **sonstigen möglichen finanziellen Nachteile**, was aber auch dazu führen kann, dass sich das begrenzte Realsplitting nicht mehr lohnt.[625]

605 Der **Unterhaltsgläubiger muss dem Realsplitting** zustimmen und dies dem Finanzamt mitteilen.[626] Die Mitwirkungspflicht ergibt sich aus § 242 BGB.[627] Wird die Zustimmung zum Realsplitting grundlos verweigert, besteht Anspruch auf Schadensersatz.[628]

> **Hinweis:**
>
> Der Unterhaltsgläubiger muss allerdings nicht die sog. Anlage U der Steuererklärung unterschreiben, sondern lediglich dem Finanzamt mitteilen, dass er dem Realsplitting zustimmt. Zuvor wird er sich jedoch vom Unterhaltsschuldner schrift-

---

[625] Vgl. Arens, FamRZ 1999, 1558.
[626] BGH, FamRZ 1998, 953, 954.
[627] BGH, FamRZ 1998, 953, 954.
[628] BGH, FamRZ 1988, 820, 821.

lich erklären lassen, dass dieser bereit ist, die dem Unterhaltsgläubiger „**ggf. aus der Zustimmung zum Realsplitting erwachsenen finanziellen Nachteile**" zu erstatten.

Häufig wird **unrichtig** formuliert, dass die „steuerlichen Nachteile" zu erstatten sind. U.U. kann es für den Unterhaltsberechtigten **finanzielle Nachteile geben, die keine steuerlichen Nachteile sind.** Bei Anwendung des Realsplittings wird Unterhalt nämlich zum Einkommen i.S.d. Einkommensteuergesetzes. Auf das Einkommen i.S.d. Einkommensteuergesetzes nimmt aber das BAföG Bezug („Einkommen der Eltern"). Der Unterhalt kann danach zu Einkommen werden, das bei der Berechnung der Höhe der BAföG-Leistungen zu berücksichtigen ist. Evtl. werden keine Leistungen mehr gewährt oder der oder die Unterhaltsberechtigte wird mindestens z.T. zahlungspflichtig. Dies ist bei „getrennten Eltern" kein Problem, da sich das Einkommen des Unterhaltspflichtigen entsprechend reduziert. Bei einem Kind aus früherer Ehe ist es jedoch nicht der Fall. Es erhöht sich dann das insgesamt zur Verfügung stehende Einkommen. Damit droht ggf. dem Unterhaltsberechtigten ein finanzieller Nachteil. 606

Hinweis:

Wird vom Unterhaltsschuldner **nicht** vor Zustimmung zum Realsplitting zugesichert, dass der ggf. eintretende finanzielle Nachteil des Berechtigten ausgeglichen wird, ist der Unterhaltsschuldner zum Ausgleich auch **nicht verpflichtet.** Der Bevollmächtigte des Berechtigten muss deshalb auch **zur Vermeidung anwaltlicher Haftung** vor Zustimmung zum Realsplitting die Erklärung des Verpflichteten einholen, dass die **ggf. entstehenden finanziellen Nachteile erstattet** werden.

b)   **Vorsorgeaufwendungen**

Renten-, Arbeitslosen- und Krankenversicherungsbeiträge sowie Pflegeversicherung kann der Unterhaltsverpflichtete in der nachgewiesenen Höhe abziehen. 607

Beim **Nichtselbstständigen** sind die Aufwendungen für die **„Riester-Rente"** nach der Rentenreform 2001 unterhaltsrechtlich zu berücksichtigen.[629] 608

Eine weitere Berücksichtigung von Vorsorgeaufwendungen bei der Einkommensermittlung war nach jahrelanger gefestigter Rechtsprechung des BGH beim Nichtselbstständigen nicht möglich, da die Altersversorgung dort im Regelfall durch die gesetzliche Rentenversicherung erfolgt.[630] 609

---

629 Soyka, Berechnung des Ehegattenunterhalts, Rn. 156.
630 BGH, FamRZ 2003, 860.

D. Ehegattenunterhalt

610 Nunmehr hat der **BGH** jedoch erklärt, dass sowohl dem unterhaltsberechtigten wie dem unterhaltsverpflichteten Ehegatten grds. zuzubilligen ist, einen Betrag von **bis zu 4 % ihrer jeweiligen Gesamtbruttoeinkommen des Vorjahres** für eine über die primäre Altersversorgung hinaus betriebene – zusätzliche – Altersversorgung einzusetzen.[631]

611 Nach Auffassung von **Soyka** ist dies bei der Berechnung des Altersvorsorgeunterhalts zu berücksichtigen, sodass statt wie bisher der Beitragsbemessungssatz der Rentenversicherung **(19,5 %) der um 4 % erhöhte Betrag** verlangt werden kann **(23,5 %)**.[632]

612 Beim **Selbstständigen** kommen als Vorsorgeaufwendungen Beiträge zur **Krankenversicherung**, zu **berufsständischen Versorgungen** (z.B. Rechtsanwalts- oder Ärzteversorgung) und zu **Lebensversicherungen** in Betracht. Hinsichtlich der Höhe einer abziehbaren Lebensversicherung gilt, dass sie einen selbstständigen Ersatz für die Rentenversicherung darstellen muss und auch dann nur **bis zur Höhe der gesetzlichen Rentenversicherung** gilt (wird häufig übersehen). Dieses Richtmaß führt bei Selbstständigen dazu, dass bisher ein Anteil von **bis zu 20 %** des erzielten Bruttoeinkommens als angemessen angesehen wurde.[633]

613 Der Betrag mag durch die Rechtsprechung zukünftig im Hinblick auf die Entscheidung des BGH v. 11.05.2005 erhöht werden; das bleibt abzuwarten.

614 Maßgebend ist selbstverständlich, dass die Aufwendungen **tatsächlich geleistet werden**. Ein fiktiver Abzug von 20 % des Bruttoeinkommens als Altersvorsorge bei keinen oder niedrigeren Aufwendungen kommt nicht in Betracht.

> **Hinweis:**
>
> Die Möglichkeit des Abzugs besteht nur, wenn noch keine ausreichende Altersversorgung existiert. Ist die Altersversorgung sonst hinreichend gesichert, handelt es sich um Aufwendungen zur Vermögensbildung, die unterhaltsrechtlich nur bei gehobenen Einkommensverhältnissen zu berücksichtigen sind.[634]

> **Praxistipp:**
>
> Werden **Vorsorgeaufwendungen nach Trennung erheblich erhöht**, wird man im Einzelfall prüfen müssen, ob sie berücksichtigungswürdig sind. War vor der Trennung bereits eine angemessene Versorgung vorhanden (etwa zwischen 10

---

[631] BGH, FamRZ 2005, 1817 m. Anm. Büttner, FamRZ 2005, 1817, 1899 und Anm. Maurer, FamRZ 2006, 258.
[632] Vgl. Soyka, FK 2006, 2, 3 mit Beispielsrechnung.
[633] OLG München, FamRZ 2000, 26.
[634] BGH, FamRZ 1987, 36.

und 15 % des Bruttoeinkommens), kann die Heraufsetzung etwa durch Abschluss weiterer freiwilliger Lebensversicherungen bis zum „Grenzwert" von 20 % keine Berücksichtigung finden.

c) Berufsbedingte Aufwendungen

Berufsbedingte Aufwendungen des **Nichtselbstständigen** können, soweit sie vom Arbeitgeber nicht erstattet werden, entweder **pauschal mit 5 %** vom Nettoeinkommen abgezogen **oder konkret** berechnet werden.

615

In den **Leitlinien der OLG** finden sich unterschiedliche Berechnungsgrößen zum Betrag pro Kilometer:

616

- 0,30 €: OLG Celle,[635] OLG Düsseldorf, OLG Frankfurt am Main, OLG Hamburg (bei längeren Fahrten kann gekürzt werden), KG (bei längeren Fahrten kann gekürzt werden), OLG Köln, OLG Oldenburg (bei längeren Fahrten kann gekürzt werden), OLG Schleswig (ab 30 km: 0,20 €), so auch OLG Bremen und SüdL (Bamberg, Karlsruhe, München, Nürnberg, Stuttgart und Zweibrücken);
- 0,27 € (ab 30 km einfache Fahrt weniger): Dresden, Naumburg, Rostock;
- 0,25 €: OLG Saarbrücken, OLG Brandenburg;
- 0,24 €: OLG Hamm (ab 30 km: 0,09 €);
- 0,22 €: OLG Thüringen;
- 10,00 € pro Entfernungskilometer/Monat: OLG Koblenz.

Die Begründung des **OLG Saarbrücken**[636] für eine **Erhöhung der Pauschale**, das ZSEG sei durch das Justiz-Vergütungs- und Entschädigungsgesetz (JVEG) ersetzt worden, überzeugt. Nach **§ 5 Abs. 2 Nr. 1 JVEG** steht Zeugen **nunmehr eine Kilometerpauschale von 0,25 €** zu (im ZSEG waren es 0,21 €), Sachverständigen eine Kilometerpauschale von **0,30 €** (im ZSEG waren es 0,27 €).

617

Mit Inkrafttreten des JVEG hat sich die **Bemessungsgrundlage**, die in den Leitlinien enthalten ist, **geändert**. In dieser Pauschale sind auch die **Anschaffungskosten für den Pkw enthalten**. Dies führt dazu, dass unterhaltsrechtlich neben der Berücksichtigung eines **Kfz-Kredits** oder entsprechender Leasingraten die Kilometerpauschale nach dem JVEG **nicht in Ansatz** gebracht werden darf.[637]

618

---

635 Werden die Raten für einen zur Anschaffung des Pkw aufgenommenen Kredit berücksichtigt, so verringern sich die anrechnungsfähigen Kilometerkosten, Leitlinien Ziff. 10.2.2., FamRZ 2005, 1317.
636 OLG Saarbrücken, 11.08.2004 – 9 UF 8/04.
637 OLG Hamm, Urt. v. 24.09.2004 – 11 UF 49/04 (n.v.).

D. Ehegattenunterhalt

619 Umgekehrt sind in den Kilometerpauschalen **sämtliche Kosten bereits enthalten** (Betrieb, Steuer, Versicherung, künftige Anschaffungskosten).[638] Neben den Fahrtkosten sind regelmäßig **keine weiteren Kosten**, also auch **nicht für Kredite und Reparaturen**, absetzbar.[639]

620 Für die Pkw-Nutzung und die entsprechende Absetzbarkeit gilt das Motto „**einmal Pkw, immer Pkw**".[640] Wenn der Pflichtige **schon zu Zeiten des Zusammenlebens** regelmäßig mit dem Pkw zur Arbeit gefahren ist, kann er die entsprechenden Kosten auch für die Zeit nach der Trennung geltend machen ohne Rücksicht darauf, ob eine Pkw-Benutzung unbedingt erforderlich ist.[641]

621 Allerdings besteht für Fahrten zwischen Wohnung und Arbeitsplatz unterhaltsrechtlich v.a. bei beengten Verhältnissen die Verpflichtung, billigere **öffentliche Verkehrsmittel** zu benutzen.[642] Dies muss aber möglich und zumutbar sein.

622 Auf die Kosten für die Inanspruchnahme eines Pkw kann sich der Pflichtige nur berufen, wenn er nachweisen kann, dass der Gebrauch eines Kfz **erforderlich** ist, z.B. wegen ständig wechselnder Arbeitsstelle.[643]

623 In diesen Fällen kann sich der Pflichtige auf die höheren Pkw-Kosten nur berufen, wenn der Arbeitsplatz **mit öffentlichen Verkehrsmitteln entweder nicht**[644] oder nur **mit unvertretbarem Zeitaufwand** zu erreichen ist.[645]

> **Praxistipp:**
> Zu Beginn und Ende der Arbeitszeit muss detailliert vorgetragen und der jeweilige Fahrplan vorgelegt werden.[646]

624 Ohne konkrete Anhaltspunkte kommt ein Abzug auch nur pauschaler berufsbedingter Aufwendungen nicht in Betracht.[647]

---

638 BGH, FamRZ 1998, 1501.
639 Heiß/Born, Unterhaltsrecht, Kap. 3 Rn. 183.
640 Heiß/Born, Unterhaltsrecht, Kap. 3 Rn. 183.
641 BGH, NJW 1984, 988, 990; OLG Hamm, OLGR 1998, 362.
642 BGH, FamRZ 1982, 360, 362; OLG Hamm, FamRZ 1996, 958; OLG Karlsruhe, NJW-RR 1997, 323.
643 OLG Hamm, DA 1978, 201 und OLG Hamm, DA 1978, 281 (Gehbehinderung).
644 OLG Dresden, FamRZ 1999, 1351.
645 BGH, FamRZ 1998, 1501; OLG Dresden, FamRZ 2001, 47.
646 OLG Dresden, FamRZ 2001, 47.
647 BGH, 19.02.2003, FamRZ 2003, 860.

> **Praxistipp:**
>
> Im Rahmen **eines Schriftsatzes mit Berechnung** unter Berücksichtigung des Pauschalbetrages muss deshalb unbedingt auf das Vorhandensein berufsbedingter Aufwendungen eingegangen werden.

Notwendige berufsbedingte Aufwendungen werden in den **Leitlinien der OLG** in unterschiedlicher Höhe anerkannt: 625

- **Süddeutsche Leitlinien, KG, OLG Düsseldorf und Oldenburg** ziehen pauschal 5 % ab (Höchstpauschale von 150,00 €, Mindestpauschale von 50,00 € bei KG, OLG Düsseldorf und Oldenburg).
- **OLG Brandenburg, Dresden, Celle, Frankfurt am Main und Naumburg** sehen eine 5 %ige Pauschale bei Vorliegen besonderer Anhaltspunkte vor.
- **OLG Bremen, Hamburg, Hamm, Jena, Köln, Rostock und Schleswig** verlangen einen konkreten Nachweis der berufsbedingten Aufwendungen.

Rentner, Arbeitslose und **Selbstständige** können den Pauschalabzug von **5 % nicht** geltend machen, bei Letzteren, weil hier die berufsbedingten Aufwendungen bereits bei den Ausgaben der Einnahmen-Überschuss-Rechnung voll berücksichtigt sind. Es fallen schlicht **keine zusätzlichen berufsbedingten Ausgaben** an. 626

Ebenso wenig ist ein pauschaler Abzug für berufsbedingte Aufwendungen vorzunehmen, wenn dem Unterhaltspflichtigen ein **Fahrzeug des Arbeitgebers zur Verfügung** steht.[648] 627

d) Konkreter Mehrbedarf wegen Krankheit oder Alter

Zum **Mehrbedarf** gehören **laufend erhöhte Aufwendungen** durch Krankheit, Behinderung oder Alter, insbes. bei Schwerbeschädigten. 628

Hiervon zu unterscheiden ist der sog. **trennungsbedingte Mehrbedarf**, der durch die doppelte Haushaltsführung bei Trennung der Ehegatten entsteht. Der trennungsbedingte Mehrbedarf ist kein bei der Ermittlung des bereinigten Nettoeinkommens zu berücksichtigender Abzugsposten, sondern beim **Berechtigten** ein unselbstständiger Bestandteil des Unterhaltsbedarfs, beim **Pflichtigen** eine Kostenposition, die die Leistungsfähigkeit einschränken kann. 629

---

[648] OLG Stuttgart, FamRZ 2994, 1109.

e) Berücksichtigungsfähige Schulden

630 Schulden mindern das Einkommen, soweit sie **berücksichtigungsfähig** sind.[649]

631 Beim Ehegattenunterhalt sind für die Bedarfsermittlung allein die **bis zur Trennung entstandenen Verbindlichkeiten** berücksichtigungswürdig, da sie die ehelichen Lebensverhältnisse der Parteien bereits beeinträchtigt haben.[650] Dabei kommt es nicht darauf an, wer einen mit Konsumkredit angeschafften Gegenstand, z.b. einen Pkw, nach der Trennung behalten hat.[651]

632 Auch nach Trennung/Scheidung besteht i.Ü. **keine Ausgleichspflicht gem. § 426 Abs. 2 BGB**, wenn die **Schuldentilgung bei der Bemessung des bereinigten Nettoeinkommens berücksichtigt** wird. Ein weiterer Ausgleich erfolgt nicht. Wäre dies anders, würde der Berechtigte, dessen Unterhaltsanspruch entsprechend geschmälert ist, den Haftungsanteil des Pflichtigen mitfinanzieren.

> **Hinweis:**
> Wer **keinen Unterhalt** verlangt, weil er – stillschweigend – davon ausgeht, dass ihm keine Unterhaltsansprüche zustünden, weil der Ehegatte Zins- und Tilgungsleistungen für das Familienheim zahlt, kann später vor der Situation stehen, für die vergangene Zeit – mangels In-Verzug-Setzung – keinen Unterhalt beanspruchen zu können, aber hinsichtlich der **hälftigen Lasten ausgleichspflichtig** zu sein.[652]

> **Praxistipp:**
> Mandanten wünschen häufig nicht, durch schriftsätzliche Geltendmachung von Ansprüchen mit Anwaltsschreiben **Spannungen** in das Verhältnis zum Ehemann zu bringen, weil sie mit der Situation grds. zufrieden sind. Auch in solchen Fällen sollte man (wenn auch freundlich) die Unterhaltsansprüche geltend machen und z.B. wie folgt formulieren:
>
> „Wir bitten um Verständnis, dass wir aus formellen Gründen hiermit die gesetzlichen Unterhaltsansprüche geltend machen. Unsere Mandantin geht davon aus, dass die Situation, wie sie einverständlich seit der Trennung praktiziert wird, nämlich Ihrerseits die Kosten und Lasten des von meiner Mandantin bewohnten

---

649 BGH, FamRZ 1996, 160, 161; Wendl/Staudigl/Gerhardt, Das Unterhaltsrecht in der familienrichterlichen Praxis, § 1 Rn. 514 ff.
650 BGH, NJW 1998, 2821.
651 OLG München, FamRZ 1995, 233.
652 So nunmehr ausdrücklich BGH, FamRZ 2005, 1236; vgl. auch Soyka, FK 2005, 156.

Hauses zu tragen und damit die Unterhaltsansprüche zu erfüllen, auch weiter praktiziert werden soll."

Solche Formulierung – wenn sie vom Gegner nicht bestritten wird – kann (u.U.) zur Annahme einer entsprechenden Vereinbarung zwischen den Eheleuten „von Anfang an" führen.

633

Die vertragsgemäße **Tilgung eines eheprägenden Darlehens** führt zwar i.d.R., jedoch nicht automatisch zu einer Erhöhung des zur Deckung des Lebensbedarfs verfügbaren Einkommens. Es bedarf im Einzelfall der Überprüfung, ob und in welchem Umfang die Eheleute den frei gewordenen Betrag i.R.d. Ehe verwendet hätten. Wäre der Betrag z.B. **voraussichtlich zur Vermögensbildung** verwendet worden, so findet eine Erhöhung des zur Deckung des Lebensbedarfs verfügbaren Einkommens nicht statt.[653]

634

Hat der Unterhaltsschuldner **nach Trennung und Scheidung Kredite aufgenommen**, so können sie gleichwohl unterhaltsrechtlich zu berücksichtigen sein. Konnte er zum Zeitpunkt der Aufnahme der Kredite nicht damit rechnen, noch zu Unterhaltszahlungen herangezogen zu werden, ist ihm die Kreditaufnahme nicht vorzuwerfen. Es ist dann eine **Interessenabwägung** zwischen den Belangen der Parteien vorzunehmen und danach zu entscheiden, ob und in welcher Höhe eine Berücksichtigung erfolgt.[654]

635

f) Kindesunterhalt

Kindesunterhalt ist beim Ehegattenunterhalt (nicht beim Unterhalt für ein weiteres Kind) ein **Abzugsposten**, und zwar i.H.d. Tabellenbetrages vor Verrechnung des Kindergeldes.[655]

636

> **Praxistipp:**
>
> Falls ein **zu hoher Betrag tituliert** worden ist (z.B. Unterhaltsgruppe 6 statt 3) ist für die Berechnung des Ehegattenunterhalts nicht der titulierte Betrag maßgebend, sondern nur derjenige Bedarfsbetrag, der sich aus den tatsächlichen Einkünften des Verpflichteten ergibt.

Der Vorwegabzug betrifft nicht nur **eheliche** sondern auch **nichteheliche** Kinder und zwar nicht nur dann, wenn für nichteheliche Kinder bereits während der Ehe aufzukommen war und damit die **Zahlung** (also nicht: der Tabellenbetrag!) die ehelichen

637

---

[653] OLG Bamberg, FamRZ 2002, 101.
[654] OLG Köln, FamRZ 2005, 720; Wendl/Staudigl, Das Unterhaltsrecht in der familienrichterlichen Praxis, § 5 Rn. 112 ff. m.w.N.
[655] Vgl. Leitlinien OLG Celle, Ziff. III. 1. c).

Lebensverhältnisse prägte sondern selbst dann, wenn sie erst nach der Trennung der Eheleute, aber noch vor Rechtskraft der Scheidung geboren wurden.[656]

> **Hinweis:**
> Im letzteren Fall ist bei einer Geburt des Kindes nach letzter mündlicher Verhandlung, aber vor Rechtskraft der Scheidung, wahlweise das Rechtsmittel der Berufung oder die Abänderungsklage möglich.

> **Praxistipp:**
> Im Fall der – in den Prozess nicht eingeführten – Geburt eines weiteren Kindes vor der letzten mündlichen Verhandlung droht ein anwaltlicher Haftungsfall.

g) Vermögenswirksame Leistungen

638 Bei **sehr guten Einkommensverhältnissen** ist davon auszugehen, dass ein **Teil des Einkommens zur Vermögensbildung** bestimmt ist.[657] Ausschließlich in solchen Fällen sind Sparbeträge vom Einkommen abziehbar. Dies trifft aber niemals zu bei den begrenzten gesetzlich geförderten Beträgen zur Vermögensbildung von Nichtselbstständigen (sog. 78-DM-Gesetz). Die häufig vorgenommene exakte Umrechnung in 39,88 € wird in manchen Fällen jedoch um 12 Cent aufgestockt auf 40,00 €. Beide Beträge finden sich in den verschiedenen Lohnabrechnungen. Beides ist auch möglich, da insgesamt der Jahresbetrag von 480,00 € gefördert wird.

5. Sonderfälle

a) Fiktives Einkommen

639 Soweit der **Unterhaltspflichtige** seiner **Obliegenheit** (vorwerfbares Verhalten!), die ihm zumutbaren Einkünfte zu erzielen, nicht nachkommt,[658] muss er sich so behandeln lassen, als ob er das Einkommen, das er erzielen könnte, tatsächlich hätte.[659]

---

656 BGH, FamRZ 1999, 367, 368.
657 BGH, FamRZ 1982, 151, 152.
658 Anders, wenn ausreichende Bemühungen nachgewiesen werden, vgl. OLG Hamm, FamRZ 2007, 1327.
659 BGH, FamRZ 1996, 345; BGH, FamRZ 2005, 23; Wendl/Staudigl/Haußleiter, Das Unterhaltsrecht in der familienrichterlichen Praxis, § 1 Rn. 387 ff.; zur unterhaltsrechtlichen Erwerbsobliegenheit bei vorgezogener Altersgrenze (dort: Pensionierung eines Flugzeugführers mit 41 Jahren) vgl. BGH, FamRZ 2004, 360.

III. Grundlagen der Einkommensermittlung

Die freiwillige Vereinbarung von Altersteilzeit stellt in diesem Zusammenhang übrigens keine unterhaltsbezogene Leichtfertigkeit dar (mit der Folge, dass das frühere Einkommen fiktiv zugerechnet wird), wenn dafür triftige Gründe vorhanden sind.[660]   640

Im Übrigen ist die Rechtsprechung in dieser Frage streng: **Jeder ernsthafte Zweifel** daran, dass bei angemessenen Bemühungen eine Beschäftigungschance von vornherein auszuschließen ist, geht **zulasten des Unterhaltspflichtigen**.[661]   641

Vor allem dann, wenn es um den **Unterhalt für minderjährige Kinder**[662] geht, stellt die Rechtsprechung besonders hohe Anforderungen.   642

Gefordert wird eine **erhöhte** Arbeitspflicht unter **gesteigerter** Ausnutzung der Arbeitskraft.[663]   643

Die Rechtsprechung fordert für die Bemühungen einen **Zeitaufwand, der dem einer vollschichtigen Erwerbstätigkeit entspricht.**[664]   644

Es besteht auch die Verpflichtung, Arbeiten **unterhalb des Ausbildungsniveaus** anzunehmen.[665]   645

Für den Pflichtigen ist es zumutbar, sich um **jede Arbeit**, auch zu ungünstigen Zeiten, zu bemühen.[666]   646

Entsprechendes gilt beim **Unterhaltsberechtigten**. Er muss die **Unterhaltslast so gering wie möglich** halten. Ansonsten wird ebenfalls ein fiktives Einkommen unterstellt. Die **anrechenbaren Einkünfte prägen nach dem Urteil des BGH v. 13.06.2001 die Höhe des Bedarfs nach den ehelichen Lebensverhältnissen.** Nach der früheren Rechtsprechung war eine Prägung grds. nur von **effektiv erzielten Einkünften** zu erwarten, sodass lediglich fiktive, d.h. lediglich als erzielbar zuzurechnende Einkünfte, die nicht zur Verfügung standen, nicht prägen konnten.[667]

---

660 OLG Hamm, FamRZ 2005, 1177 hier: Sicherung des Arbeitsplatzes für längere Zeit.
661 So OLG Hamm, OLGR 2004, 304.
662 Dies deckt sich mit der strengen Behandlung von Schuldnern im Hinblick auf den Mindestbedarf minderjähriger Kinder, BGH, FamRZ 1992, 797.
663 BGH, NJW 1994, 1002.
664 OLG Koblenz, FamRZ 2000, 313; OLG Hamm, FamRZ 1998, 982; OLG Hamm, FamRZ 1994, 1115; OLG Hamm, FamRZ 1996, 629; OLG Brandenburg, NJWE-FER 2001, 70; OLG Köln, FamRZ 1997, 1104.
665 OLG Köln, NJWE-FER 1997, 174.
666 OLG Hamm, NJWE-FER 1999, 180.
667 BGH, FamRZ 1992, 1045, 1047; BGH, FamRZ 1997, 281, 283.

647 Nunmehr prägt auch das Einkommen, das der unterhaltsberechtigte Ehegatte **erzielen kann, aber nicht erzielt**, die ehelichen Lebensverhältnisse und damit die Höhe des Bedarfs des Unterhaltsberechtigten.

648 An die **Aussichtslosigkeit von Beschäftigungsbemühungen** werden von der Rechtsprechung hohe Anforderungen gestellt.[668]

649 Die Anzahl der notwendigen Bewerbungen hängt von den Gegebenheiten des Arbeitsmarktes ab, insbes. der Anzahl der angebotenen Stellen. Im Einzelfall können **20 – 30 Bewerbungen pro Monat** zumutbar sein.[669] Auch eine geringere Anzahl kann ausreichen. Nach **OLG Karlsruhe**[670] reichen 350 Bewerbungen in **vier** Jahren, nach **OLG Bamberg**[671] **40** Bewerbungen und **zwei** Inserate in **sieben** Monaten, nach **OLG Dresden**[672] **32** Bewerbungen in **sechs** Monaten bei einem Umfeld mit schlechter Arbeitsmarktlage.

650 Eine unzureichende Arbeitsplatzsuche ist nur dann unschädlich, wenn **keine reale Beschäftigungschance** besteht.[673]

651 **Zeitlich unbegrenzt** ist eine Fortschreibung fiktiver Einkünfte auf der Grundlage früher tatsächlich erzielter Einkünfte allerdings nicht zulässig.[674]

652 Die unterhaltsrechtlichen Leitlinien des **OLG Oldenburg** besagen in diesem Zusammenhang:

„An der fiktiven Fortschreibung früherer Einkünfte ist ein Unterhaltspflichtiger nicht unbegrenzte Zeit festzuhalten. I.d.R. wird die Fiktion nach **ca. drei Jahren** nicht mehr aufrechtzuerhalten sein. Der Pflichtige ist dann danach zu behandeln, was er nunmehr auf dem Arbeitsmarkt erzielen könnte [...]."

653 Nach anderer Auffassung ist ein fiktives Einkommen solange zuzurechnen, wie sich die maßgeblichen Umstände, die nach § 242 BGB zur Bejahung eines fiktiven Ein-

---

668 OLG Karlsruhe, FamRZ 2002, 1566 und 1567.
669 OLG Thüringen, NJW-RR 2004, 76; OLG Naumburg, FamRZ 2003, 1022; OLG Koblenz, FamRZ 2000, 313.
670 OLG Karlsruhe, FamRZ 2002, 1567.
671 OLG Bamberg, FamRZ 1998, 289.
672 OLG Dresden, FamRZ 1997, 836.
673 BGH, FamRZ 1986, 668; BGH, FamRZ 1987, 691; BGH, FamRZ 1987, 912; OLG Hamm, FamRZ 2003, 177; OLG Frankfurt am Main, FamRZ 2001, 624; OLG Frankfurt am Main, FamRZ 2002, 1566.
674 OLG Hamm, FamRZ 1995, 1217: Fiktion von zwei Jahren zu lang; OLG Zweibrücken, FamRZ 1999, 881: fünf Jahre.

kommens geführt haben, nicht **wesentlich** geändert haben.[675] Die Anpassung eines auf fiktive Einkünfte gestützten Unterhaltstitels hat im Wege der **Abänderungsklage** zu erfolgen.[676]

Einen Sonderfall bildet in diesem Zusammenhang die unterhaltsrechtliche Erwerbsobliegenheit von Beamten und Soldaten mit vorgezogener Altersgrenze nach Pensionierung.[677]

654

Um der **Erwerbsobliegenheit**, sofern sie besteht, zu genügen, sind jeweils ernsthafte und intensive Bemühungen um einen Arbeitsplatz erforderlich. Die bloße Meldung beim Arbeitsamt genügt nicht. Es muss auch Inseraten in der Zeitung etc. nachgegangen werden. Dabei ist zumutbar, sich zeitlich **derart intensiv** mit Bewerbungen auseinanderzusetzen **wie der Umfang der Arbeitstätigkeit sonst sein würde**.[678]

655

> **Hinweis:**
>
> Die Bewilligung einer **Weiterbildungsmaßnahme** (Umschulung) durch das Arbeitsamt ist lediglich ein Indiz dafür, dass der Unterhaltspflichtige nicht zu vermitteln ist. Der gesteigert Unterhaltspflichtige muss daher weiterhin **konkret zu seinen Erwerbsbemühungen** und seinen Erwerbschancen, aber auch zum Umfang der Weiterbildungsmaßnahme substanziiert vortragen, um die Feststellung zu ermöglichen, ob ein den Mindestunterhalt deckender Verdienst nicht zu erwarten ist.

> **Hinweis:**
>
> In den **Leitlinien einiger OLG (Bremen, Dresden, Hamburg, Oldenburg und Schleswig)** ist die Einkommensfiktion geregelt. OLG Bremen und Hamburg verweisen auf § 141 Abs. 3 SGB III, der regelt, inwieweit Erwerbseinkünfte neben Arbeitslosengeld bezogen und anrechnungsfrei hinzuverdient werden dürfen. OLG Dresden und Oldenburg sehen sogar fiktive Einkünfte für ungelernte Erwerbstätige vor. Die fiktiven Einkünfte werden wie folgt beziffert:
>
> - OLG Dresden: 600,00 – 900,00 € für Männer, 700,00 – 725,00 € für Frauen;[679]

---

675 Wendl/Staudigl/Gerhardt, Das Unterhaltsrecht in der familienrichterlichen Praxis, § 1 Rn. 438.
676 OLG Hamm, FamRZ 1997, 889.
677 BGH, FamRZ 2004, 254 (Strahlflugzeugführer, bei Pensionierung 41 Jahre alt).
678 BGH, FamRZ 1984, 372, 374; BGH, FamRZ 1996, 345; OLG Hamm, FamRZ 2004, 298.
679 Leitlinien Ziff. 9, FamRZ 2005, 1322.

D. Ehegattenunterhalt

> - OLG Oldenburg: 525,00 € für Männer mit Halbtagstätigkeit, 890,00 €[680] mit Volltagstätigkeit, 425,00 € für Frauen mit Halbtagstätigkeit, 725,00 € mit Volltagstätigkeit;[681]
> - OLG Bremen, Hamburg, Rostock weisen auf die Hausmannsrechtsprechung hin.

656 Die Rechtsprechung neigt allerdings mehr und mehr dazu, eine **konkrete Berechnung möglicher Einkünfte** vorzunehmen.

657 Das **OLG Celle** hat in einem Urt. v. 06.05.2004[682] eine konkrete Feststellung möglicher Einkünfte des Verpflichteten vorgenommen und für einen Arbeiter ein **fiktives Einkommen von 1.648,00 €** zugrunde gelegt:

„Nach den Erhebungen des statistischen Bundesamts (Quelle: *http://www.destatis.de/jahrbuch/jahrtab62.htm*) belaufen sich die durchschnittlichen Bruttoeinkünfte männlicher Arbeiter im produzierenden Gewerbe derzeit in Hamburg auf 2.861 €, in Bremen auf 2.747 € und in Niedersachsen auf 2.609 €. Ausgehend von einem Mittelwert in Höhe von 2.747 € lässt sich hieraus auf der Basis von Steuerklasse I und einem Kinderfreibetrag von 1,0 ein Nettoeinkommen in Höhe von 1.648 € ermitteln. Diesen Betrag rechnet der Senat dem Beklagten als fiktives Einkommen zu."

658 Das **OLG Hamm** nimmt seit einiger Zeit ebenfalls eine konkrete Berechnung vor, hat einem ungelernten Arbeitslosen einen fiktiven Stundenlohn von 10,00 € pro Stunde zugerechnet und kam zu folgendem Ergebnis: brutto 1.600,00 € (10,00 € × 160 Std.) = netto 1.265,00 € (Stkl. I/1) ./. 50,00 € Werbungskosten = **1215,00 €**.[683]

659 Auch das **AG Flensburg**[684] hat diesen Weg beschritten und einem Ungelernten ein Nettoeinkommen von monatlich **1.000,00 €** unterstellt. Aus den **Tarifverträgen** ergäbe sich ein Stundenlohn von 8,00 € brutto für ungelernte Kräfte. Unter Berücksichtigung von Lohnsteuerklasse I, den üblichen sozialversicherungsrechtlichen Abzügen

---

680 In der bis 30.06.2005 geltenden Fassung der unterhaltsrechtlichen Leitlinien waren es noch 960,00 €.
681 Vgl. unterhaltsrechtliche Leitlinien des OLG Oldenburg, Stand 01.07.2005 Ziff. 9.2.1. und 9.2.2., FamRZ 2005, 1363.
682 19 UF 257/03, Veröffentlichung ist vorgesehen; OLG Brandenburg, FamRZ 2005, 210: Zurechnung bei Frauen ohne Berufsausbildung 1.800,00 DM = 920,33 €.
683 OLG Hamm, FamRZ 2005, 803; das OLG Hamm hat in einer weiteren Entscheidung einer 37-jährigen Studentin der Zahnmedizin erklärt, sie müsse zugunsten des Kindes das Studium abbrechen und könne etwa in einem Callcenter, wie der Senat aus anderen Verfahren wisse, 10,00 € pro Stunde verdienen und damit ihren eigenen und den Bedarf des Kindes decken; die Betroffene hatte ihre Studiendauer allerdings auch derart weit überschritten, dass die Zahlung von Ausbildungsförderung bereits eingestellt worden war; FamRZ 2007, 1122.
684 FamRZ 2006, 1293.

III. Grundlagen der Einkommensermittlung

und einer 40-Stunden-Woche mache dies ein erzielbares Einkommen von **1.000,00 €** aus.[685]

Das Gericht hat weiter erklärt, der Verpflichtete müsse durch entsprechende **Erwerbsbemühungen** nachweisen, dass ein solches Einkommen für ihn nicht erzielbar sei. Bloße Behauptungen erfüllten nicht **die ihm obliegende Darlegungslast**.[686] Das **OLG Naumburg** kommt bei gesteigerter Unterhaltsverpflichtung auf ein (fiktives) Gesamteinkommen von 1.150,00 € und setzt neben einem angenommenen Stundenlohn für einen ungelernten Arbeiter i.H.v. 8,80 € zumutbare Nebeneinkünfte für das Austragen von Zeitungen etc. i.H.v. 150,00 € – 200,00 € monatlich an.[687]   660

Das **KG** rechnet einer gelernten Köchin einen Brutto-Arbeitslohn von 10,00 € pro Stunde zu.[688]   661

b) Unzumutbare Tätigkeit wegen Kindesbetreuung

Einen Gegensatz zum fiktiven Einkommen bildet das Einkommen aus unzumutbarer Tätigkeit (**überobligationsmäßige Tätigkeit**). Unzumutbar ist eine Tätigkeit, zu der keine Erwerbsobliegenheit besteht.   662

aa) Altersabhängige Kindesbetreuung

Die frühere, bis zum 31.12.2007 geltende Rechtslage war von folgenden, von der Rechtsprechung entwickelten Grundsätzen geprägt: 663

Der **BGH** war von dem Erfahrungssatz ausgegangen, dass bei Betreuung eines Kindes **unter acht Jahren keine Erwerbsobliegenheit** besteht.[689]   664

Eine derartige Regelvermutung hatte der BGH für Kinder zwischen **acht und elf Jahren** nicht aufgestellt, sondern vielmehr für die Frage der Erwerbsobliegenheit auf die **konkreten Umstände des Einzelfalls** abgestellt.[690]   665

---

685 Ähnlich AG Meldorf, FamRZ 2006, 1295 mit der Hochrechnung erzielbarer Einkünfte eines Taxifahrers.
686 AG Flensburg, FamRZ 2006, 1294.
687 OLG Naumburg, FamRZ 2007, 1118; vgl. auch OLG Karlsruhe, FamRZ 2007, 1123; a.A. AG Rinteln, FamRZ 2007, 1120: „Ein ungelernter Arbeiter, der durch eine Vollzeittätigkeit netto 850 € verdient, ist nicht leistungsfähig. Zur Aufnahme einer Nebentätigkeit ist er nicht verpflichtet."
688 KG, FamRZ 2007, 1121.
689 BGH, FamRZ 1983, 146, 147; BGH, FamRZ 1988, 145, 146; BGH, FamRZ 1989, 487.
690 BGH, FamRZ 1989, 487; BGH, FamRZ 1997, 671, 673.

D. Ehegattenunterhalt

666 Der **BGH** hat aber auch festgestellt, dass der Fall der Betreuung mehrerer Kinder anders zu beurteilen sei als würde nur ein einziges Kind betreut werden.[691]

667 Der Senat hatte im konkreten Fall die **Erwerbsobliegenheit** einer Mutter zweier Kinder im Alter von **10 und 13 Jahren** verneint.[692]

668 Die Rechtsprechung der OLG war insoweit nicht einheitlich. Das **OLG Braunschweig**[693] hat erklärt:

> „Mit Erreichen des 8. Lebensjahres eines von einem Elternteil allein betreuten Kindes kann von einer zumutbaren Erwerbstätigkeit im Rahmen einer halbschichtigen Beanspruchung des allein betreuenden Elternteils ausgegangen werden."

669 Das **OLG Koblenz** hat hier zu einem Beschl. v. 12.02.2001[694] erklärt, dass bei Betreuung eines gemeinsamen Kindes vor Vollendung des 10. Lebensjahres des Kindes **oder** der 4. Grundschulklasse keine Verpflichtung des Unterhaltsberechtigten zur Aufnahme einer (Teilzeit-)Beschäftigung besteht und hat dies als mit der Rechtsprechung des BGH übereinstimmend bezeichnet. Demgegenüber nahm das **OLG Hamm** im Beschl. v. 03.11.2000 eine Erwerbsobliegenheit trotz Betreuung dreier schulpflichtiger Kinder im Alter von 14, 13 und (fast) 11 Jahren an.[695] Nach den Leitlinien des **OLG Celle**[696] war eine Erwerbstätigkeit solange nicht zumutbar, als ein Kind noch die **Grundschule besucht**. Daran änderte auch die Einführung der „**verlässlichen Grundschule**" nichts. Die Betreuungserfordernisse, die eine Begründung oder Ausweitung von Erwerbsobliegenheiten unzumutbar erscheinen lassen, beziehen sich, so das OLG, auf die **Betreuungserfordernisse** außerhalb der Schulzeiten. Es ist immer, wie es heißt, mit **Krankheitszeiten** der Kinder zu rechnen, ferner die **Ferienzeiten** und die beweglichen Ferientage einzubeziehen.[697] Nach Beendigung der Grundschule treten die Betreuungserfordernisse zurück und es kommt „jedenfalls eine Teilzeitbeschäftigung" in Betracht.

670 Je nachdem, in welchem Gerichtsbezirk ein Unterhaltsrechtsstreit anhängig war, wurde die Beantwortung der Frage, ob erzielte Einkünfte aus unzumutbarer Tätigkeit stammen und daher z.T. (oder gar nicht) anzurechnen sind, unterschiedlich beurteilt. So galt im Bezirk des **OLG Oldenburg**, dass bei Vorhandensein eines einzigen Kindes eine Erwerbsobliegenheit nicht gegeben ist, wenn das Kind unter acht Jahre alt ist, eine Verpflichtung zur Halbtagstätigkeit dann gegeben ist, wenn das Kind unter 16 Jahren

---

691 BGH, FamRZ 2005, 967.
692 BGH, FamRZ 2005, 967; vgl. hierzu Soyka, FK 2005, 127, 128.
693 FamRZ 2002, 1711.
694 FamRZ 2001, 1617.
695 FamRZ 2001, 627.
696 S. III. 2. c).
697 Vgl. auch AG Besigheim, FamRZ 2002, 671.

ist und sodann eine vollschichtige Arbeitstätigkeit erforderlich ist. Waren zwei Kinder vorhanden, wobei eines jünger ist als 13 Jahre, so entfiel eine Erwerbsobliegenheit vollständig.[698]

Das krasse Gegenstück hierzu fand sich in den Leitlinien des **OLG Brandenburg**. Dort hieß es:

> „Leben im Haushalt des Unterhaltspflichtigen oder der Unterhaltsberechtigten gemeinschaftliche minderjährige Kinder, so kann sich das anrechenbare Einkommen um Betreuungskosten, v.a. Kosten für eine notwendige Fremdbetreuung, mindern."

Ein Hinweis, dass in einem solchen Fall Einkünfte des Unterhaltsberechtigten teilweise überobligatorisch sein könnten, fand sich in den Richtlinien nicht. 671

Das **OLG Hamm** legte sich nicht fest, sondern erklärte: „Betreut ein Ehegatte ein minderjähriges Kind, so bestimmt sich seine Verpflichtung zur Erwerbstätigkeit nach den Umständen des Einzelfalles." Grds. oblag es danach sowohl dem Unterhaltspflichtigen als auch dem Unterhaltsberechtigten, jeweils konkret vorzutragen und die im Einzelfall vorliegende Situation zu schildern.[699] 672

Das **OLG Celle** hielt darüber hinaus unabhängig vom Alter des oder der Kinder zumindest eine Teilzeitbeschäftigung für zumutbar, wenn im Hause des die Kinder betreuenden Elternteils weitere Familienmitglieder wohnen (z.B. Eltern), „auf deren Hilfe sie nach der Lebenserfahrung rechnen kann".[700] 673

Bei einem Kind zwischen **11 und 15 Jahren** wurde allgemein eine Verpflichtung zur **Teilzeittätigkeit** angenommen. Der Umfang der Teilzeitarbeit richtete sich nach den Umständen des Einzelfalls, bedeutete im Regelfall die Pflicht zur **Halbtagsbeschäftigung**, konnte jedoch auch darüber hinausgehen.[701] 674

Bei einem Kind ab **16 Jahren** war (und ist) von einer Pflicht zur **vollen Erwerbsobliegenheit** auszugehen.[702] 675

---

[698] Das OLG Oldenburg hat allerdings auch erklärt, dass eine mehr als halbschichtige Tätigkeit (hier 25 Wochenstunden) neben der Betreuung eines 9-jährigen Kindes nicht überobligatorisch ist, wenn die Tätigkeit bereits früher begonnen oder fortgesetzt wurde, vgl. FamRZ 2005, 718.
[699] Vgl. dazu OLG Hamm, FamRZ 2003, 1961 und OLGR 2004, 152.
[700] OLG Celle, FamRZ 1998, 1518, 1519 sowie die Ausführungen von Saathoff über eine solche „Oma-Gen-Leitlinie" in FF 2002, 129, 130.
[701] BGH, FamRZ 1988, 56.
[702] BGH, FamRZ 1997, 671, 673; Wendl/Staudigl/Pauling, Das Unterhaltsrecht in der familienrichterlichen Praxis, § 4 Rn. 78: 15 bis 16 Jahre.

676 Bei **Problemkindern** kommt es nach h.M. auf den notwendigen Betreuungsaufwand im Einzelfall an.

> **Praxistipp:**
> Ist die Ehefrau während des Zusammenlebens vollschichtig erwerbstätig, und setzt sie dies auch nach der Geburt eines gemeinsamen Kindes fort, so kann sie sich u.U. nicht darauf berufen, dass ihre Tätigkeit überobligatorisch ist.[703]

677 Zur Erwerbsobliegenheit legten die **Leitlinien der verschiedenen OLG** inzwischen Folgendes fest:

- Nach den **Süddeutschen Leitlinien, KG, OLG Bremen, Frankfurt am Main** und **Hamburg** besteht bis zum Beginn des dritten Grundschuljahres i.d.R. keine Pflicht zur Erwerbstätigkeit. Zwischen dritter Grundschulklasse und Vollendung des 15. Lebensjahres des Kindes muss eine Teilzeit-, danach eine Vollzeittätigkeit aufgenommen werden.
- Nach **allen OLG** richtet sich die Erwerbsobliegenheit grds. nach den Umständen des Einzelfalls, auch der Anzahl der Kinder.
- Nach **KG** ist die Erwerbsobliegenheit in einer Notlage anders zu beurteilen.
- **OLG Brandenburg, Dresden** und **Rostock** machen die Erwerbsobliegenheit von den jeweiligen Umständen des Einzelfalls abhängig.
- **OLG Thüringen** befasst sich mit der Erwerbsobliegenheit überhaupt nicht.
- Nach **OLG Düsseldorf, Hamm** und **Schleswig** setzt die Erwerbsobliegenheit grds. erst mit Ende der Grundschulzeit ein. Bis zum 16. Lebensjahr des Kindes besteht die Obliegenheit zu einer halbschichtigen Tätigkeit, danach zu einer Vollzeittätigkeit.
- **OLG Celle** und **Naumburg** enthalten Regelungen, dass eine Pflicht zur Teilzeittätigkeit mit Beendigung der Grundschule beginnt. Wann eine Obliegenheit zur Vollzeittätigkeit beginnt, ist nicht geregelt.
- **OLG Köln** geht davon aus, dass bei einem Kind unter dem 8. Lebensjahr keine Erwerbsobliegenheit und zwischen dem 8. und 16. Lebensjahr die Obliegenheit zur Teilzeittätigkeit sowie bei mehreren Kindern unter 14 Jahren keine Erwerbsobliegenheit und zwischen dem 14. und 18. Lebensjahr eine Obliegenheit zur Teilzeittätigkeit, i.Ü. zur Vollzeittätigkeit besteht.
- **OLG Nürnberg** schließt sich den Süddeutschen Leitlinien nur modifiziert an. Es regelt, dass die Erwerbsobliegenheit ab der 3. Grundschulklasse bei einem oder zwei Kindern einsetzt, bei mehreren erst später.

---

703 Zur Abwägung mit Berechnungsbeispielen vgl. OLG Hamm, Urt. v. 09.05.2003, FuR 2003, 418; Leitsatz abgedruckt in: FamRZ 2004, 375.

- **OLG Oldenburg** geht davon aus, dass die Obliegenheit zur Teilzeittätigkeit bei einem Kind zwischen dem 8. und 15. Lebensjahr und bei mehreren Kindern zwischen dem 13. und 16. Lebensjahr besteht. Dies bedeutet, dass vor dem 8. bzw. 13. gar keine und nach dem 15. bzw. 16. Lebensjahr die Obliegenheit zur Vollzeittätigkeit besteht.[704]

Die Vorschrift zum **Unterhalt wegen Betreuung eines Kindes** ist zum 01.01.2008 **erheblich verändert** worden.

678

Die nunmehrige Fassung des § 1570 BGB lässt im Grundsatz **Betreuungsunterhalt nur für die ersten drei Lebensjahre** eines Kindes zu. Eine Verlängerung ist in zwei Fällen möglich.

679

Der erste Fall, § 1570 Abs. 1 Satz 2 und Satz 3 BGB, behandelt die Verlängerung aufgrund von „Billigkeit", die in **zwei Alternativen** an die „Belange des Kindes" und an die „bestehenden Möglichkeiten der Kinderbetreuung" anknüpft.

680

Der zweite Fall, § 1570 Abs. 2 BGB, behandelt die Berücksichtigung der Gestaltung von Betreuung und Erwerbstätigkeit während der Ehe sowie seine Dauer.

681

Grundsätzlich erscheint die Begründung im Regierungsentwurf zur Änderung des § 1570 BGB zunächst einleuchtend. Es heißt dort, dass die Änderung vor dem Hintergrund des gesellschaftlichen Wandels zu sehen sei.[705]

682

Die Möglichkeiten der Fremdbetreuung hätten, was nicht zu bestreiten ist, ungeachtet regionaler Unterschiede und einzelner, bestehender Angebotslücken stark zugenommen. Die Ausübung insbes. einer Teilzeittätigkeit neben der Kindererziehung sei heute vielfach Realität.[706]

683

Sodann wird aber auch erläutert, dass das von der **Rechtsprechung des BGH und der OLG** entwickelte „**Altersphasenmodell**", ab welchem Alter des Kindes dem betreuenden Elternteil eine Erwerbstätigkeit zumutbar ist, **überdacht werden müsse**.

684

Erläuternd[707] wird im **Regierungsentwurf** darauf hingewiesen, dass der Entwurf die aktuellen Tendenzen in der jüngeren Rechtsprechung aufnimmt, die Altersgrenzen des

685

---

704 Vgl. unterhaltsrechtliche Leitlinien des OLG Oldenburg, Ziff. 17.1.1., FamRZ 2005, 1365.
705 RegE, BR-Drucks. 253/06, 26.
706 RegE, BR-Drucks. 253/06, 26.
707 Krit. könnte man formulieren: verharmlosend.

Betreuungsunterhalts zu überprüfen.[708] Der Entwurf reagiere auch auf die diesbezügliche Kritik der Literatur.[709]

686 Statt des als **tradiert** bezeichneten Altersphasenmodells soll stärker auf den Einzelfall und auf tatsächlich bestehende Betreuungsmöglichkeiten abgestellt werden.

687 Sodann wird auf die **Wertentscheidungen des Sozialrechts**[710] verwiesen und darauf, dass eine Berücksichtigung der Betreuungsmöglichkeiten grds. bei über 3-jährigen Kindern geboten ist.

688 Im **Sozialgesetzbuch** ist die **Pflicht zur Arbeitsaufnahme** aber wie folgt geregelt:

689 **Nicht zumutbar** ist die Arbeitsaufnahme nach § 10 Abs. 1 Nr. 3 SGB II dann, wenn „die Ausübung der Arbeit die Erziehung seines Kindes oder des Kindes seines Partners gefährden würde [...]". Das Gesetz berücksichtigt damit besondere, elementare Erziehungsleistungen, die gerade mit der **Erziehung von Kindern unter drei Jahren** verbunden sind.

690 Allerdings führt die Betreuung eines Kindes **unter drei Jahren nicht automatisch zur Unzumutbarkeit** einer Arbeit, auch nicht i.S.e. zugunsten des Hilfebedürftigen geltenden Vermutung; vielmehr bedarf es darüber hinaus der **Feststellung, dass die Erziehung des Kindes gefährdet** ist, wobei zugunsten des Trägers eine Vermutung der Nichtgefährdung des Kindes greift, wenn dessen Betreuung in einer Tageseinrichtung, in Tagespflege i.S.d. SGB VIII oder auf sonstige Weise sichergestellt ist.

691 Verletzt der Hilfebedürftige die ihm obliegenden Pflichten, sieht das Gesetz **stufenweise Sanktionen vor**.

692 Die Betreuung von über 3-jährigen Kindern in Kindergärten wird halbtags als flächendeckend gesichert angesehen, zumal für Kinder ab drei Jahren der Anspruch auf einen Kindergartenplatz besteht.[711]

693 Es heißt im **RegE** sodann – zumindest verbal – **einschränkend**:

„Bei der konkreten Anwendung der Norm ist darauf Bedacht zu nehmen, dass nur ‚bestehende' Möglichkeiten der Kinderbetreuung Berücksichtigung finden sollen. Die Möglichkeit

---

[708] Unter Bezugnahme auf OLG Karlsruhe, NJW 2004, 523, 524.
[709] Unter Bezugnahme auf AnwKomm-BGB/Schürmann, § 1577 Rn. 60 f.; Palandt/Brudermüller, BGB, § 1570 Rn. 12; Reinken, FuR 2005, 502, 503; Puls, FamRZ 1998, 865, 870; vgl. aber auch AnwKomm-BGB/Fränken, § 1570 Rn. 17: Altersgrenzen können nur Anhaltspunkte für eine umfassende Abwägung sein.
[710] Vgl. § 11 Abs. 4 Satz 2 bis Satz 4 SGB XII – Sozialhilfe; § 10 Abs. 1 Nr. 3 SGB II – Grundsicherung für Arbeitsuchende.
[711] § 24 SGB VIII.

III. Grundlagen der Einkommensermittlung

einer Fremdbetreuung muss tatsächlich existieren, zumutbar und verlässlich sein und mit dem Kindeswohl im Einklang stehen."[712]

An anderer Stelle (zu § 1615 Abs. 1 BGB) heißt es allerdings **deutlich**, dass die (dortige) Begrenzung des Betreuungsunterhalts auf drei Jahre 694

„im Regelfall angemessen ist, weil ab dem dritten Lebensjahr des Kindes eine Fremdbetreuung **regelmäßig möglich** ist und tatsächlich auch erfolgt, ohne dass sich dies zum Nachteil des Kindes auswirkt."[713]

Zum – geringen – Trost für die betreuenden Eltern heißt es dann weiter: 695

„Die Kosten der Kinderbetreuung sind bei der Unterhaltsberechnung angemessen zu berücksichtigen."[714]

Die Verlängerung des Betreuungsunterhalts über die ersten drei Lebensjahre des Kindes hinaus bedeutet im ersten Fall, Billigkeitsregel nach § 1570 Abs. 1 Satz 2 BGB, für die erste Alternative der Belange des Kindes nach § 1570 Abs. 1 Satz 3 BGB, die Rücksichtnahme auf Problemkinder, deren Betreuung möglicherweise über den ersten Zeitraum hinaus erforderlich ist. 696

In der zweiten Alternative des § 1570 Abs. 1 Satz 3 BGB, den notwendig bestehenden Betreuungsmöglichkeiten, wird berücksichtigt, dass eben flächendeckend in der Praxis solche Möglichkeiten der Fremdbetreuung fehlen können, die eine Erwerbstätigkeit des betreuenden Elternteils ermöglichen. 697

Die Aufnahme des Begriffs „bestehende Möglichkeiten" der Kindesbetreuung führt allerdings, wie sich unschwer ablesen lässt, zu einem **weiteren Streitthema** im Prozess. 698

Der Unterhaltsberechtigte hat nämlich sämtliche **Tatbestandsvoraussetzungen des § 1570 BGB darzulegen und zu beweisen**, also auch zu beweisen, dass die Möglichkeit einer Kinderbetreuung fehlt. Dies wird angesichts des Rechts auf einen Kindergartenplatz schwierig sein, andererseits aber zusätzlicher Streitpunkt in Unterhaltsprozessen. 699

Für Prozesse betreffend **Trennungsunterhalt** stellt sich die zusätzliche Frage, ob diese Grundsätze auch darauf anwendbar sind. Jedenfalls könnte dies **ab Einreichung des Scheidungsantrags** gelten, da dann i.d.R. das Scheitern der Ehe feststeht und sich die Obliegenheit zur Erwerbstätigkeit nach § 1361 Abs. 2 BGB derjenigen des nachehelichen Unterhalts angleicht.[715] 700

---

712 RegE, BR-Drucks. 253/06, 26.
713 RegE, BR-Drucks. 253/06, 58.
714 RegE, BR-Drucks. 253/06, 26.
715 So Borth, FamRZ 2006, 813, 815.

D. Ehegattenunterhalt

701 Noch weiter vorverlegt werden könnte die Erwerbspflicht dann, wenn beide Parteien während der Trennungszeit das **endgültige Scheitern der Ehe feststellen** und nach Ablauf des Trennungsjahres – ggf. über ihre Rechtsanwälte oder/und in einer Mediation – die Folgen der Trennung und Scheidung zu regeln versuchen, ohne dass gleichzeitig Scheidungsantrag gestellt wird.[716]

702 Durch nachhaltige politische Diskussionen im Vorfeld der Verabschiedung des neu gestalteten Unterhaltsrechts ist in § 1570 BGB der jetzige Abs. 2 eingefügt worden. Danach verlängert sich, und dies ist der **zweite Ausnahmefall des § 1570 BGB**, die Verpflichtung zur Zahlung von Betreuungsunterhalt, „wenn dies unter Berücksichtigung der Gestaltung von Kinderbetreuung und Erwerbstätigkeit in der Ehe sowie der Dauer der Ehe der Billigkeit entspricht."

703 Damit wird dem durchgängig im Unterhaltsrecht maßgebenden Grundsatz des **Ausgleichs ehebedingter Nachteile** auch i.R.d. Betreuungsunterhalts Rechnung getragen.

704 Dieser Fall weiterer Unterhaltsberechtigung ist jedoch **auf Ausnahmefälle zu beschränken**.

705 Es ist nicht ungewöhnlich, ja durchaus der übliche Fall, wenn ein Ehepartner, i.d.R. die Kindesmutter, die alleinige, vollständige Betreuung des Kindes während der ersten drei Lebensjahre übernimmt. Schließlich wird die Regel sein, dass ein Elternteil, nämlich der andere Partner, durch Arbeitstätigkeit für die materielle Grundlage der Ehe sorgt. Ein solcher, üblicher Fall, kann nicht unter die Ausnahmevorschrift des § 1570 Abs. 2 BGB fallen.

706 Gemeint sein kann hier nur v.a. **der Fall mehrerer Kinderbetreuungszeiten** hintereinander durch Geburt mehrerer gemeinsamer Kinder. Dies führt insgesamt zu einer langen Betreuungszeit. Damit verfestigt sich eine Gestaltung der Ehe und eine entsprechende Rollenverteilung mit Betreuung der Kinder durch einen Ehepartner einerseits und der Arbeitstätigkeit des anderen Partners andererseits. Es kann dann der Billigkeit entsprechen, die Dauer des Unterhaltsanspruchs zu verlängern.

bb) Betreuungskosten

707 Ob vor Errechnung des anzusetzenden Einkommens die konkreten Kosten für die **Kindesbetreuung** sowie ein **Betreuungsbonus** abzuziehen sind und sodann das verblei-

---

[716] Dafür könnte die Entscheidung des OLG Hamm, FamRZ 2005, 367 (m. Anm. Born) sprechen, nach der die Begrenzung des Wohnwertes während der Trennungszeit mit Ablauf des Trennungsjahres bei offensichtlichem Scheitern der Ehe nicht mehr gelten soll; dagegen BGH, FamRZ 2000, 351, 353.

III. Grundlagen der Einkommensermittlung

bende Einkommen bis zu 50 % herabzusetzen sein wird, ist in Rechtsprechung und Literatur umstritten.

Der betreuende Ehegatte kann – so der **BGH** – auch **ohne Nachweis von besonderen Betreuungskosten einen Betreuungsbonus** für die mit den Betreuungsleistungen verbundenen erhöhten Belastungen geltend machen.[717] Der BGH hat einen Betreuungsbonus von **300,00 DM** im Einzelfall für angemessen gehalten.[718] Dieser wird im Hinblick auf die inzwischen vergangene Zeit und die Preissteigerungen zu erhöhen sein. Er ist danach höher anzusetzen, wenn mehrere betreuungsbedürftige Kinder vorhanden sind.[719]

708

Der Betreuungsbonus beträgt nach der – nicht einheitlichen – Rechtsprechung der OLG etwa zwischen 50,00 und 200,00 €.[720]

709

- **200,00 €** kommen in Betracht, wenn vollschichtig gearbeitet wird, obwohl keine Erwerbsobliegenheit besteht;[721]
- **100,00 €** sind gerechtfertigt, wenn der nicht erwerbspflichtige Berechtigte halbschichtig erwerbstätig ist oder bei einer Obliegenheit zur halbschichtigen Erwerbstätigkeit vollschichtig arbeitet;
- **50,00 €** sollen bei einem älteren Kind anzurechnen sein;
- **kein Betreuungsbonus** kommt etwa ab dem 14. Lebensjahr in Betracht.

Stattdessen oder ggf. daneben kann der Ehegatte – bei Einkünften aus unzumutbarer Tätigkeit – auch diejenigen **Kosten** geltend machen, die er für die Betreuung des Kindes während seiner **berufsbedingten häuslichen Abwesenheit** aufzuwenden hat.[722] Dazu gehören Kosten für die Kinderbetreuung vor Ort oder durch **Pflegepersonen**.[723]

710

---

717 BGH, FamRZ 2003, 518 m. Anm. Büttner, FamRZ 2003, 520; OLG Hamm, FamRZ 2004, 1108; BGH, FamRZ 2004, 1867.
718 FamRZ 1986, 790.
719 Vgl. aber OLG Köln, FamRZ 2002, 463, 464; dazu ausführlich OLG Hamm, FamRZ 2007, 1464.
720 Soyka, FK 2004, 114, 116.
721 Vgl. OLG Celle, FamRZ 2004, 1380, 1381.
722 Davon zu unterscheiden ist die grds. Einordnung der Kosten des Kindergartens. Die Kosten für den halbtägigen Besuch stellen keinen Mehrbedarf dar und sind von den Tabellensätzen der Düsseldorfer Tabelle erfasst, da der Halbtagsbesuch des Kindergartens heute die Regel ist: vgl. OLG Nürnberg, OLGR 2005, 845; Soyka, FK 2006, 23, 24: Kosten des Ganztagskindergartens können Mehrbedarf sein, da sie das übliche Maß überschreiten. Es müssen aber besondere pädagogische Gründe beim Kind vorliegen.
723 BGH, FamRZ 1991, 182; zur Gesamtthematik ausführlich OLG Hamm, FamRZ 2002, 1708.

D. Ehegattenunterhalt

711 Nach Abzug dieser beiden Positionen vom Einkommen der das Kind betreuenden Unterhaltsberechtigten ist ihr **verbleibendes Einkommen** i.d.R. zusätzlich angemessen herabzusetzen, i.d.R. nur zu **50 %** anzurechnen.[724]

> **Hinweis:**
>
> Das **Arbeitslosengeld I oder II**, das nach Ende einer überobligatorischen Arbeit gezahlt wird, beruht ebenso wie die nach Ende der überobligatorischen Arbeit gezahlte Abfindung **nicht auf (fortdauernder) überobligatorischer Arbeit**, sondern ist in normalem Umfang in die Differenzberechnung einzustellen.[725]

712 Zum Teil wird vorgeschlagen, eine **reine Bonuslösung** zu verwenden, die dem überobligatorisch erwerbstätigen Unterhaltsberechtigten – neben den konkreten Betreuungskosten – einen Teil des Erwerbseinkommens als abstrakten Betreuungsbonus anrechnungsfrei belässt.[726]

713 Nach anderer Auffassung sollte **ausschließlich eine hälftige Berücksichtigung** des Einkommens erfolgen.[727]

714 Allgemein verbreitet ist die Einschätzung, dass **Betreuungskosten** – zumindest in dem tatsächlich anfallenden Umfang – bei der Ermittlung des bedarfsrelevanten Einkommens vorab abzusetzen sind, jedenfalls soweit sie allein **ursächlich für die Ausübung der Erwerbstätigkeit** sind.[728] Darüber hinaus besteht Einverständnis darüber, dass Einkünfte aus unzumutbarer Erwerbstätigkeit **im Ergebnis bessergestellt** werden müssen als solche, die der Unterhaltsberechtigte aufgrund zumutbarer Arbeit erzielt.[729] Der **BGH**[730] erklärt, dass die Unzumutbarkeit in die Bedarfsbemessung einzustellen und in die Differenzberechnung einzubeziehen sei. Wie dies exakt geschehen soll, bleibt unklar.[731]

---

724 So auch OLG Köln, FamRZ 2002, 463; BGH, FamRZ 2003, 518 m. Anm. Büttner FamRZ 2003, 520 und Anm. Gutdeutsch, FamRZ 2003, 1002; OLG Hamm, FamRZ 2004, 376 m. Anm. Kofler, FamRZ 2004, 808.
725 OLG Köln, FamRZ 2006, 342.
726 Vgl. Scholz, FamRZ 2002, 733, 734; Graba, FamRZ 2002, 715, 720; Gerhardt, FuR 2002, 433, 435; so jetzt auch OLG Hamm, NJW 2003, 3424.
727 OLG Karlsruhe, FamRZ 2002, 133; Büttner, NJW 2001, 3244, 3245.
728 BGH, FamRZ 1983, 689; BGH, FamRZ 2001, 350, 352; Wendl/Staudigl/Scholz, Das Unterhaltsrecht in der familienrichterlichen Praxis, § 2 Rn. 295; OLG Köln FamRZ 2002, 463, 464; OLG Hamm, FamRZ 2002, 625.
729 Vgl. Büttner, NJW 2001, 3244, 3245 mit Rechenbeispielen; OLG Karlsruhe, FuR 2002, 317, 321; OLG Köln, FamRZ 2002, 463.
730 FamRZ 2002, 22, 23.
731 Vgl. auch BGH, FamRZ 2003, 518, 520 m. Anm. Büttner und Gutdeutsch, FamRZ 2003, 1002.

III. Grundlagen der Einkommensermittlung

Die Unterschiede werden deutlich an folgendem

Fallbeispiel:[732]

F und M streiten um Unterhalt; aus der Ehe sind zwei Kinder hervorgegangen (7 und 8 Jahre alt); M erzielt ein unterhaltswirksames Einkommen i.H.v. 2.000,00 €, F ein solches von monatlich 325,00 €.

F betreut die Kinder.

(1) OLG Köln

Das **OLG Köln**[733] knüpft an die tatsächlich erzielten Nettoeinkünfte an. Diese werden zunächst vermindert um die **effektiven Betreuungskosten** sowie zusätzlich um einen **Betreuungsbonus**. Darüber hinaus kommt unter Heranziehung von § 1577 Abs. 2 BGB eine **weitere Einkommenskürzung** bis zu 50 % in Betracht. Das verbleibende Einkommen ist im Wege der Differenzberechnung in die Bedarfsberechnung einzustellen. Dies ergibt folgende Bedarfsermittlung:

Einkommen M	2.000,00 €	
Kindesunterhalt K1	./. 292,00 €	
Kindesunterhalt K2	./. 292,00 €	
Resteinkommen	1.416,00 €	1.416,00 €

Einkommen F		325,00 €
Betreuungsbonus		./. 100,00 €
Kürzung (50%)		./. 112,50 €
Resteinkommen		112,50 €	112,50 €
Differenz		1.303,50 €
Ungedeckter Bedarf (3/7)		**558,64 €**

Es ist fraglich, ob diese Berechnung nach dem Halbteilungsprinzip Rechnung trägt. Der Unterhaltsverpflichtete hat noch 857,36 € zur Verfügung (1.416,00 € ./. 558,64 €), die Berechtigte hat 883,64 € zur Verfügung (325,00 € + 558,64 €).

---

732 Anm.: Es werden die zum Entscheidungszeitpunkt gültigen Tabellensätze der Düsseldorfer Tabelle sowie die damalige Rechtslage zugrunde gelegt; Fallbeispiel von Schmitz, Vors. 19. Senat OLG Celle.
733 FamRZ 2002, 463 = NJW 2001, 3716.

D. Ehegattenunterhalt

(2) OLG Karlsruhe

718 Demgegenüber berücksichtigt das **OLG Karlsruhe**[734] auf der Ebene der Bedarfsbestimmung jedwede Einkünfte der Eheleute. Auch die Einkünfte aus unzumutbarer Erwerbstätigkeit können danach als **Surrogat** für die ansonsten zugunsten der Familie erbrachten Haushaltsleistungen angesehen werden. Auf der Stufe der **Bedürftigkeit** werden diese Einkünfte dann gesondert behandelt (§ 1577 Abs. 2 BGB). Unter Billigkeitsgesichtspunkten hält das OLG einen **hälftigen Ansatz** bei der Bedarfsdeckung für gerechtfertigt. Danach würde wie folgt gerechnet:

Einkommen M	2.000,00 €		
Kindesunterhalt K1	./. 292,00 €		
Kindesunterhalt K2	./. 292,00 €		
Resteinkommen	<u>1.416,00 €</u>	x 6/7	1.214,00 €
Einkommen F	325,00 €	x 6/7	279,00 €
Gesamtbedarf			1.493,00 €
Bedarfsanteil F			746,50 €
Anrechnung	279,00 €	(50 %)	139,50 €
Ungedeckter Bedarf			**<u>607,00 €</u>**

(3) OLG München

719 Auch das **OLG München**[735] lässt im Ausgangspunkt alle Einkünfte als eheprägend in die Bedarfsbemessung eingehen. Der Umfang bemisst sich allerdings unter Berücksichtigung eines „**pauschalen Betreuungsbonus**", der einerseits die Wahrung des **Halbteilungsgrundsatzes** berücksichtigen muss, andererseits die besondere Belastung, die mit einer **erheblich aufwendigeren Berufstätigkeit bei gleichzeitiger Kindesbetreuung** verbunden sind. Eines Rückgriffes auf § 1577 Abs. 2 BGB bedarf es nach dieser Auffassung nicht. Dies führt zu folgender Rechnung:

Einkommen M	2.000,00 €		
Kindesunterhalt K1	./. 292,00 €		
Kindesunterhalt K2	./. 292,00 €		
Resteinkommen	<u>1.416,00 €</u>	x 6/7	1.214,00 €

---

734 NJW 2002, 900, 901 = FamRZ 2002, 820.
735 FuR 2002, 329.

III. Grundlagen der Einkommensermittlung

Einkommen F	325,00 €		
Betreuungsbonus	./. 100,00 €		
Resteinkommen	**225,00 €**	x 6/7	193,00 €
Gesamtbedarf			1.407,00 €
Bedarfsanteil F			703,50 €
Eigeneinkommen			./. 193,00 €
Ungedeckter Bedarf			**510,50 €**

Gegen die Vorgehensweise des **OLG Köln** wird eingewendet, dass die pauschale Bonusregelung neben einer nur 50 %igen Berücksichtigung des Resteinkommens zu einem Missverhältnis bei dem für die Eheleute tatsächlich verfügbaren Einkommen führt. I.Ü. stößt die Vorgehensweise der **OLG Köln und Karlsruhe** auf systematische Bedenken. Es wird eingewendet, dass als prägend festgestellte Einkünfte nicht bei Bedarf und Bedürftigkeit unterschiedlich definiert werden dürfen.[736]

720

Die Berechnungsweise des **OLG München**, i.Ü. auch vom **OLG Celle** favorisiert, erscheint angesichts einer Parallele zu anderer Fallkonstellation plausibel. In dem Fall eines auf Unterhalt in Anspruch genommenen Ehegatten, der vor dem Hintergrund einer eigenen Kindesbetreuung einer zumindest teilweise unzumutbaren Erwerbstätigkeit nachgeht, hat der **BGH** bereits entschieden,[737] dass der Unterhaltspflichtige auch ohne den Nachweis konkreter Betreuungskosten einen **pauschalen Bonusbetrag** vorab von seinem ansonsten bemessungsrelevanten Einkommen absetzen kann.[738]

721

Angemessen erscheint im Hinblick auf die Lösung „nach Treu und Glauben unter Berücksichtigung der Umstände des Einzelfalles",[739] dass die verschiedenen Lösungswege kombiniert werden. Das **OLG Hamm** meint dazu: „Welchem Lösungsweg der Vorzug zu geben ist, richtet sich nach Auffassung des Senats danach, ob der jeweilige Lösungsweg zu einem angemessen Ergebnis führt, d.h. ob das gefundene Ergebnis (1) dem Halbteilungsgrundsatz noch hinreichend gerecht wird und (2) die überobligatorische Erwerbstätigkeit ausreichend privilegiert".[740] Das OLG Hamm löst den konkreten Fall mit der Anwendung einer reinen Bonuslösung in Verbindung mit der Berücksichtigung konkreter Betreuungskosten und zieht § 1577 Abs. 2 BGB nicht her-

722

---

736 Vgl. zur Kritik auch Borth, FamRB 2002, 133.
737 Vgl. zuletzt BGH, FamRZ 2001, 350, 352 m.w.N.
738 Zu den Einwendungen namentlich gegen OLG Köln vgl. auch OLG Hamburg, FamRZ 2003, 135; OLG Hamburg, FamRZ 2003, 235 = FamRB 2003, 41 m. Anm. Borth.
739 BGH, FamRZ 2001, 350, 352.
740 Vgl. OLG Hamm, FamRZ 2002, 1708, 1709.

an.[741] Für eine Anwendung des § 1577 Abs. 2 BGB mit Einbeziehung des hälftigen Einkommens in die Bedarfsberechnung plädiert das OLG Koblenz.[742]

Praxistipp:

Ist die Ehefrau während des Zusammenlebens vollschichtig erwerbstätig und setzt sie dies auch nach der Geburt eines gemeinsamen Kindes fort, so kann sie sich u.U. nicht darauf berufen, dass ihre Tätigkeit überobligatorisch ist.[743]

Hinweis:

Alle **Leitlinien von OLG**, die Kinderbetreuungskosten regeln, **erkennen einen Betreuungsbonus** an. Dieser wird in einigen Leitlinien wie folgt bestimmt:

- OLG Frankfurt am Main beziffert ihn mit 200,00 € bei nicht bestehender Erwerbsobliegenheit;
- OLG Thüringen setzt 160,00 € an;
- OLG Dresden nimmt ihn nur bei Kindern unter 14 Jahren an.

c) Prägendes Einkommen beim Ehegattenunterhalt

Bis zum **Urteil des BGH v. 13.06.2001** galt, dass die ehelichen Lebensverhältnisse zum Zeitpunkt der Trennung **ausschließlich durch das Erwerbseinkommen** (und sonstige Faktoren) geprägt waren und z.B. die Haushaltsführung der die Kinder betreuenden Ehefrau nicht in den monetären Maßstab der ehelichen Lebensverhältnisse einging. Mit dem o.g. Urteil des **BGH**[744] hat der BGH seine Rechtsprechung zu den „ehelichen Lebensverhältnissen" aufgrund einer Neubewertung der **nicht vergüteten Haushaltsführung** geändert. Mit dem Hinweis auf die den gesetzlichen Regelungen zugrunde liegende **Gleichwertigkeit** (§§ 1360, 1356, 1606 BGB) **der Leistungen beider Ehegatten** (hier: Haushalt und Kinder – da: Erwerbseinkommen) ist zwar weiterhin davon auszugehen, dass das Erwerbseinkommen des einen Ehegatten den primären Faktor der Unterhaltsbemessung bildet; indessen werden die ehelichen Lebensverhältnisse

---

741 OLG Hamm FamRZ 2002, 1708, 1710; vgl. auch OLG Hamm, FamRZ 2004, 376.
742 FamRB 2003, 113 m. Anm. Borth; vgl. hierzu auch die Anm. von Luthin zu BGH, FamRZ 2003, 518, in: FamRB 2003, 142.
743 Zur Abwägung mit Berechnungsbeispielen vgl. OLG Hamm, Urt. v. 09.05.2003 in FuR 2003, 418.
744 FamRZ 2001, 986; weiter BGH, FamRZ 2001, 1291, 1293 und zuletzt FamRZ 2002, 88.

III. Grundlagen der Einkommensermittlung

nunmehr auch „**durch die Gesamtheit aller wirtschaftlich relevanten beruflichen, gesundheitlichen, familiären und ähnlichen Faktoren mitbestimmt**".[745]

Das erfasst nun auch die Leistungen, die für die Führung des Haushalts notwendig sind. Gleichwohl hat es der BGH auch in dieser Entscheidung abgelehnt, die Tätigkeit der Haushaltsführung und Kinderbetreuung als solche zum Zwecke der qualitativen Vergleichbarkeit mit dem Erwerbseinkommen zu „monetarisieren". Denn jedenfalls in dem – von ihm zu entscheidenden – Fall, in dem der unterhaltsberechtigte Ehegatte nach der Scheidung ein Einkommen erzielte, welches gleichsam als ein **Surrogat des wirtschaftlichen Wertes seiner bisherigen Tätigkeit** angesehen werden kann, ist dieses **Einkommen als die ehelichen Lebensverhältnisse prägend in die Bedarfsbemessung nach § 1578 BGB einzubeziehen.**[746] Nimmt man als **Fallbeispiel**, dass der Ehemann 2.000,00 € (bereinigt) verdiente, die Ehefrau nach Trennung/Scheidung 1.000,00 € verdient, so stand ihr nach altem Recht kein Unterhaltsanspruch zu (2.000,00 € : 2), nach neuem Recht jedoch wie folgt: (2.000,00 € + 1.000,00 €) : 2 = 1.500,00 € Bedarf. Da sie diesen mit ihrem Eigeneinkommen i.H.v. 1.000,00 € nur teilweise decken kann, steht ihr im Fallbeispiel i.H.d. verbleibenden Differenzbetrages ein Aufstockungsunterhalt i.H.v. 500,00 € zu.

724

Umgekehrt gilt dasselbe: Mit seiner geänderten Rechtsprechung zur Erwerbstätigkeit bei und nach Haushaltsführung eines Ehegatten hat der BGH auch hier eine Kehrtwendung vollzogen, wonach nunmehr selbst ein **Einkommen**, das der **unterhaltsberechtigte Ehegatte** nach der Ehescheidung **erzielen kann**, aber nicht erzielt, als **die ehelichen Lebensverhältnisse prägend** die Höhe seines Bedarfs mitbestimmt.[747] Im o.g. Beispiel steht danach der Ehefrau ebenfalls ein Aufstockungsunterhalt i.H.v. (2.000,00 € + 1.000,00 €) : 2 ./. 1.000,00 € = 500,00 € zu. Es wirkt sich daher das Bestehen einer Erwerbsobliegenheit bereits bedarfswirksam aus.

725

Prägend sind nach einem weiteren Urteil des **BGH**[748] **auch Rentenbeträge**. Der BGH hat damit seine früher gefestigte Rechtsprechung[749] aufgegeben. Nach der **früheren Rechtsprechung** war der auf den Versorgungsausgleich zurückzuführende Teil der Rente bei der Bestimmung der ehelichen Lebensverhältnisse – und damit bedarfsbestimmend – **nicht zu berücksichtigen**. Durch ihn ermäßigte sich der Unterhaltsan-

726

---

745   BGH, FamRZ 2001, 986, 989; vgl. auch BVerfG, Beschl. v. 05.02.2002, FamRZ 2002, 527; zur Neubewertung der ehelichen Lebensverhältnisse vgl. Gerhardt, FamRZ 2003, 272 mit Berechnungsbeispielen; zu „neuen Gerechtigkeitsproblemen" nach dem Urteil des BGH v. 13.06.2001 vgl. auch Scholz, FamRZ 2003, 265.
746   BGH, FamRZ 2001, 986, 991; OLG Hamm, FamRZ 2002, 1708, 1708.
747   BGH, FamRZ 2001, 986, 991.
748   V. 31.10.2001 – XII ZR 292/99, FamRZ 2002, 88.
749   FamRZ 1982, 470; FamRZ 1987, 459; FamRZ 1987, 913; FamRZ 1988, 1156; FamRZ 1989, 139; FamRZ 1989, 159.

spruch auf den Unterschiedsbetrag zwischen diesem Teil der Rente und dem eheangemessenen Unterhalt.

727 In seinem neueren Urteil hat der **BGH**[750] jedoch diese Rechtsprechung aufgegeben und ausgeführt, dass die in seinem Urt. v. 13.06.2001[751] aufgeführten **Grundsätze über den Einfluss einer erst nach der Ehescheidung aufgenommenen Erwerbstätigkeit auf den Bedarfsmaßstab i.S.d. § 1578 BGB (Surrogatstheorie) in gleicher Weise auch für bezogene Renten** gelten.

728 Auch wenn bspw. die Ehefrau aus Altersgründen nach der Ehe keine Erwerbstätigkeit mehr aufgenommen habe, sondern Altersrente beziehe, sei diese in gleicher Weise als Surrogatseinkommen in die Bedarfsberechnung einzubeziehen **und zwar insgesamt**, ohne Unterscheidung danach, dass sie teilweise auf eigenen vorehelichen Anwartschaften, teilweise auf dem infolge der Scheidung durchgeführten Versorgungsausgleich beruhe.

729 Dem Versorgungsausgleich liegt danach der Gedanke zugrunde, dass die vom Ausgleichsverpflichteten erworbenen und formal ihm zugeordneten Versorgungsanrechte auf einer **gemeinsamen Lebensleistung** beider Ehegatten beruhten, ohne Rücksicht darauf, ob es sich um Erwerbstätigkeit oder Haushaltsführung handele, und dass beide Tätigkeiten **gleichwertige Beiträge zum Familienunterhalt** erbrächten (§ 1360 BGB).

730 Das vom allein- oder überwiegend erwerbstätigen Ehegatten **in der Ehe angesammelte Versorgungsvermögen** gebühre daher zu einem entsprechenden Teil auch demjenigen Ehegatten, dem es nicht formal zugeordnet sei, und sei im Fall der Scheidung zu teilen. Unter diesem Gesichtspunkt stellen sich **die im Versorgungsausgleich erworbenen Rentenanwartschaften** – hier – der Ehefrau gleichsam **als Surrogat für ihre Haushaltsführung in der Ehe** dar.

731 Die daraus bezogene **Rente** der Ehefrau trete **an die Stelle ihres sonst möglichen Erwerbseinkommen** und sei daher bei der Bedarfsbemessung nach dem Maßstab des § 1578 BGB mit zu berücksichtigen.

732 Diese Grundsätze gelten auch für den Unterhaltsanspruch bei einer sog. **Altehe**.[752]

---

750 FamRZ 1982, 470.
751 FamRZ 2002, 986.
752 BGH, FamRZ 2006, 317; der BGH hat in der Entscheidung die Renteneinkünfte der früheren Ehefrau (1970 aus Verschulden des Beklagten geschieden) als eheprägendes Surrogat für ihre Haushaltstätigkeit berücksichtigt; vgl. dazu Soyka, FK 2006, 77; interessant in diesem Zusammenhang: der BGH hat der Klägerin wegen Verstoßes gegen ihre Erwerbsobliegenheit eine fiktive Rente zugerechnet, vgl. BGH, FamRZ 2006, 317.

III. Grundlagen der Einkommensermittlung

Anderer Auffassung ist das **KG**,[753] wonach **Renten** (Anteile), die auf dem **Versorgungsausgleich** beruhen, die **ehelichen Lebensverhältnisse nicht prägen**. Das KG bezeichnet die Entscheidung des BGH v. 31.10.2002 als „weder logisch noch gar zwingend".[754] Der Versorgungsausgleich führe nicht zu einer Mittelvermehrung, sondern nur zu einer mit der Einführung des Versorgungsausgleichs beabsichtigen, von unterhaltsrechtlichen Risiken freien Mittelverteilung i.S.e. **eigenständigen sozialen Sicherung des Berechtigten**.[755]

733

Die Auffassung des KG ist durchaus nachvollziehbar, wie sie sich an dem vom KG aufgezeigten Beispiel in seiner Urteilsbegründung zeigt.[756]

734

Klargestellt hat der BGH i.Ü. nunmehr, dass beim Ehegattenunterhalt ein Einkommen des Bedürftigen aus einer überobligatorischen Tätigkeit die ehelichen Lebensverhältnisse prägt, soweit es nach § 1577 Abs. 2 BGB anrechenbar ist.[757]

735

Nach der neueren Rechtsprechung des **BGH**[758] prägen auch **geldwerte Vorteile** für gegenüber einem **neuen Lebenspartner erbrachte Versorgungsleistungen** die ehelichen Lebensverhältnisse[759] oder ebenso **Aufwendungen für sog. betreutes Wohnen** des Ehepartners, soweit es Aufwendungen für Wohnen betrifft.[760]

736

Kapitaleinkünfte sind nur bis zu der Höhe bedarfsbestimmend, in der sie bereits im **Zeitpunkt der Scheidung bezogen** wurden.[761]

737

Für den **trennungs- und scheidungsbedingten Wegfall des Wohnvorteils** galt früher nach ständiger Rechtsprechung des BGH, dass durch **Veräußerung des Familien-**

738

---

753   FamRZ 2002, 460 und FamRZ 2002, 1406.
754   FamRZ 2002, 461.
755   KG, FamRZ 2002, 460 und FamRZ 2002, 1406.
756   FamRZ 2002, 461 unten, 462.
757   BGH, FamRZ 2005, 1154 m. Anm. Gerhardt FamRZ 2005, 1158 (im Gegensatz zur früheren, gefestigten Rspr. des BGH, zuletzt FamRZ 1998, 1501).
758   Vgl. Urt. v. 05.09.2001, FamRZ 2001, 1693.
759   A.A. AG Neuwied, FamRZ 2002, 1628 und OLG Oldenburg, FamRZ 2002, 1488 = FPR 2003, 125 mit der Begründung eines unlösbaren Widerspruchs im Rahmen von § 1578 BGB. Prägend könnten nur Einkünfte mit Grundlage in der Ehe sein; das „Auswechseln" des Ehepartners sei mit dem Wesen der Ehe nicht vereinbar, die Verbindung zu den früheren ehelichen Lebensverhältnissen fehle; die Versorgung könne daher kein Surrogat für die Haushaltsführung in der Ehe sein; zu dieser Entscheidung vgl. Anm. Borth, FamRB 2002, 257 und FamRZ 2002, 1603, der die Entscheidungen mit der neuen Hausfrauen-Rechtsprechung des BGH für nicht vereinbar hält; zum Streitstand vgl. auch Schnitzler, FF 2003, 42.
760   Vgl. AG Besigheim, FamRZ 2004, 546.
761   Vgl. BGH, FamRZ 2003, 848 m. Anm. Hoppenz = BGH-Report 2003, 666 m. Anm. Luthin.

D. Ehegattenunterhalt

heims weggefallener Wohnvorteil die ehelichen Lebensverhältnisse geprägt habe und dieser über den Zeitpunkt der Veräußerung hinaus „**fiktiv**" fortzuschreiben sei.[762]

739 Folgerichtig kam den Eheleuten nach einer Veräußerung verbleibendem Erlös keine bedarfsprägende **Bedeutung** zu.

740 Dies galt auch für den Fall, dass die Zinsen aus dem Verkaufserlös den Wohnwert überstiegen.[763]

Mit dem **Urteil des BGH v. 03.05.2001**[764] ist diese Rechtsprechung aufgegeben worden. Der Vorteil, der einem Ehegatten aus dem mietfreien Wohnen im eigenen Haus zuwächst und der deshalb bei der Ermittlung des unterhaltsrechtlich relevanten Einkommens zu berücksichtigen ist, richtet sich nunmehr nach den **tatsächlichen Verhältnissen**.

741 Mit dem Verkauf des Hauses sind die Nutzungsvorteile für beide Ehegatten entfallen, sodass ein fiktiver Ansatz des Wohnvorteils nicht mehr in Betracht kommt. Die damit einhergehende Einbuße muss von beiden Ehegatten getragen werden.[765]

742 **An dessen Stelle** treten deshalb die bei der Veräußerung **erlösten Beträge** und die daraus erzielten (oder erzielbaren) Zinsvorteile.

743 Auch hier wird bei der Fortschreibung der ehelichen Lebensverhältnisse auf den Surrogat-Gedanken abgestellt.[766]

744 Dies führt dazu, dass die erzielten Zinsen nunmehr selbst dann **in voller Höhe bedarfsprägend** zu berücksichtigen sind, wenn sie **höher oder niedriger** ausfallen als der bis dahin gezogene Wohnvorteil.[767]

Beispiel:

F und M werden geschieden. Erwerbseinkommen M: 2.000,00 €, F: 1.000,00 €. Das gemeinsame Einfamilienhaus mit objektivem Mietwert von 1.000,00 € (und Hauslasten von 400,00 €) wurde nach der Trennung verkauft. Erlös: 200.000,00 €, hälftig geteilt. F erzielt Zinsen von 300,00 € monatlich, M von 200,00 € monatlich.

---

762 BGH, FamRZ 1985, 354 356; BGH, FamRZ 1992, 423; BGH, FamRZ 1994, 1100, 1102; BGH, FamRZ 1998, 87.
763 BGH, FamRZ 1992, 423, 425.
764 BGH, FamRZ 2001, 1140.
765 BGH, FamRZ 2001, 986, 991.
766 Sog. Wohnwertsurrogat, so BGH, FamRZ 2002, 92; BGH, FamRZ 2004, 1357.
767 BGH, FamRZ 2002, 88, 92; BGH, FF 2005, 250 m. Anm. Finke, FF 2005, 253.

III. Grundlagen der Einkommensermittlung

Lösung:

Erwerbseinkommen M	2.000,00 € × 6/7 = 1.714,00 €
Erwerbseinkommen F:	1.000,00 € × 6/7 = 857,00 €
Zinsen M+F	500,00 €
Insgesamt	3.071,00 €
hälftiger Bedarfsanteil F	1.535,50 €
Eigeneinkünfte F	(857,00 € + 300,00 € =) 1.157,00 €
Aufstockungsunterhaltsanspruch (§ 1573 Abs. 2 BGB)	378,50 €

Die Unterschiedlichkeit der erzielten Zinsgewinne spielt bei der Berechnung **keine** Rolle. Dies ist nur anders, wenn sich die tatsächliche Anlage des Vermögens als **eindeutig unwirtschaftlich** darstellt. Nur dann kann auf eine andere Anlageform und durchaus erzielbare Beträge verwiesen werden.[768]

745

Allerdings ist der Verbrauch (eines Teils) des einer Partei zufließenden Kapitals zu berücksichtigen. Dies gilt unabhängig davon, ob der Verbrauch in unterhaltsrechtlich anerkennenswerter Weise erfolgt.

746

Bei einem Verbrauch ohne die Möglichkeit der Zurechnung anderweitiger entsprechender Gebrauchsvorteile (wie etwa beim Erwerb einer Eigentumswohnung), bleibt zur Bedarfsermittlung ein entsprechender Teil des Kapitals **auch bei dem anderen Ehegatten unberücksichtigt**.

Die Rechtsprechung argumentiert damit, dass bei einem Verbrauch auch in unterhaltsrechtlich anerkennenswerter Weise die betreffende Partei umso günstiger stünde, je mehr sie von dem ihr jeweils zugeflossenen Kapital verbraucht. Dies ist im Ergebnis richtig, weil aufseiten des Pflichtigen der Verbrauch zu einer Verringerung der Differenz der beiderseitigen Einkommen und damit zu einem niedrigeren Unterhaltsanspruch führt. Aufseiten des Berechtigten erhöhen niedrigere Zinserlöse die Differenz.[769]

747

Wird eine früher als Ehewohnung dienende Immobilie nicht verkauft, sondern von einer der Parteien vollständig erworben und bleibt die andere – unterhaltsberechtigte – Partei dort wohnen, so stellt nach Auffassung des **BGH** die gezahlte Nutzungsentschädigung das Surrogat für den weggefallenen Wohnvorteil aufseiten des Unterhaltspflichtigen dar.[770]

748

---

768 BGH, FamRZ 2001, 1140, 1143.
769 Vgl. hierzu OLG Koblenz, FamRZ 2002, 1407.
770 BGH, FamRZ 2005, 1817; krit. dazu Soyka, FK 2006, 6.

749 **Anwendungsfälle der Anrechnungsmethode** sind lediglich noch:
- Mehreinkommen nach **Karrieresprung**,[771]
- Einkommenszuflüsse aus **Erbschaft, Schenkung, Lottogewinn**,
- Erträge aus Einkommen, das nach den ehelichen Lebensverhältnissen nicht zum Konsum gedient hat, sondern der **Vermögensbildung** zugeführt wurde.

d) Einkünfte aus Vermögen

750 Einkünfte des Verpflichteten aus Vermögen, insbes. aus **Kapital**, sind unterhaltsrechtliches Einkommen und daher immer zu berücksichtigen. Wird vorhandenes Kapital **nicht ertragreich** angelegt, sind erzielbare **Zinseinkünfte fiktiv** anzusetzen.[772] Beim **Berechtigten** können fiktive Zinseinkünfte angesetzt werden, soweit eine mutwillige Herbeiführung der Bedürftigkeit i.S.d. § 1579 Nr. 3 BGB vorliegt,[773] nach neuerer Rechtsprechung weiter gehend schon dann, wenn sich die tatsächliche Anlage des Vermögens „als eindeutig unwirtschaftlich" darstellt.[774]

751 Eine **Vermögensverwertung** ist beim **nachehelichen Ehegattenunterhalt** in § 1577 Abs. 3 BGB geregelt. Der **Bedürftige** braucht danach sein Vermögen nicht zu verwerten, wenn dies unwirtschaftlich oder unter Berücksichtigung der beiderseitigen wirtschaftlichen Verhältnisse unbillig wäre.[775] Es handelt sich dabei immer um tatrichterliche Ermessensfragen. In der Praxis wird eine Vermögensverwertung nur sehr selten bejaht.[776]

752 Beim **Pflichtigen** gelten nach § 1581 Satz 2 BGB die gleichen Grundsätze.

> **Hinweis:**
>
> Beim **Trennungsunterhalt** fehlt eine den §§ 1577 Abs. 3, 1581 Satz 2 BGB entsprechende Bestimmung. Aus § 1361 Abs. 1 Satz 1 BGB ergibt sich lediglich, dass auch der Vermögensstamm herangezogen werden kann. Da beim **Trennungsunterhalt** im Gegensatz zum nachehelichen Unterhalt **keine Eigenverantwortung** besteht, kommt die **Vermögensverwertung** sowohl beim Bedürftigen als auch beim Pflichtigen grds. nicht in Betracht.[777] Die wirtschaftliche Grundlage

---

771 BGH, FamRZ 2001, 986; OLG Köln, FamRZ 2001, 1374.
772 BGH, FamRZ 1988, 604, 607.
773 BGH, FamRZ 1990, 989, 991.
774 BGH, FamRZ 2001, 1140, 1143.
775 Hälftiger Verbrauch ist aber zumutbar, so: OLG Oldenburg, FamRZ 2005, 718, 719.
776 Vgl. BGH, FamRZ 1985, 354, 356; Palandt/Brudermüller, BGB, § 1577 Rn. 34 ff.; MünchKomm-BGB/Richter, § 1577 Rn. 33 ff.
777 Mögliche Ausnahme: Teilverwertung oder Belastung einzelner Grundstücke bei landwirtschaftlichem Betrieb, vgl. BGH, FamRZ 1986, 556.

> der ehelichen Gemeinschaft darf nicht beeinträchtigt werden, um den Ehegatten nicht die Möglichkeit zu nehmen, wieder zueinander zurückzufinden.[778]

e) Einkünfte durch Sachentnahmen

Werden eheliche Lebensverhältnisse nicht nur durch Geldeinnahmen, sondern auch durch **Sachentnahmen oder andere vermögenswerte Vorteile** bestimmt, so sind diese Vorteile – ggf. im Wege der **Schätzung** – zu bewerten und in die Einkommensberechnung einzustellen.[779]

753

Auch z.B. **Produkte aus dem eigenen landwirtschaftlichen Betrieb** prägen die ehelichen Einkommensverhältnisse, sodass diese **mit ihrem Wert zu veranschlagen** und in die Einkommensberechnung einzustellen sind.[780]

754

Das tatrichterliche Ermessen bei der Bestimmung der Höhe nach rechtfertigt allerdings **nicht den Übergang von der Quotierung zur konkreten Bedarfsberechnung**. Allerdings kann im absoluten Mangelfall auch auf **Mindestbedarfsbeträge** zurückgegriffen werden.[781]

755

Im Ergebnis wird damit für die Mangelfallberechnung an die Überlegung angeknüpft, dass der **Bedarf** einer Familie bei bestehender Lebens- und Unterhaltsgemeinschaft **aus den zur Verfügung stehenden Mitteln bestritten** worden ist und ein vorliegender Mangel deshalb von allen Familienmitgliedern getragen worden ist.

Der **BGH** erklärt hierzu:

756

„Die Familie musste mit den vorhandenen Mitteln auskommen und hat das – erforderlichenfalls unter Hinnahme von Einschränkungen – auch ermöglicht, sodass regelmäßig das Existenzminimum gewahrt gewesen sein dürfte. In welcher Höhe der so angesetzte Bedarf befriedigt werden kann, ist eine – von den vorhandenen Mitteln und den weiteren Unterhaltspflichten abhängige – weitere Frage."[782]

IV. Unterhaltstatbestände

Das bestehende System des nachehelichen Unterhalts ist einerseits geprägt vom **Grundsatz der Eigenverantwortung**, § 1569 BGB, andererseits von dem aus Art. 6 GG abgeleiteten Grundsatz der nach der Scheidung fortwirkenden **Verantwortung der**

757

---

778 BGH, FamRZ 1985, 360, 361; BGH, FamRZ 1986, 556, 557; Wendl/Staudigl/Haußleiter, Das Unterhaltsrecht in der familienrichterlichen Praxis, § 1 Rn. 318.
779 BGH, FamRZ 2005, 97.
780 BGH, FamRZ 2005, 97, 98.
781 BGH, FamRZ 2005, 97, 98; so schon BGH, FamRZ 2003, 363, 365.
782 Im Anschluss an das Senatsurt. v. 22.01.2003 in FamRZ 2003, 363, 365 in FamRZ 2005, 98.

D. Ehegattenunterhalt

früheren **Ehepartner füreinander**, die sich u.a. in den Unterhaltstatbeständen der §§ 1570 ff. BGB konkretisiert.[783]

758 Schon bislang galt allerdings der – verfassungsgemäße – Grundsatz der Eigenverantwortung nach der Ehe, sodass **nach der Systematik** ein nachehelicher Unterhaltsanspruch nicht die Regel, sondern die Ausnahme sein sollte.

759 Zudem bestand seit dem **Unterhaltsänderungsgesetz v. 20.02.1986**[784] – unter engen Voraussetzungen –[785] die Möglichkeit, nacheheliche Unterhaltsansprüche der Höhe und der Dauer nach zu begrenzen, §§ 1573 Abs. 5, 1578 Abs. 1 BGB.

760 Das Regel-Ausnahme-Prinzip hat sich in der Vergangenheit allerdings in sein Gegenteil verkehrt.

Dies erschwert jeden Neuanfang in zweiter Ehe erheblich und wird, gerade bei kurzer Ehe, häufig als ungerecht empfunden.

761 Dem ist durch Veränderung/Neufassung der §§ 1570 ff. BGB begegnet worden, aber auch dadurch, dass § 1569 BGB eine nahezu komplett neue Fassung erhalten hat.

762 Die bisherige, eher nichtssagende Überschrift „Abschließende Regelung" ist ersetzt worden durch eine prägnante Überschrift, die dem Inhalt eine neue Zielrichtung gibt.

763 Ging es in § 1569 BGB früherer Fassung darum, dass man/frau Unterhalt nach den nachfolgenden Vorschriften der §§ 1570 ff. BGB verlangen kann, wird im seit dem 01.01.2008 geltenden § 1569 BGB im ersten Satz die Eigenverantwortung hervorgehoben.

764 Die Überschrift des § 1569 BGB stärkt den Grundsatz. Der erste Satz erklärt die Erwerbstätigkeit zur Obliegenheit. Der zweite Satz formuliert statt „kann [...] nicht selbst [...] sorgen" **schärfer** mit „Ist er dazu außerstande [...]" und **betont** mit der Einfügung des Wortes „nur", dass ein Unterhaltsanspruch gemessen am Grundsatz der Eigenverantwortung die Ausnahme, nicht die Regel sein soll und daher nur in Betracht kommt, wenn einer der Unterhaltstatbestände der §§ 1570 ff. BGB vorliegt.[786]

---

783 So RegE, BR-Drucks. 253/06, S. 18.
784 BGBl. I, S. 301.
785 Die in jüngerer Zeit von der Rechtsprechung deutlich erweitert worden sind, vgl. dazu unten Ziff. D. V. 6., Rn. 1051 ff.
786 Vgl. RegE, BR-Drucks. 253/06, S. 25.

Dadurch sind erhöhte Anforderungen an die Wiederaufnahme einer Erwerbstätigkeit gestellt und Beschränkungsmöglichkeiten geschaffen worden, die namentlich auf die Frage „ehebedingter Nachteile" abstellen.[787]   765

Im Regierungsentwurf ist im Zusammenhang mit der Neufassung des § 1569 BGB von „neuer Rechtsqualität" und davon die Rede, dass die Vorschrift „in weit stärkerem Maße als bisher" als Auslegungsgrundsatz für die einzelnen Unterhaltstatbestände heranzuziehen sei.[788]   766

Dies entspricht der ohnehin vorhandenen Tendenz in der Rechtsprechung zur zeitlichen Begrenzung des nachehelichen Unterhaltsanspruchs.[789]   767

Der **BGH** hat klargestellt, dass es keinen automatischen Ausschluss des Zeitunterhalts nach 10-jähriger Ehedauer gibt.[790]   768

In einem **Urt. v. 12.04.2006** hat der **BGH** zusätzlich klargestellt, dass die lange Ehedauer „einer Befristung regelmäßig nur dann entgegen(steht), wenn und soweit es für den **bedürftigen Ehegatten – namentlich unter Berücksichtigung seines Alters im Scheidungszeitpunkt – unzumutbar** ist, sich dauerhaft auf den niedrigeren Lebensstandard, der seinen eigenen beruflichen Möglichkeiten entspricht, einzurichten.[791]   769

Nach **OLG Köln**[792] kommt eine zeitliche Begrenzung auch nach einer kinderlosen Ehe von zwölf Jahren und sieben Monaten in Betracht, und zwar hier, da beide Rentner sind, auf ein Jahr nach Scheidungsrechtskraft.   770

Immer „begrenzungsfreundlicher" ist auch das **OLG Düsseldorf**[793] geworden: Dort wird dem Abänderungsverlangen eines Geschiedenen (auf Null) für die Zeit ab ca. elf Jahren nach der Scheidung stattgegeben; die Ehe hatte etwa achteinhalb Jahre gedauert. Interessant ist, dass hier ein (bald volljähriges) Kind vorhanden war, das von der Mutter betreut wurde. Dazu das OLG: „**Die Kindesbetreuung schließt eine Herabsetzung und zeitliche Begrenzung des Unterhaltsanspruchs jedoch nicht aus.**" Sie ist nur **ein** Umstand bei der Billigkeitserwägung.[794]   771

---

787 So die Begründung im RegE, BR-Drucks. 253/06, S. 19.
788 RegE, BR-Drucks. 253/06, S. 25.
789 Vgl. dazu unten Ziff. D. V. 6., Rn. 1051 ff.
790 BGH, FamRZ 1990, 857.
791 BGH, FamRZ 2006, 1006 m. Anm. Born, FamRZ 2006, 1008.
792 OLG Köln, FamRZ 1993, 565.
793 OLG Düsseldorf, FamRZ 1994, 756; bestätigt in einem weiteren Urt. v. 17.11.2005 bei über 20 Jahren Ehedauer, FamRZ 2006, 1040.
794 OLG Düsseldorf, FamRZ 1994, 756, 758.

D. Ehegattenunterhalt

772 Natürlich ist zu der verschärften Obliegenheit, erwerbstätig zu sein, hier wie zu allen anderen Vorschriften zu bemerken, dass nicht nur die **subjektiven** Anforderungen eine Rolle spielen. **Objektiv** muss überhaupt eine **Chance zur Erlangung eines Arbeitsplatzes** bestehen.[795] Hieran wird es bedauerlicherweise häufig mangeln.

773 Das derzeit gültige Gesetz enthält **acht Unterhaltstatbestände**, von denen **zunächst diejenigen der §§ 1570 bis 1572 BGB (Betreuung/Alter/Krankheit)** zu prüfen sind. **Die übrigen Unterhaltstatbestände** sind, wie sich aus dem Wortlaut der §§ 1573 Abs. 1, Abs. 2, 1576 BGB ergibt, **subsidiär**. § 1575 BGB betrifft einen Sonderfall. Soweit jedoch nach §§ 1570 bis 1572 BGB nur eine Teilerwerbstätigkeit verlangt werden kann, kommt zusätzlich allerdings ein Unterhaltsanspruch nach § 1573 Abs. 2 BGB in Betracht.

1. Betreuungsunterhalt, § 1570 BGB

774 Ein Anspruch auf Betreuungsunterhalt besteht bei **gemeinschaftlichen Kindern**. Hierzu zählen folgende Fälle:[796]
- ein in der Ehe geborenes Kind (§§ 1591, 1592 Nr. 1 BGB);
- ein Kind, dessen Vaterschaft anerkannt worden ist (§§ 1591, 1592 Nr. 2 BGB) oder bei dem die Vaterschaft gerichtlich festgestellt worden ist (§§ 1591, 1592 Nr. 3 BGB);
- ein adoptiertes Kind (§ 1754 Abs. 1 BGB);
- ein scheineheliches Kind (bis zur Feststellung der Nichtehelichkeit, § 1599 Abs. 1 BGB);
- ein nach Anhängigkeit des Scheidungsantrags geborenes Kind, es sei denn, ein Dritter hat bis zum Ablauf eines Jahres nach Rechtskraft der Scheidung die Vaterschaft anerkannt (§ 1599 Abs. 2 BGB).

775 Der Anspruch auf Zahlung von Betreuungsunterhalt wird durch **Betreuung von Kindern früherer Ehe** ebenso wenig begründet wie durch **Betreuung durch Pflegekinder** oder solchen, die **erst nach Scheidung der Ehe geboren** werden.

> **Praxistipp:**
> Das gilt **auch**, wenn das nach Scheidung geborene Kind **vom Geschiedenen stammt**. Dann ist lediglich der Anspruch nach **§ 1615l BGB** gegeben, soweit die dortigen Voraussetzungen vorliegen.

---

795 So schon BGH, FamRZ 1986, 790, 791.
796 Vgl. Kath-Zurhorst, in: Schnitzler, Münchener Anwaltshandbuch Familienrecht, § 10 Rn. 12.

> **Hinweis:**
> Beim **Getrenntlebensunterhalt** besteht der Anspruch auch bei der Betreuung anderer, bisher in der Familie lebender Kinder.

Die **Zeitdauer**, während der Betreuungsunterhalt in vollem Umfang verlangt werden kann, hat sich durch die Neuregelung des Unterhaltsrechts zum 01.01.2008 stark verändert.

776

Die Mindestdauer, die § 1570 Abs. 1 BGB für den Betreuungsunterhalt mit drei Jahren festschreibt, ist gleichzeitig dessen „**Höchstdauer**",[797] es sei denn, eine der **Ausnahmefälle** des § 1570 Abs. 1 Satz 2 und Satz 3 oder Abs. 2 BGB liegen vor.

- **1. Ausnahmefall:** Verlängerung, soweit dies der **Billigkeit** entspricht:
  - **Erste Alternative** dieser Ausnahmeregelung sind die zu berücksichtigenden **Belange des Kindes**, also namentlich Probleme und/oder Behinderungen des Kindes, die eine Fortdauer der Betreuung erforderlich erscheinen lassen.
  - **Zweite Alternative** sind **fehlende Möglichkeiten** der Kinderbetreuung, also trotz bestehenden Anspruchs auf einen Kindergartenplatz (halbtags)[798] fehlende regionale oder persönliche/familiäre Möglichkeiten.
- **2. Ausnahmefall:** Verlängerung aufgrund Gestaltung/Dauer der Ehe:

Ausnahme durch entstandene ehebedingte Nachteile, z.B. durch **Betreuung mehrerer Kinder**, die jeweils zur durchgängigen, langjährigen Betreuung durch einen Elternteil geführt haben.[799]

777

Die **Höhe des Betreuungsunterhalts** richtet sich danach, was der Betreuende im Fall einer **Vollerwerbstätigkeit** verdienen könnte. Er reduziert sich um den Teil, den der Bedürftige neben der Betreuung verdient oder verpflichtet wäre zu verdienen.[800]

778

Soweit der **Betreuungsunterhalt**, dessen Höhe ja durch den „fiktiven" Vollerwerbsverdienst begrenzt ist, zur Erlangung des vollen Unterhalts nach § 1578 BGB **nicht ausreicht**, kommt **daneben die Zahlung von Aufstockungsunterhalt nach § 1573 Abs. 2 BGB** in Betracht.[801]

779

---

797 Vgl. auch BVerfG, FamRZ 2007, 1076 zur Verfassungswidrigkeit unterschiedlicher Dauer der Unterhaltsansprüche für die Betreuung ehelicher und nichtehelicher Kinder; dazu ausführlich Wellenhofer, FamRZ 2007, 1282.
798 § 24 SGB VIII.
799 Vgl. dazu oben Ziff. D. III. 5. b) aa), Rn. 663 ff.
800 Vgl. oben Ziff. C. III. 5. a), Rn. 639 ff.
801 BGH, FamRZ 1990, 492, 494.

2. Unterhalt wegen Alters, § 1571 BGB

780 Voraussetzung ist zunächst das Vorliegen einer Einsatzzeit nach § 1571 Nr. 1 bis Nr. 3 BGB, also **Scheidung, Beendigung der Kindesbetreuung und Wegfall des Unterhaltsanspruchs nach §§ 1572, 1573 BGB.**

781 Hinzu kommt, dass vom Unterhaltsbedürftigen **wegen seines Alters eine angemessene Erwerbstätigkeit nicht mehr erwartet werden kann.**

782 Auch wenn der Begriff „Alter" keine festen Grenzen enthält, ist der Tatbestand auf jeden Fall zu bejahen, wenn das **Rentenalter** erreicht ist, also **Altersrente** bezogen wird.

783 Dies gilt trotz der Möglichkeit z.B. von Frauen gem. § 39 SGB VI, unter bestimmten Voraussetzungen mit 60 Jahren Altersrente zu beziehen, jedoch **nicht vor Vollendung des 65. Lebensjahres.**[802]

784 Für die Zeit vorher ist eine **Einzelfallprüfung**, die Prüfung der Angemessenheit gem. § 1574 Abs. 1, Abs. 2 BGB vorzunehmen, **subjektiv nach den fünf Kriterien**

- **berufliche Ausbildung,**
- **bei Scheidung vorhandene Fähigkeiten,**
- **Gesundheitszustand,**
- **Alter** und schließlich
- **eheliche Lebensverhältnisse (Dauer der Ehe und Kindesbetreuung).**

785 **Objektiv** ist zu prüfen, ob für eine nach den subjektiven Maßstäben zumutbare Tätigkeit eine **reale Beschäftigungschance** besteht,[803] ob z.B. ein **bestimmter Beruf** im Alter noch ausgeübt werden kann.[804]

786 **Subjektiv** ist die **Gesamtentwicklung beider Parteien** bis zum Einsatzzeitpunkt zu betrachten.[805] Die subjektive Betrachtung ist immer eine Frage des Einzelfalls. Die **grds. Eigenverantwortung nach § 1569 BGB** erlegt z.B. auch einer über 50-jährigen Frau auf, selbst dann Arbeitstätigkeit zu suchen, wenn sie 20 Jahre lang nur Hausfrau war.[806]

---

802 BGH, FamRZ 1999, 708, 709; OLG Koblenz, FamRZ 2000, 1220.
803 BGH, FamRZ 1987, 144, 145; BGH, FamRZ 1987, 912, 913.
804 Z.B. Tänzerin, falls nur diese Tätigkeit angemessen ist, vgl. Palandt/Brudermüller, BGB, § 1571 Rn. 4.
805 BGH, FamRZ 1983, 144, 145.
806 BGH, FamRZ 1991, 416, 419; andererseits BGH, NJW 1985, 1340 – Anspruch bejaht bei einer 53 Jahre alten Frau, die in 20 Jahren Ehe mit einem sehr gut verdienenden Ehemann nicht berufstätig war.

IV. Unterhaltstatbestände

Unter Umständen kann eine Teilzeitbeschäftigung verlangt werden.[807]   787

> **Praxistipp:**
> Bei Altersunterhalt ist immer die Möglichkeit einer **zeitlichen Begrenzung gem. § 1578b BGB** zu prüfen, da v.a. die Belange gemeinschaftlicher Kinder keine Rolle mehr spielen (sollten).
>
> Bei einer „Altersehe" von lediglich **kurzer Dauer**[808] ist ebenso die Möglichkeit eines **Ausschlusses nach § 1579 Nr. 1 BGB** zu prüfen.

3. Unterhalt wegen Krankheit oder Gebrechen, § 1572 BGB

Voraussetzung ist wiederum das Vorliegen einer Einsatzzeit nach § 1572 Nr. 1 bis Nr. 4 BGB, also   788

- Scheidung,
- Beendigung der Kindesbetreuung, der Ausbildung, Fortbildung und Umschulung sowie
- Wegfall eines Unterhaltsanspruchs nach § 1573 BGB.[809]

Der Unterhaltsanspruch muss i.Ü. nicht geltend gemacht worden sein.[810] Es genügt, wenn der Anspruch dem Grunde nach gegeben war.[811]   789

Der Anspruch aus § 1572 BGB ist gegenüber demjenigen wegen Erwerbslosigkeit gem. § 1573 BGB nachrangig.[812]   790

Die Einsatzzeit Scheidung ist noch gegeben, wenn **eine bei Scheidung zumindest latent, also in ihren Ursachen vorhandene Erkrankung erst kurze Zeit später zur Erwerbsunfähigkeit** führt.   791

Es muss jedoch ein **enger zeitlicher**[813] **und sachlicher Zusammenhang** zwischen dem Auftreten oder der Verschlimmerung der Erkrankung vorliegen.[814]

---

807 BGH, FamRZ 1999, 843, 844.
808 BGH, FamRZ 1999, 710.
809 Vgl. dazu Soyka, FK 2006, 19.
810 Soyka, FK 2006, 19, 21.
811 BGH, FamRZ 2001, 1291.
812 OLG München, FamRZ 1997, 295.
813 Bei 21 Monaten seit Rechtskraft der Scheidung fehlt es am engen zeitlichen Zusammenhang, so OLG Koblenz, FK 2006, 19 m. Anm. Soyka, FK 2006,19; BGH, FamRZ 2001, 1291 – 23 Monate sind zu viel; KG, FamRZ 2002, 460 – ein Jahr ist unschädlich.
814 BGH, FamRZ 1987, 684, 687; BGH, FamRZ 2001, 1291; OLG Karlsruhe, FamRZ 2000, 233.

792 **Nicht ausreichend** ist, wenn zwar zum Zeitpunkt der Scheidung eine in der Entwicklung befindliche Krankheit vorhanden war, jedoch nur durch Hinzutreten weiterer, **nach Scheidung ausgelöster Ursachen** die Erkrankung ausgebrochen ist und zur Erwerbsunfähigkeit geführt hat.[815]

> **Hinweis:**
>
> Zu prüfen sind immer **alle Einsatzzeitpunkte**, also auch § 1572 Nr. 4 BGB (Wegfall eines Anspruchs nach § 1573 BGB). Voraussetzung dafür ist lediglich, dass zum Zeitpunkt des Ausbruchs der Erkrankung ein Aufstockungsunterhalt **in Betracht** kam. Er muss tatsächlich nicht geltend gemacht worden sein.[816]

793 Zum **Einsatzzeitpunkt „Beendigung der Kindesbetreuung"** folgende Beispiele:[817]

Beispiel 1:

Der Mann M erzielt ein bereinigtes monatliches Nettoeinkommen nach Abzug der Unterhaltspflicht für das gemeinsame 2-jährige Kind K von 2.400,00 €. Ehefrau F ist ist nicht erwerbstätig und betreut das Kind. Der Unterhaltsanspruch beträgt gerundet 1.029,00 € (3/7 × 2.400,00 €). Als F aus Altersgründen des Kindes[818] *zur halbschichtigen Erwerbstätigkeit verpflichtet wäre, ist sie erwerbsunfähig.*

Da sie aus gesundheitlichen Gründen dazu nicht in der Lage ist, erhält sie den bisherigen, auf § 1570 BGB gestützten Unterhalt weiter nach § 1572 Nr. 2 BGB.

Beispiel 2 a):

M erzielt ein bereinigtes monatliches Nettoeinkommen von 2.400,00 €. F betreut zum Zeitpunkt der Scheidung den 12-jährigen K und geht einer Halbtagsbeschäftigung nach, bei der sie netto bereinigt 700,00 € monatlich verdient. Der Unterhalt zum Zeitpunkt der Scheidung beläuft sich auf gerundet 549,00 (3/7 × [2.400,00 ./. 420,00 KU/Einkommensgruppe 4/Altersstufe 3 ./. 700,00 €]). Als K das 15./16. Lebensjahr vollendet,[819] *ist F zu einer vollschichtigen Tätigkeit verpflichtet. Aus gesundheitlichen Gründen ist sie jedoch nur in der Lage, ihre Halbtagstätigkeit auszuüben.*

Es bleibt bei dem Unterhalt von 549,00 €, der sich nun nicht mehr auf § 1570 BGB, sondern auf § 1572 BGB stützt. Der Einsatzzeitpunkt der Nr. 2 der Vorschrift ist gegeben.

---

815 OLG Hamm, FamRZ 1999, 230.
816 BGH, FamRZ 2001, 1291; vgl. dazu Soyka, FK 2006, 19, 21.
817 Nach Soyka, FK 2006, 19, 20.
818 Nach Vollendung des 3. Lebensjahres des Kindes gem. § 1570 Abs. 1 BGB.
819 Je nach Leitlinien der OLG.

Beispiel 2 b):

F ist bei Vollendung des 15./16. Lebensjahres von K[820] zur Aufnahme einer vollschichtigen Erwerbstätigkeit krankheitsbedingt nicht in der Lage. Da sie vollständig erwerbsunfähig ist, kann sie auch ihre bisherige Teilzeittätigkeit von 700,00 € nicht mehr ausüben. Es bleibt beim Unterhalt von 551,00 € gem. § 1572 BGB.

Der Einsatzzeitpunkt gem. Nr. 2 ist nur insoweit gegeben, als sie zur Ausweitung ihrer halbschichtigen Tätigkeit auf eine vollschichtige Tätigkeit nicht in der Lage ist. Nur insoweit wirkt sich die Beendigung der Pflege und Erziehung eines gemeinschaftlichen Kindes aus. Soweit sie schon zur Halbtagstätigkeit verpflichtet war und diese auch tatsächlich ausgeübt hat, liegt kein Einsatzzeitpunkt vor. Daran scheitert der Unterhalt nach § 1572 BGB auch bzgl. der weggefallenen Erwerbseinkünfte. Die Erwerbsobliegenheit zur halbschichtigen Tätigkeit bestand schon seit Vollendung des dritten Lebensjahres.[821]

Die **Erwerbsunfähigkeit** muss gerade **krankheitsbedingt** sein. Der geschiedene Ehegatte darf also wegen **dieser** Erkrankung (und nicht aus anderen Gründen) nicht in der Lage sein, eine angemessene Arbeitstätigkeit zu finden.[822] Dies gilt auch für Teilerwerbsunfähigkeit („[...] soweit [...]"), wenn deshalb z.b. eine Teilzeitbeschäftigung nicht zu einer Vollerwerbstätigkeit ausgeweitet werden kann.[823]

794

Der **Krankheitsbegriff ist weit auszulegen** und entspricht den entsprechenden Begriffen im Sozialversicherungs- und Beamtenrecht (§ 1247 Abs. 2 RVO bzw. § 42 Abs. 1 Satz 1 BBG).

795

Auch **Suchterkrankungen** ohne Verschuldensaspekt (Alkohol/Drogen/Medikamente) fallen hierunter.

Praxistipp:

Unternimmt der Unterhaltsberechtigte allerdings nicht **alles Zumutbare, um seine Erkrankung behandeln zu lassen**, verliert er den auf § 1572 BGB gestützten Unterhaltsanspruch.[824]

Die Prüfung des ursächlichen Zusammenhangs zwischen der Erkrankung und der Nichterwerbstätigkeit erfolgt unter **strengen Maßstäben**.[825] So kommt man i.d.R. in einem solchen Verfahren **nicht ohne Sachverständigengutachten** bzw. amtsärztliche Bescheinigung aus. Besonders zurückhaltend beurteilt die Rechtsprechung **psychische**

796

---

820 Je nach Leitlinien der OLG.
821 § 1570 Abs. 1 BGB.
822 Vgl. Kath-Zurhorst, in: Schnitzler, Münchener Anwaltshandbuch Familienrecht, § 10 Rn. 43.
823 BGH, FamRZ 1988, 265.
824 BGH, NJW 1994, 1593.
825 BGH, FamRZ 1984, 353, 356.

D. Ehegattenunterhalt

Belastungen. Diese gehen nach Auffassung des **BGH** vielfach mit einer Trennung/ Scheidung einher und können ggf. durch Behandlung überwunden werden. Sie sind daher nicht generell zur Begründung eines Unterhaltsanspruchs wegen Krankheit geeignet.[826]

> **Praxistipp:**
>
> Ansprüche nach § 1572 BGB können **überlagert** sein durch gleichzeitig bestehende Ansprüche nach §§ 1570, 1571 und 1575 BGB.

4. Unterhalt bis zur Erlangung von Erwerbstätigkeit, § 1573 Abs. 1 BGB

797 Der Anspruch auf Zahlung von Erwerbslosenunterhalt gem. § 1573 Abs. 1 BGB setzt voraus, dass der bedürftige Ehegatte (ohne Anspruch wegen Kinderbetreuung, § 1570 BGB, Alters, § 1571 BGB oder Krankheit, § 1572 BGB) **nicht in der Lage ist, eine angemessene Arbeitstätigkeit zu finden**.

798 **Einsatzzeitpunkt** für diesen Anspruch ist der Wegfall der Ansprüche nach §§ 1570, 1571 und 1572 BGB sowie der etwaige Wegfall von Ausbildungsunterhalt gem. § 1575 BGB.

> **Hinweis:**
>
> Die Darlegungs- und Beweislast des Anspruchstellers bezieht sich dabei i.Ü. auch auf den maßgeblichen Einsatzzeitpunkt.

799 Neben dem **Fehlen eines Anspruchs gem. § 1570, 1571, 1572, 1575 BGB** ist weitere Voraussetzung, dass der Anspruchsteller **keine angemessene Erwerbstätigkeit** findet.

a) Eigenverantwortung und angemessene Erwerbstätigkeit, § 1574 Abs. 1, Abs. 2 BGB

800 **§ 1574 BGB** definiert die angemessene Erwerbstätigkeit, die der Berechtigte auszuüben verpflichtet ist.

aa) Ausgangslage

801 Ausgangssatz war bis zur Neufassung des § 1574 BGB, dass der geschiedene Ehegatte **nur** eine angemessene Erwerbstätigkeit auszuüben **braucht**. Wer „nur braucht", könnte der Versuchung unterliegen, sich nicht besonders verpflichtet zu fühlen. Eine

---

826 OLG Hamm, FamRZ 1995, 996; Wendl/Staudigl/Pauling, Das Unterhaltsrecht in der familienrichterlichen Praxis, § 4 Rn. 99.

Gesetzesformulierung, die darüber aufklärt, was nicht zu tun ist, unterstützt eher das Nicht-Tun als das Tun.

Sicher war dies vom Gesetzgeber so nicht gemeint, sondern eher als Schutz für die auf berufliche Laufbahn und Karriere verzichtende Ehefrau und Mutter, die sich in der Rollenverteilung statistisch regelmäßig um die Kinder und das Familien-Management kümmert.

bb) Erwerbsobliegenheit in der Neufassung des § 1574 BGB

Der Gesetzgeber hat mit Wirkung v. 01.01.2008 den Ausgangssatz des § 1574 Abs. 1 BGB um von „**braucht nur**" in „**obliegt es**" gedreht.

802

Der **Maßstab der Angemessenheit der Erwerbstätigkeit bleibt**. Doch wird in Anlehnung an § 1569 BGB klargestellt, dass den geschiedenen Ehegatten eine **Erwerbsobliegenheit** trifft.

803

In Abs. 2, 1. Halbs. ist als Merkmal der Angemessenheitsprüfung die „**frühere Erwerbstätigkeit**" hinzugekommen, als Korrektiv dem Halbsatz die Prüfung hinzugefügt worden, ob eine solche grds. angemessene Tätigkeit nicht „**nach den ehelichen Lebensverhältnissen unbillig**" wäre.

804

Der 2. Halbs. ist dann in einen gesonderten zweiten Satz gefasst. Abs. 3 bleibt unverändert.

805

cc) Angemessene Erwerbstätigkeit, § 1574 Abs. 2 BGB

Von großer Bedeutung ist, dass die **frühere Erwerbstätigkeit**, also auch diejenige Tätigkeit, die der/die Unterhaltsberechtigte **vor Eingehung der Ehe** ausgeübt hat, **Maßstab der Angemessenheit** geworden ist. Dafür sind die **ehelichen Lebensverhältnisse** aus dem Katalog der Merkmale herausgenommen worden und dienen **lediglich noch als Korrektiv** für die Frage der Unbilligkeit.

806

Die ehelichen Lebensverhältnisse haben früher für die Frage, welche Berufstätigkeit Betroffenen zumutbar ist, eine **ganz entscheidende Rolle** gespielt.

807

Die ehelichen Lebensverhältnisse sind danach zu beurteilen, welcher **Lebensstandard** die Ehe geprägt hat. Maßgebend für die Entwicklung und auch für die Beurteilung der Angemessenheit einer Erwerbstätigkeit waren nach früherer Rechtslage die **Verhältnisse bis zur Ehescheidung**, sofern sie nicht auf einem außergewöhnlichen Verlauf beruhen.[827]

808

---

827 BGH, FamRZ 1983, 144, 145; BGH, FamRZ 1984, 561, 562.

D. Ehegattenunterhalt

809 Die ehelichen Lebensverhältnisse wurden daher maßgeblich auch von den **wirtschaftlichen Verhältnissen und der gesellschaftlichen Stellung** bestimmt.[828] Es sollte ein unangemessener **sozialer Abstieg verhindert** werden.[829]

810 Die **Ehedauer** spielt dabei natürlich eine entscheidende Rolle.

811 **Je kürzer** die Ehezeit war, desto mehr konnten vom geschiedenen Ehegatten Einschränkungen im Vergleich zu den ehelichen Lebensverhältnissen erwartet werden.[830]

812 **Je länger** die Ehe dauert, desto eher konnte sich – insbes. bei gehobenen wirtschaftlichen Verhältnissen – der Kreis der als angemessen in Betracht kommenden Erwerbstätigkeiten verengen.[831]

Ob sich die gesellschaftliche Stellung aus der beruflichen Tätigkeit beider Ehegatten oder lediglich eines Teils ableitete, war unerheblich.[832]

813 Die gesellschaftliche/soziale Stellung war **durch das verfügbare Einkommen geprägt**,[833] wobei eine eingeschränkte Lebensführung ebenso wenig objektiver Maßstab sein konnte wie übertrieben hoher Aufwand.[834]

814 **Unzumutbar** war bei guten wirtschaftlichen Verhältnissen der Verweis der Bedürftigen auf eine jahrelang nicht ausgeübte und erheblich unter den ehelichen Lebensverhältnissen liegende Tätigkeit,[835] die Verweisung einer ausgebildeten Erzieherin auf die Tätigkeit als Telefonistin, Verkäuferin oder ähnliches[836] oder **überhaupt ein Verweis auf den Status bei Ehebeginn, wenn dieser Status im Laufe der Ehe nachhaltig verbessert wurde.**[837]

815 Auch wenn die Rechtsprechung insoweit nicht einheitlich[838] war, hat dies regelmäßig dazu geführt, dass dem unterhaltsbedürftigen Ehegatten aufgrund eines **während der**

---

828 AnwKomm-BGB/Fränken, § 1574 Rn 8.
829 BGH, FamRZ 1991, 418, 421.
830 Erman/Graba, BGB, § 1574 Rn 8.
831 BGH, FamRZ 1988, 1145, 1146.
832 BGH, NJW-RR 1992, 1282; OLG Koblenz, FamRZ 1990, 751, 752.
833 BGH, FamRZ 1984, 988, 990.
834 BGH, FamRZ 1985, 371, 373.
835 BGH, NJW-RR 1992, 1282.
836 OLG Koblenz, FamRZ 1990, 751, 752.
837 OLG Hamm, FamRZ 1993, 970, 971.
838 Vgl. einerseits OLG Hamburg, FamRZ 1985, 1260, 1261 für die Ehefrau eines Diplomingenieurs ist nach 22-jähriger Ehe eine Tätigkeit als Buchhalterin zumutbar; andererseits OLG Koblenz, FamRZ 1990, 751, 752.

Ehe bestehenden höheren Lebensstandards nicht zugemutet wurde, in einen früher ausgeübten Beruf zurückzukehren.

Dies hat sich mit der gesetzlichen Neuregelung **entscheidend geändert**. 816

In der Neufassung des § 1574 BGB ist die Frage, ob die ehelichen Lebensverhältnisse 817
den Kreis der in Betracht kommenden Erwerbstätigkeiten einengen könnten, erst in
einer zweiten Stufe, **nur noch als Korrektiv im Rahmen einer Billigkeitsabwägung**
zu prüfen.

§ 1574 Abs. 2 Satz 1, 2. Halbs. BGB ist als **Einwendung** ausgestaltet („[...] soweit 818
[...]"); es ist am Unterhaltsberechtigten, **darzulegen und ggf. auch zu beweisen**, dass
eine an sich erreichbare Erwerbstätigkeit für ihn aufgrund der ehelichen Lebensverhältnisse **unzumutbar** ist.

Damit stehen die **ehelichen Lebensverhältnisse nicht mehr gleichrangig** neben dem 819
sonstigen Katalog zur Bestimmung einer angemessenen Erwerbstätigkeit (Ausbildung, Fähigkeiten, Lebensalter, Gesundheitszustand und in der **Neufassung zusätzlich frühere Erwerbstätigkeit**).

Die ggf. guten Einkommensverhältnisse der Eheleute/des anderen Ehepartners, die 820
nach dem früherem Recht dazu führen konnten, dass die erlernte – einfache – Berufstätigkeit nicht mehr als angemessen anzusehen ist,[839] sind damit **nicht mehr** (mit dem
bisherigen Gewicht) wie die sonstigen Merkmale bei der Abwägung zu berücksichtigen.

Der **Schutz des Ehegatten vor sozialem Abstieg** ist durch das **Korrektiv** im 2. Halbs. 821
des § 1574 Abs. 2 Satz 1 BGB auf die Prüfung der Unbilligkeit beschränkt, die der
unterhaltsberechtigte Ehegatte darzulegen und zu beweisen hat.

Für diese Prüfung wird die **Dauer der Ehe eine entscheidende Rolle** spielen, § 1574 822
Abs. 2 Satz 2 BGB. Mit zunehmender Dauer einer Ehe wird regelmäßig ein wachsendes Vertrauen des Unterhaltsberechtigten aufgrund einer „nachhaltigen gemeinsamen Ehegestaltung"[840] entstehen. In solchen Fällen wird ein dann als unangemessen
empfundener sozialer Abstieg verhindert.

Die Beurteilung dieser Frage wird eine **Entscheidung des Gerichts im Einzelfall** 823
sein. Die Obergerichte werden sich im Laufe der Zeit damit zu beschäftigen haben, in
welchen Einzelfällen Unbilligkeit anzunehmen ist.

---

839 BGH, FamRZ 1983, 144 – Ehefrau bei Eheschließung Verkäuferin, Ehemann bei Ehescheidung Hochschulprofessor.
840 RegE, BR-Drucks. 253/06, S. 27.

D. Ehegattenunterhalt

824 Auf Folgendes ist an dieser Stelle hinzuweisen: Die Vorschrift wird im Zusammenhang mit dem unten behandelten neuen § **1578b BGB** und damit der Möglichkeit der Herabsetzung und zeitlichen Begrenzung des Unterhalts wegen Unbilligkeit zu sehen sein.[841] Ein aufgrund des Eingreifens der Bestimmung des § 1574 Abs. 2 BGB evtl. geminderter Lebensstandard des geschiedenen Ehegatten muss nicht Anlass dafür geben, dass ein Aufstockungsunterhaltsanspruch (§ 1573 Abs. 2 BGB) begründet wird.

825 § 1574 Abs. 2 Satz 2 BGB enthält **keine Definition** der ehelichen Lebensverhältnisse, sondern übernimmt die bereits in der früheren Fassung von § 1574 Abs. 2, 2. Halbs. BGB genannten Umstände, die bei der Bewertung besonders zu berücksichtigen sind.

826 Der Zusatz „**insbesondere**" verändert die Auslegung der Vorschrift nicht. Er **stellt nur klar**, dass die Aufzählung der Angemessenheitskriterien nicht abschließend ist, was bereits allgemeiner Meinung entspricht.[842]

827 Sonstige Umstände, die i.R.d. Gesamtabwägung eine Rolle spielen können, sind z.B. **objektive Merkmale** des Arbeitsplatzes (Entfernung, Verkehrsanbindung),[843] aber auch eine ungünstige Arbeitsmarktlage.[844]

828 **Subjektive Umstände** sind dann unproblematisch, wenn es um die Frage geht, dass der Unterhaltsberechtigte innerhalb der ihm zur Verfügung stehenden Möglichkeiten die **angemessene Erwerbstätigkeit nach seinen Wünschen und Neigungen** selbst bestimmt.[845]

829 Diese **Wahlmöglichkeit ist allerdings eingeschränkt**, weil bei erheblichem Auseinanderfallen der Vergütungshöhe innerhalb verschiedener angemessener Tätigkeiten die subjektiven Vorlieben jedenfalls zulasten des Unterhaltsverpflichteten keine Rolle spielen dürfen.

830 Auch in diesem Bereich ist daher u.U. mit der **Fiktion eines höheren** als des tatsächlich erzielten Einkommens zu arbeiten.[846]

---

841 Vgl. unten Ziff. D. V. 6., Rn. 1051 ff.
842 MünchKomm-BGB/Maurer, § 1574 Rn 17 ff.; Palandt/Brudermüller, BGB, § 1574 Rn. 4; Staudinger/Verschraegen, BGB, § 1574 Rn 30; Wendl/Staudigl/Pauling, Das Unterhaltsrecht in der familierichterlichen Praxis, § 1574 Rn. 143.
843 Wendl/Staudigl/Pauling, Das Unterhaltsrecht in der familierichterlichen Praxis, § 1574 Rn. 143.
844 BGH, FamRZ 1985, 808, 909; BGH, FamRZ 1986, 953, 955; AnwKomm-BGB/Fränken, § 1574 Rn. 10.
845 BGH, FamRZ 1988, 1145, 1146; MünchKomm-BGB/Maurer, § 1574 Rn. 17 m.w.N.
846 AnwKomm-BGB/Fränken, § 1574 Rn. 11.

Menne, Referent für Unterhaltsrecht im BMJ, hat sich in einem Aufsatz mit dem Titel „Die Stärkung der Eigenverantwortung im Regierungsentwurf zum Unterhaltsrechtsänderungsgesetz"[847] bemüht, anhand von Beispielen das größere Maß an Gerechtigkeit der Neuregelung zu verdeutlichen. Die überwiegende Zahl der Beispiele genügt diesem Anspruch m.E. nicht, lassen sich die Fälle doch auch nach früherem Recht angemessen lösen. **Menne** hat jedoch u.a. das folgende interessante **Beispiel zum Maßstab der Erwerbstätigkeit des Ehegatten** nach § 1574 Abs. 2 BGB gebildet, dessen Sachverhalt sich an einer neueren Entscheidung des **BGH**[848] orientiert:

831

> „Der Ehemann, der nicht die deutsche Staatsangehörigkeit besitzt, hat in seinem Heimatland Ingenieurwissenschaften studiert und dort für kurze Zeit im erlernten Beruf gearbeitet, bevor er seiner in Frankfurt/M. lebenden, deutschen Ehefrau nachgezogen ist. Aufgrund nicht ganz ausreichender Sprachkenntnisse und weil es Schwierigkeiten bei der Anerkennung der Zeugnisse gab, übernahm der Ehemann die Leitung des kleinen Lebensmittelgeschäfts seines Schwiegervaters und blieb dort für mehrere Jahre tätig.
>
> Im Zusammenhang mit der Scheidung wird das Arbeitsverhältnis vom Schwiegervater gekündigt. Der Ehemann ist arbeitslos.
>
> Künftig wird von ihm erwartet werden können, dass er sich nicht nur auf Arbeitsstellen in dem von ihm erlernten Ingenieurberuf, sondern insbesondere auch auf – möglicherweise geringer dotierte – Arbeitsplätze aus dem Einzelhandelsbereich, in dem er zuletzt tätig war, bewirbt."[849]

Unverändert bleibt, dass das **Arbeitsmarktrisiko vom Unterhaltspflichtigen zu tragen** ist: Soweit sich ein angemessener Arbeitsplatz nicht finden lässt, bleibt der Unterhaltsanspruch bestehen, § 1573 Abs. 1 BGB.[850]

832

dd) Ausbildungsobliegenheit, § 1574 Abs. 3 BGB

Zur **Ausbildungsobliegenheit** gem. § 1574 Abs. 3 BGB gilt grds. unverändert:

833

Wenn aufgrund der Ausbildung, der persönlichen Qualifikationen, der bisher erworbenen beruflichen Kenntnisse keine angemessene bedarfsdeckende Tätigkeit gefunden werden kann, tritt anstelle der Erwerbsobliegenheit die **Ausbildungsobliegenheit**.[851]

834

---

847 ZFE 2006, 449.
848 FamRZ 2005, 23 = NJW 2005, 61.
849 Menne, ZFE 2006, 449, 451.
850 Vgl. auch Willutzki, ZKJ 2006, 334, 338; ders., ZfJ 1984, 1; ders., FamRZ 1977, 777, 778.
851 BGH, FamRZ 1984, 561, 562; BGH, FamRZ 1986, 1045, 1046.

D. Ehegattenunterhalt

835 Wird die Ausbildungsobliegenheit erfüllt, besteht ein **zeitlich begrenzter Anspruch auf Ausbildungsunterhalt**,[852] der allerdings auf **§ 1573 Abs. 1 BGB** und nicht auf § 1575 BGB beruht.[853]

Der Anspruch umfasst die laufenden Lebenshaltungskosten und zusätzlich die eigentlichen Ausbildungskosten nach § 1578 Abs. 2 BGB.[854]

836 Entscheidend ist aber, dass die Ausbildung, Fortbildung oder Umschulung zur Aufnahme einer angemessenen Tätigkeit **erforderlich sein muss**.

837 Es entsprach bisher schon ständiger Rechtsprechung, dass dann, wenn nach den ehelichen Lebensverhältnissen die Aufnahme einer Tätigkeit zumutbar ist, **für die keine Ausbildung benötigt wird**, es dieser Maßnahme nicht bedarf.

838 Die **Prüfung der Ausbildungsobliegenheit** erfolgt daher **nach dem zweiten Schritt**, der Darlegung und dem Nachweis, dass die frühere Erwerbstätigkeit nach den ehelichen Lebensverhältnissen unbillig wäre (§ 1574 Abs. 2 Satz 2 BGB).

839 Erst dann, wenn der Nachweis der Unbilligkeit geführt ist, muss geprüft werden, **ob daraus nicht eine Ausbildungsobliegenheit abzuleiten ist**, weil mit dieser (weiteren) Qualifikation die Aufnahme einer dann angemessenen Tätigkeit möglich ist.

840 Dies kann zu der Konstellation führen, dass der unterhaltsberechtigte Ehegatte die Unbilligkeit des Verweises auf seine frühere Erwerbstätigkeit nachweisen kann, gleichwohl jedoch keinen Unterhaltsanspruch durchsetzen kann, weil er seine Obliegenheit zur Ausbildung/Fortbildung/Umschulung verletzt hat.

841 Die **Folgen einer Verletzung der Ausbildungsobliegenheit** werden in Rechtsprechung und Literatur allerdings unterschiedlich beurteilt.

842 Nach einer **teilweise vertretenen Auffassung** soll der/die Betreffende den **gesamten Unterhaltsanspruch verlieren**.[855] **Andererseits** wird vertreten, dass die Verletzung der Obliegenheit **ursächlich** dafür sein müsse, dass keine angemessene Arbeit gefunden werden kann, daher auch bei Erfüllung der Obliegenheit eine objektive Beschäftigungschance bestanden haben müsse.[856]

---

852 BGH, FamRZ 1986, 553.
853 AnwKomm-BGB/Fränken, § 1574 Rn. 13.
854 BGH, FamRZ 1985, 782, 784.
855 Staudinger/Verschraegen, BGB, § 1574 Rn. 48; Soergel/Häberle, BGB, § 1574 Rn. 20.
856 Johannsen/Henrich/Büttner, Eherecht, § 1574 Rn. 17; Kalthoehner/Büttner/Niepmann, Die Rechtsprechung zur Höhe des Unterhalts, § 1574 Rn. 434.

Fränken[857] erklärt dazu zu Recht: Wenn aber eine tatsächliche Beschäftigungschance auch nach Erfüllung der Ausbildungs-/Fortbildungsobliegenheit nicht bestanden hat, fehlt es bereits an der Erforderlichkeit der Maßnahme, sodass auch keine Obliegenheit verletzt werden kann, wenn die sinnlose Maßnahme nicht durchgeführt wurde. 843

Richtig ist allerdings auch, dass die Verletzung der Obliegenheit **nur zu einer fiktiven Anrechnung von Einkünften** führen kann, die bei Erfüllung der Obliegenheit zu erzielen gewesen wären.[858] 844

Fingiert werden die Einkünfte aus einer angemessenen Erwerbstätigkeit, sodass der Anspruch aus § 1573 Abs. 1 BGB entfällt.

Es **kann** aber, wenn der volle Bedarf durch die Fiktion nicht gedeckt wird, weiterhin wegen der **verbleibenden Differenz** ein Anspruch auf Aufstockungsunterhalt nach § 1573 Abs. 2 BGB bestehen.[859] 845

b) Bemühungen um eine Erwerbstätigkeit

Hat der Anspruchsteller danach die Verpflichtung zur Arbeitsuche, muss er **ernsthafte und nachhaltige Bemühungen** entwickeln, um eine Erwerbstätigkeit zu finden. Ihn trifft die Darlegungs- und Beweislast für solche konkreten Bemühungen, wobei die Meldung beim Arbeitsamt grds. nicht genügt.[860] 846

Es muss allerdings eine **reale Beschäftigungschance** bestehen. Dies hängt von den jeweiligen Verhältnissen auf dem Arbeitsmarkt und von den persönlichen Eigenschaften, der Ausbildung etc. des Arbeitsuchenden ab. 847

Praxistipp:
Jeder Zweifel daran, ob bei ernsthaften Bemühungen eine Beschäftigungschance bestanden hätte, geht zulasten des Arbeitsuchenden.[861]

---

857 AnwKomm-BGB/Fränken, § 1574 Rn. 17.
858 Wendl/Staudigl/Pauling, Das Unterhaltsrecht in der familienrichterlichen Praxis, § 1574 Rn. 146; Johannsen/Henrich/Büttner, Eherecht, § 1574 Rn. 17.
859 BGH, FamRZ 1986, 553, 555; BGH, FamRZ 1988, 927, 929; AnwKomm-BGB/Fränken, § 1574 Rn. 18; Palandt/Brudermüller, BGB, § 1574 Rn. 6; MünchKomm-BGB/Maurer, § 1574 Rn. 33; Wendl/Staudigl/Pauling, Das Unterhaltsrecht in der familienrichterlichen Praxis, § 1574 Rn. 146; Johannsen/Henrich/Büttner, Eherecht, § 1574 Rn. 17.
860 BGH, FamRZ 1990, 499.
861 BGH, FamRZ 1988, 604.

5. Aufstockungsunterhalt, § 1573 Abs. 2 BGB

848 Aufstockungsunterhalt ist wie Erwerbslosenunterhalt **subsidiär** zu den Unterhaltsansprüchen gem. §§ 1570 bis 1572 BGB und weist die gleichen **Einsatzzeiten** auf (Scheidung; Wegfall der Ansprüche nach §§ 1570, 1571, 1572, 1575 BGB).

849 Entscheidend für den **Einsatzzeitpunkt Scheidung** ist nach Auffassung des **BGH** allerdings nicht, dass der Anspruch zum Zeitpunkt der Scheidung **geltend gemacht** worden ist. Soweit Ansprüche erst später geltend gemacht werden, kommt es darauf an, ob die **Anspruchsvoraussetzungen z.Zt. der Scheidung vorgelegen** haben.[862]

850 **Soyka** weist aber zu Recht darauf hin, dass es Fallkonstellationen gibt, in denen die **Aufstockungslage erst später entsteht** und trotz des nicht gegebenen Einsatzzeitpunktes Unterhalt gewährt werden muss.[863] Dies ist etwa der Fall, wenn durch Abtrag ehebedingter Verbindlichkeiten durch einen der Eheleute die Einkünfte der Parteien zum Zeitpunkt der Scheidung gleich hoch sind, die Situation sich aber nach Tilgung der Verbindlichkeiten verändert.[864]

851 Der bei Scheidung schlechter gestellte Ehegatte erhält **Unterhalt bis zur Erreichung des vollen Unterhalts nach den ehelichen Lebensverhältnissen.** Damit wird bei einer Doppelverdienerehe das i.d.R. bestehende Einkommensgefälle ausgeglichen.

852 Bei **geringfügigen** Einkommensunterschieden scheidet der Anspruch jedoch aus.[865]

Geringfügigkeit wird von der Rechtsprechung z.T. bereits bei einer **Einkommensdifferenz von weniger als 10 %** angenommen.[866]

Beispiel:

*Das bereinigte monatliche Nettoeinkommen des Mannes beträgt 2.400,00 €, das der Frau 2.000,00 €, ihr Gesamteinkommen 4.400,00 €. 10 % davon sind **440,00 €**. Die Einkommensdifferenz beträgt **400,00 €**. Damit liegt der Aufstockungsunterhalt **unter der Geringfügigkeitsgrenze** mit der Folge, dass F keinen Unterhalt von M fordern kann.*

---

862 BGH, FamRZ 2005, 1817; OLG Hamm, FuR 2004, 276; Soyka, FK 2006, 1.
863 Soyka, FK 2006, 1.
864 Soyka, FK 2006, 1: nicht jedoch, wenn das Einkommen des Unterhalt begehrenden Ehegatten nach der Scheidung gesunken ist; diese Reduzierung dürfte nicht berücksichtigt werden; anderes gilt nur in den Fällen des § 1573 Abs. 4, Abs. 1 BGB (Unterhalt noch nicht nachhaltig gesichert), Soyka, FK 2006, 1, 2.
865 OLG München, FamRZ 1997, 425: unter 50,00 €; ebenso OLG Düsseldorf, FamRZ 1996, 947; OLG München, FamRZ 2004, 1208: das Einkommen des Verpflichteten muss dasjenige des Berechtigten um 10 % übersteigen.
866 OLG Koblenz, FamRZ 2006, 704 und FK 2006, 23; OLG München, FuR 2004, 179; Soyka, FK, 2006, 1, 2.

Das **OLG München** hält einen Mindestbetrag des Unterhaltsanspruchs von **50,00 €** für erforderlich.[867]

853

Nach – allerdings viele Jahre zurückliegender – Auffassung des **BGH** darf ein Unterhaltsanspruch von zumindest mehr als **82,00 €** nicht vernachlässigt werden.[868]

Voraussetzung für den Anspruch ist, dass der Bedürftige **bereits eine angemessene Tätigkeit ausübt** (oder sie ihm zuzurechnen ist im Wege fiktiv einzusetzenden Einkommens).[869]

854

> **Praxistipp:**
>
> Die ehelichen Lebensverhältnisse sind nicht nur von dem **geprägt**, was während der Ehe tatsächlich verdient wurde, sondern auch durch das, was von einem Ehepartner nach Trennung/Scheidung **an die Stelle der früheren Hausarbeit** tritt und als Arbeitseinkommen erzielt wird.[870]

Einkünfte dagegen, die erst nach Trennung und Scheidung erzielt werden und die **nicht eheprägend** sind, z.B. spätere Kapitaleinkünfte oder solche aus Lottogewinn nach Scheidung, können nicht mehr eheprägend sein. Sie werden daher zur Berechnung des „vollen Unterhalts" nicht herangezogen. Die Berechnung erfolgt ausschließlich aus den Einkünften, die während des Zusammenlebens der Eheleute prägend waren.[871]

855

Gerade im Bereich des Aufstockungsunterhalts wird aber jeweils zu prüfen sein, ob die Voraussetzungen für eine **Herabsetzung und/oder zeitliche Begrenzung** des Unterhaltsanspruchs vorliegen.[872]

856

6. Wegfall nachhaltig gesicherter Tätigkeit, § 1573 Abs. 4 BGB

Grundsätzlich besteht **kein Unterhaltsanspruch**, wenn der Anspruchsteller **bei Scheidung über eine angemessene Arbeits- und Einkommenssituation** verfügt hat. Verändert sich die Situation später, ist mangels entsprechenden Einsatzzeitpunktes (mangels fortlaufender Unterhaltskette) kein Unterhaltsanspruch mehr gegeben.

857

---

867 OLG München, FamRZ 1997, 425.
868 BGH, FamRZ 1984, 988.
869 BGH, FamRZ 1990, 979.
870 Stichwort: „Monetarisierung" der Hausarbeit, vgl. oben Ziff. D. III. 5. c), Rn. 723 ff.; BVerfG, FamRZ 2002, 527; BGH, FamRZ 2001, 986; BGH, FamRZ 2001, 1693; BGH, FamRZ 2002, 88.
871 Dazu ausführlich oben Ziff. D. III. 5. c), Rn. 723 ff.
872 Dazu ausführlich unten Ziff. D. V. 6., Rn. 1051 ff.

858 Eine **Ausnahme** hiervon ist gem. § 1573 Abs. 4 BGB dann gegeben, **wenn die Erwerbstätigkeit zum maßgeblichen Einsatzzeitpunkt nicht nachhaltig gesichert war.**[873] Dies ist dann der Fall, wenn die Parteien davon ausgehen mussten, dass der Bedürftige die Tätigkeit aus Gründen, die **nicht in seiner Person** oder in seinem Verantwortungsbereich begründet waren, verlieren würde.[874]

859 Zutreffende Beispiele hierfür sind **Probearbeitsverhältnisse** oder vorübergehende, **zeitlich von vornherein begrenzte Tätigkeiten**, nicht aber z.b. ein unerwarteter Konkurs des Arbeitgebers.[875]

860 Nach § 1573 Abs. 5 BGB sind die Unterhaltsansprüche gem. § 1573 BGB, also Erwerbslosenunterhalt, Aufstockungsunterhalt und der Unterhalt wegen nicht nachhaltig gesicherter Tätigkeit **zeitlich begrenzbar.**[876]

7. Ausbildungsunterhalt, § 1575 BGB

861 Ein allgemeiner Anspruch auf Ausbildung nach Scheidung einer Ehe besteht nicht. Der Ausbildungsunterhalt erfasst den Fall **durch die Ehe versäumter Ausbildungsmöglichkeiten** und regelt den Ausgleich ehebedingter Nachteile. § 1575 BGB unterscheidet zwischen **Ausbildung und Fortbildung/Umschulung** und ist an **drei Voraussetzungen** geknüpft:

- Beim Ausbildungsanspruch muss die Schul- oder Berufsausbildung in **unmittelbarem Zusammenhang mit der Ehe abgebrochen** worden sein (z.B. Ortswechsel oder Geburt eines Kindes). Die **Ehe** muss aber **keineswegs der alleinige oder ausschlaggebende Grund** für einen Abbruch oder die Nichtaufnahme einer Ausbildung gewesen sein. **Ebenso wenig** ist es erforderlich, dass die entsprechende Entscheidung auf **gemeinsamer Willensbildung** der Eheleute beruht. Der Anspruch besteht auch, wenn die fehlende Ausbildung oder der fehlende Abschluss **gegen den Willen des Ehepartners** herbeigeführt worden ist.[877] Zu diesem Zeitpunkt müssen die Eheleute allerdings noch zusammengelebt haben.[878] Beim Fortbildungsanspruch

---

873 BGH, FamRZ 1985, 53, 55.
874 BGH, FamRZ 1988, 701, 702.
875 Vgl. die Beispiele bei Palandt/Brudermüller, BGB, § 1573 Rn. 27 und Wendl/Staudigl/Pauling, Das Unterhaltsrecht in der familienrichterlichen Praxis, § 4 Rn. 118.
876 Gerhard, Fachanwalt Familienrecht, Kap. 6 Rn. 383 ff.; BGH, FamRZ 1990, 857; OLG Karlsruhe, FamRZ 1989, 511; vgl. zu den Kriterien der Billigkeitsabwägung Wendl/Staudigl/Pauling, Das Unterhaltsrecht in der familienrichterlichen Praxis, § 4 Rn. 591 f.; OLG Düsseldorf, FamRZ 1996, 1416.
877 Garbe/Ullrich/Kofler, Prozesse in Familiensachen, § 4 Rn. 129.
878 BGH, FamRZ 1984, 561, 563; OLG Frankfurt am Main, FamRZ 1995, 879.

genügt es, dass durch die Ehe Nachteile entstanden sind, z.B. Versäumung technischer Neuerungen im erlernten Beruf.[879]

- Ein **erfolgreicher Abschluss muss zu erwarten** sein und mutmaßlich zu einer angemessenen, nachhaltigen Sicherung des Einkommens führen.[880]
- Die Aus- bzw. Fortbildung muss **sobald als möglich – ohne schuldhaftes Verzögern – begonnen** werden, also spätestens zu dem Zeitpunkt, zu dem ansonsten die Arbeitsaufnahme zu erwarten ist (Scheidung/Ende des Betreuungs- oder Krankheitsunterhalts).[881]

Die Vorschrift des § 1575 BGB will damit eine berufliche Verbesserung ermöglichen, die **ohne die Ehe schon früher** erreicht worden wäre.[882] 862

Der Unterhaltsanspruch besteht für die Zeit, in der üblicherweise eine entsprechende Ausbildung abgeschlossen wird. Ehebedingte Verzögerungen sind allerdings einzubeziehen und können die Ausbildungszeit verlängern, z.B. bei früher begonnenem Studium. 863

8. Billigkeitsunterhalt, § 1576 BGB

Die **positive Billigkeitsklausel** des § 1576 BGB soll **Ausnahmefälle ehebedingter Bedürftigkeit**[883] erfassen, die nicht unter die Vorschriften der §§ 1570 bis 1575 BGB fallen. Sie ist diesen Vorschriften daher **subsidiär** und nur ausnahmsweise in Härtefällen anzuwenden.[884] 864

Wie der Anspruch auf Betreuungsunterhalt enthält § 1576 BGB **keinen Einsatzzeitpunkt**, sodass bei späterer Geltendmachung die „Unterhaltskette" nicht lückenlos vorhanden sein muss.[885] Mit **zunehmendem zeitlichen Abstand** zur Scheidung wird i.R.d. Billigkeitsprüfung ein Unterhaltsanspruch allerdings **zu versagen** sein.[886] 865

---

879 Beispiele in: Palandt/Brudermüller, BGB, § 1575 Rn. 2.
880 BGH, FamRZ 1985, 782, 784.
881 OLG Köln, FamRZ 1996, 867; OLG Hamm, FamRZ 1983, 181.
882 BGH, FamRZ 1985, 782, 784.
883 A.A. Wendl/Staudigl/Pauling, Das Unterhaltsrecht in der familienrichterlichen Praxis, § 4 Rn. 161: ehebedingt ist keine Voraussetzung, aber ein wichtiger Anhaltspunkt dafür, dass ein schwerwiegender Grund bejaht werden kann.
884 BGH, FamRZ 1983, 800, 801; BGH, FamRZ 1984, 361.
885 BGH, FamRZ 2003, 1734, 1737.
886 Wendl/Staudigl/Pauling, Das Unterhaltsrecht in der familienrichterlichen Praxis, § 4 Rn. 164.

866 Billigkeitsunterhalt kann allerdings in Betracht kommen, wenn wegen Fehlens des Einsatzzeitpunktes Krankheitsunterhalt nicht zugesprochen werden kann.[887]

867 In der Praxis werden v.a. aber **zwei Fälle** erfasst. Zum einen derjenige des Falles der **Not nach vereinbartem Unterhaltsverzicht**; zum anderen derjenige der **Betreuung nicht gemeinschaftlicher Kinder**, also von Pflegekindern und Stiefkindern,[888] aber auch **sonstigen nahen Angehörigen**, z.B. einem Enkelkind.[889]

868 Die langjährige Betreuung solcher Kinder kann dann einen Unterhaltsanspruch unter denselben Bedingungen auslösen, wie sie für den Kindesbetreuungsunterhalt gelten würden.[890]

Billigkeitsgesichtspunkte sind i.Ü. auch für die Frage der **Höhe und der Dauer** der Zahlungspflicht zu berücksichtigen.[891] Häufig wird lediglich für eine **Übergangszeit** Unterhalt zu zahlen sein.[892]

V. Höhe des Unterhalts

1. Der Unterhaltsbedarf

869 Der Unterhaltsbedarf erfasst grds. den allgemeinen Lebensbedarf des Berechtigten nach den Einkommens- und Vermögensverhältnissen der Eheleute.

870 Dabei sind folgende Unterhaltsarten zu unterscheiden:
- **der Elementarunterhalt**, der den regelmäßig anfallenden allgemeinen Lebensbedarf mit Ausnahme der folgenden Unterhaltsarten umfasst;
- **der Krankenversorgungsunterhalt**, der der Absicherung des Bedürftigen für den Fall der Krankheit dient;
- **der Vorsorgeunterhalt**, der der Altersvorsorge dient, für die aktuell nicht gesorgt werden kann;
- **ein Mehrbedarf**, bei dem es sich um regelmäßig anfallende Kosten handelt, die mit der Unterhaltsquote aus dem ersten Punkt nicht abgedeckt werden können. Ein

---

887 BGH, FamRZ 2001, 1291.
888 BGH, FamRZ 1984, 361, 363; BGH, FamRZ 1983, 800, 802; BGH, FamRZ 1984, 769; OLG Koblenz nur bei „Hinzutreten gewichtiger, besonderer Umstände", FF 2005, 273 und FamRZ 2005, 1997.
889 OLG Düsseldorf, FamRZ 1980, 56 (sonst. Angehörige); AG Herne-Wanne, FamRZ 1996, 1016 (Enkelkind).
890 OLG Stuttgart, FamRZ 1983, 503; Garbe/Ullrich/Kofler, Prozesse in Familiensachen, § 4 Rn. 156.
891 Diekmann, FamRZ 1981, 98.
892 BGH, FamRZ 1984, 769.

solcher Mehrbedarf kann **trennungsbedingt** entstehen (z.B. durch eine seiner Situation nicht angemessene Miete) oder **krankheitsbedingt** (z.B. aufgrund chronischer Erkrankung). Schließlich kann ein **ausbildungsbedingter** Mehrbedarf entstehen, wenn der bedürftige Ehegatte durch eine Ausbildung Aufwendungen hat, die durch den normalen Unterhalt nicht abzudecken sind;

- **Sonderbedarf** sind solche Kosten, die im Verhältnis zum laufenden Unterhalt ungewöhnlich hoch sind und eine unvorhergesehene Ausgabe darstellen. Ob ein erstattungsfähiger Sonderbedarf besteht, ist vom Einzelfall abhängig und wird in der Rechtsprechung eher zurückhaltend beurteilt.

a) Bestimmung der prägenden Einkünfte

Maßstab des Bedarfs ist grds. das die ehelichen Lebensverhältnisse **prägende Einkommen** der Ehegatten zum Zeitpunkt der Trennung der Parteien, vgl. §§ 1361, 1578 BGB. Daraus ergibt sich folgerichtig die Unterscheidung in das die Ehe prägende und nicht prägende Einkommen sowie prägende und nicht prägende Abzüge und Belastungen. 871

aa) Erwerbseinkommen

Haben beide Eheleute während des Bestehens der Ehe gearbeitet (Doppelverdienerehe), wurden die ehelichen Lebensverhältnisse nach früherer Rechtsprechung durch die beidseitigen Einkommen, bei Alleineinkommen eines Ehegatten (Hausfrauenehe) ausschließlich vom Einkommen des Erwerbstätigen bestimmt. 872

Nach dem Urteil des **BGH v. 13.06.2001**[893] hat der BGH aber seine Rechtsprechung zu den „ehelichen Lebensverhältnissen" aufgrund einer Neubewertung der nicht vergüteten Haushaltsführung geändert. Dies bedeutet, dass im Fall der Arbeitsaufnahme (oder Arbeitserweiterung) des unterhaltsberechtigten Ehegatten nach Trennung/Scheidung die zeitlich davor liegende **Haushaltsführung „monetarisiert"** wird i.H.d. Arbeitseinkommens, das wie ein Surrogat des wirtschaftlichen Wertes seiner bisherigen Tätigkeit wirkt. Dieses Einkommen ist daher als die ehelichen Lebensverhältnisse prägend in die Bedarfsbemessung einzubeziehen.[894] 873

Dieselben Grundsätze gelten umgekehrt bei Zurechnung **fiktiver Einkünfte**: Der Bedarf des Berechtigten richtet sich in diesem Fall nach dem **fiktiven**, an die Stelle der Hausarbeit in der Ehe getretenen **Einkommen** der Berechtigten und dem in der Ehe erzielten und auch heute noch erzielbaren Einkommen des Verpflichteten.[895] 874

---

893 FamRZ 2001, 986 = NJW 2001, 2254; weiter BGH, FamRZ 2001, 1291, 1293 und zuletzt FamRZ 2002, 88.
894 BGH, FamRZ 2001, 986, 991; vgl. oben ausführlich Ziff. D. III. 5. c), Rn. 723 ff.
895 Vgl. zur Bedarfsberechnung auf der Basis eines fiktiven Einkommens auch OLG Hamm, FamRZ 2002, 751, 752.

D. Ehegattenunterhalt

> **Hinweis:**
>
> Problematisch ist, ob das als Surrogat anzusetzende Erwerbseinkommen des haushaltsführenden Ehegatten dazu führen kann, dass nunmehr der während der Ehe erwerbstätige Ehegatte gegen den haushaltsführenden Ehegatten Unterhaltsansprüche geltend machen kann.

Beispiel:

*Der Ehemann bezog während der Ehe eine **Erwerbsunfähigkeitsrente** von 1.100,00 €. Die Ehefrau versorgte während der intakten Ehe den **Haushalt**. Nach der Trennung vom Ehemann nimmt die Ehefrau eine Erwerbstätigkeit auf, aus der sie ein bereinigtes monatliches Nettoeinkommen i.H.v. 2.000,00 € erzielt.*

Lösung:

Sieht man nach dem Surrogationsgedanken das gesamte Einkommen des haushaltsführenden Ehegatten als eheprägend an, würde sich der Unterhalt des Ehemannes wie folgt berechnen:

Einkommen der Ehefrau (6/7tel von 2.000,00 €)	1.714,29 €
abzgl. Rente Ehemann	1.100,00 €
Einkommensdifferenz	614,29 €
Unterhalt nach dem Halbteilungsgrundsatz	307,15 €

875 Nach der Rechtsprechung des **BGH** ist die nach der Trennung aufgenommene oder erweiterte Erwerbstätigkeit als **Surrogat** für die bisherige Familienarbeit anzusehen. Der Wert der Haushaltsleistungen spiegelt sich im Einkommen wider. Aufgrund dessen erscheint es gerechtfertigt, dieses Einkommen in die Bedarfsbemessung und damit in die Differenzberechnung einzustellen.

876 Die vorzunehmende **Errechnung der prägenden Einkünfte** bedeutet aber nicht, dass – z.B. bei langjähriger Trennung – zur Berechnung des aktuellen Unterhalts für dieses Jahr die Einkommenssituation des Jahres 1996 zugrunde zu legen wäre. Die **ehelichen Lebensverhältnisse** sind vielmehr **fortzuschreiben**, als wäre die Ehe noch intakt. Dies bedeutet, dass auch Änderungen während der Trennung durch die ehelichen Lebensverhältnisse geprägt sind, weil sie in der Ehe angelegt sind. Die Grenze liegt darin, dass es sich um eine normale Entwicklung handeln muss.[896]

877 Eine **normale Einkommensentwicklung** ist anzunehmen, wenn

- die Einkommenserhöhungen auf **zu erwartende Beförderungen**, insbes. auf Regelbeförderungen im öffentlichen Dienst, beruhen;[897]

---

896 BGH, FamRZ 1982, 576; BGH, FamRZ 1983, 150.
897 BGH, FamRZ 1990, 1090.

- es sich um eine **regelmäßige berufliche Entwicklung** handelt;[898]
- der **Grundstein für den späteren beruflichen Werdegang** gelegt wurde, insbes. wenn nach Beendigung einer vor der Trennung aufgenommenen Ausbildung eine Arbeitsstelle in dem erlernten Beruf gefunden wird;[899]
- eine **vor der Trennung begonnene Fortbildungsmaßnahme** zu einem Arbeitsplatzwechsel mit höheren Bezügen führt;[900]
- eine **günstigere Besteuerung** einsetzt.

Umgekehrt gilt, dass auch ein geringeres Einkommen als zum Zeitpunkt der Trennung prägend anzusehen ist, wenn die Einkommensminderung einer Normalentwicklung entspricht und vom Ehegatten auch mitzutragen wäre, wenn die Ehe noch Bestand hätte. Als **Minderung der Einkünfte** sind zu **berücksichtigen**: konjunkturelle Schwankungen/(unverschuldete) Arbeitslosigkeit/Erkrankungen/Erwerbsunfähigkeit/höhere Steuerbelastung durch Wechsel der Steuerklasse von III nach I. 878

Nicht prägendes Erwerbseinkommen liegt bei **außergewöhnlicher Einkommensentwicklung** vor. Eine solche unerwartete, außerhalb des Normalverlaufs liegende Entwicklung liegt vor, wenn 879

- sich das Einkommen des Unterhaltsverpflichteten aufgrund eines **Karrieresprungs** erhöht;[901]
- die Einkommensänderung auf einer **Leistungsbeförderung** beruht;[902]
- ein kleines Unternehmen während längerer Trennungszeit durch **erhebliche Ausweitung** zu einem gewinnbringenden Unternehmen wird;[903]
- ein Unternehmen durch eine **unvorhergesehene Marktentwicklung** expandiert.

Die **Konsequenzen** dieser Abgrenzung sind Folgende: Beruht die Änderung des Einkommens auf einer **außergewöhnlichen Entwicklung**, bedeutet dies im Regelfall, dass die damit verbundenen Einkommenssteigerungen bei der Bedarfsermittlung unberücksichtigt bleiben.[904] Derartige vom Normalverlauf erheblich abweichende Entwicklungen sind nicht etwa erst ab dem Zeitpunkt der Scheidung, sondern schon ab dem Trennungszeitpunkt zu berücksichtigen. **Ab der Trennung** kann nicht mehr davon ausgegangen werden, dass die **bei der Scheidung erzielten Einkünfte** noch ein 880

---

898 BGH, FamRZ 1988, 145; BGH, FamRZ 1988, 92.
899 BGH, FamRZ 1986, 148; OLG Celle, FamRZ 2006, 704: Grundlage für eine Verdreifachung des Einkommens bei Aufnahme des Studiums während der Ehe gelegt.
900 BGH, FamRZ 1991, 307.
901 BGH, FamRZ 1985, 791; BGH, FamRZ 1990, 1085.
902 BGH, FamRZ 1982, 684.
903 BGH, FamRZ 1982, 576.
904 BGH, FamRZ 1991, 307.

D. Ehegattenunterhalt

Ausdruck der ehelichen Lebensverhältnisse sind, wie sie während des Zusammenlebens in intakter Ehe bis zur Trennung bestanden haben.[905]

881 Derartige außergewöhnliche Einkommensentwicklungen prägen die ehelichen Lebensverhältnisse allerdings – wie dargestellt – dann, wenn der berufliche **Aufstieg noch vor der Trennung** lag oder wenn der **Entschluss** zur beruflichen Veränderung noch **in der Zeit des Zusammenlebens** gefasst worden ist. Denn damit sind die **Grundlagen** für die Einkommensänderung noch **während der intakten Ehe gelegt** worden. In diesem Fall hat allein die **Erwartung** die ehelichen Lebensverhältnisse geprägt.[906]

> **Hinweis:**
>
> Bei **Unterhaltsklagen nach Scheidung** gilt: Nicht erforderlich ist, dass die Einkommensänderung bereits zum Zeitpunkt der Trennung bzw. Scheidung **eingetreten** war. Ausreichend ist vielmehr, dass die Einkommensänderung **z.Zt. der Scheidung mit hoher Wahrscheinlichkeit zu erwarten war** und diese Erwartung **die ehelichen Lebensverhältnisse schon „geprägt"** hat.[907]

Fallbeispiel: Unterhaltsberechnung bei Karrieresprung

1. Fall: Karrieresprung des Unterhaltspflichtigen nach Scheidung

Einkommen des Pflichtigen aufgrund Karrieresprungs	*5.000,00 €*
Fiktives Einkommen ohne Karrieresprung heute	*3.000,00 €*
Bereinigtes Einkommen des Berechtigten	*1.000,00 €*
Bedarf: 3.000,00 € + 1.000,00 € = 4.000,00 € : 2 =	*2.000,00 €*
Anspruch: 2.000,00 € ./. 1.000,00 € =	*1.000,00 €*

2. Fall: Karrieresprung des Unterhaltsberechtigten nach Scheidung

Bereinigtes Einkommen des Pflichtigen	*3.000,00 €*
Bereinigtes Einkommen des Berechtigten aufgrund Karrieresprung,	*2.000,00 €*
Einkommen des Berechtigten ohne Karrieresprung	*1.000,00 €*
Bedarf: 3.000,00 € + 1.000,00 € = 4.000,00 € : 2 =	*2.000,00 €*
Anspruch: 2.000,00 € ./. 1.000,00 € ohne Karrieresprung	*1.000,00 €*

---

905 BGH, FamRZ 1988, 259; BGH, FamRZ 1988, 930; OLG Celle, FamRZ 1998, 858 (Aufstieg als Richter von R 2 nach R 3); OLG Köln, FamRZ 2004, 1114; OLG Nürnberg, FamRZ 2004, 1212 – Karrieresprung bei Änderung der Besoldungsgruppe A 13 nach A 14 L.
906 BGH, FamRZ 1987, 459; BGH, FamRZ 1987, 913.
907 Luthin, FamRZ 1988, 1109.

V. Höhe des Unterhalts

Anrechnung des Mehreinkommens durch Karrieresprung   1.000,00 €
Anspruch: 0,00 €

bb) Nichterwerbseinkünfte

Neben den Erwerbseinkünften können natürlich auch sonstige Einkünfte die Lebensverhältnisse der Ehegatten bestimmen. Als solche kommen insbes. in Betracht: **Zinseinnahmen, Pensions- bzw. Rentenzahlungen** sowie die Einbeziehung eines **Wohnwertes**.   882

Zum **Wohnwert** ist zu erläutern: Die Möglichkeit, mietfrei bzw. kostengünstiger als üblich wohnen zu können, beinhaltet einen geldwerten Vorteil, der auf der Einnahmeseite der Eheleute zu berücksichtigen ist. Ein Wohnvorteil kann sowohl bei der Feststellung des Bedarfs des Unterhaltsberechtigten nach den ehelichen Lebensverhältnissen (**Bedarfsstufe**) als auch bei der Prüfung der konkreten Unterhaltshöhe (**Bedürftigkeit**) als auch bei der Frage der **Leistungsfähigkeit** des Unterhaltsschuldners eine Rolle spielen. Daher spielt die Unterscheidung in prägendes und nicht prägendes Einkommen eine wesentliche Rolle.   883

Neben der Problematik des Verbleibs eines Ehegatten nach Trennung im gemeinsamen Haus/Wohnung ist folgende Problemstellung zu beachten: Soweit **Wohnraum durch Dritte kostenlos** zur Verfügung gestellt wird, gelten die allgemeinen Regeln über die **Nichtanrechnung freiwilliger Zuwendungen durch Dritte**. In derartigen Fällen kann grds. davon ausgegangen werden, dass der Dritte im Hinblick auf den Zuwendungsempfänger leistet und nicht, um den anderen Ehegatten unterhaltsrechtlich zu entlasten.[908]   884

Dasselbe gilt, wenn Eltern dem Berechtigten ein **zinsloses Darlehen** zur Verfügung stellen.[909]

cc) Prägende Abzüge

Auch bei der Frage, ob **Verbindlichkeiten** vom verfügbaren Einkommen der Eheleute abzuziehen sind, ist zu unterscheiden, ob diese **eheprägend** waren oder nicht. **Typisch eheliche Verbindlichkeiten** sind: 885

- **voreheliche Schulden**, die während der Ehe abbezahlt werden mussten;
- **bis zur Trennung begründete eheliche Schulden** (außer leichtfertig eingegangene oder ohne verständlichen Grund begründete einseitige Verbindlichkeiten);

---

908   BGH, FamRZ 1990, 979 – Gewährung durch Eltern oder sonstige Verwandte; ausführlich zur Berücksichtigung freiwilliger Leistungen Dritter im Unterhaltsrecht: Büttner, FamRZ 2002, 1445.
909   BGH, FamRZ 2005, 967; vgl. auch Soyka, FK 2005, 127.

D. Ehegattenunterhalt

- Kredite, die bis zur Trennung zur Deckung von Ausgaben für den Lebensbedarf aufgenommen worden sind (z.b. **Überziehungskredite**);
- durch eine **Umschuldung** ehebedingter Verbindlichkeiten nach der Trennung entstandene Belastungen.

> **Praxistipp:**
> Die Schuldentilgung hat nach einem **angemessenen Tilgungsplan** zu erfolgen. Die **zeitliche Dauer** richtet sich nach der **Höhe** der Schuld. Als mittlerer Maßstab kann die Dauer von zehn Jahren angesehen werden.

886 **Nicht berücksichtigungsfähig** sind Schulden, die der **Vermögensbildung** dienen. Durch die Trennung der Eheleute entfällt die (konkludente) Vereinbarung, dass zugunsten der Vermögensbildung auf Konsum verzichtet wird. In derartigen Fällen sind nur die **Zinszahlungen** als die ehelichen Lebensverhältnisse prägende Belastungen, **nicht** jedoch die **Tilgungsleistung** zu berücksichtigen.

> **Hinweis:**
> Eine **Ausnahme** hiervon gilt für die Zeit zwischen Trennung und Scheidung für den Fall der Verschuldung für das gemeinsam geplante Familienheim. In diesem Fall ist während der Zeit der Trennung eine Verwertung des Anwesens (Verkauf, Vermietung) nach ständiger Rechtsprechung nicht zumutbar, da nach wie vor die Wiederherstellung der Lebensgemeinschaft nicht ausgeschlossen werden kann.[910] Dasselbe gilt, wenn die Darlehensaufnahme für einen Hausbau (oder Ausbau/Umbau) zwar nur dem Wohnbedarf des Unterhaltspflichtigen diente, eine **Verwertung** des Objekts jedoch **praktisch unmöglich** ist, weil es z.B. mit einem zugunsten der Eltern dinglich gesicherten Wohnrecht (Nießbrauch) belastet ist.[911]

887 Weiter nicht prägend sind **trennungsbedingte Verbindlichkeiten**. Solche Verbindlichkeiten sind Aufwendungen, die nur infolge der Trennung entstanden sind und bei weiterem Zusammenleben nicht angefallen wären (Umzugskosten, Maklerprovisionen, Mietvorauszahlungen für eine neue Wohnung, Kosten für neuen Hausrat, Scheidungskosten etc.).

888 Bei der konkreten Berechnung werden allerdings häufig vermeidbare **Fehler** gemacht. Verbindlichkeiten, wenn sie denn berücksichtigungsfähig sind, müssen **zunächst vom Einkommen abgezogen** werden, um anschließend eine Unterhaltsberechnung vornehmen zu können.

---

910   BGH, FamRZ 1989, 1160, 1161; BGH, NJW 2000, 284, 286.
911   BGH, FamRZ 1984, 358, 360.

Derselbe Fehler schleicht sich übrigens auch während der Trennungsphase beim **Verbleib der Eheleute in der Mietwohnung** leicht ein.

Beispiel:

Eheleute leben getrennt in der gemeinsamen Mietwohnung; Miete 500,00 €; Einkommen Ehemann M 2.300,00 €; Ehefrau F arbeitet nicht und versorgt das 4-jährige Kind.

Lösung:

Unterhaltspflicht M: 210,00 € Kindesunterhalt (gem. Einkommensgruppe 7 Düsseldorfer Tabelle) sowie 863,00 € Trennungsunterhalt (= 3/7 des Restbetrages ./. hälftiges Kindergeld von derzeit 77,00 €), insgesamt 1.073,00 €. Davon sind 3/5 Mietkosten abzuziehen (je 2 Teile Erwachsene, 1 Teil Kind), also 300,00 €. M zahlt die Miete direkt und muss noch 563,00 € Trennungsunterhalt zzgl. 210,00 € Kindesunterhalt zahlen. (Zahlbetrag insgesamt: 563,00 € + 210,00 € = 773,00 €).

Fehler:

Abzug der Miete vom Einkommen und anschließende Berechnung des Unterhalts; also: 2.300,00 € ./. 500,00 € Miete = 1.800,00 €; abzgl. 287,00 € Bedarfsbetrag für das Kind (210,00 € Zahlbetrag + 77,00 € hälftiges Kindergeld), ergibt 1.513,00 € und davon 3/7 Anteil macht einen Trennungsunterhalt aus i.H.v. 648,00 €. (Zahlbetrag insgesamt: 648,00 € + 210,00 € = 858,00 €).

b) Die Bestimmung des konkreten Bedarfs

Grundsätzlich besteht eine Teilhabe der Eheleute im **Verhältnis 50 zu 50 am gemeinsamen Lebensstandard.** Dieser Hälftebetrag stellt den sog. **vollen Bedarf nach den ehelichen Lebensverhältnissen** dar, der grds. die Obergrenze von Unterhaltsansprüchen bildet.

889

Die Rechtsprechung billigt jedoch dem Arbeitenden einen sog. Erwerbsbonus zu, der **je nach Rechtsprechung der einzelnen OLG unterschiedlich** ist. Es sind zwei unterschiedliche Auffassungen zu unterscheiden:

- KG und OLG Brandenburg – mit Ausnahme des 3. Familiensenats –, Bremen, Celle, Dresden, Düsseldorf, Frankfurt am Main, Hamburg, Hamm, Jena, Köln, Oldenburg, Rostock und Schleswig bemessen den Erwerbsbonus mit **1/7 Differenzierung:** Nach OLG Düsseldorf und Hamm wird der Erwerbstätigenbonus erst **nach Bereinigung des Einkommens** um berufsbedingte Aufwendungen, Schulden und Unterhaltsverpflichtungen abgezogen,

- nach den Süddeutschen Leitlinien sowie OLG Naumburg beträgt dieser Bonus **1/10.**[912]

---

912 Vgl. unterhaltsrechtliche Leitlinien der Familiensenate in Süddeutschland, Ziff. 15.2., FamRZ 2005, 1379.

D. Ehegattenunterhalt

890 Bei den **Methoden der Unterhaltsberechnung** wird danach unterschieden, welche Einkünfte die ehelichen Lebensverhältnisse geprägt haben. Grds. unterscheiden sich die Methoden lediglich im Berechnungsweg, **nicht jedoch im Ergebnis**. Es wird unterschieden zwischen der **Quotenmethode**, der **Differenzmethode** sowie der **Additionsmethode**.

891 Die **Quotenmethode** kommt zur Anwendung, wenn lediglich der Schuldner über Erwerbseinkünfte verfügt hat (**Alleinverdienerehe**). Der Unterhalt errechnet sich mit 3/7 des bereinigten Nettoeinkommens, sofern der Berechtigte nach Trennung keine Tätigkeit aufgenommen hat und ihm eine solche auch nicht zumutbar ist.

Beispiel:

Ehemann anrechenbar 2.100,00 €; Ehefrau 0,00 €; Anspruch Ehefrau: 2.100,00 € × 3/7 = 900,00 €

892 Haben beide Ehegatten gearbeitet und haben sich die Verhältnisse nicht geändert (**Doppelverdienerehe**) errechnet sich der Unterhalt mit 3/7 der Differenz der Einkünfte zwischen den Eheleuten (**Differenzmethode**).

Beispiel:

Ehemann 2.100,00 €, Ehefrau 1.400,00 €; Anspruch Ehefrau: 2.100,00 € ./. 1.400,00 € × 3/7 = 300,00 €.

893 In allen anderen Fällen erscheint die Wahl der **Additionsmethode** sinnvoll. Die Methodenwahl ist jedoch „Geschmackssache". Viele Juristen bevorzugen grds. die Anwendung der Differenzmethode als „einfachere Rechenart".

894 Bei der Additionsmethode wird **zweistufig** vorgegangen, zunächst der **Bedarf des Berechtigten** nach den ehelichen Lebensverhältnissen festgestellt (**Additionsstufe**). Sodann wird auf der **Anrechnungsstufe** die **konkrete Unterhaltshöhe** bestimmt.

895 Die Ermittlung des **Bedarfs des Berechtigten** erfolgt in der Weise, dass zunächst die Erwerbseinkünfte lediglich mit 6/7 (1/7-Bonus), die sonstigen Einkünfte voll berücksichtigt und die Summe durch zwei geteilt wird.

896 Auf eine mathematische Formel gebracht errechnet sich auf der **Additionsstufe** der **Bedarf des Berechtigten** nach den ehelichen Lebensverhältnissen wie folgt:

> 6/7 der prägenden Erwerbseinkünfte des Pflichtigen plus 7/7 prägender sonstiger Einkünfte des Pflichtigen plus 6/7 der prägenden Erwerbseinkünfte des Berechtigten plus 7/7 der prägenden sonstigen Einkünfte des Berechtigten, geteilt durch 2.

V. Höhe des Unterhalts

Auf der **Anrechnungsstufe** wird die **konkrete Unterhaltshöhe** durch Anrechnung sämtlicher Einkünfte des Berechtigten, gleichgültig ob prägend oder nicht prägend, bestimmt.

Beispiel:

- Ehemann (Unterhaltspflichtiger): prägendes Erwerbseinkommen 2.100,00 €; prägende Zinseinnahmen 350,00 €; nicht prägende Erwerbseinkünfte 700,00 €.
- Ehefrau (Unterhaltsberechtigte): prägendes Erwerbseinkommen 700,00 €; prägende Zinseinnahmen 100,00 €; nicht prägendes Erwerbseinkommen 350,00 €.

Additionsstufe (= Errechnung der Ehegattenquote/Bedarf):

(2.100,00 € × 6/7) + 350,00 € + (700,00 € × 6/7) + 100,00 € geteilt durch 2 = 1.425,00 €

Anrechnungsstufe (= Errechnung der Anspruchshöhe/Bedürftigkeit):

ehelicher Bedarf	1.425,00 €

Auf diesen sind alle Einkünfte anzurechnen wie folgt:

6/7 des prägenden Erwerbseinkommens (6/7 × 700,00 €) =	600,00 €
6/7 des nicht prägenden Erwerbseinkommens (6/7 × 350,00 €) =	300,00 €
7/7 der sonstigen Einkünfte (Zinsen)	100,00 €
Zwischensumme	1.000,00 €
ungedeckter Restbedarf (Anspruchshöhe)	425,00 €

Eine **Sättigungsgrenze** oder auch Obergrenze bei der Bedarfsbemessung des Ehegattenunterhalts gibt es grds. nicht.[913] Eine solche Sättigungsgrenze kann nach ständiger Rechtsprechung des **BGH** allenfalls in seltenen Ausnahmen bei **besonders hohen Einkünften** als Beschränkung des Unterhalts auf Mittel, die nach einem objektiven Maßstab eine Einzelperson auch bei Berücksichtigung hoher Ansprüche für billigenswerten Lebensbedarf sinnvoll ausgeben kann, in Betracht gezogen werden.[914] Als besonders hohe Einkünfte sind allerdings solche Einkommensverhältnisse anzunehmen, die zu einem Bedarf über den Einkommensgruppen der Düsseldorfer Tabelle führen.[915]

> **Praxistipp:**
>
> Bei einem rechnerisch hohen Unterhaltsanspruch ist parallel zur Errechnung des Anspruchs losgelöst vom Einkommen eine konkrete Bedarfsbemessung vorzunehmen.

---

[913] BGH, FamRZ 1990, 280; BGH, FamRZ 1983, 150; BGH, FamRZ 1982, 151.
[914] BGH, FamRZ 1983, 150.
[915] Vgl. Wendl/Staudigl/Gutdeutsch, Das Unterhaltsrecht in der familienrichterlichen Praxis, § 4 Rn. 364.

D. Ehegattenunterhalt

899 Bei welchem Betrag die Berechnung des Bedarfs nach den ehelichen Lebensverhältnissen zu erfolgen hat, wird in der Rechtsprechung unterschiedlich beantwortet.

Die folgenden **Leitlinien** bestimmen den **Übergang vom Quotenunterhalt zur konkreten Bedarfsbemessung:**

- **OLG Thüringen**: Betrag von 1.840,00 €.[916]
- **OLG Oldenburg**: Das Höchsteinkommen der Düsseldorfer Tabelle muss überstiegen sein.[917]

900 In den übrigen Leitlinien heißt es durchweg: „Bei sehr guten Einkommensverhältnissen des Pflichtigen kommt eine konkrete Bedarfsberechnung in Betracht."[918]

901 Vielfach hat sich durchgesetzt, die **konkrete Bedarfsberechnung** von einem Einkommen abhängig zu machen, das die **Höchsteinkommensgruppe der Düsseldorfer Tabelle übersteigt.**[919] Der Quotenunterhalt nach der Düsseldorfer Tabelle beträgt ca. **2000,00 €**. Das OLG Thüringen setzt diesen Betrag wegen der besonderen Verhältnisse in den neuen Bundesländern etwas geringer an.

> **Praxistipp:**
>
> Zur **Anrechnung der Einkünfte des Unterhaltsberechtigten bei konkreter Bedarfsberechnung**: Die Anrechnung erfolgt **unabhängig** davon, ob es sich um eheprägende Einkünfte handelt oder nicht.[920] Sie ist erforderlich, weil **über die konkrete Bedarfsberechnung der gesamte Lebensbedarf des Unterhaltsberechtigten** abgedeckt ist. Unterhalt darf seiner Zweckbestimmung nach **nicht zur Vermögensbildung** verwandt werden. Jeder dem Unterhaltsberechtigten zusätzlich verbleibende Betrag würde aber der Vermögensbildung dienen, da die Lebenshaltungskosten bereits vollständig erfasst sind.[921]

902 Bei einer solchen Bedarfsbemessung sind alle zur Aufrechterhaltung des bisherigen Lebensstandards benötigten **Lebenshaltungskosten konkret zu ermitteln**.[922] Dazu zählen u.a. die Aufwendungen für das:

- Haushaltsgeld,

---

916 Ziff. 15.3 der Leitlinien des OLG Thüringen, FamRZ 2007, 1431.
917 Ziff. 15.3. der Leitlinien des OLG Oldenburg, FamRZ 2007, 1417; s.a. OLG Hamm, FamRZ 2005, 719.
918 Vgl. dazu Soyka, FK 2003, 156.
919 OLG Düsseldorf, FamRZ 1998, 1191; OLG Bamberg, FamRZ 1999, 513; OLG Köln, FuR 2001, 412; auch OLG Hamm, FamRZ 2005, 719.
920 OLG Frankfurt am Main, NJW-RR 2000, 369.
921 Vgl. dazu Soyka, FK 2003, 156.
922 Dazu ausführlich Büte, FK 2003, 104.

V. Höhe des Unterhalts

- Wohnen,
- Kleidung,
- Geschenke,
- Putzhilfe,
- Reisen,
- Urlaub,
- sportliche Aktivitäten,
- kulturelle Bedürfnisse,
- Pkw-Nutzung,
- Vorsorgeaufwendungen,
- Versicherungen und
- sonstige notwendige Lebenshaltungskosten.[923]

Beispiel:

*Für eine **konkrete Unterhaltsberechnung**, die im Wesentlichen in der geltend gemachten Form – durch gerichtlichen Vergleich – durchgesetzt wurde:*

Art	Euro	Euro	Bemerkungen
Wohnbedarf		600	
Strom	65		
Gas/Heizung	125		
Abfall	25		
Abwasser	60		
Wasser	15		
GEZ	15		
Telekom	40		
Kabel	15	360	
Allg. Lebensbedarf		1.100	
Zeitung/Bücher		100	
Handy		25	
Sport		100	
Friseur/Kosmetik		125	
Bekleidung		1.200	

---

[923] Vgl. BGH, FamRZ 1990, 280; OLG Hamm, FamRZ 1999, 723.

D. Ehegattenunterhalt

Urlaub		300	
Kultur/Theater		100	
Restaurant/Einladungen		150	
Kfz		400	Golf laut ADAC-Tabelle
Tanken		120	
Putzhilfe (seit 1996)		100	
Gärtner (seit 1998)		60	
Fensterputzer (40 Fenster)		40	
Haus-/Gebäudeversicherung		14,73	
Hausratversicherung		17,73	
Haftpflichtversicherung		6,77	
Lebensversicherung/ Iduna	39,47		
DEVK-LV	26,59		
DBV-LV	53,53	119,59	
Summe		**5.033,82**	

903 Der Unterhaltsgläubiger ist allerdings nicht zum exakten Nachweis sämtlicher Ausgaben und ihrer konkreten Höhe verpflichtet. Ausreichend ist eine „exemplarische Schilderung der in den einzelnen Lebensbereichen anfallenden Kosten, die so genau ist, dass sie eine Schätzung des Bedarfs ermöglicht".[924]

904 Bei sehr guten Einkommensverhältnissen und entsprechend hohen Lebenshaltungskosten kann der Bedarf (nicht das Einkommen des Pflichtigen!) auch über 5.000,00 € liegen.[925]

905 Nach neuerer Entscheidung des **OLG Hamm ist aber auch der umgekehrte Weg** möglich: Die konkrete Darlegung des Unterhaltsbedarfs nach den ehelichen Lebensverhältnissen durch den Unterhaltsgläubiger, die nach der Rechtsprechung des Senats bei einem bereinigten Nettoeinkommen von mehr als 4.800,00 € monatlich erforder-

---

[924] OLG Hamm, FamRZ 2005, 718, 719.
[925] Vgl. z.B. OLG Hamm, FamRZ 1999, 723: 15.000,00 DM bei Einkommen des Mannes von mindestens 70.000,00 DM; OLG Frankfurt am Main, FamRZ 1997, 353. 11.500,00 DM.

lich ist, kann nicht nur durch die Darlegung der für den ehelichen Lebensstandard maßgeblichen Positionen geschehen, sondern auch dadurch, dass **die Höhe des zur Verfügung stehenden Gesamteinkommens sowie die hiervon betriebenen Aufwendungen zur Vermögensbildung dargelegt** werden.[926]

2. Bedürftigkeit/Anspruchshöhe

Bedürftigkeit ist dann gegeben, wenn der Unterhaltbegehrende **nicht in der Lage** ist, aus eigenen Mitteln **den sich ergebenden angemessenen Unterhaltsbedarf** zu bestreiten, sich also aus der Differenz seiner Eigeneinkünfte und seinem Bedarf nach den ehelichen Lebensverhältnissen ein **ungedeckter Restbedarf** ergibt. 906

a) Einkünfte des Berechtigten

Die **Einkünfte des Berechtigten** sind nach den gleichen Regeln zu ermitteln, die auch für das Einkommen des Pflichtigen gelten. Vielfach ist es in der Praxis aber so, dass der Berechtigte tatsächlich über keinerlei Einkünfte verfügt und die Prüfung, ob er aus Eigenmitteln seinen Bedarf bestreiten kann, obsolet ist. 907

Allerdings muss sich der Ehegatte (wie das minderjährige Kind) die **Erträge seines Vermögens** auf seinen Bedarf anrechnen lassen (z.B. auch Zinserträge aus einer Leibrente oder solche aus der Anlage eines Schmerzensgeldes).[927] 908

Ebenso ist **der Nutzungswert der eigenen Wohnung** u.U. als Ertrag zu berücksichtigen. 909

b) Erwerbsobliegenheit

Häufig wird aufseiten des Pflichtigen (erfolglos) nach der Trennung der Parteien eine **Erwerbspflicht des Unterhaltsberechtigten** behauptet. Das Gericht hat gem. § 1361 Abs. 2 BGB im Einzelfall zu prüfen, ob von dem Ehegatten „nach seinen persönlichen Verhältnissen, insbes. wegen einer früheren Erwerbstätigkeit unter Berücksichtigung der Dauer der Ehe und nach den wirtschaftlichen Verhältnissen beider Ehegatten" eine Erwerbstätigkeit erwartet werden kann.[928] 910

In der Rechtsprechung besteht Einigkeit, dass im **ersten Trennungsjahr** eine Pflicht zur Aufnahme bzw. Erweiterung einer Tätigkeit regelmäßig nicht besteht.[929] Mit **zunehmender Dauer und Verfestigung der Trennung** können jedoch auch im ersten 911

---

926 BGH, FamRZ 2006, 44.
927 BGH, FamRZ 1988, 1031; BGH, FamRZ 1998,172.
928 BGH, FamRZ 1984, 561, 562; BGH, FamRZ 1987, 795, 797; BGH, FamRZ 1989, 1160.
929 BGH, FamRZ 2001, 350; vgl. aber die strengen Anforderungen nach OLG Hamm, Urt. v. 05.11.2003, ZFE 2004, 124.

Trennungsjahr zumindest die Anforderungen an eine **ernsthafte Arbeitssuche** strenger werden.[930]

912 Überwiegend ging die Rechtsprechung früher erst **nach 2-jähriger Trennung** davon aus, dass der Bedürftige sich intensiv um eine Arbeit bzw. eine Ausweitung seiner bisherigen Tätigkeit bemühen muss und ihn damit eine gesteigerte Verantwortlichkeit zur Abdeckung seines Lebensbedarfs durch Eigenverdienst trifft.[931] Die **Rechtsprechung** tendiert jedoch in jüngerer Zeit eher zu kürzeren „Ruhezeiten", also zu einer gesteigerten Eigenverantwortlichkeit **nach Ablauf eines Trennungsjahres**.[932]

> **Praxistipp:**
>
> Bei **langjährigen Trennungszeiten** kann eine **freiwillige Unterhaltszahlung** (ohne Aufforderung, erwerbstätig zu sein) einen **Vertrauenstatbestand** begründen, der den Zeitpunkt des Beginns der Arbeitssuche hinausschiebt.[933]

913 Durch die Aufrechterhaltung von Unterhaltszahlungen kann sogar ein Vertrauenstatbestand geschaffen werden, der Einsatzzeitpunkte begründen kann, die an sich nach dem Gesetz nicht gegeben sind.[934]

914 Die Erwerbsobliegenheit ist grds. jedoch mit Scheidung der Ehe gegeben, da von diesem Zeitpunkt an die Rücksichtnahme auf eine mögliche Versöhnung endet. Werden die Parteien daher **nach einem Trennungsjahr** geschieden, lebt die **Erwerbsobliegenheit sofort** auf. Dies ist bei der Bestimmung des nachehelichen Unterhalts zu berücksichtigen.

c) **Zuwendungen und Versorgungsleistungen**

aa) **Zusammenleben mit einem Dritten**

915 Lebt der Unterhaltsberechtigte mit einem **neuen Partner** zusammen, wirkt sich dies **grds. nicht bedarfsmindernd** aus. Führt der Unterhaltsberechtigte allerdings seinem neuen Partner den Haushalt oder erbringt er sonstige **Versorgungsleistungen**, so können die von diesem erbrachten Gegenleistungen nicht mehr als unentgeltlich beurteilt

---

930 Vgl. OLG Hamm, ZFE 2004, 124, 125.
931 BGH, FamRZ 1984, 149, 150; BGH, FamRZ 1985, 782, 784; BGH, FamRZ 1990, 283, 286; OLG München, FamRZ 2001, 1618.
932 So schon OLG Celle, Urt. v. 26.03.1996 – 19 UF 184/94.
933 BGH, FamRZ 1990, 496, 498; OLG Karlsruhe v. 21.12.2004, 2 UF 103/04, n.v. (Abruf-Nr.: 051734 unter *www.iww.de*); dazu Soyka, FK 2005, 111.
934 BGH, FamRZ 1990, 496.

werden, sondern müssen vielmehr als Vergütung für die erbrachte Versorgung angesehen werden.[935]

> **Praxistipp:**
> Der Wert der Versorgungsleistungen, die ein unterhaltsberechtigter Ehegatte während der Trennungszeit oder nach rechtskräftiger Scheidung für einen Lebenspartner erbringt, tritt nach Auffassung des **BGH** als Surrogat an die Stelle einer Haushaltsführung während der Ehezeit und ist deswegen im Wege der Differenzmethode in die Berechnung des Unterhalts einzubeziehen.[936]

Eine Einbeziehung ist aber nur möglich, wenn der **Partner leistungsfähig** ist, die Leistungen ausreichend zu vergüten.[937] 916

Kann wegen Leistungsunfähigkeit des Partners oder mangels konkreter Angaben keine bzw. nur eine geringe Vergütung angesetzt werden, kann der Bedarf des Berechtigten auch dadurch geringer werden, dass er sich **Ersparnis** bei der Haushaltsführung durch das **gemeinsame Wirtschaften** mit dem Partner anrechnen lassen muss. Diese werden von der Rechtsprechung regelmäßig mit **20 % – 25 % der Lebenshaltungskosten** angesetzt.[938] 917

> **Hinweis:**
> Die **Leitlinien einiger OLG** bestimmen die **Höhe des Versorgungsentgelts**, das sich der Unterhaltsberechtigte möglicherweise fiktiv zurechnen lassen muss, soweit dieser leistungsfähig ist. Als anrechenbares Versorgungsentgelt beim nicht erwerbstätigen Unterhaltsberechtigten sind folgende Beträge vorgesehen:
> - **200,00 € – 500,00 €** (Süddeutsche Leitlinien, KG und OLG Dresden, Köln und Rostock);
> - **350,00 €** (OLG Düsseldorf und Frankfurt am Main);
> - **250,00 € – 500,00 €** (OLG Hamm: Berücksichtigung bei Bedarf und Leistungsfähigkeit);
> - **300,00 €** (OLG Thüringen);

---

935 BGH, FamRZ 1989, 487, 488; dazu ausführlich Wohlgemuth, FamRZ 2003, 983; bestätigt durch BGH, FamRZ 2004, 1170, 1173 m. Anm. Born, FamRZ 2004, 1175; Gerhard, FamRZ 2004, 1545.
936 BGH, FamRZ 2004, 1170; BGH, FamRZ 2004, 1173 unter Aufhebung des Urteils des OLG Oldenburg, FamRZ 2002, 1488; Soyka, FK 2004, 131.
937 BGH, FamRZ 1989, 487; BGH, FamRZ 1987, 1011; Büttner, FamRZ 1996, 136; Oelkers, FamRZ 1996, 263.
938 BGH, FamRZ 1995, 344, 346; bei Zusammenleben mit einem Arbeitslosen max. 10 % Ersparnis, so OLG Dresden, FamRZ 2007, 1476.

D. Ehegattenunterhalt

- **425,00 €** (OLG Oldenburg);[939]
- **keine Regelung** zur Höhe des Versorgungsentgelts (OLG Brandenburg, Braunschweig, Bremen, Celle, Hamburg, Koblenz, Saarbrücken und Schleswig).

918 Von dieser Frage zu unterscheiden ist die Problematik, ob in solchen Fällen die Inanspruchnahme des Verpflichteten ganz oder teilweise **grob unbillig** wäre (§§ 1361 Abs. 3, 1579 Nr. 6 und Nr. 7 BGB). Erforderlich ist danach **das Vorliegen eines speziellen Härtegrundes i.S.d. § 1579 BGB**.[940]

bb) Versorgung Verwandter

919 Versorgt dagegen der Unterhaltsberechtigte ein **volljähriges Kind** in dessen eigenem Haushalt oder im Haushalt des Unterhaltsberechtigten oder unterstützt er z.B. einen **Elternteil/die Eltern**, so kann kein pauschaler Ansatz vorgenommen werden. Eine anzusetzende Vergütung (als Einkommen des Berechtigten) kann nur im Einzelfall geschätzt werden. Gelegentliche Mithilfe i.R.d. üblichen Familienhilfe kann allerdings nicht als entgeltlich angesehen werden. Der Umfang erbrachter Leistungen kann nur im Einzelfall unter Berücksichtigung der **objektiven Notwendigkeit** sowie der **tatsächlichen Inanspruchnahme** der Versorgung ermittelt werden. Besteht kein echter Bedarf für die Versorgung, scheidet der Ansatz einer fiktiven Vergütung daher aus.

920 Überlässt der Unterhaltsberechtigte einem **volljährigen Kind** mit eigenem Einkommen **Wohnraum**, so muss er hierfür eine angemessene Mietzahlung verlangen.[941]

d) Feststellung des Restbedarfs

921 Bei der **Bestimmung der Höhe** der aufseiten des Unterhaltsberechtigten anzusetzenden Einkünfte (**bereinigtes Nettoeinkommen**) gelten die gleichen Grundsätze wie für den Unterhaltsverpflichteten.

922 Allerdings sind **Einkünfte aus unzumutbarer Tätigkeit** nicht oder nur z.T. in folgenden Fällen zu berücksichtigen:

- Erwerbstätigkeit des Bedürftigen nach Trennung trotz Betreuung von Kindern,
- Nebentätigkeiten nach Eintritt in den Ruhestand,
- Nebentätigkeit bzw. Zweittätigkeit neben einer vollschichtigen Haupttätigkeit,
- berufsuntypische Überstunden, Mehrarbeit, Nacht-, Sonntags-, Feiertags- bzw. Schichttätigkeit.

---

939 Ziff. 6 der unterhaltsrechtlichen Leitlinien des OLG Oldenburg.
940 Zur umfangreichen Rechtsprechung vgl. BGH, FamRZ 1995, 344; ausführlich Wendl/Staudigl/Gerhardt, Das Unterhaltsrecht in der familienrichterlichen Praxis, § 4 Rn. 712 ff.
941 BGH, FamRZ 1990, 269, 271; OLG Bamberg, FamRZ 1999, 849.

V. Höhe des Unterhalts

Die Einordnung (und Quotierung) ist aber immer eine Einzelfallentscheidung. 923

Gemäß § 1577 Abs. 2 BGB ist das aus **„unzumutbarer Tätigkeit"** stammende **Einkommen des Berechtigten**, nachdem es bereinigt und ggf. um den Erwerbstätigenbonus gekürzt wurde, nur z.T. anzurechnen, z.B. **im Regelfall nur zur Hälfte**.[942] 924

Eine Nebentätigkeit nach Eintritt in den Ruhestand bleibt i.d.R. anrechnungsfrei. 925

3. Leistungsfähigkeit

a) Eheangemessener Selbstbehalt

Beim nachehelichen Ehegatten- und beim Kindesunterhalt (vgl. §§ 1581, 1603 BGB) besteht **keine Leistungsfähigkeit, wenn der eigene angemessene Unterhalt gefährdet** ist, d.h. der sog. Selbstbehalt unterschritten wird. Für die Prüfung der **Leistungsfähigkeit** ist aber das **gesamte Einkommen** des Pflichtigen, also prägendes und nicht prägendes, heranzuziehen.[943] 926

Die **Höhe des Selbstbehalts** beläuft sich auf den **eheangemessenen Selbstbehalt**[944] und ist nach unten durch den notwendigen Selbstbehalt als unterste Grenze der Inanspruchnahme (= Existenzminimum) begrenzt. Grds. hat dem Unterhaltspflichtigen ein eheangemessener Selbstbehalt zu verbleiben. Es verblieb jedoch nach früherer Rechtsprechung dann lediglich ein notwendiger Selbstbehalt, wenn der Unterhaltsberechtigte ebenso schutzwürdig ist wie minderjährige Kinder, z.B. wenn der Berechtigte minderjährige Kinder betreut.[945] 927

Nach der Düsseldorfer Tabelle beträgt dieser Selbstbehalt seit dem 01.01.2008 900,00 € (incl. 360,00 € Warmmiete), bei Nichtarbeit 770,00 €. 928

Der **BGH** hat in der Entscheidung v. **15.03.2006**[946] jedoch erklärt, dass der Ehegattenselbstbehalt auch in diesen Fällen i.d.R. mit einem Betrag zu bemessen ist, der **zwischen** dem angemessenen Selbstbehalt (§ 1603 Abs. 1 BGB) und dem notwen- 929

---

942 OLG Hamm, FamRZ 1997, 886; OLG Hamm, FamRZ 2003, 1105; OLG Köln, FamRZ 2001, 625; OLG Koblenz, FamRZ 1999, 1275; zur Diskussion um die Anrechnung vgl. oben Ziff. B. II. 5. b), Rn. 348 ff.
943 BGH, FamRZ 1989, 159, 161.
944 So BGH, FamRZ 1990, 260.
945 Zur Darlegungs- und Beweislast für verminderte Leistungsfähigkeit vgl. auch BGH, FamRZ 2003, 444 und Büte, FK 2003, 101.
946 BGH, FamRZ 2006, 683.

digen Selbstbehalt (§ 1603 Abs. 2 BGB) liegt.[947] Seither wird er regelmäßig mit derzeit **1.000,00 €** bemessen.[948]

930 Die Familiensenate des **OLG Frankfurt am Main** haben daraufhin die Frankfurter **Unterhaltsgrundsätze neu überdacht** und am 08.06.2006 in einer Sitzung des Großen Senats der Familiensenate des OLG im Hinblick auf die Entscheidungen des BGH[949] erklärt, der Selbstbehalt gegenüber getrennt lebenden und geschiedenen Unterhaltsberechtigten sowie der Selbstbehalt gegenüber einem Anspruch nach § 1615l Abs. 1 BGB sei i.d.R. mit 1.000,00 € zu bemessen, davon 430,00 € für den Wohnbedarf (330,00 € kalt, 100,00 € Nebenkosten und Heizung). Die Einsatzbeträge im Mangelfall, so das OLG, blieben unberührt.[950]

931 Die Höhe des Selbstbehalts eines **Umschülers** ist streitig. Das **OLG Dresden**[951] nimmt den Selbstbehalt eines nicht Erwerbstätigen an (770,00 €), das **OLG Hamm**[952] denjenigen eines Erwerbstätigen (900,00 €). Das **OLG Köln**[953] bestimmt einen Zwischenbetrag.

932 Die Höhe des einem **Umschüler zu belassenen Selbstbehalts** sollte sich nach den Umständen des Einzelfalls richten: Gibt es ausreichende **Anhaltspunkte**, die eine **Gleichstellung mit einem Erwerbstätigen rechtfertigen**, kann vom notwendigen Selbstbehalt ausgegangen werden. Anderenfalls muss es bei dem Selbstbehalt für nicht Erwerbstätige verbleiben.

933 In dem vom **OLG Hamm** am 06.04.2005 entschiedenen Fall[954] war eine Gleichstellung mit Erwerbstätigen gerechtfertigt, weil die Umschulung in **Vollzeitform** erfolgte und die Umschulung der **Wiederaufnahme der Arbeitstätigkeit diente**.[955]

---

947 Vgl. dazu Anm. Büttner, FamRZ 2006, 765.
948 So z.B. OLG Celle, Beschl. v. 12.05.2006 – 19 WF 159/06, n.v.
949 BGH, FamRZ 2006, 683. und BGH, FamRZ 2005, 357.
950 Anders OLG Celle, das seitdem eine „doppelte Mangelfallberechnung" durchführt, bei 1.000,00 € Kinder und Ehepartner einbezieht und sodann für weitere 110,00 € nur die Kinder in die Berechnung einsetzt, vgl. OLG Celle, Beschl. v. 12.05.2006 – 19 WF 159/06, n.v.
951 FamRZ 1999, 1015.
952 FamRZ 1999, 1015.
953 FamRZ 1998, 480.
954 OLGR 2005, 370 und FamRZ 2005, 2015.
955 Gegenüber minderjährigen Kindern kann sich der Unterhaltsschuldner i.Ü. nicht auf Leistungsunfähigkeit berufen, wenn es sich nicht um eine Ausbildung mit dem Ziel, erstmals einen Berufsabschluss zu erlangen, sondern um eine Zweitausbildung handelt, OLG Thüringen, Urt. v. 11.03.2005 – 1 UF 391/04, ZFE 2005, 250.

V. Höhe des Unterhalts

Das Zusammenleben in einer **Lebens- und Wirtschaftsgemeinschaft** mit einem Erwerbstätigen rechtfertigt – jedenfalls im Mangelfall – die **Herabsetzung des dem Unterhaltspflichtigen zu belassenden Selbstbehalts** wegen ersparter Lebenshaltungskosten.[956]

934

> **Hinweis:**
>
> Nach Eröffnung des Insolvenzverfahrens beschränkt sich die Leistungsfähigkeit des Schuldners auf den **Differenzbetrag zwischen pfändungsfreiem Betrag und dem Selbstbehalt** (Pfändungsfreibetrag bei drei unterhaltsberechtigten Personen z.B. 930,00 € Grundfreibetrag + 350,00 € + 195,00 € + 195,00 € = 1.670,00 €).[957]

b) Einkommen

Grundlage zur Beurteilung der Leistungsfähigkeit ist das **bereinigte Nettoeinkommen**. Ggf. sind **fiktive Einkünfte** zuzurechnen.

935

Inwieweit einem Unterhaltsverpflichteten im Mangelfall **fiktive Nebenverdienste** anzurechnen sind, ist am **Maßstab der Verhältnismäßigkeit** zu prüfen, ob die zeitliche und physische Belastung durch die ausgeübte und die zusätzliche Arbeit dem Unterhaltspflichtigen unter Berücksichtigung auch der Bestimmung, die die Rechtsordnung zum Schutz der Arbeitskraft vorgibt, abverlangt werden kann.[958] Die **Darlegungs- und Beweislast** zur Frage der Zumutbarkeit liegt insoweit bei dem **Unterhaltsverpflichteten**.[959] Nach der Entscheidung des **BVerfG v. 05.03.2003**[960] sind folgende, im Einzelfall zu prüfende Erfordernisse zu berücksichtigen:[961]

936

- Beachtung des Arbeitszeitgesetzes (§§ 3, 5, 6),
- Berücksichtigung der Arbeitsmarktsituation,
- Prüfung der rechtlichen Zulässigkeit einer Nebentätigkeit,
- Beachtung gesundheitlicher Beeinträchtigung,
- Berücksichtigung der Arbeits- und Lebenssituation.

956　Nach OLG Hamm, NJW 2003, 223, 224 um 27 % auf 73 % des nach den Leitlinien vorgesehenen Betrages; OLG München, FamRZ 2004, 485 – um 25 %; vgl. auch BGH, FamRZ 1998, 286, 288; OLG Hamm, FamRZ 2003, 1210; Wendl/Staudigl/Scholz, Das Unterhaltsrecht in der familienrichterlichen Praxis, § 2 Rn. 270.
957　OLG Frankfurt am Main, FF 2003, 182.
958　Vgl. BVerfG, Beschl. v. 05.03.2003, FamRZ 2003, 661; ausführlich dazu Soyka, FK 2004, 28; OLG Oldenburg, KindPrax 2003, 186.
959　BVerfG, FamRZ 2003, 661, 662; BGH, FamRZ 1998, 357, 359.
960　BVerfG, FamRZ 2003, 661, 662; BGH, FamRZ 1998, 357, 359.
961　Vgl. Soyka, FK 2004, 28; sehr weit gehend OLG Hamm, FamRZ 2004, 299.

937 Unbeeindruckt hiervon hat das **OLG Hamm** die Anforderungen an die Arbeitstätigkeit des Unterhaltspflichtigen (zur Vermeidung des Mangelfalls) hoch angesetzt:

„Auch bei Schichtarbeit und der Möglichkeit, auch samstags zum Dienst herangezogen zu werden, ist der Unterhaltsverpflichtete zur Aufnahme einer Nebentätigkeit verpflichtet, um den Mindestunterhalt seiner minderjährigen Kinder zu sichern."[962]

938 Das **OLG Köln** meint, unter Beachtung der Vorschriften des Arbeitszeitgesetzes sei jedenfalls eine wöchentliche Arbeitszeit von **bis zu 48 Stunden** zumutbar.[963]

939 Andererseits hat das **OLG Hamm**[964] im Fall eines an sechs Tagen der Woche acht Stunden täglich arbeitenden Hilfskellners erklärt, gegen seine Verpflichtung zur Nebentätigkeit spräche der Umstand, dass er seinen **Haushalt allein besorgen** müsse. Selbst bei Annahme einer Verpflichtung zu einer Nebentätigkeit an dem einzigen freien Tag oder am Wochenende kommen nach Ansicht des Gerichts nur **zwei bis drei Stunden wöchentlich** in Betracht, woraus **allenfalls 100,00 €** erzielt werden könnten, nicht aber – entgegen sonst vielfach vertretener Ansicht – der Höchstbetrag von 400,00 € i.R.d. sog. Mini-Jobs.

940 Nach Auffassung des **OLG Dresden** ist bei gesteigerter Erwerbsobliegenheit auch ein arbeitsvertragliches **Verbot jeder Nebentätigkeit** unbeachtlich, da ein solches Verbot nicht mit Art. 12 GG zu vereinbaren sei.[965] Der Arbeitgeber habe auf schutzwürdige „familiäre Belange des Arbeitnehmers Rücksicht" zu nehmen.[966]

941 Das **OLG Hamm** erklärt dazu jedoch, soweit der Arbeitgeber die erforderliche Genehmigung nicht erteile, sei es dem Unterhaltspflichtigen i.d.R. **nicht zumutbar, hiergegen arbeitsgerichtlich** vorzugehen.[967]

942 Die Leistungsfähigkeit muss i.Ü. nicht durch Mitwirkung einer Veräußerung des im Miteigentum stehenden Familienheims erhöht werden.[968] Nach Rechtskraft der Scheidung (aber erst dann!) besteht die Möglichkeit der Durchführung einer **Teilungsversteigerung** des gesamten Objektes auch gegen den Willen des Miteigentümers.

943 In Ausnahme hiervon hat das **OLG Stuttgart** erklärt, dass **in Ausnahmefällen eine frühere Teilungsversteigerung möglich** ist.[969] Voraussetzung sei neben **einer hohen Zins- und Tilgungslast**, dass der Unterhaltspflichtige, in dessen **Alleineigentum** das

---

962 OLG Hamm, FamRZ 2004, 299.
963 OLG Köln, FamRZ 2007, 1119.
964 OLG Hamm, OLGR 2004, 335 = FamRB 2005, 5.
965 OLG Dresden, FamRZ 2005, 1584.
966 OLG Dresden, FamRZ 2005, 1584.
967 OLG Hamm, FamRB 2005, 5.
968 OLG Köln, FamRZ 2002, 97.
969 FamRZ 2004, 1109.

Familienheim steht, bereits das **Scheidungsverfahren** betreibt und damit zu erkennen gibt, dass er den mit dem Hauserwerb verbundenen Lebensplan selbst für gescheitert hält.[970]

Bei Verlust der Arbeitsstelle ist die – übrigens sozialabgabenfreie – **Abfindung Einkommensersatz** und dient bis zum Erhalt einer gleichwertigen Arbeitsstelle zur Auffüllung des monatlichen Einkommens.   944

Bei älteren Arbeitnehmern kann sie bis auf die Zeit zum voraussichtlichen **Rentenbeginn** verteilt werden.[971]   945

Endet die Zeit der Arbeitslosigkeit vor Ablauf der prognostizierten Dauer, für die eine Abfindung umgelegt worden ist, ist der nicht verbrauchte Rest **nicht dem Einkommen** aus der neuen Erwerbstätigkeit **hinzuzurechnen**. Er ist wie **gewöhnliches Vermögen** zu behandeln, dessen in zumutbarer Weise erzielte oder erzielbare Erträgnisse als Einkommen zu behandeln sein können, während die **Substanz im Regelfall außer Ansatz** bleibt.   946

Teile der Abfindung können für notwendige **Anschaffungen** (Anm.: konkret darzulegen und nachzuweisen) und zur **Tilgung von Schulden** verbraucht werden, sofern nicht unterhaltsbezogenes Verschulden einer Berufung auf den Verbrauch entgegensteht.[972]   947

Die **Strafhaft** eines Unterhaltspflichtigen führt i.d.R. zu seiner **Leistungsunfähigkeit**. Anderes gilt allerdings, wenn ein unterhaltsrechtlicher Bezug zwischen der Straftat und der Leistungsunfähigkeit besteht.[973]   948

Der **Selbstbehalt eines inhaftierten Unterhaltspflichtigen**, der im offenen Vollzug erwerbstätig ist, beträgt i.d.R. **280,00 €** gegenüber einem minderjährigen Kind. Dieser Betrag ist um den vom Strafgefangenen zu tragenden Haftkostenanteil zu erhöhen.[974]   949

---

970   OLG Stuttgart, FamRZ 2004, 1109.
971   OLG Karlsruhe, FamRZ 2001, 1615; in derartigen Fällen wird die Unterhaltsberechnung nach dem Halbteilungsgrundsatz vorgenommen, also nicht mehr der Erwerbstätigenbonus abgesetzt.
972   BGH, FamRZ 1990, 269; OLG Celle, FamRZ 1992, 590; OLG Hamm, FamRZ 1997, 1169; OLG München, FamRZ 1995, 809.
973   OLG Koblenz, FamRZ 2004, 1313.
974   OLG Hamm, FamRB 2004, 179 m. Anm. Brielmaier, FamRB 2004, 180.

4. Zusatzfragen

a) Unterhaltsbedarf

950 Wie bereits dargestellt, umfasst der Unterhaltsbedarf neben dem **Elementarunterhalt** auch den **Krankenversorgungsunterhalt** sowie **Altersvorsorgeunterhalt** und einen evtl. **Mehrbedarf**.

951 Es handelt sich insoweit um unselbstständige Teile des Gesamtunterhalts.

aa) Altersvorsorgeunterhalt

952 Grundsätzlich ist **Vorsorgeunterhalt** erst mit **Rechtshängigkeit des Scheidungsverfahrens** nicht mehr obsolet, da der Versorgungsausgleich vom 1. desjenigen Monats an entfällt, zu dem der von einem Ehepartner gestellte Scheidungsantrag dem anderen zugestellt wird.[975] Von diesem Zeitpunkt an besteht jedoch ein **Anspruch auf angemessene Absicherung für den Fall des Alters sowie der Erwerbsunfähigkeit** gem. § 1361 Abs. 1 Satz 2 BGB.

953 Die **Höhe** bestimmte sich nach jahrzehntelanger Rechtsprechung nach dem Beitragsbemessungssatz der Rentenversicherung mit derzeit 19,5 %.

954 Nachdem der **BGH**[976] nunmehr darüber hinausgehend erklärt hat, dass grds.[977] dem Nichtselbstständigen zuzubilligen sei, einen Betrag von bis zu **4 %** des jeweiligen Bruttoeinkommens des Vorjahres für eine zusätzliche Altersvorsorge einzusetzen, wird dieser zusätzliche Betrag in den Vorsorgeunterhalt einzubeziehen und statt 19,5 % nunmehr eine Altersvorsorge von **23,5 %** zu verlangen sein.[978]

955 Der **BGH** hatte nämlich erklärt, dass die Grenze der angemessenen Altersversorgung zur einseitigen Vermögensbildung bei **23,5 %** (19,5 % Beitragsbemessungssatz der gesetzlichen Rentenversicherung + 4 % des Jahresbruttoeinkommens des Vorjahres) liegt.

956 Sind die Aufwendungen dafür höher, ist der Betrag, der diese Grenze übersteigt, unterhaltsrechtlich als einseitige Vermögensbildung zu bewerten.

---

975 BGH, NJW 1982, 1988.
976 FamRZ 2005, 1871.
977 Außer im Mangelfall, BGH, FamRZ 2005, 1871.
978 So Soyka, FK 2006, 2, 3; in anderem Zusammenhang (Eheprägung einer angemessenen Altersversorgung durch zu erwartende Erbschaft nach BGH, FamRZ 2006, 387) spricht Soyka von 24 %, vgl. FK 2006, 76.

V. Höhe des Unterhalts

Dies führt auch dazu, dass bei **Immobilien**, sei es bei dem Eigenheim, das als Ehewohnung diente oder Mehrfamilienhäusern, aus denen Miete erzielt wird, **Tilgungsleistungen als Altersversorgung berücksichtigt werden können**, soweit diese den **Grenzbetrag** nach Aufstockung um 4 % des Jahresbruttoeinkommens des Vorjahres **nicht überschreiten**.[979]

957

Wird die Aufstockung zur Sicherung angemessener Altersvorsorge beim Nichtselbstständigen in dieser Weise anerkannt, muss dies auch für den Unterhaltsberechtigten gelten.

958

Die Berechnung des Vorsorgeunterhalts erfolgt **ohne Begrenzung** durch die Beitragsbemessungsgrenze.[980]

959

Die einzelnen Bedarfsteile sind in der Klage (und im Urteil) wegen ihrer Zweckgebundenheit **gesondert auszuweisen** und im Hinblick auf § 1587 Abs. 2 BGB ab Beginn des Monats zuzubilligen, in dem das Scheidungsverfahren rechtshängig geworden ist.

960

In der Praxis wird jedoch regelmäßig i.R.d. Scheidungsverfahrens ein Folgesachenantrag Geschiedenen-Unterhalt gestellt. Dort lautet der **Antrag** (der Ehefrau) im Scheidungsverbund auf Zahlung von Geschiedenen-Unterhalt nebst Krankheits- und Pflegevorsorgeunterhalt sowie Altersvorsorgeunterhalt wie folgt:

961

> Der Antragsgegner wird verurteilt, an die Antragstellerin von der Rechtskraft des Scheidungsurteils an eine monatliche im Voraus fällige Gesamtunterhaltsrente von ... €, davon ... € als Elementarunterhalt, ... € als Krankheits- und Pflegevorsorgeunterhalt und ... € als Altersvorsorgeunterhalt, zu zahlen.

> **Praxistipp:**
> Wird eine betragsmäßige Feststellung in einer Klage bzw. dem Urteil unterlassen (evtl. aus Unkenntnis der Notwendigkeit), umfasst diese den Gesamtunterhalt, sodass spätere **Nachforderungen** im Wege der Zusatz- oder Abänderungsklage **nicht möglich sind**.[981]

Die Berechnung des Altersvorsorgeunterhalts erfolgt **in zwei Stufen**.[982]

962

Zunächst ist der **Elementarunterhalt** zu errechnen. Um den Altersvorsorgeunterhalt zu bestimmen, ist der Unterhaltsberechtigte so zu stellen, als würde es sich beim Elementarunterhalt um das Nettoeinkommen des Betreffenden aus Berufstätigkeit han-

963

---

979 Vgl. Soyka, FK 2006, 1, 3.
980 OLG München, FamRZ 2005, 367, 368.
981 BGH, FamRZ 1988, 1145, 1148.
982 OLG Celle, FamRZ 2000, 1153; Palandt/Brudermüller, BGB, § 1578 Rn. 71.

D. Ehegattenunterhalt

deln (Betrag nach Abzug der gesetzlichen Sozialversicherungsbeiträge ohne Krankenversicherung).

Hierzu ist der **Elementarunterhalt** (fiktives Nettoeinkommen) **auf ein entsprechendes (fiktives) Bruttoeinkommen hochzurechnen**. Dies geschieht unter Zuhilfenahme der sog. Bremer Tabelle des OLG Bremen.[983]

964 Um das fiktive Bruttoeinkommen zu bestimmen, ist der aus der Tabelle zu entnehmende **Aufschlag auf den Elementarunterhalt** zu machen. Die Summe multipliziert mit dem geltenden Rentenbeitragssatz ergibt sodann den Altersvorsorgeunterhalt.

965 In einer zweiten Stufe ist dann der **Elementarunterhalt unter Abzug des Altersvorsorgeunterhalts** vom bereinigten Nettoeinkommen neu zu ermitteln.

966 Schließlich ist abschließend die **Leistungsfähigkeit** des Unterhaltsverpflichteten zu **überprüfen**.

1. Beispiel:

Bereinigtes Nettoeinkommen M	1.750,00 €

Unterhaltsbedarf F: (1.750,00 € × 6/7): 2 =	750,00 €
13 %-Zuschlag gem. Bremer Tabelle =	97,50 €
insgesamt	847,50 €

- davon bisher 19,5 % (Beitragssatz)	165,26 €
Bereinigtes Nettoeinkommen M	1.750,00 €
abzgl.	165,26 €
Bemessungsgrundlage Elementarunterhalt	1.584,74 €
× 6/7: 2	679,17 €

F hat daher einen Anspruch auf (gerundet)

Elementarunterhalt	679,00 €
sowie Altersvorsorgeunterhalt	165,00 €
insgesamt	844,00 €

---

[983] Die ab 01.01.2008 gültige Bremer Tabelle ist abgedruckt in: FamRB 2008, 62.

V. Höhe des Unterhalts

Die Leistungsfähigkeit des M ist gegeben, da ihm (1.750,00 € ./. 844,00 € =) 906,00 € verbleiben. Dieser Betrag liegt zwar unter dem angemessenen Unterhaltsbedarf des M mit 1.100,00 €, jedoch oberhalb des notwendigen Selbstbehalts von 900,00 €.

Neue Berechnung des obigen Beispiels:

- *nunmehr 19,5 % (Beitragssatz) + 4 % (Erhöhung)*	**199,16 €**
Bereinigtes Nettoeinkommen M	1.750,00 €
abzgl.	<u>199,16 €</u>
Bemessungsgrundlage Elementarunterhalt	1.550,84 €
× 6/7 : 2	**664,65 €**

F hat daher rechnerisch einen Anspruch auf (gerundet)

Elementarunterhalt sowie	665,00 €
Altersvorsorgeunterhalt	<u>199,00 €</u>
insgesamt	<u>**864,00 €**</u>

Damit ist der Selbstbehalt nicht gewahrt (1.750,00 € ./. 864,00 € = 886,00 €). Der Anspruch auf **Altersvorsorgeunterhalt** *ist um 14,00 € zu kürzen auf* **185,00 €***, um den Selbstbehalt von 900,00 € zu sichern (1.750,00 € ./. 185,00 € : 665,00 € = 900,00 €).*

2. Beispiel:[984]

Das Einkommen des M beträgt bereinigt 2.200,00 €, das der F 700,00 €.

Lösung:

F kann den folgenden Gesamtunterhalt von M beanspruchen:

Vorläufiger Elementarunterhalt	
(2.200,00 € ./. 700,00 €) × 3/7	642, 86 €
Vorsorgeunterhalt	
642,68 € + 13 % (nach Bremer Tabelle)	726,23 €
× 19,5 % (Beitragssatz) + 4 % (Erhöhung)	170,66 €
Neuer Elementarunterhalt	
(2.200,00 € ./. 170,66 € ./. 700,00 €) × 3/7)	569,72 €
Gesamtunterhalt (gerundet)	
570,00 € (Elementarunterhalt) + 171,00 € (Altersvorsorgeunterhalt)	741,00 €

---

984 Nach Soyka, FK 2006, 1, 3.

D. Ehegattenunterhalt

> **Praxistipp:**
> Besteht ein Anspruch auf **Trennungsunterhalt und Altersvorsorgeunterhalt** für die Zeit bis zur Rechtskraft der Scheidung, ist dieser im Rahmen dieses Unterhaltsverfahrens geltend zu machen und **nicht im Verbundverfahren**, da es sich **nicht** um eine Entscheidung für den Fall der Rechtskraft der Scheidung handelt. Der Anspruch endet mit Rechtskraft der Scheidung.[985]

967 Bei zweckwidriger Verwendung des Vorsorgeunterhalts ist diejenige Versorgung zugrunde zu legen, die durch den Vorsorgeunterhalt hätte erworben werden können.[986]

bb) Krankenvorsorgeunterhalt

968 Grundsätzlich ist eine Absicherung während der Trennungszeit für die nicht erwerbstätigen Ehegatten i.R.d. **Familienversicherung** über die gesetzliche Krankenversicherung des erwerbstätigen Ehegatten gegeben, § 10 SGB V.[987]

969 Allerdings besteht auch in der Trennungszeit **kein Versicherungsschutz** mehr, z.B. bei einer Beamtenehe. Wenn der arbeitende Ehegatte die private Versicherung seines Ehepartners nicht mehr bezahlt, kann der Berechtigte die Kosten für eine den ehelichen Lebensverhältnissen angemessene Absicherung verlangen, **§ 1578 Abs. 2 BGB analog**.[988]

970 I.Ü. bemisst sich der Krankenvorsorgeunterhalt im Hinblick auf die gesetzliche Krankenversicherung nicht nach einem hochgerechneten fiktiven Bruttoeinkommen, sondern **allein nach** dem errechneten **Elementarunterhalt**. Dieser ist mit dem entsprechenden Beitragssatz der Krankenkasse zu multiplizieren.

Beispiel:

Einkommen des Verpflichteten (ohne eigene Krankenversicherungskosten)	2.100 €
(vorläufige) Unterhaltsquote der Berechtigten: 2.100,00 € × 3/7 =	900,00 €
Krankenvorsorge (Beitragssatz 14 %): 900,00 € × 14 % =	126,00 €
abzgl. Krankenvorsorge	<u>126,00 €</u>
bereinigtes Nettoeinkommen des Verpflichteten	1.974,00 €

---

985 BGH, FamRZ 1982, 1875.
986 OLG Köln, FuR 2002, 87; so auch Bergmann, Aktuelle Fragen des Versorgungsausgleichs, in: Brennpunkte des Familienrechts 2006, 215, 219.
987 Ausführlich dazu Mleczko, ZFE 2006, 128.
988 BGH, FamRZ 1983, 676, 677; BGH, FamRZ 1988, 145, 147; BGH, FamRZ 1989, 483.

V. Höhe des Unterhalts

x × 3/7 (Unterhaltsquote)

endgültiger Elementarunterhalt **846,00 €**

*Die Unterhaltsberechtigte erhält im Beispiel **126,00 €** Krankenvorsorge- und **846,00 €** Elementarunterhalt, insgesamt **972,00 €**.*

In der Literatur wird die Auffassung vertreten, dass diese Berechnungsmethode, die auf eine **Grundentscheidung des BGH**[989] zurückgeht, zu ungenauen Ergebnissen führen kann.[990] 971

Begehrt der Unterhaltsberechtigte **neben der Krankenvorsorge auch Altersvorsorgeunterhalt** und muss beim Krankenvorsorgeunterhalt der Beitragssatz der jeweiligen Krankenkasse in Ansatz gebracht werden, berechnet sich der Elementarunterhalt dreistufig.[991]

*Dazu folgendes **Beispiel:***

Einkommen des Verpflichteten (ohne eigene Krankenversicherungskosten)	2.100,00 €
(vorläufige Unterhaltsquote der Berechtigen 2.100,00 € × 3/7) =	900,00 €
Krankenvorsorge (Beitragssatz 14 %): 900,00 € × 14 % =	126,00 €
abzgl. Krankenvorsorge	<u>126,00 €</u>
bereinigtes Nettoeinkommen des Verpflichteten	1.974,00 €
x × 3/7 (Unterhaltsquote)	
vorläufiger Elementarunterhalt	**846,00 €**
Altersvorsorgeunterhalt: 846,00 € + 17 % (143,82 €) = 989,82 €	
989,82 € × 23,5 % (19,5 % + 4 %) =	232,61 €
endgültiger Elementarunterhalt	2.100,00 €
./. Krankenvorsorge	126,00 €
./. Altersvorsorge (gerundet)	<u>233,00 €</u>
	1.741,00 €
x × 3/7 (Unterhaltsquote)	

---

989   BGH, FamRZ 1983, 888; OLG Düsseldorf, FamRZ 1986, 814.
990   So Conradis, FamRZ 2004, 1156, der seine Berechnungsmethode aber selbst als „übergenau" bezeichnet.
991   BGH, FamRZ 1989, 483.

D. Ehegattenunterhalt

  endgültiger Elementarunterhalt (gerundet)   **746,00 €**

  *Die Unterhaltsberechtigte hat Anspruch auf **126,00 €** Krankenvorsorge-, **233,00 €** Altersvorsorge- und **746,00 €** Elementarunterhalt, insgesamt **1.105,00 €**.*

972 Es entsteht im konkreten Beispiel kein **Mangelfall**. Es gilt der notwendige Selbstbehalt (900,00 €).

> **Hinweis:**
> Zu kürzen wäre im Mangelfall sodann zunächst der **Altersvorsorgeunterhalt** aufgrund seiner **Nachrangigkeit** gegenüber Krankenvorsorge- und Elementarunterhalt.[992]

> **Praxistipp:**
> Bedarf ein Unterhaltsberechtigter regelmäßig ärztlicher Hilfe und ist sein Elementarunterhalt unzureichend, so kann neben diesem auch der Krankenvorsorgeunterhalt **Vorrang vor der Altersvorsorge haben**. Ist der **Krankenvorsorgeunterhalt im Verhältnis** zum Elementarunterhalt **zu hoch**, kann das FamG den Gesamtunterhalt unter Berücksichtigung der Interessen beider Parteien anderweitig auf die verschiedenen Unterhaltsbestandteile verteilen. Der Elementarunterhalt und der Krankenvorsorgeunterhalt sind dabei gleichrangig, während der Altersvorsorgeunterhalt nachrangig ist.[993]

973 **Pflegeversicherungsvorsorgeunterhalt** fällt dagegen dann nicht an, wenn der Unterhaltsberechtigte in der gesetzlichen Krankenversicherung **freiwillig** versichert ist, da er dann zugleich in der Pflegeversicherung pflichtversichert ist (§ 20 Abs. 3 SGB XI). Bei **privater Krankenversicherung** ist er verpflichtet, eine Pflegeversicherung abzuschließen (§ 23 SGB XI). Hinsichtlich der Berechnung gelten die obigen Grundsätze.

> **Hinweis:**
> Der Unterhaltsberechtigte kann grds. zwischen den verschiedenen Anlageformen der Vorsorge **frei wählen** und muss auch bei der erstmaligen Geltendmachung **keine konkreten Angaben** über die Art und Weise der beabsichtigten Vorsorge machen.[994]

---

992 BGH, FamRZ 1989, 483.
993 So BGH, FamRZ 1987, 2229; BGH, FamRZ 1989, 483.
994 BGH, FamRZ 1982, 887; BGH, FamRZ 1987, 684.

V. Höhe des Unterhalts

> Praxistipp:
> Bei **nicht bestimmungsgemäßer Verwendung** des **Altersvorsorgeunterhalts** kann mittels Abänderungsklage (§ 323 ZPO) erreicht werden, dass die Zahlung direkt an den Versicherungsträger erfolgt. Bei nicht bestimmungsgemäßer Verwendung des auf den **Krankenvorsorgeunterhalt** entfallenden Betrages ist der Berechtigte im Krankheitsfall unterhaltsrechtlich so zu behandeln, als hätten die Beiträge zu einer entsprechenden Versicherung geführt.[995]

cc) Trennungsbedingter Mehrbedarf

Trennungsbedingter Mehrbedarf ist derjenige Bedarf, der **neben dem laufenden Bedarf** als Folge des getrennten Wohnens und Haushaltens entsteht. Er kann sowohl beim Unterhaltsberechtigten als auch beim Unterhaltsverpflichteten auftreten und ist beim Unterhaltsbedarf zu berücksichtigen. **Anerkannt** wurde Mehrbedarf bei Darlegung der Notwendigkeit u.a. **in folgenden Fällen:** 974

- Pkw,[996]
- Energiekosten,[997]
- Krankenversicherung,[998]
- Lebenshaltungskosten,[999]
- Medikamente,[1000]
- Miete,[1001]
- Mietnebenkosten,[1002]
- Umgangskosten,[1003]
- Umzugskosten,[1004]
- Versicherungen,[1005]

---

995 BGH, NJW 1983, 1552.
996 BGH, FamRZ 1988, 921, 923.
997 BGH, FamRZ, FamRZ 1988, 921, 923.
998 BGH, FamRZ, 1991, 414, 415.
999 OLG Düsseldorf, NJW 1990, 2695.
1000 OLG Hamm, FamRZ 1999, 1349.
1001 U.a. BGH, FamRZ 1990, 499, 503; OLG Düsseldorf, NJW 1990, 2695.
1002 BGH, FamRZ 1988, 921, 924.
1003 Nur in begrenzten Ausnahmefällen bei weiter Entfernung bzw. faktischem Umgangsausschluss (BGH, FamRZ 1995, 215; differenzierend BVerfG, FamRZ 1995, 86), nicht aber durch den Kindergartenbesuch entstehende Kosten, OLG Stuttgart, FamRZ 2004, 1129.
1004 OLG Köln, FamRZ 1986, 163.
1005 BGH, FamRZ 1988, 921, 924.

D. Ehegattenunterhalt

- Zeitung.[1006]

975 Der Mehrbedarf ist insgesamt **konkret darzulegen** und im Einzelfall vom Tatrichter zu ermitteln. Lebt der Betreffende mit einem **neuen Partner** zusammen, ist der Mehrbedarf regelmäßig **nicht** gegeben.[1007]

976 **Unbedingt zu beachten ist**: Trennungsbedingter Mehrbedarf kann **zusätzlich zum Quotenunterhalt** als Teil des vollen Unterhaltsbedarfs **nur berücksichtigt** werden, wenn **zusätzliche Mittel** in Form von **nicht prägenden Einkünften** aufseiten des Unterhaltsberechtigten bzw. Unterhaltsverpflichteten zur Verfügung stehen. Beide Ehegatten sind dann aber zunächst verpflichtet, diese Mittel zur Abdeckung des **eigenen Mehrbedarfs** einzusetzen.

977 Soweit also für die Unterhaltsberechnung die **Differenzmethode** (nur prägende Einkünfte vorhanden) angewandt wird, spielt der Mehrbedarf keine Rolle, da davon auszugehen ist, dass die Quotierung dem vollen Bedarf entspricht, also trennungsbedingten Mehrbedarf **enthält**. Sind hingegen **nicht prägende Einkünfte** im Wege der **Anrechnungsmethode** zu berücksichtigen, besteht der volle Unterhalt aus **Quotenunterhalt und** konkret dargelegtem **Mehrbedarf**, von dem dann das Einkommen des Unterhaltsberechtigten abzuziehen ist.[1008]

dd) Ausbildungsbedingter Mehrbedarf

978 Entstehen dem Unterhaltsberechtigten Kosten durch eine **Ausbildung, Umschulung oder Fortbildung**, können diese Ansprüche ebenfalls neben dem Elementarunterhalt als selbstständiger Unterhaltsteil geltend gemacht werden. Hierzu gehören Aufwendungen für Lernmittel, Gebühren, Fahrtkosten etc. Wenn und soweit Unterhalt geschuldet wird, werden die entsprechenden Beträge **vor Quotenbildung** vom bereinigtem Nettoeinkommen des Unterhaltsverpflichteten **abgezogen**.

Beispiel:

Bereinigtes Einkommen Verpflichteter 1.950,00 €, Berechtigter 0,00 €, ausbildungsbedingter Mehrbedarf 200,00 €:

Einkommen Verpflichteter	1.950,00 €
abzgl. ausbildungsbedingter Kosten	200,00 €
Verbleib	1.750,00 €
hiervon 3/7 Unterhalt	750,00 €

1006 BGH, FamRZ 1988, 921, 924.
1007 BGH, FamRZ 1990, 1085, 1088.
1008 BGH, FamRZ 1982, 255, 257; BGH, FamRZ 1986, 437, 438.

Gesamtanspruch:

Ausbildungskosten	*200,00 €*
Unterhalt	*750,00 €*
insgesamt:	***950,00 €***

ee) **Krankheitsbedingter Mehrbedarf**

Ergibt sich aus gesundheitlichen bzw. Altersgründen beim Unterhaltsberechtigten ein Mehrbedarf, kann dieser nach den Grundsätzen für den ausbildungsbedingten Mehrbedarf geltend gemacht werden, sofern er konkret dargelegt und bewiesen wird.

Zuerkannt wird ausschließlich, was „**medizinisch notwendig**" ist.

Beispiel:

Bei Erkrankung an Diabetes unterscheiden Gerichte bei der Verwendung von Nahrungsmitteln danach, ob diese wirklich medizinisch notwendig sind. So sei z.B. die Verwendung von Reformhausprodukten dem „Lifestyle" zuzurechnen.[1009] *Im genannten Fall hat das OLG Düsseldorf den krankheitsbedingten Mehrbedarf auf 150,00 DM monatlich festgesetzt.*

b) **Darlegungs- und Beweislast**

Grundsätzlich gilt in Zusammenhang mit der Geltendmachung von Trennungsunterhalt, dass jede Partei die **Voraussetzungen der ihr günstigen Norm darzulegen und zu beweisen** hat, sofern nichts anderes bestimmt ist oder eine Ausnahmesituation vorliegt.

So hat der Unterhaltsberechtigte die **gegenwärtigen Einkommensverhältnisse** des Unterhaltsverpflichteten nachzuweisen. Er muss ebenso die Gestaltung der **ehelichen Lebensverhältnisse**, nach denen sich der Unterhaltsanspruch bestimmt, darlegen und beweisen. Hierzu gehört insbes. die Darlegung der **prägenden Einkünfte** der Ehegatten.

Namentlich hat der Unterhaltsberechtigte auch seine **Bedürftigkeit** darzulegen und zu beweisen.[1010]

Hierzu gehört u.a. die Beweislast für alle Behauptungen des Unterhaltsverpflichteten, die der Bedürftigkeit entgegenstehen (z.B. die Behauptung, nicht erwerbsunfähig zu sein, Versorgungsleistungen für einen neuen Partner zu erbringen, nicht intensiv, ernsthaft und nachhaltig genug auf Arbeitsplatzsuche zu sein etc.).

1009 OLG Düsseldorf, FamRZ 2002, 751.
1010 BGH, FamRZ 1983, 150, 152; BGH, FamRZ 1984, 988, 989; BGH, FamRZ 1986, 244, 246.

D. Ehegattenunterhalt

985　Der Unterhaltsverpflichtete hat die Darlegungs- und Beweislast für seine **Leistungsunfähigkeit**, insbes. die Behauptung der Gefährdung eines eigenen angemessenen Lebensbedarfs.[1011]

986　In gleicher Weise wie oben zur Bedürftigkeit des Unterhaltsberechtigten dargetan, hat der Unterhaltsverpflichtete ebenfalls Behauptungen zu widerlegen (z.B. Einkommensentwicklung unerwartet, also nicht prägend, Unterhaltsverwirkung liege vor etc.).

5. Mangelfallberechnung

a) Struktur der Unterhaltsrechtsreform

987　**Verteilungsfähig** ist nur das gem. § 1603 BGB für den Unterhalt zur Verfügung stehende Einkommen des Unterhaltsschuldners.

988　Auf der **Grundlage der früheren Rangfolge** für die Unterhaltsberechnung gem. § 1609 BGB hatten Rechtsprechung und Literatur Methoden zur Berechnung von Unterhaltsansprüchen im Mangelfall entwickelt. Auch auf der Basis der neuen Rangordnung gilt es nach der Begründung des **RegE**,

„[...] in besonderem Maße auf den Rechenweg Bedacht zu nehmen, um in Mangelfällen und hier insbesondere im Verhältnis vorrangiger Kinder zu nachrangigen Unterhaltsberechtigten, etwa dem betreuenden Elternteil, oder im Verhältnis von Erst- und Zweitfamilien zu gerechten Ergebnissen zu gelangen."[1012]

989　Die unter Geltung des alten Rechts entwickelten Berechnungsmethoden sind unter Berücksichtigung der Maßgaben und Ziele der Neuregelung entsprechend zu nutzen und fortzuentwickeln.

990　Danach kann nach den Vorgaben der jetzigen Rangordnung, soweit es etwa um die Verteilung des Resteinkommens zwischen Erst- und Zweitfamilie geht, **besonders geprüft** werden, ob nicht die Selbstbehaltssätze des Unterhaltsschuldners zu reduzieren sind, um der Erstfamilie auch im Vergleich zur Zweitfamilie ein angemessenes Auskommen zu sichern.

b) Frühere Berechnungsmethode

991　Nach früherem Recht konnten sich **verschiedene Verteilungsmassen** ergeben, wenn mehrere Unterhaltsgläubiger zwar innerhalb derselben Rangstufe gleichrangig waren, jedoch für die verschiedenen Unterhaltsansprüche **unterschiedliche Selbstbehalte** galten.

1011　BVerfG, FamRZ 1985, 143, 146; BGH, FamRZ 1992, 779.
1012　RegE, BR-Drucks. 253/06, S. 42.

In solchen Fallgestaltungen wurden sog. mehrstufige Mangelfallberechnungen durchgeführt.

Dies wird wegen der klareren Rangverhältnisse jetzt nicht mehr notwendig sein.

Bei **Gleichrang im „Zweiten Rang"** gem. § 1609 Nr. 2 BGB wird es allerdings weiter zu Mangelfällen und den damit verbundenen z.T. komplizierten Berechnungen kommen.[1013]

aa) Die Mangelfallentscheidung des BGH von 2003

Ausgangspunkt für die Methode einer Berechnung des Mangelfalls war die **Entscheidung des BGH** aus dem Jahr **2003**.[1014]

992

Folgender **1. Beispielsfall**[1015] soll dies verdeutlichen:

993

Der Mann (M), geschiedener Familienvater, verfügt über ein bereinigtes Nettoeinkommen von 1.430,00 €. Aus der Ehe sind drei Kinder hervorgegangen, 11, 15 und 19 Jahre alt (K 11, K 15, K 19). Alle Kinder besuchen die Schule. Die Frau (F) ist wegen Kinderbetreuung nur geringfügig beschäftigt und verdient 310,00 €. F bezieht das Kindergeld für alle drei Kinder, also 3 × 154,00 € = 462,00 €.

Der BGH ermittelt als Ausgangsbedarf hier zunächst den **Tabellenunterhalt nach Gruppe 6 (135 %)**, der den **Regelbedarf eines Kindes** darstellt. Bei der **Ehefrau** geht der BGH nun endlich von einem **Mindestbedarf** aus statt von der 3/7-Quote und differenziert hier wie folgt:

994

*Im Haushalt des Pflichtigen lebende, nicht erwerbstätige Frau: **560,00 €**.*[1016]

*Im Haushalt des Pflichtigen lebende, erwerbstätige Frau: **650,00 €**.*

*Im eigenen Haushalt lebende, nicht erwerbstätige Frau: **770,00 €**.*

*Im eigenen Haushalt lebende, erwerbstätige Frau: **900,00 €**.*

K 11	*331,00 €*
K 15	*389,00 €*
K 19	*447,00 €*
F (900,00 ./. 310,00 €)	*590,00 €*
Summe	*1.757,00 €*

1013 Vgl. den Beispielsfall von Hütter, FamRZ 2006, 1577, 1579.
1014 BGH, FamRZ 2003, 363; vgl. auch OLG Celle, FamRZ 2005, 473.
1015 Beispiele nach Soyka, FK 2003, 146 und 178; vgl. auch die dortigen weiteren Beispiele.
1016 In Anlehnung an B. VI. 2. der Düsseldorfer Tabelle.

D. Ehegattenunterhalt

Diesen Betrag kann M aber nicht aufbringen, da sein Selbstbehalt (900,00 €) unterschritten ist: 1.430,00 € ./. 1.757,00 € – da bleibt weniger als nichts.

Zur Verfügung stehen bei Wahrung des Selbstbehalts nur 1.430,00 € ./. 900,00 € = 530,00 €.

530,00 € sind 30,17 % der benötigten 1.757,00 €.

Entsprechend werden die Berechtigten nun anteilig bedient:

K 11	331,00 €	30,17 %	**100,00 €**
K 15	389,00 €	30,17 %	**117,00 €**
K 19	447,00 €	30,17 %	**135,00 €**
F	<u>590,00 €</u>	30,17 %	<u>**178,00 €**</u>
Summe	1.770,00 €		**530,00 €**

995 **Kontrollüberlegung**: Da die Unterhaltsberechtigten **durch eine Mangelfallberechnung nicht besserstehen dürfen** als nach der Bedarfsermittlung, findet eine Kontrollüberlegung statt. Hier liegen die sich aus der Mangelfallberechnung ergebenden Beträge **unter den Beträgen**, die nach der Bedarfsberechnung geschuldet würden. Damit wird der aus der Mangelfallberechnung ermittelte Unterhalt geschuldet.

996 **Zur Korrektur der Beträge** i.R.d. Kontrollüberlegung folgendes **2. Beispiel**:

Bereinigtes Nettoeinkommen des Schuldners 2.300,00 €. Er schuldet Unterhalt für drei Kinder von 3, 8 und 13 Jahren sowie Unterhalt für seinen erwerbsunfähigen geschiedenen Ehegatten.

Die Einsatzbeträge der Kinder lauten 273,00 €, 331,00 € und 389,00 €, der für den Ehegatten 770,00 €.

*Der Gesamtbedarf beläuft sich auf **1.763,00 €**.*

*Die Verteilungsmasse ist **1.400,00 €** (2.300,00 € ./. 900,00 €).*

Dies führt zu folgender Mangelfallberechnung:

273,00 €	×	1.400,00 €	:	1.763,00 €	=	216,79 €
331,00 €	×	1.400,00 €	:	1.763,00 €	=	262,85 €
389,00 €	×	1.400,00 €	:	1.763,00 €	=	308,91 €
770,00 €	×	1.400,00 €	:	1.763,00 €	=	611,45 €

997 **Kontrollüberlegung**: Im Vergleich zu den Zahlbeträgen aus der Bedarfsberechnung von 196,00 €, 254,00 € und 312,00 € stehen die ersten beiden Kinder durch die **Mangelfallberechnung besser** als ohne. Daher ist der **Zahlbetrag** maßgebend. Das erste Kind erhält wegen der Kindergeldanrechnung 196,00 €, das zweite Kind 254,00 €. Der Differenzbetrag von insgesamt 29,64 € wird dem dritten Kind sowie dem Ehegatten zugeschlagen, damit dem Unterhaltsverpflichteten nicht mehr als der notwendige

Selbstbehalt verbleibt. Da beim dritten Kind 3,09 € bis zum Zahlbetrag von 312,00 € fehlt, wird der Kindesunterhalt auf diesen Betrag erhöht. Der Rest (26,55 €) wird dem Ehegattenunterhalt zugeschlagen.

Damit erhalten:

K 3	–	196,00 €
K 8	–	254,00 €
K 11	–	312,00 €
Ehegatte	–	638,00 €
gesamt		**1.400,00 €**

Hinsichtlich des Kindergeldes macht es sich der **BGH**[1017] einfach:

Der ermittelte Mangelfallunterhalt erreicht nicht (oder übersteigt nicht wesentlich) den Regelbetrag und erst recht nicht 135 % davon (§ 1612b Abs. 5 BGB) – abzüglich des halben (oder bis Gruppe 5 noch geringeren) Kindergeldes; ergo verbleibt das **Kindergeld voll der Mutter**.[1018]

In unserem **1. Beispielsfall** ist dieser Grundsatz voll anwendbar, wie sich aus folgender Kontrollrechnung ergibt:

462,00 € Kindergeld : 3 = 154 : 2 = 77,00 €.

Beim Unterhalt wird nun jeweils die Gruppe 6 der Düsseldorfer Tabelle (= 135 % des Regelbetrages)[1019] *zugrunde gelegt.*

K 11	:	331,00 €	./.	77,00 €	=	254,00 €
K 15	:	389,00 €	./.	77,00 €	=	312,00 €
K 19	:	447,00 €	./.	77,00 €	=	370,00 €

Alle Beträge liegen deutlich über dem Mangelunterhalt, sodass eine Kindergeldanrechnung nicht infrage kommt.

Es bleibt demnach im Endergebnis bei den in der äußeren Spalte der letzten Tabelle aufgeführten Beträgen.

Zum Mindestbedarf des Ehegatten ein **3. Beispielsfall:**

1017 BGH, FamRZ 1997, 806, 811.
1018 BGH, FamRZ 2003, 363, 367.
1019 Mit Inkrafttreten des neuen Unterhaltsrechts zum 01.01.2008 ist die RegelbetragVO wegen der Anknüpfung des Kindesunterhalts an die steuerliche Bezugsgröße ersatzlos entfallen, vgl. zum Anknüpfungspunkt aus dem Steuerrecht BVerfGE 1999, 216; zum Kindesunterhalt s.o. Rn. 422 ff.

D. Ehegattenunterhalt

Bereinigtes monatliches Nettoeinkommen des Verpflichteten: 1.500,00 €.

Erbschaft von 500.000,00 € nach Scheidung der Ehe.

Drei aus der Ehe stammende Kinder im Alter von 3, 8 und 13 Jahren, für die er Unterhalt nach der 13. Einkommensgruppe zahlt. Was muss für den erwerbsunfähigen geschiedenen Ehegatten gezahlt werden?

*Es muss eine **gestufte Berechnung** erfolgen.*

Zunächst erfolgt die Bedarfsermittlung:

*Die Kindesunterhalte sind der **1. Einkommensgruppe** zu entnehmen, obwohl der Verpflichtete Unterhalt nach der 13. Gruppe zahlt, da sie als Abzugsposten nur aus dem **die Ehe prägenden Einkommen** berechnet werden dürfen. Nur so lässt sich die Belastung der ehelichen Lebensverhältnisse durch die Unterhaltsverpflichtungen während der Ehe widerspiegeln.*

Der Bedarf des Ehegatten richtet sich nach den ehelichen Lebensverhältnissen auf der Grundlage eines Einkommens von 1.500,00 €. Die Erbschaft hat den Bedarf nicht geprägt.[1020]

*Der Ehegattenunterhalt wird **mit der Quote nach Vorwegabzug des Kindesunterhalts** berechnet. **Nur bei einem Missverhältnis** zu diesem wird der Ehegattenunterhalt ohne Vorwegabzug des Kindesunterhalts ermittelt. Ein Missverhältnis liegt vor, wenn der Ehegattenunterhalt **weniger als 570,00 €** beträgt.*

*Dieser Betrag ergibt sich wie folgt: Das Existenzminimum des getrennt lebenden/geschiedenen, nicht erwerbstätigen Ehegatten beträgt **770,00 €**. Beim Kindesunterhalt dient als Vergleichsgröße der Tabellensatz der Einkommensgruppe 1. Dieser entspricht 100 %, das Existenzminimum der Kinder beträgt gemäß der 6. Einkommensgruppe 135 %. Vom Existenzminimum muss daher folgender Abschlag erfolgen: 770,00 € : 135 × 100 = 570,00 € **(fester Bedarfssatz).***

*Liegt der Ehegattenunterhalt dagegen **über dem reduzierten Existenzminimum von 570,00 €**, ist der Betrag von 570,00 € maßgebend. Es erübrigt sich eine Berechnung des Ehegattenunterhalts ohne Vorwegabzug des Kindesunterhalts, wenn das für Unterhaltszwecke verfügbare Einkommen des Unterhaltsverpflichteten vor Abzug der Unterhaltsverpflichtung **mehr als 1.262,00 €** beträgt, da die 3/7-Quote aus 1.262,00 € dem Betrag von 541,00 € entspricht.*

*Hier erfolgt die **Bedarfsberechnung** wie folgt:*

Einkommen des Mannes	1.500,00 €
abzgl. Kindesunterhalt (1. EKG)	
1. Altersstufe	202,00 €
2. Altersstufe	245,00 €
3. Altersstufe	<u>288,00 €</u>
ergibt:	<u>765,00 €</u>
3/7 =	**327,86 €**

1020 BGH, FamRZ 1988, 1145; BGH, FamRZ 1992, 1185.

*Da der **Quotenunterhalt unter 570,00 € liegt**, besteht ein Missverhältnis. Da das für Unterhaltszwecke einzusetzende Einkommen **über 1.262,00 €** liegt, bedarf es keiner Neuberechnung. Der Bedarf des unterhaltsberechtigten Ehegatten beträgt 570,00 €.*

Eine Mangelfallberechnung ist nicht erforderlich, da der **Unterhaltsverpflichtete leistungsfähig** ist.

1004

Bei der Leistungsfähigkeit sind **sämtliche Einkommensquellen** zu berücksichtigen, auch die Erträge aus der Erbschaft. Der Unterhaltsverpflichtete schuldet den Mindestunterhalt mit **570,00 €** und nicht etwa den Quotenunterhalt mit 327,86 €.[1021]

Zu den weiteren Problemen, die der Mangelfall – unabhängig vom Rechenwerk – birgt, ist Folgendes anzumerken:

1005

In Fällen des **relativen Vorrangs** der Betreuungsunterhalt beziehenden ersten Ehefrau vor der zweiten wurde die zweite in die Mangelfallberechnung **nicht** mit einbezogen. Ihr stand also gar nichts zu. Der **BGH**[1022] hielt dies selbst dann für gerechtfertigt, wenn die zweite Frau gezwungen war, Sozialhilfe in Anspruch zu nehmen oder sich den Selbstbehalt mit ihrem Mann zu teilen.[1023]

1006

bb) Die Selbstbehaltsentscheidung des BGH von 2006

Nachdem der **BGH** in einer Entscheidung v. 15.03.2006[1024] den Selbstbehalt gegenüber getrennt lebenden und geschiedenen Ehegatten mit 890,00 € (notwendiger Selbstbehalt) als **zu gering** angesehen hat und ihn **zwischen dem notwendigen Selbstbehalt (890,00 €) und dem angemessenen Eigenbedarf (1.100,00 €)** ansiedelt, ist dieser Selbstbehalt von der Rechtsprechung mit **1.000,00 €** angenommen worden.[1025]

1007

Der **BGH** hatte erklärt, dass sich der mit 890,00 € bewertete Selbstbehalt aus der gesteigerten Unterhaltsverpflichtung nach § 1603 Abs. 2 BGB ableitet, die im konkreten Fall nur im Verhältnis zu den minderjährigen Kindern gilt. Im Kontext der Unterhaltsansprüche von Ehegatten müsse dem gegenüber ein **höherer Selbstbehalt** zum Zuge kommen.[1026]

1008

1021 Vgl. dazu Soyka, FK 2003, 46; ders., FK 2003, 130, 131.
1022 BGH, FamRZ 1988, 705.
1023 Ebenso OLG Hamm, FamRZ 1998, 848.
1024 BGH, FamRZ 2006, 683.
1025 OLG Schleswig – 990,00 €.
1026 BGH, FamRZ 2006, 683, 686.

D. Ehegattenunterhalt

1009 Das **OLG Celle**[1027] hat daraufhin in dem am 12.05.2006 entschiedenen Fall von Ansprüchen zweier Kinder und der Ehefrau eine zweistufige konkrete Mangelfallberechnung vorgenommen und erklärt:

„[...] muss demgegenüber ein höherer Selbstbehalt zum Zuge kommen, den der Senat hier mit 1.000,00 € berücksichtigt. Die dem zugrunde liegende Rechtsprechung des Bundesgerichtshofes zwingt demzufolge im vorliegenden Fall zu einer zweistufigen Mangelfallberechnung. Aus einer ersten Verteilungsmasse in Höhe von (1.185,00 € - 1.000,00 € =) 185,00 € stehen dem Kläger zu 1) bei drei Unterhaltsverpflichteten des Beklagten anteilig 56,59 € zu. An der zweiten Verteilungsmasse in Höhe von (1.000,00 € - 890,00 € =) 110,00 € sind nur noch die beiden Kläger vor dem Hintergrund der gesteigerten Unterhaltsverpflichtung aus § 1603 II BGB beteiligt. Hieraus entfallen auf den Kläger zu 1) bei einem Gesamtbedarf von (393,00 € + 334,00 € =) 727,00 € 54,1 % oder 59,51 €."

1010 In einer Sitzung des **Großen Senats der Familiensenate des OLG Frankfurt am Main** v. 08.05.2006 wurde beschlossen, dass der eheangemessene Selbstbehalt gegenüber getrennt lebenden und geschiedenen Ehegatten (Ziff. 21.4 der Unterhaltsgrundsätze) sowie der Selbstbehalt gegenüber einem Anspruch nach § 1615l Abs. 1 BGB (Ziff. 21.3.1 Abs. 2) i.d.R. mit 1.000,00 € zu bemessen ist. Eine formale Änderung der Unterhaltsgrundsätze soll, so heißt es im Beschluss, „erst im kommenden Jahr nach der anstehenden Reform des Unterhaltsrechts vorgenommen werden."

c) Geltende Mangelfallberechnung

1011 **Verschiedene Verteilungsmassen** werden wegen der **Rangunterschiede** zukünftig grds. nicht mehr zutreffen;[1028] alles würde unkomplizierter – hieß es.

Dies betrifft allerdings nicht den 2. Rang.

1012 **Hütter**[1029] meint, durch den Gleichrang im 2. Rang werde das Unterhaltsrecht nicht einfacher, sondern komplizierter und erklärt: Versuchen Sie sich mit der Berechnung eines Trennungsunterhalts mit folgenden Ausgangszahlen: Ehemann 4.000,00 €, Ehefrau 1.600,00 €, Kinder aus erster Ehe: ein 18-jähriger Schüler, eine Studentin, ein Kleinkind aus der neuen Beziehung, die nichteheliche Mutter ist seit der Geburt nicht mehr erwerbstätig und hat zuvor 1.700,00 € verdient (alles Netto-Beträge).

Hütter[1030] erklärt weiter: Das wahrscheinliche Ergebnis: Die nichteheliche Mutter benötigt 770,00 € als Existenzminimum. Wird dieses durch den Ehemann gedeckt, geht

---

1027 N.v., Beschl. OLG Celle, v. 12.05.2006 – 19 WF 159/06, abrufbar unter der Webseite des OLG Celle.
1028 Mangelfallberechnungen wegen des Gleichrangs auch innerhalb desselben Rangs dagegen schon.
1029 Vgl. Hütter, FamRZ 2006, 1577, 1579.
1030 Hütter, FamRZ 2006, 1577, 1579.

sie faktisch der Ehefrau im Rang vor, deren Unterhaltsanspruch erlischt. Außerdem wird die Ehefrau für den Unterhalt des studierenden Kindes in Anspruch genommen werden, da der Ehemann nicht mehr leistungsfähig sein wird.

Das Argument der **Vereinfachung und der Verhinderung komplizierter Mangelfallberechnungen** betrifft insofern sicher die **Rangtrennung zwischen 1. und 2. Rang**, nicht aber die komplexe Problematik gleichrangiger Ansprüche im 2. Rang.

Insgesamt allerdings wird auch im Rahmen von Mangelfallrechnungen das rechnerische Gesamtergebnis daraufhin zu überprüfen sein, ob im konkreten Einzelfall die Aufteilung des verfügbaren Einkommens auf die minderjährigen Kinder und den oder die unterhaltsberechtigten Ehegatten insgesamt **billig und angemessen** ist.[1031]

1013

Korrekturbedürftig kann eine Mangelfallberechnung insbes. dann sein, wenn nach ihrem Gesamtergebnis die Erstfamilie (zusätzlich) auf **Sozialleistungen** angewiesen ist, während die nach der Scheidung gegründete Zweitfamilie auch unter Berücksichtigung des Selbstbehalts des Unterhaltsschuldners und des Vorteils aus einem evtl. Ehegattensplitting einer neuen Ehe im konkreten Vergleich ein **gutes Auskommen** hat.

1014

Inwieweit solche Korrekturen von der Rechtsprechung zukünftig vorgenommen werden, wird sich zeigen müssen.

1015

d) Begründung des Gesetzgebers zur Rangfolge

Im **RegE** heißt es:

1016

„§ 1609 regelt den Fall, dass mehrere Unterhaltsberechtigte vom Pflichtigen zu unterhalten sind.

Relevanz erlangt die Bestimmung nur dann, wenn der Unterhaltspflichtige nicht in ausreichendem Maß leistungsfähig ist, um die Unterhaltsansprüche aller Berechtigten zu erfüllen, ohne seinen eigenen Unterhalt zu gefährden.

Derartige Mangelfälle sind in der Praxis häufig, sodass gerade hier dem zu verzeichnenden Wertewandel Rechnung getragen werden muss. Die Ursache für die Entstehung von Mangellagen ist vielfach, dass nach einer Ehescheidung wieder geheiratet und eine neue Familie gegründet wird.

Weiter hat der Unterhaltspflichtige durch die steuerlichen Nachteile des Getrenntlebens bzw. der Scheidung etwa in Bezug auf die Steuerklassenwahl häufig deutlich spürbare Einkommenseinbußen hinzunehmen. Allgemein bekannt ist schließlich, dass die Kosten von zwei Haushalten höher sind als diejenigen eines einzelnen Haushalts. Deshalb sieht das Gesetz einen gestaffelten Schutz der verschiedenen Unterhaltsberechtigten vor, bei dem der vorrangig Berechtigte Unterhaltsansprüche eines nachrangig Berechtigten verdrängt."

1031 BGH, FamRZ 1997, 806, 811; BGH, FamRZ 2005, 347, 351.

D. Ehegattenunterhalt

1017   Die Neuregelung tritt an die Stelle der bisherigen, äußerst komplizierten, über mehrere Bestimmungen (§§ 1582 Abs. 1, 1609, 1615 Abs. 1, Abs. 3 BGB, § 16 Abs. 2 LPartG bisherige Fassung) verteilten und nur schwer durchdringbaren Normierung des unterhaltsrechtlichen Rangs. Sie schafft eine einheitliche, übersichtliche, klare und v.a. gerechte Regelung der Rangfolge zwischen mehreren Unterhaltsberechtigten.

1018   Kernpunkt der Neuregelung ist, dass der Unterhalt minderjähriger unverheirateter Kinder und privilegierter volljähriger Kinder (§ 1603 Abs. 2 Satz 2 BGB) künftig Vorrang vor allen anderen Unterhaltsansprüchen hat. Der absolute Vorrang des Kindesunterhalts dient der Förderung des Kindeswohls, da damit die materiellen Grundlagen für Pflege und Erziehung von Kindern gesichert werden. Der unterhaltsrechtliche Vorrang wird damit zum Komplementärstück zur gesteigerten Unterhaltsobliegenheit der Eltern gegenüber ihren minderjährigen unverheirateten und diesen gleichgestellten Kindern (§ 1603 Abs. 2 BGB).

1019   Mit der Einräumung des Vorrangs des Kindesunterhalts wird nicht nur der Entschließung des Deutschen Bundestags v. 28.06.2000[1032] entsprochen; der Gesetzgeber folgt damit auch den wiederholt vorgetragenen Empfehlungen des Deutschen Familiengerichtstags[1033] und der unterhaltsrechtlichen Praxis.[1034]

1020   Die innere Rechtfertigung des Vorrangs ergibt sich aus der Überlegung, dass Kinder die wirtschaftlich schwächsten Mitglieder der Gesellschaft sind und sie im Gegensatz zu anderen Unterhaltsberechtigten ihre wirtschaftliche Lage nicht aus eigener Kraft verändern können. Dagegen haben die künftig nachrangigen Unterhaltsberechtigten wenigstens potenziell die Möglichkeit, für ihren Lebensunterhalt selbst zu sorgen. Diese Überlegung deckt sich mit der empirisch belegten Erkenntnis, dass die Bereitschaft Unterhaltspflichtiger, Kindesunterhalt zu leisten, signifikant höher ist als die Zahlungswilligkeit bspw. in Bezug auf Ehegattenunterhalt, zumal die Notwendigkeit der Leistung von Kindesunterhalt unmittelbar einsichtig ist.[1035] Der Gesetzgeber kehrt vom „Gießkannenprinzip" ab, zu dem es nach geltendem Recht in einem Mangelfall kommt, weil es durch die verhältnismäßige Kürzung aller erstrangigen Unterhaltsansprüche die ausgeurteilten Unterhaltsbeträge vielfach so gering sind, dass davon weder die Kinder noch der gleichrangige Ehegatte leben können.

1032   BT-Drucks. 14/3781, S. 3.
1033   Vgl. zuletzt Arbeitskreis 1 u.a. des 15. DFGT 2003, Brühler Schriften zum Familienrecht, Bd. 13 S. 75.
1034   Vgl. etwa Puls, FamRZ 1998, 865, 875; Peschel/Gutzeit, FuR 2002, 169; Luthin, FuR 2004, 567, 572; Scholz, FamRZ 2004, 751, 761.
1035   Vgl. Andress/Borgloh/Güllner/Wilking, Wenn aus Liebe rote Zahlen werden – Über die wirtschaftlichen Folgen von Trennung und Scheidung, 2003; Bundesministerium für Senioren, Frauen, und Jugend (Hrsg.), Unterhaltszahlungen für minderjährige Kinder in Deutschland, 2002.

V. Höhe des Unterhalts

Der Gedanke des Kindeswohls rechtfertigt es weiter, die Unterhaltsansprüche von Eltern wegen der Betreuung von Kindern im Rang unmittelbar hinter denjenigen der Kinder einzustellen.   1021

Die Neuregelung differenziert dabei nicht mehr danach, ob der betreuende, unterhaltsbedürftige Elternteil mit dem anderen, unterhaltspflichtigen Elternteil verheiratet ist oder nicht.   1022

Durch den Verzicht hierauf wird einem Gerechtigkeitsdefizit des geltenden Rechts begegnet.   1023

Künftig spielt es beim Rang keine Rolle mehr, ob der Betreuungsunterhalt aus der Ehe der Kindeseltern hergeleitet wird oder ob es sich um den Anspruch auf Betreuungsunterhalt eines nicht verheirateten Elternteils gem. § 1615 Abs. 1, Abs. 2 Satz 2, Abs. 4 BGB handelt. Denn der Personenstand ist, soweit es lediglich um die rangmäßige Einordnung des Unterhaltsanspruchs nicht verheirateter Elternteile im Verhältnis zu anderen Unterhaltsansprüchen geht, kein taugliches Differenzierungskriterium.   1024

Sachliche Rechtfertigung für die Zuerkennung der Rangposition ist vielmehr allein die Tatsache der Kindesbetreuung. Da die Ausgangslage bei getrennt lebenden bzw. geschiedenen Berechtigten und bei nicht verheirateten Berechtigten insoweit identisch ist, ist es gerechtfertigt, die entsprechenden Ansprüche auf Betreuungsunterhalt rangmäßig gleich zu behandeln.   1025

Andere, zwischen ihnen bestehende Unterschiede werden hinreichend berücksichtigt durch die schwächere Ausgestaltung des Betreuungsunterhalts nach § 1615 Abs. 1, Abs. 2 BGB.

Weiter modifiziert die Neuregelung die bisherige Privilegierung des Unterhaltsanspruchs des ersten Ehegatten gegenüber demjenigen des zweiten Ehegatten. Künftig zählt nicht mehr die zeitliche Priorität der Eheschließung, sondern allein die Schutzbedürftigkeit des Berechtigten.   1026

Besonders schutzbedürftig sind Berechtigte, die wegen der Betreuung eines Kindes unterhaltsbedürftig sind oder die wegen der langen Dauer der Ehe einen besonderen Vertrauensschutz beanspruchen können. Dagegen hat der Unterhaltsberechtigte bei einer kürzeren Ehedauer sein Leben noch nicht in derselben Weise auf die Ehe eingestellt wie dies bei längerer Ehedauer der Fall ist.   1027

Soweit sich sowohl der erste als auch der spätere Ehegatte auf Kindesbetreuung oder Vertrauensschutzgesichtspunkte berufen kann, besteht zwischen ihren jeweiligen Unterhaltsansprüchen – im Gegensatz zur heutigen Rechtslage – Gleichrang.   1028

D. Ehegattenunterhalt

1029 Damit wird zugleich der diesbezügliche Widerspruch des geltenden Rechts aufgehoben, denn nach § 1609 Abs. 2 Satz 1 BGB in der Auslegung, die die Bestimmung durch den BGH[1036] und der ihm folgenden, einhelligen, instanzgerichtlichen Rechtsprechung erfahren hat, gilt der gesetzlich normierte Gleichrang zwischen Ehegatten und Kindern dann, wenn sowohl der erste, geschiedene Ehegatte als auch der zweite Ehegatte minderjährige Kinder betreut, nur für den geschiedenen Ehegatten; die Unterhaltsansprüche des zweiten Ehegatten treten hinter denjenigen der eigenen Kinder und denen der Kinder aus der ersten Ehe zurück.

1030 Diese Privilegierung des ersten Ehegatten ist heute nicht mehr zu rechtfertigen; sie belastet ohne einleuchtenden Grund die Kinder aus der „Zweitfamilie" und wird deshalb beendet.

1031 Künftig gilt damit auch im Fall der Konkurrenz zwischen mehreren Ehegatten das Gleiche, was bereits heute bei der Konkurrenz mehrerer Kinder gilt: Bei gleichbleibendem Einkommen des Pflichtigen müssen Kinder nämlich schon jetzt eine Schmälerung des auf sie entfallenden Unterhaltsanteils hinnehmen, sobald weitere unterhaltsberechtigte Kinder hinzukommen. Für den geschiedenen Ehegatten gilt zukünftig Entsprechendes; auch er hat keinen „Vertrauensschutz" dahin gehend, dass sich durch Wiederheirat und Gründung einer Zweitfamilie der Kreis der unterhaltsberechtigten Personen nicht vergrößert und seine Unterhaltsquote nicht gekürzt wird.

1032 Auf der Grundlage der bisherigen Rangfolge hat die Rechtsprechung Methoden zur Berechnung von Unterhaltsansprüchen im Mangelfall entwickelt.[1037]

1033 Auch auf der Basis der neuen Rangordnung gilt es, in besonderem Maße auf den Rechenweg Bedacht zu nehmen, um in Mangelfällen und hier insbes. im Verhältnis vorrangiger Kinder zu nachrangigen Unterhaltsberechtigten, etwa dem betreuenden Elternteil, oder im Verhältnis von Erst- und Zweitfamilien zu gerechten Ergebnissen zu gelangen.

1034 Die unter der Geltung des alten Rechts entwickelten Methoden können hierbei, unter Berücksichtigung der Maßgaben und Ziele der Neuregelung, entsprechend genutzt und fortentwickelt werden. Danach kann, soweit es etwa um die Verteilung des Resteinkommens zwischen Erst- und Zweitfamilie geht, besonders geprüft werden, ob nicht die Selbstbehaltssätze des Pflichtigen zu reduzieren sind, um der Erstfamilie auch im Vergleich zur Zweitfamilie ein angemessenes Auskommen zu sichern.

1035 Weiter ist auch, wie schon bisher, das rechnerische Gesamtergebnis im Wege einer „Gesamtschau" daraufhin zu überprüfen, ob im konkreten Einzelfall die Aufteilung

---

1036 BGHZ 104, 158.
1037 Vgl. etwa Gerhardt, Handbuch Fachanwalt Familienrecht, 6. Kap. Rn. 498 ff.

des verfügbaren Einkommens auf die minderjährigen Kinder und den oder die unterhaltsberechtigten Ehegatten insgesamt billig und angemessen ist.[1038]

Korrekturbedürftig kann eine Mangelfallberechnung insbes. dann sein, wenn nach ihrem Gesamtergebnis die Erstfamilie (zusätzlich) auf Sozialleistungen angewiesen ist, während die nach der Scheidung gegründete zweite Familie auch unter Berücksichtigung des Selbstbehalts des Unterhaltspflichtigen und des Vorteils aus einem evtl. Ehegattensplitting einer neuen Ehe im konkreten Vergleich ein gutes Auskommen hat. 1036

Die Neuregelung bietet erhebliche Vorteile, da sie zu einer deutlichen Vereinfachung des Unterhaltsrechts führen wird. 1037

Die Zahl der Fälle, in denen komplizierte, zeitaufwendige und fehleranfällige Mangelfallberechnungen anzustellen sind, wird sich voraussichtlich wesentlich reduzieren. 1038

Dadurch werden die Gerichte, aber auch die Jugendämter in ihrer Funktion als Unterhaltsbeistand (§ 1712 Abs. 1 Nr. 2 BGB) entlastet. 1039

Gleichzeitig wird damit das Unterhaltsrecht für den rechtsuchenden Bürger transparenter, weil an die Stelle undurchsichtiger, mehrstufiger Mangelfallberechnungen klare und besser nachvollziehbare Entscheidungen treten werden. 1040

Das UÄndG 2007 beachtet trotz der geänderten Rangfolge die Lebensleistung erziehender Elternteile: Ehegatten, die das traditionelle Modell der „Einverdienerehe" viele Jahre gelebt haben, werden umfassend geschützt. Denn der Unterhaltsanspruch des langjährigen Ehegatten ist rangmäßig dem Unterhaltsanspruch eines betreuenden Elternteils gleichgestellt. 1041

Die Änderung der Rangfolge bezieht sich nur auf die in § 1609 Nr. 1 bis Nr. 3 BGB aufgeführten Unterhaltsberechtigten. Die in § 1609 Nr. 4 bis Nr. 7 geregelte weitere Rangfolge entspricht dem bisherigen Recht. 1042

Im Einzelnen:

§ 1609 Nr. 1 BGB umfasst alle Kinder, also sowohl leibliche als auch adoptierte (§ 1754 Abs. 1, Abs. 2 BGB), inner- oder außerhalb einer bestehenden Ehe geborene Kinder und unterscheidet auch nicht danach, ob das unterhaltsbedürftige Kind aus der ersten oder einer weiteren Ehe des Unterhaltspflichtigen stammt. Erfasst werden minderjährige unverheiratete Kinder sowie volljährige, privilegierte Kinder (§ 1603 Abs. 2 Satz 2 BGB). 1043

Elterteile i.S.v. **§ 1609 Nr. 2 BGB**, die wegen der Betreuung eines Kindes unterhaltsberechtigt sind oder im Fall einer Scheidung wären, meint neben Elternteilen, die in 1044

1038 Vgl. BGH, FamRZ 1997, 806; BGH, FamRZ 2005, 347, 351.

D. Ehegattenunterhalt

einer bestehenden Ehe leben und wegen der Betreuung von Kindern Familienunterhalt beziehen, auch getrennt lebende oder geschiedene Eltern. Weiter erfasst § 1609 Nr. 2 BGB auch die Ansprüche der nicht verheirateten Mutter nach § 1615l Abs. 1 und Abs. 2 BGB bzw. des nicht verheirateten Vaters (§ 1615 Abs. 1, Abs. 4 BGB). Mit der Einführung der Stiefkindadoption durch Lebenspartner (§ 9 Abs. 7 LPartG i.d.F. des Gesetzes zur Überarbeitung des Lebenspartnerschaftsgesetzes v. 15.12.2004)[1039] gehören hierzu auch Unterhaltsansprüche von Lebenspartnern i.S.d. LPartG, die ein Adoptivkind betreuen. Der Familienunterhalt fällt in den zweiten Rang, soweit dadurch ein aus Anlass der Betreuung von Kindern entstandener Unterhaltsbedarf gedeckt wird.

1045   Von **§ 1609 Nr. 2 BGB** werden weiter die Unterhaltsansprüche von Ehegatten bei Ehen von langer Dauer erfasst. Das Gesetz verzichtet bewusst auf zeitliche Vorgaben, wann von einer langen Ehedauer i.S.v. § 1609 Nr. 2 BGB auszugehen ist. Die Zeitspanne kann nicht absolut und für alle Fälle gleich erfasst werden. Ihre Bestimmung ist vielmehr immer ein Akt wertender Erkenntnis, der anhand aller Umstände des Einzelfalls vom Gericht zu treffen ist. Ausgangspunkt ist dabei der Zweck der Regelung, Vertrauensschutz zu gewährleisten. Kriterien, die dabei herangezogen werden können, können neben der absoluten zeitlichen Dauer der Ehe auch das Lebensalter der Parteien zum Zeitpunkt der Scheidung sein oder ob sie in jungen Jahren bzw. erst im Alter geheiratet haben. Weitere wichtige Kriterien sind die Dauer der Pflege und Erziehung eines gemeinschaftlichen Kindes sowie das Ausmaß gegenseitiger wirtschaftlicher Verflechtungen und Abhängigkeiten wegen der Ausrichtung auf ein gemeinsames Lebensziel. In bestimmten Konstellationen kann es auch angezeigt sein, die Art der konkurrierenden Unterhaltsverhältnisse zu berücksichtigen, etwa wenn der Anspruch der Ehefrau auf Familienunterhalt oder der Anspruch der geschiedenen, alleinerziehenden Mutter auf Anschlussunterhalt auf denjenigen der nicht verheirateten Mutter auf Betreuungsunterhalt nach § 1615l Abs. 1, Abs. 2 BGB trifft.

1046   In **§ 1609 Nr. 3 BGB** finden sich die Ansprüche von Ehegatten bzw. geschiedenen Ehegatten, die von der vorangehenden Rangklasse nicht erfasst werden.

1047   **§ 1609 Nr. 4 BGB** regelt den unterhaltsberechtigten Rang von Kindern, die nicht unter § 1609 Nr. 1 BGB fallen, also denjenigen volljährigen, nicht privilegierten Kindern. In der Sache handelt es sich zumeist um volljährige Kinder, die sich in der Berufsausbildung befinden oder ein Studium absolvieren. Die Rangfolge nach § 1609 Nr. 4 BGB entspricht derjenigen des bisherigen Rechts; der Unterhaltsanspruch bleibt gegenüber demjenigen minderjähriger Kinder, privilegierter volljähriger Kinder sowie dem eines Ehegatten und eines unverheirateten Elternteils gem. § 1615 Abs. 1 BGB nachrangig. Anders etwa als bei einem kinderbetreuenden Elternteil oder einem aufgrund Alters oder Krankheit unterhaltsbedürftigen Ehegatten ist es volljährigen, nicht privilegierten Kindern eher zuzumuten, für den eigenen Lebensbedarf zu sorgen. Denn sie werden

---

1039   BGBl. I, S. 3396.

regelmäßig eine Ausbildungsvergütung beziehen, oder es besteht ein Anspruch auf staatliche Ausbildungsförderung. Die Ausbildungsförderung wird dabei auch dann geleistet, wenn der Auszubildende glaubhaft macht, dass seine Eltern keinen oder einen zu geringen Unterhalt leisten und deshalb die Ausbildung unter Berücksichtigung des Einkommens eines evtl. Ehegatten des Auszubildenden gefährdet ist (Vorausleistung von Ausbildungsförderung, § 36 BAföG).

Nach § **1609 Nr. 5 BGB** sind Unterhaltsansprüche von Enkelkindern gleichrangig mit denen weiterer Abkömmlinge. 1048

Die Unterhaltsansprüche von Eltern werden aufgrund der praktischen Bedeutung unter einer eigenen Nummer aufgeführt (§ **1609 Nr. 6 BGB**) und nicht zusammen mit den Ansprüchen weiterer Verwandter aufsteigender Linie genannt. 1049

Zwischen den Unterhaltsansprüchen von weiteren Verwandten der aufsteigenden Linie nach § **1609 Nr. 7 BGB** besteht kein Gleichrang, sondern es ist – wie schon bislang (§ 1609 Nr. 1 BGB) – ausdrücklich bestimmt, dass die Ansprüche der näheren Verwandten denjenigen von entfernteren vorgehen. 1050

6. Herabsetzung und zeitliche Begrenzung des Unterhalts, § 1578b BGB

Der Unterhalt, den man erlangt hat, kann auch wieder verloren gehen. 1051

Der „natürlichste" Fall ist derjenige des **Todes des Unterhaltsverpflichteten**.

Die Unterhaltspflicht geht zwar auf die Erben über, bleibt aber der Höhe nach auf den **Pflichtteil beschränkt**, der der Frau zustünde, wenn sie nicht geschieden worden wäre (§ 1586b Abs. 1 Satz 3 BGB).[1040] 1052

Pflichtteilsergänzungsansprüche nach § 2325 BGB sind einzubeziehen.[1041]

Unterhalt kann jedoch auch auf eine **bestimmte Zeit beschränkt oder herabgesetzt** werden, § 1578b BGB. 1053

Durch Gesetzesänderung zum 01.01.2008 ist die Vorschrift des § 1578b BGB über die **Herabsetzung und zeitliche Begrenzung des Unterhalts wegen Unbilligkeit** neu eingeführt worden. 1054

1040 Die fiktiven (d.h. auf der Fiktion des Fortbestands der Ehe bis zum Tode beruhenden) Pflichtteilsergänzungsansprüche (§ 2325 BGB: die Schenkungen der letzten zehn Jahre werden der Erbmasse, aus der der Pflichtteilsanspruch berechnet wird, zugeschlagen) sind einzubeziehen, BGH, FamRZ 2001, 282.
1041 OLG Koblenz, FPR 2003, 202.

D. Ehegattenunterhalt

1055 Mit dieser Vorschrift wurde eine grds. für **alle Unterhaltstatbestände** geltende Billigkeitsregelung geschaffen, die nach Maßgabe der in der Regelung aufgeführten Billigkeitskriterien eine **Herabsetzung oder zeitliche Begrenzung** von Unterhaltsansprüchen ermöglicht.

1056 Die Vorschrift ist im Zusammenhang mit der Verschärfung der Eigenverantwortung nach § 1569 BGB zu sehen. Beide Vorschriften bilden gemeinsam einen **Eckpfeiler der Reform** des Unterhaltsrechts zum 01.01.2008.[1042]

a) Entwicklung von Gesetz und Rechtsprechung

1057 Früher hatte das **1. EheRG** (Erstes Gesetz zur Reform des Ehe- und Familienrechts v. 14.06.1976)[1043] bis zum Jahr 1986 **keinen gesetzlich bestimmten Raum** für Billigkeitsabwägungen, für Unterhaltsbegrenzungen der Höhe nach und für zeitlich begrenzten Unterhalt gelassen.[1044]

1058 Mit dem **Unterhaltsänderungsgesetz v. 20.02.1986**[1045] wurde mit Wirkung v. 01.04.1986 der Vorschrift des § 1573 BGB ein **Abs. 5** hinzugefügt, der erstmals eine Herabsetzung und zeitliche Begrenzung des Unterhalts vorsah, und zwar für die Fälle des Unterhalts wegen Erwerbslosigkeit und für den Aufstockungsunterhalt. Gleichzeitig wurde durch § 1578 Abs. 1 Satz 2 und Satz 3 BGB ermöglicht, bei allen Unterhaltstatbeständen das Maß des Unterhalts auf den angemessenen Lebensbedarf herabzusetzen.

1059 Von diesen Möglichkeiten hat die Rechtsprechung in den Folgejahren allerdings kaum Gebrauch gemacht. Dies wurde bereits seit Längerem kritisiert.[1046]

1060 **Duderstadt** hat dazu schlicht festgestellt:

„Der Zeitunterhalt ist fast nur für kinderlose Doppelverdiener-Kurzehen gedacht."[1047]

1042 So Borth, FamRZ 2006, 813, 815.
1043 BGBl. I, S. 1421.
1044 Zur Kritik hieran vgl. Willutzki, Brühler Schriften zum Familienrecht, Bd. 3 (1984), S. 15, 16 m.w.N.
1045 BGBl. I, S. 301.
1046 Vgl. Schwab, FamRZ 1997, 521, 524; Gerhardt, FamRZ 2000, 134, 136; Brudermüller, FamRZ 1998, 649, 650; Grandel, FF 2004, 237; Schwarz, NJW-Spezial 2004, 295; ders., NJW 2005, 7; AnwKomm-BGB/Fränken, § 1573 Rn. 32.
1047 Duderstadt, Das neue Unterhaltsrecht, S. 185.

V. Höhe des Unterhalts

Die Kritik hat deutlich zugenommen, seitdem der **BGH**[1048] von der Anrechnungsmethode zur Differenzmethode übergegangen ist.[1049]

1061

In der neueren Rechtsprechung war bereits eine Tendenz zu einer vermehrten Beschränkung von Unterhaltsansprüchen festzustellen.[1050]

1062

Beispiele:

Eine der weniger bekannt gewordenen Entscheidungen hierzu traf das OLG Hamm[1051] *in einem Fall, in dem eine 42-jährige Frau nach 16-jähriger Ehe und Kinderbetreuung nach Ansicht des Senats keine ehebedingten Nachteile bzgl. ihrer Erwerbstätigkeit erlitten hatte: In der Tat hatte sie vor und während der Ehe als Fabrikarbeiterin, Packerin und Putzfrau gearbeitet. Das kann sie, so das Gericht, auch weiterhin tun.*[1052]

Nach Auffassung des OLG Düsseldorf kann insbes. bei jungen Eheleuten, denen noch die Möglichkeit zur wirtschaftlichen Eigenständigkeit offensteht und denen durch die Ehe keine beruflichen Nachteile erwachsen sind, selbst ein Zeitraum von mehr als 10 Jahren die Unterhaltsbegrenzung rechtfertigen.[1053]

Das KG hat festgestellt, dass eine Befristung des nachehelichen Unterhalts nach einer 17 Jahre langen Ehe (nur) in Ausnahmefällen in Betracht kommt.[1054]

Das OLG Düsseldorf hat sogar eine Unterhaltsbegrenzung vorgenommen, obwohl die Eheleute mehr als 22 Jahre miteinander verheiratet waren.[1055] *Aufgrund beiderseitiger Einkünfte war nach Auffassung des OLG keine wirtschaftliche Verflechtung eingetreten.*[1056]

Das OLG Oldenburg hat erklärt, dass es bei Konkurrenz zwischen dem Anspruch auf Aufstockungsunterhalt nach langjähriger Ehe (23 Jahre) mit dem Anspruch des kinderbetreuenden Ehegatten in einer neuen Ehe zur Vermeidung eines verfassungswidrigen Ergebnisses geboten sein kann, § 1582 Abs. 1 BGB in der Weise auszulegen, dass es sich nicht um eine Ehe von „langer Dauer" handelt und beide Ansprüche gleichrangig sind.[1057] *Dies gilt, so das OLG, jedenfalls dann, wenn der Aufstockungsunterhalt lediglich dazu dient, dem geschiedenen Ehe-*

1048 BGHZ, 148, 105.
1049 Wendl/Staudigl/Pauling, Das Unterhaltsrecht in der familienrichterlichen Praxis, § 4 Rn. 591 m.w.N.
1050 Vgl. etwa OLG Hamm, NJW-RR 2003, 1084; OLG München, FuR 2003, 326; vgl. auch oben Ziff. D. IV., Rn. 757 ff.
1051 OLG Hamm, FamRZ 1995, 1204.
1052 Vgl. auch OLG Düsseldorf, NJW-RR 1996, 1348 – 18-jährige kinderlose Ehe, Begrenzung auf 5 Jahre.
1053 OLG Düsseldorf, FamRZ 1987, 945; so auch OLG Köln, NJW-RR 1995, 1157; a.A. OLG Schleswig, FamRZ 2006, 209 nach knapp 16-jähriger Ehe.
1054 KG, FamRZ 2005, 458.
1055 OLG Düsseldorf v. 17.11.2005 – II 7 UF 111/05, n.v., einzusehen: Abruf-Nr.: 060740 unter *www.iww.de*
1056 Dazu Soyka, FK 2006, 62.
1057 OLG Oldenburg, FamRZ 2006, 1842.

gatten einen die eigene, eheunabhängige Lebensstellung übersteigenden Lebensstandard zu sichern.[1058]

Der **BGH** hat erklärt, dass allein durch eine **Ehedauer von 20 Jahren** die zeitliche Befristung des Unterhaltsanspruchs nicht ausgeschlossen ist.[1059]

Der **BGH** hatte schon 1989 klargestellt, dass es keinen automatischen Ausschluss des Zeitunterhalts nach 10-jähriger Ehedauer gibt.[1060]

*In einem Urteil v. 12.04.2006 hat der **BGH** zusätzlich klargestellt, dass die lange Ehedauer „einer Befristung regelmäßig nur dann entgegen(steht), wenn und soweit es für den **bedürftigen Ehegatten – namentlich unter Berücksichtigung seines Alters im Scheidungszeitpunkt – unzumutbar** ist, sich dauerhaft auf den niedrigeren Lebensstandard, der seinen eigenen beruflichen Möglichkeiten entspricht, einzurichten.*[1061]

*Nach **OLG Köln**[1062] kommt eine zeitliche Begrenzung auch nach einer kinderlosen Ehe von zwölf Jahren und sieben Monaten in Betracht, und zwar hier, da beide Rentner sind, auf ein Jahr nach Scheidungsrechtskraft!*

*„Begrenzungsfreundlich" ist auch das **OLG Düsseldorf**:*[1063] *Dort wird dem Abänderungsverlangen eines Geschiedenen (auf Null) für die Zeit ab ca. elf Jahren nach der Scheidung stattgegeben; die Ehe hatte etwa achteinhalb Jahre gedauert. Interessant ist, dass hier ein (bald volljähriges) Kind vorhanden war, das von der Mutter betreut wurde. Dazu das OLG:* **„Die Kindesbetreuung schließt eine Herabsetzung und zeitliche Begrenzung des Unterhaltsanspruchs jedoch nicht aus."** *Sie ist nur ein Umstand bei der Billigkeitserwägung.*[1064]

*Das **OLG Hamm**[1065] verneinte eine zeitlich unbegrenzte Unterhaltpflicht bei einer 39-jährigen Frau nach 7-jähriger Ehe. Dasselbe Gericht gestand nach einer Ehedauer von sieben Jahren und acht Monaten einen Zeitunterhalt **von rund drei Jahren** zu.*[1066]

*Das **OLG Karlsruhe** bejahte eine Befristung bei **zwölf Jahre** dauernder Ehe, weil dort die Unterhaltsberechtigte keine ehebedingten Einbußen in ihrer beruflichen Entwicklung erlitten hatte.*[1067]

*Dagegen **bejahte das OLG Hamm**[1068] eine zeitlich unbegrenzte Unterhaltspflicht nach mehr als 15 1/2 Ehejahren. Dies gilt nach OLG Hamm **selbst dann**, wenn die Ehe kinderlos geblieben ist und die Unterhaltsgläubigerin **keinerlei Nachteile** für ihr berufliches Fortkommen durch die Ehe hat hinnehmen müssen.*

1058 OLG Oldenburg, FamRZ 2006, 1842, 1844.
1059 BGH, FamRZ 2007, 1232, 1236.
1060 BGH, FamRZ 1990, 857.
1061 BGH, FamRZ 2006, 1006 m. Anm. Born, FamRZ 2006, 1008.
1062 OLG Köln, FamRZ 1993, 565.
1063 OLG Düsseldorf, FamRZ 1994, 756; bestätigt in einem weiteren Urt. v. 17.11.2005 bei über 20 Jahren Ehedauer, FamRZ 2006, 1040.
1064 OLG Düsseldorf, FamRZ 1994, 756, 758.
1065 OLG Hamm, FamRZ 2000, 1370.
1066 OLG Hamm, FamRZ 2003, 1839 (LS).
1067 OLG Karlsruhe, FamRZ 2005, 1179.
1068 FamRZ 2005, 35.

V. Höhe des Unterhalts

*Das **OLG Hamm**[1069] hat allerdings eine Unterhaltsbegrenzung auch **nach 20 Ehejahren** angenommen. Voraussetzung für die zeitliche Begrenzung war, dass die Ehefrau **keine ehebedingten Nachteile** in ihrer beruflichen Stellung trotz ehebedingter Unterbrechung ihrer Berufstätigkeit hatte **und** aufgrund ihres **Vermögens** in der Lage war, ihren ehelichen Lebensstandard zu sichern.*[1070]

> **Hinweis:**
>
> Ehedauer ist **hier** übrigens die Zeitspanne zwischen Hochzeit und **Zustellung des Scheidungsantrags**, nicht also etwa die Zeit bis zur Scheidungsrechtskraft oder die Zeit der Kinderbetreuung, wie der letzte Halbsatz der Vorschrift nahelegen könnte.

Nachdem der **BGH** jedoch die Festlegung einer bestimmten Ehedauer bereits frühzeitig abgelehnt hatte,[1071] erklärte er nunmehr darüber hinaus, dass sowohl Ehedauer als auch die Verteilung von Haushaltsführung und Erwerbsarbeit nur jeweils **ein Kriterium der Billigkeitsentscheidung** seien, aber aufgrund des „**insbesondere**" im Tatbestand keine Ausschließlichkeit beanspruchen könnten.[1072]

1063

Der **BGH** stellt auf einen etwaigen **ehebedingten Nachteil** ab und fügt hinzu, dass dann, wenn die Einkommensdifferenz z.B. auf einer **unterschiedlichen vorehelichen Ausbildung** beruhe, eine **Befristung** „**regelmäßig zu erwägen**" sei.[1073]

1064

Brudermüller[1074] hat als Richtschnur herausgearbeitet, dass **je weniger die Bedürftigkeit des Berechtigten auf ehebedingte Nachteile zurückzuführen ist, desto eher eine zeitliche Begrenzung des Unterhaltsanspruchs in Betracht kommt.**

1065

Soyka erklärt dazu: Ein **unbegrenzter Unterhaltsanspruch** bei langer Ehedauer beruht auf der mit der Ehedauer bzw. Kinderbetreuung zunehmenden **Verflechtung und Abhängigkeit** der Lebensverhältnisse **und** auf dem sich **verfestigenden Gefühl der wirtschaftlichen Absicherung durch den Unterhalt**.[1075]

1066

1069 OLG Hamm, FamRZ 2005, 1177.
1070 Vgl. dazu Soyka, FK 2006, 48.
1071 BGH, FamRZ 1990, 857; BGH, FamRZ 1991, 307.
1072 BGH, FamRZ 2006, 1006; BGH, FamRZ 2007, 793.
1073 BGH, FamRZ 2006, 1006 m. Anm. Born, FamRZ 2006, 1008, der erklärt, dass es danach kein dauerhaftes „Herauf-Heiraten" mehr gebe, FamRZ 2006, 1009.
1074 Abhandlung in: FamRZ 1998, 650, 659.
1075 FK 2006, 48.

1067 Sind danach **keine ehebedingten Nachteile beim Einkommen** vorhanden **und** ist der **Lebensstandard gesichert**, kommt es wegen der fehlenden „Verflechtungen" auf die Ehedauer nicht an.[1076]

1068 Zutreffend sind die Ausführungen des **OLG Hamm**, dass die Dauer der Ehe letztlich nur dann von Bedeutung ist, wenn eine wirtschaftliche Verflechtung zwischen den Eheleuten bestand und eine Abhängigkeit des einen von dem anderen Ehegatten begründete. Bei dieser Fallkonstellation stellt sich die Frage, wann die Verflechtung so verdichtet ist, dass der bedürftige Ehegatte eine Unterhaltsgarantie für die Zukunft erhalten muss, der Unterhalt also ungekürzt zu entrichten ist.[1077] Bestehen diese Abhängigkeiten und wirtschaftlichen Verflechtungen nicht, kommt der **Ehedauer mangels Bezugs keine Bedeutung** zu, sodass unabhängig davon eine Unterhaltsbegrenzung möglich sein muss.

1069 Bedeutsam dürfte dabei der vom **OLG Hamm** angesprochene Gesichtspunkt sein, dass der Unterhaltsberechtigte **trotz Unterbrechung der Berufstätigkeit während der Ehe keine ehebedingten Nachteile bzgl. seines Erwerbseinkommens** erlitten hat und dieses ihm einen angemessenen Lebensstandard ermöglicht.[1078]

b) Erwägungen zur Reform v. 01.01.2008

1070 An diese **Tendenz** knüpft der neu eingefügte § 1578b BGB an.

1071 Die Neuregelung verfolgt das Ziel, die Beschränkung von Unterhaltsansprüchen anhand objektiver Billigkeitsmaßstäbe und hier **insbes. anhand des Maßstabs der „ehebedingten Nachteile"** zu erleichtern.

1072 Folgende **grds. Erwägungen** hat die Bundesregierung hierzu angestellt:[1079]

„Die Leistungen der Ehegatten, die sie aufgrund ihrer vereinbarten Arbeitsteilung in der Ehe (Berufstätigkeit, Haushaltsarbeit, Kindererziehung) erbringen, sind gleichwertig, sodass sie grds. Anspruch auf „gleiche Teilhabe am gemeinsam Erwirtschafteten" haben. Dieser Teilhabeanspruch bestimmt in besonderer Weise auch die unterhaltsrechtliche Beziehung der Ehegatten (vgl. BVerfGE 105, 1), bedeutet aber nicht von vornherein eine „Lebensstandardgarantie" im Sinne einer zeitlich unbegrenzten und in der Höhe nicht abänderbaren Teilhabe nach der Scheidung. Grund für die nachehelichen Unterhaltsansprüche ist die sich aus Art. 6 GG ergebende fortwirkende Solidarität. Diese fortwirkende Verantwortung für den bedürftigen Partner erfordert vor allem einen Ausgleich der Nachteile, die dadurch entstehen, dass der Unterhaltsberechtigte wegen der Aufgabenverteilung in der Ehe, insbesondere der Kinderbetreuung, nach der Scheidung nicht oder nicht ausreichend für seinen eigenen Unterhalt sorgen kann. Diese Erwägung liegt insbesondere den Unterhaltstatbeständen des

---

1076 So Soyka, FK 2006, 48.
1077 OLG Hamm, FamRZ 2005, 1177.
1078 OLG Hamm, FamRZ 2005, 1177.
1079 RegE, BR-Drucks. 253/06, S. 29 f.

§ 1570 BGB (Betreuungsunterhalt), § 1573 BGB (Unterhalt wegen Erwerbslosigkeit und Aufstockungsunterhalt) und § 1575 BGB (Ausbildungsunterhalt) zugrunde. „Ehebedingte Nachteile", die auf der Aufgabenverteilung in der Ehe beruhen, steigen wegen der zunehmenden persönlichen und sozialen Verflechtung typischerweise mit der Dauer der Ehe, sodass im Einzelfall eine lebenslange Unterhaltspflicht gerechtfertigt sein kann. Je geringer aber diese Nachteile sind, desto eher ist im Licht des Grundsatzes der Eigenverantwortung unter Billigkeitsgesichtspunkten eine Beschränkung des Unterhalts geboten, wobei in besonderer Weise auf die Wahrung der Belange eines vom Berechtigten betreuten gemeinschaftlichen Kindes zu achten ist.

Die nach der Ehe fortwirkende Verantwortung erschöpft sich allerdings nicht im Ausgleich ehebedingter Nachteile. Bspw. bestehen die Unterhaltsansprüche wegen Alters, Krankheit oder Arbeitslosigkeit (§§ 1571, 1572, 1573 Abs. 1 BGB) auch dann, wenn Krankheit oder Arbeitslosigkeit ganz unabhängig von der Ehe und ihrer Ausgestaltung durch die Ehegatten eintreten. Gleiches gilt für den Aufstockungsunterhalt (§ 1573 Abs. 2 BGB). Auch in diesen Fällen kann eine uneingeschränkte Fortwirkung der nachehelichen Solidarität unter Billigkeitsgesichtspunkten unangemessen sein. Im Spannungsverhältnis zwischen der fortwirkenden Verantwortung und dem Grundsatz der Eigenverantwortung muss auch hier in jedem Einzelfall eine angemessene und für beide Seiten gerechte Lösung gefunden werden, bei der die Dauer der Ehe von besonderer Bedeutung sein wird.

Die gesetzlichen Unterhaltstatbestände der §§ 1570 ff. BGB unterscheiden im Einzelnen nicht danach, aus welchem Grund es gerechtfertigt ist, dem einen Ehegatten zugunsten des anderen eine Unterhaltslast aufzuerlegen. Sie sind zwar im Licht des Grundsatzes der Eigenverantwortung nach der Ehe auszulegen, bieten aber keinen hinreichend konkreten Anknüpfungspunkt für Billigkeitserwägungen der dargestellten Art. Es bedarf deshalb einer grundsätzlich für alle Unterhaltstatbestände geltenden Billigkeitsregelung, wie sie in § 1578b Entwurf vorgesehen ist."

§ 1578b BGB soll also systematisch die beiden Grundprinzipien der **Eigenverantwortung einerseits und der fortwirkenden Solidarität andererseits** vereinigen. 1073

Dies geschieht mithilfe der **Billigkeitsregelung** in § 1578b Abs. 1 Satz 1 BGB. Die Vorschrift **hebt damit die Lebensstandardgarantie** i.S.d. Teilhabegedankens aus dem beiderseitigen Einkommenserwerb **auf** und reduziert den Anspruch dem Grunde und der Höhe nach auf die **durch die Ehe eingetretenen Nachteile**, die sich aus der Kinderbetreuung, der Erwerbslosigkeit wegen langjähriger Übernahme der Haushaltsführung oder wegen einer unterhalb des erlernten Berufs gefundenen Erwerbstätigkeit (§ 1573 Abs. 2 BGB) ergeben können.[1080] 1074

c)   Tatbestandselemente des § 1578b BGB

§ 1578b BGB regelt in **Abs. 1 die Herabsetzung** und in **Abs. 2 die zeitliche Begrenzung**. In **Abs. 3** ist klargestellt, dass auch eine **Kombination** von Herabsetzung und zeitlicher Begrenzung möglich ist. 1075

1080   Borth, FamRZ 2006, 813, 815.

D. Ehegattenunterhalt

Dies deckt sich mit dem (früher bereits möglichen) Zusammenwirken von §§ 1573 Abs. 5, 1578 Abs. 1 Satz 2 BGB.

1076 Grundsätzlich ist dem Unterhaltsberechtigten der sog. **volle Unterhalt** nach den ehelichen Lebensverhältnissen zu zahlen.

1077 Zur Herabsetzung auf den „angemessenen Lebensbedarf": Der – geringere – sog. **angemessene Lebensbedarf**,[1081] vgl. § 1578 Abs. 1 Satz 2 BGB, ist nicht mit dem eheangemessenen Bedarf gleichzusetzen, sondern wird deutlich unterhalb angesiedelt, aber auch oberhalb des Existenzminimums (**notwendiger Unterhalt**),[1082] wobei als Anknüpfungspunkt die Lebensstellung des Berechtigten vor der Ehe (**vorehelicher Lebensstandard**) oder die Lebensstellung, die der Berechtigte ohne die Ehe gehabt hätte, dient.[1083]

1078 War der Unterhaltsgläubiger **vor der Ehe nicht erwerbstätig**, kann auf den angemessenen Lebensbedarf nach **§ 1603 Abs. 1 BGB** abgestellt werden.

1079 Eine **Absenkung unter den angemessenen Selbstbehalt** ist i.d.R. nicht vertretbar, auch wenn der voreheliche Lebensstandard niedriger war.[1084] Zu **erhöhen** ist der angemessene Selbstbehalt um konkret geltend gemachte Kosten einer **Kranken- und Altersvorsorge**.[1085]

1080 Da wenigstens der Mindestbedarf gewährleistet sein muss, wirkt sich § 1578b Abs. 1 BGB in **Mangelfällen** nicht aus.[1086]

1081 Eine **zeitliche Begrenzung** soll erfolgen, wenn eine lebenslange Unterhaltspflicht in voller Höhe angesichts der Folgen der Ehe unbillig wäre.

Sowohl bei der Herabsetzung als auch bei der zeitlichen Begrenzung sind **zwei Wertungselemente zu berücksichtigen**.

1082 **Zum einen** sind die Belange eines vom Berechtigten betreuten gemeinschaftlichen Kindes zu wahren (sog. **Kinderschutzklausel**). Schon aus diesem Grund wird eine über die immanente Begrenzung des § 1570 BGB hinausgehende Beschränkung des Anspruchs auf Betreuungsunterhalt nur in Ausnahmefällen in Betracht kommen. Die Kinderschutzklausel soll, wie es in der Begründung zur Reform heißt, auch davor

---

1081 Vgl. BGH, FamRZ 1990, 857, 859; Palandt/Brudermüller, BGB, § 1578 Rn. 80.
1082 OLG Düsseldorf, FamRZ 1992, 951; OLG Stuttgart, FamRZ 2003, 1111.
1083 BGH, FamRZ 1986, 886; BGH, FamRZ 1989, 483; OLG Hamburg, FamRZ 1998, 294.
1084 BGH, FamRZ 1989, 483.
1085 OLG München, FuR 2003, 326.
1086 OLG Düsseldorf, OLGR 1992, 942; OLG Hamm, FamRZ 1998, 292; OLG Bamberg, FamRZ 2000, 232.

schützen, dass der Betreuungsunterhalt so weit abgesenkt wird, dass zwischen dem Lebensstandard des kinderbetreuenden Ehegatten und demjenigen der Kinder, die ungeschmälert Kindesunterhalt erhalten, ein erheblicher **Niveauunterschied** besteht,[1087] eine wohl eher theoretische Vorstellung, wie mir scheint.

Zum anderen wird das Wertungselement „**Haushaltsführung über einen längeren Zeitraum der Ehe**" zu berücksichtigen sein. Es geht in diesem Zusammenhang darum, ob und in welchem Ausmaß durch die Ehe und die damit einhergegangene Aufgabenteilung Nachteile im Hinblick auf die Möglichkeit eingetreten sind, für den eigenen Unterhalt sorgen zu können. 1083

Die **Dauer der Ehe allein** muss nicht zwangsläufig zu einem Nachteil führen. Je länger eine Ehe gedauert hat, desto eher werden sich aber die Nachteile konkretisieren oder erhöhen. 1084

§ 1578b BGB **erfasst auch die Fälle**, in denen es **nicht** um den Ausgleich ehebedingter Nachteile geht, also um die Fälle der **Erkrankung und der Arbeitslosigkeit des Ehegatten**. 1085

Geht es um die **Erkrankung** eines Ehegatten, die ganz unabhängig von der Ehe eingetreten ist, wird es bei der Abwägung zwischen fortwirkender Solidarität und Eigenverantwortung auch um die **Dauer der Ehe** gehen. 1086

Ebenso verhält es sich im Fall der **Arbeitslosigkeit**. Scheitert die Arbeitsuche an der bestehenden Arbeitsmarktlage, wird die Frage, ob und in welchem Ausmaß der Unterhaltsanspruch wegen Erwerbslosigkeit gem. § 1573 BGB in Höhe und/oder Dauer beschränkt werden kann, ganz wesentlich von der **Dauer der Ehe** abhängen. 1087

Menne, Referent für Unterhaltsrecht im BMJ, hat die folgenden **Beispiele**[1088] für die Herabsetzung und/oder zeitliche Begrenzung des Unterhaltsanspruchs gebildet und wie folgt kommentiert: 1088

Beispiel 1:

Sachverhalt:

M und F haben früh geheiratet. M ist Student, F kaufmännische Angestellte. Sie haben keine Kinder und leben vom Einkommen der F und den sporadischen Einkünften, die M durch Ferienjobs und gelegentliche Aushilfstätigkeiten erzielt. Nach Abschluss des Studiums findet M keine Anstellung.

1087 RegE, BR-Drucks. 253/06, S. 31.
1088 ZFE 2006, 449, 453.

D. Ehegattenunterhalt

Kommentar:

Nach neuem Recht wird es im Fall der Scheidung möglich sein, einen Unterhaltsanspruch von M der Höhe nach (etwa auf das Niveau eines Studenten) zu beschränken und ihm den Unterhalt nur für eine Übergangszeit zuzusprechen.

Beispiel 2:

Sachverhalt:

Bei Eheschließung sind beide Ehegatten um die 30 Jahre alt. Der Ehemann ist Computerspezialist in einem führenden Unternehmen der IT-Branche mit hervorragenden Karriereaussichten. Die Ehefrau ist Sekretärin. Sie haben keine Kinder. Nach sechs Jahren kommt es zur Scheidung.

Kommentar:

Künftig kann der Unterhaltsanspruch der Ehefrau, etwa der Aufstockungsunterhalt, zeitlich und/oder der Höhe nach begrenzt werden im Sinne eines moderaten „Abschmelzens" des Unterhalts auf das Niveau einer Sekretärin.

Beispiel 3:

Sachverhalt:

Ausgangssituation wie im Beispiel 2, aber aus der Ehe sind zwei gemeinsame Kinder hervorgegangen, die heute fünf und sieben Jahre alt sind. Nach der Geburt des zweiten Kindes verzichtete die Ehefrau auf eine weitere Berufstätigkeit, um sich ganz der Betreuung der Kinder und der Haushaltsführung widmen zu können und weil der Ehemann sich berufsbedingt häufig im Ausland aufhält.

Kommentar:

Im Fall einer Scheidung kommt eine Begrenzung des Unterhalts grds. nicht in Betracht, weil es sich beim Verzicht auf eine weitere Berufstätigkeit, um die gemeinsamen Kinder zu betreuen und die Haushaltsführung zu übernehmen, mit der dem Ehemann beruflich „der Rücken freigehalten" wird, für die Frau um ehebedingte Nachteile handelt im Hinblick auf ihre Möglichkeiten, für den eigenen Unterhalt zu sorgen. Soweit die Kinder auch nach der Scheidung von der Ehefrau betreut werden sollten, ist weiter zu berücksichtigen, dass bei einer Unterhaltsbegrenzung die Belange der Kinder leiden würden; auch dies steht regelmäßig einer Unterhaltsbegrenzung entgegen.

1089   Die **Darlegungs- und Beweislast** für diejenigen Tatsachen, die für die Anwendung des § 1578b BGB sprechen, liegt – aufgrund der Konzeption als Ausnahmevorschrift – beim **Unterhaltsschuldner**.[1089] Er hat auch diejenigen Umstände vorzutragen und zu beweisen, die für eine kurze Übergangsfrist sprechen.

[1089] BGH, FamRZ 1986, 886.

V. Höhe des Unterhalts

Auf hinreichend konkreten Sachvortrag des Unterhaltsschuldners muss sich der Unterhaltsgläubiger **substanziiert** zu den Umständen erklären, die gegen eine zeitliche Begrenzung oder für eine längere „Schonfrist" sprechen.[1090]

1090

> **Praxistipp:**
>
> Die zeitliche Begrenzung des nachehelichen Unterhaltsanspruchs nach § 1578b BGB stellt **keine rechtsvernichtende Einwendung** dar, die im Wege einer Vollstreckungsgegenklage geltend gemacht werden könnte.[1091]

Über die Begrenzung des Unterhalts muss im **Erstverfahren** entschieden werden. Grds. ist eine **Abänderungsklage später nicht möglich**.[1092] Wird dies übersehen, steht einer Abänderung nämlich regelmäßig § 323 Abs. 2 ZPO entgegen.

1091

Allerdings ist der Abänderungskläger dann **nicht präkludiert**, wenn das Gericht die Befristung oder Begrenzung auf eine Prognose künftiger Entwicklung gestützt hat und sich diese als unrichtig erweist[1093] oder wenn zu Unrecht bei der vormaligen Festsetzung wesentliche Umstände nicht berücksichtigt worden sind.

1092

Hat der Unterhaltsschuldner in einer **notariellen Urkunde** Unterhaltszahlungen ohne zeitliche Begrenzung zugesagt, kann er eine Abänderungsklage nicht mit Erfolg auf § 1578b BGB stützen, wenn die von ihm angeführten Maßstäbe schon im Zeitpunkt der Errichtung der Urkunde vorlagen oder ihr zukünftiger Eintritt mit Sicherheit vorhersehbar waren, aber in der Urkunde keinen Niederschlag gefunden haben.[1094]

1093

Der **BGH** hat die Voraussetzungen für eine Abänderung mit **Urt. v. 09.06.2004**[1095] noch einmal verdeutlicht und den Rahmen der Bindungswirkung an eine – nicht vorgenommene – zeitliche Begrenzung oder Herabsetzung des Anspruchs auf Billigkeitsunterhalt beschrieben.

1094

Im konkreten Fall ist die Möglichkeit einer Abänderung **verneint** worden, da die möglicherweise zu einer Begrenzung des nachehelichen Unterhalts führenden Gründe bereits bei Abschluss des Vergleichs bekannt waren. Der Unterhaltsgläubigerin hatte seinerzeit zwar neben der mehr als halbschichtigen Berufstätigkeit noch ein Unterhaltsanspruch gem. § 1570 BGB zugestanden. Allerdings befand sich die gemeinsame Tochter bereits im 16. Lebensjahr und der Wegfall dieses Anspruchs auf nachehelichen Unterhalt hatte – für die Parteien erkennbar – unmittelbar bevorgestanden. Die Par-

1095

1090 BGH, FamRZ 1990, 857.
1091 OLG Schleswig, FamRZ 2006, 209.
1092 BGH, FamRZ 1986, 886; BGH, FamRZ 2000, 1392.
1093 OLG Düsseldorf, FamRZ 1996, 1416.
1094 OLG Düsseldorf, OLGR 1996, 221.
1095 FamRZ 2004, 1357.

teien hatten im gerichtlichen Vergleich auch nicht zwischen den Unterhaltsansprüchen nach § 1570 BGB und § 1573 BGB unterschieden.

> **Praxistipp:**
>
> Obwohl ein Klagabweisungsantrag als „weniger" auch die zeitliche Begrenzung und/oder Herabsetzung des Unterhalts umfasst,[1096] empfiehlt es sich im Hinblick auf die strenge Rechtsprechung des BGH zur Anwaltshaftung, in allen in Betracht kommenden Fällen, entsprechende **„hilfsweise" Anträge** zu stellen.

d) Auswirkungen auf die Vorschriften der §§ 1570 ff. BGB

1096 In Bezug auf Betreuungsunterhalt gem. **§ 1570 BGB** ist die Anwendung der Bestimmung des § 1578b BGB praktisch ausgeschlossen. Die zeitliche Begrenzung ergibt sich aus § 1570 BGB selbst.

1097 Hinsichtlich der Ansprüche nach **§ 1573 Abs. 1 BGB** wegen Arbeitslosigkeit oder **§ 1573 Abs. 2 BGB** (Aufstockungsunterhalt) deckt sich der Anwendungsbereich des § 1578b BGB mit den früheren Vorschriften der §§ 1573 Abs. 5, 1578 Abs. 1 Satz 2 BGB.

1098 Der Unterhaltsanspruch wegen ehebedingter Ausbildungsnachteile (**§ 1575 BGB**) ist bereits nach § 1575 Abs. 1 Satz 2 BGB befristet und damit lex specialis. Außerhalb der Befristung, also im Hinblick auf eine Herabsetzung der Höhe des Unterhaltsanspruchs auf den angemessenen Unterhalt, bleibt die Möglichkeit der Anwendung des § 1578b BGB.

1099 Der Schwerpunkt liegt aber insgesamt bei **§§ 1571, 1572 BGB**, die nach der früheren Rechtslage nicht begrenzt werden konnten, wenn **keine kurze Ehedauer** i.S.d. § 1579 Nr. 1 BGB vorlag.

> **Praxistipp:**
>
> Die Befristung (ebenso die Herabsetzung) des Unterhalts ist **erstinstanzlich** festzustellen. Unterbleibt dies trotz Vorliegens der Voraussetzungen, besteht kein

---

[1096] OLG München, FamRZ 1997, 295.

Abänderungsgrund.[1097] Es ist daher weder eine Abänderungs- noch eine Vollstreckungsgegenklage möglich, es sei denn, es sind neue Umstände eingetreten.[1098]

Über die **Dauer des Zeitunterhalts** sagt das Gesetz nichts. Im Verlauf des Gesetzgebungsverfahrens ist in Anlehnung an einige ausländische Rechtsordnungen vorgeschlagen worden, den Zeitunterhalt an die Ehedauer zu koppeln. Danach hätte eine Frau, die drei Jahre verheiratet war, drei Jahre lang nachehelichen Unterhalt bekommen. Der Vorschlag hat sich nicht durchgesetzt. Der Wortlaut der Vorschrift lässt die Dauer des Zeitunterhalts offen.

1100

Die bisher bekannt gewordenen Urteile sprechen dafür, dass sich die **Dauer des Zeitunterhalts** bei **durchschnittlich etwa 7 Jahren** einpendeln wird – nach etwa ebenso langer Ehe.

1101

Im Übrigen ist in jedem Fall eine **Übergangsfrist** einzuhalten. Bei der Bemessung der Übergangsfrist (**angemessene Schonfrist**) ist zugrunde zu legen, dass dem Unterhaltsberechtigten hinreichend Gelegenheit zur Verfügung gestellt wird, sich **wirtschaftlich und psychologisch** auf die Situation nach Beendigung der Unterhaltspflicht einzustellen. Sie steht nicht in schematischer Abhängigkeit oder Beziehung zur Ehedauer.[1099]

1102

7. Verwirkung

Der nacheheliche Unterhaltsanspruch setzt ein gewisses Maß an **Solidarität** voraus.[1100]

1103

Die jetzige Fassung des § 1579 BGB, die sog. negative Härteklausel, ist aufgrund der Entscheidung des **BVerfG v. 14.07.1981** entstanden, wonach es Ausnahmen von der Verpflichtung des geschiedenen Ehegatten geben müsse, wenn dieser sich in **besonders schwerwiegender Weise bewusst von jeder ehelichen Bindung** gelöst hat.[1101]

1104

1097 BGH, FamRZ 2004, 1357, 1359.
1098 BGH, FamRZ 2001, 905; BGH, FamRZ 2004, 1357; Brudermüller, FF 2004, 101, 106; Münch, ZFE 2007, 364, 365; stammt die abzuändernde Entscheidung allerdings aus der Zeit vor dem Wechsel des BGH von der Anrechnungsmethode zur Differenzmethode (vgl. dazu oben D. III. 5. c), Rn. 723 ff.), ist nach Auffassung des BGH dann eine Präklusion nicht gegeben, wenn „die für die notwendige Gesamtwürdigung maßgebenden Umstände seinerzeit noch nicht sicher abgeschätzt werden konnten", so BGH, FamRZ 200, 793.
1099 BGH, FamRZ 1996, 1272; OLG Hamm – 10. FamS. – NJW-RR 2003, 1084, 1086; 5. FamS. – FamRZ 1998, 292; s. aber auch die gegenläufige Tendenz der Gerichte: etwa OLG Bremen, OLGR 2001, 468.
1100 So Bosch in einer Anm. zu BVerfG v. 14.07.1981 (FamRZ 1981, 745), FamRZ 1981, 752.
1101 BVerfG, FamRZ 1981, 745, 750.

D. Ehegattenunterhalt

1105 Mit dem **Unterhaltsänderungsgesetz v. 20.02.1986**[1102] wurden die einzelnen Verwirkungstatbestände des § 1579 BGB eingeführt.

1106 Rechtsfolge dieser rechtsvernichtenden Einwendung ist die Herabsetzung, Befristung und/oder Versagung des Unterhalts.

1107 Die Anwendung der Vorschrift ist **von Amts wegen** zu beachten. Der Unterhaltsverpflichtete hat allerdings die entsprechenden **Tatsachen vorzutragen** und ggf. zu beweisen.[1103]

1108 Eine Verwirkung nach § 1579 BGB setzt zunächst das Vorliegen der Voraussetzungen eines der **Härtetatbestände** voraus. In einem **zweiten Schritt** ist unter Beachtung der Kriterien des § 1579 Satz 1, 1. Halbs. BGB zu entscheiden, inwieweit eine Inanspruchnahme des Unterhaltsverpflichteten **grob unbillig** erscheint.[1104]

Beispiel:
Die Ehe von M und F ist rechtskräftig geschieden. F steht an sich ein Anspruch auf Aufstockungsunterhalt (§ 1573 Abs. 2 BGB) zu. Ihre darauf gerichtete Klage wird allerdings, weil sie mit einem neuen Partner eine Lebensgemeinschaft eingegangen ist, mit der Begründung abgewiesen, die Inanspruchnahme von M sei gem. § 1579 Nr. 2 BGB grob unbillig. Nach einem Jahr erkrankt F und ist aufgrund dieser Entwicklung nicht mehr in der Lage, eine Erwerbstätigkeit auszuüben. Nach Zerwürfnissen beendet sie die Lebensgemeinschaft mit ihrem Partner. Kann sie M mit Erfolg auf Zahlung von Unterhalt gem. § 1572 Nr. 4 BGB in Anspruch nehmen?

1109 Der Verwirkungseinwand aus § 1579 BGB ist stets **konkret auf bestimmte gesetzliche Unterhaltstatbestände zu beziehen**. Das hat zur Folge, dass ein später erhobener **anderer Unterhaltsanspruch uneingeschränkt** mit dem Verwirkungseinwand bekämpft werden kann.

1110 In Fällen, in denen der Unterhaltsberechtigte mit einem neuen Partner eine Lebensgemeinschaft eingegangen war und für die Dauer dieser Gemeinschaft wegen grober Unbilligkeit keinen Unterhalt verlangen konnte, muss der Ausschluss des Unterhalts **nicht notwendig endgültig** sein.[1105]

1111 Bei Änderungen der Gegebenheiten ist deshalb „**erneut und umfassend**" zu prüfen, ob die aus einer wieder auflebenden Unterhaltspflicht erwachsende Belastung für den Verpflichteten **weiterhin die Zumutbarkeitsgrenze überschreitet**.[1106]

1102 Am 01.04.1986 in Kraft getreten, BGBl. I, S. 301.
1103 Schnitzler, in: Schnitzler, Münchener Anwaltshandbuch Familienrecht, § 10 Rn. 141; BGH, FamRZ 1984, 364, 366.
1104 BVerfG, FamRZ 1992, 1283, 1284.
1105 BGH, FamRZ 1987, 1238.
1106 BGH, FamRZ 1987, 1238.

Eine neue Unterhaltsklage erscheint danach nicht von vornherein deshalb als aussichtslos, weil das Gericht im Erstverfahren den Verwirkungseinwand hat durchgreifen lassen. 1112

> **Hinweis:**
>
> Ausnahme davon ist die aus **§ 1576 BGB** resultierende Unterhaltsberechtigung. § 1579 BGB kommt dabei **nicht** zum Zuge, weil bereits **i.R.d. Anspruchsberechtigung die Billigkeitsprüfung** zu erfolgen hat.[1107]

Die Unterhaltsklage wäre i.ü. im Wege der **Leistungsklage** geltend zu machen,[1108] die nicht an die Voraussetzungen des § 323 ZPO gebunden ist. 1113

Abänderung des Beispiels:

Ändert sich etwas im Ausgangsfall, wenn das Gericht im Erstprozess die Unterhaltsklage wegen des Verwirkungseinwands erst ab einem bestimmten Zeitpunkt abgewiesen hat?

BGH: Wird im Ersturteil die Klage auf künftigen Unterhalt **von einem bestimmten Zeitpunkt an** abgewiesen, wobei Erwerbsunfähigkeit wegen Krankheit weder für die Zeit des Erlasses des Urteils noch für die spätere Zeit angenommen wurde (für eine befristete Zeit wurde Unterhalt nach § 1573 Abs. 2 BGB zugebilligt), so liegt eine **Änderung der Verhältnisse i.S.v. § 323 ZPO** dann vor, wenn beim Kläger im Zeitpunkt des Erlasses des Urteils schon Erwerbsunfähigkeit wegen Krankheit bestand **und** in der Zeit, für die Abänderung des Ersturteils verlangt wird, noch besteht.[1109] 1114

Die im zweiten Prüfungsschritt notwendige **Billigkeitsprüfung** führt häufig gerade im Hinblick auf die Betreuung gemeinsamer Kinder zu einer Reduzierung des Unterhaltsanspruchs, ggf. bis zum **Existenzminimum**, nicht aber zu einem vollständigen Entfallen jeder Unterhaltspflicht.[1110] 1115

a) Kurze Ehedauer, § 1579 Nr. 1 BGB

Ehedauer ist die Zeit zwischen **Eheschließung und Rechtshängigkeit** des Scheidungsantrags (Zustellung des Antrags),[1111] nicht aber die Dauer des Zusammenlebens, die sich allerdings auf das Maß gegenseitiger Abhängigkeit auswirken kann.[1112] 1116

1107 BGH, FamRZ 1984, 361, 364.
1108 So BGH, FamRZ 1982, 259; OLG Karlsruhe, FamRZ 1995, 894; a.A. Zöller/Vollkommer, ZPO, § 323 m.w.N.: Auch bei klageabweisenden Urteilen können Änderungen in den maßgebenden Umständen nur gem. § 323 ZPO geltend gemacht werden.
1109 FamRZ 1984, 353.
1110 Vgl. OLG Bremen, FF 2007, 202.
1111 BGH, FamRZ 1986, 886 (std. Rspr.).
1112 BGH, NJW-RR 1995, 449, 451.

D. Ehegattenunterhalt

1117 In einer neueren Entscheidung hat der **BGH**[1113] im Interesse der praktischen Handhabung an der bereits früher festgelegten Konkretisierung[1114] der kurzen Ehedauer festgehalten. Danach ist eine nicht mehr als **zwei Jahre betragende Ehedauer i.d.R. als kurz**, eine solche von **mehr als drei Jahren** hingegen nicht mehr als kurz zu bezeichnen.

1118 Dieser Grundsatz gilt allerdings nur für den Regelfall und schließt Ausnahmen nicht aus. Für die Beurteilung kommt es entscheidend darauf an, ob die Parteien ihre **Lebensführung bereits aufeinander eingestellt** und in wechselseitiger Abhängigkeit auf ein **gemeinsames Lebensziel eingestellt** haben, **also auf den Grad der dadurch entstandenen wirtschaftlichen Abhängigkeit des unterhaltsbedürftigen Ehegatten**.[1115]

1119 Auch wenn Parteien bereits längere Zeit getrennt leben, ist die Feststellung einer kurzen Ehedauer möglich, nicht aber, wenn in diesem Fall die Parteien zuvor (mehr als) drei Jahre zusammengelebt haben.[1116] Drei Jahre Ehedauer können isoliert jedoch ausreichen.[1117]

Die **Grenze liegt bei zwei bis etwa vier Jahren** nach den Umständen der beiderseitigen wirtschaftlichen Verflechtung.[1118]

1120 Bei der Einbeziehung der Kinderbetreuungszeiten in die Ehedauer, § 1579 Nr. 1, 2. Halbs. BGB, ist zunächst von der tatsächlichen Ehezeit auszugehen und anschließend **die zur Wahrung der Kindesbelange gesetzlich vorgeschriebene Abwägung** vorzunehmen.[1119]

1121 Nach Auffassung des **OLG Celle** kann die Abwägung bei Vorhandensein eines **gemeinsamen Kindes** auch bei einer Ehedauer von **26 Monaten** zu einer Versagung des Unterhaltsanspruchs wegen kurzer Ehedauer führen.[1120]

1113 FamRZ 1999, 710, 712.
1114 BGH, FamRZ 1981, 140, 141; BGH, FamRZ 1982, 254; BGH, FamRZ 1990, 492, 495.
1115 BGH, FamRZ 1999, 710.
1116 OLG Köln, 25. Zivils. Urt. v. 06.07.2001 – 25 UF 169/01: getrennt lebend seit 1992, vgl. Schnitzler, in: Schnitzler, Münchener Anwaltshandbuch Familienrecht, § 10 Rn. 146.
1117 OLG Düsseldorf, FamRZ 2000, 827.
1118 BGH, FamRZ 1999, 710: Gut fünf Jahre sind zu lang, um eine kurze Ehedauer annehmen zu können.
1119 BVerfG, NJW 1989, 2807; BGH, FamRZ 1990, unter Aufgabe v. FamRZ 1987, 572.
1120 OLG Celle, FamRZ 2006, 553.

V. Höhe des Unterhalts

Entscheidend sei das Maß der **Verflechtung der beiderseitigen Lebensdispositionen** und der **Grad der wirtschaftlichen Abhängigkeit** des unterhaltsbedürftigen vom anderen Ehegatten.[1121]

1122

Im konkreten Fall hat das **OLG Celle** dies verneint, da die Parteien sich vor Eheschließung **erst ein Jahr gekannt** und noch nicht längerfristig zusammengelebt hätten. Soweit eine **wirtschaftliche Abhängigkeit** eingetreten war, beruhte dies **allein auf Schwangerschaft** und anschließender Kindesbetreuung.[1122]

1123

Die Neufassung des § 1579 Nr. 1 BGB hat den Beginn des 2. Halbs. von „**der Ehedauer steht die Zeit gleich, in [...]**" verändert in „**dabei ist die Zeit zu berücksichtigen, in [...]**".

1124

In der **Begründung des Regierungsentwurfs** zur Neufassung des § 1579 Nr. 1 BGB heißt es:

1125

„§ 1579 Nr. 1 BGB wird sprachlich klarer gefasst: Nach der Rechtsprechung des BVerfG (vgl. BVerfGE 80, 286)[1123] ist bei der Auslegung von § 1579 Nr. 1 BGB in seiner bisherigen Fassung zur Vermeidung verfassungswidriger Ergebnisse zunächst von der tatsächlichen Ehezeit auszugehen."

Erst im Anschluss erfolgt eine Abwägung, inwieweit die Inanspruchnahme des Verpflichteten auch unter Wahrung der Belange eines vom Berechtigten betreuten gemeinschaftlichen Kindes grob unbillig ist.

1126

Die Betreuungszeit ist also entgegen dem bisherigen Wortlaut von Nr. 1 **nicht der Ehedauer hinzuzurechnen, sondern wird erst i.R.d. Abwägung relevant**, da anderenfalls eine „kurze Ehedauer" in Kinderbetreuungsfällen kaum mehr denkbar wäre und der Härtegrund „Kurzzeitehe" leerliefe.[1124]

1127

Letztlich ist mit der Reform des Unterhaltsrechts zum 01.01.2008 und der damit vollzogenen sprachlichen Veränderung des § 1579 Nr. 1, 2. Halbs. BGB die bestehende Tendenz in der Rechtsprechung nachvollzogen worden.

1128

b) Zusammenleben in verfestigter Lebensgemeinschaft, § 1579 Nr. 2 BGB

Im Rahmen der **Unterhaltsreform zum 01.01.2008** ist der Tatbestand der Verwirkung des Unterhaltsanspruchs wegen Zusammenlebens in einer verfestigten Lebensgemeinschaft aus dem „Auffangtatbestand" des früheren § 1579 Nr. 7 BGB („ein anderer

1129

1121 OLG Celle, FamRZ 2006, 553; BGH, FamRZ 1999, 710, 712.
1122 OLG Celle, FamRZ 2006, 553, 554.
1123 FamRZ 1989, 941.
1124 RegE, BR-Drucks. 253/06, S. 34.

D. Ehegattenunterhalt

Grund [...]") herausgenommen und als gesonderter Grund in § 1579 Nr. 2 BGB benannt worden.

1130 Die übrigen Verwirkungsgründe folgen nach, sodass aus der früheren Nr. 2 die Nr. 3 geworden ist etc.

1131 In der **Begründung des Regierungsentwurfs** zur Neuregelung des § 1579 Nr. 2 BGB heißt es:

„Mit § 1579 Nr. 2 Entwurf wird der in der Praxis bedeutsamste Härtegrund, das dauerhafte Zusammenleben des Unterhaltsberechtigten mit einem neuen Partner, als eigenständiger Ausschlussgrund normiert. Die neue Vorschrift erfasst viele derjenigen Fälle, die von den Gerichten bislang über den bisherigen § 1579 Nr. 7 BGB gelöst wurden und die Anlass zur Herausbildung einer überaus reichen, nur schwer überschaubaren Kasuistik gegeben haben. Verbleibende, von der Neuregelung nicht erfasste Fallgruppen sind wie bisher zu lösen; die Neuregelung bringt insoweit keine Änderungen. Gleichwohl wird der bisherige § 1579 Nr. 7 BGB dadurch nicht unerheblich „entlastet" und kann seiner ursprünglichen Funktion besser gerecht werden, Auffangtatbestand für alle sonstigen, nicht benannten Fälle zu sein, in denen eine unbeschränkte Unterhaltsverpflichtung grob unbillig wäre.

Mit dem neuen Härtegrund wird kein vorwerfbares Fehlverhalten des Unterhaltsberechtigten sanktioniert, sondern es wird eine rein objektive Gegebenheit bzw. eine Veränderung in den Lebensverhältnissen des bedürftigen Ehegatten erfasst, die eine dauerhafte Unterhaltsleistung unzumutbar erscheinen lässt."[1125]

1132 Einziger Anwendungsfall des § 1579 Nr. 2 BGB ist derjenige des **längeren Zusammenlebens mit einem neuen Partner (sozio-ökonomische Gemeinschaft)**.[1126]

In diesem Zusammenhang spielt es keine Rolle, wenn es sich um eine **gleichgeschlechtliche Partnerschaft** handelt.[1127]

1133 Wenn sich die nichteheliche Lebensgemeinschaft über eine Dauer von **zwei bis drei Jahren** so verfestigt hat, dass in der Öffentlichkeit der Eindruck einer **an die Stelle der Ehe getretenen Gemeinschaft** entsteht, tritt **Verwirkung** ein.[1128] Einer Unterhaltsgemeinschaft (Nachweis, dass der neue Partner die Geschiedene unterhält), bedarf

---

1125 RegE, BR-Drucks. 253/06, S. 35.
1126 Anders bei kurzem Zusammenleben und sogar dem Hinzutreten weiterer Umstände, so OLG Thüringen, FamRZ 2005, 1095; hier: Die Aufnahme einer Beziehung der Unterhaltsberechtigten zum Schwiegersohn der Parteien.
1127 AG Aichach, FamRZ 2005, 1096.
1128 OLG Düsseldorf, FamRZ 1991, 450; OLG Koblenz, FamRZ 1991, 1314; zur Frist: BGH, NJW 1989, 1086 (mindestens zwei Jahre); OLG Düsseldorf, FamRZ 1994, 176 (zwei Jahre reichen); OLG Köln, FamRZ 1998, 1236 (2 1/2 Jahre); OLG Celle, FamRZ 1994, 1324 (zwei bis drei Jahre) und OLG Oldenburg, FamRZ 1992, 443 (mindestens drei Jahre).

es dafür nicht.[1129] Die Frist wird natürlich nicht durch die unzutreffende Behauptung unterbrochen oder gehemmt, die Beziehung sei beendet worden.[1130]

Auf die **Frist** kommt es nicht in erster Linie an; entscheidend ist, dass die **sozio-ökonomische Gemeinschaft auf Dauer angelegt** und als Lebensform von den Partnern auch bewusst für die weitere Zukunft gewählt ist.[1131] Im Einzelfall können auch **20 Monate** reichen.[1132] Der Zeitraum kann gekürzt werden, wenn die neuen Partner ein Haus gekauft haben, um darin zu wohnen.[1133]

1134

Nach Auffassung des **OLG Schleswig** ist die Verfestigung einer ehegleichen Beziehung bereits **nach Ablauf von 1 1/2 Jahren** anzunehmen, wenn durch **Miteigentumserwerb des neuen Partners am vormals ehelichen Hausanwesen** ersichtlich ist, dass die nichtehelichen Partner die Entscheidung für eine langjährige gemeinsame Zukunft getroffen haben.[1134] Anderes gilt allerdings, wenn der Unterhalt fordernde geschiedene Ehegatte nacheinander jeweils **über kürzere Zeiträume mit verschiedenen Partnern** zusammenlebt.[1135]

1135

Verwirkung tritt auch dann ein, wenn aus der Ehe noch ein Problem-Kind zu betreuen ist (hier: Kind mit Down-Syndrom).[1136]

1136

Ein **bloßes intimes Verhältnis** – auch wenn es sich über Jahre erstreckt – reicht dagegen für sich allein nicht aus, um Verwirkung herbeizuführen.[1137] Das gilt auch dann, wenn das – hier mehr als 5-jährige – Verhältnis im Bekanntenkreis des geschiedenen Mannes bekannt ist. Wenn die **Lebensbereiche bewusst getrennt** gehalten werden und die Beziehung damit bewusst auf Distanz angelegt ist, tritt **keine Verwirkung** ein.[1138] Es müssen **sonstige Umstände hinzutreten,** die die Unterhaltsbelastung unzumutbar machen, nämlich eine dauerhafte soziale Verbindung, die sich eheähnlich verfestigt hat, und zwar in Gestalt einer Unterhalts- und (zumindest gelegentlichen)

1137

1129 OLG Hamm, FamRZ 2003, 877.
1130 OLG Hamm, FamRZ 2003, 455.
1131 OLG Hamm, FamRZ 1992, 956.
1132 Etwa nach Geburt eines gewollten Kindes, FamG Hanau, FamRZ 1997, 1485.
1133 OLG Köln, FamRZ 2000, 290: 1-jähriges Zusammenleben im neuen Haus reicht für die Verwirkung. Ähnlich OLG Hamburg, FamRZ 2002, 1038 (dort 23 Monate).
1134 OLG Schleswig, FamRZ 2005, 277; noch einmal bestätigt in: FamRZ 2006, 954.
1135 OLG Köln, FamRZ 2005, 279.
1136 OLG Zweibrücken, FamRZ 2001, 833.
1137 OLG Karlsruhe, FamRZ 1994, 174; OLG Frankfurt am Main, FamRZ 2000, 427; BGH, FamRZ 2002, 23.
1138 BGH, FamRZ 2002, 23, 25.

Haushaltsgemeinschaft.[1139] Wenn allerdings aus der neuen Verbindung **mehrere Kinder** hervorgehen, ist von Verwirkung auszugehen.[1140]

1138   **Andererseits** ist dauerndes Zusammenleben im **selben Haushalt auch nicht erforderlich.** Wesentlich ist, dass eben auch Verhältnisse mit einbezogen zu werden verdienen, in denen die Beteiligten sich nicht ständig in derselben Wohnung aufhalten.[1141]

„Der Eindruck einer festen sozialen Verbindung nach außen", so das **OLG Hamm**,[1142] „kann auch schon dadurch entstehen, dass die Beteiligten seit drei Jahren Wochenenden, Freizeit und Ferien zusammen verbringen und der eine Partner an Familienfeiern des anderen teilnimmt" (in der Tat war in dem bewussten Fall die Frau schon voll in die Familie des Partners aufgenommen worden).

1139   Weitere Indizien können sein: Die Beteiligten verbringen zusammen **Heiligabend**, und der Mann lässt sich in die **Todesanzeige** der Großmutter der Partnerin aufnehmen.[1143]

1140   Allerdings ist das Erscheinungsbild einer festen sozialen Gemeinschaft in der Öffentlichkeit für sich gesehen noch nicht ausreichend; es kommt entscheidend darauf an, dass ein solches Verhältnis **tatsächlich begründet** worden ist.[1144]

1141   Dabei ist es nach dem **BGH-Urt. v. 20.03.2002**[1145] nicht einmal von wesentlicher Bedeutung, ob die Partner überhaupt miteinander **intim** sind; entscheidend ist, ob sie eine **Lebensgemeinschaft führen, in der sie wechselseitig füreinander einstehen, indem sie sich gegenseitig Hilfe und Unterstützung gewähren.**[1146]

> Praxistipp:
>
> Die Eingehung einer Unterhaltsverpflichtung in einer **Vereinbarung**, während der Ehepartner bereits in neuer Partnerschaft lebt, führt dazu, dass man sich im Fall der Verfestigung **nicht auf Verwirkung berufen** kann, es sei denn, ein entsprechender **Vorbehalt ist in die Vereinbarung eingebaut.**[1147]

1139   BGH, FamRZ 1995, 540.
1140   AG Mölln, FamRZ 2005, 1096: vier Kinder aus neuer Verbindung.
1141   OLG Frankfurt am Main, FamRZ 2003, 99.
1142   OLG Hamm, FamRZ 1994, 1591.
1143   OLG Hamm, FamRZ 2000, 29 (LS); ebenso OLG Frankfurt am Main, FamRZ 2002, 1038 (LS).
1144   OLG Hamm, FamRZ 1998, 1588.
1145   BGH, FamRZ 2002, 810; ebenso OLG Köln, FamRZ 2003, 236 (LS) in einem Fall mit einem pflegebedürftigen Partner.
1146   BGH, FamRZ 2002, 810, 812. Eine krit. Anm. von Bergschneider findet sich in FamRZ 2002, 951.
1147   OLG Düsseldorf, FamRZ 1994, 170.

> Wird dies anwaltlich bei der Abfassung eines evtl. notariellen Vertrages nicht beachtet, droht ein **Haftungsfall**. Denn: Der **Rechtsanwalt**, der bei dem Zustandekommen eines Ehevertrages mitwirkt, **haftet** (!) für eine vollständige und richtige Niederlegung des Willens seines Mandanten und für einen möglichst eindeutigen und nicht erst der Auslegung bedürftigen Wortlaut.[1148] Der Notar haftet in diesen Fällen zunächst nicht, weil sich seine Haftung auf diejenigen Fälle beschränkt, in denen „keine anderweitige Ersatzmöglichkeit" gegeben ist.[1149]

Umgekehrt ist eine **sozio-ökonomische Gemeinschaft nicht bei lediglich intimem**, auch lang andauerndem **Verhältnis** gegeben. Dies ist der Fall, wenn: 1142

- die **innere Distanzierung** von einer eheähnlichen, das gesamte private Leben umfassenden Gemeinschaft **vorhanden** ist und
- die **Verwirklichung** dieser Distanz in der Art und Weise des äußeren Zusammenlebens **zum Ausdruck** kommt.[1150]

> **Hinweis:**
> Der „Beweis" sozio-ökonomischer Gemeinschaft ist häufig schwierig zu führen. In geeigneten Fällen sollte nicht davor zurückgescheut werden, einen **Detektiv** zu beauftragen. **Im Erfolgsfall sind diese Kosten gem. § 91 ZPO erstattungsfähig**.[1151]

Bei der Gelegenheit: Nach Auffassung des **OLG Schleswig** sind die Kosten für die Beauftragung eines Detektivs schon dann erstattungsfähig, wenn die Ermittlungen aus Sicht des Auftraggebers zur Erhärtung eines konkreten Verdachts **erforderlich** waren und sie **prozessbezogen** sind.[1152] „Prozessbezogen" bedeutet in diesem Zusammenhang nicht, dass die Ermittlungen den Prozessverlauf beeinflusst haben müssen. Sie müssen aber **in den Rechtsstreit eingeführt** worden sein.[1153] 1143

Nach h.M. hat in diesen Fällen aber eine **Verhältnismäßigkeitsprüfung** stattzufinden.[1154] 1144

1148 BGH, NJW 2002, 1048.
1149 Subsidiaritätsprinzip, § 19 Abs. 1, Abs. 2 BNotO, vgl. BGH, NJW 2002, 1048.
1150 Vgl. BGH, FamRZ 2002, 23 m. Anm. Schwab, FamRZ 2002, 92.
1151 OLG Koblenz, FamRZ 2003, 238; vgl. auch OLG Hamm, FamRZ 2000, 1513 (nicht, wenn die Nachforschungen nicht geeignet sind, das Bestehen der verfestigten Lebensgemeinschaft nachzuweisen).
1152 OLG Schleswig, FamRZ 2006, 352.
1153 OLG Schleswig, FamRZ 2006, 352, rechte Spalte.
1154 So OLG Koblenz, FamRZ 2003, 238; OLG Koblenz, VersR 2003, 1554; KG, JurBüro 2004, 32, 34; a.A. OLG Frankfurt am Main, NJW 1971, 1183; vgl. dazu auch OLG Karlsruhe, FamRZ 1999, 174; OLG Stuttgart, FamRZ 1989, 888; BFH, FamRZ 1992, 1420.

D. Ehegattenunterhalt

1145 Auf Verwirkung kann sich übrigens auch der nach § 1586 BGB auf nachehelichen Unterhalt in Anspruch genommene **Erbe** berufen, wenn nicht der Unterhaltsverpflichtete zuvor darauf verzichtet hatte.[1155]

1146 Grundsätzlich gilt die Verwirkung für **zukünftige Ansprüche**. In besonders gravierenden Ausnahmefällen kann die Anwendung des § 1579 BGB dazu führen, dass **auch bereits entstandene Ansprüche** als „verwirkt" angesehen werden.[1156]

c) Straftaten gegen den Unterhaltsverpflichteten, § 1579 Nr. 3 BGB

1147 Unter Straftaten gem. § 1579 Nr. 3 BGB fallen nicht allgemein jedwede strafbare Handlungen gegenüber dem Verpflichteten.

> **Hinweis:**
>
> Eine **Häufung** kann jedoch zur Anwendung des § 1579 Nr. 8 BGB führen.

1148 Es muss sich um **gravierende Straftaten** handeln.

Fälle:

- Eine **gefährliche Körperverletzung** (§ 224 StGB), also eine Körperverletzung mit einer Waffe oder einem gefährlichen Werkzeug reicht aus:[1157] Die Frau schlug auf ihren Geschiedenen mit einem Kleiderbügel und mit einem mit Schnalle versehenen Lederriemen ein.

- Ähnlicher „**Ausraster-Fall**": Eine Frau stiehlt ihrem Mann aus einer Stahlkassette 4.650,00 DM und wirft ihm später ein Wasserglas an den Kopf (Wunde muss mit drei Stichen genäht werden); hier hat das OLG Hamm[1158] die Verwirkung trotz langer Ehedauer bejaht, übrigens auch nach § 1579 Nr. 7 BGB.[1159]

- **Versuchter Diebstahl** in einem besonders schweren Fall führt auch dann zur Verwirkung, wenn keine Verurteilung, sondern nur Verwarnung mit Strafvorbehalt erfolgt.[1160]

1149 Bei **nicht unerheblichem Mitverschulden** kommt eine Herabsetzung in Betracht:[1161] Der Mann machte seiner Frau mit extremer, unbegründeter Eifersucht das Leben

---

1155 BGH, FamRZ 2004, 614; vgl. auch BGH, FamRZ 2003, 521.
1156 BGH, FamRZ 2004, 612 m. Anm. Büttner.
1157 So z.B. OLG Koblenz, FamRZ 1991, 1312.
1158 OLG Hamm, FamRZ 1994, 168.
1159 Zum Entscheidungszeitpunkt Nr. 6.
1160 OLG Karlsruhe, FamRZ 2001, 833 (LS): Reduzierung des Unterhalts auf 50 % nach 30-jähriger Ehe.
1161 OLG Koblenz, FamRZ 1998, 745.

schwer. In einem Streit schlug die Ehefrau ihrem Mann mit der Eisenstange auf Kopf und Schulter. Das Gericht setzte den Unterhalt bei einem Einkommen des Ehemannes von 16.500,00 DM auf 3.000,00 DM herab.

Verwirkung ist angenommen worden bei:
- **gefährlicher Körperverletzung,**[1162]
- **grob beleidigendem Schreiben** mit obszönem Inhalt an den Unterhaltsverpflichteten,[1163]
- **schweren Verleumdungen** mit Außenwirkung,[1164]
- **Diebstahl** zum Nachteil des Unterhaltsverpflichteten,[1165]
- **sexuellen Verfehlungen,**[1166]
- mutwilligen **Verletzungen von Vermögensinteressen,**[1167]
- **Kontoabhebungen/Scheckfälschungen.**[1168]

1150

Ein häufiger Fall ist der **Prozessbetrug**. Ein auch versuchter Prozessbetrug nach § 263 StGB erfüllt grds. die Voraussetzungen des § 1579 Nr. 3 BGB. Dies folgt bereits daraus, dass es sich um ein „schweres Vergehen" handelt. Der durch die Erschleichung von Unterhaltsleistungen angerichtete wirtschaftliche Schaden trifft den Verpflichteten empfindlich. Verletzt der Berechtigte die Offenbarungspflicht, verletzt er die notwendige auch **nachehelich bestehende Solidarität.**[1169]

1151

Nach der Rechtsprechung des **BGH**[1170] kann sich für einen Unterhaltsberechtigten nach einem streitigen Urteil über den Tatbestand der §§ 1580, 1605 BGB hinaus aus **§ 242 BGB** eine **Pflicht zur ungefragten Information** über Einkommensveränderungen ergeben.[1171]

1152

1162 OLG Koblenz, FamRZ 1998, 745.
1163 OLG Hamm, FamRZ 2000, 1371.
1164 BGH, NJW 1982, 100.
1165 OLG Karlsruhe, FamRZ 2001, 833.
1166 OLG Hamm, 1990, 887 (dort gegenüber der Stieftochter).
1167 OLG Hamm, FF 2001, 211 m. Anm. Schnitzler (Verkauf von gemeinsamem Hausrat; zusammen mit anderen Verfehlungen).
1168 Schnitzler, in: Schnitzler, Münchener Anwaltshandbuch Familienrecht, § 10 Rn. 151.
1169 Palandt/Brudermüller, BGB, § 1579 Rn. 9; zu Einzelfällen vgl. Duderstadt, Unterhaltsrecht, Schriftenreihe des Saarländischen Anwaltvereins, Heft Nr. 72, 188.
1170 BGH, FamRZ 1986, 450, 453; BGH, FamRZ 1986, 794, 796.
1171 So auch OLG Karlsruhe, OLGR 2004, 177 = NJW-RR 2004, 145; OLG Karlsruhe, NJW-RR 2004, 1441.

1153 Geht es etwa um die **Durchführung einer Unterhaltsvereinbarung**, erhöht sich die Pflicht des Unterhaltsgläubigers zur Rücksichtnahme auf die Belange des anderen Teils weiter.

1154 Jedenfalls in diesen Fällen ist der Unterhaltsgläubiger im Hinblick auf die Vorschrift des § 1605 Abs. 2 BGB und seine **vertragliche Treuepflicht** gehalten, **jederzeit und unaufgefordert** dem anderen Teil Umstände zu offenbaren, die ersichtlich dessen Verpflichtung aus dem Vertrag berühren.[1172] Erstreckt sich die Verletzung dieser Pflicht über eine **lange Zeit** und ist der Unterhaltsverpflichtete dadurch **empfindlich getroffen**, kann darin ein schweres Vergehen i.S.d. § 1579 Nr. 3 BGB liegen.[1173]

> *Beispiel:*
> *Die Ehe von F und M wird geschieden. Anlässlich der Scheidungsverhandlung schließen sie zum nachehelichen Unterhalt einen Vergleich, wonach M sich verpflichtet, einen Gesamtunterhalt i.H.v. monatlich 800,00 € zu zahlen. Nach Maßgabe des Vergleichs darf F bis zur Vollendung des 15. Lebensjahres des gemeinsamen Sohnes bis zu 300,00 € netto anrechnungsfrei hinzuverdienen. Drei Jahre später stellt sich im Rahmen einer Stufenklage heraus, dass F teilschichtig seit mehr als zwei Jahren monatlich bis zu 800,00 € netto verdient hat. Verwirkung?*

1155 Das **OLG Schleswig**[1174] versagt den an sich bestehenden Unterhaltsanspruch nach § 1579 Nr. 2 BGB, weil sich F eines **schweren vorsätzlichen Vergehens** gegen M schuldig gemacht hat.

1156 Ihr Verschweigen von eigenen Einnahmen erfülle den Tatbestand des **Betruges (§ 263 Abs. 1 StGB)**. Eine **Verpflichtung zur ungefragten Äußerung** müsse dann angenommen werden, wenn der Unterhaltsschuldner **aufgrund vorangegangenen Tuns** des Unterhaltsgläubigers sowie nach der Lebenserfahrung **keine Veranlassung** hatte, sich des Fortbestandes der anspruchsbegründenden Umstände durch Auskunftsverlangen zu vergewissern, der Unterhaltsgläubiger sodann trotz einer für den Schuldner nicht erkennbaren Veränderung seiner wirtschaftlichen Verhältnisse, die den materiellrechtlichen Unterhaltsanspruch ersichtlich erlöschen lässt, eine Unterhaltsrente weiter entgegen nimmt und dadurch den **Irrtum fördert, in seinen Verhältnissen habe sich erwartungsgemäß nichts geändert.**

1157 Der **BGH**[1175] bestätigt den **Betrugsvorwurf**, wonach es F **zumindest mit bedingtem Vorsatz** darauf angekommen sei, sich durch das Verschweigen der Höhe ihres Verdienstes Vermögensvorteile zu verschaffen. Dies erscheint **nicht unproblematisch,**

1172 BGH, FamRZ 1997, 483; BGH, FamRZ 2000, 153.
1173 BGH, FamRZ 1997, 483, 484.
1174 FamRZ 1996, 221.
1175 Vgl. BGH, FamRZ 1997, 483, 484; BGH, FamRZ 2000, 153.

wenn man bedenkt, dass die Irrtumserregung eine **konkrete Bewusstseinslage** voraussetzt.[1176]

d) Mutwillige Herbeiführung der Bedürftigkeit, § 1579 Nr. 4 BGB

Die eigene **Bedürftigkeit herbeizuführen** und sodann **Unterhalt zu verlangen**, verstößt in erheblicher Weise **gegen Treu und Glauben**, gegen das Verbot des **venire contra factum proprium**.

1158

Die Herbeiführung der Bedürftigkeit **muss mutwillig** sein. Reine Fahrlässigkeit reicht nicht aus. Mutwilligkeit setzt zumindest eine **Leichtfertigkeit** voraus, die darüber hinaus **unterhaltsbezogen** sein muss. Das ist sie dann, wenn der/die Betreffende die Möglichkeit des Eintritts der Unterhaltsbedürftigkeit als Folge seines/ihres Handelns erkennen kann und gleichwohl **im Vertrauen auf den Nichteintritt in verantwortungsloser und rücksichtsloser Weise** gegenüber dem anderen gehandelt hat.[1177]

1159

Notwendig ist, dass der unterhaltsberechtigte Ehegatte die **Möglichkeit** des Eintritts der Bedürftigkeit als Folge seines Verhaltens erkennt und **im Bewusstsein** dieser Möglichkeit handelt, wobei er sich unter **grober Missachtung** dessen, was jedem einleuchten muss, über diese **Folgen** hinwegsetzt.[1178]

1160

Diese Voraussetzungen sind bei **Suchterkrankungen (Alkohol-, Drogenabhängigkeit etc.)** i.d.R. nicht gegeben. Die Möglichkeit, der Einsicht gemäß zu handeln, ist i.d.R. gerade herabgesetzt, wenn nicht ausgeschlossen. Es reicht häufig auch nicht der Vorwurf aus, sich nicht in geeigneter Weise behandeln zu lassen, da sich die **Einschränkung der Steuerungsfähigkeit** auch auf die Notwendigkeit einer Behandlung auswirken kann. Ggf. ist diese Frage durch Sachverständigengutachten zu klären.[1179]

Wer allerdings nach Trennung einen Wohnortwechsel vornimmt und dadurch seinen **Arbeitsplatz verliert** und unterhaltsbedürftig wird, handelt unterhaltsbezogen leichtfertig.[1180]

1161

1176 Die – auf die Zukunft gerichtete – Verwirkung kann verbunden sein mit einer Schadenersatzpflicht für die Vergangenheit; OLG Karlsruhe, NJW-RR 2004, 1441: Verschweigt der Unterhaltsschuldner die Aufnahme einer vollschichtigen Berufstätigkeit (hier: mit einem monatlichen Einkommen von 5.000,00 DM brutto), ist er nach § 826 BGB schadenersatzpflichtig.
1177 BGH, FamRZ 1981, 142, 144.
1178 BGH, FamRZ 1981, 142, 144.
1179 BGH, FamRZ 1981, 1042.
1180 BGH, FamRZ 1986, 434; BGH, FamRZ 1998, 1160.

Weitere Beispielsfälle sind:
- *Zweckwidrige Verwendung von Vorsorgeunterhalt,*[1181]
- *Nichtgeltendmachung von Rentenansprüchen,*[1182]
- *bewusst leichtfertige Provozierung der Kündigung,*[1183]
- *Nichtinanspruchnahme von Arbeitslosengeld oder Krankengeld.*[1184]

e) Gefährdung von Vermögensinteressen, § 1579 Nr. 5 BGB

1162 Wenn sich der Berechtigte über **schwerwiegende Vermögensinteressen** des Verpflichteten hinwegsetzt, kann auch ohne Eintritt eines Schadens der Unterhaltsanspruch verwirkt sein.

Wesentlicher Fall ist in diesem Zusammenhang das **Anschwärzen beim Arbeitgeber** des Verpflichteten mit dem Ziel des Arbeitsplatzverlustes.[1185]

1163 Weitere Fälle sind:
- wissentlich falsche oder leichtfertige **Strafanzeigen** z.B. wegen Unterhaltspflichtverletzung oder wegen Trunkenheitsfahrt,[1186]
- Ausübung des **Zeugnisverweigerungsrechts** in Strafverfahren oder Disziplinarverfahren,[1187]
- Verletzung unterhaltsrechtlicher **Mitteilungspflichten** der Erwerbsaufnahme (gleichzeitig § 1579 Nr. 3 BGB).[1188]

1164 **Kein Verstoß** gegen § 1579 Nr. 5 BGB liegt vor,
- wenn die Frau gegen die Pflicht verstößt, der steuerlichen **Zusammenveranlagung** zuzustimmen,[1189]
- wenn sie beim Arbeitgeber des Mannes wegen gegenwärtiger und künftiger **Pfändungen** vorspricht,[1190]

1181 BGH, FamRZ 1987, 684; BGH, FamRZ 1990, 1095.
1182 OLG Bamberg, FamRZ 1984, 388.
1183 OLG Bamberg, FamRZ 1984, 388.
1184 OLG Köln, FamRZ 1994, 446.
1185 AG Aachen, FamRZ 1998, 747 m. zust. Anm. Kogel; aufgehoben durch OLG Köln, NJWE-FER 1999, 107; vgl. auch OLG Koblenz, NJWE-FER 1997, 3; OLG Düsseldorf, NJW-RR 1996, 1155.
1186 Schnitzler, in: Schnitzler, Münchener Anwaltshandbuch Familienrecht, § 10 Rn. 177.
1187 OLG Köln, FamRZ 1995, 1580.
1188 OLG Hamm, FF 2001, 211 m. Anm. Schnitzler.
1189 OLG Celle, FamRZ 1994, 1324.
1190 OLG Hamm, FamRZ 1999, 235.

- wenn eine Frau durch **künstliche Befruchtung** (homologe Insemination) eine Schwangerschaft herbeiführt, die der Ehemann nicht mehr wünscht, nachdem er eine andere Frau kennengelernt hat.[1191]

f) Grobe Unterhaltspflichtverletzung vor Trennung, § 1579 Nr. 6 BGB

Der Tatbestand ist – in den in der Praxis seltenen Fällen – dann gegeben, wenn der Ehegatte seine **Pflichten längere Zeit (vor der Trennung) gröblich verletzt** hat, z.B. arbeitsscheues Verhalten an den Tag gelegt hat oder seinen Lohn zu verspielen pflegt. 1165

Haushaltsvernachlässigung reicht i.d.R. nicht aus, da sich die Vorschrift nur auf gröbliche Verletzungen bezieht.[1192] 1166

„Längere Zeit hindurch" bedeutet in diesem Zusammenhang nach ständiger Rechtsprechung eine Zeitdauer von mindestens **einem Jahr**.[1193] 1167

Eine gröbliche Verletzung ist eine **objektiv schwerwiegende Verletzung** mit der Folge einer Notlage des zu Betreuenden und subjektiv eine schwerwiegende vorwerfbare Pflichtverletzung. 1168

Die Anforderungen nach der Rechtsprechung sind derart hoch, dass Duderstadt meint:[1194] 1169

„Eine Frau, die ihren Unterhaltsanspruch nach dieser Vorschrift loswerden will, muss also praktisch 1 bis 3 Jahre hinweg Kuchen mampfend auf dem Kanapee liegen, ohne sich um die Kinder zu scheren. Und wo kommt so etwas schon vor außer in dumpfen Stammtisch-Witzen?"

g) Einseitiges, schwerwiegendes Fehlverhalten, § 1579 Nr. 7 BGB

Der in der Praxis häufig vorgebrachte Härtegrund des § 1579 Nr. 7 BGB erfordert ein **offensichtlich schwerwiegendes, eindeutig beim Berechtigten liegendes Fehlverhalten** gegen den Verpflichteten. 1170

Darunter fallen zunächst die Verstöße gegen die **eheliche Treuepflicht**. 1171

1191 OLG Stuttgart, FamRZ 1999, 1136.
1192 Schnitzler, in: Schnitzler, Münchener Anwaltshandbuch Familienrecht, § 10 Rn. 182.
1193 OLG Bamberg, FamRZ 1998, 370.
1194 Duderstadt, Unterhaltsrecht, Schriftenreihe des Saarländischen Anwaltsvereins, Heft Nr. 72, S. 194.

1172 Das schwerwiegende Fehlverhalten kann darin liegen, dass sich der Unterhalt begehrende Ehegatte gegen den Willen des anderen[1195] **von der Ehe abkehrt und ein länger andauerndes intimes Verhältnis zu einem neuen Partner** aufnimmt, wodurch die Ehe dann auch endgültig scheitert.[1196]

1173 Die Aufnahme einer nichtehelichen **Lebensgemeinschaft** mit einem Dritten ist dabei **nicht** unbedingt erforderlich.[1197] Die Aufnahme einer solchen Lebensgemeinschaft aus der Ehe heraus führt jedoch zur Verwirkung.[1198]

1174 Es muss sich dabei um ein **eindeutig beim Unterhaltsberechtigten liegendes einseitiges Fehlverhalten** handeln. Der Unterhaltsverpflichtete hat die **Darlegungs- und Beweislast** dafür, dass ein **offensichtlich schwerwiegendes, eindeutig beim Berechtigten liegendes Fehlverhalten** vorliegt. Er hat deswegen auch etwaige „**Gegenvorwürfe von einigem Gewicht**" zu widerlegen, die der Unterhaltsberechtigte vorträgt, um sein einseitiges Fehlverhalten zu erschüttern.[1199]

1175 Solche Gegenvorwürfe von einigem Gewicht liegen **nicht bei bloßen Streitigkeiten** und Auseinandersetzungen der früheren Ehegatten, wohl aber dann vor, wenn es zu **erheblichen Auseinandersetzungen und zu Handgreiflichkeiten** der Ehegatten gekommen ist.[1200]

1176 **Sonstige Fälle schwerwiegenden Fehlverhaltens sind:**
- planmäßig **ehezerstörendes Verhalten**,[1201]
- rücksichtsloses Sitzen lassen eines kranken oder hilflosen Partners,[1202]
- **Unterschieben** eines außerehelich gezeugten **Kindes**,[1203]
- Aufnahme intimer Beziehungen zu **wechselnden Partnern**,[1204]
- **Rachefeldzug**, Telefonterror,

1195 Verwirkung kann daher auch vorliegen, wenn der Ehegatte den anderen über das Verhältnis informiert oder den Ehebruch beim Auszug offenbart, vgl. KG, FamRZ 2006, 1542 und Möller, FK 2007, 82.
1196 BGH, FamRZ 1983, 142; Palandt/Brudermüller, BGB, § 1579 Rn. 26.
1197 OLG Koblenz, FamRZ 2000, 290; anders bei zuvor mehrfach verziehendem Ehebruch, so OLG Hamm, FamRZ 1997, 1080.
1198 BGH, FamRZ 1989, 1280 m.w.N.; OLG Stuttgart, FamRZ 1997, 419; OLG Hamm, FamRZ 1997, 1484; OLG Celle, FamRZ 1999, 508; AG Bad Kreuznach, FamRZ 2003, 680.
1199 BGH, FamRZ 1983, 670.
1200 BGH, FamRZ 1998, 487.
1201 Schnitzler, in: Schnitzler, Münchener Anwaltshandbuch Familienrecht, § 10 Rn. 191.
1202 OLG Hamm, FamRZ 1981, 954.
1203 KG Berlin, FamRZ 1989, 1180 m. Anm. Finger.
1204 OLG Celle, FamRZ 1999, 508.

- **Kontakterzwingung**,[1205]
- fortgesetzte, massive und schuldhafte **Vereitelung des Umgangsrechts** (in schwerwiegenden Fällen Teilverwirkung des Unterhalts).[1206]

h) Andere Gründe, § 1579 Nr. 8 BGB

Die Vorschrift des § 1579 Nr. 8 BGB stellt einen **Auffangtatbestand** dar, der dann zur Anwendung kommt, wenn die Fälle der Nr. 1 bis Nr. 7 zwar nicht greifen, die **Grenze des Zumutbaren** bei der Auferlegung von Unterhalt jedoch **überschritten** sind.

1177

Hierunter fallen zunächst die Fälle objektiver Unzumutbarkeit.

Beispiele sind:

- *Die Ansprüche eines schon bei Eheschließung Querschnittsgelähmten, dessen Frau zusätzlich für den Unterhalt des gemeinsamen kleinen Kindes aufkommen musste.*[1207]
- *Die Forderung auf Zahlung von Unterhalt durch eine seit vier Jahren getrennt in Polen lebende Ehefrau (nach einem Jahr des Zusammenlebens).*[1208]

Die Verletzung der Informationspflicht gegenüber einem Unterhaltsverpflichteten könnte ebenfalls hierunter fallen, soweit sie nicht bereits vom Tatbestand des § 1579 Nr. 3 BGB erfasst ist.[1209]

1178

Nach Auffassung des **OLG München** liegt auch dann ein Fall des § 1579 Nr. 8 BGB vor, wenn Eheleute zwar nicht i.S.d. § 1579 Nr. 1 BGB eine kurze Ehedauer vorweisen, aber in 24 Jahre andauernder Ehe lediglich einige Male im Jahr zusammengetroffen sind.[1210]

1205 OLG Hamm, FamRZ 1996, 223.
1206 OLG München, FamRZ 1998, 750; AG Lahr, FamRZ 2004, 1381: Kürzung auf den hälftigen Betrag.
1207 OLG Brandenburg, FamRZ 1996, 866, 867: Unterhalt zeitlich begrenzt auf die Zeit der Ehe (hier: acht Jahre).
1208 OLG Köln, FamRZ 1999, 93.
1209 OLG Bamberg, FamRZ 2001, 834; vgl. dazu auch Garbe/Ullrich/Kofler, Prozesse in Familiensachen, § 4 Rn. 215.
1210 Ebenso BGH: bei wenigen Monaten dauernden Zusammenlebens der Eheleute, FamRZ 1988, 930 und bei fehlender Herstellung der ehelichen Lebensgemeinschaft, FamRZ 1996, 1272.

E. Zugewinnausgleich

I. Struktur des Zugewinnausgleichs

Der Ausgleich des von den Eheleuten im Laufe ihrer Ehe erarbeiteten, manchmal auch auf andere Weise erworbenen Vermögens bereitet v.a., aber nicht nur den traditionell arbeitenden Männern, sondern auch den die Kinder versorgenden Frauen („das ist doch sein Geld") überraschende Schwierigkeiten. Ist häufig die Einsicht in die Notwendigkeit, Ehegattenunterhalt zu zahlen, noch vorhanden, ist das Empfinden nicht auszurotten, von „seinen Ersparnissen" nun auch noch die Hälfte abgeben zu sollen. Umgekehrt ist eine völlig unberechtigte „Scham" vorhanden, ihm die Hälfte abnehmen zu sollen. Dies mündet in Zugewinnausgleichsverfahren in eine Vergleichsbereitschaft, die bei den betroffenen Frauen ungleich größer sein kann als bei den Männern.[1211]   1179

Dabei ist die Struktur ebenso einfach, wie sie i.Ü. auch einfach durch Ehevertrag zu verändern gewesen wäre:[1212] Die Zugewinngemeinschaft ist eine Gütertrennung mit gesetzlich hälftigem Vermögensgewinn.   1180

Am Anfang steht allerdings die Frage, was wie und wann ausgeglichen wird.   1181

1. Das Grundprinzip

Das Grundprinzip ist ebenso einfach wie die gesamte Struktur: Wer während der Ehe einen höheren **Vermögenszuwachs** zu verzeichnen hat, muss dem anderen mit Rechtskraft des Scheidungsurteils die Hälfte der Differenz zwischen beiden „**Zugewinnmassen**" abgeben.   1182

Daraus wird deutlich: Das Gesamtvermögen ist nicht identisch mit dem Zugewinn. Was aber genau ist Zugewinn?   1183

Aus dem Wortteil „Zuwachs" wird deutlich: Nicht das Gesamtvermögen ist gemeint und miteinander zu teilen: **Der Zugewinn ist die Vermögensmehrung zwischen Anfangsvermögen und Endvermögen.**[1213]   1184

1211 Es sei denn, emotionale Spannungen werden in die Regelung der Trennungs- und Scheidungsfolgen übertragen und der Anwalt angewiesen, „jeden Cent" herauszuholen.
1212 Der BGH hat bereits in seiner Grundentscheidung über die Abänderbarkeit gesetzlicher Folgen von Trennung und Scheidung erklärt, dass der Zugewinnausgleich am weitesten der Dispositionsfreiheit der Eheleute unterliegt; der gemeinsame Vermögenszuwachs gehöre nicht wesensmäßig zur Ehe, BGH, FamRZ 2004, 601, 605; vgl. ausführlich oben Ziff. A. III. 3. b) aa), Rn. 63.
1213 Vgl. dazu im Anhang das „Hinweisblatt Endvermögen".

E. Zugewinnausgleich

1185 **Anfangsvermögen** ist das, was der Ehegatte **am Tag der standesamtlichen Trauung**, frühestens aber am **01.07.1958**[1214] hatte.

1186 **Endvermögen** ist – von wenigen Ausnahmen abgesehen – das, was der Ehegatte **am Tag der Zustellung des Scheidungsantrags hat.**

1187 Zum Ausgleich das folgende einfache **Beispiel**:

	Mann	Frau
Anfangsvermögen	*20.000,00 €*	*0,00 €*
Endvermögen	*80.000,00 €*	*20.000,00 €*
Zugewinn	*60.000,00 €*	*20.000,00 €*
Differenzbetrag		*40.000,00 €*
Zugewinnausgleichsanspruch der Frau davon 1/2		<u>*20.000,00 €*</u>

1188 Bei Anfangs- und Endvermögen handelt es sich jeweils um **saldiertes Vermögen**, d.h. um das, was nach Abzug der Verbindlichkeiten übrig ist.

1189 Wenn etwa der Mann am Endvermögensstichtag ein Hausgrundstück im Wert von 200.000,00 € besitzt, darauf Verbindlichkeiten von 100.000,00 € lasten und sonstiges Vermögen von 50.000,00 € vorhanden ist, beträgt das Endvermögen 150.000,00 €.

1190 **Anfangs- und Endvermögen können aber nach bisheriger Rechtslage nie unter Null liegen** (§ 1374 Abs. 1, 2. Halbs. BGB: „Die Verbindlichkeiten können nur bis zur Höhe des Vermögens abgezogen werden"). Auch eine Verrechnung der Schulden mit einem späteren privilegierten Erwerb nach § 1374 Abs. 2 BGB ist nicht möglich.[1215]

Beispiel 1:

Die Ehefrau hat am Tag der Trauung einen Pflichtteilsanspruch i.H.v. 30.000,00 €, zugleich aber Schulden i.H.v. 90.000,00 €. Ein paar Tage vor dem Endvermögensstichtag erbt sie 50.000,00 €, die dem Anfangsvermögen zuzuschlagen sind. Das Anfangsvermögen beträgt unter diesen Umständen nicht etwa minus 60.000,00 €, auch nicht minus 10.000,00 €, auch nicht Null, sondern plus 50.000,00 €.

Beispiel 2:

Der Mann hat, als ihm der Scheidungsantrag seiner Frau zugestellt wird, ein Aktivvermögen von 2.000,00 €, andererseits aber 12.000,00 € Schulden. Sein Endvermögen beträgt Null und nicht etwa minus 10.000,00 €. Hatte er zu Beginn der Ehe ein saldiertes Vermögen von

---

1214 Inkrafttreten des Gleichberechtigungsgesetzes.
1215 BGH, FamRZ 1995, 990, 993 = NJW 1995, 2165.

I. Struktur des Zugewinnausgleichs

30.000,00 €, beträgt der Zugewinn Null und nicht etwa minus 30.000,00 € oder gar minus 40.000,00 €.

Die Tatsache, dass nach geltendem Recht die **Null-Linie nicht unterschritten** wird, kann **positiv wie negativ** empfundene Folgen haben.

1191

Beispiel:

Hat der Ehemann wie die Ehefrau bei Null zu Beginn der Ehe gestartet, einen Zugewinn von 100.000,00 € zu verzeichnen, die Ehefrau aber gleichzeitig Schulden in gleicher Höhe angehäuft, bleibt es dabei, dass der Ehemann am Ende der Ehe 50.000,00 € abzugeben hat.

Nehmen wir umgekehrt an, der Mann geht mit Schulden von 200.000,00 € in die Ehe und schafft es mithilfe seiner tüchtigen Frau, schuldenfrei zu werden, so wird bei Trennung Zugewinnausgleich nicht geschuldet, weil der während der Ehe erarbeitete Schuldenausgleich nicht in die Berechnung einbezogen wird.

Die Lösung, dass die Tilgung von Schulden während der Ehe unberücksichtigt bleibt, ist allerdings bedenklich. Um die offensichtliche Ungerechtigkeit zu beseitigen, hat die Bundesregierung in einem Gesetzentwurf vorgesehen, § 1374 BGB dahin gehend zu ändern, dass ein negatives Anfangsvermögen berücksichtigt wird. In § 1374 BGB soll folgender Abs. 3 eingefügt werden:

1192

„Verbindlichkeiten sind über die Höhe des Vermögens hinaus abzuziehen."

Dies bewirkt, dass es mit Inkrafttreten der Gesetzesänderung für die Berechnung des Ausgleichsbetrages darauf ankommt, um welchen Betrag das Vermögen des Ehepartners während der Ehe tatsächlich gewachsen ist. Dazu zählen eben auch die getilgten Schulden.

Insgesamt ist nach derzeitiger Rechtslage der im Fall der Scheidung auszugleichende Zugewinnausgleich nach dem folgenden Schema zu errechnen.

1193

Ehemann	Ehefrau
I. Endvermögen bei Zustellung des Scheidungsantrags am	
a. Vermögenswerte:	a. Vermögenswerte:
b. Schulden/Verbindlichkeiten:	b. Schulden/Verbindlichkeiten
c. Endvermögen insges.	c. Endvermögen insges.
II. Anfangsvermögen bei Heirat am	

a. Vermögenswerte:	a. Vermögenswerte:
b. Schenkungen/Erbschaften:	b. Schenkungen/Erbschaften:
c. Schulden/Verbindlichkeiten:	c. Schulden/Verbindlichkeiten:
d. zzgl. Kaufkraftschwund: e. Anfangsvermögen insges.	d. zzgl. Kaufkraftschwund: e. Anfangsvermögen insges.
III. Zugewinn: **davon:**	**III. Zugewinn:** **davon:**
IV. übersteigender Zugewinn:	**IV. übersteigender Zugewinn:**
Zugewinnausgleich des/der	€

Zunächst ist es aber erforderlich, sich mit den einzelnen Teilen der Struktur zu beschäftigen.

2. Das Vermögen

1194 Der Begriff des Vermögens wird umgangssprachlich vom Umfang und von der Höhe her sehr unterschiedlich interpretiert. Einerseits zählt nicht all das, was jemand hat, zu seinem Vermögen. Sonst wäre z.B. auch Hausrat Vermögen („das Bild an der Wand ist doch viel wert"). Andererseits stellen auch kleine Geldbeträge „Vermögen" dar („die 9,50 € auf meinem Girokonto stellen doch kein Vermögen dar").

1195 Generell gilt: Anzusetzen sind **alle objektiv bewertbaren Sachen und Rechte**, also auch Forderungen, kurz: **alle rechtlich geschützten Positionen mit wirtschaftlichem Wert**.

Ausgenommen sind **Hausratsgegenstände und Versorgungsanwartschaften**, die dem Versorgungsausgleich unterliegen.

a) Abgrenzung zur Hausratsteilung und zum Versorgungsausgleich

1196 Der **BGH**[1216] hat zur Abgrenzung erklärt, dass **Gegenstände, die nach der Hausratsverordnung verteilt werden können, vom Zugewinn ausgeschlossen** sind.

1216 BGH, FamRZ 1984, 144 = NJW 1984, 484.

Das bedeutet umgekehrt: Hausratsgegenstände, die von einem der beiden Partner in die Ehe eingebracht worden sind und deshalb in dessen Alleineigentum stehen, gehören zum zugewinnausgleichsrechtlichen Anfangsvermögen,[1217] ebenso wie Sachen, die nach der Trennung von einem von beiden erworben worden sind, zu dessen Endvermögen zählen. Beide Gruppen von Gegenständen unterliegen nicht der Teilung des gemeinsamen Hausrats.

1197

Zur **Abgrenzung Hausrat/Vermögen** sollen folgende Hinweise genügen:

1198

Nicht zum Hausrat gehören:

1199

- ein **Pkw**, wenn er für berufliche Zwecke genutzt wird,
- Wohnungsbestandteile, die der **Berufsausübung** dienen (z.B. Fachliteratur und Musikinstrumente[1218]),
- Hausratsgegenstände, die **nach der Trennung** angeschafft worden sind (!),
- Sachen, die in der Wohnung sind, aber der **Kapitalanlage** dienen (Münzsammlung, Briefmarkensammlung),
- Sachen, die der Ausübung eines **persönlichen Hobbys** dienen.

Umgekehrt zählen zum Hausrat:

1200

- ein Pkw, wenn er vorwiegend zum Einkaufen und für familiäre Zwecke (z.B. Kindertransport und Freizeit) genutzt wird,[1219]
- Zier- und Kunstgegenstände, auch wenn sie einen hohen Wert verkörpern (Gemälde, Teppiche, kostbare Möbel, Porzellan).

Gerade der letzte Punkt führt zu einer schwierigen Zuordnungsfrage: Wertsteigerungen an gemeinsamem Hausrat können von der Praxis zwar vernachlässigt werden, weil eine gerechte und zweckmäßige Verteilung i.S.v. § 8 HausratsVO für einen Wertausgleich sorgt.[1220] Während der Ehe eingetretene **Wertsteigerungen an Hausratsgegenständen**, an denen das **Alleineigentum** eines Ehegatten feststeht, sind dagegen

1201

1217 OLG Düsseldorf, FamRZ 2005, 273.
1218 Ein Klavierflügel zählt z.B. nicht zum Hausrat, wenn er von beiden Eheleuten (Musiklehrern) beruflich genutzt worden ist, FamG Weilburg, FamRZ 2000, 1017.
1219 OLG Köln, FamRZ 1980, 249; OLG Oldenburg, FamRZ 1997, 942; OLG Zweibrücken, FamRZ 2005, 902.
1220 Johannsen/Henrich/Jaeger, Eherecht, führen in Rn. 9 zu § 1375 BGB zutreffend aus, dass es überperfektionistisch wäre, den gemeinsamen Hausrat bzgl. seiner Wertsteigerung zusätzlich dem Ausgleichsverfahren des gesetzlichen Güterechts zu unterwerfen.

beim **Zugewinn**[1221] zu berücksichtigen. Das folgt daraus, dass Hausratgegenstände, die einem allein gehören, zum Endvermögen und damit zum Zugewinn zählen.[1222]

> **Praxistipp:**
>
> **Schulden**, die sich eindeutig der **Anschaffung von Hausrat** zuordnen lassen (etwa Kleinkredite zur Anschaffung von Möbeln), bleiben gleichfalls beim Zugewinnausgleich **unberücksichtigt**.

1202 Die **Abgrenzung zum Versorgungsausgleich** ist bei den klassischen Rentenanwartschaften einfach. Sie gehören zum Versorgungsausgleich. Anders ist es bei den **Kapitallebensversicherungen**. Diese unterliegen **nicht** dem Versorgungsausgleich, und zwar selbst dann nicht, wenn sie im Rahmen einer betrieblichen Altersversorgung begründet wurden.[1223] Derartige Anwartschaften sind also beim Anfangs- und Endvermögen zu berücksichtigen. Für die Bewertung ist der **Zeitwert i.S.d. Deckungskapitals inkl. unverfallbarer Gewinnanwartschaften maßgeblich**.

1203 Die **unverfallbare Anwartschaft aus einer als Direktversicherung** zur betrieblichen Altersversorgung abgeschlossenen Kapitallebensversicherung ist auch dann dem **Zugewinn** des versicherten Ehepartners zuzuschlagen, wenn das Bezugsrecht widerruflich[1224] oder nach § 1 Abs. 2 Nr. 1 BetrAVG unverfallbar[1225] ist, wobei es genügt, wenn die Unverfallbarkeit bis zum Zeitpunkt der **letzten mündlichen Verhandlung** (also nicht schon bei Rechtshängigkeit) eingetreten ist.[1226]

1204 **Lebensversicherungen** sind nur dann im Versorgungsausgleich zu berücksichtigen, wenn die Versicherungsleistung **ausschließlich in einer periodisch wiederkehrenden Rentenzahlung** besteht (statt in einer Kapitalzahlung mit Rentenwahlrecht), also wenn es sich um **Lebensversicherungen auf Rentenbasis** handelt, § 1587a Abs. 2 Satz 5, Abs. 3 BGB.[1227] Wenn es sich um eine betriebliche Rentenlebensversicherung mit Kapitalwahlrecht handelt, das erst **nach** Rechtshängigkeit des Scheidungsantrags ausgeübt wird,[1228] unterliegt die Rente gleichwohl dem Zugewinnausgleich.[1229]

1221 Dazu ausführlich Schwolow, Von der Trennung bis zur Scheidung, S. 65.
1222 Zu dem selteneren Problem der Behandlung von Ausgleichszahlungen für Übertragungen von Hausratsgegenständen von einem Eigentümerehegatten auf den anderen nach § 9 Abs. 2 HausratsVO, s. Johannsen/Henrich/Jaeger, Eherecht, Rn. 11 zu § 1375.
1223 OLG Köln, FamRZ 2001, 158.
1224 BGH, FamRZ 1992, 411 = NJW 1992, 1103 und BGH, FamRZ 1992, 1155 = NJW 1992, 2154.
1225 BGH, FamRZ 1993, 1303 = NJW-RR 1993, 1285.
1226 OLG Köln, FamRZ 2001, 158.
1227 Zur Kritik dieser Rspr. s. Abhandlung Schmalz-Brüggemann, FamRZ 1996, 1053.
1228 BGH, FamRZ 2003, 923.
1229 Zum Meinungsstand s. Kogel, FamRZ 2005, 1785.

I. Struktur des Zugewinnausgleichs

Zum Endvermögen, nicht also zum Versorgungsausgleich gehören auch Einmalzahlungen von Arbeitgebern („Alterskapital").[1230]

1205

b) Abgrenzung zum Unterhaltsrecht

Nicht dem Vermögen zuzurechnen sind dagegen Ansprüche auf künftige Leistungen, die den **Unterhalt sicherstellen** sollen, also Unterhaltszahlungen selbst, sozialstaatliche Leistungen an Verletzte und Invaliden, Leibrenten, Taschengelder von Altenteilern, sog. dauernde Lasten usw.

1206

Bei **Ansprüchen auf künftige Versorgungsleistungen**, bei Abfindungen auf künftige Versorgungsansprüche, die vor dem Anfangs- bzw. Endvermögensstichtag erbracht werden (Vorauszahlungen), und bei Zahlungen, die nach dem Anfangsvermögensstichtag eingehen, aber der Abgeltung für die Vergangenheit dienen (Nachzahlungen), ist wie folgt zu unterscheiden:

1207

Zu einem künftigen Stichtag fällige Leistungen, die hauptsächlich dazu bestimmt sind, den **Unterhalt** in der Zukunft zu sichern, sind weder beim Anfangs- noch beim Endvermögen zu berücksichtigen.[1231] Anderes gilt, wenn hierauf während des Güterstands **Vorauszahlungen** geleistet werden.[1232]

1208

Einmalzahlungen, die bereits fällig sind und sich auf einen abgeschlossenen, also nicht in der Zukunft liegenden Zeitraum beziehen (**Nachzahlungen**), gehören dagegen in das **Anfangsvermögen**, wenn sie nach dem Anfangsvermögensstichtag erfolgen und zu dieser Zeit bereits als fälliger Anspruch bestanden.

1209

Sie gehören in das **Endvermögen**, soweit sie am Endvermögensstichtag noch vorhanden sind.[1233]

1210

1230 BGH, FamRZ 2003, 153.
1231 St. Rspr. ab BGH, FamRZ 1981, 239, 240 = NJW 1981, 1038.
1232 Wenn derartige Vorauszahlungen zugleich zur Unterhaltsverteilungsmasse gehören (zum Referenzzeitraum s. z.B. OLG Frankfurt am Main, FamRZ 2000, 611: Vom Beginn der Vorruhestandsregelung, die die Abfindung verkörpert, bis zur Verrentung), muss die Abfindung nach § 1381 BGB aus dem Endvermögen ausgekoppelt werden, um eine Doppelpartizipation der Frau zu verhindern (OLG Frankfurt am Main, FamRZ 2000, 611).
1233 BGH, FamRZ 1981, 239, 240 = NJW 1981, 1038.

E. Zugewinnausgleich

1211 Für Zahlungen auf fällige Ansprüche[1234] gilt das **„In-Prinzip"** anstelle des **„Für-Prinzips"**, d.h.: Maßgeblich ist, wann die Zahlung eingeht (wenn **in** der Ehe, ist sie zugewinnausgleichsrelevant).[1235]

1212 **Abfindungen** gemäß einem Sozialplan oder ohne Sozialplan (§§ 10, 11 Kündigungsschutzgesetz)[1236] sind aber nur dann zugewinnausgleichsrechtlich relevant, wenn sie nicht dem Unterhaltsrecht unterliegen, d.h., wenn der Berechtigte keine Unterhaltsansprüche geltend macht.

Eine Einbeziehung der Abfindung in die Unterhaltsberechnung hat also zur Folge, dass ein zusätzlicher güterrechtlicher Ausgleich ausscheidet (**Verbot der Doppelverwertung**).[1237] Naturgemäß gilt die Einbeziehung der Abfindung in den Unterhaltskontext nur für den Teil, der unterhaltsrechtlich benötigt wird. Was ggf. darüber hinausgeht, gehört zum Vermögen. Der **Pflichtige ist darlegungs- und beweispflichtig** dafür, welcher Teil der Abfindung für den künftigen Unterhalt benötigt wird.[1238]

3. Stichtage und Gestaltungsmöglichkeiten

1213 Anfangsvermögen ist das, was der Ehegatte am **Tag der standesamtlichen Trauung**, frühestens aber am **01.07.1958** (Inkrafttreten des Gleichbehandlungsgesetzes) hatte.

1214 Endvermögen ist grds. das, was der Ehegatte **am Tag der Rechtshängigkeit** (i.d.R. Tag der Zustellung des Scheidungsantrags)[1239] hat. Zwar heißt es in § 1376 Abs. 2 BGB, dass für das Endvermögen die Beendigung des Güterstands maßgebend ist, die ja erst **mit Rechtskraft der Scheidung** eintritt. Jedoch sagt § **1384 BGB** eindeutig, dass im Fall der Scheidung für die Berechnung des Zugewinns an die Stelle der Beendigung des Güterstands der Zeitpunkt der Rechtshängigkeit des Scheidungsantrags

---

1234 Wird aufgrund eines Sozialplans eine Abfindung wegen Verlust des Arbeitsplatzes nach Eheschließung gezahlt, so gehört die Abfindung in das Anfangsvermögen, sofern Arbeitgeber und Betriebsrat schon vor Eheschließung einen sog. Interessenausgleich nach § 11 BetrVerfG abgeschlossen haben, so OLG Hamm, FamRZ 1999, 1068, bestätigt durch BGH, FamRZ 2001, 278.
1235 BGH, FamRZ 1982, 147 = BGHZ 82, 149.
1236 BGH, NJW 1990, 709, 711. Abfindungen unterliegen primär dem Unterhaltsrecht, nur subsidiär dem Zugewinnausgleich.
1237 BGH, FamRZ 2003,1352; OLG München, FamRZ 2005, 714.
1238 Gerhardt/Schulz, FamRZ 2005, 145, 147.
1239 Rechtshängigkeit kann aber auch dadurch eintreten, dass in der mündlichen Verhandlung Scheidungsantrag gestellt wird (§ 262 Abs. 2 ZPO). Eine solche Antragstellung begründet auch dann die Rechtshängigkeit, wenn der Antragsgegner im Termin weder anwesend noch vertreten ist (OLG Brandenburg, FamRZ 2001, 1220 zur Rechtshängigkeit i.S.v. § 1587 Abs. 2 BGB; für den Zugewinnausgleich kann nichts anderes gelten).

tritt. Dieser Stichtag gilt auch dann, wenn erst **nach** Durchführung des Scheidungsverfahrens der Zugewinnausgleich betrieben wird.

a) **Vorverlegung des Endvermögensstichtags**

Der Endvermögensstichtag kann **nicht nur** durch vorzeitigen Zugewinnausgleich **vorverlagert** werden, und zwar auf den Tag der **Rechtshängigkeit der Klage auf vorzeitigen Ausgleich, § 1387 BGB**, sondern auch durch **Abkürzung des Trennungsjahres nach § 1565 Abs. 2 BGB** (Härtefallscheidung). Es empfiehlt sich stets, diese Option auch unter zugewinnausgleichsrechtlichen Gesichtspunkten zu prüfen, naturgemäß dann, wenn man den berechtigten Partner vertritt und den Stichtag herbeiführen muss, um zu verhindern, dass während des Trennungsjahres Vermögen „sich auflöst". Das Trennungsjahr ist die **Hochsaison für illoyale Vermögensverschiebungen.** 1215

Ausgangsfrage ist die, worauf sich die **Unzumutbarkeit** bezieht. Schon kurze Zeit nach Inkrafttreten der Vorschrift bestand Einigkeit darüber, dass nicht die Unzumutbarkeit der Fortführung der ehelichen Lebensgemeinschaft gemeint ist und auch nicht die des Abwartens bis zum Ablauf des Trennungsjahres, sondern allein die Unzumutbarkeit **des Fortbestehens des rechtlichen Ehebandes.** 1216

Mit anderen Worten: Für den, der die sofortige Scheidung begehrt, muss schon das Bewusstsein, noch mit dem betreffenden Partner verheiratet zu sein (obwohl man schon getrennt lebt) jenseits des Zumutbaren sein.[1240]

b) **Ausnahmefälle**

Der **Endvermögensstichtag ist kein feststellungsfähiges Rechtsverhältnis**, d.h. eine Klage auf Feststellung, dass ein bestimmtes Datum den Stichtag darstellt, wäre unzulässig. Das gilt auch für Fälle des vorzeitigen Zugewinnausgleichs.[1241] 1217

Wenn zunächst Scheidungsantrag gestellt, anschließend aber das Ruhen des Verfahrens angeordnet, schließlich die Akte nach der Aktenordnung (nach sechs Monaten) weggelegt worden ist und schließlich ein weiteres Scheidungsverfahren rechtshängig gemacht worden ist, das zur Scheidung führte – welcher Stichtag ist dann für den sich anschließenden Streit über den Zugewinnausgleich maßgebend? 1218

Hierzu das **FamG Mölln**: Wenn – wie geschehen – der erste Scheidungsantrag zurückgenommen wird, gilt der Endvermögensstichtag des 2. Scheidungsverfahrens.[1242] 1219

1240 Vgl. dazu ausführlich oben Ziff. A. III. 2. c) aa), Rn. 34 ff.
1241 OLG Köln, FamRZ 2003, 539.
1242 FamG Mölln, FamRZ 2001, 291 m. Anm. Bartsch, FamRZ 2001, 292.

E. Zugewinnausgleich

Anders, so der **BGH**,[1243] wenn der **ältere Antrag noch rechtshängig** ist – dann gilt der dort einschlägige Stichtag.

1220 Weitere Ausnahmen gibt es nur in extrem gelagerten Fällen wie dem, der am 27.10.1997 vom **OLG Bremen**[1244] entschieden worden ist:

Die Eheleute hatten 1987 beide Scheidungsantrag gestellt und sich anschließend wieder versöhnt, sodass das FamG Anfang 1989 das Ruhen des Verfahrens anordnete. Anschließend geriet das Verfahren bei beiden völlig in Vergessenheit (oder sie dachten, das Verfahren sei erledigt). Jedenfalls stellte die Frau 1996 abermals Scheidungsantrag. Kurz darauf wurde offenbar, dass das alte Verfahren lediglich ruhte, was den Ehemann bewog, das alte Verfahren wieder aufzunehmen. Die Ehefrau nahm ihren eigenen Scheidungsantrag im alten Verfahren zurück (der Mann den seinen jedoch nicht) und verlangte Endvermögensauskunft zum Zeitpunkt der Wiederaufnahme des alten Verfahrens (Zustellung der Wiederaufnahmeerklärung).

1221 Das **OLG Bremen** vertrat hierzu die Ansicht, dass grds. die Rechtshängigkeit im Jahr 1987 als Stichtag maßgeblich ist, dass aber **ausnahmsweise der Wiederaufnahmestichtag maßgeblich** ist, wenn der Ehegatte, dem der frühe Stichtag zum Nachteil gereicht (also die Frau, denn der Mann hatte in den nachfolgenden sieben Jahren weiteres Vermögen aufgehäuft), überhaupt keine Möglichkeit hat, das alte Verfahren zu beenden, um in den Genuss des „frischen" Stichtags zu gelangen.

1222 So verhielt es sich hier: Sie bekam das alte Verfahren nicht vom Tisch, weil ihr Noch-Ehemann der Antragsrücknahme nicht zustimmte – es war bereits einmal verhandelt worden – und seinen eigenen Antrag weiterverfolgte.

4. Vorzeitiger Zugewinnausgleich

1223 Hauptfall des Zugewinnausgleichs ist der, dass der **Tag der Zustellung des Scheidungsantrags** (und damit der Rechtshängigkeit des Scheidungsverfahrens, das dann noch einmal im Durchschnitt ca. sechs Monate dauert) zugleich der Endvermögensstichtag ist. Doch es gibt Ausnahmen.

1224 Auf **vorzeitigen Ausgleich** kann geklagt werden,
- wenn die Eheleute bis zur letzten mündlichen Verhandlung[1245] **drei Jahre lang getrennt leben** (§ 1385 BGB), ferner dann,
- wenn der Partner seine **wirtschaftlichen Verpflichtungen**, insbes. seine Unterhaltspflicht verletzt hat (§ 1386 Abs. 1 BGB),

---

1243 BGH, FamRZ 2006, 260 m. Anm. Schröder, FamRZ 2006, 682.
1244 OLG Bremen, FamRZ 1998, 1516.
1245 KG, FamRZ 2005, 805, 806.

- wenn er, ohne den anderen zu fragen, über sein **Vermögen insgesamt** oder über den wesentlichen Teil **verfügt hat** (§ 1386 Abs. 2 Satz 1 BGB),
- wenn es für einen Ehegatten **unzumutbar ist, am Güterstand festzuhalten**, weil er befürchten muss, dass der Ausgleichsanspruch v.a. durch illoyale Vermögensminderungen (§ 1375 Abs. 2 BGB) gemindert wird (§ 1386 Abs. 2 BGB), und
- wenn der andere sich **beharrlich weigert**, ihn über den Bestand seines Vermögens zu unterrichten[1246] (§ 1386 Abs. 3 BGB).[1247]

Der Schutzgedanke, der dem vorzeitigen Zugewinnausgleich zugrunde liegt, soll i.Ü. durch die geplante **Güterrechtsreform** verbessert werden. Danach werden im neu zu fassenden § 1386 BGB die Gründe für einen Anspruch auf vorzeitigen Zugewinnausgleich zusammengezogen und weiter gefasst.

Der vorzeitige Ausgleich kann nach einer richtungweisenden und umstrittenen[1248] Entscheidung des **OLG Celle**[1249] zusammen mit dem Auskunftsanspruch gerichtlich geltend gemacht werden, nicht aber (mit oder ohne Auskunftsanspruch) im Scheidungsverbund, denn er ist weder Ehesache noch Folgesache.[1250]

1225

Wenn jemand Klage auf vorzeitigen Zugewinnausgleich erhebt **und** später Scheidungsantrag stellt, entfällt dadurch nicht das Rechtsschutzbedürfnis für die Klage.[1251]

1226

Wer innerhalb des Scheidungsverbundes Zugewinn eingeklagt hat, kann den Prozess **als Klage auf vorzeitigen Ausgleich weiterführen**, wenn der Scheidungsantrag zurückgenommen worden ist; Endvermögensstichtag bleibt dann der Tag der Zustellung des Scheidungsantrags.[1252]

Zu den **Vorzeitigkeitsfällen** im Einzelnen:

1227

Der **Ausgleich nach 3-jähriger Trennung** hat seit der großen Scheidungsreform (Einführung des Zerrüttungsprinzips zum 01.07.1977) nur noch **geringe Bedeutung**, weil

1228

1246 FamG Villingen-Schwenningen, FamRZ 2004, 1788: „Unterrichten" bedeutet nicht Auskunftserteilung, sondern nur eine kursorische Instruktion, also ein Grobüberblick.

1247 Diese Unterrichtungspflicht ist nicht zu verwechseln mit der Auskunftspflicht. Erforderlich sind nach § 1368 BGB nur Angaben über die wesentlichen Vermögensbestandteile, deren Wert und Verbleib.

1248 Rspr. und Lit. gingen bis 1999 einmütig davon aus, dass ein rechtskräftiges Urteil auf vorzeitigen Zugewinn vorliegen muss, bevor Auskunft geltend gemacht werden kann, s.a. Scherer, FamRZ 2001, 1112.

1249 OLG Celle, FamRZ 2000, 1369 (Urt. v. 08.09.1999). Ebenso KG, FamRZ 2005, 805. Ablehnend, aber im Ergebnis befürwortend: Scherer, FamRZ 2001, 1112.

1250 KG, FamRZ 2001, 166.

1251 OLG Karlsruhe, FamRZ 2004, 466.

1252 KG, FamRZ 2005, 805.

E. Zugewinnausgleich

es jedem unbenommen ist, nach Ablauf des Trennungsjahres, mindestens aber nach drei Jahren Trennung die Scheidung zu beantragen.[1253] Es lässt sich nur schwer eine Motivlage konstruieren, in der jemand an der Ehe festhalten, den Zugewinnausgleich aber gleichwohl durchgeführt wissen will.

1229 Wichtiger sind die **Unzumutbarkeitsfälle**: Nach **§ 1386 Abs. 2 BGB** kann der Gläubiger den vorzeitigen Ausgleich verlangen,

- wenn der andere über den wesentlichen Teil seines Vermögens verfügt hat, ohne ihn zu fragen, oder
- angefangen hat, sein Vermögen zu verschieben oder zu verschleudern.

1230 In beiden Fällen muss eine **erhebliche Gefährdung** der Ausgleichsforderung zu befürchten sein.

Bloße Drohungen reichen nicht aus.[1254]

1231 In allen Fällen verhält es sich bzgl. der **Stichtage** wie im Regelfall: Das **Anfangsvermögen bestimmt der Hochzeitstag**, das **Endvermögen der Tag der Rechtshängigkeit** (Tag der Zustellung der Klage auf vorzeitigen Zugewinnausgleich). Die Ausgleichsforderung wird fällig mit dem Tag der Rechtskraft des Urteils. Zugleich tritt dann Gütertrennung ein (§ 1388 BGB).[1255]

5. Sicherheitsleistung

1232 Eine anderweitige Möglichkeit der **Sicherung des Ausgleichsanspruchs ergibt sich aus § 1389 BGB**. Danach kann der Berechtigte – gleich, welche Verfahrensart er wählt – **Sicherheitsleistung** verlangen, wenn er Angst vor einem weiteren Vermögensverfall seines Noch-Ehegatten haben muss. Ein entsprechendes Klageverfahren ist **innerhalb** des bereits laufenden Scheidungsprozesses, also als Klage innerhalb des Scheidungsverbundes nach h.M. unzulässig.[1256] Es muss gesonderte Klage **neben** dem Scheidungsverbund bzw. dem isolierten Zugewinnausgleichsprozess erhoben werden.

1233 Hat aber die Klage auf vorzeitigen Zugewinnausgleich keine Erfolgsaussichten, so besteht auch kein Anspruch auf Sicherheitsleistung.[1257]

1253 Unwiderlegbare Zerrüttungsvermutung nach 3-jährigem Getrenntleben, § 1566 Abs. 2 BGB; vgl. dazu oben Ziff. A. III. 2. b), Rn. 28 ff.
1254 Der Mann kann also folgenlos drohen, er werde sein Vermögen „abräumen" und „sie bekomme kein Geld" (so OLG Hamm, FamRZ 2000, 229).
1255 Das ist mit dem Grundgesetz vereinbar, vgl. KG, FamRZ 1995, 39.
1256 Kogel, Strategien beim Zugewinnausgleich, S. 160.
1257 OLG Karlsruhe, FamRZ 1999, 663.

6. Eilverfahren

Umstritten ist die Frage, ob daneben außerdem noch ein gesondertes **Eilverfahren** zulässig ist.   1234

Die **OLG**, die einen **Arrestantrag** (Antrag auf Sicherstellung des dem Zugewinnausgleich unterliegenden Vermögens) für **unzulässig** halten,[1258] sind in der **Minderheit**. Ihre Begründung geht dahin, dass das Gesetz nur die Sicherheitsleistung im Wege des ordentlichen Verfahrens (im Scheidungsverbund oder im Prozess auf vorzeitigen Ausgleich, s. § 1389 BGB) vorsehe.   1235

Wenn der Pflichtige mit der Sicherheitsleistung in Verzug gerät oder wenn die Durchsetzung des Sicherheitsanspruchs gefährdet erscheint (etwa deshalb, weil der Schuldner gerade dabei ist, sein Vermögen ins Ausland zu verschieben, nachdem er bisher nur eine schleichende Verschwendung betrieben hatte), soll – so meint die **Mehrzahl der OLG**[1259] – der dingliche Arrest oder auch eine einstweilige Verfügung[1260] zulässig sein. Hierfür entschied sich auch das **OLG Düsseldorf**[1261] in einem Fall, in dem der Ehemann bereits **650.000,00 DM dem Gläubigerzugriff entzogen** hatte und weitere Transaktionen in die GUS zu befürchten waren. Ähnlich das **OLG Frankfurt am Main**:[1262] Hier hatte die Frau aufgrund einer falschen Endvermögensauskunft des Mannes davon abgesehen, Zugewinnausgleichsklage zu erheben – bis sie durch Zufall erfuhr, dass der Mann ihr die exorbitante Summe von 10 Mio. DM verschwiegen hatte. Hier hatte sie mit ihrem dinglichen Arrest Erfolg.   1236

> **Praxistipp:**
>
> Voraussetzung für den Erfolg im Eilverfahren ist aber stets, dass illoyale Vermögensverschiebungen (bereits vollzogene oder geplante) **substanziiert vorgetragen und glaubhaft gemacht** werden. Bei bloßen Vermutungen des Mandanten/der Mandantin muss der Anwalt abraten. Tut er es nicht, droht ein Haftungsfall.[1263]

1258 KG, FamRZ 1994, 1478; OLG Hamm, FamRZ 1995, 1427; OLG Koblenz, FamRZ 1999, 97; ferner Johannsen/Henrich/Jaeger, Eherecht, § 1389 Rn. 1.
1259 OLG Hamm, FamRZ 1982, 71 und FamRZ 1997, 181; OLG Stuttgart, FamRZ 1995, 1427; OLG Celle und OLG Karlsruhe, FamRZ 1996, 1429.
1260 OLG Hamburg, FamRZ 1988, 964; ebenso OLG Karlsruhe, FamRZ 1995, 822, OLG Karlsruhe, FamRZ 1997, 622 und FamG Pankow/Weißensee, FamRZ 2004, 1501. Das OLG Hamburg schränkte in FamRZ 2003, 238 (Urt. v. 09.10.2001) seine Meinung ein und erklärte den Arrest jedenfalls in den Fällen für zulässig, in denen der Zugewinnausgleichsanspruch bereits klagbar ist, also das Scheidungsverfahren rechtshängig ist.
1261 OLG Düsseldorf, FamRZ 1994, 114.
1262 OLG Frankfurt am Main, FamRZ 1996, 747.
1263 OLG Düsseldorf, FamRZ 2006, 356.

E. Zugewinnausgleich

1237 Einen auf den ersten Blick **merkwürdigen Vorschlag** zur eiligen Sicherung der Ausgleichsforderung empfiehlt **Kogel**,[1264] nämlich, den Scheidungsantrag beim **VG** einzureichen und ihn von dort an die ordentliche Gerichtsbarkeit verweisen zu lassen.

1238 Fest steht: In der Verwaltungsgerichtsbarkeit tritt Rechtshängigkeit bereits durch **Eingang** der Klage bei Gericht ein (§§ 81 Abs. 1, 90 Abs. 1 VwGO). Ist also der Scheidungsantrag beim VG eingereicht, ist der Endvermögensstichtag erreicht. Nach Verweisung der Sache an das FamG wird letzteres erst einmal den Gerichtskostenvorschuss nach § 65 GKG verlangen oder ggf. über das PKH-Gesuch, das dann immer noch gestellt werden kann, entscheiden. Das kann einige Zeit dauern, doch der Endvermögensstichtag ist eingetreten.

1239 Es wird abzuwarten sein, ob die Gerichte „mitspielen".[1265] Immerhin könnten z.B. gerade die mit einstweiligen Anordnungen überfrachteten VG derartige Sachen in kaum angreifbarer Weise „schmoren" lassen, und zwar in einem Maße,[1266] das für das Sicherungsbedürfnis der antragstellenden Partei wiederum kontraproduktiv ist. Denn wenn der Ausgleichsschuldner die Entwicklung sieht, kann er möglicherweise bis zur Scheidungsrechtskraft sein gesamtes Vermögen definitiv verbrauchen (§ 1378 Abs. 2 BGB).

1240 Wie immer auch die Sicherung der Zugewinnausgleichsforderung auszusehen hat: Auf jeden Fall hat der Anwalt etwas zu unternehmen, wenn ihm von der Mandantin **konkrete Hinweise** gegeben werden, dass der Ehemann Vermögen verprasst, verschiebt oder sonst wie verschwinden lässt. Tut der Anwalt nichts, riskiert er einen Haftungsfall.[1267]

II. Die Güterstände

1. Zugewinngemeinschaft als gesetzlicher Güterstand

1241 Die **Gesamtheit der vermögensrechtlichen Beziehungen der Ehegatten** zueinander bezeichnet man als „Güterstand".

1264 Kogel, FamRZ 1999, 1252.
1265 Von der Lit. wurde der vorgeschlagene Weg z.T. als rechtsmissbräuchlich kritisiert (Abh. Hagelstein, FamRZ 2000, 340). Kogel verteidigt seine Auffassung gegen die Kritik in FamRZ 2000, 872, auch unter Hinweis auf Finger, FuR 1999, 398 und Odendahl, FamPrax, Fach 6 Rn. 148, die ihm beipflichten.
1266 Welcher Anwalt hat nicht Sachen beim VG laufen, in denen er zwei Jahre lang auf einen Termin wartet? Warum soll das bei unzulässigen Klagen anders sein?
1267 OLG Hamm, FamRZ 2003, 758 (dort wurde die Regressforderung in der Berufung zurückgewiesen).

II. Die Güterstände

In unserem Recht haben die Eheleute verschiedene „Güterstandsklassen" zur Auswahl. Man unterscheidet zwischen dem gesetzlichen Güterstand und den Wahlgüterständen. 1242

Der gesetzliche Güterstand ist derjenige, in den die Eheleute „hineinheiraten". Dieser Güterstand ist nach dem BGB die Zugewinngemeinschaft. 1243

Wenn er von den Eheleuten nicht gewünscht wird, können sie sich durch notariellen Ehevertrag für einen der Wahlgüterstände entscheiden, nämlich für die **Gütertrennung oder die Gütergemeinschaft**, oder auch für die gesetzlich nicht geregelte **Errungenschaftsgemeinschaft**, die in einigen Ländern (z.b. Spanien, Italien,[1268] frühere DDR) den gesetzlichen Güterstand darstellt(e).[1269] 1244

a) Rechtsnatur

Die Zugewinngemeinschaft ist erst mit Wirkung ab **01.07.1958** durch das Gleichberechtigungsgesetz als gesetzlicher Güterstand eingeführt worden (deshalb kann das Anfangsvermögen höchstens auf den 01.07.1958 zurückbezogen werden – ein davor liegender Anfangsvermögensstichtag ist nicht denkbar!). Von 1953 – 1958 gab es die **Gütertrennung**, und davor (1900 – 1953) die sog. **ehemännliche Verwaltung und Nutznießung** als gesetzlichen Güterstand. 1245

Der Begriff der Zugewinngemeinschaft ist missverständlich, klingt er doch so, als sei alles in der Ehe Erwirtschaftete gemeinsames Eigentum. Indes verhält es sich anders: Jeder Verheiratete stockt im gesetzlichen Güterstand sein voreheliches Vermögen weiter auf (was nicht ausschließt, dass es auch gemeinsames Vermögen geben kann). Erst am Ende findet ein Ausgleich des ehezeitlichen Zuerwirbs statt. **Exakter formuliert ist der gesetzliche Güterstand eine Gütertrennung mit anschließender Ausgleichsverpflichtung.** 1246

Die **Vermögen bleiben also getrennt**. Jeder Ehegatte verwaltet sein Vermögen selbstständig. Dass er dies kraft innerehelicher Arbeitsteilung faktisch oft dem anderen überlässt, ändert nichts an der Rechtslage. Jeder macht auch in eigener Verantwortung Schulden, ohne dass der andere dafür mithaftet, es sei denn, beide gehen gemeinsam z.B. eine gesamtschuldnerische Kreditverpflichtung ein. 1247

1268 Zur Privatautonomie im italienischen Güterrecht s. Patti, FamRZ 2003, 10. I.R.d. Auseinandersetzung des Gesamtguts kann Auskunft verlangt werden, dagegen keine eidesstattliche Erklärung, s. OLG Stuttgart, FamRZ 2003, 1749.

1269 Zu Güterständen und Vermögensregelungen im europäischen Ausland s. Henrich, FamRZ 2000, 6.

b) Verfügungsbeschränkungen

1248 Von der Verfügungsmacht über das eigene Vermögen und der Nichthaftung für die Verbindlichkeiten des anderen gibt es zwei **Ausnahmen**:

1249 **Fall 1:**

Wer über den **wesentlichen Teil seines Vermögens** oder über seine Habe insgesamt verfügen will, kann – obwohl er nach § 1364 BGB auch im gesetzlichen Güterstand sein Vermögen grds. selbst verwaltet[1270] – dies nur mit Zustimmung des anderen tun (§ 1365 BGB). Die Verfügungsbeschränkung hat **bis zur Beendigung des gesetzlichen Güterstands** Gültigkeit, i.d.R. also bis zur Scheidungsrechtskraft. Allerdings ist § 1365 BGB analog auf die Fälle der **Abtrennung des Zugewinnausgleichs** anzuwenden: Wenngleich dort bereits die Scheidung rechtskräftig ist, gilt die Beschränkung bis zur Rechtskraft der abgetrennten Folgesache fort.[1271]

Was **wesentlich** ist, bestimmt der **BGH**[1272] wie folgt:

Wer bei großen Vermögen über bis zu **90 %** verfügen will, braucht seinen Ehepartner nicht um Zustimmung zu ersuchen. Bei kleineren Vermögen kann der Verfügende nur dann allein entscheiden, wenn ihm mindestens etwa 15 % verbleiben.

1250 **Grundstücksbelastungen** mindern selbstverständlich den Wert des Vermögensgegenstandes, über den verfügt wird; es ist also immer der saldierte Wert des Verfügungsgegenstandes mit dem Gesamtvermögen zu vergleichen. Doch Vorsicht: Wenn etwa ein Nießbrauch die **Gegenleistung** für die (übergabevertragliche) Verfügung darstellt, mindert der Nießbrauch keineswegs den Wert des Verfügungsgegenstandes, also des Hausgrundstücks.[1273]

Als zustimmungspflichtige Verfügung kann die **Gesamtheit der Grundstücksbelastungen** zugunsten verschiedener Gläubiger gelten, wenn die Grundschuldbestellungen

---

1270 Selbstverständlich darf er die Vermögensverwaltung auch seinem Ehepartner überlassen. Tut er dies, bestimmen sich seine Ansprüche gegen den verwaltenden Partner nach § 662 ff. BGB, mit der Folge, dass letzterer nach §§ 662, 666, 667 BGB zur Rechenschaftslegung und Herausgabe des Erlangten verpflichtet ist (OLG Köln, FamRZ 1999, 298 zu einem Veruntreuungsfall). A.A. ist allerdings der BGH (FamRZ 2001, 23) in einem Fall, in dem (mittlerweile geschiedene) Eheleute in 1985 einen Verkehrsunfall erlitten und die Frau dem Mann die Regulierung überlassen hatte – um nach der Scheidung zu behaupten, er habe einen Teil ihres Anteils an der Schadensersatzleistung unterschlagen. Der BGH geht hier von einem schlichten innerehelichen Vertrauensverhältnis aus, das dem wirtschaftenden Ehegatten nicht einseitig das Risiko aufbürde, im Nachhinein Rechnung zu legen.
1271 OLG Celle, FamRZ 2004, 625 m. Anm. Janke, FamRZ 2004, 627.
1272 BGH, FamRZ 1991, 669 = NJW 1991, 1739.
1273 OLG Hamm, FamRZ 1997, 675.

in einem engen sachlichen und zeitlichen Zusammenhang stehen und deshalb als einheitlicher Lebensvorgang anzusehen sind.[1274]

Das Veräußerungsverbot soll vor dem Verschwinden der wirtschaftlichen Grundlage der Familie ebenso schützen, wie auch vor einer etwaigen Vereitelung eines späteren Zugewinnausgleichsanspruchs.

1251

Ist die Verfügung wirtschaftlich vernünftig, so kann die Zustimmung des Ehepartners durch das **Vormundschaftsgericht** ersetzt werden[1275] (§ 1365 Abs. 2 BGB) – es sei denn, der andere hat für seine Weigerung einen ausreichenden Grund. Dieser ist allemal gegeben, wenn durch den Grundstücksverkauf eine Zugewinnausgleichsforderung gefährdet wird.[1276] Lässt diese sich ausschließen, etwa wegen Verjährung des Zugewinnausgleichs, wird ein nach § 1366 Abs. 1 BGB schwebend unwirksames Geschäft doch noch wirksam.[1277]

1252

Fall 2:

1253

Es mutet heute merkwürdig an, aber man darf **auch über eigene Hausratsgegenstände** nicht ohne Zustimmung des anderen verfügen (§ 1369 BGB). Man denke hier aber bitte nicht an die Kaffeemaschine für 19,50 €, sondern an die Segelyacht im Wert von 140.000,00 €, die der Ehemann während der Trennung nicht verkaufen darf, weil sie Hausrat darstellt.[1278]

c)   Schlüsselgewalt

Wenn ein Ehepartner Schulden macht, die er nicht bezahlen kann oder will, sollen die Gläubiger zusehen, wie sie zu ihrem Geld kommen – vom anderen Partner bekommen sie es jedenfalls nicht. Ausgenommen ist allerdings das, was unter die „Schlüsselgewalt" fällt, nämlich die **Geschäfte zur angemessenen Deckung des Lebensbedarfs** (§ 1357 BGB).[1279] Derartige Geschäfte reichen vom Friseurbesuch über einen Telefon-

1254

1274   OLG Brandenburg, FamRZ 1996, 1015.
1275   Einer der wichtigsten Anwendungsbereiche ist die Auseinandersetzungsversteigerung als Hilfslösung bei Nichtmitwirkung des Ehepartners am freihändigen Verkauf des im gemeinschaftlichen Eigentum stehenden Familienheims. Wenn keine Ersetzung nach § 1365 Abs. 2 BGB erzielt werden kann, bleibt die Verwertung bis zur Scheidungsrechtskraft blockiert. Eine familienrechtliche Verpflichtung zur Mitwirkung an der Veräußerung besteht nicht, auch nicht unter unterhaltsrechtlichen Aspekten (OLG Köln, FamRZ 2002, 97).
1276   LG Koblenz, FamRZ 1998, 163 m. abl. Anm. Kogel, FamRZ 1998, 914.
1277   OLG Celle, FamRZ 2001, 1613.
1278   LG Ravensburg, FamRZ 1995, 1585.
1279   Die Vorschrift ist verfassungsrechtlich unbedenklich, BVerfG, FamRZ 1989, 1273 = NJW 1990, 175.

versorgungsvertrag[1280] bis zur Bestellung von 3.000 l Heizöl oder Energielieferungen im Dauerschuldverhältnis.[1281] Wer immer etwas in Auftrag gibt, was in diese Kategorie gehört: Der andere haftet mit.

1255   Zwischen beiden Bereichen gibt es eine Grauzone, in der verschiedene Gegenstände und Leistungen eingeordnet sind, die je nach Einkommensverhältnissen oder richterlicher Wertung mal der einen, mal der anderen Gruppe zugeordnet werden.[1282]

Umstritten ist die Frage, ob der andere Ehegatte Gestaltungsrechte (z.B. Anfechtung, Kündigung, Rücktritt) im Hinblick auf Verträge hat, für deren Erfüllung er mithaftet: Die h.M. bejaht dies.[1283]

1256   Die Schlüsselgewalt endet mit dem Einsetzen der Trennung, außerdem dann, wenn ein Ehepartner sie ausschließt und diesen Ausschluss dem AG (Güterrechtsregister) meldet.

2. Die Wahlgüterstände

1257   Diejenigen, denen der gesetzliche Güterstand nicht gefällt, können sich vor oder auch nach der Eheschließung für einen anderen Güterstand entscheiden.

a) Optionen

1258   Die Angebotspalette, die das Gesetz bietet, ist zwar begrenzt – sie sieht nur Gütertrennung und Gütergemeinschaft vor –, aber jeder Heiratswillige oder Verheiratete kann sich andere Güterstände aussuchen, nämlich

---

1280   LG Stuttgart, FamRZ 2001, 1610.
1281   Das Dauerschuldverhältnis wird durch den Auszug eines Partners nicht beendet; es endet erst mit der Anzeige der Trennung beim Vertragspartner (LG Oldenburg, FamRZ 2006, 703). Bis dahin haften beide Eheleute gesamtschuldnerisch nach § 1357 BGB.
1282   Unter Schlüsselgewalt fallen z.B.: Beauftragung eines Kinderarztes (BGHZ 47,81); privatärztliche Behandlung, jedenfalls bei Vertretung des behandelten Partners durch den Ehegatten (OLG Köln, FamRZ 1999, 1134); Hinzuziehung eines Tierarztes für Haustiere, nicht dagegen die Anschaffung eines Haustiers selbst (AG Kerpen, FamRZ 1989, 619); Heizenergie (OLG-Rspr.-Sammlung 21, 212). Nicht unter die Schlüsselgewalt fallen z.B. der Bauvertrag über ein Wohnhaus (BGH, FamRZ 1989, 35), der Kauf von kostbaren Teppichen (LG Aachen, NJW-RR 1987, 712), die Notfallbehandlung des Ehemannes im Krankenhaus (OLG Köln, FamRZ 1999, 1662) und der Abschluss eines Mietaufhebungsvertrages (LG Köln, FamRZ 1990, 744).
1283   Nachweise in Fn. 1 zu Berger, FamRZ 2005, 1129. Berger selbst vertritt die Gegenansicht.

- solche, die es vor Inkrafttreten des BGB einmal in Deutschland gegeben hat,
- solche, die vor der Einführung des Gleichberechtigungsgesetzes (01.07.1958) bestanden haben (Errungenschaftsgemeinschaft, Fahrnisgemeinschaft),
- solche, die im Ausland verbreitet sind,
- oder Eigenkonstruktionen.

Es herrscht Vertragsfreiheit. Man kann i.R.d. Vertragsfreiheit auch den **gesetzlichen Güterstand oder einen Wahlgüterstand modifizieren** und eheverträglich seinen Bedürfnissen anpassen. Z.B. kann man den Zugewinnausgleich für den Fall der Scheidung ausschließen, für den Todesfall aber gelten lassen;[1284] das lässt sich sogar im Güterrechtsregister eintragen.[1285] Desgleichen lässt sich eine auflösend bedingte Gütertrennung vereinbaren.[1286]

1259

Aber: **Man kann keinen vertraglichen Güterstand durch schlichte Verweisung auf ein nicht mehr geltendes oder ausländisches Gesetz begründen** (§ 1409 BGB). Wer also einen gesetzlich nicht (mehr) geregelten Güterstand haben möchte, muss ihn vor dem **Notar** einzeln darlegen sowie anschließend entwerfen und beurkunden lassen.

1260

Unter den gesetzlich nicht (mehr) geregelten Güterständen ist die Errungenschaftsgemeinschaft (s.u. in diesem Kapitel) die bekannteste.

1261

Erstaunlich ist, welch unterschiedliche Aufmerksamkeit das Gesetz den Wahlgüterständen widmet. Abgesehen davon, dass es überhaupt nur zwei von ihnen regelt, begnügt es sich damit, die Gütertrennung in nur einer einzigen Vorschrift (**§ 1414 BGB**) abzuhandeln, während die Gütergemeinschaft in über 100 Paragrafen geregelt ist (§§ 1415 ff. BGB).

1262

b) Gütertrennung

Am meisten Ähnlichkeit mit dem gesetzlichen Güterstand der Zugewinngemeinschaft hat die **Gütertrennung**. Sie ist ganz einfach eine Zugewinngemeinschaft ohne erbrechtliche und scheidungsrechtliche Ausgleichsverpflichtung und nebenbei auch ohne Verfügungsbeschränkung nach § 1365 BGB. Jeder verlässt im Fall der Scheidung die Ehe mit dem Vermögen, das ihm gehört.

1263

1284 Bei Gütertrennung erben der überlebende Partner – gesetzliche Erbfolge und das Vorhandensein von Kindern des Erblassers vorausgesetzt – und die Kinder zu gleichen Teilen, neben mehr als drei Kindern zu einem Viertel (§ 1931 Abs. 4 BGB); bei Zugewinngemeinschaft erbt der Überlebende die Hälfte.
1285 S. OLG Köln, FamRZ 1994, 1256. Allgemein zu den im Register eintragungsfähigen Tatsachen: Keilbach, FamRZ 2000, 870.
1286 OLG Braunschweig, FamRZ 2005, 903.

E. Zugewinnausgleich

1264 Wie bereits erwähnt, befasst sich im gesamten Güterrecht nur § 1414 BGB mit der Gütertrennung – und auch das nur am Rande, denn er löst lediglich die Frage, in welchen Fällen Gütertrennung eintritt:

> „Schließen die Ehegatten den gesetzlichen Güterstand aus oder heben sie ihn auf, so tritt Gütertrennung ein, falls sich nicht aus dem Ehevertrag etwas anderes ergibt. Das gleiche gilt, wenn der Ausgleich des Zugewinns oder der Versorgungsausgleich ausgeschlossen oder die Gütergemeinschaft aufgehoben wird."

1265 Die Gütertrennung ist also, wie man sieht, zum einen ein **subsidiärer**, zum anderen ein vertraglicher Güterstand.

1266 Einer seiner wichtigsten Anwendungsbereiche ist der Ausschluss des Versorgungsausgleichs.

> **Praxistipp:**
>
> Es tritt **automatisch Gütertrennung ein, wenn man den Versorgungsausgleich ausschließt** und nicht ausdrücklich regelt, dass die Zugewinngemeinschaft bestehen bleiben soll.
>
> Dagegen tritt umgekehrt nicht automatisch der Ausschluss des Versorgungsausgleichs ein, wenn man Gütertrennung vereinbart!

1267 Auch bei Gütertrennung ist **gemeinsames Vermögen möglich**, etwa bei Hausgrundstücken (beide Eheleute sind als Eigentümer „je zur ideellen Hälfte" im Grundbuch eingetragen). Und natürlich findet auch bei diesem Güterstand die Hausratsteilung statt.

Auch Unterhaltspflichten und die Pflicht zur ehelichen Lebensgemeinschaft bleiben unberührt.

Überdies: Hat ein Ehegatte durch seine Mitarbeit im Betrieb des anderen dessen Vermögen vermehrt, kann ihm nach Scheitern der Ehe durchaus ein **familienrechtlicher Ausgleichsanspruch** wegen Wegfalls – jetzt Störung – der Geschäftsgrundlage zustehen.[1287]

1268 Nicht übersehen werden sollte der **erbschaftsteuerliche Aspekt**[1288] der **Gütertrennungsvereinbarung**:

1269 Der Freibetrag für Eheleute beträgt derzeit 307.000,00 € + 250.000,00 € Versorgungsfreibetrag, zusammen 557.000,00 €. Die Bezugsgröße des Betrages, der der Erbschaft-

---

1287 BGH, FamRZ 1994, 1167 = NJW 1994, 2545.
1288 Vgl. Kogel, Strategien beim Zugewinnausgleich, S. 3.

steuer unterliegt, ist aber nun im gesetzlichen Güterstand nicht der Erbteil, sondern der um den fiktiven Zugewinnausgleich zum Todeszeitpunkt verminderte Erbteil. Hieraus können sich gravierende Konsequenzen ergeben.

Beispiel:

Der Ehemann hinterlässt 2 Mio. €. Seine vermögenslose Frau – die Ehe ist kinderlos geblieben – ist testamentarische Alleinerbin.

Im gesetzlichen Güterstand kann die Ehefrau den fiktiven Zugewinn (1 Mio. €) nach § 5 Abs. 1 ErbStG aus der Erbmasse auskoppeln. Zu versteuern bleibt die restliche 1 Mio €.

Diese ist um den Freibetrag (307.000,00 € persönlicher Freibetrag und 250.000,00 € Versorgungsfreibetrag nach § 17 ErbStG) auf 443.000,00 € zu vermindern. Davon zahlt sie 15 % = 66.450,00 € Erbschaftsteuer.

*Bei **Gütertrennung** würde folgendermaßen gerechnet:*

2.000.000,00 € ./. 557.000,00 € Freibetrag = 1.443.000,00 €;

davon 19 % = 274.170,00 € Erbschaftsteuer.

Steuerlicher Nachteil gegenüber der Zugewinngemeinschaft: 207.720,00 €.

Deshalb ist dringend zu empfehlen, die Gütertrennung folgendermaßen zu beschränken:

> Für den Fall, dass unser Güterstand auf andere Weise als durch den Tod eines Ehepartners beendet wird, insbesondere durch Ehescheidung, schließen wir den Zugewinnausgleich aus und vereinbaren Gütertrennung.

Die letzten drei Worte sind nicht einmal zwingend notwendig, weil bei Ausschluss des gesetzlichen Güterstands ohnehin Gütertrennung eintritt.

c) Gütergemeinschaft

Die **Gütergemeinschaft** ist im Gegensatz zur Gütertrennung recht selten. Zwar ist sie in ländlichen Gebieten noch stellenweise verbreitet, befindet sich aber auch dort auf dem Rückzug.[1289]

In der Gütergemeinschaft gibt es bis zu fünf Vermögensmassen:

- Das **Gesamtgut**: Es umfasst das gesamte voreheliche und eheliche Vermögen beider Ehegatten. Alles gehört beiden zusammen, und nur beide zusammen können darüber verfügen.[1290]

1289 Hoppenz sieht sie als Rechtsfigur „vom Aussterben bedroht", vgl. Anm. in FamRZ 2005, 276.

1290 Zum Gesamtgut gehören auch GmbH-Anteile, mit der Folge, dass das Stimmrecht nur gemeinschaftlich ausgeübt werden darf (OLG Saarbrücken, FamRZ 2002, 1034).

E. Zugewinnausgleich

- Das **Vorbehaltsgut** der Frau (Erläuterung unten, Rn. 1275).
- Das **Vorbehaltsgut** des Mannes.
- Das **Sondergut** der Frau (Erläuterung unten, Rn. 1274).
- Das **Sondergut** des Mannes.

1273 Sonder- und Vorbehaltsgut sind Ausnahmen vom Gesamtgut; das meiste bleibt Gesamtgut.

1274 **Sondergut** sind rechtsgeschäftlich nicht übertragbare Forderungen, nämlich Schmerzensgeldansprüche, pfändungsfreier Anteil am Arbeitseinkommen, Nießbrauchsrechte, Urheberrechte und nicht übertragbare Geschäftsanteile an Personengesellschaften.

1275 Das **Vorbehaltsgut** ist in § 1418 Abs. 2 BGB geregelt. Zum Vorbehaltsgut gehören die Sachen,

- die sich Eheleute vertraglich als eigenes Vermögen vorbehalten,
- die einer von beiden per testamentarischer Bestimmung als Vorbehaltsgut erbt, und
- die Ersatzanschaffungen für Gegenstände darstellen, die ihrerseits zum Vorbehaltsgut zählten (Surrogate).

1276 Wenn während der Ehe ein Gesellschaftsanteil allein aus steuerlichen Gründen unentgeltlich in das Vorbehaltsgut übergeht, ist er nach § 313 BGB mit Scheitern der Ehe in das Gesamtgut zurück zu übertragen.[1291]

1277 Das **Gesamtgut** wird entweder von beiden Ehegatten gemeinsam (Regelfall) oder per abweichender Bestimmung im Ehevertrag von einem von ihnen verwaltet.[1292] Wenn einer allein verwaltet, ist er auch allein verfügungsberechtigt. Doch Vorsicht: Mindert er das Gesamtgut durch schlechtes Wirtschaften, kann er ersatzpflichtig sein.

Gleichgültig, ob das Gesamtgut von beiden oder von einem verwaltet wird: Für die gemeinsamen Schulden und auch für die Schulden des jeweils anderen **haften beide**.

Nur dann, wenn der nicht verwaltungsberechtigte Ehegatte Verfügungen trifft, haftet das Gesamtgut nicht. Der Verfügende kann dann nur mit seinem Vorbehaltsgut haften (das Sondergut ist unpfändbar).

1278 **Die Auseinandersetzung nach Beendigung der Gütergemeinschaft**[1293] ist nicht unkompliziert.

1291 OLG München, FamRZ 2006, 204.
1292 Bei gemeinsamer Verwaltung hat jeder gegen den anderen einen Anspruch auf Mitwirkung, sowohl während der Ehe (§ 1451 BGB) wie auch nach der Scheidung (§ 1472 Abs. 3 BGB), so BayObLG, FamRZ 2004, 879.
1293 S. OLG Koblenz, FamRZ 2006, 40.

Die Grundzüge[1294] sehen so aus:

Zunächst sind die Gesamtgutsschulden zu begleichen. 1279

Dann ist der nach Erstattung des jeweils Eingebrachten (Wertersatz)[1295] verbleibende Überschuss zwischen den Eheleuten gleichmäßig zu verteilen. 1280

Gibt es keinen Überschuss, ist der Fehlbetrag nach dem Verhältnis des Wertes des von den Eheleuten Eingebrachten zu tragen (§ 1478 Abs. 1 BGB). 1281

Im Rahmen der Teilung hat jeder ein Übernahmerecht hinsichtlich bestimmter Sachen (eingebrachte, geerbte und ausschließlich persönlich genutzte) gegen Wertersatz (§ 1477 Abs. 2 BGB).[1296] 1282

d) Errungenschaftsgemeinschaft

Vor dem 01.07.1958 gehörte die **Errungenschaftsgemeinschaft** zu den gesetzlich geregelten Wahlgüterständen. Wurde damals von diesem Wahlrecht Gebrauch gemacht, änderte die gesetzliche Neuregelung nichts am Fortbestand dieses Güterstands im Einzelfall. Mit anderen Worten: Es gibt heute noch zahlreiche Errungenschaftsgemeinschaften, nicht nur in der früheren DDR, in der diese Gemeinschaft unter dem Etikett „**Eigentums- und Vermögensgemeinschaft**" bis zuletzt den gesetzlichen Güterstand darstellte, sondern auch in den „alten" Bundesländern. Und noch einmal: Man kann sie auch heute noch vereinbaren, allerdings nicht unter Bezugnahme auf untergegangenes Recht, sondern nur unter vollständiger ehevertraglicher Ausformulierung (§ 1409 BGB). 1283

Die Errungenschaftsgemeinschaft ist eine spezielle Ausformung der Gütergemeinschaft. Wichtigstes Strukturmerkmal: Das Gesamtgut ist beschränkt auf das, was während der Ehe hinzuerworben wird. Das wird dann auch bei Beendigung des Güterstands nach Schuldenberichtigung halbiert. 1284

In der alten Errungenschaftsgemeinschaft des BGB verwaltete der Ehemann das Gesamtgut, musste die Frau aber bei wichtigen Geschäften mitwirken lassen. Im gesetzlichen Güterstand der DDR herrschte insoweit Gleichberechtigung.

1294 Einzelheiten werden in der Abhandlung von Ensslen (FamRZ 1998, 1077) ausführlich erörtert.
1295 Zum Verhältnis zwischen Wertersatz und Zugewinnausgleich (bei ehevertraglicher Regelung, der zufolge beides stattzufinden hat) s. OLG Bamberg, FamRZ 2001, 1215.
1296 Zu den Einzelheiten der Mitwirkungspflicht des geschiedenen Ehegatten an einer Verwaltungsmaßnahme im Rahmen einer Gütergemeinschaft in Liquidation s. BayObLG, FamRZ 2005, 109.

1285 Unser Gesetzgeber hat sich i.R.d. Beratungen vor der Reform des Jahres 1958 gegen die Errungenschaftsgemeinschaft entschieden,

- weil die Haftung des Gesamtguts für die Mannesschulden eine unwillkommene Benachteiligung der Frau gewesen wäre,
- weil bei gleichberechtigter Verwaltung des Gesamtguts die Konflikte, die Pattsituationen bei geplanten Verfügungen und damit eine gewisse wirtschaftliche Schwerfälligkeit vorprogrammiert gewesen wären und
- weil die Vermögensauseinandersetzung zu Schwierigkeiten geführt hätte (das Elend der Hausratsteilung hätte sozusagen ein Riesenterritorium hinzugewonnen).

3. Der DDR-Güterstand nach der Wiedervereinigung

1286 Abschließend einige Bemerkungen zum Schicksal der DDR-Errungenschaftsgemeinschaften:

1287 Am 03.10.1990 wurden diese automatisch in Zugewinngemeinschaften nach BGB übergeleitet. Die Ostdeutschen konnten aber bis zum genannten Stichtag eine sog. **Fortgeltungserklärung** abgeben und damit für den Weiterbestand ihres Güterstands nach dem Familiengesetzbuch der DDR optieren, und zwar durch notarielle Urkunde, einzureichen bei einem beliebigen Kreisgericht.

Wenn keiner von beiden Eheleuten die Erklärung abgab – einer genügte! – galt automatisch der Güterstand der Zugewinngemeinschaft; die Eigentums- und Vermögensgemeinschaft etwa an Grundstücken verwandelte sich in eine Bruchteilsgemeinschaft.[1297]

1288 Wurde indes die Ehe vor dem Beitritt der DDR zur BRD geschieden (also vor dem 03.10.1990), so blieb für die Vermögensauseinandersetzung das DDR-Recht maßgeblich.[1298]

1289 Wer vor dem 03.10.1989 in die BRD übergesiedelt war, musste ab Beginn des vierten Monats des gemeinsamen gewöhnlichen Aufenthalts in der BRD (§ 3 des Gesetzes über den ehelichen Güterstand von Vertriebenen und Flüchtlingen) das BGB-Güterrecht gegen sich gelten lassen. Auch über diese Frist hinaus galt aber das bis dahin in der DDR angeschaffte Vermögen als Gesamthands-Sondervermögen, über das nur beide zusammen verfügen können.[1299]

1297 OLG Rostock, FamRZ 1997, 1158.
1298 OLG Brandenburg, FamRZ 1996, 667.
1299 Wichtig in Datschen-Fällen, s. OLG Brandenburg, FamRZ 1997, 1015.

II. Die Güterstände

Was gilt nun für die in Zugewinngemeinschaften übergeleiteten Errungenschaftsgemeinschaften bei Scheitern der Ehe? Hierzu haben sich die Gerichte unterschiedlich geäußert: 1290

Das **OLG Dresden**[1300] meint: Es ist nicht anders zu verfahren als in Fällen, in denen von vornherein der Güterstand der Zugewinngemeinschaft bestand: Es findet der Zugewinnausgleich statt, und zwar mit der Maßgabe, dass Anfangsvermögensstichtag der Tag der Trauung, nicht der Tag der Überleitung ist. Der Ausgleich wird ohne zusätzliche Ansprüche aus § 40 FGB[1301] durchgeführt (schuldrechtlicher Anspruch auf Partizipation am Sondergut des Ausgleichspflichtigen nach § 13 Abs. 2 FGB).[1302]   1291

Das **OLG Naumburg**[1303] ist umgekehrt der Meinung, dass die Eigentums- und Vermögensgemeinschaft (dort: im Wesentlichen an einem Oldtimer) über den 03.10.1990 hinaus nach § 39 FGB auseinanderzusetzen ist: Der Besitzer wird Alleineigentümer und muss Wertersatz leisten. Wertermittlungsstichtag ist der Zeitpunkt der Aufhebung der Eigentumsgemeinschaft (dort: 20.08.1997).   1292

Das **OLG Rostock**[1304] **und Brandenburg**[1305] meinen: Anfangsvermögensstichtag ist der 03.10.1990.[1306] Für die Zeit davor hat eine fiktive Vermögensauseinandersetzung   1293

1300 OLG Dresden, FamRZ 1998, 1361 m.w.N.
1301 Das FGB stammt v. 20.12.1965. Die am 01.10.1990 in Kraft getretene Reform, die ihrerseits nur zwei Tage lang Gültigkeit hatte, nämlich bis zum Tage der Wiedervereinigung am 03.10.1990, ließ die vermögensrechtlichen Vorschriften unberührt. § 40 Abs. 1 FGB lautet: Hat ein Ehegatte zur Vergrößerung oder zur Erhaltung des Vermögens des anderen Ehegatten wesentlich beigetragen (nach der DDR-Rspr. reichte insoweit Haushaltsführung und Kinderbetreuung aus, d. Verf.), kann ihm das Gericht bei Beendigung der Ehe außer seinem Anteil am gemeinschaftlichen Eigentum und Vermögen auch einen Anteil am Vermögen des anderen Ehegatten zusprechen. Laut § 40 Abs. 2 FGB kann der Anteil sich bis zur Hälfte dieses Vermögens erstrecken; der Anspruch verjährt in einem Jahr.
1302 OLG Dresden, FamRZ 1998, 1361 m.w.N.; OLG Dresden, FamRZ 2000, 885. Ansprüche aus § 40 FGB setzen voraus, dass ein Ehegatte zur Vergrößerung und Erhaltung des Vermögens des anderen wesentlich beigetragen hat. Der Beitrag kann auch in der Haushaltsführung und der Erziehung der Kinder bestehen, so zutreffend OLG Brandenburg, FamRZ 2003, 452.
1303 OLG Naumburg, FamRZ 2001, 1301.
1304 OLG Rostock, FamRZ 1999, 1074.
1305 OLG Brandenburg, FamRZ 2002, 237 und FamRZ 2004, 630 (LS).
1306 So auch FamG Tempelhof-Kreuzberg, FamRZ 2003, 1748.

E. Zugewinnausgleich

nach §§ 39, 40 FGB zu erfolgen,[1307] für die Zeit danach bis zum Endvermögensstichtag der Zugewinnausgleich.

1294 Ebenso der **BGH**:[1308] Einem Ehegatten, der nicht für die Fortgeltung des DDR-Güterstands optiert hat, kann nach § 40 FGB ein Ausgleichsanspruch bzgl. des gemeinsam erwirtschafteten, jedoch in das Alleineigentum eines Ehegatten eingegangenen Vermögens zustehen, bezogen allerdings nur auf das bis zum 03.10.1990 aufgebaute Vermögen.

1295 Über den Ausgleichsanspruch kann nach **OLG Dresden**[1309] durch Teilurteil vorab entschieden werden. Dem widerspricht der **BGH**,[1310] und zwar mit dem zutreffenden Argument, dass dies die Gefahr einander widersprechender Entscheidungen heraufbeschwört, weil der Ausgleichsgewinnanspruch nach § 40 FGB mit Überleitung in den Güterstand des BGB zum Anfangsvermögen des Gläubigers zählt und das Anfangsvermögen des Schuldners mindert.

1296 Der Anteil an einer nicht auseinandergesetzten, fortgesetzten ehelichen Vermögensgemeinschaft nach FGB ist nicht übertragbar.[1311]

III. Das Anfangsvermögen

1297 Anfangsvermögen ist das, was am Tag der standesamtlichen Trauung, frühestens aber am 01.07.1958 und spätestens – wenn zunächst ein anderer Güterstand vereinbart war – mit Beginn der Zugewinngemeinschaft vorhanden war.

Was tatsächlich aber „vorhanden" war, ist im Einzelnen genauer zu prüfen.

1307 Nach einer weiteren Entscheidung desselben (3.) Senats des OLG Rostock (FamRZ 1999, 1075) ist eine Vermögensübertragung nach § 39 FGB selbst dann noch möglich, wenn sich das Gemeinschaftseigentum der Eheleute nach Art. 234 § 4a EGBGB bereits in je hälftiges Miteigentum verwandelt hat. Ebenso derselbe Senat in FamRZ 2000, 887: § 40 FGB ist analog heranzuziehen, wenn eine fiktive Auseinandersetzung der in eine Bruchteilsgemeinschaft umgewandelten Eigentums- und Vermögensgemeinschaft stattzufinden hat. Ausgeglichen wird aber wieder nur das bis zum 03.10.1990 entstandene Vermögen.
1308 BGH, FamRZ 1999, 1197; im Ergebnis ebenso Maslaton (FamRZ 2000, 204), der die oft beklagte Gerechtigkeitslücke beim Zugewinnausgleich von DDR-Ehen, die nach dem Beitritt geschieden wurden, jedenfalls bei Durchführung der BGH-Lösung verneint.
1309 OLG Dresden, FamRZ 2001, 761.
1310 BGH, FamRZ 2002, 1097. Das Verbot des Teilurteils gilt generell in allen Fällen, in denen sich aus der Entscheidung über den Teilanspruch Widersprüche zum Schlussurteil ergeben können, s. OLG Hamm, FamRZ 2003, 1393.
1311 BGH, FamRZ 2002, 1468.

1. Saldo am Tag der Hochzeit

Das Anfangsvermögen wird saldiert, d.h. vom Aktivvermögen werden die **Verbindlichkeiten abgezogen, allerdings nur bis zur Null-Linie**. Das Mindestanfangsvermögen ist Null. Niemand startet güterrechtlich im Minus. Späterer privilegierter Zuerwerb ist auf die Null-Linie draufzusatteln und wird nicht etwa mit dem rechnerischen Minus am Anfangsvermögensstichtag saldiert.[1312]

1298

Zum Anfangsvermögen gehören **alle objektiv bewertbaren Sachen, Rechte und Forderungen**.[1313] Sie müssen aber am Stichtag schon vorhanden sein (ohne allerdings schon fällig sein zu müssen).

1299

Wenn sie am Tage **vor** der Trauung noch vorhanden waren, am Stichtag selbst aber nicht mehr, gehören sie nicht dazu.

Was später, also nach dem Stichtag, hinzukommt, zählt – von den im Folgenden besprochenen Ausnahmen abgesehen – gleichfalls nicht zum Anfangsvermögen, auch dann nicht, wenn etwa eine am Anfangsvermögensstichtag **noch nicht entstandene und fällige** nachträgliche Zahlung einen Referenzzeitraum (Bezugszeitraum) hat, in dem der Anfangsvermögensstichtag liegt.[1314]

1300

Entsprechendes gilt für die **Verbindlichkeiten**. Ist die Verbindlichkeit zwar „in der Welt", aber noch nicht fällig, sind Abschläge unerlässlich. Wenn der Fälligkeitstag ungewiss ist – wie etwa bei Erbabfindungszahlungen zur Anrechnung auf Pflichtteilsergänzungsansprüche,[1315] die beim Tod eines Elternteils fällig werden – ist zu fragen, wie ein objektiver Dritter die Zahlungsverpflichtung bewertet hätte.[1316] Bewertungsfaktoren sind das Lebensalter des betreffenden Elternteils und die Zehn-Jahres-Frist nach § 2325 Abs. 3 BGB. Das OLG Hamm[1317] kürzte die zur Rede stehenden 15.000,00 DM nur um 25 %, da die Mutter des Schuldners erst 69 Jahre alt war.

1301

1312 BGH, FamRZ 1995, 990, 995.
1313 Dazu gehören auch Forderungen, die dem Inhaber vor dem Zugewinnausgleichsprozess gar nicht bewusst waren, etwa Bereicherungsansprüche gegen den eigenen Vater, in dessen Haus er – im Wesentlichen vor der Ehe – eine Wohnung ausgebaut hatte, ohne seine Investitionen lange nutzen zu können, da der Vater alsbald die Räumung verlangt hatte, so BGH, FamRZ 2002, 88. Der Anspruch wird dem Grunde und der Höhe nach ex tunc gewürdigt: Am Anfangsvermögensstichtag stand er ja noch gar nicht fest.
1314 Anders, wenn die Forderung am Anfangsvermögensstichtag schon fällig war.
1315 Zur Abgrenzung zwischen belohnenden Schenkungen, die Pflichtteilsergänzungsansprüche auslösen, und entgeltlichen Verträgen s. Keim, FamRZ 2004, 1081.
1316 OLG Hamm, FamRZ 1995, 611, 612.
1317 OLG Hamm, FamRZ 1995, 611, 612.

1302 Wenn Schulden (z.B. Geschwisterabfindungen) ratenweise und unverzinslich zu begleichen sind, sind sie nicht in voller Höhe in das Anfangsvermögen einzustellen, sondern nur in abgezinster Höhe.[1318]

Eine am Stichtag nicht valutierende Grundschuld ist im Passivvermögen nicht zu berücksichtigen.[1319]

1303 Oft wird übersehen, dass zum Aktivvermögen auch Steuererstattungsansprüche und zum Passivvermögen auch Steuerschulden gehören.[1320]

2. Erbschaften und „privilegierter" Vermögenserwerb

1304 Wenn ein Ehegatte während der Dauer des Güterstands, also zwischen dem ersten und zweiten Stichtag, etwas erbt, so wird dieser Vermögenszuwachs dem Anfangsvermögen zugeschlagen (**privilegiertes Anfangsvermögen**). Der Gesetzgeber will damit erreichen, dass der andere nicht indirekt miterbt, jedenfalls nicht an der Substanz partizipiert. Die Wertsteigerungen des Ererbten fallen, soweit sie über den normalen Währungsverfall hinausgehen, in den Zugewinnausgleich. Es ist ein gravierender Fehler, derartige Vermögensgegenstände völlig aus dem Zugewinnausgleich herauszunehmen. Noch einmal: Sie gehören zum Anfangs- und später auch zum Endvermögen, naturgemäß mit dem jeweiligen Stichtagswert. Dem Anfangsvermögen werden sie mit dem Wert **zum Erwerbszeitpunkt** zugeschlagen, dem Endvermögen mit dem Wert am **Endvermögensstichtag**.

1305 Wer sich auf **privilegiertes Anfangsvermögen** beruft, hat eine umfassende Darlegungs- und Beweislast.

1306 Wer bspw. behauptet, er habe das seine Frau begünstigende Testament im Einvernehmen mit ihr zerrissen und sei dadurch (wieder) gesetzlicher Erbe geworden, muss schlüssig zu seinen Beweggründen und denen seiner Ehefrau vortragen.[1321]

1307 Bei **Restitutionsansprüchen** verhält es sich nach umstrittener Ansicht von **Lipp**[1322] so, dass der **Anfangsvermögensstichtag** nicht der Tag des Todes des Erblassers oder

---

[1318] Kogel, Strategien beim Zugewinnausgleich, S. 136.
[1319] OLG Koblenz, FamRZ 2006, 624.
[1320] S. Abhandlung Arens, FamRZ 1999, 257.
[1321] BGH, FamRZ 2005, 1660.
[1322] Abhandlung Lipp, FamRZ 1998, 597, gegen Kogel, FamRZ 1998, 596 und FuR 1999, 306.

der Tag der Wiedervereinigung, sondern der des **Vermögenserwerbs in Gestalt der Grundbuchberichtigung** nach § 34 Abs. 2 Satz 1 VermG ist.[1323]

Auch der **BGH**[1324] meint mittlerweile, dass der Restitutionsanspruch nicht dem Anfangsvermögen hinzuzurechnen ist. Folgender **Fall** lag zugrunde: 1308

Der ausgleichspflichtige Beklagte erbte nach dem Tod seines Vaters im Jahr 1950 ein Grundstück zu 3/4. Zwei Jahre später verließ er die DDR und wurde enteignet. 1953 heiratete er. Die anderen Mitglieder der Erbengemeinschaft starben 1959 und 1963; sie wurden vom Beklagten allein beerbt. 1997 erging ein Restitutionsbescheid, mit dem der Beklagte den enteigneten 3/4-Miteigentumsanteil zurückerhielt. Die Ehe wurde 1993 geschieden. 1309

Zu Recht meint der BGH hier, dass er die Ansprüche nach dem VermG nicht infolge einer Erbschaft erworben hatte und dass sie insbes. nicht zum Nachlass seines Vaters gehörten. Vielmehr sind diese Ansprüche, so der BGH,[1325] nach § 2 Abs. 1 VermG unmittelbar in der Person des beklagten früheren Ehemannes entstanden. 1310

Entsprechend hoch fiel der Zugewinnausgleichsanspruch der geschiedenen Frau aus. 1311

War der Pflichtige schon vor der Wiedervereinigung Eigentümer, und hat das Grundstück danach eine erhebliche Wertsteigerung erfahren, so fällt die echte Wertsteigerung in den Zugewinn.[1326] Das gilt selbst dann, wenn die Eheschließung erst kurz vor dem Mauerfall erfolgte. Entscheidend für den Wert eines in Ostberlin belegenen Grundstücks bleiben die wirtschaftlichen Verhältnisse in der DDR zum Anfangsvermögensstichtag, also dem Tag der Hochzeit.[1327] Bedenken hiergegen zerstreut das **OLG Düsseldorf**[1328] mit dem folgenden einleuchtenden Argument: „Insoweit kann der Fall nicht 1312

1323 Leicht abweichend FamG Stuttgart, FamRZ 1999, 1065, 1067: Das Gericht stellt auf den Zeitpunkt des Inkrafttretens des VermG ab, also auf den 29.09.1990. Auch an diesem Stichtag hatte der Wert schon Westniveau (hier: 526.000,00 DM). Die Entscheidung ist von Kogel, FamRZ 2000, 1089 scharf kritisiert worden („untragbar"). Er geißelt den Verstoß gegen das Stichtagsprinzip und stellt auf den Tag des Erbfalls ab, was gleichfalls bedenklich ist, da der Stichtag i.d.R. vor der Überführung der DDR-Errungenschaftsgemeinschaft in die Zugewinngemeinschaft am 03.10.1990 liegt.
1324 BGH, FamRZ 2004, 781, 782.
1325 BGH, FamRZ 2004, 781, 782.
1326 Das gilt nach FamG Landshut, FamRZ 2000, 1090 auch für den Fall, dass der Ehegatte das in 1947 erworbene Grundstück am Tag der Eheschließung (1981) noch hatte, später enteignet wurde und den Restitutionsanspruch in 1993 weiterverkaufte. Als Anfangsvermögensstichtag und Wertbemessungsstichtag wählte das Gericht die Eheschließung in 1981. Zugewinn: 180.000,00 DM minus 16.800,00 DM.
1327 FamG Tempelhof-Kreuzberg, FamRZ 2005, 107.
1328 OLG Düsseldorf, FamRZ 1999, 225, 226 (= FuR 1998, 187) m. zust. Anm. von Kogel, FamRZ 1999, 917.

E. Zugewinnausgleich

anders behandelt werden als der, dass jemand Ackerland erbt, das Bauland wird, oder Aktien, die plötzlich einen höheren Börsenkurs erreichen [...]". Der **BGH**[1329] hat sich dieser Auffassung angeschlossen.

1313 **Vermögenserwerb, der im Erbrecht seinen Ursprung** hat, aber nicht direkt ererbt worden ist und dennoch dem Anfangsvermögen zugeschlagen wird, wird von Juristen gern als „vorweggenommene Erbfolge" bezeichnet. Das ist nicht ganz korrekt. Vorweggenommene Erbfolge bedeutet nämlich, dass irgendetwas zu Lebzeiten übergeben wird, und zwar unter Anrechnung auf künftige Erbansprüche.[1330] Der Kreis erbrechtlichen Zuerwerbs, der dem Anfangsvermögen zugerechnet wird, ist aber weiter. Es gehört, wie es in § 1374 Abs. 2 BGB heißt, alles dazu, was **mit Rücksicht auf ein künftiges Erbrecht** nach der Hochzeit erworben worden ist. Dazu gehören auch: Abfindung für Erbverzicht, Abfindung für Pflichtteilsverzicht, Erbersatzanspruch nichtehelicher Kinder,[1331] Zuwendung unter Anrechnung auf einen künftigen Nacherbenanspruch.

1314 Wenn die vorweggenommene Erbfolge mit Gegenleistungen verbunden ist (klassisches Beispiel: Übertragung des Hauses gegen Übernahme von Altenteilsleistungen), so ändert das an der „vorweggenommenen" Erbfolge nichts. Leistung und Gegenleistung müssen dann saldiert werden, sofern die Gegenleistungen solche nach § 1374 Abs. 2 BGB sind.

1315 Als das Anfangsvermögen mindernde Gegenleistungen werden von der Rechtsprechung nicht nur valutierende Grundpfandrechte, Abfindungen für Geschwister und Beerdigungs- und Grabpflegekosten[1332] angesehen, sondern auch Wohnrechte, Pflegeleistungen oder Nießbrauchsrechte der Altenteiler.

1316 Bezüglich der letzteren meinte hingegen der **BGH**[1333] noch 1990, „dass der Vermögenserwerb auf persönlichen Beziehungen des erwerbenden Ehegatten zu dem Zuwendenden beruht. Der Gesetzgeber empfand einen Vermögenszuwachs dieser Art nicht als einen Erwerb, an dem der andere Ehegatte i.R.d. Zugewinnausgleichs beteiligt werden soll [...]".

1317 Evident ist:

Wenn vor der Ehe oder während der Ehe dem Mann von den Eltern ein Haus im Wege der vorweggenommenen Erbfolge übertragen wird, verbunden mit einer Alten-

---

1329 BGH, FamRZ 2004, 781, 784.
1330 OLG Hamm, FamRZ 2004, 198.
1331 Abgeschafft durch das am 01.04.1998 in Kraft getretene Erbrechtsgleichstellungsgesetz.
1332 Aufwendungen für die Unterhaltung eines ortsüblichen Grabmals sind sogar als dauernde Last nach § 10 Abs. 1 Nr. 1a EStG steuerlich absetzbar, BFH, FamRZ 2006, 701 (LS).
1333 BGH, FamRZ 1990, 603 = NJW 1990, 1793.

III. Das Anfangsvermögen

teilsverpflichtung, und wenn am Endvermögensstichtag die Berechtigten verstorben sind, besteht der Zugewinn **wirtschaftlich** gesehen im Wegfall dieser Verpflichtung, die sich rechnerisch nach der statistischen Lebenserwartung richtet (Jahreswert des Altenteils, multipliziert mit dem alters- und geschlechtsabhängigen Faktor, der sich aus Anlage 9 zu § 14 Bewertungsgesetz ergibt). **Rechtlich** gesehen sollte diese Vermögensmehrung aber laut BGH keinen Zugewinn ausmachen. Würde man anders verfahren, so würde mittelbar die Frau eben doch am Erbe des Mannes partizipieren, und das sollte gerade ausgeschlossen werden.

Aber dies galt nur, bis der **BGH**[1334] mit **Urt. v. 07.09.2005** eine Kehrtwendung vollzog und eine während des Güterstands (§ 1374 Abs. 2 BGB) begründete Leibrentenverpflichtung (300 DM/mtl. gegenüber dem Vater des Ehemannes) sowohl in das Anfangs- wie (mit entsprechend verringertem Wert) in das Endvermögen einstellte.   1318

Deshalb werden jetzt auch der Nießbrauch des Übergebers und sonstige familieninterne Übergeberrechte, für die es so gewöhnungsbedürftige Termini wie Altenteil, Leibzucht und Leibgeding[1335] gibt, mit unterschiedlichen Werten vom Anfangs- wie Endvermögen abgezogen.   1319

Eine weitere Sonderrolle spielen **Rückfallklauseln**,[1336] die durch Rückauflassungsvormerkungen gesichert sind. Diese sind mit einem Bruchteil des Verkehrswerts in das Anfangsvermögen einzustellen.[1337]   1320

Hinweis:

Wenn Eheleute, denen das Altenteil als Gesamtgläubigern nach § 428 BGB zusteht, sich selbst scheiden lassen und einer von beiden auszieht, hat er gegen den anderen keinen Anspruch auf Nutzungsentschädigung nach § 1361b BGB, auch nicht nach § 745 Abs. 2 BGB.[1338]

---

3. Schenkungen und unbenannte Zuwendungen

Das Gesetz unterscheidet streng zwischen Schenkungen Dritter und solchen, die Eheleute einander gewähren. Nur erstere gehören zum Anfangsvermögen.   1321

1334 BGH, FamRZ 2005, 1974, 1977.
1335 Wiederum nach Anl. 9 zu § 14 Bewertungsgesetz. Kogel (Abh. in FamRZ 2006, 451) hebt die laut BGH, FamRZ 1987, 36, 38 angeblich bestehende zwingende Notwendigkeit eines Kapitalisierungszinses von 5,5 % hervor. M.E. reicht ein Blick in die Tabelle aus.
1336 Etwa für den Fall der Veräußerung und der Belastung des Grundstücks oder für den Fall, dass der Übernehmer stirbt und seine Kinder nicht erben.
1337 OLG München, FamRZ 2000, 1152 (LS).
1338 OLG Hamm, FamRZ 1995, 806. Die Revision gegen das Urteil blieb erfolglos (BGH, FamRZ 1996, 931).

E. Zugewinnausgleich

1322 Schenkungen und unbenannte Zuwendungen,[1339] die Eheleute einander machen, werden rechtlich weitgehend gleich behandelt: Beide sind **nicht** in das Anfangsvermögen einzustellen. Für den Widerruf gelten aber ganz unterschiedliche Regeln.

a) Schenkungen

1323 Auch **Schenkungen**, die während des Güterstands erbracht werden, sind dem **Anfangsvermögen mit dem Wert ihres Erwerbszeitpunkts**[1340] gutzuschreiben (privilegierte Schenkungen).

1324 Berücksichtigt werden hier nur **Schenkungen Dritter**, nicht also Schenkungen der Eheleute untereinander.[1341]

1325 Zu beachten ist stets, dass die Schenkungen der **Vermögensbildung** dienen müssen und **nicht der Bedarfsdeckung**. Kleine Geldgeschenke, also etwa zwischendurch zugesteckte 100 €-Scheine, dienen der Bedarfsdeckung und sind deshalb nicht dem Endvermögen zuzurechnen. Das **OLG Karlsruhe**[1342] hat sogar die Schenkung eines Pkw durch die Eltern aus dem Anfangsvermögen ausgeschieden, da das Fahrzeug zum Erreichen der Arbeitsstelle benötigt wurde (Zuwendung zur Bedarfsdeckung).[1343]

1326 Zu den Schenkungen von dritter Seite gehören auch solche, die beiden Eheleuten gemeinsam gemacht worden sind (etwa zur Hochzeit, soweit es sich nicht um Hausrat handelt).

1327 Differenzieren muss man bei **Schenkungen von Eltern/Schwiegereltern**. Zunächst einmal:

Die Gerichte gehen in solchen Fällen regelmäßig davon aus, dass das Geschenk **beiden** galt, also nicht nur dem leiblichen Kind.[1344] Beiden gehört dann die Hälfte.

1328 An dieser Stelle sind wieder vorab diejenigen Zuwendungen zu unterscheiden, die zugewinnausgleichsrechtlich völlig irrelevant sind: Wenn Zuschüsse geleistet wer-

---

1339 Zum Begriff s. Ziff. E. III. 3. b), Rn. 1334 ff.
1340 Erwerbszeitpunkt für Wertsteigerungen ist bei Schenkungen nach einer zweifelhaften Entscheidung des FamG Groß-Gerau nicht der Eigentumserwerb (bei Grundstücken also die Eintragung des Eigentümers im Grundbuch), sondern der Zeitpunkt des Abschlusses des notariellen Übergabevertrages. Wenn zwischen Vertragsabschluss und Umschreibung im Grundbuch wertsteigernde Maßnahmen aus dem Vermögen beider Eheleute durchgeführt werden, fällt die Wertsteigerung in den Zugewinn beider (FamG Groß-Gerau, Beschl. v. 18.11.1998, FamRZ 1999, 657).
1341 Zu den Letzteren vgl. unten Ziff. E. VII., Rn. 1550 ff.
1342 OLG Karlsruhe, FamRZ 2002, 236.
1343 M. krit. Anm. Romeyko, FamRZ 2002, 236.
1344 BGH, FamRZ 1995, 1060, 1061 = NJW 1995, 1889.

III. Das Anfangsvermögen

den, die nicht zur Vermögensbildung, sondern zum laufenden Verbrauch gedacht sind, scheiden sie aus dem Zugewinn aus.

Für die übrigen Schenkungen, also die, die der dauerhaften wirtschaftlichen Sicherung gelten (etwa Zuschuss zum Hauserwerb), gilt der Grundsatz, dass die **Schenkung (bzw. Hälfte), die dem leiblichen Kind gilt, ebenso wie die Schenkung (bzw. Hälfte), die der Schwiegersohn/die Schwiegertochter erhält, dessen Anfangsvermögen nicht zugerechnet werden.**[1345] Sinn der Sache ist natürlich, dass auch das Schwiegerkind am Ende ausgleichspflichtig ist.

1329

Einen **Sonderfall** hat das **OLG Karlsruhe**[1346] entschieden:

1330

„Hat die Mutter der Ehefrau zum Bau eines Hauses auf dem ursprünglich beiden Ehegatten gehörenden Grundstück durch Überlassung einer Rentenabfindungszahlung beigetragen, die sie nur nach Übertragung des hälftigen Miteigentums an dem – noch unbebauten – Grundstück von den Eheleuten auf sich erhalten konnte, und gibt sie nach Errichtung des Hauses das hälftige Miteigentum wieder auf, indem sie es mit Einverständnis des Ehemannes – aus steuerlichen Gründen – der Ehefrau überträgt, so handelt es sich dabei nicht um eine unentgeltliche Zuwendung i. S. von § 1374 II BGB."

Folge: Auch von dieser der Frau unverdient zugeflossenen Grundstückshälfte soll sie wertmäßig die Hälfte an den Mann abgeben müssen.

1331

Der Wert der Schenkung ist stets um das zu **bereinigen**, was nicht dem Schenker zu verdanken ist:

1332

Wenn etwa Eheleute auf dem Grundstück der Eltern des Mannes zu bauen begonnen haben (und zwar mit Geldern der Frau) und wenn noch vor Vollendung des Bauvorhabens das Grundstück dem Mann geschenkt wird, ist in das Anfangsvermögen des Mannes nach § 1374 Abs. 2 BGB nur der fiktive Wert des Grundstücks ohne den Bau einzustellen.[1347]

Denn:

1333

Zum Anfangsvermögen gehören **nicht** Schenkungen, die Eheleute einander machen.[1348] Die Rechtsfolge, die man nie aus dem Auge verlieren darf, ist diese: Ehegattenschenkungen gehören nicht zum Anfangsvermögen, wohl aber zum Endvermögen, sodass sie ausgleichspflichtig sind. Schenkt etwa der Mann seiner Frau zum Preis von

---

1345 BGH, FamRZ 1995, 1060. Der Zuschuss von 300.000,00 DM zum Hausbau wurde dort als unbenannte Zuwendung angesehen.
1346 OLG Karlsruhe, FamRZ 1993, 1444.
1347 OLG München, FamRZ 2003, 312.
1348 Die Frage ist geklärt seit BGH, FamRZ 1987, 791 = NJW 1987, 2814.

150.000,00 € Schmuck, der am Endvermögensstichtag 120.000,00 € wert ist,[1349] und haben beide sonst keinen (weiteren) Zugewinn, so bekommt der Schenker auf diesem Wege 60.000,00 € zurück.

b) Unbenannte Zuwendungen

1334 Zu den ausgleichspflichtigen Schenkungen, die also **nicht** dem Anfangsvermögen, wohl aber dem Endvermögen[1350] zuzurechnen sind, gehören auch die sog. **unbenannten oder ehebedingten Zuwendungen.**[1351] Dies sind gegenleistungsfreie Übertragungen, die zur Verwirklichung der ehelichen Lebensgemeinschaft erbracht werden und unter Eheleuten meist gar nicht als solche verstanden werden. Im Volksmund heißt es dann „Wir sind beide im Grundbuch" (obwohl einer allein den Kaufpreis aufgebracht hat) oder „Das Auto läuft jetzt auf meinen Namen". Klassischer Fall: Nach der Hochzeit überträgt der Mann die ideelle Hälfte seines Grundstücks auf seine Frau, wobei eine Bebauung aus (teilweise kreditierten) Mitteln beider Eheleute geplant ist.[1352]

1335 Zur Abgrenzung sagt der **BGH**,[1353]

„[...] dass eine Zuwendung unter Ehegatten, der die Vorstellung oder Erwartung zugrunde liegt, dass die ehel. Lebensgemeinschaft Bestand haben werde, oder die sonst um der Ehe willen und als Beitrag zur Verwirklichung oder Ausgestaltung, Erhaltung oder Sicherung der ehel. Lebensgemeinschaft erbracht wird und die hierin ihre Geschäftsgrundlage hat, keine Schenkung, sondern eine ehebedingte Zuwendung ist."[1354]

1336 Wenn es **nicht um die Verwirklichung der ehelichen Lebensgemeinschaft** geht, sondern **um Vermögensbildung** als solche (hier: Mietzinszahlungen unter Ehegatten), liegt ein eheüberschreitender Zweck vor, also keine ehebedingte Zuwendung.[1355]

1349 In unserem Beispiel wird nicht zufällig von einem Wertverfall ausgegangen: Maßgeblich für den zweiten Stichtag ist nicht der Wiederbeschaffungswert, sondern der Veräußerungswert, d.h. hier der Materialwert.
1350 OLG Karlsruhe, FamRZ 2004, 1033.
1351 St. Rspr. seit BGH, FamRZ 1987, 791 = NJW 1987, 2814.
1352 OLG Bamberg, FamRZ 1996, 1221.
1353 BGH, FamRZ 1992, 293, 294; so auch BGH, FamRZ 2006, 1022.
1354 Gegen die vom BGH vertretene Auffassung vom Begriff der ehebedingten Zuwendung wendet sich Waas, der die Ehegattenzuwendung nicht als unentgeltlich qualifiziert wissen will: Jede derartige Zuwendung habe den Charakter eines „Beitrags" zur Verwirklichung der ehelichen Lebensgemeinschaft und jeder dieser Beiträge sei durch seinen Bezug auf den Ehezweck mit den vom Empfänger geleisteten Beiträgen indirekt verknüpft; FamRZ 2000, 453, 458.
1355 LG Düsseldorf, FamRZ 2004, 1035.

III. Das Anfangsvermögen

Die unbenannte Zuwendung hat sich inzwischen als „ehebezogenes Rechtsgeschäft eigener Art" zu einer eigenen Rechtsfigur verselbstständigt,[1356] das dem allgemeinen Schenkungsrecht vorgeht: 1337

> „Der Schenkungstatbestand wird durch einverständlich vorgenommene unentgeltliche Zuwendungen nicht erfüllt, wenn diese mit Rücksicht auf Rechtsbeziehungen erfolgen, die die Zuwendungen i.S. dieses Sonderbereichs prägen."[1357]

Um eine Schenkung unter Eheleuten handelt er sich deshalb nur dann, wenn die „Zuwendungen nicht vornehmlich mit Rücksicht auf Rechtsbeziehungen erfolgen, die ihnen ein besonderes, z.B. arbeitsrechtliches, gesellschaftsrechtliches oder familienrechtliches Gepräge geben" und damit aus dem für alle Vertragspartner gleichmäßig geltenden, von Sonderbeziehungen gelösten Schenkungsrecht ausscheren.[1358] 1338

Unbenannte Zuwendungen sind somit unter Eheleuten der **Regelfall der Leistung ohne Gegenleistung.** 1339

Dabei kommt es nicht darauf an, als was diese Zuwendungen ausgewiesen sind: Zahlt ein Ehegatte auf das Konto des gemeinsam geführten Betriebes und wird diese Zahlung in der Bilanz als zinsloses Darlehen bezeichnet, so stellt sie familienrechtlich gleichwohl eine ehebedingte Zuwendung dar.[1359] 1340

Zur formellen Abgrenzung: 1341

Während Schenkungsversprechen der notariellen Form bedürfen (§ 518 BGB), kann z.B. das Versprechen, dem Ehepartner eine Grundschuld zuzuwenden, privatschriftlich erfolgen.[1360]

Unbenannte Zuwendungen können auch von Eltern/Schwiegereltern erbracht werden.[1361] 1342

Weder die ausdrücklichen **Schenkungen** noch die sehr viel häufiger gemachten unbenannten Zuwendungen nehmen, soweit sie von den Eheleuten untereinander oder von ihren Eltern gemacht werden, am Anfangsvermögen teil. Weitere Gemeinsamkeit: Nach den gleichlautenden Erlassen der obersten Finanzbehörden der Länder 1343

1356 Die Rechtsfigur ist allerdings nicht unumstritten, s. etwa Seif, FamRZ 2000, 1193, die für eine uneingeschränkte Anwendung des Schenkungsrechts eintritt, mit krit. und überzeugender Anm. Schröder, FamRZ 2001, 142 und Anm. dazu von Seif, FamRZ 2001, 143.
1357 OLG Düsseldorf, FamRZ 1997, 1110, 1112.
1358 OLG Düsseldorf, FamRZ 1997, 1110, 1112.
1359 OLG Köln, FamRZ 2000, 227.
1360 OLG Bremen, FamRZ 2000, 671.
1361 BGH, FamRZ 1982, 246 = NJW 1982, 1093; BGH, FamRZ 1995, 1060 = NJW 1995, 1889.

E. Zugewinnausgleich

v. 26.04.1994[1362] werden auch unbenannte Zuwendungen schenkungsteuerrechtlich wie Schenkungen behandelt.

1344 Bei Übertragungen auf Schwiegerkinder ist große Vorsicht geboten:

1345 Steuern lassen sich nur vermeiden, wenn ein schenkungsteuerlich beachtlicher Durchgangserwerb im Rahmen einer Kettenschenkung vorliegt. Das ist **nicht** der Fall, wenn Schwiegereltern **auf Veranlassung des Kindes und als ehebedingte Zuwendung**, wie es im Vertrag hieß, unter Mitwirkung der Tochter direkt an den Schwiegersohn übertragen.[1363]

1346 Unbenannte Zuwendungen setzen i.Ü. das Bestehen einer ehelichen Lebensgemeinschaft voraus.[1364]

c) **Schenkungs- und Zuwendungswiderruf**

1347 Durch den Schenkungswiderruf erhält der enttäuschte oder verarmte Schenker letztlich **alles und nicht etwa nur die Hälfte** (Regelfall des Zugewinnausgleichs) zurück.

1348 Eine Schenkung kann widerrufen werden, wenn der Schenker[1365] **verarmt**[1366] (§ 528 BGB;[1367] in diesem Fall kann allerdings die Herausgabe des Geschenks **durch Zahlung des für den Unterhalt erforderlichen Betrages**[1368] abgewendet werden, so § 528 Abs. 1 Satz 2 BGB). Der Rückforderungsanspruch wegen Verarmung des Schenkers besteht auch dann, wenn das Geschenk, sofern es beim Schenker verblieben wäre, zu

---

1362 Abgedruckt in FamRZ 1994, 949.
1363 BFH, FamRZ 2005, 1250.
1364 So BGH, FamRZ 1993, 1047 = NJW-RR 1993, 773 im Fall eines Rentenversprechens nach 25-jähriger Trennung.
1365 Wenn der Schenker verstirbt, den Herausgabeanspruch aber zuvor geltend gemacht oder abgetreten hat, erlischt dieser nicht, sondern geht auf die Erben über bzw. verbleibt dem Zessionar, so in Abkehr von der bisherigen Rspr. BGH, FamRZ 2001, 1137.
1366 Der Verarmungsfall muss binnen zehn Jahren nach der Schenkung eintreten. Der Rückforderungsanspruch selbst, auch wenn er durch Füllung der Unterhaltsbedarfslücke zu erledigen ist, verjährt aber erst nach 30 Jahren (BGH, FamRZ 2001, 409). Wenn der Rückforderungsanspruch auf den Sozialhilfeträger übergeleitet worden ist (§ 90 BSHG), ist für die Einstandspflicht des Beschenkten die Vermögenslage des Schenkers zum Zeitpunkt der Beantragung von Sozialhilfe maßgeblich, nicht der Zeitpunkt der letzten mündlichen Verhandlung über den übergeleiteten Anspruch (BGH, FamRZ 2003, 1265).
1367 Die Vorschrift ist nicht auf Schenkungsverträge anwendbar, die vor dem 03.10.1990 in der Ex-DDR geschlossen worden sind, BGH, FamRZ 2004, 357.
1368 Nach dem Grundsatzurteil des BGH v. 05.11.2002 (FamRZ 2003, 224) muss der Unterhalt nicht dem bis zur Verarmung gepflegten individuellen Lebensstil entsprechen, sondern objektiv der Lebensstellung nach der Schenkung.

dessen Schonvermögen gehört hätte.[1369] Der Rückforderungsanspruch wegen Verarmung des Schenkers (hier: Standardfall des nicht gedeckten Pflegebedarfs) kann auch nach dem Tod des Schenkers noch auf den Sozialhilfeträger übergeleitet werden.[1370]

Verarmung ist nicht gegeben, wenn der Schenker eine naheliegende Erwerbsmöglichkeit (hier: Wohnwert) nicht nutzt.[1371] Besondere Probleme können sich ergeben, wenn der Beschenkte seinerseits den geschenkten Gegenstand weiterverschenkt hat. Der Dritte haftet dann auf Wertersatz, kann sich von diesem Anspruch aber durch Herausgabe befreien.[1372] 1349

Eine Schenkung kann ferner widerrufen werden, wenn der Beschenkte sich des **groben Undanks**[1373] schuldig gemacht hat (§ 530 BGB).[1374] 1350

Dieser zweite Fall ist innerhalb – und außerhalb – der Ehe[1375] häufiger als der erste. 1351

Insgesamt muss eine schwere Verfehlung des Beschenkten vorliegen. Erforderlich ist die Prüfung aller Umstände, bei Beleidigungen und Drohungen etwa auch die Frage, ob sie in der Öffentlichkeit geäußert wurden, wie häufig sie waren, ob sie provoziert worden sind usw.[1376] 1352

Während also echte Schenkungen widerrufen werden können, gilt das für unbenannte Zuwendungen (außer in Extremfällen) nicht. 1353

1369 BGH, FamRZ 2005, 177.
1370 LG München I, FamRZ 2005, 896.
1371 OLG Koblenz, FamRZ 2004, 1723.
1372 BGH, FamRZ 2004, 691.
1373 Zu den subjektiven Voraussetzungen des Undanks s. BGH, FamRZ 2005, 511 (Abgrenzung von Undank und Unbeholfenheit/Scham bei Weiterveräußerung einer geschenkten Wohnung).
1374 Der Anspruch auf Rückübertragung im Fall des groben Undanks nach Grundstücksübertragung kann durch eine Rückauflassungsvormerkung gesichert werden, s. BGH, FamRZ 2002, 1399.
1375 Die Palette des Undanks ist außerordentlich weit: § 530 BGB ist z.B. auch dann anwendbar, wenn der Beschenkte gegen den Schenker (hier: den Vater) einen grundlosen Betreuungsantrag stellt, so OLG Düsseldorf, FamRZ 1999, 438. Andererseits liegt nicht ohne Weiteres grober Undank vor, wenn der Beschenkte seine Zahlungspflichten gegenüber dem Schenker vernachlässigt. Denn die hartnäckige Erfüllungsverweigerung kann auch auf Leistungsunfähigkeit beruhen. Allerdings kann der Schenker beträchtliche Anstrengungen erwarten, wenn es um die Befriedigung seiner Forderungen geht (BGH, FamRZ 2000, 1490, 1492). Der grobe Undank greift bei sog. Zweckschenkungen nicht (BGH, FamRZ 2005, 337).
1376 BGH, FamRZ 2006, 196.

E. Zugewinnausgleich

Hat z.B. der Ehemann seiner Frau einen Pkw geschenkt, den diese dazu verwendet hat, ihren heimlichen Liebhaber zu besuchen, ist zu fragen, ob der Mann das Gefährt seiner Frau für reine Freizeitzwecke etwa zum Hochzeitstag geschenkt hat (**Schenkung**) oder ob er es mit ihr gemeinsam als Zweitwagen erworben hat, um Fahrten zur Arbeitsstelle und zum Einkaufen zu ermöglichen, und sie formal als Halterin und Versicherungsnehmerin hat eintragen lassen, um u.a. ihren Schadensfreiheitsrabatt zu nutzen (**unbenannte Zuwendung**).

1354 **Fazit:** Echte Schenkungen können binnen zehn **Jahren** (§ 529 BGB)[1377] wegen Verarmung des Schenkers oder binnen **einem Jahr** (§ 532 BGB) wegen **groben Undanks** angefochten werden, während für **unbenannte Zuwendungen** grds. nur die unsichere **Partizipation i.R.d. Zugewinnausgleichs** bleibt.[1378] Grob gesagt: Der geschiedene Übergeber muss dem anderen wertmäßig die Hälfte überlassen, der anfechtende Übergeber bekommt alles zurück.

1355 **Im Ergebnis kann aber für den, der eine ehebedingte Zuwendung macht, das Gleiche gelten wie für den verarmten Schenker**:[1379]

1356 Der Ausgleich ehebedingter Zuwendungen kann auch **nach** der Durchführung des Zugewinnausgleichs noch gefordert werden (§ 242 BGB), sogar nach Güterstandswechsel während der Ehe in einem Jahre später folgenden Scheidungsverfahren.[1380]

1357 Er zielt in extremen Fällen auf die **zweite Hälfte des Werts**, und zwar aus folgendem Grund: Wenn, wie wir gesehen haben, ehebedingte Zuwendungen (und auch Ehegattenschenkungen) dem Anfangsvermögen nicht zugerechnet werden, erhöhen sie zwangsläufig das Endvermögen des Beschenkten und – wenn sonst nichts da ist – den Zugewinnausgleichsanspruch des Schenkers. Der Schenker bekommt auf diese Weise schon die „Hälfte raus". Den Rest kann er, wenn die güterrechtliche Abwicklung zu **unangemessenen und unbilligen Ergebnissen** führt,[1381] nachfordern, wobei ihm übrigens die 30-jährige Verjährung nach § 197 Abs. 1 Nr. 2 BGB 2002[1382] zugutekommt –

1377 Nach § 529 Abs. 2 BGB ist die Rückforderung nicht nur bei Verstreichen der Zehnjahresfrist, sondern auch dann ausgeschlossen, wenn der Beschenkte nicht leisten kann, ohne seinen eigenen Unterhalt und den seiner Familie zu gefährden. Der BGH hat hierzu in FamRZ 2005, 1989 klargestellt, dass diese Einrede nicht dem Rückforderungsanspruch an sich entgegensteht, sondern nur seiner gegenwärtigen Durchsetzung. Der rückforderungsberechtigte Schenker kann also „drauf zurückkommen".
1378 S. OLG Bamberg, FamRZ 1996, 1221.
1379 Das gilt selbstverständlich nicht, wenn im notariellen Vertrag ausdrücklich vermerkt ist, dass ein Rückforderungsrecht im Fall der Scheidung nicht besteht, FamG Fulda, FamRZ 2006, 417.
1380 BGH, FamRZ 1997, 933.
1381 LG Augsburg, FamRZ 2004, 1378 (dort verneint).
1382 Wegen der Einzelheiten der Rechtslage ab 01.01.2002 s. Büttner, FamRZ 2002, 361.

also weder die Jahresfrist nach § 532 BGB noch die Drei-Jahres-Frist nach § 1378 Abs. 4 Satz 1 BGB.[1383]

Anders wird das Problem vom **OLG Düsseldorf**[1384] gelöst: 1358

Der Ehemann hatte seiner Frau dort den hälftigen Miteigentumsanteil am Hausgrundstück übertragen, Gütertrennung vereinbart und den Zugewinnausgleich aus dem damit beendeten Güterstand ausgeschlossen. Zwei Jahre später war die Ehe geschieden worden. Wiederum zwölf Jahre später hatte der Mann erfahren, dass sein einziges Kind untergeschoben war (Erzeuger war der verstorbene Chef der Ehefrau). Folgerichtig berief er sich auf den Wegfall der Geschäftsgrundlage für die Übertragung der Grundstückshälfte.

Das **OLG Düsseldorf**[1385] wies seine Klage mit der Begründung ab, die Geschäfts- 1359
grundlage sei zwar durch die Scheidung (nicht durch das Unterschieben des Kindes!) weggefallen; jedoch eröffne dies nur den Weg zur **güterrechtlichen Lösung**, also zur Wiederherstellung des ausgeschlossenen Zugewinnausgleichs und damit zur hälftigen Partizipation am Zuwendungswert. Besondere Umstände, die eine Beschränkung auf die güterrechtliche Lösung als nicht tragbar erscheinen ließen, lägen nicht vor. Der Zugewinnausgleichsanspruch indes sei verjährt, also gehe der Kläger leer aus, wobei das Unterschieben des Kindes den Verjährungseinwand nicht nach Treu und Glauben (unzulässige Rechtsausübung) verunmögliche, ungeachtet der Tatsache, dass der Mann erst nach Ablauf der Verjährungsfrist vom folgenreichen Ehebruch seiner Frau erfahren hatte(!).

Die Entscheidung hat zu Recht Kritik erfahren, v.a. von Bergschneider,[1386] der betont, dass hier die 30-jährige Verjährungsfrist für den Widerruf ehebedingter Zuwendungen einschlägig gewesen wäre (§ 197 Abs. 1 Nr. 2 BGB) und dass ein Unzumutbarkeitsfall (Erweiterung des Ausgleichsanspruchs auf die „zweite Hälfte") zumindest hätte in Erwägung gezogen werden müssen.

Das **OLG Celle** favorisiert – jedenfalls bei Übertragungen von ideellen Grundstücks- 1360
hälften im Wege der ehebedingten Zuwendung – keinen Wertausgleich, sondern eine **gegenständliche Rückabwicklung**, allerdings mit der Maßgabe, dass die Zuwendungsempfängerin einen Ausgleich für den Wert ihrer grundstücksbezogenen Investitionen verlangen kann.[1387] Ebenso löst der **BGH**[1388] diesen Fall, der sich auch mit der

---

1383 BGH, FamRZ 1994, 228.
1384 OLG Düsseldorf, FamRZ 2003, 872.
1385 OLG Düsseldorf, FamRZ 2003, 872.
1386 Anm. Bergschneider, FamRZ 2003, 873.
1387 OLG Celle, FamRZ 2000, 668, 669.
1388 BGH, FamRZ 2002, 949.

Frage der Darlegungs- und Beweislast für die Umstände auseinandersetzt, die für die Bemessung der Zug-um-Zug gegen die Rückgewähr geschuldeten Ausgleichsleistung maßgeblich sind: Diese trägt die Partei, die die Rückgewähr verlangt. Der **BGH** geht dabei von den für wertsteigernde Maßnahmen erbrachten **Aufwendungen** aus, nicht von der Wertsteigerung selbst![1389]

1361 Die volle gegenständliche Rückabwicklung kann aber nur gefordert werden, wenn der Gegenstand der Zuwendung in der Endvermögensbilanz keine Berücksichtigung findet.

1362 Unbenannte Zuwendungen können nur dann im Nachhinein wieder dem Schenker zufließen, wenn der **Wegfall der Geschäftsgrundlage**[1390] (Grundlage ist die gemeinsame, nach dem Wortlaut des Übergabevertrages erkennbare Erwartung des Fortbestands der Ehe) gegeben ist.[1391] Aber das **Scheitern der Ehe allein reicht nicht** aus, den Wegfall zu begründen. Es ist **darüber hinaus erforderlich**, dass das Ergebnis der Zuwendung nach Treu und Glauben dem, der etwas hergegeben hat, **nicht zugemutet** werden kann.[1392] Es müssen Umstände hinzutreten, die den güterrechtlichen Ausgleich als unzureichende Lösung erscheinen lassen.[1393] Eine Rolle spielen bei der Wertung u.a. die **Ehedauer** bis zur Trennung, die **Höhe der Zuwendung** sowie die **Einkommens- und Vermögensverhältnisse** der Parteien.[1394]

1363 Die Hürden sind hoch: So hat z.B. das **OLG München**[1395] die Auseinandersetzungsversteigerung eines Hauses gebilligt, dessen Hälfte der Mann seiner Frau, die später die Zwangsversteigerung betrieb, als ehebedingte Zuwendung übertragen hatte (mit dem interessanten Nebenaspekt, dass das Gericht zu dieser Wertung kam, obwohl die Übertragung im notariellen Vertrag ausdrücklich als Schenkung gekennzeichnet war.[1396] Der mittlerweile 72-jährige Mann bekam die abgegebene Hälfte nicht zurück; er wurde auf den Zugewinnausgleich verwiesen.

1389 BGH, FamRZ 2002, 949, 950. Wie jeder Familienrechtler weiß, lassen sich Aufwendungen nur in den seltensten Fällen 1:1 in eine Wertsteigerung ummünzen. Vielfach tritt trotz erheblicher Aufwendungen gar keine Wertsteigerung ein.
1390 Seit dem 01.01.2002 Störung der Geschäftsgrundlage nach § 313 Abs. 1 BGB, s. Löhnig, FamRZ 2003,1521.
1391 BGH, FamRZ 1994, 503; OLG Stuttgart, FamRZ 1994, 1326.
1392 LG Aachen, FamRZ 2000, 669.
1393 BGH, FamRZ 2003, 230.
1394 OLG Köln, FamRZ 2000, 227, 228.
1395 OLG München, FamRZ 2002, 393.
1396 Nach dem Grundsatz der „falsa demonstratio non nocet".

III. Das Anfangsvermögen

Der **Wegfall** kann auch **außerhalb der Zehnjahresfrist** eintreten, wie der BGH zweimal entschieden hat.[1397] Einen **Beispielsfall** nennt der BGH am Ende des ersten Urteils:[1398]   1364

- Partner A wendet Partner B einen Vermögensgegenstand zu, der wertmäßig dem verbrauchten Anfangsvermögen des B gleichkommt, mit der Folge, dass ein Zugewinn bei B nicht entstanden ist. A kann seinen Unterhalt mit dem Vermögensrest nicht bestreiten, und laufende Leistungen bezieht er nicht (Notbedarfsfall).

Prozessual kommt es darauf an, **erst den Widerrufsprozess** durchzuführen und **anschließend den Zugewinnausgleich**. Sonst gerät man leicht in Schwierigkeiten, weil man ja nicht genau weiß, wie der Widerrufsprozess ausgeht. Wenn die Schenkung rückgängig gemacht ist, gehört das Zurückgeforderte zum Endvermögen des Schenkers und ist damit wieder ausgleichsfähig.   1365

Wird der Widerruf erst nach Beendigung des Zugewinnausgleichs erklärt und hat er Erfolg, so ist der Rückforderungsanspruch um die Beträge zu vermindern, die der Schenker im Zugewinnausgleichsverfahren dadurch erlangt hat, dass das Geschenkte dem Endvermögen des anderen zugerechnet worden war.   1366

Wird aber der Kredit von der Frau im Vertrauen auf den Fortbestand der Ehe insgesamt abgelöst, und zwar um den Preis eines eigenen Kredits, so ist diese **Befreiung von der Bankverbindlichkeit** eine ehebedingte Zuwendung, die wegen Wegfalls bzw. der Störung der Geschäftsgrundlage vom Mann zurückgefordert werden kann,[1399] sofern ein güterrechtlicher Ausgleich nicht stattfindet oder im Ergebnis (da er der Berechtigten immer nur die Hälfte beschert) nicht ausreicht. Die Beschränkung auf güterrechtliche Ansprüche muss, so hoch sind hier die Hürden, **schlechterdings unerträglich** sein.[1400] Das güterrechtliche Ergebnis ist besonders dann untragbar, wenn es zu gar keiner oder nur zu einer unvollständigen Berücksichtigung dieser Zuwendung führt.   1367

Beispiel:

F hat ein Anfangsvermögen von 200.000,00 €.

M hat ein schwer verwertbares Aktivvermögen von 250.000,00 € und ein Passivvermögen (Bankschulden) von 150.000,00 €, somit ein saldiertes Anfangsvermögen von 100.000,00 €.

F zahlt im Verlauf des Zusammenlebens Ms Bankschulden zulasten ihres eigenen Vermögens zurück, um die Ehe zu retten. Die Vermögensverhältnisse bleiben i.Ü. konstant.

1397 BGH, DNotZ 1992, 435 und 439.
1398 BGH, DNotZ 1992, 435.
1399 OLG Bremen, FamRZ 1999, 1503.
1400 So OLG München, FamRZ 1999, 1663 in Anknüpfung an BGH, FamRZ 1982, 797, 799. Diese Voraussetzung wurde bejaht in einem Fall, in dem die völlig mittellose Mutter dreier Kinder ihr gesamtes Erbe für den Bau eines Hauses verwendet hatte, das dem Mann gehörte, von dem sie sich kurz darauf trennte.

E. Zugewinnausgleich

> *Kurz danach kommt es zu Trennung und Scheidung. Die Indexzahlen haben sich nicht geändert.*
>
> **Güterrechtliche Lösung:**
>
> *F (Zugewinn: Null) hat gegen M (Zugewinn: 250.000,00 € Endvermögen ./. 100.000,00 € Anfangsvermögen = 150.000,00 €) einen Zugewinnausgleichsanspruch von 75.000,00 €.*
>
> **Schuldrechtliche Lösung:**
>
> *F fordert von M die Erstattung der 150.000,00 € und bekommt das Geld. Anschließend folgt der Zugewinnausgleich nach Ausgangslage. M (100.000,00 € Endvermögen ./. 100.000,00 € Anfangsvermögen = Null) kann von F (200.000,00 € Endvermögen ./. 200.000,00 € Anfangsvermögen) nichts fordern.*
>
> **Wertung:**
>
> *Die rein güterrechtliche Lösung brächte für F gegenüber der schuldrechtlichen Lösung einen Nachteil von 75.000,00 €. Dieses Ergebnis wäre* **untragbar***, also muss der Ausgleich der ehebedingten Zuwendung vor Durchführung des Zugewinnausgleichs erfolgen.*

1368 In der Reihenfolge des Vorgehens lässt der **BGH**[1401] zumindest zu, dass der Ausgleich ehebedingter Zuwendungen **nach** der Durchführung des Zugewinnausgleichs gefordert wird (§ 242 BGB).

1369 **Steuerrechtlich** gibt es keinen Unterschied zwischen Schenkungen und ehebedingten (unbenannten) Zuwendungen: In beiden Fällen ist Schenkungsteuer zu zahlen, soweit der Freibetrag überschritten ist.[1402]

1370 Strukturell und rechtsdogmatisch ähnlich ist der in der Praxis auch nicht seltene Fall, dass ein Ehegatte **auf das Konto des anderen zahlt, um Vermögen zu bilden**, das als gemeinsames Vermögen angesehen wird und von dem auch in der Vergangenheit schon gemeinsame Anschaffungen getätigt worden sind:

Scheitert die Ehe, kann der einzahlende Teil außerhalb des Zugewinnausgleichs die Hälfte vom anderen fordern, und zwar aus **Treu und Glauben** unter Zugrundelegung eines Vertragsverhältnisses eigener Art.[1403]

1371 **Weiterer häufiger Fall**: Die Frau pumpt ihr ererbtes Vermögen in den Bau auf einem Hausgrundstück, dessen Alleineigentümer der Mann ist, hilft beim Bau mit und erledigt noch Haushaltsführung und Kindererziehung. Wenn sie darüber hinaus das Haus

---

1401 BGH, FamRZ 1997, 933.
1402 BFH, FamRZ 1994, 887.
1403 OLG Düsseldorf, FamRZ 1997, 562.

nur kurze Zeit – bis zur Trennung – bewohnt, steht ihr wegen der investierten Erbschaft ein Ausgleichsanspruch nach § 242 BGB zu.[1404]

> **Hinweis:**
>
> Das **Prozessrisiko** beim Widerruf ehebedingter Zuwendungen ist besonders hoch, was sich auch darin widerspiegelt, dass der Anwalt ein Haftungsproblem hat, wenn er den von ihm vertretenen Kläger nicht deutlich auf eine im Prozess drohende Niederlage hinweist.[1405]

d) Zuwendungen von Schwiegereltern

Auch Eltern bzw. Schwiegereltern können Zuwendungen an die Eheleute 1372

- wegen Wegfalls bzw. Störung der **Geschäftsgrundlage (meist Schaffung der wirtschaftlichen Basis der ehelichen Lebensgemeinschaft)** anfechten, also dann, wenn sich die Eheleute scheiden lassen,[1406]
- aber grds. auch wegen groben Undanks (§ 530 BGB).

Wer i.Ü. **Zuwendungsadressat** ist, ergibt sich jedenfalls bei Grundstücksübertra- 1373
gungen eindeutig aus dem Übergabevertrag und anschließend aus dem Grundbuch.[1407]

Zunächst zur **ersten Fallgruppe:** 1374

Nicht jede unbenannte Zuwendung kann bei Wegfall bzw. Störung der Geschäftsgrundlage (klassischer Fall: das Scheitern der Ehe wird durch den Zuwendungsempfänger verursacht oder betrieben) widerrufen werden.

Zum einen ist nicht in allen Zuwendungsfällen der Fortbestand der Ehe Geschäfts- 1375
grundlage,[1408] zumal dann nicht, wenn eine **gemischte Schenkung** vorliegt.[1409] Die Ge-

---

1404 OLG Frankfurt am Main, FamRZ 2001, 158 (LS); eine Rechtsprechungsübersicht insbes. zur Rückabwicklung (mit Berechnungsbeispielen) findet sich in der Abhandlung von Kleinle, FamRZ 1997, 1383.
1405 OLG Düsseldorf, FamRZ 2004, 1647.
1406 OLG Düsseldorf, FamRZ 1994, 1384; BGH, FamRZ 2006, 394 (Rückgewähr in Natur gegen Erstattung von Abfindungszahlungen an weichende Geschwister); OLG Koblenz, FamRZ 2006, 412.
1407 Nicht zu folgen ist daher dem OLG Nürnberg, das eine unentgeltliche Grundstücksübertragung auf den Sohn als unbenannte Zuwendung an beide Eheleute (Sohn und Schwiegertochter) ansah, vgl. OLG Nürnberg, FamRZ 2006, 38 m. Anm. Schröder, FamRZ 2006, 40.
1408 Wenn die Schenkung nicht ehe-, sondern familienbezogen erfolgt, kann das Scheitern der Ehe nicht zum Wegfall der Geschäftsgrundlage führen, OLG Düsseldorf, FamRZ 2005, 1089.
1409 BGH, FamRZ 2003, 223.

E. Zugewinnausgleich

schäftsgrundlage muss sich, wenn der Vermögensgegenstand – etwa ein Baugrundstück – direkt von den Schwiegereltern an die Tochter/den Schwiegersohn übertragen wird, aus dem Wortlaut oder Sinn des Vertrages ergeben. In allen anderen Fällen (Zurverfügungstellung von Geld zum Erwerb eines Grundstücks) muss der Zuwendungszweck den Empfängern nachweisbar bekannt sein.[1410]

1376 Zum anderen kommt nach der höchstrichterlichen Rechtsprechung die uneingeschränkte wertmäßige Einziehung der an den Schwiegersohn bewirkten unbenannten Zuwendung nur dann infrage, wenn das Ergebnis des **Zugewinnausgleichs** für den Zuwendungsempfänger unzumutbar unbillig erscheint,[1411] d.h. wenn der Schwiegersohn über den güterrechtlichen Ausgleich zugunsten der Tochter nicht schon genug ausgeglichen hat.

Ebenso das **LG Landau**:[1412]

„Der bereicherungsrechtliche Rückforderungsanspruch der Schwiegereltern kommt nur in Betracht, wenn sich im laufenden Zugewinnausgleichsverfahren zwischen den Eheleuten kein angemessener Ausgleich finden lässt."

1377 Unzweifelhaft ist dies der Fall, wenn die Ehe dadurch beendet wird, dass der Schwiegersohn zum Mord an seiner Ehefrau anstiftet und deswegen rechtskräftig verurteilt wird.[1413]

1378 Einen anderen Weg geht das **LG Marburg**[1414] in einem Fall, in dem der Schwiegervater Eigenleistungen am Haus des Ehemannes (Schwiegersohnes) erbracht hatte. Das Gericht nahm hier keine unentgeltliche Zuwendung an, sondern einen Dienstvertrag (mit sozusagen schwach konturierter ideeller Gegenleistung), der nach früher Scheidung der Tochter im Wege des Wegfalls bzw. Störung der Geschäftsgrundlage (§ 313 BGB) zu einem entgeltlichen Dienstvertrag wurde.

1379 Die Möglichkeit des Zuwendungswiderrufs nach den Grundsätzen des Wegfalls bzw. Störung der Geschäftsgrundlage besteht auch, wenn die Zuwendung bereits zu DDR-Zeiten erfolgt ist.[1415]

1410 OLG München, FamRZ 2004, 196.
1411 So BGH, FamRZ 1995, 1060, 1062 = NJW 1995, 1889.
1412 LG Landau, FamRZ 1997, 1476.
1413 OLG Celle, FamRZ 2003, 233; Schenkungswiderruf nach § 530 BGB (Schenkungsunwürdigkeit) wurde dort verneint, weil eine ehebezogene Zuwendung vorlag.
1414 LG Marburg, FamRZ 2004, 1099; Wever (FamRZ 2004, 1099, 1101) sieht hier einen familienrechtlichen Kooperationsvertrag und stimmt dem Urteil im Ergebnis zu.
1415 OLG Dresden, FamRZ 1997, 739.

III. Das Anfangsvermögen

Die Rechtsprechung[1416] gewährt den Schwiegereltern jedenfalls bei Zuwendungen in Gestalt von Eigenleistungen gewisse Beweiserleichterungen, „weil der Rückfordernde regelmäßig außerhalb der maßgebenden Geschehensabläufe steht und deswegen keine näheren Kenntnisse hat [...]". Sie müssen deshalb nur die Größenordnung ihrer Vorstellung angeben „und die Bestimmung des genauen Betrages in das Ermessen des Gerichts" stellen.[1417] Der Schwiegersohn muss dagegen substanziiert vortragen. 1380

Arbeitsleistungen des Schwiegervaters werden grds. nach **Bereicherungsrecht** erfasst.[1418] 1381

Zur **zweiten Fallgestaltung**: 1382

Die **Anfechtung wegen groben Undanks** kommt nur in Betracht, wenn entweder die Schwiegereltern selbst attackiert werden[1419] oder wenn sie unter demütigenden Umständen Zeugen schwerer Beleidigungen oder physischer Übergriffe gegen das eigene Kind werden. Selbst wenn die Eltern sich vom Schwiegersohn wie in dem am 19.01.1999 vom BGH[1420] entschiedenen Fall anhören müssen, die Tochter **möge der Blitz treffen**,[1421] reicht das zur Annahme des groben Undanks nicht aus, sofern dem Betroffenen zum einen der Eindruck vermittelt wurde, der Schwiegervater wolle sich einmischen, und zum anderen der Zornesausbruch des Ehemannes auf einer verständlichen Verärgerung beruht.

Die eheliche Untreue des Schwiegersohnes kann nur unter besonderen Bedingungen (etwa evident einseitige Abkehr) einen groben Undank gegenüber den Schwiegereltern bedeuten.[1422]

1416 BGH, FamRZ 1999, 365 m.w.N.
1417 BGH, FamRZ 1999, 365, 366.
1418 OLG Frankfurt am Main, FamRZ 2005, 1833.
1419 So in dem vom OLG Hamm am 04.02.1999 entschiedenen Fall (FamRZ 2001, 545): Der Schwiegervater wurde vom Schwiegersohn in Briefen als geisteskrank bezeichnet und in gröbster Weise beleidigt. Das Gericht bejahte eine schwere Verfehlung nach § 530 BGB.
1420 BGH, FamRZ 1999, 705, 706; Wever weist in seiner Anm. zu diesem Urteil (FamRZ 1999, 1421) darauf hin, dass auch im Verhältnis Schwiegereltern/Schwiegersohn eine Art – dort nicht sog. – familienbedingte Zuwendung gemacht werden könne und das diese wegen differierender Anspruchsgrundlagen im Fall der Rückforderung von reinen Schenkungen abzugrenzen seien (mit Rspr.-Nachweisen).
1421 In Abwesenheit der Schwiegereltern hatte der Tobende erst richtig losgelegt – schenkungsrechtlich zum Nulltarif, wie der BGH meint: „Soweit die Revision [...] noch darauf abstellt, der Bekl. habe die behaupteten Äußerungen gegenüber der Tochter, er werde ihr den Arsch bis zum Genick aufreißen, sie ausbluten lassen, sie fertigmachen, ihr die Hölle bereiten und sie bis zum Existenzminimum treiben, in Anwesenheit des Kl. zu 1 getan, zeigt die Revision nicht auf, dass entsprechender Vortrag Gegenstand des Verfahrens in den Tatsacheninstanzen war" (BGH, FamRZ 1999, 705, 706).
1422 OLG Düsseldorf, FamRZ 2005, 1089.

1383 Der **umgekehrte Fall**, also der, dass ein Ehepartner zugunsten seiner Schwiegereltern Verbesserungs- und Erweiterungsmaßnahmen an deren Haus trifft, ist nicht abgeltungsfähig; hierfür findet sich keine Anspruchsgrundlage.[1423] Das gilt jedenfalls dann, wenn die Eheleute nebst Kindern (oder einem Teil von ihnen) noch im Haus wohnen, denn dann ist der Zweck der Investition, Wohnraum für die Familie zu schaffen, gegeben.[1424] Vorstellbar bleiben aber Bereicherungsansprüche gegen die Schwiegereltern für den – bislang noch nicht entschiedenen – Fall, dass die Schwiegereltern nach Durchführung von erheblichen wertsteigernden Maßnahmen durch den Schwiegersohn die gesamte Familie hinauswerfen.

1384 Wenn Schwiegereltern den Eheleuten ein **Darlehen** gewähren, das nur **im Fall eigener Not** zurückgefordert werden sollte, kann nach der Scheidung von Tochter und Schwiegersohn trotz fehlender Notlage ein Rückzahlungsanspruch bestehen. Das **OLG Koblenz**[1425] meinte hier, dass der Notfallvorbehalt hier keine rechtsgeschäftliche Erklärung mit Bindungswirkung war, sondern nur eine einseitige Absichtserklärung (!). Nach derselben Entscheidung ist der Schwiegersohn beweispflichtig für seine Behauptung, es handele sich um eine Schenkung, wenn auf dem Überweisungsauftrag ausdrücklich von einem Darlehen die Rede ist.

e) Zuwendungen bei Gütertrennung (Innengesellschaft)

1385 Besondere Bedeutung erlangt das Problem des Zuwendungswiderrufs oder – allgemein gesprochen – der Partizipation des Partners an einem von den Eheleuten als gemeinsam angesehenen, wesentlich vom Nichteigentümer stammenden Vermögen naturgemäß in Fällen der **Gütertrennung**, in denen der Schenkende mangels Zugewinnausgleich ja nicht einmal wertmäßig zur Hälfte an dem übertragenen Vermögenswert partizipieren kann.

1386 Aber auch hier sind die Gerichte sehr zurückhaltend. Meist wurde der Wegfall der Geschäftsgrundlage problematisiert.

1387 Das **OLG Bamberg**[1426] führt hierzu aus:

> Wenn die Zuwendung mit Rücksicht auf die bestehende Gütertrennung und den Ausschluss des Versorgungsausgleichs lediglich „eine angemessene Beteiligung der Ehefrau an dem durch gemeinsame und gleichwertige Leistung der Ehegatten erzielten Vermögenszuwachs darstellt und keine schwerwiegenden Umstände vorliegen, die

---

1423 OLG Karlsruhe, FamRZ 2004, 1870; ebenso LG Karlsruhe, FamRZ 2005, 517.
1424 OLG Hamm, FamRZ 1995, 732; BGH, NJW 1990, 1789.
1425 OLG Koblenz, FamRZ 2005, 898, 899 m. Anm. Wever.
1426 OLG Bamberg, FamRZ 1995, 234.

III. Das Anfangsvermögen

dieses Ergebnis als grob unbillig erscheinen lassen", kommt eine Rückgängigmachung der Zuwendung nicht in Betracht.

Ähnlich **das OLG Düsseldorf**:[1427] Bezogen auf jeden Einzelfall der Zuwendung – manchmal berufen sich ja die ehemals Großzügigen darauf, im Verlauf der Ehe sukzessive ein ganzes Vermögen verschenkt zu haben – muss der Zuwendungszweck erforscht werden. Nur dann, wenn nachweislich bei jeder einzelnen Zuwendung der Gedanke an den Fortbestand der Ehe und eine gemeinsame wirtschaftliche Zukunft Pate stand, kommt eine Rückabwicklung in Betracht, und dies auch nur dann, wenn – wie das **OLG Düsseldorf** in einer weiteren Entscheidung[1428] ausführt – die „Beibehaltung der im Vertrauen auf den Fortbestand der Ehe geschaffenen Vermögenszuordnung für den Kläger nicht zumutbar ist" (§ 242 BGB). 1388

Die Rückzahlung wegen Wegfalls der Geschäftsgrundlage geht nicht immer auf den vollen Wert der Zuwendung. So entschied das **OLG München**[1429] einen Fall, in dem die Ehefrau 200.000,00 DM in das im Alleineigentum des Mannes stehende Hausgrundstück „gesteckt" hatte, dahin gehend, dass ihr nur 60.000,00 DM wieder zufließen sollten. Bemessungsgrundlage für die Höhe des Ausgleichs war dabei nicht die Investition, sondern der Wert der zukünftig wegfallenden Mitnutzung des Hauses. 1389

Ein Ausgleichsanspruch wird aber **kategorisch verneint**, wenn ein in Anspruch genommener Ehegatte im Unternehmen des anderen mitgearbeitet und zur Mehrung des Vermögens des Eigentümerehegatten beigetragen hat; hier kommt ein Ausgleich weder unter dem Gesichtspunkt der Ehegatteninnengesellschaft noch unter dem Aspekt eines familienrechtlichen Vertrages eigener Art (**sui generis**) in Betracht.[1430] 1390

Etwas anders lag der Fall in der grundlegenden **BGH-Entscheidung** v. 30.06.1999.[1431] Über folgende Auseinandersetzung war zu befinden: 1391

Während der von 1951 – 1987 dauernden Ehe, nämlich v.a. in den sechziger Jahren, aber auch danach bis 1982, wurden von den Eheleuten diverse (meist bebaute) Grundstücke erworben. Eigentümerin wurde stets die Ehefrau. 1968 war der Mann wegen eines Vermögensdelikts aus dem Erwerbsleben ausgeschieden. Er verlangte anlässlich der Scheidung eine Teilhabe am Vermögen. 1992 starb er; seine voreheliche Tochter verfolgte als Erbin die Ansprüche weiter. 1392

Der BGH erörtert hier ausführlich die beiden infrage kommenden Anspruchsgrundlagen, nämlich 1393

1427 OLG Düsseldorf, FamRZ 1995, 1146.
1428 OLG Düsseldorf, FamRZ 1995, 1148.
1429 OLG München, FamRZ 2004, 1874.
1430 So OLG Bremen, FamRZ 1999, 227.
1431 BGH, FamRZ 1999, 1580.

- **Wegfall der Geschäftsgrundlage** nach ehebedingter Zuwendung und
- **stillschweigend vereinbarte Innengesellschaft**.[1432]

1394 Dabei gibt der BGH der **Innengesellschaft** aus folgenden Erwägungen den Vorzug:[1433]

1395 In Fällen wie dem erörterten steht die **Vermögensbildung als solche im Vordergrund**; mithin wird ein eheüberschreitender Zweck verfolgt.

1396 „Ehebedingte" Geld- und Sachleistungen, die zum Aufbau eines als gemeinsam angesehenen Vermögens führen, lassen sich nur unter **großen Beweisschwierigkeiten** feststellen. Der Gesamtausgleich aller vorhandenen Werte ist in der Praxis viel einfacher zu bewerkstelligen.

Der Lösungsweg über § 242 BGB führt zu einer Aufspaltung der Anspruchsgrundlagen: Sach- und Geldleistungen lassen sich über Treu und Glauben abwickeln, Arbeitsleistungen dagegen nur gesellschaftsrechtlich. Diese Unterscheidung wird der Lebenswirklichkeit nicht gerecht, da häufig Mischfälle vorliegen, in denen die Ehegatten auf vielfältige Weise zur Vermögensmehrung beitragen.

1397 Der **BGH** setzt sich anschließend mit der Kardinalkritik an der gesellschaftsrechtlichen Lösung auseinander, nämlich dem immer wieder – und vielfach zu Recht – behaupteten fiktiven Charakter einer gesellschaftsvertraglichen Vereinbarung.[1434] Der BGH erklärt diese Kritik insofern für irrelevant, als er am **Erfordernis eines zumindest konkludent zustande gekommenen Vertrages** festhält.[1435] Indizien hierfür sind: **Planung, Umfang und Dauer** der Vermögensbildung, ferner **Absprachen über Verwendung und Wiederanlage** erzielter Erträge.

1432 Zur Abgrenzung der Innengesellschaft vom familienrechtlichen Koopertionsvertrag „sui generis" s. Haas, FamRZ 2002, 205, 215.
1433 BGH, FamRZ 1999, 1580,1583; weiter BGH, FamRZ 2003,1 454 und FamRZ 2006, 607.
1434 Z.B. MünchKomm-BGB/Ulmer, 3. Aufl., vor § 705 Rn. 56 m.w.N.
1435 Der Senat verbindet die Entscheidung mit einem Seitenhieb gegen den 2. Senat, der in BGHZ 77, 56 und BGHZ 84, 390 eine rein faktische Willensübereinstimmung der Eheleute anstelle eines konkludent zustande gekommenen Vertrages als für eine Innengesellschaft ausreichend angesehen hatte. Bei Eheleuten reiche die rein faktische Willensübereinstimmung aus. Weiter: „Dieser Unterschied gründet sich darauf, dass die nichteheliche Lebensgemeinschaft jedenfalls vom Ansatz her eine Verbindung ohne Rechtsbindungswillen ist, während die Ehe ein Konsensualvertrag mit gegenseitigen Rechten und Pflichten ist [...]". Im Klartext: Die Ehe selbst macht aus einer faktischen Willensübereinstimmung einen Vertrag.

III. Das Anfangsvermögen

Letztlich wurde ein **schuldrechtlicher Anspruch auf Zahlung eines Auseinandersetzungsguthabens** bejaht. Stichtag ist die Auflösung der Innengesellschaft, gleichzusetzen mit der Trennung der Ehegatten (hier: August 1985).[1436]

1398

Dabei sollte nie übersehen werden, dass die Annahme einer Innengesellschaft stets einen zumindest schlüssig zustande gekommenen Vertrag voraussetzt.[1437] Die Innengesellschaft darf also nicht fingiert werden.

1399

Mit Urt. v. 28.09.2005 hat der **BGH**[1438] sodann klargestellt, dass bei einer Ehegatteninnengesellschaft ein Ausgleichsanspruch nicht erst dann in Betracht kommt, wenn der Zugewinnausgleich nicht zu einem angemessenen Ergebnis führt. Ein gesellschaftsrechtlicher Ausgleichsanspruch besteht vielmehr **neben** einem Anspruch auf Zugewinnausgleich.

1400

Von der Literatur wurde die Entscheidung v. 30.06.1999 begrüßt.[1439]

1401

Sie bedeutet aber keineswegs den „Tod" der Rückabwicklung nach Treu und Glauben. So hat das **OLG Karlsruhe**[1440] am 23.11.2000 in einem **Fall** die Innengesellschaft verneint, in dem die Frau ein Grundstück an ihren Mann übertragen hatte, der es dann später – unter Wert – für 250.000,00 DM an eines der gemeinsamen Kinder veräußert hatte. Letztlich sprach das Gericht der Frau die Hälfte des Erlöses zu. Die gesellschaftsrechtliche Lösung hätte kaum zu einem anderen Ergebnis führen können.

1402

In allen erörterten Urteilen wird aber gleichwohl deutlich, dass die Gerichte misstrauisch werden, wenn der Eindruck vermittelt wird, dass entweder der durch die Gütertrennung ausgeschlossene Zugewinnausgleich durch die Hintertür wieder eingeführt werden soll oder dass derjenige, der mangels Zugewinnausgleich ohnehin nichts abgeben muss, nun auch noch die Kluft zwischen den beiden Vermögen vergrößern möchte.

1403

4. Sonstige Anfangsvermögensbestandteile

Zum Anfangsvermögen gehört schließlich noch die sog. **Ausstattung**. Ausstattung ist nach § 1624 BGB dasjenige, „was einem Kind mit Rücksicht auf seine Verheiratung oder auf die Erlangung einer selbständigen Lebensstellung zur Begründung oder zur Erhaltung der Wirtschaft oder der Lebensstellung" von den Eltern (hier: nach der Hochzeit) zugewendet wird.

1404

1436 BGH, FamRZ 1999, 1580, 1584.
1437 BGH, FamRZ 2006, 607.
1438 BGH, FamRZ 2006, 607 m. Anm. Hoppenz, FamRZ 2006, 610 und Anm. Volmer, FamRZ 2006, 844.
1439 Arens, FamRZ 2000, 266.
1440 OLG Karlsruhe, FamRZ 2001, 1075.

Ebenso wird die **Aussteuer** behandelt, also eine Art Grundstock an Hausratsgegenständen, der von der Frau – meist aus elterlichen Mitteln – in die Ehe eingebracht wird. Diese Dinge werden ausnahmsweise nicht zum Hausrat i.S.d. HausratsVO gezählt.[1441]

1405 Spätere Erwerbsgegenstände außer den hier erörterten können auf keinen Fall dem Anfangsvermögen zugerechnet werden, also weder Schmerzensgelder,[1442] Lottogewinne oder Abfindungen. § 1374 Abs. 2 BGB ist analogieunfähig. **Alle weiteren Vermögensgegenstände sind also ausgleichspflichtig.**

IV. Das Endvermögen

1406 Beim **Endvermögen** ist das Schema ähnlich wie beim Anfangsvermögen: Zunächst einmal besteht es aus dem Saldo dessen, was am Endvermögensstichtag vorhanden ist.

1. Aktivvermögen

1407 Nicht alles, was „auf den Namen" eines Ehegatten lautet, gehört auch in das Endvermögen, und ebenso können Vermögensgegenstände, die nominell einem Dritten gehören, zum Endvermögen zählen:

1408 Wenn bspw. **Sparbücher den Namen des Vaters** ausweisen, obwohl dieser das Sparbuch für das Kind führt und dort nur Gelder verbucht werden, die dem Kind von Verwandten zugedacht werden, handelt es sich um **Treuhandvermögen des Kindes**.

Anders, wenn der Vater (oder ein sonstiger naher Verwandter, etwa der Großvater) ein Sparbuch auf den Namen des minderjährigen Kindes/Enkels anlegt, sich ein Verfügungsrecht über das Guthaben einräumen lässt und dort selbst Gelder einzahlt, das Sparbuch aber in seinem Besitz behält. Dann ist i.d.R. anzunehmen, dass der Zuwendende sich die Verfügung über das Sparguthaben bis zu seinem Tod vorbehalten will.[1443] In diesem Fall gehört das Sparbuch zum Vermögen des verfügungsberechtigten Besitzers.

1441 OLG Celle, FamRZ 2000, 226.
1442 Stecken im Endvermögen materielle und immaterielle Ansprüche aus einem Verkehrsunfall, kann allerdings im Hinblick auf die längerfristige Absicherung der Versorgungslage des Geschädigten eine weitgehende Leistungsverweigerung wegen grober Unbilligkeit (§ 1381 BGB) in Betracht kommen, so OLG Stuttgart, FamRZ 2002, 99. Ebenso im Ergebnis dann, wenn das Ereignis, das Schmerzensgeldansprüche ausgelöst hat, erst Jahre nach der Trennung eingetreten ist (FamG Hersbruck, FamRZ 2002, 1476 m. Anm. Bergschneider, FamRZ 2002, 1477).
1443 BGH, FamRZ 2005, 510 mit einer sehr nachdenklichen und lesenswerten Anm. von Ewers, FamRZ 2005, 967.

IV. Das Endvermögen

Formale Übertragungen von Vermögenspositionen unter Eheleuten aus steuerlichen Gründen sind ebenfalls Fälle **fremdnütziger Treuhand**, die dem Zugewinnausgleich vorgehen.[1444]

1409

a) Vorhandenes Endvermögen

Auch hier fließen – wie beim Anfangsvermögen – alle objektivierbaren und bewertbaren Vermögenswerte in die Berechnung ein.

1410

Einzelfälle (alphabetisch):

Arbeitsrechtliche **Abfindungen** sind wegen ihres Versorgungscharakters allein unterhaltsrechtlich zu qualifizieren, haben also im Endvermögen nichts zu suchen.[1445]

1411

Gehälter oder auch **Sozialhilfeleistungen**, die im Voraus für den Lebensunterhalt des laufenden Monats gezahlt werden, gehören nicht zum Endvermögen.[1446]

1412

Eine gesellschaftsrechtlich ausgestaltete **Mitarbeiterbeteiligung** ist grds. Teil des Endvermögens, allerdings dann nicht, wenn die zu erwartenden künftigen Erträge bereits im Unterhaltsvergleich als unterhaltsrelevantes Einkommen berücksichtigt worden sind.[1447]

1413

Naturgemäß können **Schmuckstücke** zum Endvermögen gehören. Der Eigentumsnachweis kann problematisch sein. Grds. gilt die Eigentumsvermutung des § 1362 Abs. 2 BGB, der zufolge eine Sache demjenigen gehört, zu dessen ausschließlichem persönlichen Gebrauch sie bestimmt ist. Diese Gebrauchsbestimmung muss aber (hier: von einer Frau, die behauptet, eine Damenhalskette im Wert von ca. 10.000,00 DM gehöre ihr) bewiesen werden. Das **OLG Nürnberg**[1448] hat allerdings in einer Entscheidung diesen Beweis als nicht geführt angesehen, weil die Frau die Kette nur zu besonders festlichen Anlässen getragen hatte und der Ehemann sie als „Anlageform" angesehen habe. Das erscheint zweifelhaft: Außer der Frau hatte niemand die Kette in Gebrauch.

1414

Sparkonten oder **Sparkassenbriefe**, die auf den Namen eines der Kinder des Ehepartners umgeschrieben sind, gehören dem Kind; es ist also Gläubiger der Sparkasse.

1415

1444 OLG Hamburg, FamRZ 2002, 395.
1445 Maurer, FamRZ 2005, 757, 762.
1446 OLG Karlsruhe, FamRZ 2001, 1301 (LS).
1447 BGH, FamRZ 2003, 432 m. Anm. Schröder, 434 und Anm. Kogel, FamRZ 2003, 1645; ferner BGH, FamRZ 2004, 1352 m. Anm. Bergschneider, FamRZ 2004, 1353 und Anm. Kogel, FamRZ 2004, 1866.
1448 OLG Nürnberg, FamRZ 2000, 1220 m. zust. Anm. Bergschneider, FamRZ 2000, 1221.

Etwas anderes gilt nur, wenn der Vater klargestellt hat, dass das Kind lediglich Treuhänder ist.[1449]

1416 Der Inhaber eines Sparkontos oder sonstigen Bankkontos ist zwar zugleich Inhaber der Forderung gegen die Bank; gleichwohl kann die Forderung im Innenverhältnis als gemeinsame angesehen und je zur Hälfte in das Endvermögen sowohl des einen wie des anderen Partners eingestellt werden, nämlich dann, wenn beide Eheleute Einzahlungen für gemeinsame Anschaffungen (Hausrat, Pkw usw.) bzw. gemeinsame Ausgaben (z.B. Urlaub) geleistet haben.[1450] Rechtliche Grundlage ist die konkludente Vereinbarung einer **Bruchteilsgemeinschaft**.[1451] Bei der Annahme einer Bruchteilsberechtigung ist allerdings Zurückhaltung geboten. Der Umstand, dass dem anderen Ehegatten Vollmacht erteilt worden ist, reicht dafür nicht aus.[1452]

1417 **Steuererstattungen**[1453] sind wie folgt zu behandeln:

Zunächst einmal muss das Finanzamt die Gesamterstattung aufteilen. Wenn beide Einkommensteuervorauszahlungen geleistet haben, wird die Rückzahlung geteilt, und zwar im Verhältnis der Steuerschulden bei fiktiver Einzelveranlagung unter Zugrundelegung jeweils der Steuerklasse I,[1454] bei der ja steuerliche Gleichbehandlung gewährleistet wäre.[1455] Das **OLG Köln** weiter: „Nach Abzug der jeweils bereits bezahlten Beträge ergeben sich die Anteile, die den Ehegatten an dem Erstattungsbetrag zustehen."

1418 Hatten beide schon die Steuerklasse IV, errechnet sich der jeweilige Anteil aus dem Betrag, der jedem auch bei getrennter Veranlagung zugeflossen wäre, zuzüglich des anteiligen Splittingvorteils.[1456]

1449 OLG Hamm, FamRZ 2001, 158 (LS).
1450 BGH, FamRZ 2000, 948; Grziwotz, FamRZ 2002, 1669, 1674.
1451 BGH, FamRZ 2002, 1696, 1697 m.w.N.
1452 OLG Karlsruhe, FamRZ 2003, 607.
1453 S.a.: Arens, FamRZ 1999, 257.
1454 OLG Köln, FamRZ 1995, 55.
1455 Eine leichte Modifizierung gilt für nicht abhängig beschäftigte Einkommensteuerpflichtige: Hier hat die Verteilung „bei gemeinsamer Veranlagung im Verhältnis der Steuerschulden, wie sie bei einer hypothetisch durchgeführten Getrenntveranlagung der Ehegatten bestehen würde, zu erfolgen" (so der LS der Entscheidung LG Bochum, FamRZ 1987, 828).
1456 OLG Hamm, FamRZ 1996, 1413.

IV. Das Endvermögen

Etwas anders verfährt der **BFH**:[1457] Er teilt den Rückerstattungsanspruch entsprechend dem Verhältnis der Lohnsteuerbeträge, die im Veranlagungszeitraum von den Arbeitslöhnen der Steuerschuldner einbehalten worden sind.[1458]   1419

Wenn der **Erstattungsbescheid zeitlich nach dem Endvermögensstichtag** eingeht, gehört die dann folgende Zahlung des Finanzamts zum Endvermögen, sofern der 31.12. des Steuerjahres, auf das sich die Erstattung bezieht, **vor** dem Endvermögensstichtag liegt. Die Erstattung fällt (als Forderung) in derjenigen Höhe in das Endvermögen, die sich aus dem endgültigen Steuerbescheid ergibt.[1459]   1420

Ist der Bescheid **vorher** erstellt, muss man unterscheiden: 1421

Wenn den Eheleuten keine Unterhaltsansprüche gegeneinander zustehen, ist die anerkannte Erstattungsforderung ohne Weiteres dem Endvermögen zuzuschlagen.

Ist die Zugewinnausgleichsgläubigerin dagegen zugleich Unterhaltsgläubigerin, scheidet der Erstattungsbetrag aus dem Endvermögen aus, da die bewusste Zahlung dann auf das Jahreseinkommen des Jahres umgelegt wird, in dem sie eingeht, und damit die Unterhaltsverteilungsmasse erhöht. Der Unterhaltsberechtigte würde sonst doppelt an der Rückzahlung partizipieren, einmal über eine Erhöhung des Unterhalts und dann noch einmal durch den Zugewinnausgleich.

Unterhaltsforderungen zählen nicht zum Endvermögen, soweit sie dem Lebensunterhalt für den am Stichtag gerade laufenden, noch nicht abgeschlossenen Zeitabschnitt dienen sollen.[1460] Ansprüche auf **Unterhaltsrückstände** werden dagegen dem Endvermögen des Gläubigers zugerechnet (folgerichtig auch dem Endvermögen des Unterhaltsschuldners auf der Passivseite).[1461]   1422

Auch beim Endvermögen geht es um den „Stichtag". Eine Abfindung für künftigen **Verdienstausfall** (§ 843 Abs. 3 BGB) gehört voll zum Endvermögen, obwohl sie zur Abdeckung künftiger Ausfallschäden gewährt worden ist. Hauptsache, sie war fällig.   1423

Das Gleiche gilt sogar, wenn die Abfindungszahlung bereits unwiderruflich anerkannt und/oder Zahlung angekündigt ist. Ein zuerkannter Anspruch ist einer bereits geleisteten Zahlung gleichgestellt.   1424

Allgemein gilt wieder das In-Prinzip und nicht das Für-Prinzip.   1425

1457 BFH, NJW 1991, 2103.
1458 Das OLG Düsseldorf (FamRZ 1993, 70) ist dieser Auffassung gefolgt, desgleichen das LG Stuttgart (FamRZ 1998, 241).
1459 OLG Köln, FamRZ 1999, 656.
1460 Johannsen/Henrich, Eherecht, § 1375 Rn. 4.
1461 OLG Frankfurt am Main, FamRZ 1990, 998; OLG Celle, FamRZ 1991, 944.

1426 Eine nicht befreite **Vorerbenstellung** ist zugewinnausgleichsrechtlich wie folgt zu bewerten:

Da der Vorerbe die Erbschaft für die Nacherben zu erhalten hat, ist lediglich der Nutzungswert zu veranschlagen. Dies geschieht, indem man den jährlichen Nutzungswert der Vorerbenstellung mit der durchschnittlichen (statistischen) Lebenserwartung des Vorerben (s. Anlage 9 zu § 14 Bewertungsgesetz) multipliziert.[1462]

b) Zurechnungen zum Vermögen

1427 Obwohl man sich dabei auch selbst in gleicher Höhe schädigt, wird dann und wann versucht, hohes Endvermögen zu schmälern, indem etwa neuen Partnern großzügige Geschenke gemacht werden oder gar die Spielbank aufgesucht wird, um entweder für sich selbst zu gewinnen oder aber den Verlust mit dem anderen zu teilen durch Herabsetzung des Zugewinns.

1428 Schließlich kann man großzügige Spenden an alle möglichen Organisationen geben, auch wenn man bisher in dieser Hinsicht eher durch Sparsamkeit aufgefallen ist.

1429 All das ist nicht zu empfehlen. Denn das Geld, das sich auf diesen Wegen in nichts auflöst, wird dem Endvermögen wieder zugerechnet, § 1375 Abs. 2 BGB, im Wege des Ausgleichs fiktiven Zugewinns.[1463]

Zu den Einzelheiten der sog. **illoyalen Vermögensminderungen** Folgendes:

1430 Zu den **unentgeltlichen Zuwendungen** gehören nicht nur pure Schenkungen, sondern auch gemischte oder auch getarnte Schenkungen, kurz: Alle Zuwendungen, bei denen ein **auffälliges Missverhältnis** zwischen Leistung und Gegenleistung besteht.

1431 Wer z.B. kurz nach der Trennung seine Kinder aus bestehender (oder gar aus erster) Ehe mit Vermögensübertragungen im Wege der vorweggenommenen Erbfolge bedient, muss den Wert dennoch dem Endvermögen gutschreiben lassen.

1432 Anders – und jetzt kommen wir wieder einmal in eine Grauzone – ist es mit den Zuwendungen, die einer **sittlichen Pflicht oder einer auf den Anstand zu nehmenden Rücksicht** entsprechen, wie das Gesetz es in § 1375 Abs. 2 Nr. 1 BGB ausdrückt.[1464]

1433 **Pflichtschenkungen** können sein: Überweisung an einen notleidenden Bruder, Spende an eine gemeinnützige Organisation, Ausstattung für Kinder.

1462 FamG Landshut, FamRZ 1998, 1223.
1463 S. aber § 1378 Abs. 2 BGB, Ziff. E. VII. 4., Rn. 1565 ff.
1464 Zur Differenzierung zwischen Anstands- und Pflichtschenkungen s. BGH, NJW 1984, 2939, 2940.

IV. Das Endvermögen

Anstandsschenkungen sind kleinere Geschenke zu den üblichen Anlässen (etwa Geburtstag). Wann die Grenze solcher Schenkungen überschritten ist, wird eine Frage des Einzelfalls sein.

1434

Was Pflicht und Anstand gebieten, was großzügig und was schließlich **Verschwendung** ist, hängt vom **Lebensstandard und -stil** ab. Ein plötzlicher **Stilwechsel** wird selbstverständlich Misstrauen hervorrufen und ist Anhaltspunkt für illoyale Vermögensminderungen. Das Motiv ist bei der Verschwendung gleichgültig.[1465]

1435

Der verdiente Urlaub und – angemessene – Geschenke an Freundin und Verwandte sind aber durchaus möglich.

1436

Auch eine aufwendige Gebisssanierung ist zwar strukturell das Gleiche wie purer Verbrauch, da kein objektiver Sachwert entgegensteht (nur der Betroffene hat ja etwas davon), jedoch muss so etwas hingenommen werden, wenn es den üblichen Rahmen (hier: ca. 7.050,00 DM) nicht übersteigt.[1466]

1437

Handlungen in Benachteiligungsabsicht sind schwer nachzuweisen, denn sie setzen nicht nur Vorsatz, sondern auch **Verschulden** voraus. Wer schwer depressiv wird, weil sein Partner ihn verlassen hat, sich umbringen will und zu diesem Zweck sein Haus anzündet, aber wider Willen überlebt, braucht den Brandschaden nicht zum Endvermögen zählen zu lassen, denn es mangelt möglicherweise schon an der Schuldfähigkeit, auf jeden Fall aber an der Benachteiligungsabsicht.

Anders, wenn der Betroffene noch schuldfähig ist und aus Wut und Enttäuschung über das Scheitern seiner Ehe Bargeld (hier: immerhin gut 45.000,00 DM) im Ofen verbrennt: In diesem Fall liegt neben Verschwendung auch Benachteiligungsabsicht vor.[1467]

Aber es gibt auch Fälle nicht nachweisbarer Tücke, etwa in dem vom **FamG Köln**[1468] **entschiedenen Fall:**

1438

Der Ehemann trug dort vor, er habe gut 80.000,00 DM einem Erpresser geben müssen, um berufliche Nachteile durch die Aufdeckung besonderer sexueller Neigungen abzuwenden.

1465 OLG Rostock, Beschl. v. 19.01.1999 (n.v.); der Senat meint hier zum Begriff der Verschwendung, dass das Motiv gleichgültig sei und dass es nur darauf ankomme, dass „die Ausgabe objektiv unnütz und übermäßig" sei.
1466 FamG Säckingen, FamRZ 1997, 1335.
1467 OLG Rostock, Beschl. v. 19.01.1999, FamRZ 2000, 228. Danach kommt es auf die Frage, ob die Vergeudung „menschlich verständlich" ist (so noch OLG Schleswig, FamRZ 1986, 1208, 1209, das mit diesem Argument die illoyale Verschiebung verneinte), nicht an.
1468 FamG Köln, FamRZ 1999, 95.

1439 Die Darlegungslast für die Illoyalität der Verfügung blieb bei der Frau, und was sie dazu vortrug, reichte schon tatbestandsmäßig nicht für § 1375 Abs. 2 Nr. 1 BGB:

Jegliche Zahlung aufgrund einer Erpressung ist keine unentgeltlichen Zuwendung, sondern – so das Gericht zutreffend – eine durch Drohung mit einem empfindlichen Übel abgenötigte Schädigung.[1469]

Duderstadt[1470] meint dazu: Es steht zu hoffen, dass die Erpresserstory nicht Schule macht.

1440 Die Zurechnung wegen illoyaler Vermögensminderungen entfällt, wenn vom vermögensmindernden Akt bis zum Endvermögensstichtag **mehr als zehn Jahre vergangen sind** (§ 1375 Abs. 3 BGB).

c) **Gemeinsames Endvermögen**

1441 Auch außerhalb des Hausrats gibt es natürlich Dinge, die beiden Eheleuten gemeinsam gehören können. Klassische Fälle: Grundstücke, die laut Grundbuch in beider Miteigentum stehen, und Bankkonten, deren Kontoinhaber beide sind. Folgerichtig wird bei beiden Eheleuten je die Hälfte des Verkehrswertes bzw. des Habensaldos in die Endvermögensbilanz eingestellt.

1442 Aber auch dann, wenn nur einer von beiden gegenüber der Bank als Kontoinhaber bezeichnet ist, kann es sich um ein gemeinsames Konto, um genau zu sein: um eine **gemeinsame Forderung aus dem Konto** gegen die Bank handeln, nämlich dann, wenn beide auf das Konto eingezahlt haben und sich darüber einig waren, dass die Gelder für das gemeinsame Leben Verwendung finden sollten.[1471] Über die Frage des Anteils beider Eheleute am Guthaben (es muss ja nicht unbedingt eine hälftige Beteiligung sein) entscheiden die Umstände des Einzelfalls und die **getroffenen Vereinbarungen**, auch die konkludenter Natur. Zwischen den Eheleuten besteht ggf. eine **Bruchteilsgemeinschaft** an den Forderungen gegen die Bank nach §§ 741 ff. BGB, bei der im Zweifel anzunehmen ist, dass ihnen im Innenverhältnis als Teilhabern gleiche Anteile zustehen.[1472] Demgemäß muss ein Ehegatte, der eigenmächtig Papiere aus dem Gemein-

---

1469 Ob die Ehefrau überhaupt etwas von einer sexuellen Deviation ihres getrennt lebenden Mannes wusste, ist nicht überliefert.
1470 In: Scheidungsfolgesachen, Schriftenreihe des Saarländischen AnwaltVereins Nr. 77, S. 122.
1471 BGH, WM 1966, 679, 680 = BGH, FamRZ 1966, 442.
1472 Der BGH bejaht deshalb einen Auskunftsanspruch der (geschiedenen) Frau gegen den Mann, der als alleiniger Kontoinhaber fungierte, ohne allerdings die Anspruchsgrundlage zu benennen (BGH, FamRZ 2000, 948, 949).

schaftsdepot veräußert, dem anderen die Hälfte des Erlöses auszahlen, sofern er nicht besondere Umstände beweist, aus denen sich eine abweichende Beteiligung ergibt.[1473]

Im Zweifel gilt also das Halbteilungsprinzip. 1443

Allerdings ist die sich aus §§ 430, 742 BGB ergebende Vermutung einer je hälftigen Beteiligung widerlegt, wenn auf dem Konto ein Betrag gutgeschrieben wird, der einem allein zusteht und der nach Art und Höhe üblicherweise nicht zur Deckung des laufenden Bedarfs benutzt wird.[1474] Dabei gilt § 430 BGB (Ausgleichungspflicht der Gesamtgläubiger nach Kopfteilen) nur für die Rechte aus dem Depotverwahrungsvertrag, nicht für die Eigentumslage. Für letztere gibt § 1006 BGB die Vermutung her, dass beide als mittelbare Mitbesitzer auch Miteigentümer sind, während § 742 BGB eine schwach ausgeprägte – also durch Umstände und abweichende Vereinbarungen änderbare – Auslegungsregel des Inhalts darstellt, dass beide **gleiche** Anteile am Depot haben.[1475] 1444

Miteigentümer haben sich eigenmächtiger Verfügungen zu enthalten. Wenn einer von beiden Ehegatten über das Gemeinschaftskonto – auch schon vor der Trennung – eigenmächtig verfügt, kann der andere die hälftige Erstattung verlangen, und zwar vor dem Zugewinnausgleich und unabhängig von seiner Durchführung.[1476] 1445

2. Alleinschulden und gesamtschuldnerische Verbindlichkeiten

Wie beim Anfangsvermögen werden vom Aktivvermögen die Verbindlichkeiten (Passivvermögen) abgezogen – bis zur Null-Linie. Auch das Endvermögen beträgt also mindestens Null. 1446

Schulden sind nicht nur Darlehensverbindlichkeiten, sondern auch nicht gezahlte Kaufpreisanteile, die noch ratenweise bedient werden müssen, ferner Verbindlichkeiten aus Dauerschuldverhältnissen, soweit sie fällig sind[1477] (Mietzins, Versicherungsbeiträge, Unterhalt, Arbeitsentgelt für Arbeitnehmer). Auch Steuerschulden gehören dazu, selbst dann, wenn die Steuerschuld für den vergangenen Teil des Veranlagungszeitraums (Jahres) noch nicht ermittelt werden kann, weil der Bescheid noch nicht vorliegt.[1478] Selbst Verbindlichkeiten aus einer während der Ehe begangenen Straftat (hier: 1447

1473 OLG Bremen, FamRZ 2004, 1578.
1474 OLG Brandenburg, FamRZ 1997, 363.
1475 BGH, FamRZ 1997, 607 = NJW 1997, 1434.
1476 OLG Düsseldorf, FamRZ 1999, 1504.
1477 Der BGH will Unterhaltsschulden, die wenige Tage nach dem Stichtag absehbar fällig werden, nicht als abzugsfähige Verbindlichkeiten anerkennen, so BGH, FamRZ 2003, 1544. Der Habensaldo auf dem Girokonto, von dem auch die Unterhaltsschulden regelmäßig abgebucht wurden, schlug voll durch.
1478 Arens, FamRZ 1999, 257.

E. Zugewinnausgleich

Opferentschädigung für eine vom Ehemann vergewaltigte Studentin!) mindern das Endvermögen.[1479]

1448 Als **Faustregel** kann gelten: Wenn die Verbindlichkeit eine über einen längeren Zeitraum in Vergangenheit und Zukunft zu erbringende Gegenleistung für einen längst erworbenen Aktivvermögensposten darstellt (Beispiele: „Abstottern" eines Kredits für einen vor Jahren gelieferten Pkw, Grundstücksübertragung gegen Altenteilsleistungen), sind die Gesamtverbindlichkeiten per Stichtag in die Endvermögensrechnung einzustellen.

1449 Wenn dagegen sowohl Leistung als auch Gegenleistung in der Zukunft erbracht werden oder wenn eine pure Dauerverbindlichkeit vorliegt (s. Mietvertrag, Versicherungsvertrag, Unterhaltsschuld), werden nur die Passiva berücksichtigt, die bis zum Endvermögensstichtag fällig geworden sind.

1450 **Schulden**, die im Außenverhältnis nur einen von beiden treffen, weil sie sich auf einen Vermögensgegenstand beziehen, der ihm allein gehört, sind nur in dessen Endvermögensbilanz (auf der Passivseite) einzustellen.[1480]

> **Praxistipp:**
> Bei Einzelhaftung gehören die Schulden in das Endvermögen des Schuldners, bei gesamtschuldnerischer Haftung in das beider Eheleute, und zwar i.d.R. je zur Hälfte. Im ersten Fall erfolgt ein Ausgleich über den Zugewinnausgleich, im zweiten ist die hälftige Haftung zugewinnausgleichsrechtlich neutral.

1451 Zu den **gesamtschuldnerischen Verbindlichkeiten** hier nur folgender Hinweis: Derartige Verbindlichkeiten schlagen i.d.R. bei beiden Eheleuten mit je der Hälfte zu Buche.[1481] Haben sie sich aber intern bereits über eine Verteilung der Schulden im Innenverhältnis geeinigt, etwa in der Weise, dass ein Partner die Schulden (auch) nach Trennung und Scheidung allein trägt, also keinen Ausgleichsanspruch im Innenverhältnis gegen den anderen hat, so sind diese Schulden bei ersterem als **das Endvermögen mindernd** in die Endvermögensbilanz einzustellen.[1482]

1452 Kann ein Partner „seine Hälfte" der Schulden nicht bedienen und ist dies auch zukünftig nicht zu erwarten, sodass der andere im Innenverhältnis die Gesamtschuld allein zu

---

1479 OLG Karlsruhe, FamRZ 2004, 461.
1480 BGH, FamRZ 1983, 795, 797; OLG Hamm, FamRZ 1990, 1359, 1360; a.A. OLG Koblenz, FamRZ 1998, 238. Nach Auffassung des FamG Brakel (FamRZ 2006, 127) soll dies auch für das Anfangsvermögen gelten.
1481 Statt aller: OLG Hamm, FamRZ 1998, 1603.
1482 OLG Hamm, FamRZ 2002, 1032 (LS); OLG Karlsruhe, FamRZ 2005, 909. Im Ergebnis ebenso, wenngleich methodisch umständlicher: Gerhards, FamRZ 2001, 661, 662.

IV. Das Endvermögen

tilgen haben wird, werden auch hier die Verbindlichkeiten voll vom Aktivvermögen des Zahlenden abzusetzen sein.[1483]

Bezieht sich die Einigung der Parteien auf die den **Hausrat treffenden Verbindlichkeiten**, darf die Übernahme der Zahlungsverpflichtung dann natürlich i.R.d. Hausratsteilung nicht noch einmal eine Rolle spielen.[1484] 1453

3. Steuerschulden

Einkommensteuerschulden sind immer abzusetzen. 1454

Soweit es sich um gemeinsame Steuerschulden der Eheleute aus gemeinsamer Veranlagung handelt, ist eine Vorschrift heranzuziehen, die **ein anderes bestimmt** (§ 426 Abs. 1 Satz 1 BGB) und deshalb den Halbteilungsgrundsatz aushebelt, nämlich **§ 268 AO**. Über diese und die Folgevorschriften lässt sich ein Aufteilungsbescheid erwirken, in dem die Steuerbeträge festgestellt werden, die jeder Ehegatte nach seinen Einkünften und **unter fiktiver Zugrundelegung der Einzelveranlagung und jeweils der Steuerklasse IV**, ausgelöst hätte.

Ertragsteuern sind laut **BGH**[1485] zu berücksichtigen, auch wenn sie gar nicht anfallen. Damit hat es folgende Bewandtnis: 1455

Wenn das Gericht bei der Bewertung eines Betriebes den Veräußerungswert zugrunde legt, so muss es laut BGH vom fiktiven Erlös auch die Steuern abziehen, die im Fall der Veräußerung anfielen (**latente Steuerlast**).[1486] 1456

4. Forderungen der Eheleute untereinander

Alle gegenseitigen Ansprüche der Eheleute, die vor dem Endvermögensstichtag entstanden sind, müssen außerhalb des Zugewinnausgleichs behandelt und abgewickelt werden, prozessual vor dem AG oder LG, je nach Höhe der Forderung. Dabei ist es gleichgültig, welcher Art diese Ansprüche sind (Beispiele: Mietansprüche, Unterhaltsrückstände, Ansprüche aus Ehegattenarbeitsverhältnis und sogar deliktische Ansprüche, etwa auf Schmerzensgeld). 1457

Die Frage bleibt aber, ob gegenüber einem solchen Anspruch mit Zugewinnausgleichsansprüchen **aufgerechnet** werden kann. Der **BGH**[1487] hat dies bejaht und hierzu ausgeführt, dass vor der Zivilprozessabteilung die Aufrechnung mit einem Zugewinnaus- 1458

1483 OLG Hamm, FamRZ 1997, 363.
1484 OLG Bamberg, FamRZ 1994, 958.
1485 BGH, FamRZ 1989, 1276, 1279; BGH, FamRZ 1999, 361, 365.
1486 Krit. dazu vgl. Hoppenz, FamRZ 2006, 449.
1487 BGH, FamRZ 2002, 318.

gleichsanspruch erklärt werden kann, wenn ein Anspruch auf anteilige Auszahlung eines Veräußerungserlöses für ein früher gemeinschaftliches Grundstück rechtshängig ist. Die Aufrechnung, so der BGH,[1488] steht allerdings grds. unter dem **Gebot von Treu und Glauben**. Dieses Gebot kann im Einzelfall zu einem Aufrechnungsverbot führen, wenn die Parteien vereinbart haben, dass der anteilige Erlös auf jeden Fall auszuzahlen ist.

V. Die Bewertung des Vermögens

1459   Die Bewertung von Geld auf Konten ist ebenso unproblematisch wie die Bewertung von Aktien (Stichtagsmittelkurs).

1460   Bei anderen Vermögensgegenständen wird es schwieriger. Welcher Wert soll maßgeblich sein, der Verkaufswert, der Sachwert, der Ertragswert oder eine Mischung aus allem?

1. Die Bewertungsmethoden

1461   In § 1376 BGB ist nur vom „Wert" die Rede.

a) Allgemeine Wertbegriffe und Bewertungsgrundsätze

1462   Es gibt folgende Anknüpfungspunkte für die Wertfeststellung:
- die Erstellungs- oder Anschaffungskosten für einen bestimmten Gegenstand am Stichtag (**reiner Sachwert oder Reproduktionswert**),
- der Erlös, der sich am Stichtag erzielen lässt (**Veräußerungswert**),
- das, was die Sache künftig einbringt, bis sie nicht mehr zu gebrauchen ist (**Ertragswert**),
- die Mischung zwischen Sachwert und Ertragswert (**Mittelwertverfahren**).

1463   Die Rechtsprechung geht einhellig vom **Verkehrswert** aus.

1464   Der **Verkehrswert ist in erster Linie der Veräußerungswert**, auch Liquidationswert genannt; er repräsentiert also im Einzelfall das, was man bekäme, wenn man den Gegenstand zu einer Art mittlerem Marktwert **verkaufen würde**. Aber Vorsicht: Bei Grundstücken stellt der Verkehrswert den Mittelwert zwischen Sach- und Ertragswert dar, bei Gewerbebetrieben schlägt der Sachwert oder der Ertragswert[1489] durch, bei wieder anderen Sachen der Wiederbeschaffungspreis. Gleichwohl spricht die Rechtsprechung regelmäßig auch in diesen Fällen vom Verkehrswert. Wir können das Wort

---

1488 BGH, FamRZ 2002, 318, 320.
1489 BGH, NJW-RR 2005, 153.

getrost als Synonym für „maßgeblicher Wert" oder „wirklicher Wert" begreifen und verwenden. Was das jeweils ist, kommt auf die Art des Gegenstands an.

b) **Grundstücke**

Bei **Hausgrundstücken** ist der reine **Sachwert** (was kostet die Neuerstellung?) erheblich, nicht dagegen die Frage, was der Bau einst gekostet hat. Maßgeblich sind außerdem **Veräußerungswert** und **Ertragswert**. Die Einzelheiten ergeben sich aus der Wertermittlungsverordnung.

1465

Bei **Mietshäusern** und anderen Renditeobjekten gilt in aller Regel das **Ertragswertverfahren**.

1466

Bei **Einfamilienhäusern** wird meist die Mittelwertmethode (Kreuzung aus Sachwert und Ertragswert) für einschlägig gehalten.[1490] Wie gesagt: Die Sachverständigen nennen den Mittelwert auch „Verkehrswert", was auf der Fiktion beruht, dass dieser Mittelwert zugleich der Betrag ist, der sich im Fall der Veräußerung erzielen ließe. Der Verkehrswert ist gesetzlich (§ 194 Baugesetzbuch) wie folgt definiert:

„Der Verkehrswert (Marktwert) wird durch den Preis bestimmt, der in dem Zeitpunkt, auf den sich die Ermittlung bezieht, im gewöhnlichen Geschäftsverkehr nach den rechtlichen Gegebenheiten und tatsächlichen Eigenschaften, der sonstigen Beschaffenheit und Lage des Grundstücks oder des sonstigen Gegenstands der Wertermittlung ohne Rücksicht auf ungewöhnliche oder persönliche Verhältnisse zu erzielen wäre."

Geht man vom **Veräußerungswert** aus, ist bei Vorliegen einer ungünstigen Marktlage entscheidend, ob diese am Bewertungsstichtag als temporär, also vorübergehend einzuschätzen war und deswegen einen wirtschaftlich Denkenden veranlasst hätte, eine Veräußerung (außer im Fall eines Notverkaufs) zurückzustellen.[1491] Nicht die Stichtagsmarktsituation ist also maßgeblich, sondern die vor und nach der jeweiligen Krise auf dem Grundstücksmarkt. Das bedeutet, dass Zu- und Abschläge im Hinblick auf die Marktsituation nur begrenzt erfolgen.

1467

Gerichte behalten sich deshalb auch ausdrücklich vor, das Wertermittlungsverfahren im Einzelfall nach „pflichtgemäßem Ermessen" zu bestimmen.[1492]

1468

c) **Land- und forstwirtschaftliche Betriebe**

Für **land- und forstwirtschaftliche Betriebe** gilt ausschließlich der **Ertragswert** (§ 1376 Abs. 4 BGB).

1469

1490 Z.B. OLG Celle, FamRZ 1992, 1300, 1301.
1491 BGH, FamRZ 1992, 918 = NJW 1992, 899.
1492 OLG Saarbrücken, FamRZ 1998, 235.

1470 Der **Ertragswert** ist am Anfangsvermögens- und am Endvermögensstichtag **meist identisch**. Er bestimmt sich nämlich „nach dem Reinertrag, den das Landgut nach seiner bisherigen wirtschaftlichen Bestimmung bei ordnungsgemäßer Bewirtschaftung nachhaltig gewähren kann" (§ 2049 Abs. 2 BGB). Dies führt i.d.R. dazu, dass Zugewinnausgleichsansprüche insoweit nicht gegeben sind. Das wiederum liegt im öffentlichen Interesse an der Erhaltung leistungsfähiger Höfe, die innerhalb der bäuerlichen Familie weitergegeben werden können. Diese Möglichkeit besteht nicht, wenn eine Scheidung mit vernichtenden Zugewinnausgleichsforderungen (etwa infolge der Anwendung der Sachwertmethode) den Hof letztlich in seiner Existenz gefährdet.

1471 Die Bevorzugung der Landwirte im Zugewinnausgleichsrecht entfällt aber, wenn der Eigentümer den Grundbesitz mit Gebäuden, Stallungen usw. als landwirtschaftlichen Betrieb nicht führt.[1493]

Dann gilt der Sach- oder Veräußerungswert.

d) Gewerbebetriebe und ihr Goodwill

1472 Bei Betrieben jeder Art werden i.d.R. der **Veräußerungswert und der Ertragswert kombiniert (Mittelwert)**.

1473 Ausnahmen: Das **OLG Hamm**[1494] ist z.B. der Meinung, dass der Wert eines Aktenvernichtungsbetriebs mit 50 Mitarbeitern nur nach der **Ertragswertmethode** zu berechnen ist, ebenso das **OLG Koblenz**[1495] (Werkhalle) und der **BGH**[1496] (Maschinenbauunternehmen).

1474 Bei überschuldeten Einzelunternehmen ist die **Liquidationswertmethode** anzuwenden (auch wenn das Unternehmen fortgeführt wird).[1497]

1475 Der Wert eines Betriebs besteht aus zwei Elementen, nämlich dem reinen **Substanzwert** und, wenn künftige Umsätze nicht mit der Tätigkeit des jeweiligen Inhabers stehen und fallen, zusätzlich dem **inneren Wert, dem Goodwill**. Auf den letzteren wird zurückzukommen sein.

1476 Wenn man den Ertragswert zugrunde legt, wird der Goodwill nicht noch einmal extra berechnet; er ist Teil des Ertragswerts.[1498]

1493 BVerfG, FamRZ 1989, 939.
1494 OLG Hamm, FamRZ 1998, 235.
1495 OLG Koblenz, FamRZ 2002, 1190 (LS).
1496 BGH, NJW-RR 2005, 153.
1497 BGH, FamRZ 2005, 99 m. Anm. Schröder, FamRZ 2005, 101.
1498 So zutreffend Kogel, Strategien beim Zugewinnausgleich, S. 134.

Der Wert einer Unternehmensbeteiligung richtet sich nach dem anteiligen Ertrags- und Veräußerungswert. Sieht der Gesellschaftsvertrag für den Fall des Ausscheidens nicht das volle Auseinandersetzungsguthaben, sondern nur eine **limitierte Abfindung** (oder gar keine) vor, so ist dennoch der objektive Wert anzusetzen, allerdings abzüglich einer **angemessenen Wertminderung** im Hinblick auf ein mögliches künftiges Ausscheiden. 1477

Bei **Handelsunternehmen und Praxisbetrieben** (von Ärzten, Zahnärzten, Architekten, Anwälten, Notaren, Steuerberatern usw.) gilt wieder die Mixtur aus Ertrags- und Veräußerungswert, wobei letzterer entweder aus dem Substanzwert (Maschinen, Geräte, Mobiliar und sonstige Einrichtung) oder aus der Summe von Substanzwert und dem Goodwill gebildet wird. Der **Goodwill ist die Differenz** zwischen dem Ertragswert des Unternehmens und dem bilanzierten Nettovermögen. 1478

Ob ein wie auch immer gearteter Betrieb einen Goodwill hat, lässt sich sehr einfach an der Antwort auf die Frage ablesen, ob der Ersteher bereit ist, dafür mehr als den Substanzwert zu zahlen.[1499] Was aber könnte einen Erwerber dazu veranlassen? 1479

Naturgemäß die begründeten Gewinnerwartungen,[1500] die sich an den guten Ruf eines Betriebs, seinen „Namen", seine Kontakte und Beziehungen, seinen Kundenstamm und nicht zuletzt seinen Mitarbeiterstamm knüpfen lassen. 1480

Derartige Erwartungen sind begründet, wenn der Betrieb **vorhersehbar auch dann seinen Umsatz hält**, wenn der bisherige Inhaber nicht weiterarbeitet. 1481

Äußerer Ausdruck der Rolle des Inhabers sind natürlich die Verkäuflichkeit der Praxis und die Erzielbarkeit eines Goodwills im Fall der Aufnahme neuer Partner.[1501] 1482

Folgende Faktoren erhöhen den Goodwill: 1483

- die Kundenbindung (eine hohe Kundenbindung führt zur Erhöhung),
- Wettbewerbsverbot für den bisherigen Inhaber,
- Trennung des Rufs des Unternehmers vom Ruf des Unternehmens,
- Alter des Betriebs,
- günstige örtliche Lage.

1499 S. BGH, FamRZ 1978, 332, 333.
1500 Künftige Gewinnerwartungen werden naturgemäß auch gestützt durch eine günstige Ertragslage in der Vergangenheit. Deshalb können zur Ermittlung des Goodwills auch Geschäftsunterlagen herausverlangt werden, und zwar nach Ansicht des OLG Düsseldorf für die letzten fünf Jahre (FamRZ 1999, 1070).
1501 Im Einzelnen: Michalski/Zeidler, FamRZ 1997, 397.

E. Zugewinnausgleich

1484 Die Frage, ob der Goodwill zu bejahen oder zu verneinen ist, hat die Rechtsprechung im Einzelfall wie folgt entschieden:
- Architekt: nein.[1502]
- Arzt: im Einzelfall ja.[1503]
- Druckerei: ja.[1504]
- Eingesessenes, bekanntes Anwaltsbüro: umstritten, i.d.R. ja.[1505]
- Kleine Anwaltskanzlei: nein.[1506]
- Handelsvertreter: i.d.R. nein.[1507]
- Kneipe: nein.
- Notariat: ja.
- Steuerberatungsgesellschaft: ja.[1508]
- Steuerberatersozietät (GbR): ja.[1509]
- Vermessungsingenieur: je nach Einzelfall.[1510]
- Versicherungsagentur: nein.[1511]
- Zahnarzt: ja.[1512]

1485 Für die zugewinnausgleichsrechtliche Bewertung gibt es keine allgemeingültigen Maßstäbe. I.d.R. ist es sachgerecht, der Schätzung diejenige Bewertungsmethode zugrunde zu legen, die die zuständige Standesorganisation empfiehlt.[1513]

1486 Die weitaus meisten Urteile sind zu **Anwaltskanzleien** ergangen.

1502 OLG München, FamRZ 1984, 1096.
1503 OLG Koblenz, FamRZ 1988, 950.
1504 OLG Düsseldorf, FamRZ 1984, 699.
1505 Bejaht: OLG Hamm, FamRZ 1983, 812; verneint: OLG Saarbrücken, FamRZ 1984, 794, 795.
1506 OLG Celle, FamRZ 1977, 397.
1507 BGH, FamRZ 1977, 386.
1508 BGH, FamRZ 1999, 361, 362. Das gilt sogar für ertragsschwache Steuerberaterpraxen, s. OLG Düsseldorf, FamRZ 2004, 1106 m. Anm. Schröder, FamRZ 2004, 1108.
1509 FamG Duisburg-Hamborn, FamRZ 2003, 1186 (90 % des nachhaltig erzielten Jahresumsatzes [= Umsatzwert]).
1510 BGH, FamRZ 1977, 38.
1511 OLG Stuttgart, FamRZ 1995, 1586.
1512 OLG Koblenz, FamRZ 1982, 280.
1513 BGH, FamRZ 1991, 43, 44 = NJW 1991, 1547.

Faustregel für größere Büros: Goodwill ist das **0,7-fache des Jahresumsatzes**, wobei für die Umsatzermittlung der Schnitt der letzten drei Jahre zugrunde gelegt wird,[1514] mit der Maßgabe, dass das letzte Jahr doppelt zählt (Divisor 4).[1515]

Auch bei **Arztpraxen** kommt man ohne ein Gutachten der Standesorganisation nicht weiter. 1487

Faustregel: Durchschnittlicher Jahresumsatz minus kalkulatorischer Arztlohn; vom Rest ein **Drittel**.

e)   Leasing

Bei **Leasing-Verträgen** muss man zunächst fragen, ob der (meist einen Pkw betref- 1488
fende) Vertrag

- ein **reiner Mietvertrag** mit der Option des anschließenden Kaufs,
- oder ein „**echter Mietkauf**" ist, d.h. ein Vertrag, der zu einer Anzahlung, zu alsdann fälligen Leasinggebühren und schließlich zu einer Schlusszahlung verpflichtet.

Im ersten Fall hat der geleaste Gegenstand keinen Wert. 1489

Im zweiten Fall gehen die Gerichte meist vom **Veräußerungswert abzüglich der** 1490
noch ausstehenden Schlusszahlung aus.[1516]

f)   Nießbrauch, Wohnrecht und verwandte Rechte

Nießbrauch (etwa an einem Gebäude) ist das wirtschaftliche Eigentum, also die un- 1491
beschränkte, nicht vererbliche Nutzungsmöglichkeit (§ 1030 BGB), verbunden mit der
Pflicht, den gewöhnlichen Erhaltungsaufwand zu tragen (§ 1047 BGB).

Wohnrecht oder Wohnungsrecht ist das i.d.R. „lebzeitliche", gleichfalls grundbuch- 1492
lich gesicherte (§ 1093 BGB) Nutzungsrecht an einer Wohnung, in der Praxis meist
ohne die Verpflichtung, für Erhaltungsaufwand und verbrauchsunabhängige Betriebskosten aufzukommen.

1514   Für Anwälte, die wegen juristischer Betriebsblindheit oder aus achtenswerteren Gründen keine Gütertrennung vereinbart haben, ist das ein Grund mehr, inständig zu hoffen, dass ihnen ihre Frauen nicht davonlaufen.
1515   Kogel, Strategien beim Zugewinnausgleich, S. 79.
1516   Differenzierend OLG Bamberg: Der zugewinnausgleichsrechtliche Vermögensvorteil ist „dadurch bewertbar, dass man davon ausgeht, dass die Anzahlung als zusätzliches Entgelt für die Gebrauchsüberlassung kontinuierlich im Verhältnis zur Vertragslaufzeit aufgezehrt wird", FamRZ 1996, 649; so auch OLG Karlsruhe FamRZ 2004, 1028.

E. Zugewinnausgleich

1493 Wohnrechte sind oft eingebettet in sog. Altenteilsverträge (Leibzuchtverträge, Leibgedinge), die außerdem noch Mitbenutzungsrechte der Übergeber, Renten- und Pflegeverpflichtungen der Übernehmer, Geschwisterabfindungen, Beerdigungs- und Grabpflegekosten u.v.m. beinhalten.

1494 Auch wenn ein derartiges Recht nicht notariell vereinbart und im Grundbuch eingetragen wird, kann es zum Endvermögen gehören.[1517] Das gilt namentlich für den nicht seltenen Fall, dass ein Mann auf dem elterlichen oder schwiegerelterlichen Grundstück einen Anbau errichtet oder dort Modernisierungsarbeiten ausführt und dafür das Versprechen erhält, eine Wohnung zusammen mit seiner Familie unentgeltlich zu nutzen, also seine Arbeit „abzuwohnen". Wenn die Trennung während der Nutzungsdauer sozusagen dazwischenkommt, ist das fortbestehende Nutzungsrecht als Vermögenswert beim Endvermögen zu berücksichtigen,[1518] und zwar mit seinem **objektiven Wert**. Dabei ist – wie immer beim Zeitwert künftiger Leistungen – auf einen Zinssatz abzustellen, der aus einer langfristigen Beobachtung der maßgeblichen wirtschaftlichen Orientierungsgrößen gewonnen wird.[1519] Favorisiert wird dabei vom BGH der dem Bewertungsgesetz entnommene Zinssatz von 5,5 %.[1520]

1495 Bei den **Inhabern** von Wohnrechten gleich welcher Art gehören daher diese zum Aktivvermögen, und zwar sowohl beim Anfangs- wie beim Endvermögen.

1496 Bei den **Verpflichteten**, d.h. bei den Eigentümern, gehörten die Nießbrauchs- und Wohnungsrechtsverpflichtungen dagegen **nicht** zu den vermögensbelastenden Verbindlichkeiten, wenn das Hausgrundstück im Wege der vorweggenommenen Erbfolge vom Nießbraucher oder Wohnungsrechtsinhaber übertragen worden war[1521] – bis der **BGH**[1522] **mit Urt. v. 07.09.2005** eine Kehrtwendung vollzog und eine während des Güterstands (§ 1374 Abs. 2) begründete Leibrentenverpflichtung (300,00 DM/monatlich gegenüber dem Vater des Ehemannes) sowohl in das Anfangs- wie (mit entsprechend verringertem Wert) in das Endvermögen einstellte (mit dem jeweiligen Alter gem. Anlage 9 zu § 14 Bewertungsgesetz).

1497 Bei **Altenteilen** ist nach dem gleichen Schema vorzugehen, wobei der Jahreswert sich aus dem Wohnrecht, den Pflegeleistungen und den sonstigen Rechten zusammensetzt (auf der Passivseite fällt gewöhnlich nichts an).[1523]

1517 BGH, FamRZ 2005, 1974 (dort: Leibrente).
1518 OLG Celle, FamRZ 1993, 1204.
1519 BGH, FamRZ 2004, 527 m.w.N.
1520 BGH, FamRZ 2004, 527, 529.
1521 BGH, FamRZ 1990, 603 = NJW 1990, 1793; BGH, FamRZ 1990, 1083 = NJW-RR 1990, 1283.
1522 BGH, FamRZ 2005, 1974, 1977.
1523 Zu weiteren Einzelheiten s. OLG Karlsruhe, FamRZ 1990, 56.

2. Hochrechnung des Anfangsvermögens mit Indexzahlen

Geld und andere Vermögensgegenstände können bei der Bestimmung des Anfangsvermögens natürlich nicht mit ihrem **nominellen Wert** statt mit ihrem **tatsächlichen Wert** berücksichtigt werden. Letzterer wird dadurch gebildet, dass man das Anfangsvermögen anhand des **Preisindexes für die Lebenshaltung aller privaten Haushalte** hochrechnet. Die einschlägige **BGH-Formel** lautet:

1498

> Nominelles Anfangsvermögen mal Index für Endvermögen geteilt durch Index für Anfangsvermögen.

Diese Formel gilt auch für Grundstücke.[1524]

1499

Beispiel:

Angenommen, jemand hat 1967 einen neuen VW Käfer in die Ehe eingebracht, der 5.600,00 DM gekostet hat, außerdem ein Sparkonto mit 350,00 DM. Zum Endvermögensstichtag im August 1991 hat er einen BMW, der mit 15.000,00 DM Verkehrswert in der Schwacke-Liste steht sowie ein Girokonto, das mit 2.400,00 DM im Soll steht.

Indexierung:

$$\frac{5.950\ DM \times 89{,}0\ (1991)}{37{,}8\ (1967)} = 14.009{,}26\ DM.\ (Basis:\ 1995 = 100)$$

Der Zugewinn beträgt also 14.009,26 DM Anfangsvermögen ./. 12.600,00 DM Endvermögen und damit Null.

Ohne Berücksichtigung des Lebenshaltungskostenindexes wären es immerhin 12.600,00 DM ./. 5.950,00 DM = 6.650,00 DM gewesen. Damit wird erkennbar, welch große Rolle der Index v.a. bei Altehen spielt.

Ausgespart wurde bisher die Frage, **welcher Index** zugrunde zu legen ist. Ist es der für alle privaten Haushalte oder der für den 4-Personen-Arbeitnehmerhaushalt mit mittlerem Einkommen? Zur Vermeidung solcher Schwierigkeiten hat **Gutdeutsch** einen **Allgemeinen Verbraucherpreisindex**[1525] erstellt (mit der Basis Jahr 2000 = 100), der sich zwischenzeitlich allgemein durchgesetzt hat.[1526]

1500

Bei **privilegiertem Zuerwerb** (Zurechnung von Schenkungen, Erbschaften usw. zum Anfangsvermögen) sind die Indexzahlen **zum Zuerwerbszeitpunkt** maßgeblich, nicht also zum Anfangsvermögensstichtag.

1501

1524 Kogel schlägt dagegen vor, auf den Baukostenindex als genaueren Maßstab zurück zu greifen, FamRZ 2003, 278.
1525 FamRZ 2003, 1062.
1526 Krit. hat sich hierzu Kogel, FamRZ 2003, 1901 geäußert; Gutdeutsch konnte gleich darauf (FamRZ 2003, 1902) erwidern.

E. Zugewinnausgleich

3. Berechnung des Endvermögens

1502 Das tatsächlich vorhandene Endvermögen braucht naturgemäß nicht hochgerechnet zu werden; es ist ja bereits auf dem „richtigen" Stand. Es findet also nicht etwa noch eine weitere Hochrechnung des Endvermögens oder – was logischer wäre – des Zugewinns auf den Zeitpunkt der Rechtskraft der Zugewinnausgleichsentscheidung statt.

1503 Dies kann nicht unproblematisch sein, denn bisweilen vergehen **vom Endvermögensstichtag bis zur Rechtskraft des Urteils** (des Scheidungsurteils oder des Urteils im isolierten Zugewinnausgleichsprozess) mehrere Jahre, in denen ein Inflationsschub stattfinden kann, und die Verzinsung setzt, wie wir noch sehen werden, erst mit der Rechtskraft des Urteils ein.

1504 Die illoyalen Vermögensminderungen durch Verschenken und sonstiges Verschleudern werden gemäß dem Zeitpunkt ihres Verschwindens bewertet.

Beispiel:

Ein Mann, dem im Jahr 2005 nach 5-jähriger Trennung der Scheidungsantrag seiner Frau zugestellt wird, hat noch im Jahr 2000 seiner damaligen Freundin ein 30.000,00 €-Cabrio geschenkt. Sein reales Endvermögen beträgt 30.000,00 €. Nunmehr werden

$$\frac{30.000,00 \times 107,6}{100} = 32.280,00\ \text{€}$$

hinzugerechnet. Wenn sein hochgerechnetes Anfangsvermögen z.B. 30.000,00 € beträgt, hat er nun einen Zugewinn von 32.280,00 €. Ohne Berücksichtigung der illoyalen Vermögensverfügung hätte er einen Zugewinn von 0.

VI. Der Auskunftsanspruch

1505 Im Familienrecht existieren vielfache Auskunftsrechte, weil gerade getrennt lebende Eheleute üblicherweise nicht über Informationen verfügen, die für anstehende Entscheidungen und/oder Beurteilungen aber erforderlich sein können.

1506 Eine wesentliche Rolle spielen solche Informationen i.R.d. Beendigung des Güterstands der Zugewinngemeinschaft, um die in der Ehe erworbenen beiderseitigen Vermögenswerte ausgleichen zu können.

1. Allgemeines

1507 Die Verpflichtung zur Auskunftserteilung setzt **mit Ende des Güterstands** ein, bei **vorgezogenem Zugewinnausgleich** nach überwiegender Auffassung erst **nach**

Rechtskraft des Gestaltungsurteils.[1527] In den Fällen der Ehescheidung und der Eheaufhebung beginnt die Auskunftsverpflichtung mit der **Rechtshängigkeit des Antrags**, §§ 1379 Abs. 2, 1384 BGB.

Die Auskunftsverpflichtung bezieht sich auf den **Stichtag**, d.h. den Tag der Zustellung des Scheidungsantrags. 1508

Der Ehegatte, von dem Auskunft verlangt wird, hat wegen des ihm selbst zustehenden Auskunftsanspruchs **kein Zurückbehaltungsrecht** nach § 273 BGB.[1528] 1509

Die Auskunftspflicht **entfällt** ausschließlich dann, wenn klar erkennbar ist, dass **Zugewinn nicht erzielt** worden ist.[1529] Das Gleiche gilt, wenn die Ausgleichsforderung **verjährt** ist und sich der in Anspruch genommene Ehegatte hierauf beruft. 1510

Für den Fall der **Weigerung des Verpflichteten**, trotz entsprechender Verurteilung Auskunft zu erteilen, wird bei der Berechnung des Zugewinns **von der substanziierten Darlegung** des Berechtigten über die Vermögenswerte des Verpflichteten **ausgegangen**. Dies führt zu einer **Beweiserleichterung** für den Ausgleichsberechtigten. 1511

2. Auskunft über das Anfangsvermögen

Auskunft über das Anfangsvermögen wird grds. nicht geschuldet. 1512

Dies folgt aus **§ 1377 BGB**. Dort heißt es: 1513

(1) „Haben die Ehegatten den Bestand und den Wert des einem Ehegatten gehörenden Anfangsvermögens [...] gemeinsam in einem Verzeichnis festgestellt, [...]"

und

(2) „Jeder Ehegatte kann verlangen, dass der andere Ehegatte bei der Aufnahme des Verzeichnisses mitwirkt."

I.d.R. wird ein solches Verzeichnis natürlich nicht erstellt. Dann heißt es in Abs. 3 weiter:

(3) „Soweit kein Verzeichnis aufgenommen ist, wird vermutet, dass das Endvermögen eines Ehegatten seinen Zugewinn darstellt.

Es wird gesetzlich daher sodann angenommen, dass kein Anfangsvermögen vorhanden war. 1514

1527 So OLG Celle, FamRZ 1983, 171; OLG Nürnberg, FamRZ 1998, 685, Palandt/Brudermüller, BGB, § 1378 Rn. 7; AnwKomm-BGB/Groß, § 1379 Rn. 2; a.A. OLG Celle, FamRZ 2000, 1369; Scherer, FamRZ 2001, 1112.
1528 OLG Thüringen, FamRZ 1997, 1335.
1529 OLG Brandenburg, FamRZ 1998, 174.

E. Zugewinnausgleich

1515 Der Inhaber des Anfangsvermögens trägt deshalb anschließend die **Darlegungs- und Beweislast** dafür, dass er anfänglich mehr als nichts hatte.

1516 Auf einem ganz anderen Blatt steht die **allgemeine**, also vom Zugewinnausgleichsrecht unabhängige Verpflichtung des Ehepartners, den anderen wenigstens in **groben Zügen** über die von ihm vorgenommenen Vermögensbewegungen zu **unterrichten**.[1530]

1517 Diese Verpflichtung folgt aus der Pflicht zur ehelichen Lebensgemeinschaft (§ 1353 Abs. 1 BGB).[1531] Kein Ehepartner darf also den anderen in der Frage, was er mit seinem Geld anstellt, völlig ohne Informationen lassen.[1532]

1518 Tut er es gleichwohl, riskiert er den **vorzeitigen Zugewinnausgleich**. Die Ehefrau, bestärkt in dem Verdacht, dass der Gatte etwas „gebunkert" hat oder verschwinden lassen will, kann dann also den Zugewinnausgleich vorziehen und liquidieren, bevor es zu spät ist (§ 1386 Abs. 3 BGB). Ein Anspruch auf vorzeitigen Zugewinnausgleich setzt aber voraus, dass der Ehegatte den Anspruchsteller **nicht einmal kursorisch** in groben Zügen unterrichtet hat; diese Pflicht geht nicht so weit, dass **Belege** vorgelegt oder **Einsicht in Geschäftsbücher** gewährt werden muss.[1533]

1519 Alternative zur Klage auf vorzeitigen Zugewinnausgleich ist, den allgemeinen Unterrichtungsanspruch mit einer **Herstellungsklage** geltend zu machen (§§ 606 Abs. 1, 888 Abs. 2 ZPO).[1534] Diese hat allerdings den erheblichen Nachteil, dass das angestrebte Urteil nicht vollstreckbar ist (§ 888 Abs. 3 ZPO).[1535]

3. Auskunft über das Endvermögen

a) Gegenstand der Auskunft

1520 Gegenstand der Auskunftsverpflichtung ist allein das **aktive und passive Endvermögen**, also weder das Anfangsvermögen noch das Zurechnungsvermögen.[1536]

1530 BGH, FamRZ 1978, 677.
1531 Die Vorschrift ist eine wahre „Mehrzweckwaffe", mit der sich so unterschiedliche Rechte und Pflichten wie die Zustimmung zur steuerlichen Zusammenveranlagung, die Geschlechtsgemeinschaft und das Recht auf Abhebungen vom Konto des Ehegatten (LG Detmold, FamRZ 2002, 670) verklammern lassen.
1532 Das gilt selbstverständlich auch umgekehrt und unabhängig vom Güterstand.
1533 OLG Hamm, FamRZ 2000, 228.
1534 Die Auffassung ist ebenso umstritten wie die Frage der Zuständigkeit des FamG für die Unterrichtungsklage (vgl. Musielak/Borth, ZPO, § 606 Rn. 10).
1535 So zutreffend Bergschneider in der Rezension zur 1. Aufl., FamRZ 2000, 728.
1536 BGH, NJW 1982, 176; keine Auskunftspflicht über Anfangsvermögen: OLG Karlsruhe, FamRZ 1981, 458; OLG Nürnberg, FamRZ 1986, 272; auch nicht ausnahmsweise: OLG Karlsruhe, FamRZ 1986, 1105; a.A. OLG Schleswig, FamRZ 1983, 1126.

VI. Der Auskunftsanspruch

Die Verpflichtung bezieht sich ebenso wenig auf illoyale Vermögensverfügungen gem. § 1375 Abs. 2 BGB.[1537]

1521

Allerdings bejahen der BGH,[1538] das **KG**[1539] und auch das **OLG Bremen**[1540] einen **Auskunftsanspruch aus § 242 BGB**. Der Auskunftsberechtigte muss **konkrete Anhaltspunkte** für ein Handeln i.S.d. § 1375 Abs. 2 BGB darlegen.[1541]

1522

Die Rechtsprechung lässt es allerdings **nicht** genügen, wenn ein Vermögensgegenstand vermisst wird, der nicht lange vor dem Stichtag noch vorhanden war. Allein der **Verdacht**, dass der Vermögensgegenstand noch vorhanden ist, reicht danach für § 242 BGB **nicht** aus, sondern ist mithilfe der eidesstattlichen Versicherung zu lösen.

1523

Aus einem großzügigen Lebensstil oder einem „Leben über die Verhältnisse" ergeben sich nach Auffassung des **BGH**[1542] ebenfalls keine hinreichenden Anhaltspunkte.

1524

Nach Ansicht des **OLG Köln**[1543] soll es ausreichen, wenn kurz vor dem Stichtag ein Grundstück verkauft wird und die Frage nach der Verwendung des Verkaufserlöses gestellt werden soll. Nach Auffassung des **OLG Bremen** begründet der Verkauf von Wertpapieren und einer Lebensversicherung und ein gleichzeitig auftretender Minussaldo auf dem Girokonto zwischen Trennung und Rechtshängigkeit des Scheidungsantrags hinreichend den Verdacht der illoyalen Vermögensminderung, solange die Geldbewegungen nicht im Einzelnen belegt sind und Gegenteiliges erweisen.[1544]

1525

Führt auch die **eidesstattliche Versicherung** nicht zum Erfolg, ist die **Klage so zu beziffern, als wäre der Vermögensgegenstand noch vorhanden**, das frühere Vorhandensein nachzuweisen und es dem Beklagten zu überlassen, sich zu erklären.[1545] Dieser Rechtszustand ist ebenso unbefriedigend wie er die Verfahrenskosten in die Höhe treibt.

1526

Gegenstand der Auskunft sind i.Ü. nicht Hausratsgegenstände, die nach der HausratsVO verteilt werden können.

1527

1537 BGH, FamRZ 1982, 27; BGH, FamRZ 1997, 800; BGH, FamRZ 2000, 948, 950.
1538 BGH, FamRZ 1982, 27; BGH, FamRZ 1997, 800; BGH, FamRZ 2000, 948, 950.
1539 FamRZ 1997, 1336.
1540 FamRZ 1999, 94.
1541 BGH, FamRZ 2000, 948, 950.
1542 BGH, FamRZ 2000, 948, 950.
1543 FamRZ 1999, 1071.
1544 OLG Bremen, FamRZ 1994, 94.
1545 BGH, NJW 1982, 176; BGH, NJW 1997, 2239; BGH, NJW 2000, 2347.

b) Inhalt der Auskunft

1528 Das Gesetz unterscheidet zwei Arten von Auskünften, den **Anspruch auf Erstellung eines Bestandsverzeichnisses (§ 1377 Abs. 2 Satz 1 und Satz 2 BGB)** und den **Anspruch auf Wertermittlung der aktiven Vermögensgegenstände und der Verbindlichkeiten (§ 1377 Abs. 2 Satz 3 BGB)**.

1529 Ergänzt werden die Ansprüche auf Bestandsverzeichnis und Wertermittlung durch den aus § 1377 Abs. 2 Satz 3 BGB (analog) hergeleiteten **Anspruch auf Erstellung eines Sachverständigengutachtens**.[1546]

1530 Der Anspruch ist von **geringer praktischer Bedeutung**. Voraussetzung ist, dass eine Bewertung **nur durch einen Gutachter möglich** ist (Unternehmen, Praxen von Freiberuflern). Der Anspruch bezieht sich auf die **Duldung der Ermittlungen** durch den vom Gläubiger zu beauftragenden Sachverständigen, wobei die Begutachtung auf Kosten des Gläubigers erfolgt.[1547] Die geringe praktische Bedeutung beruht darauf, dass das Gutachten ein **Privatgutachten** bleibt. Das Risiko ist hoch, dass im Prozess ein weiteres Gutachten eingeholt werden muss.

c) Das Bestandsverzeichnis

1531 Das Bestandsverzeichnis ist eine **übersichtliche Zusammenstellung der Aktiva und Passiva**. Ein aus mehreren Schreiben/Schriftsätzen zusammengesetztes Bestandsverzeichnis genügt diesen Anforderungen nicht.[1548] Die einzelnen Vermögensgegenstände müssen nach **Art, Anzahl und wertbildenden Merkmalen** angegeben werden. Wertangaben werden im Bestandsverzeichnis nicht geschuldet.[1549]

1532 Zu einzelnen Bereichen:

- **Immobilien**
  Lage, Größe, Art der Bebauung, Wohnfläche, Nutzfläche, Art der Nutzung,

- **Lebensversicherungen**
  entweder Abschlussjahr, Ende der Laufzeit, Versicherungssumme und Prämienhöhe oder wie üblich der von der Versicherung ermittelte Zeitwert. Nach OLG Köln[1550] genügt zunächst die Angabe von Rückkaufwert und Überschussanteilen. Erst im

---

1546 BGH, NJW 1982, 1643.
1547 Die Erstattung ist evtl. als unterhaltsrechtliche Sonderkosten i.S.v. §§ 1361 Abs. 4, 1360a Abs. 2, 1613 Abs. 2 Nr. 1, 1685b Abs. 1 BGB möglich; evtl. auch als Vorbereitungskosten nach § 91 ZPO, vgl. Palandt/Brudermüller, BGB, § 1379 Rn. 15.
1548 BGH, FamRZ 1982, 682; OLG Düsseldorf, FamRZ 1979, 808.
1549 BGH, FamRZ 1982, 682.
1550 FuR 2002, 568.

weiteren Verfahren sei zu prüfen, ob die Voraussetzungen für den Zeitwert vorliegen.[1551]

- **Pkw**
  Marke, Modell, Baujahr, Kilometerstand, ob unfallfrei, ob aus erster Hand,
- **Forderungen/Verbindlichkeiten**
  Höhe, Fälligkeit, Verzinslichkeit und Name des Schuldners/Gläubigers (bei Verbindlichkeiten evtl. noch Verwendungszweck),[1552]
- **Girokonto**
  Bestand; Sonderfall Unterhaltsrate: abzugsfähig, auch soweit sie für einen zukünftigen Zeitraum gezahlt ist,[1553]
- **Depot**
  Bankverbindung, Depotnummer, Bezeichnung der Wertpapiere,
- **Hausrat (soweit zum Zugewinn gehörig), Gegenstände des persönlichen Bedarfs**
  Gegenstand, Neupreis, Kaufjahr,
- **Unternehmen/Freiberuflerpraxen**
  Umsatz, Gewinn, Sachausstattung, stille Reserven – wobei anders als durch die Bilanzen/Gewinn- und Verlustrechnungen der vergangenen Jahre die wertbildenden Merkmale kaum angegeben werden können; bei Arztpraxen zusätzlich: Anzahl der Krankenscheine und Privatpatienten,
- **landwirtschaftlicher Betrieb**
  betriebswirtschaftliche Jahresabschlüsse, zumindest sowohl den Unternehmensaufwand als auch den Unternehmensertrag, die Fremdlöhne und die Lohnansprüche der Familienarbeitskräfte,[1554]
- **Sammlungen**
  bei Üblichkeit und ausreichender Bezeichnung genügt die Angabe als solche; wertvolle Gegenstände sind aber einzeln aufzuführen.[1555]

d) Wertermittlungsanspruch

Der Wertermittlungsanspruch muss neben dem Anspruch auf Erstellung über den Bestand des Endvermögens **gesondert geltend** gemacht werden.[1556] Der Anspruch be-

1533

1551 Krit. dazu AnwKomm-BGB/Groß, § 1379 Rn. 6.
1552 OLG Düsseldorf, FamRZ 1986, 186.
1553 BGH, FamRZ 2003, 1544 m. Anm. Schröder; a.A. Schöpflin, FuR 2004, 60: Monatsbedarf aus dem Kontostand soll herausgerechnet werden.
1554 OLG Düsseldorf, FamRZ 1986, 168.
1555 BGH, NJW 1984, 484.
1556 BGH, NJW 1982, 1643; BGH, FamRZ 1989, 157; BGH, FamRZ 2003, 597; OLG Köln, FamRZ 2002, 1406.

steht, wenn ohne schriftliche Unterlagen eine Wertfeststellung nicht möglich ist. Ein Anspruch auf Vorlage allein **zu Kontrollzwecken besteht nicht**.[1557]

1534 Der zur Auskunft Verpflichtete muss, soweit er dazu imstande ist, den Wert der Vermögensgegenstände und Verbindlichkeiten zuverlässig ermitteln und angeben. Dazu gehört auch, dass er zu Einzelfragen Auskünfte einholt oder Hilfskräfte einschaltet.[1558]

1535 Die Grenze liegt bei der **Einholung eines Sachverständigengutachtens**. Hierzu ist der Schuldner **nicht verpflichtet**.[1559]

1536 Die Wertermittlungsunterlagen, also z.B. die Bankauskunft über das Depot, sind vorzulegen.[1560]

1537 Der Anspruch auf Vorlage von Belegen muss nach Art und Anzahl der Belege so **konkret** bezeichnet werden, dass eine **Zwangsvollstreckung möglich** ist.[1561] Es genügt nicht, zu beantragen, „entsprechende Belege vorzulegen". Verlangt werden muss z.B. „die Einnahmen-Überschuss-Rechnungen für die Kalenderjahre 2001 – 2004 vorzulegen".[1562]

e) **Die eidesstattliche Versicherung**

1538 Nur dann, wenn **Grund zu der Annahme** besteht, dass **eine fehlerhafte Auskunft** erteilt worden ist, muss die Richtigkeit und Vollständigkeit gem. **§ 260 Abs. 2 BGB an Eides statt** versichert werden. Ob der Pflichtige die von ihm zu erteilende Auskunft mit der **erforderlichen Sorgfalt** erteilt hat, ist keine Frage der Auskunftsergänzung, sondern (falls nicht eine Frage der Vollstreckung des Auskunftsanspruchs) der **eidesstattlichen Versicherung** der Auskunft dahin, dass der Pflichtige den Bestand nach bestem Wissen so vollständig angegeben hat, als er dazu imstande sei.[1563]

1539 Hat der Verpflichtete ein von ihm selbst verfasstes oder amtlich aufgestelltes Verzeichnis vorgelegt, das **nicht von vornherein unbrauchbar** ist, kann regelmäßig **nicht** dessen Ergänzung oder Erneuerung wegen behaupteter Mängel verlangt werden, es

---

1557 OLG Karlsruhe, FamRZ 1986, 1105; OLG Karlsruhe, FamRZ 1998, 761; OLG Bremen, MDR 2000, 1324; Palandt/Brudermüller, BGB § 1379 Rn. 12; AnwKomm-BGB/Groß, § 1379 Rn. 8.
1558 BGH, FamRZ 1991, 316.
1559 BGH, FamRZ 1991, 316; BGH, FamRZ 2003, 597.
1560 BGH, NJW 1982, 1643; BGH, FamRZ 2003, 597; AnwKomm-BGB/Groß, § 1379 Rn. 7; a.A. Palandt/Brudermüller, BGB, § 1379 Rn. 14; Johannsen/Henrich/Jäger, Eherecht, § 1379 Rn. 11.
1561 OLG Karlsruhe, FamRZ 1980, 1119, 1121.
1562 OLG Karlsruhe, FamRZ 1980, 1119; Büttner, FamRZ 1992, 629.
1563 BGH, FamRZ 1984, 144.

sei denn, der Verpflichtete ist zur Beseitigung von Mängeln bereit. Sonst sind solche Mängel im Verfahren über die **Abgabe einer eidesstattlichen Versicherung** (oder im Rechtsstreit über die Ausgleichsforderung selbst) zu klären.[1564]

Ausnahmsweise besteht dann ein **Ergänzungsanspruch**, wenn in der erteilten Auskunft die Angabe eines Vermögenswertes oder einer Mehrheit von Gegenständen fehlt, weil der Auskunftsverpflichtete unverschuldet oder im entschuldbaren Irrtum den Umfang seiner Auskunftspflicht verkannt hat.[1565]

1540

Beruht die unvollständige Auskunft auf einem Sorgfaltsmangel, besteht ein Anspruch nach § 260 Abs. 2 BGB. Auf einen Sorgfaltsmangel weisen insbes. **wechselnde oder widersprüchliche Angaben** hin.[1566]

1541

f) Verfahrensfragen

Im Scheidungsverbund ist die Geltendmachung eines isolierten Auskunftsanspruchs unzulässig.[1567] Soll im Scheidungsverfahren Zugewinn geltend gemacht werden und liegt die Auskunft nicht vor, ist die Erhebung der **Stufenklage** erforderlich.

1542

Die Auskunftsklage hemmt – im Gegensatz zur Stufenklage – i.Ü. die Verjährung nicht.

1543

Der **Klageantrag** könnte lauten:

1544

I.

Der Antragsgegner wird verurteilt, der Antragstellerin

1. Auskunft zu erteilen über den Bestand seines Endvermögens am ... durch Vorlage eines geordneten Verzeichnisses, gegliedert nach Aktiva und Passiva,

2. den Wert aller Vermögensgegenstände und Verbindlichkeiten mitzuteilen,

3. folgende Belege vorzulegen.

II.

Der Antragsgegner wird verurteilt, die Vollständigkeit und Richtigkeit seines Vermögensverzeichnisses an Eides statt zu versichern.

III.

1564 OLG Köln, FamRZ 1997, 1336.
1565 BGH, FamRZ 1984, 144.
1566 BGH, FamRZ 1978, 677.
1567 BGH, FamRZ 1997, 811.

E. Zugewinnausgleich

> Der Antragsgegner wird verurteilt, an die Antragstellerin Zugewinnausgleich in nach Auskunftserteilung noch zu beziffernder Höhe nebst 5 % über dem Basiszinssatz hierauf ab ... zu bezahlen.

1545 Die **Vollstreckung** der Auskunft erfolgt nach § 888 ZPO, beim **Wertermittlungsanspruch nach § 1379 Abs. 1 Satz 2, 2. Halbs. BGB** und beim Anspruch nach § 1379 **Abs. 1 Satz 3 BGB nach § 887 ZPO.**

1546 Ist ein Auskunftspflichtiger zur **Abgabe der eidesstattlichen Versicherung** verurteilt, ist diese gem. **§ 889 ZPO** beim AG (Vollstreckungsgericht) – Wohnsitz des Schuldners – abzugeben.

1547 Erklärt sich der Auskunftsverpflichtete **freiwillig** zur Abgabe der eidesstattlichen Versicherung bereit, ist nach **§§ 163, 79 FGG** das AG als Gericht der freiwilligen Gerichtsbarkeit am Wohnsitz des Schuldners zuständig.

1548 Die Abnahme erfolgt in beiden Fällen durch den **Rechtspfleger.**

VII. Der Ausgleich

1549 Der Ausgleich erfolgt grds. in Geld, evtl. aber auch anderweitig. Zudem sollte man sich an dieser Stelle vorab vergegenwärtigen, dass **neben** dem Zugewinnausgleich ein Anspruch auf gesellschaftsrechtlichen Ausgleich (Innengesellschaft!) bestehen kann.[1568] Dieser ist also keineswegs auf die Fälle der Gütertrennung beschränkt.

1. Fälligkeit und Zinsen

1550 Der Endvermögensstichtag ist bekanntlich nicht identisch mit dem Tag des Entstehens der Zugewinnausgleichsforderung.

1551 Die Ausgleichsforderung entsteht erst mit dem Ende des Güterstands (§ 1378 Abs. 3 Satz 1 BGB). Dieser endet **mit dem Tag der Rechtskraft der Scheidung bzw. mit rechtskräftigem Abschluss der Berufung**, ggf. durch Berufungsrücknahme.[1569]

1552 Die Rechtskraft der Scheidung tritt, wenn niemand Berufung eingelegt hat, nach Ablauf von einem Monat ab Zustellung des Scheidungsurteils bei beiden Parteien bzw. ihren Prozessbevollmächtigten ein. Erst von da an ist die Ausgleichsforderung fällig und verzinslich.

1553 Der Fälligkeitsstichtag ist auch für die Vererblichkeit des Anspruchs von Bedeutung:

1568 BGH, FamRZ 2006, 607.
1569 OLG Zweibrücken, FamRZ 2004, 1032.

VII. Der Ausgleich

Erst mit ihrem Entstehen wird die Ausgleichsforderung vererblich. Stirbt der Gläubiger der Ausgleichsforderung vor Scheidungsrechtskraft, ist die Forderung noch gar nicht entstanden: Die Erben gehen leer aus.[1570]

Wie starr der Gesetzgeber die Fälligkeit der Forderung in der Person des Berechtigten gefasst hat und fassen wollte, ergibt sich auch daraus, dass sich kein Ehegatte vor Beendigung des Güterstands verpflichten kann, über die Forderung zu verfügen (§ 1378 Abs. 3 Satz 3 BGB).[1571] 1554

Wird der Zugewinnausgleich erst nach Beendigung des Güterstands geltend gemacht, müssen die Zinsen erst ab Inverzugsetzung[1572] entrichtet werden, frühestens aber ab Rechtskraft des Scheidungsurteils. 1555

Geschuldet wird grds. der gesetzliche Zinssatz von **5 % über dem Basiszinssatz** nach § 1 des Diskontsatz-Überleitungs-Gesetzes[1573] (Prozesszinsen nach § 288 Abs. 1 Satz 1 BGB).[1574] Die Inverzugsetzung ist durch den mit Wirkung ab 01.05.2000 eingefügten § 286 Abs. 3 BGB erleichtert worden, demzufolge Verzug – Fälligkeit der Forderung vorausgesetzt – 30 Tage nach Zugang der Zahlungsaufforderung eintritt, auch wenn keine Frist gesetzt worden ist. 1556

Wer Schulden – für gewöhnlich Bankschulden – nachweisen kann, hat Anspruch auf den ggf. höheren Zinssatz, den er an sein Kreditinstitut zahlen muss (§§ 288 Abs. 1 Satz 2, 286, 284 BGB). 1557

Umgekehrt können die Gerichte aber auch von der Möglichkeit Gebrauch machen, nach § 1382 Abs. 4 BGB über die Zinshöhe nach billigem Ermessen zu entscheiden, d.h. den nunmehr geltenden gesetzlichen Zinssatz zu reduzieren.[1575]

2. Erfüllung

Die Zugewinnausgleichsforderung erlischt wie jede Forderung durch Erfüllung, also dadurch, dass der ausgleichspflichtige Ehepartner die geschuldete Leistung erbringt. 1558

Erfüllt wird i.d.R. durch **Zahlung**. 1559

1570 BGH, FamRZ 1995, 597 = NJW 1995, 1832.
1571 S. hierzu den Sonderfall BGH, FamRZ 2004, 1353 m. krit. Anm. Koch, FamRZ 2004, 1354.
1572 Wenn keine Frist gesetzt wird, gilt die gleichfalls verzugsauslösende 30-Tages-Frist nach § 284 Abs. 3 BGB.
1573 V. 09.06.1998, BGBl. I, S. 1242.
1574 Die Neufassung ist am 01.05.2000 in Kraft getreten (Gesetz zur Beschleunigung fälliger Zahlungen v. 30.03.2000, BGBl. I, S. 330).
1575 So zutreffend Büttner, FamRZ 2000, 922, 924.

E. Zugewinnausgleich

1560 Auf Antrag des Gläubigers kann aber auch die **Übertragung von Gegenständen unter Anrechnung auf die Ausgleichsforderung (§ 1383 Abs. 1 BGB)** vorgenommen werden.

1561 Sie geschieht – in Ausnahmefällen – durch familienrichterliche Anordnung.[1576] Der zahlungspflichtige **Schuldner** kann also die Ersetzung der Zahlungsverpflichtung durch Übertragung von Gegenständen, auch Grundstücken,[1577] nicht verlangen.

1562 Bei Zahlungsklagen ist zu berücksichtigen, dass diese beziffert sein müssen. Unbezifferte Zugewinnausgleichsklagen sind also unzulässig. Der Beklagte kann sogar, wenn eine derartige Klage fälschlich als unbegründet abgewiesen wird, erfolgreich Berufung mit dem Ziel einlegen, dass die Klage zweitinstanzlich als unzulässig abgewiesen wird.[1578]

3. Anrechnung von Vorausempfängen

1563 **Vorausempfänge auf eine Zugewinnausgleichsforderung** werden nur bei dem berücksichtigt, d.h. subtrahiert, der schließlich eine Ausgleichsforderung hat (§ 1380 Abs. 1 BGB). Allerdings ist die Zuwendung zuvor nach § 1380 Abs. 2 BGB dem Zugewinn des Zuwendenden hinzuzurechnen.

1564 Eine **Anrechnung findet nur statt**, wenn bei der Zuwendung vom Zuwendenden ausdrücklich erklärt wird, dass der betreffende Gegenstand wertmäßig[1579] auf den künftigen Ausgleichsanspruch Anrechnung finden soll. Nach **§ 1380 Abs. 1 Satz 2 BGB** ist im Zweifel anzunehmen, dass die Anrechnung stattfinden soll, wenn der Wert den von Gelegenheitsgeschenken übersteigt.[1580] Die Vorschrift gilt für Schenkungen und unbenannte Zuwendungen gleichermaßen.[1581] So wird der Anwendungsbereich recht groß, zumal eine Schenkung auch in der Befreiung von einer Verbindlichkeit bestehen kann.

1576 OLG Schleswig, FamRZ 1996, 175.
1577 Zu Grundstücksübertragungen, auch zu ihren steuerlichen Aspekten (Spekulationssteuer!), s. Feuersänger, FamRZ 2003, 645 und Kogel, FamRZ 2003, 808.
1578 OLG Zweibrücken, FamRZ 2000, 238, 239.
1579 Entscheidend ist der Wert im Zeitpunkt der Zuwendung (§ 1380 Abs. 2 Satz 2 BGB).
1580 So auch OLG Köln, FamRZ 1998, 1515.
1581 Schwab, Handbuch des Scheidungsrechts, S. 1121.

4. Begrenzung der Zugewinnausgleichsforderung

Jede Zugewinnausgleichsforderung findet ihre **Grenze im saldierten Vermögen** bei Beendigung des Güterstands. Diese Vorschrift (§ 1378 Abs. 2 BGB) wird oft übersehen.[1582]

1565

Beispiel:

Es nützt gar nichts, eine Zugewinnausgleichsforderung von 100.000,00 € zu haben, wenn der in Anspruch genommene Partner am Tag der Rechtskraft der Scheidung nur noch 30.000,00 € Aktivvermögen und 10.000,00 € Schulden hat. Dann muss der Schuldner nämlich nur 20.000,00 € zahlen.

Die Einwendung nach **§ 1378 Abs. 2 BGB** kann vom Schuldner, wenn der Zugewinnausgleich erst nach der Scheidung betrieben wird, direkt im Prozess geltend gemacht werden, sodass es dann nur zu einer Verurteilung über 20.000,00 € kommen kann.

1566

Sie kann aber, wenn 100.000,00 € innerhalb des Scheidungsverfahrens geltend gemacht worden und ausgeurteilt worden sind, auch im Nachherein – nachdem sich herausgestellt hat, dass zwischen der letzten Verhandlung und der Rechtskraft ein erheblicher Vermögensverlust eingetreten ist – noch geltend gemacht werden, und zwar dann im Rahmen einer Vollstreckungsgegenklage, d.h. innerhalb eines weiteren Prozesses.

Sinn der Vorschrift ist der Gläubigerschutz anderer Gläubiger.

1567

Gleichwohl besteht die Gefahr, dass in der Zeit zwischen Zustellung des Scheidungsantrags und Rechtskraft des Urteils Vermögen zulasten des ausgleichsberechtigten Ehegatten beiseite geschafft wird.[1583]

Darauf hat die Bundesregierung mit dem Gesetzentwurf zur Änderung des Zugewinnausgleichsrechts reagiert. Die Güterrechtsreform sieht vor, dass sowohl für die Berechnung des Zugewinns als auch für die Höhe der Ausgleichsforderung der Zeitpunkt der Zustellung des Scheidungsantrags maßgeblich ist.

§ 1384 BGB soll wie folgt geplant werden:

„Wird die Ehe geschieden, so tritt für die Berechnung des Zugewinns und für die Höhe der Ausgleichsforderung an die Stelle der Beendigung des Güterstandes der Zeitpunkt der Rechtshängigkeit des Scheidungsantrags."

1582 Zu den Risiken der Anwaltshaftung, die daraus resultieren kann, s. Winckelmann, FPR 2003, 167.
1583 Palandt/Brudermüller, BGB, § 1378 Rn. 8.

5. Erweiterung des Anspruchs

1568 Die Frage der Erweiterung des Anspruchs bezieht sich auf die Zeit vor Eingehung der Ehe.

1569 Häufig hat ein Partner bereits im Rahmen eines Verlöbnisses oder einer sonstigen vorehelichen Lebensgemeinschaft[1584] zum einseitigen Vermögenserwerb des anderen beigetragen.

Klassischer Beispielsfall:

Auf dem Grundstück eines Partners wird – weitgehend in Eigenleistung – ein Haus gebaut. An die Übertragung einer Miteigentumshälfte auf den anderen denkt niemand. Anschließend ziehen beide ein und heiraten. Nach dem Scheitern der Ehe beruft sich der Eigentümer grinsend auf ein sattes Anfangsvermögen (Grundstück mit Neubau) und einen entsprechend mageren Zugewinn.

1570 Der **BGH** hat diesen Fall wie folgt entschieden:[1585]

Er geht von einem **besonderen familienrechtlichen Rechtsverhältnis** aus, zu dessen Geschäftsgrundlage der dauernde Bestand der künftigen Ehe zählt. Scheitert die Ehe, kann – so der BGH – wegen Wegfalls bzw. Störung der Geschäftsgrundlage ein Ausgleich gefordert werden, der den Zugewinnausgleich ergänzt und sich der Höhe nach danach bemisst, was zu zahlen gewesen wäre, wenn das Hausgrundstück am Anfangsvermögensstichtag in dem Stadium gewesen wäre, in dem es sich befand, als die Verlobten mit dem Bau begannen.

1571 Der BGH stellt sich hier schützend vor die **Gutgläubigen** unter den Noch-nicht-Verheirateten. Aber das geht nur mit der Konstruktion eines **besonderen familienrechtlichen Rechtsverhältnisses**.

1572 Zurückhaltender hat das **LG Gießen**[1586] einen ähnlichen Fall (Arbeitsleistungen vor gescheitertem Verlöbnis) entschieden: Konkreter Verdienstausfall wird nach § 1298

1584 Anders in der heterosexuellen nichtehelichen Lebensgemeinschaft: Dort kommt eine Partizipation des Partners an einem Vermögensgegenstand, zu dem der andere einen wesentlichen Beitrag geleistet hat, nur bei Vorliegen einer Innengesellschaft in Betracht. Die Partner mussten die „Absicht verfolgt haben, mit dem Erwerb eines Vermögensgegenstandes einen – wenn auch nur wirtschaftlich – gemeinschaftlichen Wert zu schaffen, der von ihnen für die Dauer der Partnerschaft nicht nur gemeinsam genutzt werden würde, sondern ihnen nach ihrer Vorstellung auch gemeinsam gehören sollte" (OLG Köln, FamRZ 1993, 432; ebenso BGH, FamRZ 1982, 1065 und BGH, FamRZ 1985, 1232). Es kommt also auf den inneren Tatbestand an, d.h. auf die Absicht einer gemeinschaftlichen Wertschöpfung (BGH, FamRZ 2003, 1542).
1585 BGH, FamRZ 1992, 160 = NJW 1992, 427.
1586 LG Gießen, FamRZ 1994, 1522.

Abs. 1 BGB ersetzt; Ansprüche aus Bereicherung oder Wegfall bzw. Störung der Geschäftsgrundlage kommen nur bei konkreter Zweckabsicht oder dann in Betracht, wenn die Leistungen eindeutig **auf der Basis eines personenrechtlichen Gemeinschaftsverhältnisse erbracht werden.**

Das **OLG Köln**[1587] lässt einem Ehemann von einer vorehelichen Schenkung letztlich die Hälfte wieder zufließen, und zwar folgendermaßen (es folgt der LS): 1573

„Wendet ein Verlobter einen Tag vor der Eheschließung der späteren Ehefrau einen Geldbetrag zu, den diese für den Erwerb eines Hauses aufwendet, das die Eheleute fortan bewohnt haben, so steht dem Ehemann nach dem Scheitern der Ehe ein ergänzender Ausgleichsanspruch zu, der **danach zu bemessen ist, was er an Mehr als Zugewinn erhalten würde**, wenn aus dem Anfangsvermögen der Frau der Geldbetrag herausgerechnet und sodann unterstellt würde, der Mann habe nach der Eheschließung der Frau diesen Betrag zum Erwerb der Ehewohnung auf deren Namen zugewandt."

Das Gericht **fingiert** damit, dass es sich nicht um eine voreheliche, sondern um eine eheliche Schenkung (richtiger: eine ehebedingte Zuwendung, worauf Wever[1588] in seiner Anmerkung zutreffend hinweist) gehandelt hat, die im Anfangsvermögen nichts zu suchen hat und deshalb nur das Endvermögen erhöht, mit der Folge, dass (wenn sonst nichts da ist) die Hälfte als Zugewinnausgleich an den Mann zurückfließt. Ohne diese Fiktion wäre die Schenkung auch im Anfangsvermögen platziert und somit zugewinnausgleichsrechtlich neutral gewesen: Der Schenker hätte nichts zurückbekommen. 1574

VIII. Stundung, Herabsetzung und Wegfall des Zugewinnausgleichsanspruchs

In Ausnahmefällen gibt es weitere Möglichkeiten, den Zugewinnausgleichsanspruch nicht oder nicht sofort erfüllen zu müssen. 1575

1. Die Billigkeitsklausel

Nach § 1381 BGB kann der Schuldner die Zugewinnausgleichszahlung verweigern, **„soweit der Ausgleich des Zugewinns nach den Umständen des Falles grob unbillig wäre".** 1576

Aus dem „soweit" ergibt sich, dass der Zugewinnausgleich nicht gestrichen werden muss, sondern auch quotenmäßig gekürzt werden kann.

1587 OLG Köln, FamRZ 2002, 1404 m. Anm. Wever, FamRZ 2002, 1405. Eine weitere – krit. – Anm. stammt von Quack (FamRZ 2003, 606), der die Auffassung vertritt, dass dem Kläger 108.304,00 DM zugestanden hätten (wird dort vorgerechnet).
1588 Anm. Wever, FamRZ 2002, 1405.

1577 Der zweite Absatz der genannten Vorschrift nennt als Beispiel für die grobe Unbilligkeit den Fall, dass derjenige, der Zugewinnausgleich verlangt, „**längere Zeit hindurch die wirtschaftlichen Verpflichtungen, die sich aus dem ehelichen Verhältnis ergeben, schuldhaft nicht erfüllt hat**".

1578 Die Rechtsprechung ist sich darüber einig, dass für die Anwendung der Ausnahmevorschrift jeweils ein **extremer Fall** vorliegen muss.

1579 Drei Gruppen lassen sich unterscheiden:

- **vermögensbezogenes Fehlverhalten**,
- **persönliches Fehlverhalten** (muss entschieden krasser sein als die Verfehlungen der ersten Gruppe),
- **objektive, verschuldensunabhängige Gesichtspunkte**.

1580 Als **vermögensbezogene Pflichtverletzungen** sind von der Rechtsprechung anerkannt:

Faulheit (Weigerung, etwas zum Familienunterhalt beizutragen), Verschwendungssucht, Vernachlässigung des Haushalts, jahrelange Entgegennahme überhöhten Unterhalts,[1589] einseitiger Verbrauch des Einkommens, Geiz, provozierte Arbeitslosigkeit, Alkoholismus (ohne erkennbare Bereitschaft, von der Sucht loszukommen).

1581 Die **persönlichen, nicht vermögensbezogenen Verfehlungen**, die die Annahme der groben Unbilligkeit begründen, müssen ganz erheblich sein.[1590]

1582 Gestrichen wurde der Zugewinnausgleich z.B. in einem Fall, in dem die Frau ihrem Mann in gut elf Jahren immerhin vier nichteheliche Kinder gebar.[1591]

1583 Die grobe Unbilligkeit kann schließlich dadurch begründet werden, dass **objektive und verschuldensunabhängige Gesichtspunkte** eine „Sinnverfehlung" des Zugewinnausgleichs im konkreten Fall begründen.

1584 So ist es z.B. mit dem Grundgedanken des Ausgleichs nicht zu vereinbaren, wenn er aufgrund einer einseitigen Vermögensmehrung stattfinden soll, die ausschließlich

---

1589 OLG Brandenburg, FamRZ 2004, 106.
1590 Die Verwirkungsschwelle ist höher als beim Unterhalt (§ 1579 BGB), weil der Unterhaltsanspruch eine auf Dauer angelegte Verpflichtung darstellt.
1591 OLG Celle, FamRZ 1979, 431.

VIII. Stundung, Herabsetzung und Wegfall des Zugewinnausgleichsanspruchs

während der **Trennung** der Eheleute stattgefunden hat.[1592] Warum außerhalb der ehelichen Lebensgemeinschaft noch eine Teilhabe des anderen stattfinden soll, ist in der Tat nicht einzusehen.[1593] Denn der Zugewinnausgleich bedeutet ja seinem Wesen nach die wertmäßige Gleichstellung beider Partner an dem während der ehelichen Lebensgemeinschaft gemeinsam Geschaffenen.

Dieser Auffassung neigt auch der **BGH**[1594] zu, wie sich aus seinem Urt. v. 06.02.2002 ergibt: Dort wurde ein Fall an das OLG mit der Order zurückverwiesen, eben diese grobe Unbilligkeit im Hinblick auf den Umstand zu prüfen, dass eine Witwe von den Erben des mittlerweile verstorbenen Ehemannes Zugewinnausgleich verlangte.[1595]

1585

Der Unbilligkeitsgedanke gilt auch für andere Erwerbsvorgänge, die **losgelöst von der ehelichen Lebensgemeinschaft stattfinden**, etwa für außerordentlich hohen Vermögenszuwachs während eines kurzen ehelichen Zusammenlebens, wenn dieser sozusagen vorehelich angelegt, aber während der Ehe erworben wurde (z.B. bei Bestsellertantiemen).

1586

Die Ausgleichsforderung kann auch um einen überzahlten Unterhalt gekürzt werden, dessen Rückzahlung sonst **schwer realisierbar** wäre.[1596]

1587

Wenn **Arbeitnehmerabfindungen** – etwa aus einem Sozialplan – zugleich zur Unterhaltsverteilungsmasse gehören,[1597] muss die Abfindung nach § 1381 BGB aus dem

1588

1592 Schwab, Handbuch des Scheidungsrechts, S. 1146; Johannsen/Henrich/Jaeger, Eherecht, § 1381 Rn. 14. Letzterer meint einschränkend, dass der auf die Trennungszeit entfallende Zugewinnausgleichsanspruch auch dann zumindest gekürzt werden müsse, wenn „der Berechtigte die Trennung nicht einseitig durch gravierende Eheverfehlungen schuldhaft verursacht hat, sondern der Pflichtige ebenfalls einen nicht unwesentlichen [...] Ursachenbeitrag geleistet hat [...].''
1593 A.A. ist hier allerdings der BGH (FamRZ 1980, 768 und 1980, 877). Der zweitgenannten Entscheidung ist aber immerhin zu entnehmen, dass der BGH den Ausgleichsanspruch in den Fällen des ausschließlichen Vermögenserwerbs nach der Trennung für verwirkt hält, wenn der Berechtigte die Trennung durch schuldhaftes Verhalten herbeigeführt hat.
1594 BGH, FamRZ 2002, 606.
1595 Chronologie im entschiedenen Fall: Heirat 1973, Trennung 1976, Scheidungsantrag 1993, Tod des Ehemannes 1994.
1596 OLG Köln, FamRZ 1998, 1370, 1372 m.w.N.: Kürzung um ca. 70.000,00 DM auf 150.000,00 DM.
1597 Zum Referenzzeitraum s. folgende Judikatur: OLG Koblenz, FamRZ 1991, 573: sechs Jahre; OLG München, FamRZ 1995, 809: Bis zum Beginn der Altersrente, dort 28 Monate; OLG Hamm, FamRZ 1996, 219: Verteilung von 34.305,00 DM auf fünf Jahre bei einem bei Beginn der Frist 56 Jahre alten Pflichtigen; OLG Frankfurt am Main, FamRZ 2000, 611: vom Beginn der Vorruhestandsregelung, die die Abfindung verkörpert, bis zur Verrentung.

E. Zugewinnausgleich

Endvermögen ausgekoppelt werden, um eine Doppelpartizipation der Frau zu verhindern.[1598]

1589 Stecken im Endvermögen materielle und immaterielle Ansprüche aus einem **Verkehrsunfall**, kann im Hinblick auf die längerfristige Absicherung der Versorgungslage des Geschädigten eine weitgehende Leistungsverweigerung wegen grober Unbilligkeit in Betracht kommen.[1599]

1590 Schließlich kann eine Sinnverfehlung auch bei einer Gesamtschau aller vermögensbezogenen Scheidungsfolgesachen offenbar werden, z.B. starker Vermögenszuwachs bei einem Ehepartner ohne – unbedingt notwendigen – Aufbau einer Altersversorgung im Gegensatz zum Ehepartner.

2. Stundung der Ausgleichsforderung

1591 Stundung bedeutet stets das **Verschieben der Fälligkeit** in die Zukunft hinein.

Fällig wird die Zugewinnausgleichsforderung mit dem Ablauf des Tages, an dem die Rechtsmittelfrist gegen das Scheidungsurteil endet. Mit anderen Worten: Fälligkeit tritt mit der endgültigen Beendigung des Güterstands ein.

1592 Auf Antrag kann das FamG eine Stundung, also eine zeitliche Verlagerung der Fälligkeit aussprechen, wenn die sofortige Zahlung **„zur Unzeit erfolgen würde"** (§ 1382 Abs. 1 BGB).

Das Gesetz nennt ein **Beispiel**: Die Zahlung käme zur Unzeit, wenn sich dadurch die Wohnverhältnisse und sonstigen Lebensverhältnisse der gemeinsamen Kinder nachhaltig verschlechtern würden.

1593 Der Stundungsantrag muss, wenn seine Voraussetzungen vorliegen, **vor Rechtskraft** der Zugewinnausgleichsentscheidung gestellt werden.[1600] Der Antrag kann also nicht nach Rechtskraft nachgeholt werden, es sei denn, die Verhältnisse haben sich nach Rechtskraft in einer Weise geändert, die einen Stundungsantrag aussichtsreich erscheinen lassen.

1594 Außer der Privilegierung des sorgeberechtigten Elternteils will das Gesetz aber auch den Schutz dessen gewährleisten, der den vollen Zugewinn als Startkapital für eine solide selbstständige Existenz braucht.

1598 OLG Frankfurt am Main, FamRZ 2000, 611.
1599 OLG Stuttgart, FamRZ 2002, 99.
1600 OLG Naumburg, FamRZ 2003, 375.

VIII. Stundung, Herabsetzung und Wegfall des Zugewinnausgleichsanspruchs

Am häufigsten kommt es heute zu Stundungsanordnungen, wenn es um den Ausgleich von – nicht dem Versorgungsausgleich unterliegenden[1601] – **Anrechten aus einer Direktversicherung** geht.[1602]   1595

Gestundet werden nur unbestrittene Forderungen.   1596

Sie sind vom Schuldner auch in jedem Fall zu verzinsen. Eine zinslose Stundung kommt also nicht in Betracht. Die Höhe des Zinssatzes steht im Ermessen des Gerichts (§ 1382 Abs. 4 BGB).

Auf Antrag des Gläubigers muss der Zahlungspflichtige für die gestundete Forderung **Sicherheit** leisten (zweckmäßigerweise durch eine Bankbürgschaft).   1597

3. Zurückbehaltungsrecht

Ein Zurückbehaltungsrecht (Leistungsverweigerungsrecht bis zur Erfüllung einer Gegenforderung) ist beim Zugewinnausgleich durchaus zulässig.   1598

Beispiel:

Zum beiderseitigen Zugewinn zählt ein Hausgrundstück, das je zur Hälfte dem Mann und der Frau gehört und das anlässlich der bevorstehenden Scheidung verkauft wird. Der Erlös wird auf einem Notaranderkonto hinterlegt. Die Frau verweigert grundlos die Freigabe des hälftigen Erlöses an den Mann. Zugleich fordert sie aber begründetermaßen Zugewinnausgleich.

Hier kann der Mann die Zahlung so lange verweigern, bis die Frau gegenüber dem Notar die Freigabe seines Anteils erklärt hat.   1599

4. Verjährung

Der Anspruch auf ehelichen Zugewinn verjährt nach Ablauf von drei Jahren.   1600

Die Verjährungsfrist beginnt mit der **Kenntnis von der Beendigung des Güterstands**,[1603] also in der Praxis mit der Übermittlung des mit Rechtskraftvermerk versehenen Urteils durch den Prozessbevollmächtigten oder durch seine schlichte Mit-   1601

1601 Direktversicherungen unterliegen dem Versorgungsausgleich, wenn sie auf Rentenbasis abgeschlossen sind, während die auf Kapitalbasis abgeschlossenen Verträge ab Unverfallbarkeit zum Zugewinn zählen.
1602 Folge der BGH-Rspr. (BGH, FamRZ 1992, 1155 = NJW 1992, 2154).
1603 OLG Celle, FamRZ 2007, 1101.

E. Zugewinnausgleich

teilung, das Urteil sei rechtskräftig,[1604] bei Erklärung des Rechtsmittelverzichts nach Verkündung des Scheidungsurteils in Anwesenheit der Parteien an diesem Tag.[1605]

1602 Wie bei der Fälligkeit ist also auch hier nicht etwa der Endvermögensstichtag der zeitliche Anknüpfungspunkt, sondern das **unwiderrufliche Ende der Ehe und damit zugleich des Güterstands.**

1603 Die Verjährung wird durch einen vor Verjährung eingereichten Antrag auf Gewährung von PKH ohne gleichzeitige Klageerhebung zwar nicht unterbrochen, wohl aber **gehemmt** (§ 203 BGB).[1606] Die **Hemmung** greift allerdings nur, wenn der Antrag ordnungsgemäß begründet und vollständig ist.[1607] Die Hemmung endet nach der Entscheidung über den Antrag.[1608]

1604 Auf das Recht der Verjährungseinrede kann der Schuldner i.Ü. auch **nach** Verjährungseintritt noch wirksam verzichten.[1609] I.d.R. beginnt dann eine neue Verjährungsfrist zu laufen.

> **Hinweis:**
> Auf keinen Fall sollte übersehen werden, dass auch mit einem verjährten Zugewinnausgleichsanspruch noch **aufgerechnet** werden kann (§ 215 BGB). Folgerichtig darf der Anspruchsinhaber auch Auskunft nach § 1379 BGB verlangen.[1610]

IX. Regelung des Güterstands durch Zugewinn„schaukel"

1605 Die Regelung von Zugewinnausgleichsansprüchen ist jederzeit auch während der Ehe durch **Vertrag** möglich, **§ 1408 BGB.**

1606 Die vertragliche Lösung bietet **erhebliche steuerliche Ersparnismöglichkeiten.** Allerdings unterliegen Vermögensübertragungen auf den anderen Ehepartner ohne Gegenleistung der Schenkungsteuer. Der Freibetrag beträgt – alle zehn Jahre – 307.000,00 €.

1604 Im Einzelnen: BGH, FamRZ 1997, 804.
1605 A.A. OLG Naumburg, FamRZ 2001, 831 mit der Begründung, zur positiven Kenntnis der Beendigung des Güterstands gehöre, dass den Parteien die rechtliche Bedeutung des Rechtsmittelverzichts klar sein müsse. Dies sei erst mit Übermittlung des mit Rechtskraftvermerk versehenen Urteils oder aber einer anwaltlichen Mitteilung über die Rechtskraft der Fall.
1606 OLG Hamm, FamRZ 1998, 1605; BGH, FamRZ 2004, 177.
1607 OLG Hamm, NJW-RR 1999, 1678.
1608 OLG München, FamRZ 1996, 418.
1609 OLG Brandenburg, FamRZ 2005, 1994 (LS).
1610 FamG Bonn, FamRZ 2001, 764 m. zust. Anm. von Gerhards.

IX. Regelung des Güterstands durch Zugewinn „schaukel"

Das reicht bei größeren Vermögen häufig nicht aus.

Die Möglichkeit, solches Vermögen steuerfrei zu übertragen, hat der **BFH 2005**[1611] eröffnet. Werden dabei aber zwingende Vorschriften nicht beachtet, kann dies zur Steuerpflicht und ggf. zur Haftung des beratenden Rechtsanwalts führen.

1607

Folgender Fall lag der Entscheidung des BFH zugrunde:

1608

Eheleute schlossen nach langer Ehe einen Ehevertrag, in welchem sie die Beendigung des Güterstands der Zugewinngemeinschaft mit Ablauf des Tages des Vertragsschlusses vereinbarten. In der gleichen Urkunde begründeten sie mit Beginn des auf den Vertragsschluss folgenden Tages erneut den Güterstand der Zugewinngemeinschaft. Den während der Dauer der Zugewinngemeinschaft bis zum Abschluss des Ehevertrages bereits entstandenen und auszugleichenden Zugewinn i.H.v. 3 Mio. € berechneten die Ehegatten im Einzelnen und setzten einvernehmlich eine Zugewinnausgleichsforderung der Ehefrau gegen den Ehemann fest. In der Folgezeit zahlte der Ehemann an die Ehefrau den Betrag.

Das **Finanzamt** war der Ansicht, dass die Ehefrau die Zuwendung vom Ehemann freigebig erhalten hätte und setzte **Schenkungsteuer** fest (19 % vom Erwerb). Das FG Köln vertrat die Auffassung, dass die Ehegatten durch den Ehevertrag den **Güterstand der Zugewinngemeinschaft beendet** hätten und deshalb die dadurch begründete Zugewinnausgleichsforderung der Ehefrau **nicht schenkungsteuerbar** sei, da es eben keine freigebige Zuwendung war, sondern diese **aufgrund einer rechtlichen Verpflichtung** des Ehemannes erfolgt sei.

1609

Der **BFH** schloss sich der Auffassung des FG Köln an, die Begründung einer Ausgleichsforderung aufgrund ehevertraglicher Beendigung des Güterstands sei keine freigebige Zuwendung gem. § 7 Abs. 1 Nr. 1 ErbStG. Voraussetzung sei aber, dass es **tatsächlich zu einer güterrechtlichen Abwicklung** der Zugewinngemeinschaft nach Berechnung der Ausgleichsforderung kommt. Nicht schadhaft sei, wenn der Güterstand der Zugewinngemeinschaft im Anschluss an die Beendigung neu begründet werde. § 5 Abs. 2 ErbStG regele dies klarstellend.[1612] Die Beendigung des gesetzlichen Güterstands und seine anschließende Neubegründung könne regelmäßig auch **nicht** als rechtsmissbräuchlich angesehen werden (§ 42 AO).[1613]

1610

Entscheidend ist vorliegend, dass bei Beendigung des Güterstands die **Ausgleichsforderung von Gesetzes wegen ausgelöst** wird und deshalb die Vorschrift des § 5 ErbStG einschlägig ist.

1611

1611 BFH v. 12.07.2005, DNot-Report 2005, 181; BFH, ZErb 2005, 419.
1612 BFH, DNot-Report 2005, 181; BFH, ZErb 2005, 419.
1613 Nach der ständigen „Gesamtplan"rechtsprechung des BFH ist m.E. der Zeitabstand einer logischen Sekunde der Beendigung des Güterstands zumindest „grenzwertig". Es sollte ein „Sicherheitszeitraum" eingebaut werden.

E. Zugewinnausgleich

1612 **Anderes**, und dies ist i.Ü. für die Frage der **Haftung des ggf. beratenden Rechtsanwalts** entscheidend, gilt beim „**fliegenden Zugewinnausgleich**", wenn z.B. ohne Beendigung des Güterstands nur für die Zukunft Modifikationen vereinbart werden. Ohne Beendigung des Güterstands wird die Steuerpflicht ausgelöst, ggf. auf Kosten des beratenden Anwalts. Zwar mag es sich dann um eine ehebedingte Zuwendung handeln. Diese kennt das Steuerrecht jedoch nicht. Steuerrechtlich liegt eine Schenkung vor, die der Schenkungsteuer unterliegt.[1614]

1614 Vgl. dazu BFH v. 24.08.2005 – II R 28/02, in BFH-Report 2005, 1119: Ehebedingte Zuwendung gilt schenkungsteuerrechtlich als Schenkung, auch wenn materiell-rechtlich keine Schenkung angenommen wird.

F. Hausratsteilung

I. Grundsätze

Parteien, die ihre **Spannungen** im Zusammenhang mit Trennung und Scheidung nicht verarbeitet oder überwunden haben, werden sich häufig über die Zuordnung einzelner Möbelstücke, über die Herausgabe von Fotos etc. streiten (wollen). In Fällen hartnäckigen Verbeißens in Hausratsfragen droht den Parteien (und den sie vertretenden Rechtsanwälten) ein ebenso **komplizierter** wie **zeitaufwendiger** und **unwirtschaftlicher Prozess**, unerfreulich letztlich für alle Beteiligte, ebenso wie für das zur Entscheidung angerufene Gericht. 1613

Gerichte neigen dazu, die Parteien in solchen Fällen **unter Druck** zu setzen und zu erläutern, falls man zu vernünftigem Verhalten nach mitteleuropäischem Standard nicht in der Lage sei, sich gütlich zu einigen, solle man sich nicht wundern, wenn die gerichtliche Zuordnung den Wünschen der Parteien gerade nicht entspreche. 1614

Dies den Beteiligten vor Einreichung eines Folgeantrags im Scheidungsverfahren zu verdeutlichen, mag dazu beitragen, die Anzahl der entsprechenden Anträge zu verringern. 1615

Ist – ggf. im **Mediationsverfahren**[1615] – eine Lösung nicht möglich, muss im **Scheidungsverfahren ein Verbundantrag** gestellt werden. 1616

Durch die **Ehescheidung** wird sodann die endgültige Hausratsauseinandersetzung nach den Vorschriften der §§ 8 bis 10 HausratsVO herbeigeführt.[1616] Dabei erfolgt nicht, wie bei Trennung gem. § 1361a BGB, eine Nutzungsregelung, sondern eine **dingliche Auseinandersetzung**. Die Zuteilung im Urteil begründet mit Rechtskraft der Entscheidung **Alleineigentum durch richterlichen Hoheitsakt**.[1617] 1617

1615 Gerade das Mediationsverfahren bietet sehr gute Aussichten außergerichtlicher Einigung in Streitigkeiten über Hausrat, weil in der Mediation die Parteien über das mithilfe des Mediators entwickelte Verständnis für die Position des jeweils anderen eine Lösung selbst erarbeitet wird; im Ergebnis bleibt bei keiner Partei das Gefühl, etwas weggegeben, verloren zu haben; Spannungen werden abgebaut statt sie zu konservieren oder in einem Gerichtsverfahren zu verstärken.

1616 Im Entwurf eines Gesetzes zur Änderung des Zugewinnausgleichsrechts ist i.Ü. vorgesehen, §§ 1 bis 10, 25 HausratsVO abzuschaffen. Die Regelungen betreffend die Ehewohnung sollen im neu zu schaffenden § 1568a BGB, die Regelungen zu Haushaltsgegenständen in § 1568b BGB eingearbeitet werden. Die HausratsVO soll insgesamt später im Zusammenhang mit der FGG-Reform abgeschafft werden, vgl. Art. 2 des Gesetzentwurfs.

1617 Johannsen/Henrich/Brudermüller, Eherecht, § 8 HausratsVO Rn. 20.

F. Hausratsteilung

Bestehendes Miteigentum wird aufgelöst und erlischt. Rechte Dritter bleiben allerdings unberührt. Eine Entscheidung zulasten Dritter ist nicht möglich.[1618]

1618 Eine **Frist**, innerhalb derer ein Anspruch auf Hausratsteilung verjährt, existiert nicht. Gleichwohl kann der **Anspruch verwirkt** sein, wenn ein Ehegatte während des Getrenntlebens und auch längere Zeit nach der Scheidung einen Anspruch auf Hausratsteilung nicht geltend macht. Der andere Partner kann dann darauf **vertrauen**, dass er nicht noch Jahre später mit entsprechenden Forderungen überzogen wird.[1619]

1. Begriff des Hausrats

1619 Der **Begriff des Hausrats**, der mit demjenigen der Haushaltsgegenstände im BGB identisch ist, muss weit ausgelegt werden.[1620] Er umfasst **alle beweglichen Sachen, die dem gemeinsamen Leben der Eheleute (und ggf. der Kinder) zu dienen bestimmt sind**. Es kommt dabei ebenso auf die Eignung wie weiter auf ihre tatsächliche Verwendung als Hausrat an. Entscheidend sind daher die **Funktion und die Zweckbestimmung** der Gegenstände.[1621]

1620 Zum Hausrat gehört daher die gesamte **Wohnungseinrichtung**.[1622] Ein **Computer**, und dies gilt ebenso für **Musikinstrumente**, für **Fahrzeuge** und **Sportgeräte**, ist dann Hausrat, wenn er von der Familie gemeinsam genutzt wird. Anderes gilt, wenn der PC von einem Ehegatten allein für berufliche Zwecke verwendet wird.[1623]

1621 **Bücher** sind ebenfalls Hausrat, es sei denn, es handelt sich um Fachliteratur zur Berufsausübung eines Ehegatten.

1622 **Antiquitäten**, **Bilder** und **Kunstgegenstände** aller Art sind Hausrat, wenn sie der Ausschmückung der Wohnung dienen und nicht als reine Kapitalanlage gekauft worden sind.[1624]

1618 Staudinger/Weinreich, BGB, § 8 HausratsVO Rn. 16.
1619 Vgl. OLG Naumburg, FamRZ 2007, 1579 m. Anm. Gottwald, FamRZ 2007, 1580; Zeitdauer dort ca. vier Jahre seit Trennung.
1620 Brudermüller, FamRZ 1999, 129, 136.
1621 BGH, FamRZ 1994, 144; BGH, FamRZ 1994, 575; OLG Hamm, FamRZ 1998, 89; OLG Zweibrücken, FamRZ 1998, 1432.
1622 OLG Düsseldorf, MDR 1960, 1850.
1623 OLG Hamburg, FamRZ 1990, 1118.
1624 LG Ravensburg, FamRZ 1995, 1585; OLG Brandenburg, FamRZ 2003, 532.

I. Grundsätze

Einbaumöbel sind dann Hausrat, wenn sie ohne großen Aufwand und Beschädigung des Gebäudes ausgebaut und anderweitig verwendet werden können;[1625] anders, wenn sie wesentlicher Bestandteil des Gebäudes (§ 94 Abs. 2 BGB) geworden sind.[1626]

1623

Ein **Pkw** ist dann Hausrat, wenn eine gemeinsame familiäre Nutzung vorliegt. Die Zweckbestimmung ist entscheidend.[1627] Wird das Fahrzeug überwiegend für Fahrten eines Ehegatten (zur Arbeitsstelle) genutzt, stellt es keinen Hausrat dar.[1628] Bei gemischter Nutzung kommt es darauf an, welche Nutzung überwiegt (Schwerpunkt Familie oder einzelner Ehegatte).[1629]

1624

Dieselben Grundsätze gelten für **Wohnwagen** und **Wohnmobile**,[1630] wobei regelmäßig die familiäre Nutzung und damit die Zuordnung zum Hausrat gegeben sein dürfte.[1631] Das gilt auch für stationäre Wohnmobile (sog. **Mobilheime**).[1632]

1625

Schließlich die **Segelyacht**: Auch sie ist Hausrat, wenn sie von beiden Eheleuten gemeinsam genutzt wurde.[1633] Das Gleiche gilt natürlich für die **Motoryacht**, gleichgültig, wie teuer sie war.[1634]

1626

Zum Hausrat können auch **Vorräte** und **Heizmaterialien** gehören, nicht aber eine **Weinsammlung**, die ebenso wie **Münz-** oder **Briefmarkensammlungen** als Hobby (oder Kapitalanlage) eines Ehegatten anzusehen sind.[1635]

1627

Kleidung, Schmuck, Armbanduhr, Rasierapparat, Brille, Fahrrad, Ausweispapiere, Versicherungsunterlagen, Verträge und **Spielsachen der Kinder** sind kein Hausrat, weil sie zum persönlichen Gebrauch bestimmt sind bzw. den individuellen Interessen eines Ehegatten dienen. Abgrenzungsprobleme kann es bei **Schallplatten-/CD-Sammlungen** geben. Allgemein von den Ehepartnern gehörte Musik stellt Hausrat dar; solche Musik, die einer sehr speziellen und nur einem der Eheleute angenehmen Musikrichtung angehören, ist nicht gemeinsamer Hausrat und unterliegt den Regeln des Zugewinns.

1628

1625 OLG Frankfurt am Main, FamRZ 1982, 938; OLG Hamm, FamRZ 1998, 1028.
1626 OLG Nürnberg, FamRZ 2003, 156; OLG Stuttgart, FamRZ 1999, 855.
1627 BGH, FamRZ 1991, 43; OLG München, FuR 1997, 353; OLG Karlsruhe, FamRZ 2001, 760.
1628 BGH, FamRZ 1992, 538.
1629 Johannsen/Henrich/Brudermüller, Eherecht, § 1361a Rn. 13.
1630 OLG Hamm, MDR 1999, 615; OLG Koblenz, FamRZ 1994, 1255.
1631 OLG Köln, FamRZ 1992, 696.
1632 OLG Koblenz, FamRZ 1994, 1255.
1633 LG Ravensburg, FamRZ 1995, 1585; Wert: 140.000,00 DM.
1634 OLG Dresden, FamRZ 2004, 273; Wert: 42.000,00 €.
1635 OLG Bamberg, FamRZ 1997, 378; vgl. auch die Beispiele bei Müller, in: Schnitzler, Münchener Anwaltshandbuch Familienrecht, § 18 Rn. 3 ff., 13.

F. Hausratsteilung

1629 Für die Bestimmung als **Hausrat** kommt es nicht darauf an, wann und **mit welchen Geldmitteln** der Gegenstand angeschafft worden ist. Dies hat lediglich Bedeutung für die Zuordnung, die Art der Aufteilung des Hausrats.[1636]

1630 Auch **Tiere** können zum Hausrat gehören (oder in den Zugewinn fallen). Als „lebende Sachen"[1637] unterliegen sie i.d.R. der Hausratsteilung. **Hunde**, die in der Familie gehalten werden, gehören daher zum Hausrat,[1638] es sei denn, sie dienen als Jagdhund oder sind „des Bauern Hofhund".[1639] Dann gehören sie zum Zugewinn. Die **Zweckbestimmung** entscheidet über die Zuordnung: Das **Pferd**, auf dem Familienmitglieder reiten, ist Hausrat, das angeschaffte Rennpferd hingegen gehört zum Zugewinn.[1640]

1631 Haben Ehegatten **vor Eheschließung** Gegenstände **im Hinblick auf den gemeinsamen Hausstand** gekauft, unterliegen auch diese der Hausratsteilung. Sie stehen aufgrund ihrer **Zweckbestimmung** im gemeinsamen Eigentum der Eheleute.[1641]

1632 Alle Gegenstände, die **nicht zum Hausrat** zählen, unterliegen den Regelungen der **Vermögensauseinandersetzung** (Zugewinnausgleich). Nicht verteilter Hausrat wird dann Teil der güterrechtlichen Auseinandersetzung, wenn er im Alleineigentum eines der Ehegatten steht.[1642]

1633 Die **unterschiedliche Zuordnung** zum Hausrat und zum Güterrecht hat **erhebliche Konsequenzen**: zum einen für die Frage etwaiger Ausgleichszahlung für Hausrat „nach billigem Ermessen" (§ 8 Abs. 3 Satz 2 HausratsVO), also gerade nicht nach exaktem Wert wie bei der Auseinandersetzung des Zugewinns. Zum anderen ist die Zuordnung zum Hausrat von wesentlicher Bedeutung im Fall der vertraglich zwischen den Eheleuten vereinbarten **Gütertrennung**, aufgrund derer eine Auseinandersetzung des Zugewinns entfällt.[1643]

1634 Zusätzlich kann das Gericht auch in diesen Fällen gem. **§ 9 Abs. 1 HausratsVO** Gegenstände, die im Alleineigentum eines Ehegatten stehen, **unter besonderen Vor-**

1636 Müller, FPR 2001, 104; a.A. OLG Brandenburg, FamRZ 2003, 532 (LS): nur dann, wenn sie nach Eheschließung bezahlt worden sind.
1637 Duderstadt, Hausratsteilung, S. 10.
1638 Das Umgangsrecht mit dem Haustier richtet sich i.Ü. nach den Umgangsregeln betreffend die Kinder: derjenige, dem das Tier nicht zugewiesen ist, kann es zweimal monatlich zu sich nehmen; vgl. FamG Bad Mergentheim, FamRZ 1998, 1432. Büttner hat diese Entscheidung sarkastisch als großen Schritt zur Menschwerdung bezeichnet, FamRZ 1999, 761.
1639 OLG Zweibrücken, FamRZ 1998, 1432.
1640 OLG Naumburg, FamRZ 2001, 481.
1641 Soergel/Heintzmann, BGB, § 8 HausratsVO Rn. 5.
1642 BGH, FamRZ 1984, 144, 147.
1643 Müller, in: Schnitzler, Münchener Anwaltshandbuch Familienrecht, § 18 Rn. 22.

aussetzungen dem anderen Ehegatten zuweisen.[1644] Die Zuweisung ist jedoch auf besonders gelagerte **Ausnahmefälle** beschränkt. Soweit dies nicht geschieht, sind im Alleineigentum stehende Hausratsgegenstände grds. i.R.d. **Zugewinnausgleichs** zu berücksichtigen.[1645] Dessen Vorschriften werden im Streitfall nicht durch diejenigen über die Teilung des Hausrats verdrängt.[1646]

2. Feststellung des Eigentums

Die **Eigentumsverhältnisse** spielen bei der Verteilung des Hausrats gem. § 8 HausratsVO die **entscheidende Rolle**. Verteilt wird danach, was den Parteien **gemeinsam gehört**. 1635

Gesetzlich wird Miteigentum der Eheleute am gemeinsamen Hausrat vermutet, § 8 Abs. 2 HausratsVO. Ist nichts Gegenteiliges vorgetragen, wird gemeinsames Eigentum unterstellt.[1647] 1636

Behauptet ein Ehegatte Alleineigentum eines Gegenstands, ist gerichtlich **gem. § 12 FGG** zu ermitteln. Es trifft den das Alleineigentum behauptenden Ehegatten zwar keine Beweispflicht, aber doch die **Feststellungslast** im Hinblick auf den Gegenstand. Wenn die Ermittlungen zur Überzeugung des Gerichts nicht zur Aufklärbarkeit führen, geht dies zulasten des Betroffenen.[1648] 1637

Die **gesetzliche Vermutung des gemeinsamen Eigentums** gilt allerdings nur für **angeschaffte**, nicht für ererbte oder (nachweislich) einer Partei geschenkte **Gegenstände**.[1649] Die Anschaffung muss dabei entweder während der Ehe oder vor der Eheschließung mit der Zweckbestimmung für den gemeinsamen Hausstand erfolgt sein.[1650] 1638

Für **Hochzeitsgeschenke** oder von Dritten den Eheleuten geschenkte Gegenstände besteht die allgemeine Vermutung, dass sie beiden Eheleuten gemeinsam gehören sollen,[1651] ebenso für Gegenstände des Hausrats, die ein Ehegatte dem anderen während der Ehezeit schenkt. Eine solche „Schenkung" stellt i.d.R. keine Übertragung von Alleineigentum dar, sondern eine Aufmerksamkeit mit der Absicht gemeinsamer Benutzung.[1652] 1639

1644 Müller, FPR 2001, 103, 105.
1645 BGH, FamRZ 1984, 144; OLG Düsseldorf, FamRZ 2005, 273.
1646 OLG Düsseldorf, FamRZ 2005, 273.
1647 BGHZ 114, 74; OLG Koblenz, FamRZ 1992, 1303; OLG Bamberg, FamRZ 1996, 1293.
1648 Müller, FPR 2001, 103, 105.
1649 OLG Stuttgart, NJW 1982, 585.
1650 Staudinger/Weinreich, BGB § 8 HausratsVO Rn. 7.
1651 OLG Düsseldorf, FamRZ 1994, 1384.
1652 Müller, in: Schnitzler, Münchener Anwaltshandbuch Familienrecht, § 18 Rn. 30.

F. Hausratsteilung

1640   Dasselbe gilt für **selbst angefertigte Hausratsgegenstände**.[1653]

1641   Mit **in die Ehe eingebrachte Gegenstände** des Hausrats bleiben allerdings im Alleineigentum des betreffenden Ehegatten. Mit der Einräumung der gemeinsamen Nutzung ist eine Eigentumsübertragung nicht verbunden.[1654]

1642   Die gesetzliche Vermutung des gemeinsamen Eigentums ist widerlegbar. Den Behauptenden trifft die Feststellungslast, wann und wie das Alleineigentum entstanden ist. **Nicht ausreichend** ist allerdings der Nachweis von Kauf und Bezahlung,[1655] ebenso wenig die Haltereigenschaft eines Pkw.[1656]

Das Gericht ermittelt **von Amts wegen** und entscheidet über Art und Umfang der Beweiserhebungen. Es kann sich auch auf übereinstimmende Erklärungen der Ehegatten verlassen.[1657]

1643   Für **Ersatzbeschaffung** gilt, dass die Eigentumsregel des § 1370 BGB die Vermutung des gemeinsamen Eigentums nach § 8 Abs. 2 HausratsVO widerlegt.[1658] Hausratsgegenstände, die als Ersatz für wertlos (gewordene) oder nicht mehr vorhandene Gegenstände angeschafft werden, sind Eigentum desjenigen Ehegatten, dem der nicht mehr vorhandene oder wertlos gewordene Gegenstand gehört hat. **Qualitäts- oder Quantitätsverbesserungen** spielen dabei **keine Rolle**, ebenso wenig, aus welchen Mitteln oder von welchem Ehegatten der Ersatzgegenstand angeschafft worden ist.[1659] Die Gründe für die Ersatzbeschaffung spielen ebenso wenig eine Rolle wie die Frage des Verschuldens. Ersatzbeschaffung ist jeder rechtsgeschäftliche Erwerb eines funktionsidentischen, nicht notwendig gleichartigen oder gleichwertigen Gegenstands.[1660]

II. Hausratsauseinandersetzung

1. Zeitpunkt

1644   Im Verbundverfahren erfolgt **für die Zeit nach der Scheidung** die endgültige (dingliche) Auseinandersetzung und damit die Auflösung des Miteigentums. Der begünstigte Ehegatte erwirbt Alleineigentum an den ihm zugewiesenen Gegenständen.

1653   Staudinger/Weinreich, BGB, § 8 HausratsVO Rn. 10.
1654   H.M. vgl. Palandt/Brudermüller, BGB, § 8 HausratsVO Rn. 4; Müller, FPR 2001, 103, 105; a.A. Staudinger/Weinreich, BGB, § 8 HausratsVO Rn. 8.
1655   Soergel/Heintzmann, BGB, § 8 HausratsVO Rn. 9.
1656   OLG Hamburg, FamRZ 1990, 1188.
1657   BayObLG, FamRZ 1963, 331.
1658   Wobei zu beachten ist, dass dies nur für den gesetzlichen Güterstand gilt.
1659   Müller, Vertragsgestaltung im Familienrecht, Rn. 179, 180.
1660   MünchKomm-BGB/Koch, § 1370 Rn. 10.

II. Hausratsauseinandersetzung

Maßgeblicher Zeitpunkt für die Erfassung des Hausrats ist die **letzte mündliche Verhandlung**. Von Amts wegen ist festzustellen, welche gemeinsamen Hausratsgegenstände zu diesem Zeitpunkt im gemeinsamen Eigentum vorhanden sind.[1661]

1645

Nicht mehr vorhandener Hausrat – aus welchen Gründen auch immer – bleibt unberücksichtigt.[1662]

1646

> **Hinweis:**
> Ist zugeteilter Hausrat allerdings bei der Vollstreckung nicht mehr vorhanden, ist **Geldersatz** zu leisten. Hierfür ist dann eine erneute Prozessführung erforderlich.[1663]

2. Aufteilungskriterien

Bei der **Verteilung des Hausrats** sind alle Umstände der im Zusammenhang mit den ehelichen Lebensverhältnissen wie die gegenwärtigen Lebensbedingungen und ihre Beziehungen zu den einzelnen Gegenständen, aber auch das Wohl etwa von der Zuteilung betroffener Kinder zu berücksichtigen.[1664]

1647

Verteilt wird „**gerecht und zweckmäßig**", § 8 Abs. 1 HausratsVO.[1665] Dies bedeutet, dass beide Ehepartner am Wert und am Volumen in etwa gleich beteiligt werden. Vom **Halbteilungsgrundsatz** kann aber zugunsten desjenigen abgewichen werden, bei dem die **Kinder** verbleiben, wobei die Kinderzimmereinrichtung vorab aus der Verteilung herauszunehmen ist.[1666]

1648

Ist ein Ehegatte Alleineigentümer von Hausratsgegenständen, kann **in seltenen Ausnahmefällen** eine **Eigentumsübertragung** zugunsten des anderen Ehegatten erfolgen. Dieser muss auf die Nutzung des Gegenstands dringend angewiesen sein. Umgekehrt muss der Eigentumsverlust zumutbar sein. Dies kommt bei notwendigen Gegenständen wie Tisch, Stuhl, Bett, Geschirr etc. in Betracht.[1667]

1649

1661 Johannsen/Henrich/Brudermüller, Eherecht, § 8 HausratsVO Rn. 5.
1662 Johannsen/Henrich/Brudermüller, Eherecht, § 8 HausratsVO Rn. 4.
1663 BGH, NJW 1980, 192; BGH, NJW 1980, 2476; BGH, NJW 1988, 155.
1664 OLG München, FamRZ 1997, 752.
1665 I.R.d. § 1361a Abs. 2 BGB nach „Billigkeit", vgl. OLG Naumburg, FamRZ 2007, 1169.
1666 OLG München, FamRZ 1997, 752.
1667 Müller, in: Schnitzler, Münchener Anwaltshandbuch Familienrecht, § 18 Rn. 92 f.

3. Ausgleichszahlung

1650 Verbleiben nach Aufteilung nicht ausgleichbare, erhebliche Wertunterschiede, kann gem. § 8 Abs. 3 Satz 2 HausratsVO dem begünstigten Ehegatten **ausnahmsweise eine Ausgleichszahlung** auferlegt werden.[1668]

> **Hinweis:**
>
> Demgegenüber ist die alleinige Geltendmachung einer Ausgleichszahlung im Hausratsverteilungsverfahren **unzulässig**.[1669]
>
> Als zulässig wird allerdings angesehen, dass auf Antrag einem Ehegatten der gesamte Hausrat **zu Alleineigentum zugewiesen und** zugunsten des anderen Ehegatten eine **Ausgleichszahlung** festgelegt wird.[1670]

1651 **Kriterien** für eine solche Billigkeitsentscheidung des Gerichts sind u.a.
- die wirtschaftlichen Verhältnisse der Parteien,
- die Dauer der Ehe sowie
- die Frage, bei wem die gemeinsamen Kinder leben.

1652 Das Gericht entscheidet in diesem Zusammenhang **nicht nur über die Höhe** sondern auch über **Zahlungsmodalitäten**, etwa Ratenzahlung bei beengten wirtschaftlichen Verhältnissen.[1671]

1653 Bestehen i.V.m. Hausratsgegenständen Schulden, also **Kaufpreisrestschulden/offene Raten**, so ist seitens des Gerichts auch darüber eine Entscheidung zu treffen, § 10 HausratsVO. Die Entscheidung wirkt naturgemäß nur im Innenverhältnis (zwischen den Parteien). In die Rechte des Gläubigers kann nicht eingegriffen werden.[1672]

1654 In der Regel wird es „billigem Ermessen" entsprechen, bei Übertragung des entsprechenden Gegenstands eine Freistellung des anderen Ehegatten vorzunehmen.[1673]

1668 OLG Karlsruhe, FamRZ 1987, 848; OLG Düsseldorf, FamRZ 1987, 1055; OLG Stuttgart, FamRZ 1993, 1461; Staudinger/Weinreich, BGB, § 8 HausratsVO Rn. 18.
1669 OLG Naumburg, FamRZ 1994, 390; OLG Thüringen, FamRZ 1996, 1293; OLG Hamm, FamRZ 1996, 390.
1670 OLG Karlsruhe, FamRZ 1987, 848.
1671 Duderstadt, Hausratsteilung, S. 19.
1672 Es sei denn, dieser ist damit einverstanden, Müller, in: Schnitzler, Münchener Anwaltshandbuch Familienrecht, § 18 Rn. 102.
1673 Johannsen/Henrich/Brudermüller, Eherecht, § 10 Rn. 1.

4. Durchführung der Teilung

In die Entscheidung der Zuweisung ist eine **Herausgabeanordnung** mit aufzunehmen, § 15 HausratsVO. 1655

Der begünstigte Ehegatte hat die Gegenstände **abzuholen**, der andere Ehegatte hat sie **bereitzustellen**. 1656

Werden die Gegenstände nicht abgeholt, muss seitens der anderen Partei **Annahmeverzug** durch Terminsetzung herbeigeführt werden. 1657

Danach ist wie folgt zu verfahren: 1658

- Gegenstände von hohem Wert, aber geringem Umfang bzw. Gewicht wie Schmuck etc. sind zu **hinterlegen** (§ 372 BGB; § 5 HintO).
- Sonst: wertvoller Hausrat kann **versteigert** werden; der Erlös ist zu hinterlegen.
- Nicht wertvolle Gegenstände können – nach vorheriger gesonderter Ankündigung – **weggegeben** oder vernichtet werden.[1674]

Ein **Zurückbehaltungsrecht** gegen den Herausgabeanspruch ist **ausgeschlossen**, da die Hausratsteilung den beiderseitigen Bedarf an der erforderlichen Wohnungseinrichtung decken soll.[1675] Entsprechend ist auch eine **Aufrechnung unzulässig**.[1676] 1659

1674 Johannsen/Henrich/Brudermüller, Eherecht, § 8 Rn. 21.
1675 OLG Hamm, FamRZ 1981, 875; OLG Köln, FamRZ 1993, 1463.
1676 OLG Hamm, FamRZ 1981, 293; OLG Köln, FamRZ 1993, 1463.

G. Das Schicksal der Ehewohnung

I. Die Mietwohnung nach der Trennung

Grundsätzlich gilt während der Trennungszeit von Eheleuten, dass die **Ehewohnung „heilig"** ist. Jeder der Ehepartner darf in der Wohnung wohnen, niemand kann also grundlos hinausgeworfen werden. Wer sich aber trennen will, muss häufig mit dem Problem nicht oder kaum aushaltbarer, ständiger Auseinandersetzungen und Streitigkeiten mit dem Partner leben, wenn er in der Ehewohnung verbleibt.

1660

Vor allem für denjenigen, der Kinder betreut und nach Trennung und Scheidung weiter betreuen will, stellt sich das **Problem des Wohnens als großes Trennungshindernis** dar, wenn der andere Partner sich unkooperativ zeigt. Schließlich will man den Kindern neben dem Schmerz der Trennung der Eltern in dieser Situation nicht noch den Verlust der vertrauten Umgebung, der Wohnung oder des Hauses zumuten.

1661

1. Freiwilliger Auszug

Unproblematisch ist dies, wenn einer der Parteien sich entschließt, freiwillig die Ehewohnung zu verlassen, wenn dies auch naturgemäß wirtschaftlich mit Folgeproblemen verbunden ist.[1677]

1662

Unbedingt zu beachten bleibt dabei aber: Wer einmal zum Zweck der Trennung auszieht, hat **keinen Anspruch auf Rückkehr** in die eheliche Wohnung. Man muss sich daher genau überlegen, ob man die eheliche Wohnung wirklich aufgeben will.

1663

Trennung ist, entsprechend großen Wohnraum vorausgesetzt, auch innerhalb der ehelichen Wohnung möglich, das Problem des Scheidungswilligen einmal ausgeblendet, später die Trennungszeit (innerhalb der ehelichen Wohnung) beweisen zu müssen, was schwerfallen wird, wenn man sich – aus welchen Gründen auch immer – gefallen lässt, seine Wäsche gewaschen und sein Essen zubereitet zu bekommen.[1678]

1664

Ist das gemeinsame Verbleiben „unter einem Dach" nicht möglich oder unzumutbar und zieht der Partner nicht freiwillig aus, bleibt nur die Möglichkeit, gerichtlich die Zuweisung an sich (und die Kinder) einzufordern.

1665

[1677] Zu den Einzelheiten in sog. Scheidungsratgebern vgl. z.B. Schramm, Trennung, Scheidung, Unterhalt – für Frauen, S. 25 f.; Schausten, Trennung, Scheidung, Unterhalt – für Männer, S. 27 f.

[1678] Zur Abgrenzung geringer, aufgedrängter Gemeinsamkeiten zu häuslicher Gemeinschaft vgl. oben Ziff. A. III. 2. a), Rn. 21 ff.

2. Gerichtliche Wohnungszuweisung

a) Schwere Härte, § 1361b Abs. 1 Satz 1 BGB

1666 Will jemand getrennt leben, ohne selbst ausziehen zu wollen, so kann er verlangen, dass ihm die Wohnung oder ein Teil davon zur alleinigen Benutzung überlassen wird, „soweit dies notwendig ist, um eine schwere Härte zu vermeiden" (§ 1361b Abs. 1 BGB).

1667 Die erstrebte Regelung kann **immer nur vorläufigen Charakter** insofern haben, als eine Umgestaltung des Mietvertrages erst im endgültigen Verfahren nach § 5 Abs. 1 Satz 2 HausratsVO erreicht werden kann.[1679] Umgekehrt gilt, dass ein nach Scheidungsrechtskraft gestellter Antrag aus § 1361b BGB unzulässig ist.[1680]

1668 Die Entscheidung des Gerichts (wie auch eine Einigung der Parteien) nach § 1361b BGB unterliegt der Abänderung durch das Gericht, wenn sich die tatsächlichen Verhältnisse ändern (§ 17 HausratsVO).[1681]

1669 Grundvoraussetzung der Begründetheit ist also die **schwere Härte**, die übrigens nicht allein in der Person des jeweiligen Antragsgegners begründet sein muss.

1670 Die **alleinige Zuweisung der Wohnung** an einen Ehepartner (und damit meist auch an die Kinder) ist allerdings nur eine **Ausnahmelösung**, zu der das Gericht dann greift, wenn die Wohnung so klein ist, dass eine Teilung mit Heimtrennung nicht infrage kommt, oder wenn der Partner so gewalttätig ist, dass es auch bei strikter Zuweisung einzelner Räume an den einen oder anderen Partner (inklusive zeitlich gestaffelter Nutzung gemeinsamer Räume wie Küche und Bad) voraussichtlich zu weiteren Übergriffen kommt.

1671 Unterhalb der Schwelle der schweren (heute: unbilligen, s.u.) Härte hat ein Zuweisungsantrag keine Chance. Z.B. reichen **verbale Attacken** der Frau durch den Mann im Beisein des Kindes **nicht** aus.[1682] Das **OLG Celle** hat dazu erklärt:

> „Die Feststellung, dass andauernde Spannungen und Streitereien der Eltern dem Wohle minderjähriger Kinder abträglich sind, wird auf die meisten Kinder zutreffen, wenn Eltern miteinander in Unfrieden leben, sich scheiden lassen wollen oder sich nicht über die Nutzung der Wohnung einigen können."

1679 OLG Hamm, FamRZ 2000, 1102.
1680 OLG Dresden, FamRZ 2000, 1104.
1681 OLG Zweibrücken, FamRZ 2000, 1105.
1682 OLG Celle, FamRZ 1992, 676.

Ähnlich **OLG Hamburg**:[1683] Unannehmlichkeiten und Belästigungen, die im Zusammenhang mit einer sich in Auflösung befindlichen Ehe auftreten, stellen noch keine schwere Härte dar.

1672

Ein Zuweisungsantrag ist auch dann zum Scheitern verurteilt, wenn die Frau, die die Zuweisung begehrt, bereits freiwillig ausgezogen ist und eine eigene Wohnung unterhält.[1684]

Auch reichen allgemeine Hinweise auf das angeblich **erhebliche Gewaltpotenzial** des Antragsgegners nicht aus.[1685]

Wenn dagegen die Gesamtatmosphäre durch wechselseitige Vorwürfe und Kränkungen, Gereiztheit und Provokationen – selbst im Gerichtssaal – gekennzeichnet ist, muss der Zuweisungsantrag auch und gerade im Interesse der gemeinsamen Kinder Erfolg haben.[1686]

1673

Die schwere Härte wurde auch in folgenden Fällen bejaht:

1674

- Frau wirft Mann, der schwer lungenkrank und deshalb auf ein Sauerstoffgerät angewiesen ist, aus der Erdgeschosswohnung; deshalb Zuweisung an ihn.[1687]
- Mann drangsaliert schwer krebskranke Frau, obwohl er zu „**besonderer Rücksichtnahme**" verpflichtet wäre.[1688]
- Unbeherrschter Mann zerschlägt die Wohnungseinrichtung mit einem Beil.[1689]
- Frau entzieht MS-krankem Mann die Wohnung, während dieser einen auswärtigen Gerichtstermin wahrnimmt, und vermietet sie weiter. Mann sucht in einem Kellerloch Zuflucht. Er darf zurück.[1690]
- Mann kehrt in die Ehewohnung (gemeinsames Haus) zurück, allerdings nicht wegen Wiederversöhnungsabsicht, sondern aus Prinzipienreiterei und in angeblicher Ermangelung einer anderweitigen Unterkunft.[1691] Er muss weichen.
- Mann misshandelt wiederholt das gemeinsame einjährige Kind.[1692]

1683 In FamRZ 1993, 190.
1684 OLG Köln, FamRZ 1996, 547.
1685 Das OLG München hat hierzu einmal merkwürdigerweise erklärt: „Bei Rechtsanwälten kann im Regelfall nicht davon ausgegangen werden, dass sie zu Gewalttätigkeiten neigen.", FamRZ 1996, 730.
1686 OLG Frankfurt am Main, FamRZ 1996, 289, 290.
1687 OLG Hamm, FamRZ 1993, 1441.
1688 OLG Thüringen, FamRZ 1997, 559.
1689 OLG Köln, FamRZ 2001, 761 (LS).
1690 OLG Hamm, FamRZ 1996, 1411.
1691 FamG Essen, FamRZ 1993, 1442.
1692 OLG Köln, FamRZ 1996, 1220.

- Psychisch kranker Mann (Miteigentümer des Hauses) tyrannisiert seine Familie, indem er u.a. die Tochter verprügelt, die Spardosen der Kinder plündert, trotz eines gerichtlichen Zimmer-Zuweisungsbeschlusses (Heimtrennung!) im gesamten Haus Chaos anrichtet und seinen in Plastiktüten gepackten Müll aus dem Fenster in den Vorgarten wirft.[1693]
- Schon das Bewusstsein der Fortdauer des Zusammenlebens mit dem Mann führt bei der psychisch kranken Frau zu Wein-, Panik- und Schmerzattacken. Auf ein Verschulden des Mannes kommt es nicht an.[1694]

1675 Die **Belange der gemeinsamen Kinder** sind stets zu beachten: Das Kindeswohl ist sogar wesentlicher Entscheidungsfaktor, d.h. die elterlichen Auseinandersetzungen in der Ehewohnung müssen sich daran messen lassen, ob sie für die Kinder erträglich sind.[1695]

1676 Ein **Rechtsschutzbedürfnis** für eine Wohnungszuweisung während der Trennung fehlt, wenn beide Ehegatten zur sofortigen Räumung – kraft Kündigung durch den Vermieter – verpflichtet sind.[1696]

1677 Mit Räumungsfristen muss das Gericht in den Zuweisungsfällen zurückhaltend umgehen. Die Verlängerung einer notwendigerweise sehr kurzen Frist kommt auch dann nicht in Betracht, wenn die baldige Räumung für den Antragsgegner seinerseits eine schwere Belastung darstellt.[1697] Entscheidungen über die Bewilligung einer Räumungsfrist sind Endentscheidungen i.S.v. § 621e Abs. 1 ZPO.[1698]

1678 Ein Eingriff in Vermieterrechte nach § 5 HausratsVO kommt für die Zeit der Trennung nicht in Betracht.[1699]

b) Unbillige Härte, § 1361b Abs. 1 Satz 2 BGB

1679 Insbesondere der **Schutz der Kinder** ist durch das **Gewaltschutzgesetz**,[1700] in Kraft getreten am 01.01.2002, verbessert worden.[1701]

1680 Durch dieses Gesetz wurde u.a. ein neuer Satz 2 in § 1361b Abs. 1 BGB eingefügt:

1693 OLG Hamm, FamRZ 1997, 301, 302.
1694 OLG Bamberg, FamRZ 2000, 1101 (LS).
1695 OLG Bamberg, FamRZ 1995, 560; FamG Saarbrücken, FamRZ 2003, 530.
1696 OLG Oldenburg, FamRZ 1993, 1342.
1697 OLG München, FamRZ 1998, 1170.
1698 OLG Bamberg, FamRZ 2001, 691.
1699 OLG Köln, FamRZ 1994, 632.
1700 Abdruck in FamRZ 2002, 661.
1701 Zur Einführung s. Schumacher, FamRZ 2002, 645 – 660.

„Eine unbillige Härte kann auch dann gegeben sein, wenn das Wohl von im Haushalt lebenden Kindern beeinträchtigt ist."

Es ist also **generell keine schwere Härte**, sondern nur noch eine **unbillige Härte** erforderlich.

Der neue 2. Absatz der Vorschrift macht **Körperverletzungshandlungen** zum Regelfall für die Überlassung der **gesamten** Wohnung an den verletzten Partner.

Gleichwohl ist die Verschärfung der Vorschrift **nicht nur auf die Fälle der Gewaltanwendung und Drohung** beschränkt, sondern auf alle infrage kommenden Fälle, also z.B. auch auf Fälle der **Belästigung**.[1702]

Das **OLG Köln**[1703] erklärt hierzu: Der Begriff der unbilligen Härte ist gesetzlich nicht definiert und deshalb einzelfallbezogen auszufüllen. Das Richtmaß „unbillige Härte" **weist über den Bereich der häuslichen Gewalt hinaus**. Durch ausdrückliche Erwähnung herausgehoben sind als Tatbestände, die eine unbillige Härte begründen können, die Anwendung von Gewalt und die Beeinträchtigung des Kindeswohls. So kann sich die Gewalt auch in **indirekter Aggression gegen eine Person** äußern, wobei es auf die objektive Ernsthaftigkeit z.B. von Bedrohungen nicht ankommt, sondern darauf, ob sich der betroffene Ehegatte subjektiv so belastet fühlt, dass ihm objektiv die **Fortsetzung der häuslichen Gemeinschaft nicht mehr zumutbar** ist.

Außerhalb des Kontextes zur Wohnungszuweisung sieht das Gesetz auch die Möglichkeit vor, **befristete Verbote zur Kontaktaufnahme** mit der gefährdeten Person auszusprechen (Betreten der Wohnung, Aufenthalt in einem bestimmten Umkreis der Wohnung, Telefonverbot u.v.m.).

3. Rechtsstellung der Ehepartner nach Trennung

Wer die Ehewohnung verlässt, und zwar in der erklärten oder jedenfalls erkennbaren Absicht, nicht wieder zum verlassenen Partner zurückzukehren, kurz: **Wer die räumliche Trennung vollzieht, hat keine Rechte mehr bezüglich der Wohnung**.[1704] Er darf insbes. die Wohnung nicht mehr gegen den Willen des verlassenen Partners betreten,[1705] auch nicht, um z.B. persönliche Sachen abzuholen.

1702 FamG Tempelhof-Kreuzberg, FamRZ 2003, 532: wiederholter nächtlicher Krach und lautes Klappern mit Schlüsseln.
1703 OLG Köln, FamRZ 2006, 126.
1704 Dies gilt selbst dann, wenn er Miteigentümer ist, LG Saarbrücken, FamRZ 2004, 1580.
1705 Insbes. sind die Zuweisungsvorschriften (§ 1361b BGB, §§ 3 ff. HausratsVO) nicht dazu da, einem Partner ein Betretungsrecht zu verschaffen (OLG Brandenburg, FamRZ 2003, 532, LS 1).

Vielmehr darf der andere, um derartige Handlungen zu verhindern, ein **neues Schloss** einbauen.

1686　Wenn ein **Nichtunterzeichner des Mietvertrages** ausgezogen ist, zahlt der Mieter = Nutzer die Miete weiter.

1687　Wenn **beide den Mietvertrag unterschrieben** haben und einer auszieht, ist zunächst einmal zu beachten, dass es dem Vermieter freisteht, das Geld vom einen **oder** vom anderen zu fordern (gesamtschuldnerische Haftung). Im Innenverhältnis haftet der unterhaltspflichtige Partner allein für die Miete. Er muss den anderen also von Vermieterforderungen freistellen, was ggf. die Unterhaltsforderungen des anderen entsprechend mindert. Problematisch können hier die Formularmietverträge sein, in denen sich die Mieter unwiderruflich wechselseitig „bevollmächtigen, Willenserklärungen mit Wirkung für den anderen abzugeben" (einschließlich Kündigung).

1688　Die Wirksamkeit dieser Klausel ist umstritten. Wenn derjenige, der ausgezogen ist, **unwidersprochen** gekündigt hat, muss aber der in der Wohnung Verbliebene ausziehen und die Miete für seine neue Wohnung allein bezahlen.

1689　Wenn bei der soeben erörterten Konstellation keine wechselseitigen Unterhaltsansprüche bestehen, muss derjenige die Miete zahlen, der die Wohnung nutzt.[1706] Der andere hat einen Anspruch auf Befreiung von den künftigen Verpflichtungen aus dem Mietvertrag und – wenn er im Außenverhältnis nicht aus der Haftung entlassen wird – auf Mitwirkung bei der Auflösung des gemeinschaftlichen Mietverhältnisses.[1707] Umgekehrt kann auch der in der Wohnung verbleibende Ehepartner, wenn sie ihm zu groß und zu teuer ist, die Wohnung kündigen, notfalls unter Erzwingung der Zustimmung des Partners, der ausgezogen ist.

1690　Wenn der Mieter auszieht, bleibt der verbleibende Partner **als Verheirateter im Schutzbereich des Mietvertrages**, kann also vom Vermieter nicht hinausgesetzt werden. Freilich darf der Mieter, der in der Praxis meist die Miete weiterbezahlt und vom Unterhalt abzieht, das Mietverhältnis kündigen. Dagegen ist – anders als bei der Vermieterkündigung – kein Gegenmittel möglich. Als Ausweg bietet sich folgende Lösung an: Der Verlassene schließt mit dem Vermieter einen neuen Mietvertrag, der sich an das Ende der Kündigungsfrist anschließt, und zahlt fortan den Mietzins selbst.

[1706] Das gilt nach Auffassung des OLG Köln (FamRZ 2003,1664) jedenfalls dann, wenn die Ehe bereits geschieden ist. Wever (FamRZ 2003, 1665) will in seiner Anm. zu dieser Entscheidung eine Ausnahme in den Fällen gelten lassen, in denen der verbleibende Partner in einer zu großen und teuren Wohnung sitzt. Sein Vorschlag: Soweit die Miete einkommensangemessen ist, zahlt sie der Nutzer allein; der überschießende Betrag wird hälftig geteilt.
[1707] LG Aachen, FamRZ 1995, 1151.

Der Sonderfall, dass einer auszieht, weil dem anderen die Wohnung zugewiesen worden ist (§ 1361b Abs. 1), **ändert nichts an der Verpflichtung des Mieters** bzw. der Mieter gegenüber dem Vermieter. Allerdings kann der in der Ehewohnung verbleibende Partner zu einer **Ausgleichszahlung** verpflichtet sein, wenn der andere die Miete zahlt; die Ausgleichszahlung ist geringer als die Miete. Sonst könnte man die Pflicht zur Mietzahlung im Innenverhältnis gleich demjenigen aufbürden, dem die Wohnung zugewiesen worden ist.

1691

Dass derjenige, der die Wohnung verlassen hat, trotz scheinbarer mietvertraglicher Befugnisse kein Recht mehr zum Betreten der Wohnung hat, wird damit begründet, dass er seinen **Mitbesitz aufgegeben** hat (§§ 862, 866 BGB).[1708]

1692

Dass entgegen landläufiger Meinung **nicht etwa das Eigentum heilig** ist, sondern der **Besitz**, ergibt sich aus dem Urteil des **LG Münster**:[1709]

1693

Danach darf der Alleineigentümerehegatte, der das Haus verlassen hat, weder die Haus- und Garagenschlösser austauschen noch das Grundstück allein oder mit Kaufinteressenten betreten (Anspruch auf Unterlassung von Besitzstörungen durch verbotene Eigenmacht, § 862 Abs. 1 BGB).

Streitigkeiten über den Zutritt zur Ehewohnung sind übrigens gleichfalls Familiensachen.[1710]

1694

II. Die Mietwohnung nach der Scheidung

Mit Rechtskraft der Scheidung kann das Gericht – mit Wirkung gegenüber dem Vermieter – nach der Verordnung über die Behandlung der Ehewohnung und des Hausrats (HausratsVO) gestaltend in das Mietverhältnis eingreifen.

1695

1. Gerichtliche Wohnungszuweisung

Für die **Zeit nach der Scheidung** kann das FamG, wenn die Noch-Eheleute sich nicht über das Schicksal der Mietwohnung einig werden, nach § 5 HausratsVO[1711] in den Mietvertrag eingreifen, indem es

1696

1708 BGH, NJW 1972, 44; ausführlich Menter, FamRZ 1997, 76.
1709 In FamRZ 1999, 1200.
1710 OLG Düsseldorf, FamRZ 1985, 497.
1711 Im Entwurf der Güterrechtsreform ist vorgesehen, die HausratsVO weitgehend abzuschaffen und die Regelungen betreffend die Ehewohnung nach der Scheidung in einem neu zu schaffenden § 1586a BGB einzuarbeiten. Eine komplette Abschaffung der HausratsVO ist im Zusammenhang mit der FGG-Reform geplant, vgl. Art. 2 des Gesetzentwurfs.

- ein gemeinsames Mietverhältnis (beide haben den Mietvertrag unterschrieben) dahin gehend ändert, dass nur noch **einer den Mietvertrag fortsetzt**, während der andere aus den Rechten und Pflichten des Mietvertrages weitgehend befreit wird
- den **einen anstelle des anderen** in den Mietvertrag einsetzt oder
- einen **Mietvertrag zugunsten eines Beteiligten begründet**, nachdem zuvor keiner (mehr) bestanden hatte (Beispiele: vorausgegangene Kündigung der Mieter bzw. des Mieters, Wohnen im Haus der Eltern bzw. Schwiegereltern).

1697 All dies sind **Entweder-oder-Lösungen**, die dann erforderlich werden, wenn der bereits herrschende Zustand – vorläufige Benutzung der Ehewohnung durch einen von beiden während der Trennungszeit – zum Schutz der Beteiligten und zur Schaffung klarer Verhältnisse **rechtlich geregelt werden muss**, ferner auch, wenn mit Rechtskraft der Scheidung ein Nutzerwechsel der Mietwohnung stattfinden soll.[1712]

Dabei ist **§ 5 HausratsVO** auch und v.a. dazu bestimmt, dem Gericht die Möglichkeit zu geben, gegen den Willen eines Vermieters in das Mietverhältnis einzugreifen.

Das **OLG Celle**[1713] stellt dazu fest, dass nach § 5 HausratsVO habe vorgegangen werden müssen, weil ein einklagbarer Anspruch gegen der Vermieter auf alleinige Übernahme der Wohnung durch die Frau (unter gleichzeitiger Entlassung des Mannes aus der Mithaft für die Miete!) leider nicht bestehe.

1698 Ein Einsehen mit den wirtschaftlichen Interessen des Vermieters hat hier das **OLG Karlsruhe**:[1714] Nach § 5 Abs. 1 Satz 2 HausratsVO ist die gerichtliche Anordnung, dass der zahlungskräftige bisherige Mieter (Ehemann), der längst ausgezogen ist, zur Sicherung der Mietzinsansprüche für einen begrenzten Zeitraum gesamtschuldnerisch mithaftet, **zwingend geboten**.[1715]

1699 Das **Wohnungszuweisungsverfahren** ist auch dann **zulässig**, wenn sowohl die Eheleute sich darüber **einig** sind, wer von beiden die Wohnung weiternutzen soll, als auch der Vermieter mit der vorgeschlagenen Nutzung einverstanden ist – nur mit der **Einschränkung**, dass er den weichenden Ehegatten nicht aus dem Mietverhältnis entlassen will.[1716]

1712 Seltener Fall, z.B. Frau und Kind kehren in die Ehewohnung zurück, Mann verlässt die Wohnung.
1713 FamRZ 1998, 1530.
1714 FamRZ 1999, 301.
1715 Vgl. auch KG, FamRZ 2002, 1355.
1716 OLG Köln, FamRZ 1999, 672 m.w.N.

Das Gericht kann dem weichenden Partner eine **Räumungsfrist** setzen, wenn noch keine vorläufige Zuweisung nach § 1361b BGB stattgefunden hat. Die Frist beginnt erst mit Scheidungsrechtskraft zu laufen (§ 16 HausratsVO).[1717] 1700

Das FamG ist bei einer wesentlichen Veränderung der Verhältnisse auch für eine Abänderung der Entscheidung, z.B. für eine Verlängerung der Räumungsfrist, zuständig; § 765a ZPO findet keine Anwendung.[1718]

Die Befugnis des Richters zur Wohnungszuweisung **endet** selbstverständlich mit dem Einzug eines **neuen Mieters** in die ehemalige Ehewohnung nach Kündigung durch einen der Ehegatten.[1719] 1701

Eine **Ausgleichszahlung** zugunsten des weichenden Ehegatten im Wege einer analogen Anwendung von § 8 Abs. 3 HausratsVO gibt es in den vom Gericht entschiedenen Fällen nicht.[1720] 1702

2. Wohnungsteilung

Eine Lösung, die nur in extremen Ausnahmefällen denkbar und sinnvoll sein kann, sieht § 6 HausratsVO vor: Der Richter kann die **Wohnung teilen** und den bisherigen Mietvertrag durch zwei Mietverträge über die Teilwohnungen ersetzen. 1703

Nach **FamG Biedenkopf**[1721] ist die Aufteilung so vorzunehmen, dass möglichst wenig Umzugsaufwand entsteht; die Absicht eines Ehepartners, das Jugendzimmer eines längst erwachsenen Sohnes zu bewahren, kann kein Argument gegen eine Aufteilung nach diesem Kriterium sein.

3. Eingriff in die Vermieterrechte

Bei Eingriffen in die Rechte des an der Scheidung der Mieter natürlich unschuldigen Vermieters sieht **§ 5 Abs. 1 Satz 2 HausratsVO** vor, dass der Richter gegenüber den Ehegatten Anordnungen treffen kann, die die Vermieteransprüche sichern.[1722] 1704

Inhaltlich kommt v.a. eine **Sicherheitsleistung** durch den ausscheidenden oder den neu eintretenden Mieter in Betracht, aber auch eine **gesamtschuldnerische Haftung** 1705

1717 OLG Nürnberg, FamRZ 2000, 1104.
1718 OLG Dresden, FamRZ 2005, 1581.
1719 FamG Altona, FamRZ 1995, 677.
1720 OLG Hamm, FamRZ 1993, 1462.
1721 FamRZ 1999, 302.
1722 Eine Entscheidung darüber kann aber erst nach Anhängigkeit des Scheidungsverfahrens herbeigeführt werden, OLG München, FamRZ 1996, 302; FamG Detmold, FamRZ 1997, 380.

des Ausscheidenden für die künftigen Mietforderungen, wenn dem Vermieter die Entlassung eines Ehegatten aus dem Mietverhältnis nicht zumutbar ist.[1723]

1706 Die **Haftung des Ausscheidenden** für künftige Mietforderungen muss aber zeitlich begrenzt werden. Hierzu **OLG Hamm**:[1724]

„[...] für 18 Monate. Es ist nämlich zu berücksichtigen, dass dem Vermieter gemäß § 544 BGB bei einem Zahlungsverzug des Mieters ein Recht zur fristlosen Kündigung des Mietverhältnisses zusteht, so dass selbst bei einer gerichtlichen Durchsetzung dieses Kündigungsrechts voraussichtlich kein höherer Zahlungsrückstand möglich ist, [...]"

1707 Obwohl § 5 Abs. 1 Satz 2 HausratsVO eine Kann-Vorschrift ist, hat der Richter hier kein Ermessen: Er **muss** den Vermieter in der beschriebenen Weise schützen.[1725] A.A. ist das **OLG Frankfurt am Main**: Danach ist das „soll" in § 4 HausratsVO kein „muss"; es begründet nur einen Vorrang der Belange des Vermieters vor denjenigen der Ehegatten i.S.e. Regel-Ausnahme-Verhältnisses.[1726]

1708 Wenn der Ehegatte, der in der Wohnung bleiben möchte, zu Mietzahlungen wirtschaftlich nicht in der Lage ist, kann der Vermieter der Wohnungszuweisung nach § 5 HausratsVO auch dann widersprechen, wenn ein Bürge benannt wird.[1727]

1709 Umgekehrt gilt: Wenn der Vermieter nicht schutzbedürftig ist, weil schon der verbleibende Ehegatte genügend **Solvenz aufweist**, wie er durch langjährige Mietzahlungen während der Ehe bewiesen hat, darf dem ausscheidenden Ehegatten eine Weiterhaftung für künftige Mietforderungen **nicht** auferlegt werden.[1728]

1710 § 12 HausratsVO bestimmt i.Ü., dass der Richter nicht mehr in Vermieterrechte eingreifen darf, wenn der Antrag auf Wohnungsauseinandersetzung **mehr als ein Jahr** nach der Rechtskraft der Scheidung gestellt wird.

III. Wohnungseigentum nach der Trennung

1711 Häufig haben Eheleute um der gemeinsamen Lebensführung willen eine Eigentumswohnung oder ein Hausgrundstück erworben oder leben in einem von Eltern ererbten oder eigentumsrechtlich übertragenen Objekt.

1723 OLG Hamm, FamRZ 1993, 574; OLG Celle, FamRZ 2002, 340 (18-monatige Mithaftung des weichenden Ehegatten).
1724 FamRZ 1994, 388.
1725 OLG Celle, FamRZ 2002, 340; FamG Waiblingen, FamRZ 1993, 1214.
1726 So OLG Frankfurt am Main, FamRZ 1992, 695.
1727 OLG München, NJW-RR 1995, 1474.
1728 OLG Karlsruhe, FamRZ 1995, 45; zu Dienst- und Werkwohnungen vgl. FamG Ludwigshafen, FamRZ 1995, 558 und FamRZ 1995, 1207.

III. Wohnungseigentum nach der Trennung

In solchen Konstellationen fällt es Betroffenen besonders schwer, zum einen, die Ehewohnung zu verlassen, zum anderen, die wirtschaftlich notwendigen Mittel zur Aufrechterhaltung des gegebenen Zustandes aufzubringen. 1712

Häufig konkurrieren hier Eigentumsrechte mit Besitzansprüchen.

Nach **§ 1361b Abs. 1 BGB** kann das Gericht einem Ehepartner die Wohnung allein zuweisen, wenn das „notwendig ist, um eine unbillige Härte zu vermeiden". 1713

Wenn **der andere Alleineigentümer** ist, wird die Vorschrift nicht unanwendbar; die Eigentümerposition ist lediglich „besonders zu berücksichtigen".

In dem Fall, dass der Alleineigentümer sein Haus bewohnen will, ist die Rechtsprechung nicht einheitlich. 1714

Das **OLG Hamburg** hat[1729] entschieden, dass der Zuweisungsantrag auch dann begründet sein kann, wenn der Eigentümer die Immobilie (hier: Eigentumswohnung) nur wieder in Besitz nehmen will, um sie zu verkaufen (nämlich dann, wenn er den Erlös braucht, sich zu entschulden). Anders das **OLG Köln**: Missbräuchlich ist der Wohnungszuweisungsantrag, wenn er in Wahrheit den Zweck verfolgt, die Wohnung wegen der Finanzierungslasten zu verkaufen.[1730] Die Hamburger Entscheidung wurde auch vom **OLG Hamm**[1731] heftig kritisiert („nicht haltbar"); auch nach Auffassung dieses Gerichts kommt eine Zuweisung nicht in Betracht, wenn der Antragsteller die Wohnung verkaufen will. 1715

Alleineigentum ist auch ein stärkeres Argument als eine gut 5-jährige alleinige Nutzung durch den Nichteigentümerehegatten; der Eigentümer darf also in sein Haus (zurück), wenn er Schwierigkeiten hat, eine Wohnung zu finden.[1732] 1716

Wichtigste Kriterien für das Gericht in solchen Fällen sind die **Häufigkeit, Intensität und Unerträglichkeit** des härtebegründenden Verhaltens (der Parteien) sowie die Möglichkeit der Heimtrennung angesichts der Größe des Hauses oder der Eigentumswohnung. Je größer die Immobilie ist, desto größer ist auch die Wahrscheinlichkeit, dass das Gericht den Partnern bestimmte Teile des Hauses (und nicht das Haus insgesamt) zur alleinigen Nutzung zuweist. Die Zuweisung des gesamten Heims an einen Partner (ggf. mit Kindern) ist nur dann anzuordnen, wenn das Heim für eine klare Trennung zu klein ist oder sich konkrete Gefahren mit der Heimtrennung nicht ausräumen lassen. 1717

1729 In FamRZ 1992, 1298.
1730 OLG Köln, FamRZ 1997, 943; ebenso OLG Karlsruhe, FamRZ 1999, 1087.
1731 In FamRZ 1998, 1172.
1732 OLG Köln, FamRZ 1994, 632.

| 1718 | **Miteigentümer** sind grds. **gleichberechtigt**. Ein Miteigentümer, der vorübergehend ausgezogen ist, darf nicht unter Berufung auf einen „besitzrechtlichen Vorsprung" des anderen daran gehindert werden, zurückzukehren (§ 745 BGB). Es bedarf schon einer verhaltensbegründeten schweren Härte, um ihm die Rückkehr zu verweigern,[1733] und diese schlägt, wenn sie gegeben ist, nicht durch, wenn die Wohnung groß genug für eine (nicht gemeinsame) Nutzung durch beide Ehegatten ist.[1734] |

| 1719 | Ist der **Auslöser der schweren Härte Miteigentümer neben einem Dritten**, sind die Rechte des Dritten mit zu würdigen. Klar ist: Wenn der Dritte mit im Haus wohnt, kann er nicht hinausgesetzt werden. Mehr noch: In manchen Fällen führen die Rechte des Dritten dazu, dass der an sich begründete Zuweisungsantrag eines Partners scheitert, weil es dem Dritten nicht zugemutet werden kann, neben diesem Partner allein in einem Haus zu wohnen. Dies sind Fälle, in denen z.B. das Haus Mutter und Sohn gehört und es zwischen Mutter und Schwiegertochter schwere Zerwürfnisse gibt. Dann wird die Ehewohnung selbst dann dem Sohn (Ehemann) zugeordnet, wenn dieser sich schwere Verfehlungen[1735] hat zuschulden kommen lassen, die für sich gesehen die Zuweisung an die Ehefrau rechtfertigen würden. |

| 1720 | **Fest steht**: Ein Zuweisungsantrag kann aber nicht allein darauf gestützt werden, dass der Alleineigentümer in seiner Immobilie leben möchte. Der Widerspruch zwischen Nutzung und Eigentumsposition ist noch kein Härtegrund. **Die Alleineigentümerposition führt nur zu einer Herabsetzung der Eingriffsschwelle**.[1736] |

| 1721 | Im gegenläufigen Fall, dass einer der beiden Eheleute vom Partner (Alleineigentümer) **ausgesperrt** worden ist, wird so gelöst, dass nach § 1361b BGB analog der ausgesperrte Ehegatte die Wiedereinräumung des Besitzes verlangen kann.[1737] Das Alleineigentum steht dabei dem Besitzschutz nicht entgegen. |

Ganz anders liegt der Fall natürlich, wenn einer der beiden Partner bewusst den Mitbesitz an der Wohnung aufgegeben hat.

| 1722 | Zum **Vergütungsanspruch** des Eigentümers heißt es in § 1361b Abs. 3 Satz 2 BGB:
„Er kann von dem nutzungsberechtigten Ehegatten eine Vergütung für die Nutzung verlangen, soweit dies der Billigkeit entspricht." |

| 1723 | Zunächst einmal ist zu beachten, dass der Anwendungsbereich der Vorschrift keineswegs auf die Fälle beschränkt ist, in denen der vom Gericht der Wohnung Verwiesene |

1733 FamG Neustadt, FamRZ 2005, 1253.
1734 OLG Düsseldorf, FamRZ 1998, 1171 (die Ehewohnung war dort 106 m² groß).
1735 Z.B. Aufnahme der Geliebten in die Ehewohnung.
1736 FamG Straubing, FamRZ 1997, 943 unter Hinweis auf OLG Hamm, FamRZ 1989, 739.
1737 OLG Karlsruhe, FamRZ 2001, 760 m.w.N.

Allein- oder Miteigentümer ist. Eine **Vergütungspflicht kann also auch bei Mietwohnungen** eintreten.

Stets gilt dabei, dass eine Vergütungsregelung nicht in Betracht kommt, wenn die Unterhaltsregelung schon eine Berücksichtigung des Wohnwerts enthält. 1724

Um die **Höhe der Vergütung** wird häufig gestritten. In der zitierten Vorschrift steht nichts von der marktüblichen Miete; vielmehr wird ein Anspruch auf Vergütung begründet, „soweit dies der Billigkeit entspricht". Bei Billigkeitsentscheidungen ist nicht maßgeblich, was ortsüblicher Mietzins ist. Es spielt auch eine Rolle, dass die Leistungsfähigkeit des verbleibenden Partners oft eingeschränkt ist und dass die Wohnungsüberlassung durch den weichenden Partner nicht in Gewinnerzielungsabsicht geschieht. Die Vergütung muss also **erkennbar unter der Marktmiete** liegen. 1725

Zudem wird mit dem Auszug eines Ehepartners der ihm zuzurechnende Teil der Wohnungsnutzung nicht automatisch zum Wohnvorteil des verbleibenden Ehegatten. Der Anteil des ausziehenden Ehegatten hat daher als „**totes Kapital**" bei der Bestimmung des Bedarfs nach Maßgabe der ehelichen Lebensverhältnisse außer Betracht zu bleiben.[1738] Der Wohnwert ist als **eingeschränkter Gebrauchsvorteil** nur noch **in einer Höhe** in Rechnung zu stellen, wie er sich als **angemessene Wohnungsnutzung** durch den verbleibenden Ehegatten darstellt. Dieser verbleibende Gebrauchsvorteil der insgesamt für den die Wohnung weiter nutzenden Ehegatten an sich zu großen Wohnung wird i.d.R. danach zu bestimmen sein, welchen Mietzins der verbleibende Ehegatte auf dem örtlichen Wohnungsmarkt **für eine dem ehelichen Lebensstandard entsprechende angemessene kleinere Wohnung zahlen müsste**.[1739] 1726

IV. Wohnungseigentum nach der Scheidung

Die Auffassung, dass der Eigentümer nach Rechtskraft der Scheidung in sein „Eigentum" zurückkehren kann, ist nicht immer richtig. Unter bestimmten Voraussetzungen sind auch andere Lösungen gerichtlich durchsetzbar. 1727

1. Nutzungszuweisung an Nichteigentümer

Im Fall der Trennung der Parteien bedarf es einer **unbilligen Härte**, wenn der trennungswillige Partner den Auszug des anderen erzwingen will. Ist derjenige, der das 1728

1738 BGH, FamRZ 1989, 1160, 1162; BGH, FamRZ 1998, 899, 901.
1739 BGH, FamRZ 1998, 899, 901; BGH, FamRZ 2000, 351; a.A. nunmehr OLG Hamm, OLGR 2004, 304: „Eine Zurechnung der objektiven Miete für die als Ehewohnung genutzte Immobilie ist auch beim Trennungsunterhalt gerechtfertigt, wenn das Scheidungsverfahren zügig durchgeführt wird und eine Wiederherstellung der ehelichen Lebensgemeinschaft nicht zu erwarten ist."

Haus verlassen soll, überdies Eigentümer, so ist das **besonders zu berücksichtigen** (§ 1361b Abs. 1 BGB).

1729 Nach Scheidung der Ehe ist die Hürde nicht niedriger, denn gem. § 3 HausratsVO soll der Richter dem anderen Ehegatten die Wohnung nur zuweisen, „wenn dies notwendig ist, um eine unbillige Härte zu vermeiden". Zulässig ist ein solcher Antrag aber in jedem Fall.

1730 Wann ist nun von einer unbilligen Härte auszugehen?

Der Härtegrad (unbillige und schwere Härte) ist nach allgemeiner Ansicht etwa der gleiche, aber die Härtefälle haben naturgemäß eine ganz andere Struktur: Während bei Zuweisung zur Trennungserzwingung das nicht hinnehmbare Verhalten des weichenden Eigentümers im Vordergrund steht, kann eine Härte für die Zeit nach der Scheidung hierauf wegen Abwesenheit des Betroffenen nicht mehr gestützt werden.

1731 Hier kommen **folgende Fälle** in Betracht:
- Frau und Kinder können in der näheren Umgebung keine adäquate Ersatzwohnung finden,[1740]
- im Haus wohnt die pflegebedürftige Schwiegermutter der Frau, die sich von ihrem Sohn abgekehrt hat und die nötige Zuwendung nur von der Geschiedenen erfährt,
- eine 60-jährige geschiedene, aber schon 17 Jahre getrennt lebende Frau lebt seit der Trennung allein im Haus des Ex-Ehemannes.[1741]

1732 Aber: Umzugsbedingte **Unbequemlichkeiten reichen ebenso wenig aus wie schlechtere Unterbringung** in einer Ersatzwohnung wegen nur notdürftiger Unterhaltszahlungen.[1742]

1733 Selbstverständlich kommt eine derartige Zuweisung **nicht auf Dauer** in Betracht, sondern nur, bis z.B. die Kinder das Haus verlassen und/oder eigene Einkünfte erzielen. So hat das **OLG Köln**[1743] einer Frau mit zwei Kindern die Ehewohnung (Alleineigentümer: Ehemann) für fünf Jahre zugewiesen; die vom Mann vergeblich angebotene Ersatzwohnung hatte nur zwei Zimmer.

1734 Ebenso wie Eigentümer werden die Inhaber ähnlicher Rechte behandelt: Nießbraucher, Erbbauberechtigte, Inhaber von Wohnungsrechten (§ 3 Abs. 2 HausratsVO).

1740 OLG Naumburg, FamRZ 2002, 672 (strenge Anforderungen!).
1741 FamG Königstein, FamRZ 2002, 973.
1742 OLG München, FamRZ 1995, 1205.
1743 In FamRZ 1996, 492.

2. Nutzungszuweisung an Miteigentümer oder Teilung

Wenn die Ehepartner Miteigentümer oder Mitinhaber der „dinglichen Rechte" nach § 3 HausratsVO sind, bedarf es **keiner unbilligen** Härte mehr, um das Haus oder die Eigentumswohnung einem von beiden zur Nutzung zuzuweisen. Hier wird vielmehr nach **billigem Ermessen** entschieden (§ 2 HausratsVO).

1735

Im Rahmen der Billigkeitsentscheidung ist auf das **Wohl der Kinder** abzustellen. Grds. soll den Kindern ihr bisheriges Umfeld erhalten bleiben.[1744] Der Ehegatte, der die Kinder betreut, hat also bessere Chancen, im Haus zu bleiben.

1736

Der Richter begründet dann ein Mietverhältnis zwischen den beiden Rechtsinhabern. Der weichende Partner fungiert als Vermieter, der verbleibende Miteigentümer als Mieter. Bei der Bemessung muss natürlich wieder berücksichtigt werden, dass dem „Mieter" schon die Hälfte gehört – was zwangsläufig zur Halbierung der Miete führt.

1737

Auch eine solche Regelung **kann nur vorübergehender Natur** sein, denn passt sie dem anderen nicht, kann er die **Teilungsversteigerung** (§ 180 ZVG) beantragen,[1745] mit der Folge, dass der Erwerber den verbleibenden Miteigentümer dann sogar ohne Berufung auf Eigenbedarf aus der Wohnung setzen kann: Der Zuschlag lässt jedes Besitzrecht erlöschen.

1738

Besser ist hier die Position des **Mieters** im Haus: Nach § 57a ZVG hat der Ersteher zwar ein einmaliges Sonderkündigungsrecht mit **3-monatiger Frist** (unabhängig von der Mietdauer!); jedoch hat die Rechtsprechung hier den Mieterschutz – Erfordernis des berechtigten Interesses des Vermieters (i.d.R. Eigenbedarf) und **Widerspruchsrecht des Mieters nach der Sozialklausel** – ins ZVG eingeführt, sodass das mit dem Sonderkündigungsrecht verbundene **Ersteigererprivileg** im Grunde auf die Drei-Monats-Frist zusammenschrumpft.

1739

Indes kann das Gericht, wenn sich das nach den räumlichen Gegebenheiten anbietet, das Haus auch – selbstverständlich ohne Eingriff in die Miteigentümerpositionen – **unter den Miteigentümern nach § 6 HausratsVO aufteilen**. Ob dies in der Praxis sinnvoll sein kann, ist im Einzelfall zu entscheiden.

1740

3. Zuweisung bei konkurrierenden Rechten der Ehepartner

Die verschärfte Voraussetzung für die Zuweisung nach § 3 HausratsVO (**unbillige Härte**) entfällt nicht nur bei Miteigentum beider Partner, sondern auch dann, wenn

1741

1744 OLG Celle, FamRZ 1992, 465.
1745 Zu beachten ist: der Antrag kann erst nach (!) Rechtskraft der Scheidung gestellt werden; das Verfahren dauert durchschnittlich elf bis zwölf Monate.

eine sog. dingliche Berechtigung (Wohnungsrecht, Nießbrauch) auf das Eigentum des anderen trifft.

1742 Wenn z.B. die Frau das Wohnungsrecht nach § 1093 BGB genießt und der Mann Eigentümer der Wohnung ist, braucht die Frau keine unbillige Härte ins Feld zu führen, um die Wohnung zur weiteren Nutzung zugewiesen zu bekommen. Hier gilt wiederum § 2 HausratsVO, d.h. der Richter kann nach **billigem Ermessen** entscheiden.

1743 Wenn beide Miteigentümer des Grundstücks sind, der Ehemann jedoch alleiniger **Erbbauberechtigter**, mithin alleiniger Eigentümer des aufstehenden Hauses ist, hat er nach der Scheidung den **Vorrang** und bekommt die durch das Haus verkörperte Ehewohnung zugewiesen, allerdings mit einer angemessenen Räumungsfrist für die Frau nach § 15 HausratsVO.[1746]

1744 Der Wohnungsrechtsinhaber genießt den **Vorrang** vor dem Eigentümerehegatten, wenn letzterer von der Mitbenutzung der Wohnung ausgeschlossen ist.[1747] Das ist bei Eheleuten die Ausnahme, nach der Trennung allerdings nicht mehr.

1745 Im Ergebnis ebenso wurde der Fall vom **OLG Naumburg**[1748] entschieden (der Ehemann wollte dort einen Teil der Räume für sich nutzen, an denen er seiner Frau das Wohnrecht eingeräumt hatte). Das Gericht stellt darauf ab, dass nach billigem Ermessen (§ 2 HausratsVO) Frau und Kinder den Vorrang genießen müssten und dass eine **verspätete Heimtrennung nur zu vermeidbaren Problemen** führen würde. Allerdings wurde dem geschiedenen Ehemann (Grundstückseigentümer) eine Ausgleichszahlung nach § 5 Abs. 2 Satz 2 HausratsVO zugebilligt.

1746 Eine Ausgleichszahlung analog § 5 Abs. 2 Satz 2 HausratsVO kommt dagegen nicht in Betracht, wenn der Weichende ein Wohnrecht genießt (das er nicht ausüben will).[1749]

4. Mietfestsetzung zugunsten des weichenden Eigentümers

1747 Wenn der (Mit-)Eigentümer weichen muss, kann das Gericht nach § 5 Abs. 2 HausratsVO ein **Mietverhältnis** zwischen den beiden scheidungswilligen oder bereits geschiedenen Eheleuten **begründen**. Es **setzt auch den Mietzins fest**.

1748 Hier ist von der **Marktmiete** auszugehen. Selbstverständlich kann ggf. eine Verrechnung mit Unterhaltsansprüchen stattfinden. Ist über den Unterhalt bereits per Scheidungsfolgenvergleich oder Urteil eine Regelung getroffen, die die Wohnungsnutzung

---

1746 OLG Oldenburg, FamRZ 1998, 571.
1747 OLG Stuttgart, FamRZ 1990, 1260, 1261.
1748 FamRZ 1998, 1529.
1749 OLG Bamberg, FamRZ 1996, 1085.

mit einbezieht (Teilerfüllung des Unterhaltsanspruchs), bedarf es selbstverständlich keiner Mietfestsetzung mehr.

Haben beide Miteigentum oder eine dingliche Berechtigung (etwa ein unentgeltliches Wohnungsrecht), hat der Ausscheidende Anspruch auf eine anteilige Miete. 1749

V. Aufhebung des gemeinsamen Eigentums

Richterliche Anordnungen im Zusammenhang mit Haus und Wohnung betreffen immer nur Nutzungszuweisungen und ggf. hieraus erwachsene Verpflichtungen. In **dingliche Rechte** kann dagegen **gerichtlich nicht** eingegriffen werden. 1750

Die Eigentumslage können nur die Betroffenen selbst ändern. 1751

Der **Alleineigentümer** kann sein Objekt veräußern, vermieten, verpachten oder auch verschenken oder im Wege vorweggenommener Erbfolge übertragen. 1752

Schwieriger wird es, wenn Eheleute **gemeinsam Eigentümer** sind. 1753

Nach Rechtskraft der Scheidung sind die Parteien dazu gezwungen, einverständliche Regelungen herbeizuführen. 1754

Dieser Zwang rührt daher, dass jeder Miteigentümer jederzeit und ohne mit dem anderen überhaupt darüber gesprochen zu haben, berechtigt ist, gerichtlich die **Zwangsversteigerung** des Objekts anordnen lassen kann, § **180 Abs. 1 ZVG**. Dabei wird nicht nur der Teil versteigert, der dem Antragsteller gehört, sondern **das gesamte Objekt**. Grund für diese Regelung i.R.d. sog. Teilungsversteigerung ist es, zu verhindern, dass eine Versteigerung daran scheitert, dass der potenzielle Interessent mit einem evtl. halben Grundstücksanteil – in Bruchteilsgemeinschaft, also real nicht teilbar – nichts anfangen kann. Ein solcher Anteil gibt ihm weder ein Nutzungsrecht, noch kann er im Haus wohnende Personen allein aufgrund dieses Eigentumsanteils „herauszwingen". 1755

Wer also vermeiden will, durch Zwangsversteigerung und mit ggf. sehr viel geringerem Erlös, als durch freihändigen Verkauf erreichbar wäre, sein Eigentum zu verlieren, wird mit dem Miteigentümer **verhandeln** müssen. 1756

Dies gilt natürlich für **beide Seiten**: Auch der Antragsteller muss befürchten, wirtschaftlich wesentlich schlechter abzuschneiden, als bei einer freien Veräußerung. Dazu kommt die **Verfahrensdauer** von regelmäßig **bis zu einem Jahr**, in der der Antragsteller wirtschaftlich nichts oder wenig von seinem Eigentum hat. Zur Verfahrensdauer kommen dann etliche Monate hinzu, wenn der Miteigentümer, der die Zwangsversteigerung vermeiden will, Anträge nach § **30a ZVG** stellt, das Zwangsversteigerungsverfahren **bis zu sechs Monaten** aufzuschieben. Er kann diesen Antrag, dessen Verfahren mit wechselseitigen Schriftsätzen ohnehin Monate in Anspruch nimmt, damit begrün- 1757

G. Das Schicksal der Ehewohnung

den, dass in der Zeit von sechs Monaten begründete Aussicht besteht, das Verfahren zu vermeiden, etwa durch freihändigen Verkauf.

1758 All dies sind für beide Seiten unerfreuliche Aussichten.

1759 Es bieten sich mehrere Lösungen an:
- Aufteilung des Hauses in Eigentumswohnungen,
- Verkauf innerhalb der Gemeinschaft,
- freihändiger Verkauf an einen Dritten.

1. Aufteilung des Hauses in Eigentumswohnungen

1760 Verfügt das gemeinsame Haus über zwei einigermaßen gleich große und gesondert zugängliche Wohnungen, können die Eigentümer eine **Abgeschlossenheitsbescheinigung** beim Landkreis oder (in kreisfreien Städten) beim Bauamt der Stadt erwirken und das Grundstück gem. § 8 Wohnungseigentumsgesetz in Wohnungseigentum aufteilen, also in zwei Eigentumswohnungen (**Sondereigentum**) und Gemeinschaftsflächen (**Miteigentum**). Auch Sondernutzungsrechte, z.B. an Gartenflächen, sind vereinbar. Anschließend ist ein Vertrag zu beurkunden, der jedem Partner das Alleineigentum an einer der beiden Wohnungen verschafft.

1761 Der **Nachteil** dieser Lösung besteht, abgesehen davon, dass sie nur in Zwei- und Mehrfamilienhäusern realisierbar ist, darin, dass die Beteiligten in einer Miteigentümergemeinschaft miteinander verbunden bleiben, also über Eigentümerversammlungen, Reparaturen am Gemeinschaftseigentum, gemeinsame Betriebskosten, Instandhaltungsrücklage und mannigfache andere gemeinsame Belange noch miteinander zu tun haben.

1762 Der unbestreitbare **Vorteil** besteht darin, dass keiner von beiden finanziellen Schaden erleidet, weil sich an der wirtschaftlichen Ausgangssituation praktisch nichts ändert. Jeder muss die Grundpfandgläubiger (i.d.R. also Banken, Bausparkassen und Lebensversicherungen) gemäß seinem Miteigentumsanteil weiter bedienen.

2. Verkauf innerhalb der Gemeinschaft

1763 Das Problem der Übernahme des Objekts durch einen der Partner besteht i.d.R. darin, dass dies nur realisierbar ist, wenn einer der Parteien über **genügend liquide Mittel** dazu verfügt, sei es durch eigene Ersparnisse, sei es durch finanzielle Unterstützung von Eltern oder sonstigen Verwandten.

Selbst dann, wenn diese Voraussetzungen gegeben sind, entzündet sich der weitere Streit aber regelmäßig an der Frage, **welcher Wert** für die Übernahme zugrunde zu legen ist.

Häufig wird mit „Gefälligkeitserkärungen" befreundeter Makler versucht, den Preis zu drücken oder umgekehrt in die Höhe zu treiben. Eine gute Möglichkeit besteht darin, sich darauf zu verständigen, das **Gutachten eines gerichtlich vereidigten Sachverständigen** des zuständigen Katasteramts bei dem AG einzuholen, in dessen Bezirk das Objekt belegen ist und zuvor (!) zu vereinbaren, dass beide Parteien sich an den so festgestellten Verkehrswert halten. 1764

3. Freihändiger Verkauf an einen Dritten

Ist keine der geschilderten Lösungen möglich, bleibt der freihändige Verkauf an einen beliebigen Interessenten. Dies wird häufig für denjenigen, der das Objekt – evtl. mit den gemeinsamen Kindern – noch bewohnt, eine harte Konsequenz sein. Bei Scheitern der Ehe bleibt zumeist aber nur diese Möglichkeit übrig. 1765

Wichtig ist in diesem Zusammenhang, die **Auszahlung des Erlöses** (Kaufpreis abzüglich der Verbindlichkeiten) im notariellen Vertrag dahin gehend zu vereinbaren, dass der **jeweils hälftige Erlösanteil** an den jeweiligen Miteigentümer gezahlt wird. Damit wird verhindert, dass der den Kaufpreis zunächst einstreichende Miteigentümer – aus welchen Gründen auch immer – Zurückbehaltungsrechte geltend macht oder das Geld verbraucht oder von anderen Gläubigern, mit denen der andere nichts zu tun hat, Pfändungen erfolgen, die dann dazu führen können, dass das Geld verloren ist. 1766

VI. Verfahrens- und Vollstreckungsrecht

Das Zuweisungsverfahren richtet sich i.R.d. ehelichen Wohnung nach den FGG-Regeln der HausratsVO (§ 18a HausratsVO).[1750] 1767

Gegen Beschlüsse nach § 1361b BGB (außerhalb eines Eilverfahrens!) ist die befristete Beschwerde nach § 621e ZPO zulässig.[1751] 1768

Auch **einstweilige Anordnungen** sind zulässig (§§ 16 Abs. 3, 18a HausratsVO), und zwar auch **neben** einem Verfahren nach § 620 Nr. 7 ZPO (einstweilige Anordnung im Scheidungsverfahren).[1752] 1769

Materiell-rechtlich maßgeblich für die Zuweisung bei Getrenntleben im Wege einstweiliger Anordnung ist aber nicht § 2 HausratsVO, sondern stets § 1361b BGB.[1753] Auch für Zuweisungsverfahren gilt § 15 HausratsVO; danach hat das Gericht die erforderlichen Anordnungen zu treffen. Zu ihnen kann auch das Verbot an einen Ehegatten 1770

1750 Für eine Ferienwohnung gelten BGB und ZPO, OLG München, FamRZ 1994, 1331.
1751 OLG Köln, FamRZ 2005, 639.
1752 So OLG Köln, FamRZ 1994, 632.
1753 OLG Brandenburg, FamRZ 1996, 743.

gehören, die Wohnung wieder zu betreten und sich der Wohnung auf eine bestimmte Distanz zu nähern.[1754]

1771 Auch die **Nutzungsentschädigung** nach § 1361b Abs. 3 Satz 2 BGB kann Gegenstand einer **einstweiligen Anordnung** sein. Sie ist (Umkehrschluss aus § 620c Satz 1 ZPO) grds. unanfechtbar. Nur bei greifbarer Gesetzeswidrigkeit bleibt die **außerordentliche sofortige Beschwerde** zulässig.[1755]

1772 Innerhalb der einstweiligen Anordnung nach § 620 Nr. 7 ZPO können auch flankierende Anordnungen getroffen werden, die der Durchführung der Wohnungszuweisung an einen Ehegatten dienen; z.B. kann das Gericht anordnen, dass der Bleibende das Türschloss austauschen darf und dass dem der Wohnung Verwiesenen verboten wird, die Wohnung ohne Zustimmung des anderen zu betreten.[1756] Allerdings darf das Gericht einem Ehegatten nicht verbieten, einen neuen Partner in die Wohnung aufzunehmen.[1757]

1773 Die **Eingriffsschwelle** für eine einstweilige Anordnung nach § 16 Abs. 3 HausratsVO ist **besonders hoch**: Es muss eine Härte vorliegen, die über die „**schwere Härte**" nach § 1361b BGB noch **deutlich hinausgeht**.[1758]

1774 Gegen Eilentscheidungen nach der HausratsVO ist die **Beschwerde** nach § 19 FGG zulässig,[1759] auch gegen Eilentscheidungen im Rahmen eines isolierten Verfahrens für die Dauer des Getrenntlebens.[1760]

1775 Dagegen sind einstweilige Anordnungen **unanfechtbar**, wenn lediglich Modalitäten der Benutzung einstweilig geregelt werden oder eine einstweilige Regelung abgelehnt wird.[1761]

1776 Zuständig ist das **FamG**, auch bei isolierten Zuweisungsverfahren. Wenn allerdings vor dem FamG ein Vergleich zustande kommt und aus diesem Vergleich anschließend auf Räumung geklagt werden muss, ist hierfür das allgemeine Prozessgericht (AG) zuständig.[1762]

1754 OLG Köln, FamRZ 2003, 319, 320.
1755 OLG Brandenburg, FamRZ 2003, 1305.
1756 OLG Karlsruhe, FamRZ 1994, 1185.
1757 OLG Köln, FamRZ 1995, 1424.
1758 OLG Rostock, FamRZ 1995, 559.
1759 OLG Frankfurt am Main, 4. Senat, FamRZ 1993, 1343, und OLG Rostock, FamRZ 1995, 559.
1760 OLG Naumburg, FamRZ 1994, 389; OLG Köln, FamRZ 1997, 1345.
1761 OLG Frankfurt am Main, 5. Senat, FamRZ 1993, 1343.
1762 OLG Karlsruhe, FamRZ 1996, 36.

Die Entscheidung über die Wohnungszuweisung muss, um vollstreckbar i.S.v. § 885 ZPO zu sein, die Aufforderung an den Schuldner enthalten, die Wohnung – ggf. binnen einer bestimmten Frist – zu räumen. Anderenfalls fehlt dem Titel ein vollstreckungsfähiger Inhalt. Heißt es etwa im Beschluss nur „Die Ehewohnung der Parteien wird dem Antragsgegner zur alleinigen Nutzung zugewiesen", kommt die Erteilung einer Vollstreckungsklausel nicht in Betracht.[1763]   1777

Geht es nicht um die Wohnungszuweisung, sondern **nur** um eine isolierte Entscheidung über die **Nutzungsvergütung oder Nutzungsentschädigung**, so ist nach ganz überwiegender Meinung die Zivilprozessabteilung des AG, also das **Streitgericht** zuständig.[1764] Geht es um beides, kann das FamG angerufen werden (§ 18a HausratsVO).   1778

Die **Gerichtskosten** können nach § 20 HausratsVO nicht nur den Parteien selbst, sondern im Ausnahmefall auch den sonstigen Beteiligten (§ 7 HausratsVO) auferlegt werden, z.B. dem Vermieter, wenn er einer Einigung über die künftige Wohnungsnutzung ohne vernünftigen Grund die Zustimmung versagt.[1765]   1779

1763 OLG Stuttgart, FamRZ 2002, 559.
1764 OLG Naumburg, FamRZ 2000, 45; KG, FamRZ 2000, 304; OLG Zweibrücken, FamRZ 1998, 171: keine Familiensache!
1765 FamG Detmold, FamRZ 1996, 1292.

H. Versorgungsausgleich

I. Grundlagen des Versorgungsausgleichs

Die **gleichberechtigte Teilhabe** beider Eheleute an den in der Ehe begründeten **wirtschaftlichen Werten** und das Erfordernis ehelicher Solidarität sind die Grundgedanken des durch das 1. Ehe-Reform-Gesetz (EheRG) v 14.06.1976 eingeführten Versorgungsausgleichs.[1766]

1780

Dem Teilhabergedanken liegt eine vermögensrechtliche Sicht des Versorgungsausgleichs zugrunde, wonach die in der Ehe erworbenen Versorgungswerte auf der **gemeinsamen Lebensleistung der Ehegatten** beruhen.[1767]

1781

Dies hat zur Konsequenz, dass der Versorgungsausgleich auch in Fällen, in denen keine ehebedingten Versorgungsnachteile festzustellen sind, gleichwohl durchzuführen ist.[1768]

1782

> **Hinweis:**
> Findet durch Urteil „ein Versorgungsausgleich nicht statt", weil es an auszugleichenden Anwartschaften fehlt, der Versorgungsausgleich grob unbillig i.S.d. § 1587c BGB ist oder die Parteien z.B. keinen Antrag gestellt haben, weil keines der Heimatrechte der Ehegatten den Versorgungsausgleich kennt, erwächst die Folge **nicht in Rechtskraft, sodass die jederzeitige Nachholung später möglich ist**.[1769]

Der Versorgungsausgleich betrifft i.Ü. auch **Lebenspartnerschaften**. Nach dem Gesetz zur Überarbeitung des Lebenspartnerschaftsgesetzes[1770] ist der Versorgungsausgleich auch auf **nach dem 01.01.2005 geschlossene Lebenspartnerschaften** anwendbar (§ 20 LPartG). Für zeitlich zuvor begründete Lebenspartnerschaften sind die Regeln nur anwendbar, wenn die Parteien bis zum 31.12.2005 eine entsprechende, notariell beurkundete Erklärung gegenüber ihrem Wohnsitzgericht abgegeben haben.

1783

1766 Zur dogmatischen Einordnung des Versorgungsausgleichs vgl. Borth, Versorgungsausgleich, Rn. 14 und Hauß, Versorgungsausgleich und Verfahren, S. 2 f.; zu den Veränderungen durch die „Rente mit 67" vgl. Wick, FK 2007 211.
1767 BVerfG, FamRZ 2993, 1173 und FamRZ 1993, 405, 406.
1768 BGH, FamRZ 1986, 563 und FamRZ 1988, 710.
1769 OLG Karlsruhe, v. 10.11.2005 – 16 UF 212/05, n.v., Abruf-Nr. 060418 unter *www.iww.de*.
1770 V. 15.12.2004 (BGBl. I, S. 3396).

H. Versorgungsausgleich

1784 Die **Berechnung** entspricht den Regeln, die für die Ehezeit gelten. Ebenso besteht für die Partner die Möglichkeit, den Versorgungsausgleich durch notariell beurkundete Vereinbarung auszuschließen.[1771]

1785 Die **Grundelemente des Versorgungsausgleichs** sind:
- **Einmalausgleich** der wechselseitig erworbenen Anwartschaften zum Ende der Ehezeit,
- gemeinsam mit der Ehescheidung im **Verbund**, § 623 ZPO,
- mit nachträglichen **Korrekturmöglichkeiten** nach § 10a VAHRG,
- ergänzt durch den **schuldrechtlichen Versorgungsausgleich** nach §§ 1587 ff. BGB.

1786 Als zentrales, reformbedürftiges Problem hat sich das **System des Einmalausgleichs** erwiesen. **Verschiedene Altersversorgungssysteme**, die unterschiedliche Leistungen bieten, müssen – wie Äpfel und Birnen –[1772] **miteinander verglichen** werden. V.a. ihre kontinuierliche Wertsteigerung ist vielfach sehr unterschiedlich. Die Dynamik der gesetzlichen Rentenversicherung wird – unterschiedlich hoch in den verschiedenen Zeiträumen – von der Dynamik kapitalgedeckter Versorgungen oder auch betrieblicher Altersversorgung übertroffen.

1787 Es ist deshalb davon auszugehen, dass die jetzige Struktur des Versorgungsausgleichs **abgeändert werden wird**. Diese wird in Richtung einer **Realteilung der Versorgungen** bzw. der Versorgungskapitalien gehen. In welchem Zeitrahmen eine solche Reform realisiert werden kann, ist aber noch offen.

II. Auszugleichende Anwartschaften, § 1587a BGB

1788 Nach § 1587 BGB findet zwischen geschiedenen Eheleuten der Versorgungsausgleich statt, soweit für sie oder für einen von ihnen in der Ehezeit **Anwartschaften oder Aussichten auf eine Versorgung wegen Alters oder verminderter Erwerbsfähigkeit begründet** oder aufrecht erhalten worden sind. Da über den Versorgungsausgleich im Verbund entschieden wird, ist mit der Scheidung die Übertragung der Anwartschaften im einheitlichen Urteil vorzunehmen.

1789 Nach § 1318 Abs. 3 BGB wird i.Ü. auch im Fall der Aufhebung der Ehe der Versorgungsausgleich durchgeführt, es sei denn, es stünden schützenswerte Belange des gutgläubigen Ausgleichspflichtigen entgegen.[1773]

1771 Vgl. dazu oben Ziff. A. III. 3. b), Rn. 63 ff.
1772 So Hauß, Versorgungsausgleich und Verfahren, S. 3.
1773 Hauß, Versorgungsausgleich und Verfahren, S. 43.

II. Auszugleichende Anwartschaften, § 1587a BGB

§ 1587a BGB, der den **Ausgleichsanspruch** definiert, ist die wortreichste Vorschrift des BGB. Die Vorschrift ist allein wegen ihrer Länge dem allgemeinen Verständnis schwer zugänglich.

Sie bestimmt darüber hinaus höchst unterschiedliche Sachverhalte, nämlich die **Grundprinzipien des Ausgleichs (Abs. 1), die Bemessung des Ehezeitanteils einer Versorgung (Abs. 2) und die Bewertung der sog. nichtdynamischen Versorgungen (Abs. 3).**

Die Komplexität dieses Regelungsgegenstands der Norm wird ergänzt durch die Komplexität und die Vielfalt der zu bemessenden und zu bewertenden Versorgungen selbst. All dies macht nach allgemeiner Auffassung § 1587a BGB zum **Beispiel für verunglückte Gesetzgebungstechnik.**[1774] I.R.d. geplanten Strukturreform des Versorgungsausgleichs werden solche Vorschriften hoffentlich von modernerer Gesetzesformulierung abgelöst.

1. Ehezeit

Ausgeglichen werden die in der Ehezeit erworbenen Anwartschaften und Aussichten, § 1587 Abs. 1 Satz 1 BGB.

Die Ehezeit wird in § 1587 Abs. 2 BGB definiert als die Zeit vom **1. Tag des Monats, in den die Eheschließung fällt bis zum letzten Tag des der Rechtshängigkeit vorausgehenden Monats.**

> **Hinweis:**
> Der Begriff Ehezeit entspricht **nicht** dem sonst im Familienrecht üblicherweise damit verbundenen Zeitraum bis zur Rechtskraft der Scheidung, da zum einen sonst eine einheitliche Entscheidung i.R.d. Ehescheidung nicht möglich wäre, zum anderen aber auch **mit Einreichung des Scheidungsantrags die eheliche Solidarität insoweit endet.**

Für das Ende der Ehezeit kommt es i.Ü. nur auf die **Rechtshängigkeit** eines Scheidungsantrags, nicht auf die Einreichung eines entsprechenden PKH-Antrags an.[1775]

> **Hinweis:**
> Kommt es zur **Aussetzung** oder zum tatsächlichen Stillstand des Scheidungsverfahrens, leben die Ehegatten aber weiterhin voneinander getrennt, kann nach Fort-

---

1774 Vgl. AnwKomm-BGB/Hauß, § 1587a Rn. 1.
1775 BGH, FamRZ 1987, 362.

> setzung des Verfahrens **nicht – aus Billigkeitsgründen – von einem späteren Ehezeitende gem. § 1587 Abs. 2 BGB** ausgegangen werden.[1776]

1795 Das Ende der Ehezeit i.S.d. § 1587 Abs. 2 BGB wird durch den Eintritt der Rechtshängigkeit des Scheidungsantrags bestimmt, der **den zur Scheidung führenden Rechtsstreit ausgelöst** hat. Das ist regelmäßig der **älteste noch rechtshängige Antrag**, auch wenn es zur Aussetzung oder zum tatsächlichen Stillstand dieses Scheidungsverfahrens gekommen war.[1777]

Im Einzelfall kann die Berufung auf die fortbestehende Rechtshängigkeit eines früheren Scheidungsantrags aber gegen **Treu und Glauben** verstoßen. Dies kommt z.B. in Betracht, wenn sich die Eheleute **ausgesöhnt und jahrelang wieder zusammengelebt** haben.[1778]

1796 Haben beide Eheleute in demselben Verfahren Scheidungsanträge gestellt, kommt es darauf an, **welcher Antrag zuerst zugestellt** worden ist. Dessen Rechtshängigkeit **bleibt** auch maßgebend, wenn er später **zurückgenommen** und die Ehe auf den Antrag des anderen Ehegatten geschieden wird.[1779]

1797 Für eine **Eheaufhebungsklage** gilt: bei einer solchen Klage nach § 606 Abs. 1 ZPO, § 1313 BGB wird das Ende der Ehezeit für den (gem. § 1318 Abs. 3 BGB möglichen) Versorgungsausgleich durch die **Rechtshängigkeit dieser Klage** festgelegt. Ist zunächst ein Antrag auf Eheaufhebung rechtshängig geworden und wird die Ehe auf einen **später** im gleichen Verfahren gestellten (Hilfs-)Antrag geschieden, bestimmt sich das Ende der Ehezeit nach der Rechtshängigkeit der **Eheaufhebungsklage**.[1780]

1798 Ist die Scheidung im **Ausland** ausgesprochen worden und wird (auf Antrag) der Versorgungsausgleich im Inland (im isolierten Verfahren) nachgeholt, bestimmt sich die Rechtshängigkeit **nach dem Recht des Staates**, in dem das Scheidungsverfahren durchgeführt worden ist.[1781]

1799 Ist **keine formgerechte Zustellung des Scheidungsantrags** erfolgt und gilt der Formmangel auch nicht gem. § 189 ZPO als geheilt, tritt die Rechtshängigkeit gem. § 261 Abs. 2 ZPO erst mit der Antragstellung in der mündlichen Verhandlung ein.[1782]

1776 BGH, FamRZ 1983, 38; BGH, FamRZ 1986, 335; BGH, FamRZ 2004, 1364.
1777 BGH, FamRZ 2006, 260; vgl. auch Wick, FK 2006, 78.
1778 BGH, FamRZ 1986, 335; OLG Karlsruhe, FamRZ 2003, 1566.
1779 BGH, FamRZ 1986, 335.
1780 BGH, FamRZ 1989, 153.
1781 BGH, FamRZ 1992, 1058; BGH, FamRZ 1993, 798.
1782 OLG Naumburg, v. 07.11.2005 – 8 UF 194/05, n.v., Abruf-Nr. 060993 unter *www.iww.de*.

II. Auszugleichende Anwartschaften, § 1587a BGB

Werden für den Erwerb gesetzlicher Anwartschaften in der Ehezeit freiwillige Beiträge für **voreheliche Zeiten nachentrichtet**, unterfallen diese nach dem sog. **In-Prinzip** dem Versorgungsausgleich.[1783]

1800

Dies gilt auch für sog. **Wiederauffüllungsbeiträge**, die geleistet werden, um eine durch den Versorgungsausgleich im Rahmen einer früheren Ehescheidung eingetretene **Minderung der Rentenanwartschaften auszugleichen**.[1784]

1801

> **Hinweis:**
> Werden die Beitragszahlungen **aus einem dem Zugewinn nicht unterliegenden Vermögen** erbracht, kann insoweit **Unbilligkeit** nach § 1587c Nr. 1 BGB vorliegen.[1785]

2. Gesetzliche Rentenversicherung, § 1587a Abs. 2 Nr. 2 BGB

Der gesetzlichen Rentenversicherung gehören in Deutschland **rund 51 Mio. Menschen** an. Die Rentenversicherer zahlen an rund 23 Mio. Rentner eine Rente. Damit spielt die gesetzliche Rentenversicherung i.R.d. Altersversorgung eine überragende Rolle.

1802

a) Grundstruktur der gesetzlichen Rentenversicherung

Mitglieder in der gesetzlichen Rentenversicherung sind gem. **§ 1 SGB VI**

1803

- Arbeitnehmer und Auszubildende,
- in Behindertenwerkstätten, Anstalten oder Heimen beschäftigte Schwerbehinderte und Einzugliedernde

sowie gem. **§ 2 SGB VI**

- Privatlehrer und Erzieher oder Pflegepersonen ohne versicherungspflichtig beschäftigte Arbeitnehmer,
- Hebammen und Entbindungspfleger,
- Seelotsen,
- Künstler und Publizisten,
- Küstenschiffer und Küstenfischer, die zur Besatzung ihres eigenen Schiffes gehören und nicht mehr als vier Arbeitnehmer beschäftigen,

---

1783 OLG Zweibrücken, FamRZ 2004, 1792.
1784 OLG Zweibrücken, FamRZ 2004, 1792.
1785 OLG Zweibrücken, FamRZ 2004, 1792, 1793.

H. Versorgungsausgleich

- in die Handwerksrolle eingetragene Handwerker und sog. Scheinselbstständige (Selbstständige, die keinen Arbeitnehmer beschäftigen, dessen Arbeitsentgelt regelmäßig 400,00 € übersteigt und die auf Dauer oder im Wesentlichen nur für einen Arbeitgeber beschäftigt sind).

1804 Darüber hinaus sind **zeitweise Mitglieder** der gesetzlichen Rentenversicherung gem. **§ 3 SGB VI**

- Personen in Zeiten der Kindererziehung (§ 56 SGB VI) sowie
- während der Erbringung von Pflegeleistungen i.R.d. Pflegeversicherung,
- Wehrdienstleistende, Zivildienstleistende,
- Kranken-, Verletzten-, Übergangs-, Unterhalts- und Arbeitslosengeldbezieher.

b) Beitragsprinzip und Rentenformel

1805 Der Versicherte zahlt aus seinem versicherungspflichtigen Einkommen den Beitrag entsprechend dem **Beitragssatz**.[1786] Versicherungspflichtig ist das Einkommen **bis zur Beitragsbemessungsgrenze**, die jährlich festgelegt wird. Der darüber hinausgehende Teil des Entgelts ist beitragsfrei. Bei einmaligen Sonderzahlungen wie Weihnachts- und Urlaubsgeld richtet sich der Beitrag nach dem bisher erreichten Teil der Beitragsbemessungsgrenze für das ganze Jahr.

1806 Die **Beitragsbemessungsgrenzen** betrugen in den Jahren **2006 und 2007** jeweils **42.750,00 €** p.a., monatlich mithin **3.562,50 €**.

1807 Nicht verwechseln darf man diese Grenze mit der **Pflichtversicherungsgrenze**, die **2006** bei **47.250,00 €** (3.937,50 € p.m.) und **2007** bei **47.700,00 €** (3.975,00 € p.m.) lag. Die Pflichtversicherungsgrenze bestimmt den Betrag, der verdient werden muss, um von der gesetzlichen in die private Krankenversicherung wechseln zu können.[1787]

1808 Nach **§ 63 Abs. 2 SGB VI** werden die vom Versicherungsnehmer gezahlten Beiträge in Entgeltpunkte umgewandelt. Dabei wird der **Versicherungsbeitrag**, der dem Durchschnittsentgelt der Versicherten in der gesetzlichen Rentenversicherung eines Kalenderjahres entspricht, mit **einem Entgeltpunkt** bewertet. Je mehr der Versicherte verdient, desto höher sind seine persönlichen Entgeltpunkte. Hat er 50 % mehr verdient, erhält er 1,5 persönliche Entgeltpunkte.

1809 Das Durchschnittsentgelt wird jährlich zum 31.12. durch **Rechtsverordnung** festgestellt bzw. fortgeschrieben, § 69 Abs. 2 Satz 1 SGB VI.

1786 Beitragssatz 2007 19,9 %, s. Beitragssatzgesetz 2007 v. 21.12.2006, BGBl. I, S. 3286.
1787 Durchschnittlicher Verdienst der der letzten drei Jahre; die Grenzen gelten für Selbstständige, Freiberufler und Beamte nicht.

II. Auszugleichende Anwartschaften, § 1587a BGB

Beitragszeiten sind solche, für die Pflichtbeiträge oder freiwillige Beiträge gezahlt worden sind (**§ 55 SGB VI**), ferner solche, für die Beiträge als gezahlt gelten, nämlich für Kindererziehungszeiten während der ersten drei Lebensjahre des jeweiligen Kindes (**§ 56 SGB VI**).   1810

Entgeltpunkte werden aber nicht nur durch Beitragszeiten, sondern darüber hinaus auch durch **beitragsfreie Zeiten** (§§ 58, 59 SGB VI) und **Berücksichtigungszeiten** (§ 57 SGB VI) erworben.   1811

Beitragsfreie Zeiten sind Anrechnungszeiten, Zurechnungszeiten und Ersatzzeiten.

Zu den **Anrechnungszeiten** (**§ 58 SGB VI**) zählen die Zeiten der Krankheit, der Schwangerschaft, des Mutterschutzes, der Arbeitslosigkeit und des Schul- oder Hochschulbesuchs bzw. der Teilnahme an einer sonstigen Bildungsmaßnahme nach dem 16. Geburtstag (max. sieben Jahre lang).   1812

Zurechnungszeiten (**§ 59 SGB VI**) sind die Zeiten, die bei einer Berufsunfähigkeits- oder Erwerbsunfähigkeits-Rente hinzugerechnet werden, wenn der Versicherte noch keine 60 Jahre alt ist.   1813

Ersatzzeiten sind im Wesentlichen Zeiten vor dem 01.01.1992, in denen Militärdienst geleistet wurde (§§ 250, 54 IV SGB VI).   1814

Für Beitragszeiten und für beitragsfreie Zeiten werden unterschiedlich hohe Entgeltpunkte zugeteilt. Während bei den Beitragszeiten die Beitragsbemessungsgrundlage und das individuelle Durchschnittsentgelt eines Kalenderjahres zueinander ins Verhältnis gesetzt werden, verhält es sich bei den **beitragsfreien Zeiten** so, dass sie mit einem **Durchschnittswert der Entgeltpunkte** aus den Beitragszeiten und den Berücksichtigungszeiten bewertet werden.   1815

Berücksichtigungszeiten (**§ 57 SGB VI**) sind Kindererziehungszeiten bis zum zehnten Lebensjahr und Pflegezeiten für einen Pflegebedürftigen. Sie können als rentenrechtliche Zeiten eine der Voraussetzungen für Mindestentgeltpunkte bei geringem Arbeitsentgelt mitbegründen und zu den erforderlichen 35 Jahren rentenrechtlicher Zeit zählen; nur auf diese Weise wirken sie sich mittelbar auf die Höhe einer auszugleichenden Anwartschaft aus.   1816

Die Höhe der zu zahlenden Rente ergibt sich sodann (**Rentenformel**) aus der Multiplikation der persönlich erworbenen Entgeltpunkte mit   1817
- dem **Rentenartfaktor** und
- dem **aktuellen Rentenwert**.

H. Versorgungsausgleich

1818 Der **Rentenartfaktor** bestimmt „**das Sicherungsziel der jeweiligen Rentenart**" (§ 63 Abs. 4 SGB VI). Beim Altersruhegeld und bei der Erwerbsunfähigkeitsrente[1788] beträgt der Faktor 1,0, bei der Berufsunfähigkeitsrente beträgt er 0,6667.

> **Hinweis:**
>
> **Berufsunfähigkeitsrente** wird gewährt, wenn der Versicherte in seinem Beruf **weniger als die Hälfte eines Gesunden** leisten kann, **Erwerbsunfähigkeitsrente** wird gezahlt, wenn auf absehbare Zeit **jegliche Erwerbsfähigkeit** aus gesundheitlichen Gründen ganz oder nahezu ganz unmöglich ist.

1819 Der **aktuelle Rentenwert**[1789] bringt den Wert der **persönlichen Entgeltpunkte** als Monatsrente auf den zeitlichen Stand, in dem die Rente gezahlt wird oder – fiktiv – gezahlt werden würde, **wenn die Anwartschaft zum Ende der Ehezeit in eine Rente umschlagen** würde.

1820 Der Faktor wird alljährlich zum 01.07. (§ 65 SGB VI) der Entwicklung des Durchschnittsentgelts – unter Berücksichtigung der Belastungsveränderung bei Löhnen und Renten durch Steuern und Beiträge – angepasst (§ 63 Abs. 7 SGB VI). Entsprechend der Änderung des aktuellen Rentenwerts werden zum gleichen Zeitpunkt auch die Renten angepasst, d.h. i.d.R. erhöht.

01.07.1999 – 30.06.2000	21,61 € (Ost)	24,84 € (West)
01.07.2000 – 30.06.2001	21,74 € (Ost)	24,99 € (West)
01.07.2001 – 30.06.2002	22,06 € (Ost)	25,31 € (West)
01.07.2002 – 30.06.2003	22,70 € (Ost)	25,86 € (West)
01.07.2003 – 30.06.2004	22,97 € (Ost)	26,13 € (West)
01.07.2004 – 30.06.2005	22,97 € (Ost)	26,13 € (West)
01.07.2005 – 30.06.2006	22,97 € (Ost)	26,13 € (West)
01.07.2006 – 30.06.2007	22,97 € (Ost)	26,13 € (West)
01.07.2007 – 30.06.2008	23,09 € (Ost)	26,27 € (West)

1821 Der aktuelle Rentenwert entspricht jeweils der Monatsrente für **einen** persönlichen Entgeltpunkt.

1788 Die Erwerbsunfähigkeitsrente wird auch dann mit dem Zahlbetrag in den Versorgungsausgleich eingestellt, wenn nicht feststeht, ob sie bis zur Altersrente weitergezahlt wird, vgl. OLG Koblenz, FamRZ 2003, 1755.

1789 V. 01.07.2007 an 26,27 € (West) sowie 23,09 € (Ost).

II. Auszugleichende Anwartschaften, § 1587a BGB

Die Monatsrente wie die ehebezogene Anwartschaft wird also **nach folgender Formel** ermittelt: 1822

Persönliche Entgeltpunkte × Rentenartfaktor × aktueller Rentenwert bei Rentenbeginn bzw. Ende der Ehe.

3. Beamtenversorgung

a) Pensionsanwartschaft

Beamtenversorgung i.S.d. Versorgungsausgleichs (§ 1587a Abs. 2 Satz 1 BGB) ist **jegliche Versorgung aus einem öffentlich-rechtlichen Dienstverhältnis** oder aus einem Arbeitsverhältnis mit Ansprüchen nach beamtenrechtlichen Vorschriften. 1823

Neben den **Lebenszeitbeamten** gehören hierzu auch die **Beamten auf Zeit**. Ebenso werden die versorgungsrechtlichen Ansprüche der **Beamten auf Probe**, obwohl ihnen selbst noch keine beamtenrechtlichen Versorgungsansprüche zustehen, nach § 1587a Abs. 2 Nr. 1 BGB ausgeglichen.[1790] 1824

Die Errechnung der fiktiven Versorgungsanwartschaft eines Beamten erfolgt nach **folgender Formel**:

Fiktives Ruhegehalt × Dienstzeit in der Ehe: Gesamtdienstzeit = in der Ehe erworbene Anwartschaft.

Beispiel:

10 Jahre Ehezeit, Gehalt 2.000,00 €

Fiktives Ruhegehalt: 2.000,00 €, davon 75 %, × 12/13 (bisher wegen der Sonderzuwendung) = 1.384,62 €.

In der Ehe erworbene Anwartschaft: 1.384,62 € × 10 (Dienstjahre) : (angenommene) 35 (Dienstjahre) = 395,61 €.

b) Durchführung des Quasisplittings

Das **Quasisplitting** findet statt, wenn die Beamtenversorgung des Pflichtigen (für sich allein oder unter Hinzuziehung einer sonstigen Anwartschaft aus der gesetzlichen Rentenversicherung) **größer ist als die Rente oder Pension des Berechtigten**. 1825

Der Ausgleich erfolgt in der Weise, dass **zulasten des Ausgleichspflichtigen** (gegenüber dem für ihn zuständigen Träger der Beamtenversorgung) **in der gesetzlichen Rentenversicherung eine Rentenanwartschaft begründet** wird. Das gilt selbst 1826

1790 BGH, FamRZ 1982, 362.

H. Versorgungsausgleich

dann, wenn beide Eheleute Beamte sind und ausschließlich in der Beamtenversorgung Anwartschaften erworben haben. Eine Übertragung von Teilen der Pensionsansprüche findet also nicht statt.

1827 Der im Wege des Quasisplittings von der Beamtenversorgung des Pflichtigen übertragene Anspruch ist von der **LVA oder der BfA** zu erfüllen. Entsprechend muss der Versorgungsträger natürlich an den Träger der gesetzlichen Rentenversicherung zahlen.

1828 Wenn der Berechtigte eigene Anwartschaften bei LVA oder BfA hat, werden die zu übertragenden Anwartschaften dort begründet, wo schon welche bestehen. Ist dies nicht der Fall, steht dem Berechtigten ein Wahlrecht zu.

1829 Um die übertragene Anwartschaft volldynamisch auszugestalten, wird der übertragene Pensionsanwartschaftsteil vom zuständigen Träger der gesetzlichen Rentenversicherung in Entgeltpunkte und aktuellem Rentenwert aufgegliedert.

1830 Die **Kürzung der Versorgungsansprüche** tritt ein, sobald der Verpflichtete seine **Pension bezieht**. Auf die (aktuelle) Inanspruchnahme durch den Berechtigten kommt es nicht an.

c) Das erweiterte Quasisplitting

1831 Es kann der Fall eintreten, dass die Übertragung von **Anwartschaften quotenmäßig zu begrenzen** ist. Dies ist dann der Fall, wenn eine (**ungewöhnliche**) **Häufung verschiedener Ansprüche** (gesetzliche Rentenversicherung, Beamtenversorgung, Lebensversicherung, ggf. betriebliche Altersversorgung etc.) eintritt.

1832 Wenn dann infolge quotenmäßiger Begrenzung von Splitting und Quasisplitting noch eine übertragungsbedürftige Restmenge verbleibt, ist zu prüfen, ob und inwieweit Anwartschaften des Pflichtigen sich gegen einen öffentlich-rechtlichen Versorgungsträger richten, der nicht identisch mit der Beamtenversorgung ist. Hier kommen v.a. die **Zusatzversorgungskassen des öffentlichen Dienstes** (z.B. die VBL = Versorgungskasse des Bundes und der Länder in Karlsruhe) in Betracht.

Die **Hälfte einer derartigen Anwartschaft** ist ebenso wie die Pensionsanwartschaft zu übertragen, d.h. insoweit werden Anwartschaften in der gesetzlichen Rentenversicherung begründet, wobei entweder ein **neues Versicherungskonto** aufseiten des Berechtigten begründet wird oder die entsprechende Hälfte einem bestehenden Versicherungskonto gutgeschrieben wird.

1833 Diese Ausgleichsart nennt man „erweitertes Quasisplitting" (§ 3b VAHRG).

II. Auszugleichende Anwartschaften, § 1587a BGB

4. Laufende Versorgung

Nach **§ 1587a Abs. 2 BGB** werden auch laufende Versorgungen aus der Beamtenversorgung (Nr. 1), Renten aus der gesetzlichen Rentenversicherung (Nr. 2), Leistungen aus einer betrieblichen Altersversorgung (Nr. 3) und sonstige Renten oder ähnlich wiederkehrende Leistungen in sonstigen Versicherungssystemen oder privaten Versicherungen (Nr. 4 und Nr. 5) in den Versorgungsausgleich einbezogen.

1834

Eine **laufende Altersversorgung** kann aber i.d.R. nicht mehr entzogen werden.

1835

> **Praxistipp:**
>
> In der anwaltlichen Beratung ist daher zu prüfen, ob im Trennungs- und vorgesehenen Scheidungsfall nicht der **Rentenbezug eines Ehegatten abzuwarten** ist.

Laufende Versorgungen werden in der Versorgungsausgleichsbilanz grds. mit ihrem **Bruttowert** (Nominalwert) bilanziert, was wegen des nicht stattfindenden Entzugs unproblematisch ist.

1836

Bezieht einer der Ehegatten zum Eheendezeitende eine Erwerbsminderungsrente, ist zu prüfen, ob mit ihrem **Wegfall zu rechnen** ist.[1791] In den Fällen möglichen Wegfalls ist auf die fiktive Altersrente abzustellen und nur deren ehezeitlicher Anteil in die Versorgungsausgleichsbilanz einzubeziehen.

1837

5. Betriebliche Altersversorgung, § 1587a Abs. 2 Nr. 3 BGB

Versorgungsausgleichsansprüche aus der betrieblichen Altersversorgung werden nur dann in den Versorgungsausgleich einbezogen, **wenn sie unverfallbar geworden sind**. Entscheidender Zeitpunkt dafür ist der Erlass der Versorgungsausgleichsentscheidung (§ 1587a Abs. 2 Nr. 3 letzter Satz BGB).

1838

Der Zeitpunkt ist positiv festzustellen.

> **Praxistipp:**
>
> In der anwaltlichen Beratung ist daher – je nach vertretener Partei – die Entscheidung über die Einreichung eines Scheidungsantrags auch darauf abzustellen.
>
> Man darf sich nicht mit der Auskunft begnügen, die Unverfallbarkeit sei noch nicht eingetreten. Wichtig ist die **konkrete Feststellung des Datums der Unverfallbarkeit**.

[1791] BGH, FamRZ 1997, 1535; OLG Karlsruhe, FamRZ 1999, 921.

H. Versorgungsausgleich

1839 Bei **Versorgungszusagen vor dem 01.01.2001** gilt, dass die Unverfallbarkeit dann eintritt, wenn

- die Versorgungszusage **zehn Jahre bestanden** hat und der Arbeitnehmer mindestens **35 Jahre alt** ist oder
- die Versorgungszusage **mindestens drei Jahre bestanden** hat und der Beginn der Betriebszugehörigkeit **zwölf Jahre** zurückliegt.

1840 Für **Versorgungszusagen nach dem 31.12.2000** gilt, dass die Unverfallbarkeit dann eintritt, wenn

- die Versorgungszusage **fünf Jahre bestanden** hat und der Arbeitnehmer das 30. Lebensjahr vollendet hat,
- die Versorgungszusage noch keine fünf Jahre bestanden hat, der Arbeitnehmer aber aufgrund einer **Vorruhestandsregelung** aus dem Betrieb ausscheidet, ohne dass das Ausscheiden aber die Wartezeit und die sonstigen Voraussetzungen für den Bezug der Altersversorgung hätte erfüllen können oder
- die betriebliche Altersversorgung durch **Entgeltumwandlung** erfolgt ist (§ 1a BetrAVG).

6. Zusatzversorgung des öffentlichen Dienstes, § 1587a Abs. 2 Nr. 1 BGB

1841 Die **Zusatzversorgung des öffentlichen Dienstes** wurde geschaffen, um Angestellten des öffentlichen Dienstes eine beamtenähnliche Versorgung zu verschaffen.[1792]

1842 Die Unverfallbarkeit der Ansprüche tritt bereits nach einer **Wartezeit von 60 Monaten** unabhängig vom Alter des Versicherten oder durch einen den Leistungsfall auslösenden Arbeitsunfall ein, § 34 der Satzung der Versorgungsanstalt des Bundes und der Länder (VBLS).

Die Finanzierung der Versorgung wird durch Zahlungen des Arbeitgebers i.H.v. **4 % des Entgelts** sichergestellt.

1843 Die erreichten Anwartschaften werden ähnlich wie in der gesetzlichen Rentenversicherung in Versorgungspunkten mitgeteilt und nach folgender Formel errechnet:

> Zusatzversorgungspflichtiges Jahresentgelt : 12 : 1.000 × Altersfaktor (gem. § 36 Abs. 3 VBL-Satzung) × Messbetrag (4,00 €) = Versorgung

1844 Der **Altersfaktor** beträgt **zum Beispiel** bei einem Alter von 20 Jahren 2,8, bei 30 Jahren 2,0, bei 40 Jahren 1,5, bei 45 Jahren 1,3.

[1792] Borth, Versorgungsausgleich, Rn. 349.

II. Auszugleichende Anwartschaften, § 1587a BGB

Beispiel:

Ein 45 Jahre alter Versicherter erzielt ein zusatzversorgungspflichtiges Entgelt i.H.v. 36.000,00 €.

36.000 : 12 : 1.000 × 1,3 Versorgungspunkte × 4,00 € = 15,60 € Versorgung.

7. Sonstige Versorgungen

a) Berufsständige Versorgungen, § 1587a Abs. 2 Nr. 4 BGB

Versorgungsanwartschaften berufsständiger Versorgungen sind in die Durchführung des Versorgungsausgleichs einzubeziehen. Sie sind i.d.R. bereits volldynamisch und können daher ohne Umrechnung mit ihrem ehezeitlichen Wert in die Versorgungsausgleichsbilanz eingestellt werden.

1845

Ist dies nicht der Fall, muss eine Umrechnung mithilfe der Barwertverordnung durchgeführt werden.[1793]

Da berufsständische Versorgungen Körperschaften des öffentlichen Rechts sind, erfolgt der Ausgleich der Anwartschaften über das analoge Quasisplitting nach § 1 VAHRG. Es werden also zugunsten des ausgleichsberechtigten Ehegatten in der gesetzlichen Rentenversicherung Anwartschaften i.H.d. auszugleichenden Anwartschaften begründet oder übertragen.[1794]

b) Private Altersversorgungen

Die private Altersvorsorge durch Abschluss einer **Lebensversicherung** stellt die am meisten verbreitete Form zusätzlicher Alterssicherung dar.

1846

Bei der **Lebensversicherung ist zu unterscheiden**, ob es sich um eine

- Kapitallebensversicherung,
- Kapitallebensversicherung mit Rentenwahlrecht,
- Rentenversicherung mit Kapitalwahlrecht oder
- Risikolebensversicherung/private Unfallversicherung

handelt.

Letztere eröffnen **kein** im Versorgungsausgleich zu berücksichtigendes Anrecht.

1847

1793 Deren Abschaffung i.Ü. geplant ist.
1794 Hauß, Versorgungsausgleich und Verfahren, S. 134.

H. Versorgungsausgleich

1848   Dies gilt ebenso für die Kapitallebensversicherung, da das angesparte Kapital ehelichen Zugewinn darstellt.[1795]

1849   Die Kapitallebensversicherung mit Rentenwahlrecht garantiert dem Versicherten die Zahlung eines bestimmten Betrages zu einem bestimmten Zeitpunkt, wobei dann der Versicherungsnehmer statt des Kapitals auch die Zahlung einer Rente verlangen kann.

Diese Versicherungen unterfallen **ebenfalls nicht** dem Versorgungsausgleich, solange das Rentenwahlrecht nicht ausgeübt worden ist. Für den Zeitpunkt der Ausübung des Wahlrechts kommt es nach h.M. nicht auf den Zeitpunkt der Rechtshängigkeit des Scheidungsverfahrens an, sondern auf den Zeitpunkt der Entscheidung über den Versorgungsausgleich.[1796]

1850   Die **Rentenversicherung mit Kapitalwahlrecht** unterliegt demgegenüber dem Versorgungsausgleich, solange das Kapitalrecht nicht ausgeübt worden ist.[1797]

1851   Die Ausübung des Kapitalwahlrechts ist allerdings jederzeit möglich. Der **BGH**[1798] hat dazu entschieden, dass die **Ausübung des Kapitalwahlrechts nach Zustellung des Scheidungsantrags** das Anrecht auch dann dem Versorgungsausgleich entzieht, wenn eine Berücksichtigung im Zugewinnausgleich z.B. wegen vereinbarter Gütertrennung nicht möglich ist.[1799]

III. Bewertung der Versorgungsrechte

1852   Die **Bewertung** des auf die Ehezeit entfallenden Anteils der Versorgung ist von entscheidender Bedeutung.

1853   Handelt es sich um eine Bewertung außerhalb der (dynamischen) gesetzlichen Rentenversicherung und der Beamtenversorgung, ist der – statische – Anteil der Anwartschaft umzurechnen auf eine dynamisierte Versorgung.[1800]

1795   BGH, FamRZ 1984, 156.
1796   BGH, FamRZ 2003, 664; Hauß, Versorgungsausgleich und Verfahren, S. 138.
1797   OLG Celle, FamRZ 1999, 1200; zu den Möglichkeiten der Sanktionierung von Manipulationen durch Ausübung des Kapitalwahlrechts vgl. Hauß, Versorgungsausgleich und Verfahren, S. 139 und Staudinger/Eichenhofer, BGB, § 1587c Rn. 14 f.
1798   FamRZ 2003, 745; vgl. auch BGH, FamRZ 2003, 923 und FamRZ 2005, 1463 m.w.N.
1799   Krit. zu dieser Entscheidung Deisenhofer, FamRZ 2003, 745; Borth, FamRZ 2005, 397, 398; Bergmann, Aktuelle Fragen des Versorgungsausgleichs, in: Brennpunkte des Familienrechts 2006, S. 215 ff., S. 219.
1800   BGH, FamRZ 1983, 40, 43; zur Feststellung der Volldynamik vgl. Gutdeutsch, FamRZ 1994, 612 und FamRZ 2004, 595 mit Versorgungsausgleichstabelle zur Feststellung der Volldynamik von Versorgungen bis 2004 in FamRZ 2005, 257.

III. Bewertung der Versorgungsrechte

Dies ist notwendig, weil ein **getrennter Ausgleich** derjenigen Anrechte, die nicht gesetzliche Rente oder Beamtenversorgung sind, bisher **gesetzlich nicht vorgesehen** ist. 1854

Der nach der **BarwertVO**[1801] für das jeweilige Alter bei Ehezeitende ermittelte Barwert wird mithilfe der Rechenfaktoren der gesetzlichen Rentenversicherung fiktiv in die gesetzliche Rentenversicherung eingezahlt. Der so ermittelte Wert wird in die Bilanz der beiderseitigen Versorgungsanrechte eingestellt, um den Ausgleichsanspruch nach § 1587a Abs. 1 BGB zu ermitteln. 1855

Unter **Barwert** versteht man die Summe der zugesagten Rentenleistung, vermindert um den Sterblichkeitsfaktor der Bevölkerungsstatistik, also die Wahrscheinlichkeit des Vorversterbens, und den in der Wartezeit bis zum Rentenbezug zu erzielenden Zwischenzins.[1802] 1856

Die Umrechnung geschieht (am Beispiel einer betrieblichen Altersversorgung) wie folgt: 1857

Geburtsdatum:	*10.12.1955*
Ehezeit von	*01.06.1979*
bis	*31.01.2003*
Betriebszugehörigkeit von	*01.04.1983*
unbeendet (bis Alter 65)	*10.12.2020*
Rente pro Jahr	*20.281,80 €*

1.	*Summe Beschäftigungsmonate*	*452*
2.	*davon in der Ehezeit*	*198*
3.	*Eheanteil in €: 20.281,80 × 198/452*	*8.884,51 €*
4.	*BarwertVO 2003, Tab. 1, Tab.wert Alter 47*	*4,2*
5.	*Barwert des Rechtes*	*37.314,94 €*
6.	*Umrechnungsfaktor Barwert in Entgeltpunkte*	*0,00018358941*

1801 V. 26.03.2003 (BGBl. I, S. 728 mit rückwirkender Geltung ab 01.01.2003); zu den Einzelheiten vgl. Bergmann, FuR 2003, 1639.

1802 Die wechselnde, aber seit Jahren zu hohe Verzinsung von 5,5 % bzw. derzeit 4,5 % bewirkt bei der Umrechnung mithilfe der BarwertVO eine erhebliche Herabsetzung der umzurechnenden Anrechte; aus diesem Grund ist in der geplanten Strukturreform des Versorgungsausgleichs ein Zweisäulenmodell geplant, also ein getrennter Ausgleich, der bei nicht gesetzlichen Renten oder Beamtenversorgungen die Realteilung (Aufteilung in zwei selbstständige Versorgungskonten) vorsieht; vgl. dazu Bergmann, Aktuelle Fragen des Versorgungsausgleichs in: Brennpunkte des Familienrechts 2006, S. 215.

7.	Entgeltpunkte (Barwert × Umrechnungspunkte)	6,8473
8.	Aktueller Rentenwert[a)]	25,86 €
9.	Rentenanwartschaft (Entgeltpunkte × Rentenwert)	177,07 €

Erläuterung:

a) Aktueller Rentenwert 2002, zutreffend für das Beispiel; zum aktuellen Rentenwert vgl. die Tabelle oben Ziff. H. II. 2. b), Rn. 1820; dazu auch Hauß, Versorgungsausgleich, Rn. 889.

1858 Im Übrigen kann ein schlichter Rechtsanwendungsfehler, der zu einer falschen Berechnung der Ehezeit führt, eine Abänderung nach § 10a VAHRG begründen, wenn die Wesentlichkeitsgrenze überschritten ist.[1803]

IV. Schuldrechtlicher Versorgungsausgleich

1859 Der schuldrechtliche Versorgungsausgleich ist sehr selten geworden, seit das VAHRG 1983 mit seinen neuen Ausgleichsformen (Supersplitting und Superquasisplitting, Realteilung, erweitertes Quasisplitting) in Kraft trat.

1860 **Hauptanwendungsfälle** sind heute die Folgenden:

- Supersplitting und Superquasisplitting sind **ausgeschöpft**; es bleibt eine Restausgleichsmasse, die zu einer unzumutbar hohen Beitragszahlung durch den Pflichtigen führen würde.
- Der Ausgleichsberechtigte **bezieht bereits** ein bindend festgestelltes Altersruhegeld, sodass Rentenbegründung durch Beitragszahlung ausscheidet.
- Der **Höchstbetrag nach § 1587b Abs. 5 BGB ist überschritten**; jenseits dieser Grenze findet nicht etwa **kein** Ausgleich statt, sondern der schuldrechtliche.
- **Anwartschaften** aus der betrieblichen Altersversorgung sind bei Verkündung des Scheidungsurteils **noch nicht unverfallbar**, werden es aber später noch.

> **Hinweis:**
>
> Hieraus kann sich noch eine Regressfalle für Scheidungsanwälte entwickeln, die ihre Mandanten nicht darauf hinweisen, dass ab Unverfallbarkeit eine Abänderung der Erstentscheidung möglich ist, also die Verwandlung des schuldrechtlichen in den öffentlich-rechtlichen Versorgungsausgleich.

1861 Er hat **folgende Merkmale**:

Der Pflichtige muss eine **Ausgleichsrente an den Berechtigten zahlen**, sobald

- der Pflichtige selbst renten- oder pensionsberechtigt ist und

---

1803 BGH, FamRZ 2004, 786.

V. Ausschluss und Kürzung des Versorgungsausgleichs

- der Berechtigte selbst eine Versorgung bezieht,[1804] erwerbsunfähig ist oder 65 Jahre alt geworden ist.

Dem Schuldner einer schuldrechtlichen Ausgleichsrente kann wegen rückständiger Beträge keine Ratenzahlung gewährt werden.[1805]   1862

Die später auszugleichenden Beträge werden allerdings nicht von Amts wegen eingefordert. Das FamG entscheidet, den „**schuldrechtlichen Versorgungsausgleich anzuordnen**", den „**Ausgleich der Anrechte aus der [...] dem schuldrechtlichen Versorgungsausgleich**" vorzubehalten oder die auszugleichenden Restanwartschaften in den schuldrechtlichen Versorgungsausgleich zu „**verweisen**". Schuldrechtlich auszugleichende **beiderseitige** Anrechte werden miteinander verrechnet.[1806]   1863

V. Ausschluss und Kürzung des Versorgungsausgleichs

Die Durchführung des Versorgungsausgleichs kann entweder durch eine Vereinbarung der Eheleute oder durch Entscheidung des Gerichts ausgeschlossen werden (negative Härteklausel).   1864

1. Vertraglicher Ausschluss

Ein **vertraglicher Ausschluss** in Eheverträgen ist wegen der Zugehörigkeit zum Kernbereich des Scheidungsfolgenrechts nach der Entscheidung des **BVerfG v. 29.03.2001**[1807] und des **BGH v. 11.02.2004**[1808] nur **eingeschränkt möglich**. Im Gegenzug müssen andere – äquivalente – Vorteile zugebilligt werden.[1809]   1865

Auf Vereinbarungen im Zuge der Scheidung sind die vom **BGH** entwickelten Grundsätze jedoch nur bedingt anzuwenden.[1810]   1866

Eheverträge und Scheidungsvereinbarungen sind v.a. in zeitlicher Hinsicht voneinander abzugrenzen, da Vereinbarungen betreffend den Versorgungsausgleich unwirksam   1867

1804 Maßgeblich ist die Fälligkeit der Ausgleichsrente, ggf. nach Maßgabe der Frühpensionierungsregelungen für den Berechtigten in der jeweiligen Betrieblichen Altersversorgung, BGH, FamRZ 2001, 28.
1805 OLG Celle, FamRZ 2003, 1299.
1806 OLG Koblenz, FamRZ 1992, 687.
1807 FamRZ 2001, 343.
1808 FamRZ 2004, 601.
1809 Dazu ausführlich oben Ziff. A. III. 3. b), Rn. 63 ff.
1810 Bergmann spricht von einer „Ausstrahlungswirkung" der vom BGH entwickelten Grundsätze, vgl. Arbeitsmaterialien zur 7. Jahresarbeitstagung Familienrecht, Aktuelle Fragen des Versorgungsausgleichs, S. 14.

werden, wenn binnen eines Jahres seit Abschluss des Vertrages Scheidungsantrag erhoben wird.

1868 **Scheidungsvereinbarungen unterliegen der gerichtlichen Genehmigung** und werden auf ihre **Eignung zur Alterssicherung und zum angemessenen Ausgleich** überprüft. Z.T. wird die Ansicht vertreten, dass der Ausschluss des Versorgungsausgleichs bereits wirksam ist, wenn der zuzusprechende Unterhalt den Aufbau einer ausreichenden Altersversorgung ermöglicht.[1811] Unterhalt dürfte einer Absicherung durch Versorgungsausgleich jedoch nicht gleichzustellen sein. Notwendig ist in einem solchen Fall die Vereinbarung zusätzlicher Sicherheiten.[1812]

2. Gerichtlicher Ausschluss/Kürzung

1869 **Verhaltensbedingte Verwirkung und/oder grobe Unbilligkeit** können zu einem gerichtlichen Ausschluss des Versorgungsausgleichs führen, § 1587c BGB.

Der **Ausschluss tritt im Fall dreier Alternativen** (Nr. 1 bis Nr. 3) ein.

a) Ausschluss gem. § 1587c Nr. 1 BGB

1870 In der **ersten Gruppe** hat der Gesetzgeber den Schwerpunkt **auf wirtschaftliche Umstände** gesetzt, also nicht auf verhaltensbedingte Ausschlusstatbestände.

Der Ausschluss nach **Gruppe 1** tritt in folgenden Fällen ein:

aa) Gesicherte eigene Versorgung

1871 **Der Berechtigte braucht selbst im Hinblick auf die eigenen Einkommens- und Vermögensverhältnisse keinen Versorgungsausgleich**. Dabei sind auch eine längere Trennungsdauer und die Erzielung eigenen Einkommens nach der Trennung zu berücksichtigen[1813] und/oder der andere würde bei Verwirklichung des Ausgleichs unter die Selbstbehaltsgrenze rutschen.[1814] Die Durchführung des Ausgleichs müsste aber zu einem **erheblichen** Ungleichgewicht führen; dass der Berechtigte aufgrund erheblichen Vermögens besser dasteht, reicht nicht aus.[1815]

1872 Die rein schematische Durchführung des Versorgungsausgleichs muss unter den besonderen Gegebenheiten des konkreten Falles dem Grundgedanken des Versorgungs-

---

[1811] So OLG Düsseldorf, FamRZ 2004, 461.
[1812] Bergmann, in: Arbeitsmaterialien zur 7. Jahresarbeitstagung Familienrecht, Aktuelle Fragen des Versorgungsausgleichs, S. 14.
[1813] BGH, FamRZ 1993, 302.
[1814] So zuletzt OLG Karlsruhe, FamRZ 1992, 689, 690.
[1815] OLG Düsseldorf, FamRZ 1994, 1470; BGH, FamRZ 1999, 714.

ausgleichs, nämlich eine **dauerhaft gleichmäßige Teilhabe** beider Ehegatten an den in der Ehezeit insgesamt erworbenen Versorgungsanwartschaften zu gewährleisten, **in unerträglicher Weise widersprechen**.[1816]

Typische Ausschlussfälle: 1873

Wenn beide Ehegatten wegen Erwerbsunfähigkeit **vorzeitig Versorgungsbezüge** erhalten, kann der Ausgleichsanspruch aus Billigkeitsgründen **um ein Drittel** gekürzt werden.[1817]

Eine Kürzung kann auch angemessen sein, wenn der ausgleichspflichtige Ehegatte infolge vorzeitiger Erwerbsunfähigkeit oder Dienstunfähigkeit[1818] **keine weiteren Anwartschaften** erwerben kann, der Berechtigte aber sehr wohl; die Kürzung ist aber auf krasse Fälle beschränkt und kommt nicht in Betracht, wenn der Berechtigte selbst nur geringe Anwartschaften erwirtschaftet hat.[1819]

Wenn dieser Härtegrund noch einer Entwicklung unterliegt (Beispiel: absehbare Erwerbsunfähigkeit der Frau), muss sich das Gericht mit einer Prognose behelfen; die vorhersehbare Entwicklung, deren Ergebnis einen Ausschluss rechtfertigt, darf nicht erst Gegenstand eines Abänderungsverfahrens nach § 10a VAHRG sein.[1820] Steht aber fest, dass die ausgleichsberechtigte Frau **noch weitere Versorgungsanwartschaften** erwerben kann, während der ausgleichspflichtige Mann bereits in den vorzeitigen Ruhestand versetzt worden ist, kommt nur eine Kürzung in Betracht.[1821] 1874

Bei vereinbarter **Gütertrennung zu Beginn der Ehe** gilt: sie begründet nicht ohne Weiteres einen Ausschluss des Versorgungsausgleichs. Zwar tritt mit einem wirksamen Ausschluss des Versorgungsausgleichs gem. § 1414 Satz 2 BGB zugleich auch Gütertrennung ein. Umgekehrt schließt die Vereinbarung der Gütertrennung aber nicht gleichzeitig die Durchführung des Versorgungsausgleichs aus. 1875

Der durch die Gütertrennung ausgelöste Ausschluss des Zugewinnausgleichs kann allerdings eine **Unbilligkeit aufgrund stark unterschiedlicher Vermögensmassen** verstärken und somit zu einer groben Unbilligkeit i.S.d. § 1587c Nr. 1 BGB führen.[1822] 1876

1816 BGH, FamRZ 2005, 1238: der Berechtigte war durch Vermögen in seiner Altersversorgung uneingeschränkt abgesichert, die Verpflichtete war auf die von ihr erworbenen Versorgungsanrechte zur Sicherung ihres Unterhalts dringend angewiesen; dazu Wick, FK 2005, 204.
1817 OLG Hamm, FamRZ 1995, 1363.
1818 KG, FamRZ 2004, 119.
1819 OLG Koblenz, FamRZ 1996, 555; Kürzung wurde dort verneint.
1820 BGH, FamRZ 1996, 1540.
1821 BGH, FamRZ 1999, 499.
1822 Dazu Wick, FK 2005, 204, 205.

1877 Das ist z.B. der Fall, wenn der berechtigte Ehegatte über ganz erhebliches Vermögen verfügt, das er für die Alterssicherung einsetzen kann **und** der verpflichtete Ehegatte seinerseits dringend auf die volle, in der Ehe erworbene Rentenanwartschaft angewiesen ist.

> **Praxistipp:**
> Es ist Sache des ausgleichspflichtigen Ehegatten, ausschlussrelevante Tatsachen vorzutragen und damit eine Kürzung des Ausgleichs anzuregen.[1823]

1878 Zwar muss der Tatrichter nach Ansicht des BGH alle Umstände, die für die Frage bedeutsam sind, ob und in welchem Umfang die Durchführung des Versorgungsausgleichs grob unbillig ist, von Amts wegen aufklären, § 12 FGG. Das **Gericht muss jedoch nicht von sich** aus nach Umständen forschen, die einen Härtefall i.S.d. § 1587c Nr. 1 BGB begründen können.[1824]

> **Praxistipp:**
> Ein ausdrücklicher Antrag auf Ausschluss des Versorgungsausgleichs ist nicht erforderlich, sicher jedoch zweckmäßig.[1825]

bb) Vorausgegangene Finanzierung des Ehegatten

1879 Der Partner hat schon die Ausbildung (etwa ein komplettes Studium) des Berechtigten finanziert und damit die Möglichkeit geschaffen, eigene – umfangreiche – Versorgungsanwartschaften aufzubauen.[1826]

1880 Wenn der Ausgleichsberechtigte sich während der Ausbildung **weitgehend selbst unterhalten konnte** (etwa durch BAföG), wird der Versorgungsausgleich nicht ausgeschlossen.[1827]

cc) Einseitige Erwerbsbemühungen des Ausgleichspflichtigen

1881 Wenn eine Frau – wie im obigen Beispiel der Mann – mehr getan hat, als sie hätte tun müssen, also **überobligationsmäßige Bemühungen entfaltet** hat, konkret: außer der Kindererziehung und dem Haushalt auch noch eine Vollschichtarbeit verrichtet und damit höhere Anwartschaften als der weniger tüchtige Ehemann erwirtschaftet

---

1823 BGH, FamRZ 1988, 709, 710; BGH, FamRZ 1993, 682, 684.
1824 BGH, FamRZ 1993, 682, 684.
1825 Wick, Der Versorgungsausgleich, Rn. 239.
1826 OLG Frankfurt am Main, FamRZ 1994, 1472; OLG Köln, FamRZ 1994, 1473.
1827 OLG Hamm, FamRZ 1994, 1472.

V. Ausschluss und Kürzung des Versorgungsausgleichs

hat, so soll sie von dem Mehrbetrag nichts[1828] oder jedenfalls nicht alles[1829] abgegeben müssen.

dd) Wirtschaftliches Fehlverhalten des Partners

Schließlich gibt es noch die Unbilligkeit in Form des **krassen Fehlverhaltens ohne unmittelbare wirtschaftliche Relevanz** (klassische Verwirkung).

1882

Beispiele:

Eine Frau, die dem Mann Kinder unterschiebt, die dieser als eigene ansieht, muss zumindest mit einer Kürzung rechnen.[1830]

Ausgeschlossen ist der Versorgungsausgleich zugunsten des Mannes, wenn dieser sich einem **sexuellen Doppelleben** *widmet, während die ahnungslose Frau Nacht- und Wochenendarbeit leistet.*[1831]

Zu einem zumindest teilweisen Ausschluss kann auch eine langjährige intime Beziehung der Frau zu einem Dritten während der ehelichen Lebensgemeinschaft führen.[1832]

Der Versorgungsausgleich ist auch ausgeschlossen, wenn eine Frau dem Mann verschwiegen hat, dass ein Kind, für das der Mann jahrelang Unterhalt gezahlt hat, möglicherweise nicht von ihm stammt, und sich zugleich weigert, den Namen des mutmaßlichen Erzeugers zu nennen.[1833]

Erst recht muss die Durchführung des Versorgungsausgleichs ausgeschlossen werden, wenn der rechnerisch Berechtigte ein **Verbrechen** *gegen gemeinsame Kinder begeht (hier: Anzünden des gemeinsamen Hauses, Absicht des Selbstmordes und der Tötung der Kinder).*[1834]

Auch der sexuelle Missbrauch der gemeinsamen Tochter führt zur Verwirkung, insbes. dann, wenn er der Grund für das Scheitern der Ehe war.[1835]

Straftaten gegen einen Dritten reichen für den Ausschluss nur dann aus, wenn sie schwerwiegende Auswirkungen auf den Ausgleichspflichtigen haben.

1883

1828 OLG Köln, FamRZ 1986, 580; OLG Stuttgart, FamRZ 2000, 894.
1829 OLG Zweibrücken, FamRZ 1996, 491.
1830 OLG Karlsruhe, FamRZ 1994, 1474: Kürzung auf ein Drittel; vgl. aber auch OLG Karlsruhe, FamRZ 2000, 159.
1831 OLG Bamberg, FamRZ 1998, 1369.
1832 BVerfG, FamRZ 2003, 1173.
1833 OLG Brandenburg, FamRZ 1999, 932.
1834 OLG Karlsruhe, FamRZ 2000, 893 (LS); so auch OLG Celle bei mehreren Straftaten gegen den Ausgleichspflichtigen, FamRZ 2007, 1333.
1835 OLG Brandenburg, FamRZ 2003, 384; ebenso OLG Celle, FamRZ 2003, 1291; OLG Hamm, FamRZ 2001, 1223.

> *Beispiel:*
>
> *Der Ehemann vergewaltigt eine entfernte Verwandte; darunter leidet die geistig-seelische Verfassung und das Ansehen der mit ihm in Heimtrennung lebenden Ehefrau (Studienrätin).*[1836]
>
> *Oder: Der Mann wird wegen einer Sexualstraftat zu einer Freiheitsstrafe von sechs Jahren nebst anschließender Sicherungsverwahrung verurteilt und kann deshalb keine Anwartschaften mehr erwerben. In diesem Fall wird der Versorgungsausgleich bzgl. der seit Beginn der Strafhaft von der Frau erworbenen Anwartschaften ausgeschlossen.*[1837]

ee) Ungewöhnlich lange Trennungsdauer

1884　Bei **ungewöhnlich langer Trennungsdauer** kann der Versorgungsausgleich auf die Zeit von der Eheschließung bis zur Trennung beschränkt werden (hier: 14 1/2 Jahre Trennung nach 15-jährigem Zusammenleben).[1838] Er kann sogar vollständig ausgeschlossen werden, wenn die Zeit des ehelichen Zusammenlebens gegenüber der Trennungsdauer als untergeordnet anzusehen ist, was allemal dann der Fall ist, wenn die Eheleute nur knapp ein Jahr zusammengelebt, aber 37 Jahre lang getrennt gelebt haben.[1839] Das **OLG Brandenburg**[1840] meint hierzu, dass ein Ausschluss erst ab dem 21. Geburtstag des jüngsten Kindes in Betracht kommt (Volljährigkeit nach DDR-Recht).

1885　Der **BGH** hat in diesem Zusammenhang erklärt, dass **allein eine lange Trennungsdauer (dort: 13 Jahre) auch bei sehr kurzem Zusammenleben (nur einige Tage)** den Ausschluss oder die Herabsetzung des Versorgungsausgleichs i.d.R. **nicht** rechtfertigt.[1841] Dies gelte zumindest dann, wenn der ausgleichsberechtigte Ehegatte in der Trennungszeit mit der Pflege und Erziehung gemeinsamer Kinder eine **wesentliche, aus der Ehe herrührende Aufgabe** allein übernommen habe.[1842]

1886　Zur groben Unbilligkeit bei **langer Ehedauer** hatte der BGH 2004 einen **Fall sog. phasenverschobener Ehe** zu entscheiden.[1843]

> *Sachverhalt: Die Parteien (der Ehemann war 14 Jahre älter) waren seit 1966 miteinander verheiratet und auf den am 31.03.2000 zugestellten Scheidungsantrag geschieden worden. Der Ehemann bezog seit 1988 Rente. Der Antrag der Ehefrau, den Versorgungsausgleich ab September 1988 auszuschließen, weil die Parteien sich zu diesem Zeitpunkt getrennt hätten, wurde zurückgewiesen. Das OLG ging davon aus, dass die Trennung bis 1997 noch nicht so weit*

1836　OLG Hamm, FamRZ 2003, 1295.
1837　OLG Nürnberg, FamRZ 2004, 116.
1838　OLG Celle, FamRZ 2001, 163; ebenso OLG Hamm bei 17 Jahren und acht Monaten Zusammenlebens gegenüber 23 Jahren und sechs Monaten Trennungszeit, FamRZ 2007, 1332.
1839　OLG Brandenburg, FamRZ 2002, 756.
1840　OLG Brandenburg, FamRZ 2004, 118.
1841　BGH, FamRZ 2005, 2052.
1842　BGH, FamRZ 2005, 2052, 2053.
1843　BGH v. 19.05.2004, FamRZ 2004, 1181.

V. Ausschluss und Kürzung des Versorgungsausgleichs

verfestigt gewesen sei, dass sie auf eine Scheidung hinausgelaufen sei. Selbst wenn man von einer Beendigung der Versorgungsgemeinschaft der Parteien im Jahr 1988 ausgehe, sei die Dauer des Getrenntlebens im Verhältnis zur Dauer der gesamten Ehe nicht so lang, dass die Durchführung des Versorgungsausgleichs als grob unbillig angesehen werden könne.

Nach Auffassung des **BGH** ist aufgrund der Angaben der Eheleute davon auszugehen, dass sie sich bereits **1988 räumlich und wirtschaftlich getrennt** hatten. Die Tatsache, dass sie weiterhin freundschaftlichen Umgang hatten und dass die Ehefrau weiter ihren Urlaub in dem vom Ehemann ständig bewohnten Ferienhaus verbrachte, steht dem nicht entgegen.

1887

Mit der Trennung (also nicht erst mit der Scheidung) entfällt die den Versorgungsausgleich rechtfertigende Grundlage der ehelichen Lebens- und Versorgungsgemeinschaft. Dass der Versorgungsausgleich bis zur Rechtshängigkeit des Scheidungsantrags berechnet werde, beruhe, so der BGH, auf **Zweckmäßigkeitserwägungen**. Insbes. solle dem Ausgleichspflichtigen die Möglichkeit genommen werden, den Ausgleichsanspruch durch Trennung von dem Ehegatten **zu manipulieren**. Nach dem **Grundgedanken des** Versorgungsausgleich **als beiderseitige Alterssicherung** kann daher schon eine lange Trennungszeit für sich genommen den (teilweisen) Ausschluss des Versorgungsausgleichs rechtfertigen.

1888

Der BGH hat **dahinstehen** lassen, ob die Trennungszeit von 11 1/2 Jahren ausreicht (bei einer Ehezeit von 34 Jahren). Er hat den Altersunterschied der Parteien von 14 Jahren herangezogen und erklärt, es handele sich um eine „**phasenverschobene Ehe**". Der Ehemann konnte mit Beginn des Rentenbezugs keine weiteren Versorgungsanwartschaften mehr erwerben. Der ausgleichspflichtige Überschuss, den die Ehefrau bei ihren Versorgungsanwartschaften erworben habe, **beruhe nicht auf einer höheren wirtschaftlichen Leistung der Ehefrau während der Ehe**, sondern auf der Tatsache, dass der Ehemann seit der Trennung zunächst wegen Erwerbsunfähigkeit, dann aufgrund seines Alters – **nicht aber ehebedingt** – keine Versorgungsanwartschaften mehr erworben habe. Der Versorgungsausgleich ist daher teilweise, seit September 1988, ausgeschlossen worden.[1844]

1889

Definition „phasenverschobene Ehe": Darunter ist eine Ehe zu verstehen, in der ein Ehegatte aufgrund seines deutlich höheren Lebensalters während der Ehe bereits in Rente gegangen ist (und anschließend keine weiteren Versorgungsansprüche erwirbt), während der andere Ehegatte weiter im Erwerbsleben stand. In solchen Fällen kann der jüngere Ehegatte ausgleichspflichtig sein, obwohl er kein höheres Einkommen hatte als der andere Ehegatte. Die Ausgleichspflicht ergibt sich daraus, dass die Erwerbsphase des älteren Ehegatten nur teilweise in die Ehezeit fiel, die des jüngeren Ehegatten dagegen voll.

1890

1844 Vgl. dazu auch OLG Köln, FamRZ 1988, 849; AG Wuppertal, FamRZ 2005, 39.

> **Hinweis:**
> Ob die phasenverschobene Ehe **für sich allein** die grobe Unbilligkeit i.S.d. § 1587c Nr. 1 BGB begründen kann, ist zweifelhaft. Der BGH und das OLG Köln haben diesen Umstand neben einer langen Trennungsdauer lediglich als **zusätzliches Argument** für eine Kürzung des Versorgungsausgleichs verwendet.

Rechtsprechungsübersicht Härtefälle aufgrund langer Trennungszeit:

1891 **Härtefall angenommen:**

- **BGH**: 9 1/2 Jahre Trennung in 32 Ehejahren;[1845]
- **OLG Köln**: 12 Jahre Trennung in 26 1/2 Ehejahren;[1846]
- **OLG Celle**: 12 Jahre Trennung in 24 Ehejahren;[1847]
- **OLG Düsseldorf**: 10 1/2 Jahre Trennung in 31 Ehejahren;[1848]
- **KG**: 13 Jahre Trennung in 31 Ehejahren;[1849]
- **OLG Celle**: 14 1/2 Jahre Trennung in 29 Ehejahren;[1850]
- **OLG Brandenburg**: 18 Jahre Trennung in 27 Ehejahren.[1851]

1892 **Härtefall abgelehnt:**

- **OLG München**: 4 Jahre Trennung in 19 Ehejahren;[1852]
- **BGH**: 5 1/2 Jahre Trennung in 28 Ehejahren;[1853]
- **BGH**: 3 1/2 Jahre Trennung in 15 Ehejahren.[1854]

ff) Ausgleich von Bagatellbeträgen

1893 Auch der Ausgleich von **Bagatellbeträgen** fällt unter den Ausschluss nach Gruppe 1. Bagatellbeträge sind auf jeden Fall solche im Centbereich.[1855]

[1845] BGH, FamRZ 1980, 29.
[1846] OLG Köln, FamRZ 1988, 849.
[1847] OLG Celle, FamRZ 1993, 208.
[1848] OLG Düsseldorf, FamRZ 1993, 1322.
[1849] KG, FamRZ 1997, 31.
[1850] OLG Celle, FamRZ 2001, 163.
[1851] OLG Brandenburg, FamRZ 2002, 1190.
[1852] OLG München, FamRZ 1986, 1116.
[1853] BGH, FamRZ 1993, 302.
[1854] BGH, FamRZ 1994, 825.
[1855] OLG Brandenburg, FamRZ 2003, 1754 (dort: 0,87 €); OLG Brandenburg, FamRZ 2000, 893 (LS).

V. Ausschluss und Kürzung des Versorgungsausgleichs

Zum Ausschluss oder zur Kürzung kann aber auch ein Zusammenwirken von Billigkeitsgründen führen. So hat etwa das **OLG Düsseldorf** eine Kürzung um ca. 170,00 DM mtl. verfügt, weil die Eheleute lange getrennt gelebt hatten (die ehezeitlichen Anwartschaften liefen ja weiter!) und der ausgleichspflichtige Ehegatte nach der Scheidung nicht nur erwerbsunfähig war, sondern auch krankheitsbedingte Mehraufwendungen hatte.[1856]

1894

b) Ausschluss gem. § 1587c Nr. 2 BGB

Die **zweite Gruppe** (§ 1587c Nr. 2 BGB) hat in der Praxis – wohl aus Gründen der Beweisnot – **keine große Bedeutung** erlangt.

1895

Danach fallen Versorgungsausgleichsansprüche weg, wenn man sich in Erwartung einer künftigen Scheidung, sonst aber ohne hinreichenden Grund, vor der Arbeit drückt, die eigenen ehezeitlichen Anwartschaften dadurch künstlich bei Null hält und dem Partner anschließend die Hälfte abnimmt.

1896

Duderstadt erklärt dazu:

1897

> „Mir scheint, dass hier die Stammtisch-Schimäre vom kuchenfressenden Pelztier, das sich durch mehrere aufeinander folgende Ehen eine Rente zusammenfaulenzt, durch den Gesetzestext geistert."[1857]

c) Ausschluss gem. § 1587c Nr. 3 BGB

Nach § 1587c Nr. 3 BGB findet ein Ausschluss des Versorgungsausgleichs **bei gröblichem, gegen den Ehepartner gerichtetem Verhalten** statt.

1898

Dieser Ausschluss (oder eine angemessene Kürzung) wegen Fehlverhaltens beschränkt sich jedoch auf **Ausnahmefälle**:

1899

- Der Versorgungsausgleichs-Anspruch einer Hausfrau und Mutter dreier Kinder bleibt auch dann gewahrt, wenn sie dem Mann eines der Kinder untergeschoben hat, Zweifel des Mannes zerstreut hat und ihn fünf Jahre Unterhalt für dieses Kind hat zahlen lassen.[1858]
- Bleibt die Ehe kinderlos und arbeitet die Frau als Verkaufsleiterin, während sich der Mann mit Gelegenheitsjobs begnügt, muss sie sich den Versorgungsausgleich zu ihren Lasten gefallen lassen, weil der Ehemann „keine Notlage herbeigeführt" hat.[1859]

1856 OLG Düsseldorf, FamRZ 1993, 1322.
1857 Duderstadt, Versorgungsausgleich, S. 44.
1858 OLG Karlsruhe, FamRZ 2000, 159.
1859 OLG Karlsruhe, FamRZ 1997, 567; Ausschluss in OLG Düsseldorf, FamRZ 2000, 162.

H. Versorgungsausgleich

- Ist der Berechtigte geschäftsunfähig (hier: infolge einer hirnorganischen Wesensveränderung nach Alkoholabusus), ist ihm der Verstoß gegen Unterhaltspflichten nicht zurechenbar; deshalb kein Ausschluss nach § 1587c Nr. 3 BGB.[1860]
- Bankraub und Flucht (Resultat: sechs Jahre Haft und Erwerbsunfähigkeit) führen nicht zum Ausschluss, da der Straftat der unterhaltsbezogene Charakter fehlt.[1861]

1900 Wie **eng begrenzt die Ausnahmen** sind, zeigt das folgende Urteil des **OLG Bamberg**:[1862]

1901 Eine unberechtigte Anzeige wegen sexueller Nötigung bzw. Vergewaltigung rechtfertigt als einmaliger Vorfall trotz dadurch bedingter Rufschädigung und psychischer Beeinträchtigungen des Beschuldigten keinen Ausschluss des Versorgungsausgleichs, zumal die Eheleute mehr als 25 Jahre verheiratet waren und die Anzeigeerstatterin vier Kinder erzogen sowie über mehrere Jahre den Vater des Ehemannes gepflegt hat.

VI. Verfahrensfragen

1. Amtsprinzip und Antragserfordernis

1902 Wegen der Bedeutung der Versorgungsanwartschaften für die Beteiligten findet der Wertausgleich nach § 623 Abs. 1 Satz 3 ZPO, § 12 FGG grds. im **Amtsverfahren** statt.

1903 Nach § 53b FGG ist das **mündliche Verfahren Regelverfahren**.

1904 Insoweit ist die **Tätigkeit des Rechtsanwalts** darauf beschränkt,

- das Gericht bei seinen **Ermittlungen zu unterstützen**,
- die Auskünfte auf ihre **Richtigkeit zu überprüfen**,
- i.R.d. rechtlichen Gehörs auf die **richtige Rechtsanwendung** hinzuwirken,
- etwaige **Gründe** für den Ausschluss des Versorgungsausgleichs oder für die Genehmigung einer etwaigen Vereinbarung zum Versorgungsausgleich nach § 1587c BGB **vorzutragen** und
- ggf. **Rechtsmittel** gegen eine Entscheidung des Gerichts einzulegen.

1860 OLG Zweibrücken, FamRZ 1999, 27.
1861 OLG Hamm, FamRZ 2001, 165 (LS); BGH, FamRZ 2002, 813; a.A. OLG Hamm, FamRZ 2002, 1633: Fast durchgängige Inhaftierung während der Ehe – gleich aus welchem Grund – führt generell zur Verwirkung.
1862 FamRZ 2006, 210.

Auch wenn die **Ausschlussgründe des § 1587c BGB** von Amts wegen zu prüfen sind, trifft die Parteien hierzu eine **gesteigerte Vortragspflicht**.[1863] Das Gericht muss aber ohne entsprechenden Sachvortrag nicht von sich aus nachprüfen, ob Ausschlusstatbestände gegeben sind. Diejenige Partei, die sich auf Ausschlussgründe beruft, trägt für das Vorliegen der entsprechenden Voraussetzungen die **Beweislast**.[1864]

1905

> **Praxistipp:**
> In einigen Fällen sind allerdings trotz des Amtsverfahrens **Anträge** zu stellen, z.B. **verfahrenseinleitend** bei Ausländerbeteiligung (Durchführung nach Art. 17 Abs. 3 EGBGB bei hinreichendem Inlandsbezug), **im Verfahren** bei Unwirtschaftlichkeit (andere Regelung auf Antrag gem. § 1587b Abs. 4 BGB) oder **nachträglich** bei Änderung bestimmter Umstände (§ 10a VAHRG Änderung der Verhältnisse/Beseitigung ursprünglicher Fehler).

Nach dem Wertausgleich kann sich auch noch eine **verfassungswidrige Härte** für den Verpflichteten ergeben, weil er etwa

1906

- aus der gekürzten Rente Unterhalt zahlen muss, **bevor der Berechtigte eine Rente erhält** oder
- weil die Rente gekürzt wird, obwohl der Berechtigte **vor Bezug einer Rente stirbt**.

In diesen Fällen kann nach §§ 4, 5, 9 Abs. 1 VAHRG auf **Antrag an den Versorgungsträger** die Kürzung der Anrechte des Pflichtigen zeitweise oder endgültig entfallen.

1907

2. Verbund und isoliertes Verfahren

Vielfach verzögern sich Scheidungsverfahren, weil aus objektiven oder auch subjektiven Gründen die **Durchführung des Versorgungsausgleichs verzögert** wird.

1908

Eine Abtrennung des Versorgungsausgleichs, auf den die Parteien häufig drängen, ist aber nach § 628 Abs. 1 Nr. 4 ZPO nur möglich, wenn sich das Scheidungsverfahren durch gleichzeitige Entscheidung über die Folgesache so stark verzögern würde, dass der Aufschub auch unter Berücksichtigung der Bedeutung der Folgesache eine unzumutbare Härte darstellen würde.

1909

1863 BGH, FamRZ 1992, 1151.
1864 BGH, FamRZ 1996, 1540; Scholz/Stein/Bergmann, Praxishandbuch Familienrecht, Teil M Rn. 224.

1910 Diese Voraussetzungen werden von der Rechtsprechung **sehr restriktiv** gehandhabt. Die Voraussetzung einer außergewöhnlichen Verzögerung muss kumulativ[1865] mit der Voraussetzung einer unzumutbaren Härte gegeben sein.

1911 Eine **außergewöhnliche Verzögerung** wird überwiegend dann angenommen, wenn das **Scheidungsverfahren länger als zwei Jahre** andauert.[1866]

1912 Die weiter **erforderliche unzumutbare Härte liegt nicht bereits in der Zeitdauer**. Vielmehr müssen **weitere Merkmale** hinzutreten.[1867]

1913 Ein **Rechtsmittel** gegen die etwaige ablehnende Entscheidung des Gerichts zur Abtrennung ist nicht gegeben.[1868] Die Unzulässigkeit der Abtrennung kann allerdings durch **Berufung gegen die Scheidung** geltend gemacht werden. Im Erfolgsfall führt dies zur **Zurückverweisung**.

1914 Im **isolierten Verfahren** ist im Fall der **Eheanfechtung** und der **Auslandsscheidung** ohne Versorgungsausgleich zu entscheiden. Dasselbe gilt für **Abänderungsanträge** und **Anträge auf schuldrechtlichen Versorgungsausgleich** nach der Scheidung.

3. Rücknahme des Scheidungsantrags – Stillstand des Verfahrens

1915 Wird von beiden Parteien Scheidungsantrag gestellt, ist für den Zeitpunkt der Berechnung der Versorgungsanwartschaften derjenige Scheidungsantrag maßgebend, der das zur Scheidung führende Verfahren eingeleitet hat.[1869] Wird der Scheidungsantrag des Antragstellers zurückgenommen, ist für die Ehezeit auf den Scheidungsantrag des Antragsgegners abzustellen.

1916 Bei **nachhaltigem Stillstand des Verfahrens**, z.B. im Fall zwischenzeitlicher Versöhnung der Ehegatten, ist nach Treu und Glauben auf einen späteren Zeitpunkt abzustellen und entsprechend auf Antrag durch das Gericht ein anderweitiger Zeitpunkt, etwa den Eingang des Antrags auf Verfahrensfortführung, festzusetzen.[1870]

1865 OLG Dresden, FamRZ 1998, 1526.
1866 BGH, FamRZ 1986, 898; Hauß, Versorgungsausgleich und Verfahren, S. 277 m.w.N.
1867 OLG Stuttgart, FamRZ 2005, 121; OLG Dresden, FamRZ 1998, 1526; OLG Köln, FamRZ 1997, 1487: der Wunsch einer Schwangeren, den Vater des ungeborenen Kindes zu heiraten, erfüllt nicht per se das Merkmal der unzumutbaren Härte; a.A. AG Pankow/Weißensee, FamRZ 2000, 168.
1868 OLG Karlsruhe, FamRZ 1999, 98; OLG Naumburg, FamRZ 2002, 430; a.A. aber OLG Naumburg, FamRZ 2002, 331.
1869 BGH, FamRZ 1991, 1041.
1870 In solchem Fall konkret das Ende desjenigen Monats, der der Zustellung des Antrags auf Verfahrensfortführung voran geht.

VI. Verfahrensfragen

Bei Stillstand des Verfahrens und **weiterem Getrenntleben** bleibt es dagegen bei der ursprünglichen Ehezeit.[1871] 1917

Bei **ungeklärtem Versicherungsverlauf** ist auch durchaus eine **Entscheidung des Gerichts** zulässig, wonach „derzeit" der Versorgungsausgleich nicht durchgeführt werden kann.[1872] 1918

Sind ausländische Anrechte des Berechtigten „zurzeit" nicht aufklärbar, so ist insgesamt der schuldrechtliche Versorgungsausgleich vorzubehalten.[1873] 1919

Hat ein Ehegatte **ausländische Anrechte**, die im Inland nicht realisierbar sind, steht dies der Durchführung des Versorgungsausgleichs nicht entgegen, wenn dieser Ehegatte auch die deutsche Staatsangehörigkeit besitzt und nicht zu erwarten ist, dass er in das Ausland zurückkehrt.[1874] 1920

4. Auskunftsanspruch zur Ermittlung der Anrechte

Das **FamG** ist nach §§ 12, 53b FGG **zur Ermittlung der Anrechte** beider Parteien verpflichtet. 1921

Das Gericht ist dabei auf die Erteilung der Auskünfte durch die Parteien angewiesen. Zur **Durchsetzung dieser Auskunftsansprüche** kann das Gericht nach § 33 FGG, § 11 VAHRG, jeweils durch **Verhängung und Beitreibung eines Zwangsgeldes**, das auch **wiederholt** festgesetzt werden kann, wenn die Auskunft trotz Beitreibung eines Zwangsgeldes nicht erteilt wird. 1922

Aber auch der **Partei selbst** stehen **Auskunftsansprüche** zu: 1923

- **gegen Ehegatten** nach § 1587e Abs. 1 i.V.m. § 1580 BGB; der Antrag kann im familiengerichtlichen Verfahren nach § 621 ZPO geltend gemacht werden.
- **gegen Träger der gesetzlichen Rentenversicherung**; nach § 109 Abs. 3 SGB VI kann ein Versicherter jederzeit vom Versicherungsträger Auskunft über den Ehezeitanteil der Rente verlangen, über die Rente seines Ehegatten dann, wenn dieser seiner Auskunftspflicht nicht oder nicht in vollem Umfang genügt hat.
- **gegen sonstige Versicherungsträger** aus dem der Versorgung zugrunde liegenden Rechtsverhältnis, z.B. dem Arbeitsvertrag bei einem Anspruch aus der betrieblichen Altersversorgung.

1871 Monatsende vor Zustellung des Scheidungsantrags, vgl. dazu BGH, FamRZ 2004, 1364.
1872 OLG Brandenburg, FamRZ 2005, 47.
1873 OLG München, FamRZ 2005, 990; Bergmann, in: Brennpunkte des Familienrechts 2006, S. 215 ff., S. 233; a.A. OLG Oldenburg, FamRZ 2003, 1752 (Feststellung, dass der Versorgungsausgleich zurzeit nicht stattfindet).
1874 BGH, FamRZ 2003, 1737 (Kasachstan).

H. Versorgungsausgleich

> **Praxistipp:**
> Im Hinblick auf die Möglichkeit des Gerichts, nach § **11 VAHRG** selbst Auskünfte einzuholen, besteht die Tendenz, für einen Auskunftsantrag nach § 1587e Abs. 1 BGB **PKH zu verweigern**.[1875]

VII. Härtefälle nach Durchführung des Versorgungsausgleichs

1924 Ist der Versorgungsausgleich durch Splitting oder Quasisplitting nach § 1587b Abs. 1 oder Abs. 2 BGB oder im Wege des analogen Quasisplittings nach § 1 Abs. 3 VAHRG erfolgt, kann **späteren Härten** durch Anwendung der Regeln der §§ 4 bis 9 VAHRG begegnet werden.

1. Heimfallprivileg

1925 Gemäß **§ 4 VAHRG** (sog. **Heimfallprivileg**) entfällt die Kürzung der Versorgung des Ausgleichspflichtigen oder seiner Hinterbliebenen aufgrund des Versorgungsausgleichs, wenn der Ausgleichsberechtigte **stirbt** und vor seinem Tod keine Leistungen aufgrund des Versorgungsausgleichs bezogen hat.

1926 Das Gleiche gilt für den Fall, dass der Berechtigte vor seinem Tod **nicht mehr als insgesamt zwei Jahresbeträge** einer Altersrente erhalten hat. In diesem Fall werden die an den Berechtigten gezahlten Beträge jedoch auf die Rentenerhöhung, die sich aus dem Wegfall der Kürzung für den Ausgleichspflichtigen ergibt, angerechnet (§ 4 Abs. 2 VAHRG).

1927 Die Kürzung der Versorgung entfällt rückwirkend. Der Versicherte hat also einen Ausgleichsanspruch i.H.d. Differenz zwischen dem festgesetzten gekürzten Rentenwert und dem Wert, der ohne die Kürzung bestanden hätte.[1876]

2. Unterhaltsprivileg

1928 Gemäß **§ 5 VAHRG** wird die Versorgung des Ausgleichspflichtigen aufgrund des sog. **Unterhaltsprivilegs** auch dann nicht gekürzt, wenn der Berechtigte **keine Rente aus dem Versorgungsausgleich bezieht** und deshalb gegen den Ausgleichspflichtigen einen Unterhaltsanspruch hat oder ein Unterhaltsanspruch an der fehlenden Leistungsfähigkeit des Pflichtigen scheitert.

1929 Auf die **Höhe des Anspruchs** kommt es nicht an.[1877]

1875 BGH, FamRZ 1981, 533.
1876 BSG, FamRZ 2002, 1186 m. Anm. Kemnade, FamRZ 2002, 1189; Scholz/Stein/Bergmann, Praxishandbuch Familienrecht, Teil M Rn. 227.
1877 BSG, NJW-RR 1995, 840.

Nach § 6 VAHRG sind **Nachzahlungen** aufgrund des Wegfalls der Kürzung je zur Hälfte an den Unterhaltspflichtigen und an den Unterhaltsberechtigten zu leisten. I.R.d. Versorgungsausgleichs gezahlte Beiträge zur gesetzlichen Rentenversicherung sind unter bestimmten Voraussetzungen zu **erstatten, § 7 VAHRG.**   1930

Die ungekürzte Rente ist nach § **100 Abs. 1 SGB VI** von dem Kalendermonat an zu zahlen, zu dessen Beginn die Anspruchsvoraussetzungen erfüllt sind.   1931

3. Geltendmachung von Härtefällen

Härtefälle sind durch Antrag an den Versorgungsträger geltend zu machen, **§ 9 VAHRG.** Die Vorschrift enthält Regelungen zur **Antragsberechtigung,** zur **Vererblichkeit** von Ansprüchen, wenn ein Antrag gestellt wurde und den **Auskunftsanspruch** gegenüber betroffenen Stellen, soweit Angaben für den Härteantrag erforderlich sind.   1932

Nach § 9 VAHRG hat der Ausgleichspflichtige Gründe für einen Wegfall der Unterhaltspflicht dem Versicherungsträger **unverzüglich anzuzeigen.**   1933

> **Praxistipp:**
>
> Über die Voraussetzungen des Heimfall- oder Unterhaltsprivilegs hat der beratende **Rechtsanwalt aufzuklären.** Die Verletzung dieser Pflicht kann zu anwaltlicher Haftung führen.

VIII. Fehlerquellen im Versorgungsausgleich

1. Amtsverfahren

Wegen der Bedeutung der Versorgungsanwartschaften für die Beteiligten findet der Wertausgleich nach § 623 Abs. 1 Satz 3 ZPO, § 12 FGG grds. im **Amtsverfahren** statt.   1934

Nach § 53b FGG ist das **mündliche Verfahren Regelverfahren.**

Insoweit ist die **Tätigkeit der Partei (und des sie vertretenden Rechtsanwalts)** darauf beschränkt,   1935

- das Gericht bei seinen **Ermittlungen zu unterstützen,**
- die Auskünfte auf ihre **Richtigkeit zu überprüfen,**
- i.R.d. rechtlichen Gehörs auf die **richtige Rechtsanwendung** hinzuwirken,
- etwaige **Gründe** für den Ausschluss des Versorgungsausgleichs oder für die Genehmigung einer etwaigen Vereinbarung zum Versorgungsausgleich nach § 1587c BGB **vorzutragen** und

H. Versorgungsausgleich

- ggf. **Rechtsmittel** gegen eine Entscheidung des Gerichts einzulegen.

1936 Man darf sich jedoch nicht darauf verlassen, dass alles schon ohne eigenes Zutun korrekt abgewickelt wird.

> **Praxistipp:**
> In einigen Fällen sind allerdings trotz des Amtsverfahrens **Anträge** zu stellen, z.B. **verfahrenseinleitend** bei Ausländerbeteiligung (Durchführung nach Art. 17 Abs. 3 EGBGB bei hinreichendem Inlandsbezug), **im Verfahren** bei Unwirtschaftlichkeit (andere Regelung auf Antrag gem. § 1587b Abs. 4 BGB) oder **nachträglich** bei Änderung bestimmter Umstände (§ 10a VAHRG Änderung der Verhältnisse/Beseitigung ursprünglicher Fehler).

1937 Nach dem Wertausgleich kann sich auch noch eine **verfassungswidrige Härte** für den Verpflichteten ergeben, weil

- er etwa aus der gekürzten Rente Unterhalt zahlen muss, **bevor der Berechtigte eine Rente erhält**, oder
- die Rente gekürzt wird, obwohl der Berechtigte **vor Bezug einer Rente stirbt**.

1938 In diesen Fällen kann nach §§ 4, 5, 9 Abs. 1 VAHRG auf **Antrag an den Versorgungsträger** die Kürzung der Anrechte des Pflichtigen zeitweise oder endgültig entfallen.

> **Praxistipp:**
> In der **mündlichen Verhandlung** über die festzustellenden Versorgungsanwartschaften ist unbedingt darauf zu achten, dass der Anwalt nicht selbst erklärt, keine Einwände gegen die eingeholten Auskünfte geltend zu machen. Dies ist **Sache der Partei**; eine entsprechende Erklärung ist im Protokoll als Erklärung der Partei auch aufzunehmen. Der Anwalt haftet sonst für die „fehlenden Einwände" persönlich.

1939 Es ist deshalb auch wichtig, der eigenen Partei die Auskünfte der Versorgungsträger nicht schlicht „zur Kenntnis" zu übersenden, sondern darauf **hinzuweisen**, dass die Auskünfte persönlich zu überprüfen und Einwände dem Anwalt schriftlich und in zu setzender Frist mitzuteilen sind, damit er sie im Gerichtsverfahren vortragen kann.

1940 Ein zusätzlicher Hinweis auf ggf. nachzusuchende **weitere Beratung** mit dem Anwalt oder auf die Möglichkeit der Überprüfung durch **Rentenberater** etc. ist ebenfalls hilfreich. Standardisierte Schreiben erleichtern den Umgang mit der Problematik.

2. Ausschluss durch Ehevertrag

Wird durch Ehevertrag die **Durchführung des Versorgungsausgleichs** zwischen den Parteien **ausgeschlossen**, wird häufig folgende Konsequenz übersehen: Es tritt **automatisch Gütertrennung** zwischen den Parteien ein, § 1414 Satz 2 BGB.

1941

> **Praxistipp:**
> Die Falle für die Partei (und damit die **Haftungsfalle**, die sich der Anwalt damit eröffnet) besteht darin, dass der Ausschluss des Versorgungsausgleichs vorgenommen wird, aber übersehen wird, dass dadurch Gütertrennung eintritt. Es besteht dann die Gefahr, nicht darauf zu achten, dass Zugewinnansprüche aus dem beendeten Güterstand **nach drei Jahren verjähren**, § 1378 Abs. 4 BGB.

Selbst wenn keine Verjährung eintritt, muss man wissen, dass die Partizipation an der beim Ehegatten **in der Folgezeit eintretenden Vermögensmehrung ausgeschlossen** ist.

1942

Die dargestellte Folge tritt allerdings nach dem letzten Halbsatz von § 1414 Satz 1 BGB nur ein, falls sich **nicht aus dem Ehevertrag anderes** ergibt.

1943

> **Praxistipp:**
> Die **Haftungsfalle** für den beratenden Anwalt[1878] liegt dann darin, dass der Notar den Ausschluss des Versorgungsausgleichs beurkundet, aber vergessen wird, nach Belehrung die Klausel aufzunehmen, dass es gleichwohl beim gesetzlichen Güterstand bleiben soll.

3. Das sog. Rentnerprivileg

Das sog. **„Rentnerprivileg"** im Versorgungsausgleich[1879] hat folgende Bedeutung: Beginnt die Rentenzahlung an den Versorgungsausgleichspflichtigen bereits **vor der rechtskräftigen Entscheidung über den Versorgungsausgleich**, so wird die Rente **ungekürzt gezahlt**. Sie wird erst zu dem Zeitpunkt gekürzt, in dem der Ausgleichsberechtigte die Voraussetzungen für einen eigenen Rentenbezug erfüllt (§ 101 Abs. 3 Satz 1 SGB VI, § 57 Abs. 1 Satz 2 BeamtVG).

1944

Schon vor Einleitung des Scheidungsverfahrens durch den „älteren" Ehepartner muss dieser daran denken, Informationen darüber einzuholen, **wann** dieser ggf. in Rente

1945

1878 Nach § 19 Abs. 1 Satz 2 BNotO haftet bekanntlich nicht der Notar, sondern der Anwalt als „anderweitige Ersatzmöglichkeit".
1879 Dazu Heileman, FamRZ 1995, 1192.

H. Versorgungsausgleich

gehen wird, und den Zeitpunkt genau zu überdenken, wann die Scheidung beantragt wird.

1946 Ist das Scheidungsverfahren bereits eingeleitet, kann es für den beratenden Rechtsanwalt sinnvoll sein, die Rechtskraft der Scheidung bzw. der Entscheidung über den Versorgungsausgleich hinauszuschieben, um die Situation zu vermeiden, im Wege der Haftung die dem Mandanten dann fehlenden Rentenbeträge selbst zahlen zu müssen.

1947 Die Nichtbeachtung ist ein eindeutiger Haftungsfall.

I. Namensrecht

Das Namensrecht kann unter vielen verschiedenen Aspekten behandelt werden.

Vorliegend geht es v.a. um die Frage, welchen **Änderungen der Nachname eines Ehepartners nach der Scheidung** unterworfen sein kann.

Weder sind an dieser Stelle die teilweise gerade skurrilen Entscheidungen von Eltern[1880] – und von Gerichten[1881] – über die Wahl des **Vornamens** zu diskutieren, noch das öffentliche Namensrecht, das mit § 3 NamÄndG die Möglichkeit bietet, unabhängig von familienrechtlichen Verfahren lächerliche oder anstößige Namen zu ändern.

I. Der Ehename (Familienname)

Der (Nach-)Name ist für viele Menschen Teil ihrer Identität. Es ist daher schon immer über die Veränderbarkeit und die Möglichkeit der Beibehaltung des Nachnamens, wenn er einmal angenommen wurde, diskutiert worden.

1. Die Namensrechtsreform

Nach der Namensrechtsreform v. 01.04.1994 sieht das Gesetz Folgendes vor:

- Ein Ehename muss nicht bestimmt werden,
- zusammengesetzte Ehenamen sind nicht möglich,[1882]
- in einer früheren Ehe erheiratete Namen können Ehenamen werden,[1883]

1880 Geplanter Name des Kindes durch die Eltern im Fall OLG Düsseldorf, FamRZ 1999, 46: Chenekwahow Tecumseh Migiskau Kioma Ernesto Inti Prithibi Pathar Chajara Majim Henriko Alessandro.
1881 Gebilligt „Birkenfeld", OLG Frankfurt am Main, FamRZ 2001, 372, abgelehnt „Jona", selbst in Kombination mit „Frauke", LG Münster, FamRZ 1996, 892.
1882 Zweigliedrige Namen nach spanischer Rechtstradition gelten nicht als zweigliedrige Geburtsnamen i.S.d. deutschen Namensrechts; sie können deshalb, wenn der aus diesem Rechtskreis stammende Partner eine(n) Deutsche(n) heiratet, nicht zum Ehenamen werden. Nur der erste der beiden Namen kann Ehename werden (OLG Karlsruhe, FamRZ 1999, 160 zu einem Peruaner, dessen deutsche Frau seinen kompletten Doppelnamen – wie immer ohne Bindestrich geschrieben! – haben wollte). Der erste Teil bezeichnet übrigens den Familiennamen des Vaters, der zweite den der Mutter.
1883 BVerfG v. 18.02.2004, FamRZ 2004, 515; a.A.: OLG Zweibrücken, FamRZ 1996, 487; BayObLG, FamRZ 1997, 554 und 556; KG, FamRZ, 1997, 557; danach ist bei Verstoß die Namenswahl von Anfang an nichtig.

I. Namensrecht

- jeder kann dem Ehenamen seinen abweichenden eigenen Namen (gleich, ob Geburtsname oder erheirateter Name) voranstellen oder anfügen,[1884]
- Ausländer, die nach ausländischem Recht einen Ehenamen bestimmt haben, können nach der Einbürgerung, da für sie danach deutsches Recht Anwendung findet, ihren Ehenamen für die Zukunft neu bestimmen.[1885]

1952 Sehen wir uns also **die Möglichkeiten** anhand des **folgenden Beispiels**[1886] an (Frau Müller-Weiler, geb. Müller, heiratet Herrn Bach):

	Frau Müller-Weiler Abweichender persönlicher Frauenname	Ehename	Herr Bach Abweichender persönlicher Mannesname
1.		Bach	
2.		Müller	
3.		Müller	Bach-Müller
4.		Müller	Müller-Bach
5.		Müller	Bach
6.	Müller-Bach	Bach	
7.	Bach-Müller	Bach	
8.	Weiler-Bach	Bach	
9.	Bach-Weiler	Bach	
10.	Müller-Weiler		Bach
11.		Weiler	
12.	Weiler-Bach	Weiler	
13.	Bach-Weiler	Weiler[a)]	

Erläuterung:

a) Optionen 11-13 sind allerdings erst durch die Entscheidung des BVerfG v. 18.02.2004, FamRZ 2004, 515, hinzugetreten. Bis dahin war es nach § 1355 Abs. 2 BGB nicht zulässig, einen Namensbestandteil aus einer früheren Ehe in die neue Ehe hinein zu nehmen. Die Entscheidung gegen den eindeutigen Wortlaut des § 1355 Abs. 2 (... den Geburtsnamen des Mannes oder den Geburtsnamen der Frau) ist auf Kritik gestoßen, insbes. in der Anm. v. Hein, FamRZ 2004, 519, der feststellt: „Der Wunsch, den Namen des Vorgängers bzw. der Vorgängerin zu führen, kann i.d.R. nur zum Tragen kommen, wenn der erheiratete Name – wie in der BVerfG-Entscheidung – ein Adelsname ist, sodass die neue Rspr. des BVerfG letztlich auf eine Selbstnobilitierung hinausläuft."

1884 Ein späterer Wechsel der Reihenfolge ist allerdings ausgeschlossen, BayObLG, FamRZ 1999, 162.
1885 BGH, FamRZ 2001, 903 (Russlanddeutsche).
1886 Nach Duderstadt, Aktuelles Familienrecht, S. 247.

I. Der Ehename (Familienname)

Wenn die Eheleute einen Ehenamen einmal bestimmt haben, ist eine erneute Ehenamenswahl allerdings unzulässig.[1887]

1953

Für die Fälle, in denen aufgrund früher geltenden Rechts der Ehename aus mehreren Namen besteht, bestimmt **§ 1355 Abs. 4 Satz 2 BGB**, dass kein Begleitname vorangestellt oder angehängt werden kann. Zweck ist natürlich die Verhinderung von dreigliedrigen Namen, also von Namensketten. Auch diese Vorschrift musste eigens für verfassungsgemäß erklärt werden.[1888]

1954

2. Der Name nach der Scheidung

Für den Namen nach der Scheidung heißt es in § 1355 Abs. 5 Satz 1 BGB zwar, dass der verwitwete oder geschiedene Ehegatte seinen Ehenamen behält. Er kann aber (s.o.) auch durch Erklärung gegenüber dem Standesbeamten seinen Geburtsnamen oder den Namen wieder annehmen, den er z.Zt. der Eheschließung geführt hat, oder schließlich Geburts- und Ehenamen kombinieren. Das Kind nimmt allerdings an dieser Namensänderung nicht teil, auch dann nicht, wenn es zuvor eben gerade wegen dieser – später gescheiterten – Ehe einbenannt worden ist.[1889]

1955

Die geschiedene Ehefrau (ggf. auch der Mann) hat also ein **breit gefächertes Wahlrecht**:

1956

- Sie kann den Ehenamen übernehmen (das geschieht automatisch, wenn sie keine Erklärungen abgibt).
- Sie kann den Ehenamen mit ihrem Geburtsnamen übernehmen (durch Voranstellen oder Anfügen).
- Sie kann dem Ehenamen einen Begleitnamen voranstellen, wenn sie das bisher nicht getan hat (Mädchenname oder Name aus erster Ehe).
- Sie kann ihren Geburtsnamen wieder annehmen.
- Sie kann ihren Namen aus der vorangegangenen Ehe wieder annehmen.

Duderstadt[1890] bildet dazu folgendes anschauliches **Beispiel:**

1957

Frau Gunilla Kranke-Drossel, Ehename Drossel, geschiedene Kranke-Möller, geb. Möller, kann sich also nach der Scheidung für „Drossel", „Kranke-Drossel", „Drossel-Möller", „Möller-Drossel" oder „Möller" entscheiden.

1887 OLG Hamm, FamRZ 1999, 1426.
1888 BayObLG, FamRZ 2004, 374; vgl. dazu auch OLG Celle, FamRZ 1994, 1322.
1889 LG Fulda, FamRZ 2000, 689.
1890 In: Aktuelles Familienrecht, S. 249.

1958	Aber die Kandidatin muss wissen, was sie tut: **Erklärungen zur Namenswahl unterliegen nicht der Irrtumsanfechtung.**[1891]
1959	Niemand ist gehindert, sich durch Ehevertrag wirksam zu verpflichten, nach der Scheidung seinen Geburtsnamen wieder anzunehmen oder den Ehenamen **nicht in eine folgende Ehe** hineinzuziehen.[1892] Er muss dann allerdings davon ausgehen, nach der Scheidung im Weigerungsfall zur Abgabe einer derartigen Erklärung verurteilt zu werden.[1893] Das Urteil ersetzt die Erklärung (§ 894 ZPO).

II. Der Name des Kindes

1. Der Regelfall des Nachnamens

1960	Kinder erhalten den **Ehenamen ihrer Eltern als Geburtsnamen** (§ 1616 BGB).
1961	Voraussetzung für die Weitergabe des Ehenamens an die Kinder ist naturgemäß, dass **überhaupt ein Ehename existiert.**
1962	Auch wenn die Mutter einen abweichenden persönlichen Namen hat, besteht immerhin noch die Gewähr, dass zwei Beteiligte (zwei Eltern, ein Kind) den gleichen Namen haben.

2. Kindesname bei Verzicht auf Ehenamen

1963	Bei Verzicht auf einen Ehenamen regelt § 1617 Abs. 1 Satz 1 BGB den Nachnamen des Kindes wie folgt:
	„Führen die Eltern keinen Ehenamen und steht ihnen die Sorge gemeinsam zu, so bestimmen sie durch Erklärung gegenüber dem Standesbeamten den Namen, den der Vater oder die Mutter z.Zt. der Erklärung führt, zum Geburtsnamen des Kindes."
1964	Haben sich die Eltern auf einen Nachnamen geeinigt, so ist die Namenswahl **weder anfechtbar noch widerruflich.**[1894]
1965	Für die Zeit **vor dem 01.04.1994** (Inkrafttreten der Namensrechtsreform) galt eine – auf einem BVerfG-Beschl. v. 05.03.1991 basierende – **Übergangsregelung**, die es den Eltern erlaubte, dem Kind einen aus beiden Elternnamen gebildeten Kombinationsnamen zu geben. Das galt auch für nichteheliche, durch Heirat legitimierte Kinder, sofern die Namenswahl in zeitlichem Zusammenhang mit der Eheschließung stand.[1895]

1891 OLG Zweibrücken, FamRZ 2000, 1361.
1892 BH: Everts, FamRZ 2005, 249, 253.
1893 LG München I, FamRZ 2000, 1168.
1894 OLG Naumburg, FamRZ 1997, 1234.
1895 OLG Düsseldorf, FamRZ 1997, 1233.

II. Der Name des Kindes

Über die Namens-Reihenfolge entschied im Streitfall das **Los**, und wenn dies nicht beachtet worden ist, kann der Losentscheid heute noch nachgeholt werden.[1896] Wer seinem Kind einen Kombinationsnamen gegeben hatte, musste ihn nach Inkrafttreten der Namensrechtsreform am 01.04.1994 nicht wieder aufgeben.[1897]   1966

Allerdings gilt das „Kombinationsnamensprivileg", wenn es denn für die Kinder ein solches ist, nicht für weitere, aus derselben Ehe entstammende Kinder, wenn diese **nach dem 01.04.1994** geboren worden sind,[1898] auch wenn die Eltern damit nur verhindern wollen, dass ihre Kinder abweichende Namen haben, also der eine, noch zur Übergangszeit geborene Säugling einen Kombinationsnamen, der nach dem **01.04.1994** zweitgeborene dagegen einen einfachen Namen.[1899]   1967

Das „Recht" des – von den Eltern nicht gefragten – Kindes, den Namen beider Eltern als Doppelnamen zu führen, lebt also auch dann nicht wieder auf, wenn ein anderes aus der Ehe hervorgegangenes Kind kraft der oben erörterten Übergangsregelung schon den Doppelnamen trägt.[1900]   1968

Wenn dagegen die Frau von der Übergangsregelung in der Weise Gebrauch macht, dass sie ihren Mädchennamen wieder annimmt, den vom Mannesnamen abgeleiteten Familiennamen des Kindes aber unverändert lässt – ihn also nicht in einen Doppelnamen umwandelt –, ist dieser Familienname auch für die nachgeborenen Geschwister verbindlich.[1901]   1969

Wollen die Eltern im Anschluss an die Umbenennung der Frau auch den Namen ihres vor Inkrafttreten der Reform geborenen Kindes neu bestimmen, haben sie nur die Wahl zwischen dem des Vaters und dem (neuen) der Mutter.[1902]   1970

Heute gilt:

1896 OLG Stuttgart, FamRZ 1995, 1233.
1897 OLG Hamm, FamRZ 1995, 439.
1898 OLG Hamm, FamRZ 1995, 1224.
1899 OLG Stuttgart, FamRZ 1995, 1601; OLG Celle, OLG Köln und OLG Zweibrücken, jeweils FamRZ 1996, 815; OLG Frankfurt am Main, FamRZ 1996, 816 und 817; KG, FamRZ 1997, 1320.
1900 St. Rspr., z.B. BayObLG, FamRZ 1996, 236; hierzu das OLG Oldenburg, FamRZ 1995, 688 trocken: „Eltern haben ausreichende Möglichkeiten, die Namensgleichheit ihrer Kinder zu erreichen."
1901 BayObLG, FamRZ 1997, 232; die Abgrenzung zu der oben erörterten Entscheidung, BayObLG, FamRZ 1996, 236 ist auf S. 233 angesprochen.
1902 BayObLG, FamRZ 1997, 234.

I. Namensrecht

1971 **Die Eltern müssen sich für einen Namen entscheiden**,[1903] und wenn sie sich binnen Monatsfrist nach der Geburt zu keinem Ergebnis durchringen können, überträgt das Vormundschaftsgericht das Namensbestimmungsrecht auf einen Elternteil, und falls der sich innerhalb einer weiteren, vom Gericht festzusetzenden Frist nicht entscheidet, bestimmt das Gericht den Namen dieses Elternteils zum Geburtsnamen (§ 1617 Abs. 2 BGB). Auf die Gründe für die ausbleibende Reaktion kommt es nicht an. Gegen die Fristversäumung gibt es auch keine Wiedereinsetzung in den vorigen Stand.[1904]

Zuständig ist nicht der Rechtspfleger, sondern der „Namensrichter".[1905]

1972 Noch ungeklärt sind die **Kriterien**, nach denen das Vormundschaftsgericht das **Namensgebungsrecht dem einen oder anderen Elternteil** überträgt. Die Entscheidung muss ja justiziabel sein, also ermessensfehlerfrei.

1973 Die verheirateten, aber ehenamenlosen Eltern können sich, wie soeben erwähnt, später zu einem Ehenamen entschließen. Dann kann sich u.U. auch der Name des Kindes ändern.

In § 1617c Abs. 1 BGB heißt es dazu:

Der Name des Kindes ändert sich

- bei unter fünf Jahre alten Kindern automatisch,
- vom 5. bis zum 14. Geburtstag des Kindes nur, wenn die Eltern dies bestimmen und das Vormundschaftsgericht zustimmt,[1906]
- danach bis zur Volljährigkeit nur, wenn das Kind und seine gesetzlichen Vertreter zustimmen,
- nach Volljährigkeit behält das Kind seinen Namen.

1974 Solange Kinder aus derselben Ehe minderjährig sind, erhalten sie i.Ü. alle denselben Nachnamen.

1903 Das gilt laut BayObLG, FamRZ 2000, 56 auch dann, wenn das Kind in den USA geboren wurde und die deutsch-amerikanische Doppelstaatsangehörigkeit hat: Kombinationsname unzulässig!
1904 OLG Hamm, FamRZ 2004, 731.
1905 § 14 Abs. 1, Nr. 5. RPflG, so LG Münster, FamRZ 1995, 1516 und OLG Frankfurt am Main, FamRZ 1996, 819; wegen der Einzelheiten des Verfahrens s. Liermann, FamRZ 1995, 199.
1906 S. BayObLG, FamRZ 1996, 1161.

3. Namensänderungen nach der Scheidung

Haben sich die Eltern auf einen einheitlichen Ehenamen geeinigt und lassen sich dann scheiden, wobei die elterliche Sorge für das Kind auf die Mutter übertragen wird, können sich neue Namensprobleme ergeben, falls die Mutter ihren Mädchennamen wieder annimmt oder abermals heiratet. 1975

Zu unterscheiden von den Scheidungshalbwaisenfällen, in denen die Kinder letztlich den Mädchennamen der Mutter erhalten (§ 3 NamÄndG), sind die Fälle der **Namensänderung des Kindes nach Wiederverheiratung der Mutter** sowie der **Einbenennung** nach **§ 1618 BGB**: Sie bietet einem nichtehelichen, nach dem KindRG auch einem ehelichen Kind die Möglichkeit, den **Namen des Stiefvaters**[1907] **anzunehmen oder anzufügen**. 1976

Wenn Ehegatten einem vorehelichen Kind ihren Ehenamen erteilt haben (der neue Name des Kindes gilt dann als sein Geburtsname!), kann dieser „neue" Name des Kindes nur unter den Voraussetzungen des § 1617c Abs. 2 Nr. 1. BGB abermals geändert werden, und das bedeutet: Wenn das Kind mindestens 14 Jahre alt ist, ist die Änderung von seiner Zustimmung abhängig.[1908] Der durch Einbenennung entstehende Name wird also grds. – vorbehaltlich einer weiteren Einbenennung! – unwandelbar fixiert. Wenn die Mutter nach der Scheidung wieder ihren Geburtsnamen annimmt, kann sich das Kind dieser Namensänderung nicht anschließen.[1909] 1977

Die Einbenennung setzte nach dem bis zum 11.04.2002 gültigen Wortlaut der Vorschrift voraus, dass die Mutter die **Alleinsorge** hatte und dass Mutter und Stiefvater überhaupt einen Ehenamen führten.[1910] 1978

Neben dem **OVG NRW**[1911] waren auch das **OLG Hamm**,[1912] das **OLG Karlsruhe**[1913] und das **BayObLG**[1914] der Ansicht, dass die Einbenennung auch zulässig ist, wenn

---

1907 Ziel der Einbenennung ist die Namensgleichheit zwischen Stiefvater und Kind. Soll das Kind einen Namen erhalten, der nicht identisch mit dem aktuellen Namen des Stiefvaters ist (auch wenn dieser demnächst wieder anders heißen will), bedarf es keiner Einwilligung des biologischen Vaters, da der Antrag von vornherein unbegründet ist, so zutreffend OLG Brandenburg, FamRZ 2002, 1735.
1908 OLG Hamm, FamRZ 2002, 1731.
1909 BGH, FamRZ 2004, 449.
1910 Dass die Bestimmung eines Ehenamens angeblich künftig geplant ist, reicht nicht, so OLG Hamm, FamRZ 2000, 1437.
1911 OVG NRW, FamRZ 2000, 698.
1912 OLG Hamm, FamRZ 2001, 568.
1913 OLG Karlsruhe, FamRZ 2002, 485 („Versehen des Gesetzgebers").
1914 BayObLG, FamRZ 2001, 857.

I. Namensrecht

beide Eltern die elterliche Sorge **gemeinsam** innehaben – das OLG Hamm[1915] jedenfalls dann, wenn der andere Elternteil zustimmt. Begründet wurde die – stets zweifelhafte – Auslegung gegen den Wortlaut („berichtigende Auslegung", so OLG Köln[1916]) mit der Entstehungsgeschichte der Norm und zwischen den Zeilen mit dem Hinweis auf gesetzgeberische Lücken.

1979 Diese Lücken hat der Gesetzgeber geschlossen, und zwar durch das zum 12.04.2002 in Kraft getretene **Kinderrechteverbesserungsgesetz**,[1917] das die Anwendung von § 1618 BGB **nun auch auf Fälle der gemeinsamen elterlichen Sorge** erstreckt.

1980 In den Stiefvaterfällen hatte der Erzeuger bis zum Inkrafttreten des KindRG kein Mitwirkungsrecht.[1918]

Seither bedarf es, auch wenn die Mutter „nur" ihren Mädchennamen wieder angenommen hat und das Kind daran teilhaben lassen will, der **Zustimmung** des Vaters.

1981 Diese kann allerdings nach § 1618 Satz 4 BGB ersetzt werden.[1919] Die **Ersetzung** kommt z.B. in Betracht, wenn das Kind unter der ebenso quälenden wie unbegründeten Angst leidet, dass es der Vater leichter zu sich „zurückholen" könne, wenn es seine Namen behalte.[1920] Die schützenswerten Interessen des Vaters müssen gewahrt werden, sind aber gering zu achten, wenn der Vater schon die Bereitschaft zur Adoption erklärt hat.[1921] Anderenfalls ist die **Eingriffsschwelle** allerdings **hoch** gesteckt: Die Namensänderung muss für das Kindeswohl **erforderlich**,[1922] ja **unerlässlich**[1923] oder – anders gesagt – **unabdingbar notwendig** sein[1924] **und** die Rechte des Vaters, auch wenn er „nur" Zahlvater ist, müssen respektiert werden.[1925] Der materielle oder seelische Nutzen für das Kind muss so hoch sein, dass **ein sich verständig um das Kind sorgender Elternteil auf die Erhaltung des Namensbandes zum Kind nicht bestehen würde**.[1926]

1915 OLG Hamm, FamRZ 2001, 568.
1916 OLG Köln, FamRZ 2002, 262.
1917 Abgedruckt in: FamRZ 2002, 803.
1918 Dies war nach Auffassung des OLG Braunschweig (FamRZ 1996, 757) und des OLG Saarbrücken (FamRZ 1997, 696) verfassungsgemäß.
1919 Oelkers/Kreutzfeldt, FamRZ 2000, 645.
1920 OLG Bremen, FamRZ 2001, 858.
1921 OLG Bremen, FamRZ 2001, 858.
1922 S. z.B. OLG Oldenburg, FamRZ 1999, 1381; FamRZ 2000, 692; FamRZ 2000, 693 und OLG Brandenburg FamRZ 2002, 1058.
1923 OLG Brandenburg, FamRZ 2003, 631 (LS); BGH, FamRZ 2002, 1330.
1924 OLG Köln, FamRZ 2003, 1411 (LS); OLG Hamm, FamRZ 2004, 1748.
1925 S. OLG Naumburg, FamRZ 2001, 1161.
1926 OLG Düsseldorf, FamRZ 2000, 691; OLG Rostock, FamRZ 2000, 695.

II. Der Name des Kindes

Es muss stets geprüft werden, ob – wie das **OLG Thüringen**[1927] zutreffend ausführt – eine **Zerschneidung des Namensbandes** aus Kindeswohlgründen unabdingbar notwendig ist. Allein der Umstand, dass Vater und Kind seit Längerem keinen Kontakt mehr zueinander hatten, reicht hierfür nicht aus.[1928] Die Durchtrennung des Namensbandes zum leiblichen Vater wird durch den Vorteil, den Namen der „neuen" Familie zu tragen, nicht aufgewogen.[1929] In der Praxis hat das Ersetzungsgesuch deshalb nur in extremen Ausnahmefällen Erfolg.

1982

Die Ersetzungsvorschrift greift nicht nur dann, wenn der leibliche Vater widerspricht, sondern auch dann, wenn er nicht auffindbar, also spurlos verschwunden ist.[1930] Ist er dagegen **tot**, braucht man keine Zustimmung und deshalb auch keine Ersetzung mehr.[1931] Auch dann muss aber die Einbenennung unabdingbar erforderlich sein.[1932]

1983

Das Ersetzungsverfahren kann erst in Gang gesetzt werden, wenn die Mutter den, dessen Namen das Kind erhalten soll, geheiratet hat; **bloße Heiratspläne reichen nicht** aus.[1933] Auch gibt es keine analoge Anwendung von § 1618 BGB auf Fälle, in denen die Namensänderung der Mutter nicht auf Wiederverheiratung beruht, sondern darauf, dass sie ihren Geburtsnamen wieder angenommen hat.[1934]

1984

Dabei sind selbstverständlich auch die Belange des – meist unterhaltspflichtigen – Vaters zu berücksichtigen, da die Einbenennung immerhin die **Ablösung des Kindes von ihm auch nach außen** dokumentiert.[1935] In die umfassende Interessenabwägung ist auch der Aspekt der **Kontinuität der Namensführung** als wichtiger Kindesbelang einzubeziehen.[1936] Kindes- und Elterninteressen sind grds. gleichwertig.[1937] Fehlt beim Vater ein besonders schützenswertes Interesse, bekommt umgekehrt der Nutzen der Namensänderung höheres Gewicht.[1938]

1985

1927 OLG Thüringen, FamRZ 2001, 1547 (LS).
1928 OLG Köln, FamRZ 2003, 1411 (LS).
1929 OLG Köln, FamRZ 2002, 637.
1930 OLG Hamm, FamRZ 2000, 695; a.A. (keine Ersetzungsnotwendigkeit): FamG Blomberg, FamRZ 2002, 1736.
1931 OLG Zweibrücken, FamRZ 2000, 696; OLG Stuttgart, FamRZ 2001, 566 m.w.N.; OLG Frankfurt am Main, FamRZ 2002, 260, 262; BayObLG, FamRZ 2002, 1734.
1932 OLG Zweibrücken, FamRZ 2004, 1747.
1933 OLG Karlsruhe, FamRZ 2000,1437.
1934 BayObLG, FamRZ 2001, 49.
1935 OLG Hamm, FamRZ 1999, 1380.
1936 BGH, FamRZ 2002, 94, 95.
1937 OLG Naumburg, FamRZ 2001, 569, 570.
1938 OLG Oldenburg, FamRZ 2000, 694; OLG Bamberg, FamRZ 2001, 570 (LS).

I. Namensrecht

1986   Zuständig für das Ersetzungsverfahren ist nach §§ 3 Nr. 2a, 14 RPflG der Rechtspfleger, nicht der Richter.[1939]

1987   Auf jeden Fall ist der Vater in der mündlichen Verhandlung **anzuhören** (§§ 12, 50a, 50b, 52 FGG).[1940] Dies ist unabdingbare Ersetzungsvoraussetzung.[1941] Auch die übrigen Beteiligten[1942] sind zu hören, und zwar alle in derselben Verhandlung.[1943] Hat keine **Anhörung** stattgefunden, ist der Fall auf die Beschwerde des Vaters hin zurückzuverweisen.[1944]

1988   Die Ersetzung der Zustimmung kann vom Vater auch mit **einfacher Beschwerde** nach § 19 FGG[1945] oder – so die überwiegende Rspr. inkl. **BGH** – mit **befristeter Beschwerde** nach § 621e ZPO[1946] angefochten werden.

1989   Dagegen hat, wenn die Ersetzung abgelehnt wird, das Kind jedenfalls kein eigenes Beschwerderecht.[1947]

1990   Eine sozusagen abgeschwächte Einbenennung und damit eine Option, die dem Vater die Einwilligung etwas leichter macht, ist die Schaffung des **Kindesdoppelnamens** nach § 1618 Satz 2 BGB: Dem neuen kann der alte Name vorangestellt oder angefügt werden.

1991   Hat ein **nichteheliches Kind** nach Verheiratung seiner Mutter deren Ehenamen erhalten und nimmt die Mutter nach der Scheidung ihren Geburtsnamen wieder an, kann sich das Kind der Namensänderung anschließen. Zwischen dem 5. und 14. Geburtstag des Kindes ist die Mutter mit Genehmigungsvorbehalt des Vormundschaftsgerichts antragsbefugt.[1948]

1939   Zur Kritik s. Heistermann, FamRZ 2003, 279.
1940   OLG Köln, FamRZ 1999, 734; OLG Bamberg, FamRZ 2000, 475; OLG Hamm, FamRZ 2000, 1182 (LS).
1941   OLG Düsseldorf, FamRZ 2000, 691.
1942   Eltern und Kind, so OLG Hamm, FamRZ 2003, 1411 (LS), nicht dagegen der neue Ehegatte eines Elternteils, OLG Brandenburg, FamRZ 2002, 1059.
1943   OLG Brandenburg, FamRZ 2002, 1058.
1944   OLG Brandenburg, FamRZ 2001, 570.
1945   OLG Köln, FamRZ 1999, 735 und 2000, 1182 (LS); OLG Celle, 18. Senat, FamRZ 1999, 1377; OLG Koblenz, FamRZ 2000, 690.
1946   OLG Celle, 15. Senat, FamRZ 1999, 1374; OLG Stuttgart, FamRZ 1999, 1375; OLG Frankfurt am Main, FamRZ 1999, 1376; BGH, FamRZ 1999, 1648; OLG Bamberg, FamRZ 2000, 243; OLG Naumburg, FamRZ 2001, 569 und FamRZ 2001, 1161.
1947   OLG Nürnberg, FamRZ 2001, 49 (LS).
1948   BayObLG, FamRZ 1998, 316.

II. Der Name des Kindes

Jedenfalls ändert sich der Name der Kinder nicht automatisch dadurch, dass die Mutter ihren Mädchennamen wieder annimmt. Auch kann die Mutter – im Einvernehmen mit dem Vater – den Namen der Kinder nach Änderung des eigenen Namens nicht **nachträglich** nach § 1617c BGB ändern.[1949]

1992

Wenn ausnahmsweise ein **Vater allein sorgeberechtigt** für sein nichteheliches Kind ist (hier: nach Entzug der elterlichen Sorge der Mutter), kann er, sofern er verheiratet ist, dem Kind seinen Ehenamen nach § 1618 BGB analog erteilen. Die Einwilligung der Mutter kann ersetzt werden, wenn die Namenserteilung für das Kind einen erkennbar „hohen Nutzen" hat.[1950]

1993

In Fällen mit Auslandsberührung können sich Namensprobleme sogar schon außerhalb der Wiederverheiratungsproblematik ergeben: So kann eine **geschiedene Ausländerin** (hier: Brasilianerin) nach Art. 10 Abs. 3 EGBGB dem ehelichen Sohn ihren brasilianischen Mädchennamen geben, ohne dass der Vater dagegen etwas ausrichten kann; das Namenswahlrecht ist nämlich an das Sorgerecht geknüpft.[1951]

1994

Wird das Kind später als 300 Tage nach Auflösung der Ehe geboren, erhält das Kind den zum Zeitpunkt seiner Geburt geführten Familiennamen der Mutter.[1952]

1995

1949 OLG Düsseldorf, FamRZ 2000, 1181. Zur Änderung ex nunc mit Zustimmung des Kindes s. OLG Hamm, FamRZ 2002, 1731.
1950 OLG Köln, FamRZ 2001, 1547.
1951 LG Freiburg, FamRZ 1996, 1500.
1952 OLG Düsseldorf, FamRZ 1999, 328 zum Fall einer von ihrem türkischen Ehemann geschiedenen, in Deutschland lebenden Türkin, deren Scheidungsurteil von den türkischen Behörden nicht anerkannt worden war.

I. Allgemeine Verfahrensregeln

J. Verfahrensrecht

I. Allgemeine Verfahrensregeln

In Fachkreisen wird die Einrichtung eines „großen FamG"[1953] und ein einheitliches Verfahrensrecht[1954] gefordert. Derzeit existiert eine Vielzahl von Verfahrensvorschriften, die bei der Durchsetzung familienrechtlicher Ansprüche zu beachten sind. So können z.B. Forderungen, die ihre Wurzeln in der Ehe haben, durchaus vor Zivilgerichten verhandelt werden, anderes kann dagegen in die Zuständigkeit des Vormundschaftsgerichts fallen (§§ 35 ff. FGG). Im Verbundverfahren Scheidung ist die Zuständigkeit jedoch eindeutig und ausschließlich geregelt.

1996

1. Sachliche Zuständigkeit des FamG

Ehesachen gem. § 606 ZPO, also die Verfahren auf **Aufhebung oder Scheidung einer Ehe** und die Behandlung ihrer Folgesachen, sind gem. § 23b Abs. 1 Nr. 1 GVG Familiensachen und demgemäß vor den FamG als besondere Abteilung der AG zu verhandeln.

1997

Werden Folgesachen einer Ehescheidung, also etwa Sorgerechtsverfahren, Unterhaltsverfahren, Versorgungsausgleich, Ansprüche aus dem Güterrecht durch Abtrennung von der Ehesache isoliert gerichtlich weiter verfolgt, bleibt es gem. § 23 Abs. 1 GVG bei der Zuständigkeit des FamG.

1998

2. Örtliche Zuständigkeit des FamG

Die örtliche Zuständigkeit richtet sich im Familienrecht nach der Verfahrensart, also danach, ob es sich um ein ZPO-Verfahren (z.B. Scheidungsverfahren) oder ein Verfahren handelt, das dem FGG-Bereich (z.B. Sorge- und Umgangsrechtsverfahren) zuzuordnen ist.

1999

Für **selbstständige Klagen** aus dem Bereich der ZPO-Verfahren verbleibt es bei der allgemeinen Zuständigkeitsregel nach §§ 12 ff. ZPO, wonach das **Wohnsitzgericht des Beklagten** zuständig ist.[1955]

2000

[1953] Vgl. Wever, FamRZ 2001, 268.
[1954] Zwischenzeitlich liegt der Entwurf eines einheitlichen Verfahrensgesetzes (FamFG) vor; die Verabschiedung ist zum 01.07.2009 geplant.
[1955] Ausnahme: Kindesunterhalt für minderjährige Kinder; nach § 642 Abs. 1 Satz 1 ZPO ist die ausschließliche Zuständigkeit des allgemeinen Gerichtsstandes gegeben, in dessen Bezirk das Kind oder der Elternteil, der es gesetzlich vertritt, seinen gewöhnlichen Aufenthalt hat.

J. Verfahrensrecht

2001 Im **Verbundverfahren Scheidung** richtet sich die örtliche Zuständigkeit nach **§ 606 ZPO**.

2002 In den verschiedenen Fallkonstellationen wird im **Scheidungsantrag** wie folgt vorgetragen:

- Nach § 606 Abs. 1 Satz 1 ZPO ist das angerufene FamG zuständig, weil die Ehegatten ihren gemeinsamen gewöhnlichen Aufenthaltsort in seinem Bezirk haben.
- Nach § 606 Abs. 1 Satz 2 ZPO ist das angerufene FamG zuständig, weil einer der Ehegatten mit dem gemeinsamen **einzigen minderjährigen Kind** den gewöhnlichen Aufenthaltsort im Bezirk des angerufenen Gerichts hat.
- Nach § 606 Abs. 1 Satz 2 ZPO ist das angerufene FamG zuständig, weil einer der Ehegatten mit **allen gemeinsamen minderjährigen Kindern** den gewöhnlichen Aufenthaltsort im Bezirk des angerufenen FamG hat.
- Nach § 606 Abs. 2 Satz 1 ZPO ist das angerufene FamG zuständig, weil die Ehegatten ihren gemeinsamen gewöhnlichen Aufenthaltsort zuletzt in seinem Bezirk gehabt haben und einer der Ehegatten zurzeit weiterhin den gewöhnlichen Aufenthalt im Bezirk des angerufenen Gerichts hat.

Hinweis:

§ 606 Abs. 1 Satz 2 ZPO greift nicht, wenn die Kinder auf die Eltern verteilt sind; ggf. ist die örtliche Zuständigkeit gem. § 606 Abs. 2 Satz 1 ZPO in diesen Fällen zu bestimmen.

3. Internationale Zuständigkeit

2003 International sind die **deutschen Gerichte** für Ehesachen gem. § 606a ZPO zuständig, wenn

- ein Ehegatte Deutscher ist oder es bei Eheschließung war,
- beide Ehegatten ihren gewöhnlichen Aufenthaltsort im Inland haben,
- ein Ehegatte Staatenloser mit gewöhnlichem Aufenthalt im Inland ist oder
- ein Ehegatte seinen gewöhnlichen Aufenthalt im Inland hat, falls nicht die Entscheidung von keinem der Staaten anerkannt wird, denen die Ehegatten angehören.[1956]

2004 Die **internationale Zuständigkeit** Deutschlands ist aber **nicht ausschließlich** gegeben. Ist das gleiche Verfahren **bereits in einem anderen Staat rechtshängig**, ist eine zeitlich frühere Rechtshängigkeit zu beachten, § 261 Abs. 3 Nr. 1 ZPO, sofern keine ernsthaften Bedenken gegen die voraussichtliche Anerkennung der im Ausland

---

1956 Vgl. Scholz/Stein/Roessink, Praxishandbuch Familienrecht, Teil O Rn. 49.

zu treffenden Entscheidung bestehen[1957] **oder** der deutsche Ehegatte nach Lage des Einzelfalls durch die Sperrwirkung des ausländischen Verfahrens eine unzumutbare Beeinträchtigung des Rechtsschutzes erleiden würde.[1958]

4. Anwaltsprozess

Scheidungsverfahren unterliegen dem **Anwaltszwang, § 78 Abs. 2 ZPO**. 2005

In **selbstständigen Verfahren** ist dies anders. Grds. bedarf es dort **keiner** anwaltlichen Vertretung, § 78 Abs. 2, 2. Alt. ZPO. Eine Ausnahme bilden lediglich isolierte Güterrechtsklagen von Eheleuten, § 621 Abs. 1 Nr. 8 ZPO, und Lebenspartnern, § 661 Abs. 1 Nr. 6 ZPO. 2006

Allen Verfahren gemeinsam ist allerdings die notwendige anwaltliche Vertretung in den Rechtsmittelinstanzen. 2007

Wer sich im Scheidungsverfahren gegen den Scheidungsantrag seines Ehepartners nicht wehren will, muss natürlich nicht zwangsläufig anwaltlich vertreten sein. Anträge können im Scheidungsprozess jedoch **nur – postulationsfähige – Rechtsanwälte** stellen. 2008

Das führt dazu, dass nur in den Ausnahmefällen einer einvernehmlichen Scheidung für den Antragsgegner der Verzicht auf eine eigene anwaltliche Vertretung infrage kommen kann. 2009

Postulationsfähig sind alle bei einem **AG oder LG zugelassenen Rechtsanwälte** unabhängig von der Frage, in welchem Bezirk die Zulassung besteht. Der früher bestehende **Lokalisierungsgrundsatz** ist 1994 mit Änderung des § 78 ZPO durch das RABerufsNeuOG mit Wirkung zum 01.01.2000 für die alten Bundesländer und mit Wirkung zum 01.01.2005 für die neuen Bundesländer aufgehoben worden. 2010

In Fällen voraussichtlich **einvernehmlicher Scheidungsverfahren** suchen Parteien häufig Rechtsanwälte mit dem Ersuchen auf, beide Parteien im Verfahren gemeinsam zu vertreten. Auch wenn in einem Gespräch vor Übernahme der Rechtsanwalt deutlich macht, dass er nur einen der Ehepartner vertreten kann, entwickelt sich doch manchmal eine für den Rechtsanwalt gefährliche Grauzone zum **Parteiverrat**, wenn er „unterstützende" Tätigkeiten für denjenigen Ehepartner erledigt, den er im Verfahren nicht vertritt. Weder darf er gemeinsam mit dem Antragsgegner dessen Formulare zum Versorgungsausgleich ausfüllen, noch das Antwortschreiben auf die Sendung des Gerichts mit dem Scheidungsantrag vorformulieren. Problematisch ist es auch, die oft 2011

1957 OLG Köln, FamRZ 1992, 75; Zöller/Geimer, ZPO, § 606a Rn. 33; Baumbach/Albers, ZPO, § 606a Rn. 13; Scholz/Stein/Roessink, Praxishandbuch Familienrecht, Teil O Rn. 49.
1958 BGH, NJW 1983, 1269.

geforderten gemeinsamen Gespräche „zu Dritt" zu führen. Zumindest hat der **Rechtsanwalt darauf hinzuweisen**, dass er die Interessen seiner Partei zu vertreten hat. Bei deutlich werdenden unterschiedlichen Auffassungen, die einer jeweiligen rechtlichen Bewertung bedürfen, hat er auf eine eigene anwaltliche Vertretung der gegnerischen Partei hinzuwirken und im Zweifel auch ein gemeinsames Gespräch zu beenden, schon um dem Verdacht zu begegnen, die andere Partei – auch noch schlecht – beraten zu haben.

II. Das Scheidungsverfahren

1. Allgemeine Vorschriften

2012   Die gesetzlichen Regeln über den Scheidungsverbund (§§ 623 ff. ZPO) bezwecken den **Schutz der Ehegatten** dadurch, dass über einen Scheidungsantrag erst dann rechtskräftig entschieden werden kann, wenn auch die Scheidungsfolgesachen entscheidungsreif sind.

2013   Bis zum **Schluss der mündlichen Verhandlung** können **Folgesachenanträge** anhängig gemacht werden, § 623 Abs. 4 ZPO. Sie können **zu Protokoll des Gerichts** diktiert werden. Das Gericht kann eine sofortige Begründung nicht verlangen; es muss **vertagt** werden.[1959]

2014   Mit Einverständnis des Antragsgegners ist es sogar möglich, einen Folgesachenantrag lediglich anzukündigen und innerhalb einer vom Gericht zu setzenden Frist anhängig zu machen.

2015   Als mündliche Verhandlung gilt übrigens auch eine solche nach Zurückverweisung der Sache durch das OLG an das AG. **Verspätungsvorschriften** gelten i.R.d. der speziellen Verfahrensregeln **nicht**.[1960]

2016   Sobald die Scheidung ausgesprochen ist, sind Verbundanträge allerdings nicht mehr zulässig.[1961]

Notwendige Folgesache ist lediglich der öffentlich-rechtliche Versorgungsausgleich.

2017   Die Regelung aller anderen Folgesachen bedarf eines entsprechenden Antrags.

1959 BGH, FamRZ 1987, 802; OLG Düsseldorf, FamRZ 1987, 958.
1960 OLG Düsseldorf, FamRZ 1987, 1280; OLG Schleswig, FamRZ 1992, 1199.
1961 OLG Naumburg, FamRZ 2001, 168; Scholz/Stein/Roessink, Praxishandbuch Familienrecht, Teil O Rn. 63.

Folgesachenanträge sind mit gesondertem Schriftsatz, der den Anforderungen einer Klageschrift entsprechen muss, § 253 ZPO, anhängig zumachen. Demgemäß ist das volle Rubrum im Antrag aufzuführen. 2018

Da das Gericht für jede Folgesache eine eigene Unterakte führt, sind Schriftsätze zu den einzelnen Folgesachen gesondert einzureichen. 2019

Das Gericht versieht die Unterakten mit einem **zusätzlichen Zeichen** wie folgt: 2020

- SO – Sorgerecht,
- UG – Umgangsrecht,
- UK – Kindesunterhalt,
- UE – Ehegattenunterhalt,
- VA – Versorgungsausgleich,
- WH – Wohnung und Hausrat (ggf. I und II),
- GÜ – Güterrecht.

Einstweilige Anordnungsverfahren werden durch das voranstellen von „eA" erweitert. 2021

Werden **Nichtfamiliensachen** fälschlich im Verbund geltend gemacht, sind diese an die allgemeine Prozessabteilung abzugeben.[1962] 2022

Auch **isolierte Verfahren** können dadurch in den Scheidungsverbund gelangen, dass durch entsprechende Erklärung gegenüber dem Gericht der Ehesache der entsprechende Antrag geändert und nur für den Scheidungsfall gestellt wird.[1963] 2023

2. Folgesachen als selbstständige Verfahren

Im Fall der **Rücknahme oder der Zurückweisung** des Scheidungsantrags werden Folgesachen gegenstandslos, § 629 Abs. 3 Satz 1 ZPO. 2024

Auf Antrag einer Partei kann es jedoch vorbehalten bleiben, eine oder mehrere Folgesachen als **selbstständige Familiensachen** fortzuführen. In Ausnahme davon wird die Folgesache Sorgerecht bei Kindeswohlgefährdung von Amts wegen als selbstständige Familiensache fortgesetzt, §§ 626 Abs. 1 Satz 1, 629 Abs. 3 Satz 1 ZPO. 2025

Die einzelnen Verfahren werden wie folgt fortgesetzt: Sorgerecht nach § 1671 BGB, Umgangsrecht für die Zukunft, Kindesunterhalt für die Zukunft (und ggf. für die Vergangenheit), Ehegattenunterhalt als Trennungsunterhalt gem. § 1361 BGB, Verfahren 2026

1962 OLG Frankfurt am Main, FamRZ 1996, 949.
1963 OLG Bamberg, FamRZ 1990, 645.

J. Verfahrensrecht

zur Ehewohnung (§ 1361b BGB) und zum Hausrat (§ 1361a BGB) als Regelung bzw. Verteilung während des Getrenntlebens.

Versorgungsausgleich und Güterrecht werden nicht fortgesetzt.[1964]

2027 Die Anträge müssen allerdings zwingend **auf den neuen materiell-rechtlichen Sachverhalt umgestellt** und entsprechend angepasst werden.

Statt des Antrags „für den Fall der Scheidung" ist nunmehr z.B. für Ehegattenunterhalt zu beantragen:

> ... werden wir nunmehr beantragen, den Beklagten zu verurteilen, an die Klägerin Ehegattenunterhalt i.H.v. 300,00 € ab dem 01.01.2008 sowie einen Unterhaltsrückstand aus der Zeit v. 01.03.2007 bis 31.12.2007 i.H.v. 3.000,00 € zu zahlen.

2028 Bei **Zurückweisung** des Scheidungsantrags ist der Vorbehalt **in das Urteil aufzunehmen**, § 629 Abs. 3 Satz 2 ZPO. Daraus ergibt sich die Verpflichtung des Gerichts, gem. § 139 ZPO auf seine Absicht der Zurückweisung und die Möglichkeit des Vorbehalts hinzuweisen.[1965]

2029 Bei **Rücknahme** des Scheidungsantrags gilt Folgendes: Das Gericht entscheidet durch gesonderten **Beschluss** über die Fortsetzung einzelner Folgesachen, § 626 Abs. 2 Satz 1 ZPO.

2030 Eine vom Gesetz bestimmte Frist gibt es für die Antragstellung zu Folgesachen nicht. Der Partei ist eine „angemessene Überlegungsfrist" einzuräumen. Das Scheidungsverfahren endet dann mit der Rechtskraft des Beschlusses, der die Wirkungen der Rücknahme feststellt, §§ 626 Abs. 1 Satz 1, 269 Abs. 3 ZPO.

2031 Der Antrag, die Folgesache als selbstständiges Verfahren fortzuführen, unterliegt naturgemäß dem **Anwaltszwang**.

III. Rechtsmittel im Scheidungsverbund

2032 Für die Überprüfung aller Entscheidungen der FamG liegt die Rechtsmittelzuständigkeit beim **Familiensenat des OLG**, § 119 Abs. 1 GVG.

2033 Dies gilt nicht nur in allen Familiensachen, sondern auch dann, wenn das FamG fälschlich über eine Nicht-Familiensache entschieden hat.[1966]

1964 Ausnahme zum Güterrecht: vorzeitiger Zugewinnausgleich unter den Voraussetzungen der §§ 1385 ff. BGB.
1965 Zöller/Philippi, ZPO, § 629 Rn. 8.
1966 BGH, FamRZ 1995, 351.

III. Rechtsmittel im Scheidungsverbund

Kann **nicht zweifelsfrei** festgestellt werden, welcher Spruchkörper die erstinstanzliche Entscheidung getroffen hat, also Prozessabteilung oder FamG, ist es nach dem Meistbegünstigungsgrundsatz zulässig, **alle** in Betracht kommenden Rechtsmittel sowohl beim LG als auch beim OLG einzulegen.[1967] Auf Antrag des Berufungsführers hat das letztlich nicht zuständige Gericht die Sache an das tatsächlich zuständige Gericht zu verweisen.[1968]

2034

> **Hinweis:**
>
> Sich auf diese Verfahrensweise zu verlassen, dürfte regelmäßig jedoch mit einer **Kostenhaftung** für den in dieser Weise verfahrenden Rechtsanwalt verbunden sein: I.d.R. ist nämlich der Spruchkörper „zweifelsfrei" feststellbar mit der Konsequenz, dass die Kosten für die „falsche" Rechtsmittelinstanz von der eigenen Partei und – wegen falscher Sachbehandlung – im Wege anwaltlicher Haftung vom Rechtsmittel einlegenden Rechtsanwalt zu zahlen sind. Dies kann teuer werden, wenn sich der Antragsgegner über seinen Bevollmächtigten sofort zum Verfahren meldet.
>
> Noch fataler wäre allerdings, im Wege des „Ratens" das **falsche Rechtsmittel** zu wählen und in Familiensachen etwa das LG anzurufen. Geht die Möglichkeit der Einlegung einer Berufung zum OLG sodann aus Fristgründen verloren, wird der betroffene Rechtsanwalt für die Folgen haften müssen.[1969] Wiedereinsetzung in den vorigen Stand wird nicht gewährt werden können, da der Rechtsanwalt verpflichtet ist, die Rechtsmittelschrift selbst zu fertigen und demgemäß ein – entschuldbares – Verschulden eines Mitarbeiters/Mitarbeiterin der Kanzlei nicht zu „konstruieren" ist.[1970]

1. Rechtsmittel und Rechtskraft

Das Scheidungsurteil wird mit der **Berufung zum OLG** angefochten, §§ 511 ff. ZPO, § 119 Nr. 1 GVG. Die Entscheidung des OLG kann mit einmonatiger Frist im Wege der **Revision zum BGH** angegriffen werden, §§ 542 Abs. 1 ZPO, § 119 Nr. 1 GVG. Voraussetzung für die Einlegung der Revision ist allerdings die **Zulassung des Revisionsverfahrens** durch das OLG, §§ 542 Abs. 1 ZPO, 133 Abs. 1 GVG.

2035

Wird die Revision nicht zugelassen, kann gem. **§ 544 ZPO** innerhalb einer Notfrist von einem Monat die **Nichtzulassungsbeschwerde** eingelegt werden.

2036

1967 BGH, FamRZ 1996, 1544.
1968 In entsprechender Anwendung v. § 281 ZPO; BGH, FamRZ 1978, 873.
1969 Vgl. dazu unten Ziff. J. III. 4., Rn. 2063 ff.
1970 BGH, NJW-RR 1990, 1149.

J. Verfahrensrecht

2037 Berufung und Revision sind innerhalb **eines Monats** einzulegen[1971] und innerhalb von **zwei Monaten**, jeweils nach Zustellung der Entscheidung, zu begründen.

2038 Ist gegen das **Verbundurteil** bereits ein Rechtsmittel eingelegt worden, kann eine **weitere** Familiensache dieses Verbundverfahrens **auch nach Ablauf der Monatsfrist** ab Zustellung eingelegt werden, § 629a Abs. 3 ZPO. Nach dieser Vorschrift wird die Rechtsmittelfrist bis zum Ablauf eines Monats nach Zustellung der – ersten – Rechtsmittelbegründung verlängert.

2039 Die **Rechtskraft der Scheidung** (und damit auch der Folgesachen) kann von den Parteien auch nach Urteilsverkündung durch den **„Verzicht auf Rechtsmittel, Anschlussrechtsmittel und die Rechte aus § 629c ZPO"** mithilfe der dafür erforderlichen Vertretung durch postulationsfähige Rechtsanwälte herbeigeführt werden.

2040 Für die Entscheidung, ob die Scheidung sofort rechtskräftig wird, ist i.Ü. nicht allein entscheidend, ob eine der Parteien gedenkt, Berufung gegen das Urteil einzulegen.

2041 Es darf von den beteiligten Rechtsanwälten nicht übersehen werden, dass die **Rechtskraft der Scheidung mit Folgen verbunden** ist, z.B. der etwaigen Notwendigkeit einer Partei, künftig eine eigene **Krankenversicherung** abzuschließen und zu bezahlen.

> **Hinweis:**
> Wird die Scheidung erst einen Monat später rechtskräftig, spart die Partei die Krankenversicherungskosten für einen weiteren Monat; ein Vorteil, der anwaltlich bedacht werden muss, wenn die Zahlung dieses Monatsbetrages nicht aus der „Privattasche" des Rechtsanwalts erfolgen soll.[1972]

2. Rechtsmittel in Folgesachen

2042 Soll der Scheidungsausspruch selbst nicht angefochten werden, richtet sich das Rechtsmittel danach, **in welcher Verfahrensart** über die anzufechtende Folgesache zu befinden ist.

2043 Hat das FamG in einer isolierten Familiensache entschieden, ist maßgebend, ob es sich um ein FGG-Verfahren oder um einen ZPO-Rechtsstreit handelt.

2044 Wird eine **ZPO-Folgesache** allein oder mit anderen Folgesachen sowohl aus dem FGG-Bereich als auch aus dem ZPO-Bereich angegriffen, ist **Berufung beim OLG**

1971 Die Revisionsfrist beträgt zwar einen Monat nach Zustellung des OLG-Urteils, jedoch max. fünf Monate ab Verkündung, § 548 ZPO.
1972 Vgl. dazu das Hinweisblatt im Fall der Rechtskraft der Scheidung, Rn. 2329.

einzulegen sowie gegen dessen Entscheidung, im Fall entsprechender Zulassung, **Revision beim BGH**.

Wird eine **FGG-Folgesache** allein oder gemeinsam mit anderen FGG-Folgesachen angegriffen, ist die **befristete Beschwerde** innerhalb Monatsfrist zum OLG einzulegen, §§ 629a Abs. 2 Satz 1 ZPO, 621e Abs. 2 ZPO. Die – weitere – **Rechtsbeschwerde zum BGH** ist in den Folgesachen Sorgerecht, Umgangsrecht und Versorgungsausgleich nur möglich, wenn sie vom OLG zugelassen wurde, § 629a Abs. 2 Satz 1 i.V.m. § 621e Abs. 2 ZPO. Sie ist ebenfalls binnen Monatsfrist einzulegen. Die Nichtzulassung der Rechtsbeschwerde kann gem. §§ 621e Abs. 2, 543 Abs. 2, 544 ZPO mit der **Nichtzulassungsbeschwerde** innerhalb einer Notfrist von einem Monat beim BGH gerügt werden.

2045

3. Fristablauf

Rechtsmittelfristen beginnen mit **Zustellung**[1973] der rechtsmittelfähigen Entscheidung an die Parteien.[1974]

2046

Die Zustellung von Entscheidungen erfolgt **von Amts wegen**, § 166 Abs. 2 ZPO. **Parteizustellungen** haben auf den Lauf von Rechtsmittelfristen keine Wirkung.[1975]

2047

Die Zustellung ist nur gegenüber einem begrenzten Empfängerkreis wirksam, zu dem Rechtsanwälte gehören, sodass ihnen, nicht der Partei selbst, in einem anhängigen Verfahren wirksam zugestellt werden kann, § 172 ZPO.[1976]

2048

Bei Zustellung gegen Empfangsbekenntnis ist die Abgabe eines datierten und unterschriebenen Empfangsbekenntnisses unverzichtbare Voraussetzung einer wirksamen Zustellung, § 174 Abs. 4 Satz 1 ZPO.[1977]

2049

> **Hinweis:**
>
> Da der Rechtsanwalt Kenntnis von der Zustellung haben muss und ebenso den Willen, das Schriftstück als zugestellt entgegen zu nehmen, genügt der Eingang in der Kanzlei nicht, um die Frist in Gang zu setzen. Es kann deshalb wichtig sein,

---

1973 §§ 166 ff. ZPO.
1974 Die absolute Fünf-Monats-Frist des § 517 ZPO beginnt mit der Verkündung zu laufen, BGH, NJW-RR 1997, 770. Ist eine Entscheidung nicht zuzustellen, sondern formlos mitzuteilen, beginnt der Lauf der Frist zur Einlegung einer Verfassungsbeschwerde bereits mit der Bekanntgabe, BVerfG, NJW 1999, 350.
1975 Sie können aber zu früherer Vollstreckbarkeit verhelfen, § 750 ZPO.
1976 St. Rspr., vgl. zuletzt BGH, NJW 2002, 1728.
1977 BGHZ, 35, 236; BGH, NJW 1976, 107.

> den **Eingangsstempel der Kanzlei** mit dem Datum der **eigenen Kenntnisnahme** von der Zustellung zu **vergleichen**.[1978]

2050 Die Beweislast für ein **späteres Zustelldatum** als im Empfangsbekenntnis ausgewiesen trägt der Rechtsanwalt.[1979] Der Beweis wird später kaum gelingen, weil die Beweiswirkung des Empfangsbekenntnisses vollständig entkräftet und nicht nur erschüttert werden muss.[1980]

2051 Infolge der ZPO-Reform zum 01.01.2002[1981] beginnt die **Begründungsfrist** für Berufung und Revision nun auch im Zivilprozess **zusammen mit der Einlegungsfrist** mit Zustellung des Urteils, §§ 520 Abs. 2, 551 Abs. 2 ZPO.

> **Hinweis:**
>
> Die **Nichtbeachtung** kann zu haftungsträchtigen Versäumnissen des die Partei vertretenden Rechtsanwalts führen: fällt das Ende der Berufungsfrist auf einen Sonntag, endet sie am folgenden Montag. Wer die Berufungsbegründungsfrist von diesem Montag an berechnet, wird ggf. die Begründungsfrist versäumen.

2052 Der Zeitpunkt des Eingangs bei Gericht ist derjenige, zu dem ein Schriftsatz in die Verfügungsgewalt des in der Adresse angegebenen Gerichts gelangt.[1982]

2053 Dies lässt sich auch per **Fax** regeln. Dabei ist aber darauf zu achten, dass der Text vor 24:00 Uhr **vollständig** beim Gericht eingegangen sein muss.[1983]

2054 Wiedereinsetzung in den vorigen Stand ist aber, so ein Urteil des **OLG Brandenburg**, zu gewähren, wenn der Schriftsatz zwar verspätet eingeht, der Rechtsanwalt jedoch durch Vorlage eines von seinem Fax-Gerät ausgedruckten Einzelnachweises mit **„OK-Vermerk"** die rechtzeitige Übermittlung vor Fristablauf belegen kann.[1984]

2055 Bei **unrichtiger Gerichtsadresse** gilt Folgendes: Der Rechtsanwalt muss die Rechtsmittelschrift selbst fertigen. Er hat deshalb grds. die **Adressbezeichnung** (Gerichtsort) zu überprüfen. Allerdings darf er das Heraussuchen der Straßenadresse seinen Mitar-

---

1978 Zu den Kontrollpflichten bei verändertem Eingangsstempel vgl. BGH, VersR 1985, 451; BGH, VersR 1987, 506; BGH, NJW-RR 1987, 1151.
1979 BGH, NJW 1979, 2566; BGH, NJW 1980, 998.
1980 BGH, NJW 1996, 2514; BGH, NJW 2002, 3027 m.w.N.
1981 BGBl. I, S. 1887.
1982 BVerfG, NJW 1981, 1951.
1983 KG, NJW 1994, 1864.
1984 AnwBl. 2005, 791.

beitern überlassen.¹⁹⁸⁵ Bei verlängerter Postlaufzeit durch unrichtige Straßenbezeichnung kann die Partei daher Wiedereinsetzung erlangen.¹⁹⁸⁶

Für die Einreichung eines ordnungsgemäßen Rechtsmittelschriftsatzes ist die **richtige und vollständige Bezeichnung der Partei** erforderlich, für die das Rechtsmittel eingelegt wird.¹⁹⁸⁷

2056

Die Rechtsmittelschrift ist zwar grds. – im Zeitraum der Rechtsmittelfrist – auslegungsfähig, doch muss immerhin eine Zuordnung mindestens aus Unterlagen möglich sein, die etwa der Berufungsschrift beigefügt werden.¹⁹⁸⁸

Ist dies nicht möglich, droht ein **Haftpflichtfall**: So rechnete es der **BGH** einem Rechtsanwalt als Verschulden zu, dass er einen Rechtsmittelauftrag an einen Kollegen lediglich unter Verweisung auf das beigefügte Urteil erteilte und nicht bemerkt hatte, dass im Rubrum des Urteils die Parteien vertauscht waren. Das unter Übernahme dieses Fehlers eingelegte Rechtsmittel war unzulässig.¹⁹⁸⁹

2057

Hinsichtlich der Frage, ob Rechtsmittel eingelegt werden sollen, besteht nach einem Beschluss des **BGH v. 29.06.2006**¹⁹⁹⁰ **keine Pflicht** zur Nachfrage beim Mandanten **vor Fristablauf**, wenn der Rechtsanwalt seine Partei über den Inhalt einer gerichtlichen Entscheidung sowie über Rechtsmittelmöglichkeiten (einschließlich der einzuhaltenden Fristen) unterrichtet hat.

2058

> **Hinweis:**
>
> Der Rechtsanwalt hat aber namentlich im Berufungsverfahren zu beachten, dass die Anforderungen an die **inhaltliche Auseinandersetzung** mit dem Urteil 1. Instanz durch die ZPO-Reform wesentlich verschärft worden sind.

Generelle Verweisungen auf das Vorbringen 1. Instanz genügen nicht. Es müssen konkret die Umstände bezeichnet werden, aus denen sich die erstinstanzliche Rechtsverletzung und deren Erheblichkeit für die angefochtene Entscheidung ergeben (§ 520 Abs. 2 Satz 2 Nr. 2 ZPO). Bei erstinstanzlich fehlerhafter Tatsachenfeststellung sind konkrete Anhaltspunkte zu bezeichnen, die Zweifel an der Richtigkeit und Vollstän-

2059

1985 BGH, NJW-RR 1990, 1149, 1150.
1986 Anders BAG, NJW 1987, 3278 aufgrund der Adresserleichterung durch die Rechtsmittelbelehrung.
1987 St. Rspr., zuletzt BGH, FamRZ 1986, 1088; NJW 1998, 3499.
1988 BGH, NJW 1985, 2650 m.w.N.
1989 BGH, NJW-RR 2004, 1148; Borgmann/Jungk/Grams, Anwaltshaftung, XII Rn. 46; dazu auch Jungk, BRAK-Mitt. 2004, 159.
1990 AnwBl. 2006, 669.

digkeit der erstinstanzlichen Tatsachenfeststellung begründen (§ 520 Abs. 3 Satz 2 Nr. 3 ZPO).

> **Hinweis:**
>
> Wird Berufung für den Fall der Bewilligung von **PKH** beantragt, ist unbedingt darauf zu achten, dass die **entscheidungserheblichen Unterlagen** hierzu während der Rechtsmittelfrist vollständig vorgelegt werden.[1991] Hinzu kommt, dass die Berufung natürlich **vollständig begründet** werden muss, um dem Gericht die umfassende Prüfung der Erfolgsaussichten zu ermöglichen.

2060 Wird **PKH versagt**, muss die Partei wegen der Fristversäumung darlegen, dass sie begründeten Anlass hatte, vernünftigerweise mit der Bewilligung von PKH zu rechnen, und dass das Hindernis der Bedürftigkeit wenigstens in ihrer Vorstellung bestand.[1992] Ist dies der Fall, wird Wiedereinsetzung gewährt, da die prozessarme Partei ohne ihr Verschulden gehindert ist, die dem Anwaltszwang unterliegende Prozesshandlungen vorzunehmen, bevor ihr ein Rechtsanwalt beigeordnet ist.[1993]

> **Hinweis:**
>
> In Familiensachen geht bei noch bestehender Ehe die **Prozesskostenvorschusspflicht** des anderen Ehegatten der PKH vor. In einem solchen Fall wird auch Wiedereinsetzung nicht gewährt.

2061 Wird **PKH bewilligt**, beginnt die Wiedereinsetzungsfrist des § 234 ZPO sogleich mit Kenntnis des – bevollmächtigten – Rechtsanwalts vom Beiordnungsbeschluss.[1994]

> **Hinweis:**
>
> Der Rechtsanwalt muss **von der Kenntnis des Beschlusses an** davon ausgehen, dass die Berufungsfrist wahrscheinlich versäumt ist, muss vorsorglich Berufung einlegen und einen Wiedereinsetzungsantrag stellen.[1995] Die Wiedereinsetzungsfrist hat er **selbstständig** zu prüfen.[1996]

2062 Beachtet der Rechtsanwalt einen oder mehrere Punkte hierzu nicht, droht ihm ein **Haftpflichtfall**.

1991 BGH, FamRZ 2003, 668.
1992 BGH, NJW-RR 1990, 450.
1993 BGH, VersR 1981, 857.
1994 BGH, NJW-RR 1993, 451.
1995 BGH, FamRZ 1992, 168.
1996 BGH, NJW-RR 1999, 1585.

4. Wiedereinsetzung in den vorigen Stand

Die in §§ 233 ff. ZPO geregelte **Wiedereinsetzung in den vorigen Stand** ist eines der wichtigsten Mittel der Prozessordnung, die Folgen einer Fristversäumung zu beseitigen, ohne dass ein Ausgleich mittels **Haftung und Schadenersatz** nötig wird. 2063

Fehlendes Verschulden ist gem. § 233 ZPO Voraussetzung für die Gewährung der Wiedereinsetzung in den vorigen Stand. Dabei wird der Partei ein Verschulden ihres Prozessbevollmächtigten gem. § 85 Abs. 2 ZPO wie eigenes angerechnet.[1997] 2064

Die gesetzlichen Anforderungen an die anwaltliche Sorgfalt hat der **BGH** in einem Beschl. v. 19.12.1977 dahin gehend formuliert, dass ein Prozessbevollmächtigter die übliche, von einem ordentlichen Rechtsanwalt zu fordernde Sorgfalt bei der Behandlung von Fristen oder generell bei der Organisation seines Büros anzuwenden hat.[1998] 2065

Die Prüfungspflicht zum Fristende beginnt nach Auffassung des BGH bereits mit Vorlage der Akten, unabhängig davon, ob sich der Rechtsanwalt daraufhin zur sofortigen Bearbeitung der Akte entschließt.[1999] 2066

Was ein **ordentlicher Rechtsanwalt** ist und wie er sein **Büro organisieren** würde, ist in der Folgezeit von der Rechtsprechung stets so verstanden worden, dass **hohe Anforderungen** an die anwaltliche Sorgfalt und die Organisation seines Büros gestellt worden sind. 2067

Besonders scharf sind die Anforderungen dann, wenn Fristen bis zuletzt ausgenutzt werden.[2000] 2068

Lässt der Anwalt z.B. einen Schriftsatz korrigieren, genügt die Anweisung nicht, ihm den Vorgang sofort wieder vorzulegen; er muss sich selbst um die Wiedervorlage kümmern.[2001] 2069

Der Anwalt darf auch nicht nach Hause gehen, wenn er den Ausgang eines Schriftsatzes, dessen Frist nur noch wenige Stunden läuft, nicht sichergestellt hat.[2002] 2070

1997 BGH, FamRZ 2002, 1704; vgl. dazu Büte, FK 2004, 102.
1998 BGH, VersR 1979, 960; BGH, VersR 1982, 495; BGH, VersR 1985, 451; BGH, VersR 1987, 418; ausführlich Vollkommer, Festschrift für Fritz Ostler, S. 97 ff.
1999 BGH, FamRZ 2007, 1166, 1167.
2000 St. Rspr. BGH, VersR 1978, 1168; BGH, VersR 1979, 823; BGH, VersR 1981, 63; BGH, VersR 1985, 246; BGH, NJW 1989, 589.
2001 BGH, NJW 1989, 589.
2002 OLG München, NJOZ 2004, 1585.

J. Verfahrensrecht

2071 Er darf sich auch nicht, wie bereits mehrfach von Obergerichten festgestellt worden ist, auf die **Richtigkeit seiner Uhr**[2003] verlassen, wenn er – vermeintlich – kurz vor Mitternacht einen Schriftsatz zum Gericht trägt.[2004] Erleidet er allerdings auf dem Weg einen Verkehrsunfall, ist ihm dies nicht als Verschulden anrechenbar, selbst wenn er den Unfall fahrlässig selbst verschuldet hat.[2005]

2072 Das **Verschulden des (ansonsten zuverlässigen) Büropersonals** ist der Partei nicht anrechenbar.[2006] Sofern der Rechtsanwalt keinen Fehler bei **Organisation oder Überwachung** (!) der Bürotätigkeit zu verantworten hat, muss bei einem **reinen Büroversehen** Wiedereinsetzung gewährt werden. Die Voraussetzungen „**Zuverlässigkeit**" und „**Überwachung**" müssen allerdings konkret dargelegt werden. Wird dazu nichts vorgetragen, scheitert der Antrag auf Wiedereinsetzung.

2073 Als Büroversehen kommen infrage:
- unterlassene Kontrolle ausgehender Schriftsätze auf die vorhandene Unterschrift des Rechtsanwalts,[2007]
- vergessener Einwurf von Schriftsätzen in den Briefkasten,[2008]
- fehlerhafte Notierung im Kalender,[2009]
- unterlassene Vorlage an den Rechtsanwalt,[2010]
- unterlassene Befolgung von Weisungen jeder Art.[2011]

2074 Ob ein Anwaltsverschulden vorliegt, ist aber jeweils im Einzelfall zu prüfen.

2075 Was bleibt, ist jedoch der notwendige Hinweis auf **außerordentlich hohe Anforderungen** v.a. an die Büroorganisation. Wird ein regelmäßig **Fehler ausschließendes Verfahren** glaubhaft vorgetragen, ist Wiedereinsetzung allerdings zu gewähren.

2076 Das **Wiedereinsetzungsgesuch**[2012] muss Folgendes enthalten:

2003 Die Frist endet um 24:00 Uhr des letzten Tages, auch wenn dies naturwissenschaftlich gleichzeitig 0:00 Uhr des nächsten Tages ist, so BGH, FamRZ 2007, 1167.
2004 BGH, VersR 1978, 1168; BGH, VersR 1985, 477.
2005 BGH, NJW 1998, 2677.
2006 St. Rspr. BGH, NJW 1961, 1812.
2007 BGH, NJW 2002, 3636; BVerfG, NJW 1996, 309; BVerfG, NJW 2004, 2583 m.w.N.
2008 BGH, VersR 1986, 701; BGH, NJW-RR 1989, 126; BGH, NJW-RR 1992, 1278.
2009 BGH, NJW 1975, 1706; BGH, NJW 2001, 1578.
2010 BGH, NJW-RR 2003, 934.
2011 BGH, VersR 1983, 641; BGH, VersR 1984, 662; BGH, VersR 1985, 1140; BGH, VersR 1986, 345; BGH, VersR 1986, 764; BGH, NJW 1991, 1179; BGH, NJW 1996, 130; BGH, NJW 1997, 1930; BGH, VersR 2003, 1462.
2012 Vgl. ausführlich dazu Borgmann/Jungk/Grams, Anwaltshaftung, XIII Rn. 1 ff. mit Wiedereinsetzungsanträgen im Anhang nach § 58.

III. Rechtsmittel im Scheidungsverbund

- die Angabe der die Wiedereinsetzung begründenden **Tatsachen**,
- die Angabe der Mittel zur **Glaubhaftmachung** dafür sowie
- die **Nachholung** der versäumten Prozesshandlung.

Zur **Glaubhaftmachung** können die eigene **anwaltliche Versicherung** sowie **eidesstattliche Versicherung** des Büropersonals dienen. 2077

Wesentlich – und manchmal versäumt (!) – wird aber die **Nachholung der versäumten Prozesshandlung**, was naturgemäß zur Zurückweisung des Antrags führt. Auch ein **Fristverlängerungsantrag** vermag dies **nicht** zu heilen.[2013] 2078

Die **zweiwöchige** und seit dem 01.09.2004[2014] für Rechtsmittelbegründungen **einmonatige Wiedereinsetzungsfrist** beginnt gem. § 234 Abs. 2 ZPO mit dem Wegfall des Hindernisses, also mit dem Tag, an dem die Partei nicht mehr ohne ihr Verschulden verhindert ist, die versäumte Frist zu wahren. 2079

Auch diese Frist ist daher unbedingt zu beachten, wenn aus dem Fall der Fristversäumung kein **Haftpflichtfall** werden soll. 2080

2013 St. Rspr. BGH, NJW 1995, 60; BGH, NJW 1997, 400; BGH, NJW 1999, 3051.
2014 § 234 Abs. 1, Abs. 2 ZPO i.d.F. des 1. Justizmodernisierungsgesetzes v. 24.08.2004, BGBl. I, S. 2198.

K. Kosten und Gebühren

Grundsätzlich steht es dem Rechtsanwalt **frei**, ob er ein Mandat **annimmt oder ablehnt**. 2081

Ähnlich einer Pflichtverteidigung kann aber in Ausnahme davon auch im Scheidungsverfahren (§ 625 ZPO) dem Antragsgegner ein **Rechtsanwalt beigeordnet** werden. Er ist dann ein zum eigenen Rechtsschutz des Betroffenen **vom Gericht aufgedrängter Berater**.[2015] Da sich die Beiordnung nach dem Gesetz aber nur auf den **Scheidungsantrag** und auf die **Regelung der elterlichen Sorge** für ein gemeinschaftliches Kind beziehen kann, besteht auch nur insoweit eine Beratungspflicht.[2016] 2082

Hat der Rechtsanwalt ein Mandat angenommen, muss er sich über die daraus erwachsenden Pflichten klar sein.

Die vom **BGH** schon 1968[2017] – und später immer wieder[2018] – aufgestellten Anforderungen an die anwaltlichen Vertragspflichten sind weit gezogen, und zwar so weit, dass zweifelhaft erscheint, ob es die vom BGH geforderte **umfassende, ja unbegrenzte Aufklärung und Beratung** in der Praxis geben kann. 2083

Grundsätzliche **Hauptpflicht** des Anwalts ist die **Klärung des Sachverhalts** als Basis für die Prüfung und Feststellung der Rechtslage.[2019] 2084

Zu den Nebenpflichten gehört aber auch die Klärung der **Kostenfrage**. 2085

Zwar nicht den Hauptanteil an Haftpflichtprozessen, wohl aber einen großen Anteil an Beschwerden, die die Rechtsanwaltskammer erreichen und die den Anwalt zu zeitintensiven Stellungnahmen zwingen, betrifft das mit dem Mandanten zu erörternde und ihm möglichst schriftlich darzulegende **Kostenrisiko**. 2086

Zwar hat der Anwalt über die **Kostenentstehung** grds. **nicht ungefragt zu belehren**.[2020] Spricht der Mandant von sich aus die Höhe der zu erwartenden (Prozess-)Kosten nicht an, braucht es der Anwalt auch nicht zu tun.[2021] Er kann dann davon ausgehen, 2087

2015 Zöller/Philippi, ZPO, § 625 Rn. 7.
2016 Baumbach/Lauterbach/Albers/Hartmann, ZPO, § 625 Rn. 4.
2017 Urteil des BGH v. 18.06.1968, DNotZ 1970, 48.
2018 BGH, NJW 1992, 1159; BGH, NJW 1994, 1211; BGH, NJW 1995, 449.
2019 BGH, FamRZ 2003, 921; interessant und hilfreich ist die von Herr, FK 2006, 157 abgedruckte Checkliste für die familienrechtliche Beratung.
2020 BGH, NJW 1998, 2180; BGH, NJW 1998, 136; BGH, NJW 1998, 3486.
2021 BGH, NJW 1998, 136; BGH, NJW 1998, 3486; Zugehör/Sieg, Handbuch der Anwaltshaftung, Rn. 677; Bräuer, AnwBl. 2006, 61.

dass die Höhe der zu erwartenden Kosten für den Mandanten keine entscheidende Rolle spielt.[2022]

2088 Sind entsprechende Anhaltspunkte vorhanden, hat der Anwalt aber über die Möglichkeiten der Beantragung von **Beratungshilfe und PKH**[2023] zu informieren.

2089 Die Pflicht zur Belehrung über die Inanspruchnahme von **Beratungshilfe** ist nicht nur berufsrechtlich durch § 16 BRAO, sondern auch haftungsrechtlich als eine vertragliche Nebenpflicht begründet. Die Verletzung dieser Pflicht führt zum Schadensersatz, sodass den Anwaltsgebühren eine aufrechenbare Schadensersatzforderung gegenübersteht.[2024]

Hauptkostenfaktor ist der bestehende **Anwaltszwang** für die Beantragung der Scheidung und die Antragstellung in Folgesachen.

2090 Wer z.B. Zugewinn einklagen will, benötigt hierfür einen Rechtsanwalt.

Dabei spielt es keine Rolle, ob der Zugewinnausgleich als **Scheidungsfolgesache oder in einem isolierten Verfahren** behandelt wird: Im ersten Fall gilt § 78 Abs. 2, 1. Alt. ZPO, der für Scheidungen mit allen Folgesachen Anwaltszwang vorsieht, im zweiten § 78 Abs. 2, 2. Alt. ZPO, der bestimmt, dass der Zugewinnausgleich die **einzige** Folgesache ist, für die in isolierten Verfahren die Einschaltung eines Rechtsanwalts unerlässlich ist.

2091 Der Anwaltszwang gilt auch für abgetrennte Folgesachen nach Entscheidung über die Scheidung (Hauptsache) selbst.[2025]

2092 Anwaltszwang gilt auch beim „**negativen Zugewinnausgleich**", für den, wenn der Streitwert jenseits der 5.000,00 €-Grenze liegt, das LG zuständig ist (§ 23 Nr. 1 GVG i.V.m. § 71 GVG und § 78 Abs. 1 ZPO).

2093 In **Hausratsteilungsverfahren** herrscht allerdings kein Anwaltszwang.

I. Rechtsschutzversicherung

2094 Häufig weisen Parteien, die sich in Angelegenheiten von Trennung und Scheidung von einem Anwalt beraten lassen wollen, auf ihre Rechtsschutzversicherung hin, die „**Familienrechtsschutz umfasst**".

2022 Nach § 49b Abs. 5 BRAO hat der Anwalt allerdings zu erklären, dass sich Gebühren nach dem Gegenstandswert richten; zu weiter gehenden Hinweisen ist der Anwalt nach dem Gesetzestext nicht verpflichtet; vgl. Rick, AnwBl. 2006, 648.
2023 §§ 114 ff. ZPO.
2024 BVerfG, NJW 2000, 2494.
2025 BGH, FamRZ 1998, 1505.

Der Scheidungsprozess ist zwar natürlich „Familiensache"; **Familienrechtsschutz** i.S.d. Allgemeinen Rechtsschutzbedingungen (§ 25 ARB 94) bedeutet jedoch lediglich, dass für die vereinbarten Rechtsschutzbereiche nicht nur der Versicherungsnehmer, sondern die **gesamte Familie**, also Ehefrau, im Hause lebende Kinder, ggf. Lebensgefährten, Rechtsschutz erhält.

In eigentlichen **Familiensachen** besteht gerade **kein Rechtsschutz**.[2026]

Solche Sachen fallen unter den allgemeinen Risikoausschluss (§ 4 Abs. 1i ARB). Allenfalls ermöglichen einige Vertragstypen[2027] eine **Beratung**, aber auch das nur dann, wenn die **Beratung nicht in einen Rechtsstreit übergeht**.

2095

Wenn es dagegen um **Schulden** geht, also z.B. um einen Freistellungsprozess gegen den Ehepartner aus einer gesamtschuldnerischen Verbindlichkeit, ist die Rechtsschutzversicherung eintrittspflichtig. Der Beginn des ersten Verstoßes muss aber vor Versicherungsbeginn liegen (§ 4 Abs. 1c, § 3 Abs. 1g ARB). Beginn des Verstoßes ist bei Freistellungsklagen die erstmalige Nichterfüllung der streitigen Verpflichtung.[2028]

2096

Fazit: Es lohnt sich nur dann, eine Rechtsschutzpolice im Hinblick auf einen bevorstehenden Prozess zu überprüfen, wenn **nicht das FamG** sachlich zuständig ist.

2097

II. PKH

Die nächste sich anbietende Option ist die **PKH**. PKH bekommt, wer **arm** ist und prozessual etwas erreichen will, was Aussicht auf **Erfolg verspricht**.[2029] Schließlich darf es **keine anderen Möglichkeiten** der Kostensicherung geben, etwa einen Anspruch auf Zahlung von Prozesskostenvorschuss durch den Prozessgegner; PKH ist in solchen Fällen nachrangig.[2030]

2098

Allerdings sind die Aufwendungen der Länder für PKH in den letzten Jahren enorm gestiegen. Deshalb hat der Bundesrat den Entwurf eines PKH-Begrenzungsgesetzes vorgelegt,[2031] um die Aufwendungen schnell und dauerhaft zu begrenzen. Drei Grundsätze sollen dies gewährleisten:

2026 Rechtsschutzversicherer haben zwar die Möglichkeit des Abschlusses einer Rechtsschutzversicherung auch für Familiensachen angedacht, verbunden mit einer ggf. längeren Wartefrist von fünf Jahren, möglich ist ein solcher Abschluss derzeit aber nicht.
2027 §§ 25 Abs. 2e ARB (Familien-Rechtsschutz), 26 Abs. 3g ARB (Familien- und Verkehrsrechtsschutz) und 27 Abs. 3g ARB (Landwirtschafts- und Verkehrsrechtsschutz).
2028 OLG Saarbrücken, FamRZ 2003, 95.
2029 Allerdings gibt es naturgemäß keine PKH für das PKH-Verfahren, so schon BGH, FamRZ 1984, 997; vgl. zu dem Problemkreis: Krause, FamRZ 2005, 862.
2030 Statt aller: OLG Zweibrücken, FamRZ 2000, 757.
2031 PKHBegrenzG, BT-Drucks. 16/1994 v. 28.06.2006.

K. Kosten und Gebühren

- Es wird die Eigenbeteiligung eingeführt;
- für diejenigen, deren Einkommen und Vermögen über das Existenzminimum hinausgehen, soll PKH als Darlehen gewährt werden;
- eine Korrektur der Voraussetzungen für die Bewilligung von PKH soll der missbräuchlichen Inanspruchnahme entgegenwirken.

In der Stellungnahme der Bundesregierung[2032] sind diese verfassungsrechtlichen Vorgaben an zahlreichen Stellen des Entwurfs nicht hinreichend gewahrt.[2033] Es bleibt abzuwarten, wie die konkreten Regelungen aussehen werden. Derzeit gilt Folgendes:

2099 Wer PKH beantragt, hat grds. Anspruch darauf, dass hierüber bis zur mündlichen Verhandlung entschieden wird. Das Gericht darf allerdings mit dem Termin im PKH-Prüfungsverfahren zugleich Termin in der Hauptsache anberaumen. Umgekehrt kann der Anwalt, wenn PKH verweigert wird, Vertagung der Hauptsache beantragen, um das PKH-Beschwerdeverfahren durchführen zu können.[2034]

2100 Die **Einreichung des PKH-Antrags** erfolgt entweder mit **gesondertem Schriftsatz** und Bezugnahme auf den beigefügten Antragsentwurf, etwa zur Scheidung der Parteien oder aber i.R.d. Antrags selbst. Im letzteren Fall ist aber ausdrücklich **klarzustellen**, dass zunächst über den Prozesskostenantrag zu entscheiden ist. Es droht sonst die **Kostenfolge nach § 269 Abs. 3 Satz 3 ZPO**.[2035]

1. Die Prozesskostenarmut

2101 Wer **prozesskostenarm** ist, braucht weder seinem Rechtsanwalt noch dem FamG einen Vorschuss zu zahlen, und wenn er verliert, bekommen Rechtsanwalt und Gericht von ihm auch nichts.[2036]

> **Praxistipp:**
> Der Prozessgegner hat Anspruch auf Ersatz seiner Kosten, also auch derjenigen seines Prozessbevollmächtigten, gegenüber der anderen Partei, wenn er den Pro-

---

2032 Anl. 2 in BT-Drucks. 16/1994, S. 79 ff.
2033 Zur Kritik am Gesetzentwurf vgl. Rakete-Dombek, NJW 2007, 3162.
2034 OLG Zweibrücken, FamRZ 2004, 35.
2035 BGH, FamRZ 2005, 794; zur Kostentragung nach Rücknahme der mit einem PKH-Antrag verbundenen Klage noch vor ihrer Zustellung.
2036 Anders bei Eingehung einer Scheinehe: Der Betroffene muss für die Kosten des Eheaufhebungsverfahrens auch dann Rücklagen bilden, wenn er für die Eingehung der Ehe kein Entgelt erhalten hat, so OLG Rostock, FamRZ 2007, 1355.

II. PKH

zess gewinnt. Hierüber muss der Mandant aufgeklärt werden.[2037] Der Irrtum, es gäbe bei Bewilligung von PKH kein Prozessrisiko mehr, ist weit verbreitet.

PKH ist aber in einem doppelten Sinne **subsidiär**: 2102

Wer sie begehrt, muss nicht nur bedürftig sein, sondern darf auch keinen Anspruch auf Prozesskostenvorschuss gegen den Ehemann haben. Wie strikt dieses Erfordernis ist, ergibt sich aus einer Entscheidung des **OLG Zweibrücken** v. 14.02.2002,[2038] derzufolge die Antragstellerin nicht nur auf Prozesskostenvorschuss des Gegners verwiesen wurde, sondern, nachdem der Ehemann trotz der einstweiligen Anordnung nicht gezahlt hatte, auch auf ein weiteres Eilverfahren mit dem Ziel, den Ehemann zu zwingen, an der Verwertung des in einem Schließfach lagernden gemeinsamen Goldschmucks mitzuwirken.

Die **Landeskasse** bezahlt im Fall der Bewilligung von PKH den eigenen Rechtsanwalt und verzichtet auf eigene Kosten. Da die Partei gemeinhin im Scheidungsverfahren die Kosten der Gegenseite nicht zu tragen hat, bekommt sie bei uneingeschränkter Gewährung von PKH die Scheidung tatsächlich, **ohne eigene Kosten** tragen zu müssen.[2039] 2103

Ob jemand PKH erhält und mit oder ohne Ratenzahlungsanordnung, hängt davon ab, ob er liquides Vermögen hat, für wie viele Personen er zu sorgen hat und wie viel er verdient.[2040] 2104

PKH kann auch **nachträglich**, d.h. sogleich nach Beendigung der Instanz rückwirkend bewilligt werden – vorausgesetzt, dass der Antrag schon zu Beginn des Prozesses gestellt worden ist und über ihn hätte positiv entschieden werden können und müssen.[2041] Das gilt sogar nach Klagerücknahme, sofern die Klage Erfolg versprechend war.[2042] Weitere Fälle rückwirkender Bewilligung kennen Gesetz und Rechtsprechung allerdings nicht. 2105

2037 Der Mandant ist nach st. Rspr. des BGH verpflichtet, den Mandanten über wirtschaftliche Risiken aufzuklären, vgl. BGH, NJW 1998, 900.
2038 OLG Zweibrücken, FamRZ 2002, 1200.
2039 Vorausgesetzt jedenfalls, dass der Betroffene auf Dauer prozesskostenarm ist. Innerhalb von vier Jahren ab Rechtskraft des Verfahrens ist eine Überprüfung und damit auch eine Nachzahlung im Fall der Verbesserung der wirtschaftlichen Verhältnisse möglich (§ 120 Abs. 4 Satz 3 ZPO).
2040 Maßgeblich ist das Eigeneinkommen des Antragstellers, nicht das „Familieneinkommen", OLG Köln, FamRZ 2003, 1394.
2041 OLG Brandenburg, FamRZ 1998, 249.
2042 OLG Rostock, FamRZ 2001, 1468.

a) Einsatz des Einkommens

2106 PKH im engeren Sinne wird nur bewilligt, wenn das Einkommen – grob gesagt – knapp über Sozialhilfeniveau liegt. Zum Einkommen gehören **alle Einkünfte**, auch solche, die unterhaltsrechtlich nicht zu berücksichtigen wären, also etwa das Kindergeld,[2043] das Erziehungsgeld[2044] und Leistungen nach Hartz IV.[2045] Umgekehrt ist das Einkommen nach einer Entscheidung des **OLG Schleswig**[2046] nicht um PKH-Raten zu vermindern, die in anderer Sache gezahlt werden.

2107 **Aufwandsentschädigung** wird zu einem Drittel hinzugezählt.[2047] Vom **Pflegegeld** nach § 39 SGB VIII zählt nur der Erziehungskostenanteil als Einkommen.[2048] Raten auf Geldstrafen,[2049] nicht dagegen Verwarnungs- und Bußgelder können besondere Belastungen nach § 115 Abs. 1 Satz 3 Nr. 3 und Nr. 4 ZPO sein.[2050] **Fahrtkosten** können abgesetzt werden, nach einem Beschluss des **OLG Bamberg** pauschal mit monatlich **5,20 € pro Entfernungskilometer** zur Arbeitsstelle bei Vollzeittätigkeit.[2051]

2108 Verdient der Antragsteller „zu viel", muss er die Kosten **ratenweise** durch Zahlung an die Landeskasse leisten. Da kann es durchaus sinnvoller sein, den Anwalt zu bitten, seine Vorschussforderung (§ 9 RVG) durch einen **Dauerauftrag** über z.B. 100,00 € monatlich erledigen zu dürfen, zumindest dann, wenn die zu zahlenden Raten – in 48 gleichen Teilen – die vermutliche Gesamtforderung an Gerichts- und Rechtsanwaltskosten übersteigen und die Raten höher anzusetzen wären. Dies bedingt aber eine entsprechende Errechnung der Gesamtkosten und der nach den Einkünften des Mandanten zu tragenden monatlichen Raten.

2043 OLG Stuttgart, FamRZ 2000, 1586; OLG Koblenz, FamRZ 2004, 646 (LS). Selbstverständlich wird das Kindergeld nur dem Elternteil zugerechnet, der es bezieht (OLG Brandenburg, FamRZ 2004, 1498).
2044 OLG München, FamRZ 2004, 1498.
2045 Solche Leistungen sind unterhaltsrechtlich relevante Einkünfte beim Pflichtigen, nicht beim Berechtigten; zur früheren „Arbeitslosenhilfe" vgl. OLG Bremen, FamRZ 2004, 961 (LS).
2046 OLG Schleswig, FamRZ 2000, 1586; problematisch, da tatsächlich die Raten als Einkünfte nicht (mehr) vorhanden sind.
2047 OLG Karlsruhe, FamRZ 2004, 645 (Nr. 471).
2048 OLG Karlsruhe, FamRZ 2004, 645 (Nr. 472).
2049 Anders OLG München, FamRZ 2007, 1340.
2050 OLG Brandenburg, FamRZ 2004, 646 (LS); m.E. problematische „Doppelbestrafung".
2051 OLG Hamm, FamRZ 2007, 1339.

II. PKH

> **Hinweis:**
> **Verrechnet** der Anwalt sich hier zulasten des Mandanten, steht diesem gegenüber seinem Bevollmächtigten ein Schadensersatzanspruch in entsprechender Höhe zu; ein **Haftungsfall**, der zu vermeiden ist.

Mit den Einzelheiten der PKH hat es folgende Bewandtnis: 2109

Entweder wird die PKH unbedingt, d.h. ohne Ratenfestsetzung, bewilligt. Dann hat der Rechtsanwalt lediglich Anspruch auf die PKH-Gebühren, § 49 RVG.

Oder es werden monatliche Raten gemäß Tabelle zu § 115 ZPO festgesetzt. Diese sind bis zur Erreichung desjenigen Betrages zu zahlen, den der Anwalt aus der Landeskasse zu bekommen hat, höchstens aber 48 Monate lang („Null-Monats-Raten" zählen nicht mit).[2052] Wer mit drei Raten in Verzug gerät, muss mit einem Widerruf der PKH rechnen (§ 124 Nr. 4 ZPO). Vor der Aufhebungsentscheidung ist er auf die Aufhebungsgründe hinzuweisen, sozusagen als letzte Warnung.[2053] 2110

Heißt das, dass der Mandant bei Ratenzahlung i.d.R. eben seine Anwaltskosten doch, wenn auch pro rata temporis, bezahlen muss? Im Ergebnis ja – und mehr noch: Er muss letztlich die vollen Gebühren (**Regelgebühren**) zahlen, sofern die 48 Monatsraten hierzu ausreichen. Die PKH-Gebühren sind in den Streitwertregionen oberhalb von 3.000,00 € deutlich geringer als die regulären Gebühren, aber die Gebührendifferenz dürfen Rechtsanwälte anschließend noch aus der Staatskasse erstatten lassen (§ 120 Abs. 4 ZPO, §§ 13, 49 RVG), und zwar zulasten der Raten zahlenden Mandanten.[2054] 2111

Wenn keine Ratenzahlung angeordnet ist und der PKH-Mandant kurz nach Bewilligung zu Vermögen kommt, kann natürlich die Erstattung der PKH-Gebühren an die Landeskasse verlangt werden, aber der Rechtsanwalt darf **nicht** im Nachhinein die Aufstockung seiner Gebühren nach Maßgabe der Regelgebühren **vom Mandanten** verlangen, sondern, wie es im klageabweisenden Berufungsurteil hieß, nur aus der Landeskasse nach §§ 121 ff. ZPO![2055] 2112

> **Praxistipp:**
> Entweder wird PKH in Anspruch genommen oder der Mandant direkt; beides ist gleichzeitig nicht möglich.

2052 So OLG Karlsruhe, FamRZ 1995, 1505.
2053 OLG Brandenburg, FamRZ 2002, 1419.
2054 Versäumt es der Anwalt, die PKH-Gebühren auf Anforderung gem. § 55 Abs. 6 Satz 1 RVG bei der Landeskasse fristgemäß anzumelden, verliert er den Anspruch auf die PKH-Gebühren und auch den auf die weiteren Gebühren nach § 55 Abs. 6 Satz 2 RVG, so OLG Zweibrücken, FamRZ 1999, 391.
2055 OLG Stuttgart, FamRZ 2004, 1802.

K. Kosten und Gebühren

2113   Wer einmal PKH für einen Prozess bekommen hat, kann nicht sicher sein, dass er sie auch bis zum Ende der Ratenrückzahlungsphase behält. Das Gericht kann seine Entscheidung nämlich ändern, „wenn sich die für die PKH maßgebenden persönlichen oder wirtschaftlichen Verhältnisse wesentlich geändert haben" (§ 120 Abs. 4 Satz 1, 1. Halbs. ZPO).[2056] Diese Gefahr ist erst vorüber, wenn seit Rechtskraft des Urteils vier Jahre vergangen sind.

2114   Eine Aufhebung kommt in Betracht, wenn einer Partei nach PKH-Gewährung Vermögen zufließt. Dieses Vermögen ist zur Senkung der Verfahrenskosten einzusetzen, nicht dagegen zur Abdeckung von nach PKH-Bewilligung aufgenommenen neuen Schulden.[2057]

2115   Die Bewilligung kann nach § 124 ZPO auch aufgehoben werden, wenn die Partei in der Hauptsache falsch vorgetragen hat, im Fragebogen zu ihren persönlichen und wirtschaftlichen Verhältnissen unrichtige Angaben gemacht hat bzw. trotz Fristsetzung nicht mitgeteilt hat, ob die Verhältnisse sich geändert haben (§ 124 Nr. 2 i.V.m. § 120 Abs. 4 ZPO)[2058] oder mit den Raten in Rückstand geraten ist.

2116   Wie auch immer: Auch bei uneingeschränkter Aufhebung bleiben die begründeten und realisierten Vergütungsansprüche des Rechtsanwalts gegenüber der Landeskasse unberührt.[2059]

2117   Dem PKH-Antrag ist eine Erklärung des Antragstellers über seine persönlichen und wirtschaftlichen Verhältnisse (Familienverhältnisse, Beruf, Vermögen, Einkommen, Wohnungskosten und sonstige Lasten) nebst Belegen beizufügen (§ 117 Abs. 2 ZPO). Entsprechende Formulare sollte jeder Anwalt in seinem Büro haben.

2118   Beim Ausfüllen der **Erklärung über die persönlichen und wirtschaftlichen Verhältnisse** ist besondere Vorsicht geboten: Im Vordruck müssen alle erforderlichen Angaben gemacht werden. Geschieht das nicht, ist die PKH zu versagen.

> **Praxistipp:**
>
> Wird Berufung für den Fall der Bewilligung von **PKH** beantragt, ist unbedingt darauf zu achten, dass die **entscheidungserheblichen Unterlagen** hierzu während der Rechtsmittelfrist vollständig vorgelegt werden.[2060] Hinzu kommt, dass

---

2056 Dabei darf der Rechtspfleger keine erneute Erklärung über die persönlichen und wirtschaftlichen Verhältnisse verlangen (OLG Koblenz, FamRZ 1999, 1144 m.w.N.).
2057 OLG München, FamRZ 1999, 303.
2058 OLG Koblenz, FamRZ 1996, 1425.
2059 OLG Koblenz, FamRZ 1997, 755.
2060 BGH, FamRZ 2003, 668.

II. PKH

die Berufung natürlich **vollständig begründet** werden muss, um dem Gericht die umfassende Prüfung der Erfolgsaussichten zu ermöglichen.[2061]

Wird **PKH versagt**, muss die Partei wegen der Fristversäumung darlegen, dass sie begründeten Anlass hatte, vernünftigerweise mit der Bewilligung von PKH zu rechnen, und dass das Hindernis der Bedürftigkeit wenigstens in ihrer Vorstellung bestand.[2062] Ist dies der Fall, wird Wiedereinsetzung gewährt, da die prozessarme Partei ohne ihr Verschulden gehindert ist, die dem Anwaltszwang unterliegenden Prozesshandlungen vorzunehmen, bevor ihr ein Rechtsanwalt beigeordnet ist.[2063] 2119

> **Hinweis:**
> In Familiensachen geht bei noch bestehender Ehe die **Prozesskostenvorschusspflicht** des anderen Ehegatten der PKH vor. In einem solchen Fall wird auch Wiedereinsetzung nicht gewährt.

Wird **PKH bewilligt**, beginnt die Wiedereinsetzungsfrist des § 234 ZPO sogleich mit Kenntnis des – bevollmächtigten – Anwalts vom Beiordnungsbeschluss.[2064] 2120

> **Praxistipp:**
> Der Anwalt muss **von der Kenntnis des Beschlusses an** davon ausgehen, dass die Berufungsfrist wahrscheinlich versäumt ist, muss vorsorglich Berufung einlegen und einen Wiedereinsetzungsantrag stellen.[2065] Die Wiedereinsetzungsfrist hat er **selbstständig** zu prüfen.[2066]
>
> Beachtet der Anwalt einen oder mehrere Punkte hierzu nicht, droht ihm ein **Haftpflichtfall**.

Bezüglich des beizufügenden Einkommensbelegs reicht bei Selbstständigen die Vorlage einer Einnahme-Überschuss-Rechnung für das Vorjahr.[2067] 2121

2061 BGH, FamRZ 2004, 99.
2062 BGH, NJW-RR 1990, 450.
2063 BGH, VersR 1981, 857.
2064 BGH, NJW-RR 1993, 451.
2065 BGH, FamRZ 1992, 168.
2066 BGH, NJW-RR 1999, 1585.
2067 OLG Brandenburg, FamRZ 1998, 1301.

K. Kosten und Gebühren

2122 Zum einsetzbaren Einkommen einer Frau kann auch die pfändbare Quote von 7/10 des Taschengeldanspruchs gegen den aktuellen Ehemann gehören.[2068]

2123 Ähnlich wie im Unterhaltsrecht kommt es auch bei der PKH in krassen Fällen nicht auf das tatsächliche, sondern auf das **fiktive** Einkommen an: Im Fall **offensichtlich ungenutzter Verdienstmöglichkeiten** (selbstständige Friseurmeisterin im Reisegewerbe gibt an, sie verdiene nur 230,00 € mtl.) kann der Antragsteller auf den vollen Einsatz seiner Arbeitskraft verwiesen werden und erhält keine PKH.[2069] Allerdings sind fiktive Einkünfte – anders als im Unterhaltsrecht – nur in klaren Missbrauchsfällen zuzurechnen.[2070] Wer überhaupt keiner Erwerbstätigkeit nachgeht, obwohl er das nach Alter und Gesundheitszustand durchaus könnte, muss glaubhaft machen, warum er nicht arbeitet.[2071] Gelingt die Glaubhaftmachung nicht, wird die PKH versagt.[2072]

2124 Im Berufungsverfahren kann auf die erstinstanzliche Erklärung Bezug genommen werden, sofern diese vollständig ist.[2073] Auch die Anforderungen in Folgefällen sind nicht allzu streng: Es genügt eine nicht original unterschriebene Kopie des Formulars aus einem Parallelverfahren.[2074] Wenn eine Änderung der Verhältnisse eintritt, muss nicht noch einmal der gesamte Fragebogen ausgefüllt werden.[2075]

b) Einsatz des Vermögens

2125 Zum Vermögenseinsatz:

Grundgedanke ist natürlich der, dass die Landeskasse keine Prozesse vermögender, aber einkommensschwacher Bürger finanzieren soll. Grds. ist also liquides Vermögen für die Kosten einzusetzen.

2068 OLG Zweibrücken, FamRZ 2001, 1470. Zum Taschengeldanspruch, Duderstadt, Das neue Unterhaltsrecht, Abschnitt 1.6; er beträgt in der Alleinverdiener- und Zuverdienstehe 5 % – 7 % des Nettoeinkommens des Mannes.
2069 OLG Hamm, FamRZ 1994, 1396.
2070 OLG Naumburg, FamRZ 2001, 924; der Missbrauch wurde dort bei einer Frau, die ihren Job aufgegeben hatte, um zu ihrem in den Niederlanden wohnenden Freund zu ziehen, verneint.
2071 OLG Köln, FamRZ 2000, 1025 (LS).
2072 Das gilt v.a., wenn das Unterlassen einer Erwerbstätigkeit „auch nicht ansatzweise" dargelegt wird, so OLG Zweibrücken, FamRZ 2002, 892.
2073 OLG Dresden, FamRZ 2001, 236.
2074 So OLG Karlsruhe, FamRZ 1996, 805.
2075 OLG Brandenburg, FamRZ 1996, 806.

II. PKH

Für das sog. **Schonvermögen** gilt § 90 Abs. 2 Nr. 8 SGB XII und die dazu ergangene Durchführungsverordnung[2076] (2.301,00 € für den Antragsteller[2077] + 256,00 € für jede von ihm unterhaltene Person). Zu diesem Vermögen gehören aber nicht Unterhaltsabfindungen.[2078] 2126

Der Vermögenseinsatz ist nur zumutbar, wenn eine Saldierung des Vermögens, also die Schuldenberücksichtigung, einen Betrag ergibt, der über den Schonbetrag hinausgeht.[2079] 2127

Weitere Einschränkungen:

Fließt einer Frau Vermögen zu, das sie zur Rückzahlung eines Darlehens verwendet, welches sie gerade zur Überbrückung einer durch fehlende Unterhaltszahlungen entstandenen Notlage aufgenommen hat, bekommt sie gleichwohl PKH.[2080] Ein Pkw, der zu beruflichen oder anderen anerkennenswerten Zwecken gehalten wird, gehört auch dann zum Schonvermögen, wenn er deutlich mehr als 2.301,00 € wert ist – es sei denn, der Wert steht völlig außer Verhältnis zu der als notwendig anzusehenden Nutzung.[2081] Schmerzensgelder müssen gleichfalls nicht eingesetzt werden.[2082] 2128

Ein **Einfamilienhaus** oder eine Beteiligung daran müssen grds. nicht eingesetzt werden (**Schonvermögen** nach § 90 Abs. 2 Nr. 8 SGB XII), auch dann nicht, wenn der Miteigentümer – erst einmal, also noch nicht für immer – ausgezogen ist.[2083] Vermögenseinsatz scheidet auch in den Unwirtschaftlichkeitsfällen aus, v.a. dann, wenn die antragstellende Partei nur über eine Teilungsversteigerung zu ihrem Geld kommen kann.[2084] 2129

Wohnwagen und Zweitwagen unterliegen nicht dem Schonvermögen.[2085] 2130

Eine **Beleihung von Grundvermögen** (hier: ideelle Hälfte an einem nicht dem Schonvermögen unterliegenden Hausgrundstück mit einem Verkehrswert von 2131

2076 § 1 Nr. 1b, 2. Alt. DVO.
2077 Der gleiche Satz gilt auch für das Schonvermögen des Betreuten nach dem Betreuungsrechtsänderungsgesetz v. 25.06.1998, so BGH, FamRZ 2002, 157.
2078 OLG Nürnberg, FamRZ 1995, 942.
2079 OLG Bamberg, FamRZ 1997, 299, 300.
2080 BGH, FamRZ 1999, 644.
2081 OLG Bamberg, FamRZ 1999, 1508; Gerichte sehen es verständlicherweise nicht gern, wenn der Eigentümer eines Oberklasse-Pkw mit einem sechsstelligen DM-Anschaffungspreis PKH beantragt.
2082 OLG Köln, FamRZ 2004, 1498.
2083 OLG Celle, FamRZ 1997, 301.
2084 OLG Nürnberg, FamRZ 1998, 489.
2085 OLG Stuttgart, FamRZ 2004, 1651.

K. Kosten und Gebühren

ca. 500.000,00 DM) ist nur dann zuzumuten, wenn die Kreditkosten pro Monat geringer ausfallen als die nach § 115 ZPO zu errechnende Monatsrate und der Kredit nicht länger als 48 Monate läuft.[2086] Die Zumutbarkeit der Beleihung wurde vom **OLG Koblenz**[2087] in einem Fall angenommen, in dem ein Grundstück mit einem Wert von 300.000,00 DM mit einer 200.000,00 DM-Grundschuld belastet war, die allerdings nur noch i.H.v. 107.000,00 DM valutierte. Uneingeschränkt ist eine Verwertung oder Beleihung zumutbar, wenn klar ist, dass das Anwesen ohnehin i.R.d. Vermögensauseinandersetzung im Scheidungsverbund veräußert werden wird.[2088]

2132 **Grundvermögen, das nicht unter das Schonvermögen** i.S.v. § 90 Abs. 2 Nr. 8 SGB XII (kleines selbstgenutztes Einfamilienhaus) fällt, ist auch dann zu verwerten oder zu beleihen, wenn eine den Wert des Grundstücks nicht annähernd ausmachende Grundschuld für das Sozialamt wegen darlehensweise gewährter Sozialhilfe vorgeht.[2089]

2133 Dagegen ist die Verwertung nicht zumutbar, wenn nicht sicher ist, ob der Veräußerungserlös über die Belastungen hinausgeht oder wenn die mit dem Verkauf verbundenen Kosten (z.B. Makler, Umzug, Notar, Vorfälligkeitsentschädigung usw.) höher sind als die zu erwartenden Prozesskosten.[2090]

PKH darf auch nicht verweigert werden, wenn das Immobilienvermögen aus Grundstücksbeteiligungen im **Ausland** (hier: Griechenland) besteht und eine Verwertung durch Teilungsversteigerung in angemessener Zeit nicht zu erwarten ist.[2091]

2134 **Kapital- und Rentenlebensversicherungen** sind dann für die Prozesskosten einzusetzen, wenn

- die Beleihung[2092] oder teilweise Auflösung des Versicherungsvertrages rechtlich möglich und
- im Hinblick auf die bisherige Alters- und Invaliditätsvorsorge des Antragstellers zumutbar ist.[2093]

2086 OLG Köln, FamRZ 1999, 997.
2087 OLG Koblenz, FamRZ 2002, 105.
2088 OLG Zweibrücken, FamRZ 2003, 1395.
2089 OLG Köln, FamRZ 2004, 1121.
2090 OLG Karlsruhe, FamRZ 2004, 1499.
2091 OLG Frankfurt am Main, FamRZ 1999, 1617.
2092 KG, FamRZ 2003, 1394; das Schonvermögen ist auch hier zu respektieren, d.h. von der Beleihung auszunehmen.
2093 OLG Stuttgart, FamRZ 1999, 598 und FamRZ 2004, 1651; das OLG Köln meint in FamRZ 2004, 382 sogar kategorisch, dass der Rückkaufswert einer privaten Lebensversicherung für die Prozesskosten zu verwenden ist. Begründung: Die Antragstellerin (Ehefrau kurz vor der Scheidung) werde eines Tages genug aus der gesetzlichen Rentenversicherung (!) bekommen, außerdem zusätzlich aus dem Versorgungsausgleich.

II. PKH

Ein nicht zweckgebundenes Bausparguthaben (hier: der Hälfteanteil an einem Guthaben von 16.000,00 DM) ist laut **OLG Koblenz** für die Prozesskosten einzusetzen.[2094] 2135

Der Einsatz von Sparguthaben für die Prozesskosten ist weiter auch dann zumutbar, wenn er wegen vorzeitiger Kündigung **mit Zinsverlust verbunden** ist.[2095] 2136

Sterbegeldversicherungsbeträge für eine angemessene Bestattung zählen, zumindest bei älteren Menschen, zum Schonvermögen.[2096] 2137

Auch **fiktives Vermögen** muss eingesetzt werden: Wer eine Zugewinnausgleichszahlung dazu verwendet, sich ein Auto zu kaufen und ein Darlehen zurückzuzahlen, wird so behandelt, als habe er das Geld noch, um seine Kosten selbst bzw. an die Landeskasse zurückzuzahlen.[2097] 2138

Die Neufassung des § 115 ZPO ist, wie man bereits an diesen knappen Erläuterungen sieht, so kompliziert geraten, dass die Schaffung von **PKH-Leitlinien des FamG Hannover**[2098] nicht weiter verwundern kann. 2139

2. Hinreichende Erfolgsaussicht

PKH wird bewilligt, wenn der Antragsteller prozesskostenarm ist und „wenn die beabsichtigte Rechtsverfolgung oder Rechtsverteidigung hinreichende Aussicht auf Erfolg bietet und nicht mutwillig erscheint" (§ 114 Abs. 1 ZPO). 2140

Eine rückwirkende Bewilligung (nach Ende der Instanz) kommt nur infrage, wenn das Gericht schon vor oder zu Beginn des Prozesses positiv über den Antrag hätte entscheiden können und müssen.[2099] Ein PKH-Beschluss, mit dem uneingeschränkt PKH bewilligt worden ist, kann nicht mit der Begründung widerrufen werden, dass das Gericht die Sach- und Rechtslage nunmehr anders sehe.[2100] 2141

Das Gericht hat über solche Anträge **zügig zu entscheiden**. Es geht nicht an, Kläger und Rechtsanwalt bis zur Verhandlung darüber im Unklaren zu lassen, ob nun vorläu- 2142

2094 OLG Koblenz, FamRZ 1999, 997; m.E. eine zu harte und deshalb verfehlte Entscheidung, denn der damit zerschlagene Bausparvertrag beinhaltet nicht nur das Guthaben selbst, sondern auch die Anwartschaft auf ein billiges Darlehen, dessen Inanspruchnahme damit gleichfalls unmöglich ist.
2095 OLG Celle, FamRZ 2005, 992.
2096 OLG Schleswig, FamRZ 2007, 1188 bei einer Versicherungssumme von 2.557,00 €; LG Verden, FamRZ 2007, 1189.
2097 OLG Brandenburg, FamRZ 1997, 1543, 1544.
2098 Abgedruckt in FamRZ 1996, 212. Durchgesetzt haben sie sich offenbar nicht.
2099 OLG Brandenburg, FamRZ 1998, 249.
2100 OLG Brandenburg, FamRZ 2000, 1229.

fige Kostenbefreiung bzw. Kostensicherung durch die Landeskasse besteht oder nicht (denn bis dahin muss der Rechtsanwalt mit seinen Leistungen in Vorlage treten, ohne sicher sein zu können, ob er jemals an sein Geld kommt). Eine **Entscheidung** über die Gewährung von PKH **erst in der Verhandlung** verletzt somit den Anspruch des Klägers auf ein faires Verfahren.[2101]

2143 Zu den Begriffen der **Mutwilligkeit**[2102] **und Erfolgsaussicht**[2103] sind zahlreiche Entscheidungen ergangen.

2144 Was jedoch in Verbundsachen die **Hauptsache** selbst – also die Scheidung – betrifft, ist die Gewährung von PKH jedenfalls unter dem Erfolgsaussichtsaspekt unproblematisch:

> „Wegen seiner notwendigen Beteiligung am Scheidungsverfahren kann dem Antragsgegner Prozesskostenhilfe nicht mit der Begründung versagt werden, seine Verteidigung gegen den Scheidungsantrag habe keine Erfolgsaussicht".[2104]

2145 Gewisse Mindeststandards müssen aber gewahrt werden: Wer das Gesuch für den Scheidungsantrag so früh einreicht, dass bei Entscheidung hierüber das **Trennungsjahr noch nicht abgelaufen** ist, handelt mutwillig.[2105] Das **PKH-Gesuch ist zurückzuweisen**, weil die Voraussetzungen in der Sache selbst vorliegen müssen, das Trennungsjahr bei einverständlicher Scheidung deshalb bereits abgelaufen sein muss. Manche – eiligen – Antragsteller lassen **unwahr vortragen**, dass man bereits längere Zeit, evtl. in der Ehewohnung, getrennt gelebt habe, um das Scheidungsverfahren in Gang zu setzen und zunächst die Anwartschaften zum Versorgungsausgleich ermitteln zu lassen. Regelmäßig wird die mündliche Verhandlung über den Scheidungsantrag erst dann anberaumt, wenn die Auskünfte der Versorgungsträger vorliegen. Da dies einige Zeit dauert, ist dann im Ergebnis das Trennungsjahr tatsächlich abgelaufen.

2146 Dies ist allerdings eine **gefährliche Variante**, weil auf die mögliche Einwendung der Gegenseite, das Trennungsjahr sei noch gar nicht abgelaufen, Termin zur mündlichen Verhandlung über den PKH-Antrag anberaumt wird mit der Konsequenz, dass dann der Antrag zurückzunehmen ist.[2106] Gerichte verfahren hier allerdings unterschiedlich.

2101 OLG Naumburg, FamRZ 2000, 106.
2102 BVerfG, FamRZ 2002, 665: Wenn es um eine schwierige, bislang ungeklärte Rechtsfrage geht, kann die Rechtsverfolgung nicht mutwillig sein.
2103 Auch bei fehlender Erfolgsaussicht kann PKH bewilligt werden, wenn die im Streitfall bedeutsamen Rechtsfragen bislang höchstrichterlich nicht entschieden sind, um dem Antragsteller den Zugang zur Revisionsinstanz nicht im Vorfeld abzuschneiden, OLG Hamburg, FamRZ 2005, 927.
2104 So OLG Bamberg, FamRZ 1995, 370.
2105 OLG Köln, FamRZ 2004, 1117.
2106 Zur Frage der Kostentragung nach Rücknahme des PKH-Antrags vgl. OLG Hamm, FamRZ 2005, 1185.

> **Praxistipp:**
> Es empfiehlt sich also, sich mit der Bearbeitungsweise des Gerichts vertraut zu machen.

Mutwillig ist auch eine auf Titulierung **freiwillig und regelmäßig gezahlten Unterhalts** zielende Rechtsverfolgung. PKH wird dafür nicht gewährt.[2107]   2147

Anderes gilt für **Kindesunterhalt**: dort besteht ein Anspruch auf Titulierung und damit ein Anspruch auf Gewährung von PKH, wenn der Verpflichtete zuvor mit Fristsetzung zur Titulierung aufgefordert worden ist.[2108]   2148

Dagegen ist das Begehren, einen eigenen **Scheidungsantrag** zu stellen, keineswegs mutwillig, auch wenn schon ein Scheidungsantrag des Ehegatten vorliegt.[2109] Auch wenn der Antrag auf Antragsabweisung nicht Erfolg versprechend ist, muss PKH gewährt werden, **sofern ein Verfahrensziel** erkennbar wird, etwa die Sicherung der Unterhaltsansprüche der Frau über die Scheidung hinaus.[2110]   2149

Erst recht darf die **juristische Mutwilligkeit nicht mit der moralischen** verwechselt werden. So musste das **OLG Frankfurt am Main**[2111] einen familienrichterlichen Beschluss aufheben, in dem die PKH für den Scheidungsantrag einer Frau mit der Begründung verweigert worden war, sie trage als Mutter von vier Kindern das Trennungsverschulden angesichts der Aufnahme intimer Beziehungen mit einem Nachbarn.   2150

Für den zugewinnausgleichsrechtlichen Auskunftsanspruch (§ 1379 BGB) ist PKH zu gewähren, sobald feststeht, dass die erteilte Auskunft nicht vollständig ist.[2112]   2151

3. PKH im isolierten Verfahren

In vielen nicht veröffentlichten Entscheidungen und auch in veröffentlichten Beschlüssen einiger OLG[2113] wurde die Gewährung von PKH fälschlich mit der Begründung versagt, der Anspruch hätte kostengünstig i.R.d. **Scheidungsverbundes** geltend ge-   2152

2107 OLG Saarbrücken, 19.05.2005 – 9 WF 47/05, n.v., Abruf-Nr. 052538 unter *www.iww.de*; Büte, FK 2005, 166.
2108 Unbedingt zu beachten ist im Rahmen einer solchen Aufforderung allerdings, auf die kostenlose Titulierung bei dem für den Wohnort des Verpflichteten zuständigen Jugendamt hinzuweisen, da der Berechtigte z.B. bei Titulierung im Rahmen eines notariellen Anerkenntnisses die entstehenden Kosten zu tragen hat, sofern sich der Verpflichtete mit der Zahlung von Kindesunterhalt bisher nicht in Verzug befunden hat.
2109 OLG Thüringen, FamRZ 1996, 416.
2110 OLG Thüringen, FamRZ 1998, 1179.
2111 OLG Frankfurt am Main, FamRZ 1997, 618.
2112 OLG Hamm, FamRZ 1998, 1300.
2113 OLG Düsseldorf, FamRZ 1993, 1217; OLG Dresden, FamRZ 1999, 601.

macht werden können. In diesem Zusammenhang als vertretbar, wenngleich unpraktikabel wurde die Auffassung angesehen, dass hier PKH zu bewilligen ist und dass die Frage der pflichtwidrigen Verursachung vermeidbarer Kosten erst im **Festsetzungsverfahren** zu prüfen ist.[2114]

2153 Nachvollziehbar war die Rechtsauffassung des **OLG Köln**, wonach von der PKH von Anfang an die **Mehrkosten ausgenommen** werden, die durch isolierte Geltendmachung außerhalb des Verbundes anfallen.[2115]

2154 Grundsätzlich standen sich in Literatur und Rechtsprechung **zwei unterschiedliche Auffassungen** gegenüber.

2155 Nach bisher überwiegender Auffassung liegt bei isolierter Geltendmachung von Folgesachen ein **mutwilliges Verhalten** i.S.v. § 114 ZPO vor, das der Bewilligung von PKH entgegen steht, wenn nicht im Einzelfall vernünftige, überwiegende Gründe für die isolierte Geltendmachung der Folgesache sprächen. Eine bedürftige Partei sei grds. gehalten, **von zwei gleichwertigen prozessualen Möglichkeiten die kostengünstigere** zu wählen. Die Geltendmachung von Folgesachen im Verbund verursache aber insgesamt geringere Kosten, weil die Gebühren gem. § 46 Abs. 1 Satz 1 GKG, § 16 Nr. 4 RVG nach den zusammengerechneten Werten der Scheidungssache und der Folgesachen berechnet würden.[2116]

2156 Nach der **Gegenmeinung** ist die isolierte Geltendmachung einer Folgesache **grds. nicht als mutwillig** zu bewerten.[2117]

2157 Diesen Streit hat der **BGH** nunmehr dahin gehend entschieden, dass die Geltendmachung einer zivilprozessualen Scheidungsfolgesache außerhalb des Scheidungsverbunds **grds. nicht als mutwillig** anzusehen ist.[2118]

2114 OLG Düsseldorf, FamRZ 1992, 457; OLG Rostock, FamRZ 1999, 597.
2115 OLG Köln, FamRZ 2000, 1021 und FamRZ 2003, 237.
2116 OLG Brandenburg, FamRZ 1998, 245; OLG Brandenburg, FamRZ 2001, 1083, 1084; OLG Brandenburg, FamRZ 2003, 458, 459; OLG Celle, FamRZ 2005, 58, 59; OLG Dresden, FamRZ 2001, 230, 231; OLG Düsseldorf, FamRZ 1993, 1217; OLG München, OLGR 1995, 212, 213; OLG Oldenburg, 12. Senat, FamRZ 2001, 630; OLG Schleswig, FamRZ 2000, 430, 431; OLG Thüringen, FamRZ 1998, 1179; OLG Thüringen, FamRZ 2000, 100, 101; OLG Zweibrücken, FamRZ 2003, 1759, 1760; Stein/Jonas/Bork, ZPO, § 114 Rn. 51.
2117 OLG Bremen, FamRZ 1998, 245, 246; OLG Hamburg, FamRZ 1998, 1178; OLG Hamm, FamRZ 2001, 231, 232; FamRZ 2005, 1100; OLG Koblenz, FamRZ 2004, 1880; OLG Naumburg, FamRZ 2001, 1468, 1469; OLG Oldenburg, 4. Senat, FamRZ 2003, 1757, 1758; OLG Nürnberg, FamRZ 2003, 772, 773; Zöller/Philippi, ZPO, § 623 Rn. 24.
2118 BGH, FamRZ 2005, 787.

II. PKH

Der **BGH** erklärt:[2119]

„Für die Beurteilung der Mutwilligkeit kommt es ... nicht auf die insgesamt anfallenden Kosten, sondern darauf an, ob eine nicht bedürftige Partei aus Kostengesichtspunkten von einer isolierten Geltendmachung der Folgesache in der Regel absehen würde. Eine kostenbewusste vermögende Partei wäre aber **in erster Linie auf die allein sie betreffenden Kosten** bedacht. Deshalb ist auch für die Frage, ob eine Rechtsverfolgung aus Kostengründen mutwillig ist, hierauf abzustellen. Dann kann aber nicht davon ausgegangen werden, dass im Rahmen des Scheidungsverbunds geringere Kosten entstehen würden. Während nämlich die obsiegende Partei der isoliert geltend gemachten Folgesache einen Kostenerstattungsanspruch gegen den Gegner erlangt (§ 91 I ZPO), werden die Kosten der Folgesachen im Regelfall gegeneinander aufgehoben (§ 93 a I 1 ZPO). Für die Partei besteht jedenfalls keine Gewissheit, dass das Gericht im Verbundverfahren eine von § 93 a I 1 ZPO abweichende Kostenverteilung vornimmt."

2158

> **Praxistipp:**
>
> Die Entscheidung des BGH lässt eine freie Wahl auch der prozessarmen Partei zu, die auch **aus taktischen Gründen** in der einen oder anderen Richtung sinnvoll sein kann.

Derjenige, dessen PKH-Gesuch wegen **mangelnder Erfolgsaussicht** abgelehnt wird, kann dagegen **Beschwerde** einlegen (§ 127 Abs. 2 ZPO).[2120] Zuständig ist dafür in Familiensachen das **OLG**. Die Beschwerdeentscheidung ergeht **gerichtsgebührenfrei**. Anwaltskosten der Gegenseite werden nicht erstattet. Liegt eine solche Entscheidung vor, weiß man als Anwalt endgültig, wie die Rechtsprechung entscheiden wird, es sei denn, **andere/neue Gesichtspunkte** können geltend gemacht werden.

2159

> **Hinweis:**
>
> Besonders hartnäckige Kollegen stellen erstinstanzlich dann abermals einen PKH-Antrag, was formal zulässig ist, da ein Versagungsbeschluss im Fall seiner Unanfechtbarkeit keine materielle Rechtskraft erlangt.[2121] Einem erneuten Antrag kann es aber, wenn keine neuen Tatsachen vorgetragen werden, am Rechtsschutzbedürfnis fehlen.[2122]

Die Beschwerde kann auch noch nach Scheidungsrechtskraft eingelegt werden.[2123]

2160

2119 FamRZ 2005, 787.
2120 Die Beschwerde kann auch noch nach Instanz-Ende eingelegt werden. Sie ist auf einen Monat befristet.
2121 BGH, FamRZ 2004, 940; OLG Celle, FamRZ 2004, 1652 (Erfolg bei Vorbringen neuer Tatsachen und Belege).
2122 BGH, FamRZ 2004, 940, m. krit. Anm. Gottwald, FamRZ 2004, 941.
2123 OLG Köln, FamRZ 1997, 1544.

4. Sachlicher Umfang im Scheidungsverbund

2161 Die Bewilligung von PKH erfolgt für jeden Rechtszug, d.h. für jede Instanz gesondert.[2124]

2162 Der Umfang der Beiordnung ergibt sich aus **§ 48 Abs. 3 RVG**.

2163 Danach gibt es PKH-Gebühren im Scheidungsverbund zunächst einmal nur für die **Hauptsache**, den **Versorgungsausgleich** und für einen **Vergleich** (= Vertrag nach Nr. 1000 RVG VV), in dem die folgenden nicht notwendig rechtshängigen (!) Verbundsachen geregelt sind (ohne dass alle dort geregelt sein **müssen**): **Ehegattenunterhalt**,[2125] **Kindesunterhalt, elterliche Sorge, Ehewohnung, Hausrat, Güterrecht**. Für sonstige Vergleichsgegenstände muss gesondert PKH beantragt werden. Das gilt z.B. für den „**negativen Zugewinnausgleich**", also für die **Verteilung der Schulden**.[2126]

2164 Eines gesonderten PKH-Antrags für den **Vergleich** bedarf es nicht, wenn **für die Folgesache selbst schon PKH bewilligt** ist.[2127] Nun kann man sich ja zweifelsfrei auch über eine Folgesache vergleichen, die gar nicht rechtshängig ist. Regelfall bleibt aber der, dass ein **Sachantrag** (etwa Zugewinnausgleichsklage) **vorausgeht**. Für diesen ist **gesondert PKH** zu beantragen.

2165 Für Streitigkeiten aus der Auflösung einer Lebenspartnerschaft gilt das Gleiche.

2166 Ein Gebührenanspruch gegen die Landeskasse kann übrigens auch dann entstehen, wenn ein Vergleich **außergerichtlich** von Anwalt zu Anwalt geschlossen[2128] und/oder in „notarielle Form gegossen" wird; Voraussetzung ist dabei allerdings, dass die Folgesachen, die im Vergleich geregelt werden, **rechtshängig sind**.

2167 Das Gleiche gilt für Vergleiche, die innerhalb eines PKH-Prüfungsverfahrens geschlossen werden; hier ist ausnahmsweise zusätzlich PKH für das PKH-Verfahren selbst zu bewilligen[2129] mit der Folge, dass die Landeskasse gegenüber einer PKH-Bewilligung für die Hauptsache (nur) eine halbe Prozessgebühr spart.[2130]

2124 BGH, FamRZ 2007, 1088.
2125 Vergleich über Nachscheidungsunterhalt kann selbstverständlich auch ein wechselseitiger Verzicht sein, auch wenn ein solcher Verzicht naturgemäß keinen vollstreckungsfähigen Inhalt haben kann (OLG Koblenz, FamRZ 2004, 1735 und 1737).
2126 Hierzu OLG Koblenz, FamRZ 2004, 1804.
2127 OLG Dresden, FamRZ 1997, 385.
2128 OLG Düsseldorf, FamRZ 1992, 1096; OLG Oldenburg, FamRZ 1996, 682; OLG München, FamRZ 2004, 966; a.A. OLG Köln, FamRZ 1994, 1485.
2129 OLG Düsseldorf, FamRZ 2001, 1155 (LS).
2130 Wegen der Einzelheiten, OLG Bamberg, FamRZ 1995, 939 m.w.N.; ferner OLG Braunschweig, FamRZ 2000, 756 (LS) und OLG Nürnberg, FamRZ 2000, 838.

II. PKH

Der **BGH**[2131] meint **einschränkend**, dass im Erörterungstermin (i.R.d. PKH-Prüfungsverfahrens) nur für den Vergleich, nicht auch für das gesamte Verfahren PKH bewilligt werden kann. 2168

Das **OLG Zweibrücken** vertrat als erstes Obergericht sogar die Auffassung, dass die damalige Vergleichsgebühr (heute: Einigungsgebühr) – und zwar i.H.d. 15/10-Gebühr für außergerichtliche Vergleiche! – von der Landeskasse erstattet werden muss, wenn im gerichtlichen Scheidungsfolgenvergleich eine gar nicht anhängige, jedoch von der PKH erfasste Folgesache (hier: Unterhalt) mit erledigt worden ist.[2132] 2169

Dem haben sich die anderen OLG angeschlossen.[2133] 2170

Nach wohl überwiegender Ansicht wird die 15/10-Gebühr aber im Berufungsverfahren nicht noch weiter erhöht; es bleibt bei einer 15/10-Gebühr. Ist die Sache dort anhängig, sind 1,3 Gebühren fällig (Nr. 1004 RVG VVG). 2171

Hintergrund für den Eingang der 15/10-Gebühr im Fall des vor Gericht geschlossenen Vergleichs (bis zum Inkrafttreten des RVG!) ist folgender: 2172

Die Erhöhung der Vergleichsgebühr per 01.07.1994 von 10/10 auf 15/10 im Fall außergerichtlicher Streitbeilegung sollte eine Art **Prämierung des Rechtsanwalts** für die Fälle darstellen, in denen es ihm gelingt, ohne Inanspruchnahme der Justiz eine Einigung herbeizuführen. Bedingung ist demnach, dass die Sache, um die es geht und über die man sich vergleicht, noch nicht anhängig ist. Anhängig ist die Sache schon im PKH-Prüfungsverfahren, sofern dieses – wie üblich – auf die Durchführung eines Rechtsstreits gerichtet ist.[2134] 2173

Konkret:

Wer als Rechtsanwalt Zugewinnausgleich im PKH-Prüfungsverfahren geltend macht und sich anschließend darüber vergleicht, bekommt nur die **10/10-Vergleichsgebühr**.[2135] Wer aber im Schlusstermin ein Einigungspapier vorlegt, das eine Vereinbarung über den Zugewinn impliziert, und hierfür PKH beantragt und erhält, bekommt eine **15/10-Vergleichsgebühr**. 2174

2131 BGH, FamRZ 2004, 1708.
2132 OLG Zweibrücken, FamRZ 1997, 946.
2133 OLG Koblenz, FamRZ 1998, 115; OLG München, FamRZ 1997, 1347; OLG Frankfurt am Main, FamRZ 1997, 1347; OLG Stuttgart, FamRZ 1997, 1349; OLG Nürnberg, FamRZ 1998, 492 und FamRZ 2002, 474; OLG Köln, FamRZ 1998, 493 und FamRZ 1998, 1033; OLG Schleswig, FamRZ 1998, 1031; OLG Karlsruhe, FamRZ 1998, 1032.
2134 So OLG Nürnberg, FamRZ 1998, 492.
2135 OLG Köln, FamRZ 1998, 1033.

2175 Die Vergleichsgebühr kann auch deshalb attraktiv sein, weil der Anspruch hierauf bereits dann besteht, wenn eine von den Parteien selbst schon ausgearbeitete Scheidungsfolgenvereinbarung vom Anwalt nur in einzelnen Punkten angepasst bzw. neu geregelt wird.[2136]

> **Hinweis:**
>
> Für **alle streitigen Folgesachen** gilt: Für jeden Folgesachenantrag, also auch **für den Zugewinnausgleich**, wird ein **gesonderter PKH-Beschluss** benötigt.[2137] Praktisch ist es in diesem Zusammenhang, alle Anträge von Anfang an zusammenzufassen, sofern dies möglich ist. Dann erstreckt sich die PKH-Gewährung auf alle zum Zeitpunkt der Bewilligung anhängigen Folgesachen; eine Beschränkung muss vom Gericht ausdrücklich angeordnet werden.[2138] Für Anträge, die **danach** gestellt werden, ist gesondert PKH zu beantragen.

2176 Häufig ist eine Prozesspartei, der PKH bewilligt worden ist, **mit ihrem beigeordneten Rechtsanwalt nicht zufrieden** und will während des Verfahrens den Rechtsanwalt wechseln. Die Gerichte, die sich in derartigen Fällen regelmäßig als Sachwalter der Interessen der Landeskasse begreifen, entpflichten den einen (wegen Vertrauensverlustes) und ordnen den anderen Rechtsanwalt „unter Ausschluss der bisher angefallenen Gebühren" bei, mit der Folge, dass der zweite mit dem Fall betraute Rechtsanwalt oft ganz leer ausgeht, weil nach dem ersten Termin i.d.R. schon alle Gebühren verbraucht sind. Dabei wird verkannt, dass die Beschränkung der Beiordnung unwirksam ist, wenn der zweite Rechtsanwalt damit nicht einverstanden ist.[2139]

2177 Wenn die Entfernung zum Prozessgericht groß ist, kommt neben der Beiordnung eines örtlichen Prozessbevollmächtigten auch die eines **Verkehrsanwalts** (Korrespondenzanwalts) am Wohnort des Antragstellers in Betracht,[2140] jedoch nur, wenn der Antragsteller unbeholfen und die Sache schwierig ist.[2141] Auch können (in frei finanzierten Prozessen) die Kosten eines Unterbevollmächtigten festgesetzt werden, wenn die dadurch entstehenden Mehrkosten die alternativ notwendig gewordenen Reisekosten des

---

[2136] OLG Karlsruhe, FamRZ 2004, 43.
[2137] OLG Zweibrücken, FamRZ 2001, 1466.
[2138] OLG München, FamRZ 1995, 822.
[2139] OLG Karlsruhe, FamRZ 1998, 632.
[2140] Nicht dagegen die (im Einzelfall teurere) Beiordnung eines Unterbevollmächtigten, so OLG Zweibrücken, FamRZ 2004, 707.
[2141] OLG Brandenburg, FamRZ 2002, 107.

Hauptbevollmächtigten **nicht**[2142] **oder nicht wesentlich übersteigen.**[2143] Liegen die Reisekosten deutlich geringer, sind diese zu erstatten,[2144] auch dann, wenn der Rechtsanwalt sich vor einem auswärtigen Gericht selbst vertritt.[2145]

Allerdings: Wenn ein nicht am Prozessgericht praktizierender Rechtsanwalt seine Beiordnung beantragt, liegt darin nach Auffassung der **OLG Hamm** und **Hamburg**[2146] ein konkludenter und mit dem Mehrkostenverbot (§ 121 Abs. 2 Satz 2 ZPO) korrespondierender Verzicht auf Erstattung der Reisekosten. Diese Ansicht ist zumindest problematisch. Das Gericht hat schließlich Gelegenheit, die PKH-Gewährung zu beschränken, d.h. die Beiordnung zu den Bedingungen eines am Prozessgericht praktizierenden Rechtsanwalts auszusprechen.[2147] Zutreffend meint das **OLG München**,[2148] dass die Terminsreisekosten aus der Staatskasse zu vergüten sind, wenn der Beiordnungsbeschluss keine Beschränkung hinsichtlich der Reisekosten enthält. 2178

Dem Rechtsanwalt steht i.Ü. ein **Beschwerderecht** nach § 127 ZPO **gegen die besagte Beschränkung** zu.[2149] 2179

Wenn aber rechtskräftig auf die Bedingungen eines ortsansässigen Rechtsanwalts erkannt ist, erhält der Anwalt keine Fahrtkostenerstattung aus der Staatskasse; er kann sie dann i.H.v. 0,30 € pro km bei Nutzung eines eigenen Pkw (Nr. 7003 RVG VV) von seinem Mandanten fordern und notfalls nach § 11 RVG gegen ihn festsetzen lassen.[2150] 2180

In **Berufungsverfahren** sind die Reisekosten des erstinstanzlichen Rechtsanwalts erstattungsfähig.[2151] 2181

2142 OLG Stuttgart, FamRZ 2003, 1400 (ausländische Partei beauftragt zwei deutsche Anwälte, den „Hausanwalt" und den örtlichen Bevollmächtigten; erstattungsfähig sind die vollen Kosten eines örtlichen Bevollmächtigten und die fiktiven Reisekosten des „Hausanwalts").
2143 BGH, FamRZ 2003, 441.
2144 M.E. zu weitgehend: OLG Koblenz, FamRZ 2003, 1400. Der Senat erklärt dort die Reisekosten einer am Wohnort der Klägerin (57 Jahre alt, nicht gesund) tätigen Rechtsanwältin ohne Alternativberechnung für festsetzungsfähig.
2145 BGH, FamRZ 2003, 1175 (LS).
2146 OLG Hamm, FamRZ 2000, 1227; OLG Hamburg, FamRZ 2000, 1227.
2147 Dagegen ist nichts auszurichten, OLG Hamm, FamRZ 2004, 708.
2148 OLG München, FamRZ 2002, 1505.
2149 OLG Hamburg, FamRZ 2000, 1227.
2150 So OLG Nürnberg, FamRZ 2001, 1157; selbstverständlich vergisst das OLG hinzuzufügen, dass vom Mandanten in solchen Fällen nichts zu holen ist. OLG Karlsruhe (FamRZ 2002, 761) betont zutreffend, dass ein Anwalt, der sich auf die Beschränkung einlässt und mehrere Termine wahrnimmt, in diese Beschränkung konkludent einwilligt.
2151 OLG München, FamRZ 2003, 1401.

2182 Reisekosten einer **Partei** zum Termin sind i.d.R. erstattungsfähig.[2152]

5. Abzugsfähige Positionen

2183 Wer § 115 ZPO und die PKH-Tabelle liest, stellt fest, dass ein Antragsteller, um uneingeschränkt PKH zu bekommen, fast so bedürftig wie ein Sozialhilfeempfänger sein muss.

2184 Bis 1994 war es noch schlimmer: Um PKH zu bekommen, musste man noch bedürftiger sein. Das lag v.a. daran, dass die Sozialhilfesätze sich fast jedes Jahr ändern, eine Anpassung der Tabelle zu § 114 ZPO aus dem Jahre 1979 (!) aber unterblieben war. V.a. aufgrund dagegen erhobener verfassungsrechtlicher Bedenken[2153] und einiger – problematischer – Versuche von OLG, die Tabelle fortzuschreiben,[2154] kam es zur gesetzlichen Neuregelung, in Kraft getreten am **01.01.1995. Kernpunkt ist die Ankoppelung der Prozesskostenarmut an die sich ändernden Sozialhilfesätze**, allerdings nach einem nicht unkomplizierten Schlüssel. Nach der Bekanntmachung zu § 115 ZPO v. 11.06.2007 (PKH-Bekanntmachung 2007 – PKHB 2007)[2155] gilt:

„Die vom 1. Juli 2007 bis zum 30. Juni 2008 maßgebenden Beträge, die nach § 115 Abs. 1 Satz 3 Nr. 1 Buchst. b) und Nr. 2 der Zivilprozessordnung vom Einkommen der Partei abzusetzen sind, betragen

1. für Parteien, die ein Einkommen aus Erwerbstätigkeit erzielen, 174,00 Euro,

2. für die Partei und ihren Ehegatten oder ihren Lebenspartner, 382,00 Euro,

3. für jede weitere Person, der die Partei aufgrund gesetzlicher Unterhaltspflicht Unterhalt leistet, 267,00 Euro."[2156]

2152 OLG München, FamRZ 2004, 959.
2153 BVerfG, NJW 1990, 2869, 2873.
2154 Etwa den des OLG Frankfurt am Main, FamRZ 1993, 1218 (LS): „Wegen des weiteren Anstiegs der Lebenshaltungskosten ist in verfassungskonformer Auslegung zur Anwendung der Tabelle zu § 114 ZPO die gesamte Kaltmiete vom Nettoeinkommen abzuziehen." Ähnlich OLG Karlsruhe, FamRZ 1994, 1533 für Berechnung der PKH-Raten ab 01.10.1994.
2155 BGBl. I, S. 1058.
2156 Die Zahlen haben sich nur leicht erhöht; 2005/2006 betrugen die Vergleichszahlen z.B. 173,00 €/380,00 €/266,00 €; BGBl. I, S. 924.

II. PKH

Einfacher[2157] verfährt das **OLG Bremen**,[2158] das als Pauschale für berufsbedingte Aufwendungen einen Betrag von 200,00 DM eingesetzt hat.[2159] 2185

Altersvorsorgemaßnahmen können abgezogen werden, wenn keine Anwartschaften aus der gesetzlichen Rentenversicherung existieren.[2160] 2186

Wenn die Unterhaltsverpflichtung im Streit ist und auch noch kein vorläufig vollstreckbarer Titel vorliegt, kann sie weder in der Tabelle noch als besondere Belastung nach § 115 Abs. 3 ZPO Berücksichtigung finden.[2161] Berücksichtigt werden also nur **nachgewiesene Unterhaltsleistungen**.[2162] 2187

Zum Nettoeinkommen i.S.d. PKH-Rechts gehört auch das Kindergeld.[2163] 2188

Wer auf die Benutzung eines **Pkw** nicht angewiesen ist, kann die Finanzierungskosten nicht von seinem Nettoeinkommen abziehen, sofern die Kosten in einem Missverhältnis zu seinem Einkommen stehen und es ihm zuzumuten ist, den Pkw zwecks Rückzahlung des Darlehens zu verkaufen.[2164] 2189

Vermögen ist einzusetzen, d.h. wer verwertbares Vermögen hat, bekommt keine PKH. Erwirbt er nach PKH-Gewährung Vermögen, wird zwar der PKH-Beschluss nicht aufgehoben, jedoch hat er die Kosten an die Landeskasse zu zahlen.[2165] 2190

Ähnlich wie im Unterhaltsrecht kommt es auch bei der PKH in krassen Fällen nicht auf das tatsächliche, sondern auf das **fiktive** Einkommen an, insbes. dann, wenn eine missbräuchliche Inanspruchnahme von PKH durch arbeitsunwillige Personen droht.[2166] 2191

Die Tabelle gilt auch für Antragsteller in den fünf neuen Bundesländern. Eine Anpassung an die jeweiligen örtlichen Verhältnisse findet nicht statt.[2167] 2192

2157 Einen Überblick über die Möglichkeiten, die Abzüge nach § 115 Abs. 1 Satz 3 ZPO auszuschöpfen (Fahrtkosten, Versicherungsbeiträge, 25 % des Eckregelsatzes, Schulden inkl. Anwaltskosten), gibt der Aufsatz von Wyrwa/Cavada, FamRZ 1995, 1040.
2158 OLG Bremen, FamRZ 1998, 759.
2159 Zu den Abzügen insgesamt vgl. die Checkliste in Garbe/Oelkers, Handbuch des Fachanwalts Familienrecht, 1198.
2160 OLG Karlsruhe, FamRZ 2004, 1122.
2161 OLG Karlsruhe, FamRZ 1992, 1084.
2162 OLG Karlsruhe, FamRZ 2004, 1119.
2163 OLG Stuttgart, FamRZ 2000, 1586; OLG Koblenz, FamRZ 2004, 646 (LS); OLG München, FamRZ 1995, 942; OLG Celle, FamRZ 2004, 1119 (LS).
2164 OLG Hamburg, FamRZ 1996, 42.
2165 BGH, MDR 1995, 99, 100.
2166 OLG Karlsruhe, FamRZ 2004, 1120.
2167 KG, DtZ (NJW-Beilage) 1991, 215.

III. Prozesskostenvorschuss

2193 Eine weitere Möglichkeit, um die Kosten eines Prozesses nicht selbst zahlen zu müssen, bietet der sog. **Prozesskostenvorschuss** (PKV) nach § 1360a Abs. 4 BGB. Ist jemand nicht in der Lage, die Kosten eines Prozesses in eigener Sache[2168] zu tragen, so ist sein Ehegatte bzw. Elternteil verpflichtet, ihm diese Kosten vorzuschießen, „soweit dies der Billigkeit entspricht". Das ist nur der Fall, wenn der Ehegatte (Vater/Mutter) gut verdient[2169] und wenn der geplante Prozess Aussicht auf Erfolg hat. Die entsprechende richterliche Prüfung wird wie bei der PKH durchgeführt.[2170] Für den wirtschaftlichen Teil der Billigkeitsprüfung gilt folgende Faustregel: Je leistungsfähiger der Pflichtige ist, desto geringere Anforderungen sind an die Bedürftigkeit des Berechtigten zu stellen.[2171]

2194 Der PKH-Anspruch ist gegenüber dem PKV subsidiär.

2195 Die alte Streitfrage, ob PKV zu leisten ist, wenn der Pflichtige nur zur Ratenzahlung imstande ist, wurde durch den **BGH**[2172] am 04.08.2004 geklärt:

Wer zur Ratenzahlung in der Lage ist, hat Raten an den Berechtigten (hier: für die 16-jährige Tochter) zu zahlen, und zwar, da dem Berechtigten geringfügige Raten nicht weiterhelfen, mit der Maßgabe, dass diesem selbst PKH mit Ratenzahlungsanordnung zu gewähren ist. Die vom Vater geleisteten Raten hat die Tochter (bzw. deren Mutter) dann an die Landeskasse weiterzuleiten.

2196 Zweck des PKV-Anspruchs ist es, dem Ehepartner eine sachdienliche Prozessführung zu ermöglichen – nicht mehr und nicht weniger. Die Finanzierung eines Prozessvergleichs gehört nicht dazu.[2173]

2197 Die Besonderheit beim PKV nach § 1360a Abs. 4 BGB besteht darin, dass eine Partei ihn auch dann vom Gegner verlangen kann, wenn sie gegen ihn selbst vorzugehen gedenkt, eine Vorstellung, die häufig schwierig zu vermitteln ist.

2168 Dies kann auch ein Privatinsolvenzverfahren sein, AG Koblenz, FamRZ 2003, 1486. Allerdings muss die Insolvenz in irgendeiner Weise mit der gemeinsamen Lebensführung oder dem Aufbau einer gemeinsamen Existenz im Zusammenhang stehen; wenn nicht, d.h. wenn die Insolvenz z.B. auf vorehelichen Schulden beruht, besteht kein PKV-Anspruch, BGH, FamRZ 2003, 1651.

2169 Kein Anspruch besteht, wenn der Pflichtige mit einer Vorschusszahlung seinen eigenen angemessenen Unterhalt gefährden würde oder wenn er gar seinerseits Anspruch auf PKH hätte, so zutreffend OLG Brandenburg, FamRZ 2002, 1414.

2170 BGH, FamRZ 2001, 1363.

2171 OLG Köln, FamRZ 2003, 97 (LS).

2172 BGH, FamRZ 2004, 1633.

2173 OLG Köln, FamRZ 2002, 1134.

Dies gilt allerdings nur bis zur Rechtskraft der Scheidung.[2174] Mehr noch: Nach Auffassung des **KG**[2175] besteht ein Anspruch auf PKV im Scheidungsverfahren nur dann, wenn sich absehen lässt, dass es zu einer anderweitigen Kostenverteilung zulasten des Vorschusspflichtigen kommt. Sonst, so das **KG**, würde der Grundsatz unterlaufen, dass jeder seine eigenen Kosten trägt (§ 93a Abs. 1 Satz 1 ZPO).[2176]

> **Praxistipp:**
>
> Wer keinen PKV zahlen möchte, aber Zugewinnausgleichsansprüche auf sich zukommen sieht, sollte vor dem Scheidungs- oder Unterhaltsprozess einen Abschlag auf Zugewinnausgleichsansprüche i.H.v. mindestens ca. 2.500,00 € leisten. Dieser Abschlag beseitigt die finanzielle Notlage und damit auch die Billigkeit der Vorschussforderung.

Nicht zu vergessen schließlich: Wenn die wirtschaftlichen Verhältnisse der Berechtigten sich nach Vorschussgewährung wesentlich verbessern – etwa dadurch, dass die verlangende Partei den Akivprozess gewinnt – ist der **Vorschuss zurückzuzahlen**.[2177]

2198

IV. Gerichtliche Kostenentscheidung

Im deutschen Prozessrecht gilt – im Gegensatz bspw. zum niederländischen oder auch amerikanischen Recht – die Regel, dass derjenige die Gesamtkosten zu zahlen hat, der den Prozess verliert.

2199

Im Scheidungsprozess ist das anders. Hier lautet die Regel (§ 93a ZPO), dass die Kosten „gegeneinander aufzuheben" sind, und d.h.: Jeder zahlt seinen Anwalt (bzw. seine Anwälte) und die Hälfte der Gerichtskosten.

2200

1. Kostenentscheidung im Verbundverfahren

Nach der bereits erwähnten Vorschrift (§ 93a ZPO) zahlt im Regelfall jeder die Kosten seines eigenen Rechtsanwalts (und die Hälfte der eher geringfügigen Gerichtskosten).[2178]

2201

Die Rechtsanwaltskosten umfassen natürlich nicht nur die Kosten der Hauptsache, sondern auch die Kosten der mitentschiedenen Folgesachen. Werden Letztere durch einen Vergleich geregelt, enthält der Vergleich stets auch eine Aussage darüber, wer die

2202

2174 BGH, FamRZ 1990, 280 = NJW-RR 1990, 194.
2175 KG, FamRZ 1995, 680.
2176 KG, FamRZ 1995, 680.
2177 So z.B. LG Landau, FamRZ 1992, 1462.
2178 Zu anderweitiger Verteilung vgl. KG, FamRZ 2007, 1758.

diesbezüglichen Rechtsanwaltskosten zu tragen hat (fast immer bezahlt auch hier jeder seinen eigenen Rechtsanwalt).

a) Regelfall der Kostenaufhebung

2203 Von **Kostenaufhebung** anstelle von Kostenhalbierung spricht man, da nicht jeder automatisch gleich viel zahlt, wenn er Rechtsanwaltsrechnungen ausgleicht. Das heißt nicht, dass die Gebührenordnung nicht für alle verbindlich wäre.

2204 Abgesehen von den seltenen Fällen der Gebührenvereinbarung ist es aber verschiedentlich so, dass manche Beteiligte, wenn sie nicht am Gerichtsort wohnen, einen wohnortansässigen Rechtsanwalt haben, der den Schriftverkehr mit dem gegnerischen Kollegen führt und schließlich, wenn die Sache rechtshängig wird, wegen der weiteren Entfernung einen örtlichen Bevollmächtigten am Gerichtsort einschalten muss.

b) Ausnahmefall der Quotelung

2205 § 93a Abs. 1 Satz 1 ZPO enthält in Nr. 1 und 2 zwei Ausnahmetatbestände:

- Es kann anders **gequotelt** werden, wenn die gesetzliche Kostentragungspflicht „einen der Ehegatten in seiner **Lebensführung unverhältnismäßig beeinträchtigen** würde; die Bewilligung von PKH ist dabei nicht zu berücksichtigen". Es ist also zu fragen, ob ein Beteiligter Not leiden würde, wenn er nicht PKH bekäme, sondern die Kosten selbst tragen müsste. Der Gesetzgeber will dadurch dem Gericht die Möglichkeit geben, die Kosten des bedürftigen Partners von der Landeskasse auf den besser verdienenden Partner zu übertragen.

- Die Kostenaufhebung wird gleichfalls durch eine andere Verteilung ersetzt, wenn eine der Parteien in bestimmten **Folgesachen ganz oder teilweise verliert**. Diese Folgesachen sind: Ehegattenunterhalt, Kindesunterhalt und Zugewinnausgleich. Dabei wird entweder abweichend gequotelt oder es werden die Kosten der Folgesache, in der einer von beiden unterlag, dem Unterlegenen aufgebürdet, indem man ihm – durch zwei Alternativrechnungen – die Kosten in Rechnung stellt, die durch die besagten Folgesache **zusätzlich** entstanden sind.[2179]

2206 Einen Sonderfall dieser Bestimmung stellt die Rücknahme des Scheidungsantrags dar. Dies ist immer eine besondere Form des Unterliegens. In einem solchem Fall trägt der Rücknehmende stets die **Gesamtkosten** (§ 93a Abs. 2 ZPO).

2207 Von der Ausnahmevorschrift der gegenseitigen Aufhebung der Kosten gem. § 93a Abs. 1 Satz 2 Nr. 1 und Nr. 2 ZPO wird in der Praxis selten Gebrauch gemacht. Die erste Alternative nach § 93a Abs. 1 Satz 2 Nr. 1 ZPO wird vorab zumeist bereits durch

---

[2179] Kostenfestsetzung nach der sog. Differenzmethode, OLG Karlsruhe, FamRZ 1997, 222; OLG Köln, FamRZ 1997, 764.

IV. Gerichtliche Kostenentscheidung

den Verweis auf die Möglichkeit der Erlangung von PKV ausgeschlossen. Dies ist das vorrangige Mittel, das wirtschaftliche Ungleichgewicht bzgl. der Scheidungskosten auszugleichen. Zur PKH und zur Abwälzung der PKH-Kosten von der Landeskasse auf den begüterten Partner kommt es dann gar nicht mehr.

Der zweiten Alternative nach § 93a Abs. 1 Satz 2 Nr. 2 ZPO ist meist auch ein Vorschussantrag vorgeschaltet. 2208

Stets gilt jedoch: Wer ein **Rechtsmittel** gegen das Scheidungsurteil einlegt und in der nächsten Instanz verliert, zahlt die Kosten der 2. Instanz voll (§§ 91a Abs. 1, 97 Abs. 1 ZPO). 2209

Stirbt einer von beiden Kontrahenten in der Berufungsinstanz, richtet sich die Kostenentscheidung nach **§ 91a ZPO**, d h. das Gericht entscheidet „über die Kosten unter Berücksichtigung des bisherigen Sach- und Streitstandes nach billigem Ermessen". Die Kosten werden demjenigen aufgebürdet, der voraussichtlich verloren hätte.[2180] 2210

Stets ist im Fall des Todes eines der beiden Ehegatten vor Rechtskraft der Scheidung das Verfahren in der Hauptsache erledigt (§ 619 ZPO), d.h. die Ehe gilt als nicht geschieden – selbst dann, wenn der Tod während der Berufungsfrist eintritt und keiner von beiden vorhatte, Berufung einzulegen. Die Hauptsachenerledigung kann nach § 269 Abs. 3 Satz 3 ZPO auf Antrag des Überlebenden durch Beschluss ausgesprochen werden. 2211

2. Kostenentscheidung im isolierten Verfahren

Für isolierte Zugewinnausgleichsprozesse gelten die allgemeinen Regeln, v.a. die aus §§ 91 bis 93 ZPO. Die Kostentragungspflicht ergibt sich demnach aus dem Verhältnis des Obsiegens zum Unterliegen. 2212

Wenn **Stufenklage** erhoben und schließlich im Prozess Auskunft erteilt wird, der Kläger aber anschließend die Zahlungsstufe nicht betritt, weil rechnerisch kein Zugewinnausgleichsanspruch besteht, ist wie folgt zu verfahren: 2213

Eine Klagerücknahme mit der Kostenfolge aus § 93d ZPO (der Beklagte trägt die Kosten) gilt nur für Unterhaltsstufenklagen. 2214

Jedoch wirkt sich der darin enthaltene Rechtsgedanke auch für Zugewinnausgleichsstufenklagen dahin gehend aus, dass der Kläger zur sachdienlichen Klageänderung 2215

2180 OLG Bamberg, FamRZ 1995, 1073; ebenso OLG Karlsruhe, FamRZ 1996, 880 und OLG Nürnberg, FamRZ 1997, 763.

schreiten und seine bis dahin entstandenen Kosten als **Schadensersatz** einklagen kann.[2181]

2216 Wenn die Parteien in einem derartigen Fall gleichwohl übereinstimmend den Rechtsstreit für in der Hauptsache erledigt erklären (wogegen das Gericht ja nichts auszurichten vermag), muss über die Kosten nach § 91a ZPO entschieden werden. Zwar wären formal die Kosten dem Kläger aufzuerlegen, weil sich die Klage auf der Zahlungsstufe als unbegründet erwiesen hat, jedoch schlägt hier der Schadensersatzgedanke auf der Auskunftsstufe durch: Die Kosten sind dem Beklagten aufzuerlegen, weil der Prozess dadurch unausweichlich geworden war, dass dieser nicht außerprozessual Auskunft erteilt hatte.[2182]

2217 Werden Klage und Widerklage abgewiesen oder zurückgenommen, sind den Parteien die Kosten der Klage und der Widerklage nicht getrennt aufzuerlegen, sondern es sind die Kosten gem. § 92 ZPO **nach dem Verhältnis der Streitwerte zu quoteln.**[2183]

2218 Der Unterliegende braucht jedoch nicht kategorisch **alle** Gerichtskosten zu zahlen. Nach § 21 Abs. 1 GKG werden Kosten einer offensichtlich überflüssigen Beweisaufnahme nicht erhoben. Das gilt z.B. für eine Beweiserhebung über wertneutrale Positionen beim Zugewinnausgleich (hier: ideelles Miteigentum beider Parteien an Grundstücken).[2184]

2219 Leichte Verfahrensverstöße reichen für die Niederschlagung der Gerichtskosten nicht aus.[2185]

2220 Wer als Kläger PKH genießt, bleibt von Gerichtskosten verschont: Er braucht ja keinen Vorschuss – der i.d.R. alle Gerichtskosten umfasst – einzuzahlen, und wenn er unterliegt, kann der Beklagte aus demselben Grund keinen Erstattungsanspruch bzgl. der Gerichtskosten haben. Wenn dagegen der Beklagte PKH erhält und verliert, musste er dem Kläger nach älterer Rechtsprechung[2186] den ggf. von diesem gezahlten Gerichtskostenvorschuss erstatten. Diese Ungleichbehandlung hat das **BVerfG** mit Beschl. v. 23.06.1999 beseitigt.[2187] Seither ist der frühere § 58 Abs. 2 Satz 2 GKG, nun-

---

2181 St. Rspr., z.B. BGH, FamRZ 1995, 348; OLG Karlsruhe, FamRZ 2002, 1719.
2182 OLG Karlsruhe, FamRZ 2002, 1719, 1720.
2183 OLG Naumburg, FamRZ 2000, 434.
2184 OLG München, FamRZ 1999, 1676.
2185 OLG Karlsruhe, FamRZ 1999, 1677.
2186 Nach § 31 Abs. 3 GKG kann die Gerichtskasse der Antragsgegnerin im Scheidungsverfahren die Hälfte der Gerichtskosten auch dann aufbürden, wenn sie PKH genießt (OLG Nürnberg, FamRZ 1997, 755; h.M., auch noch LG Kleve, FamRZ 2000, 496). Hiergegen kann der bedürftige Ehegatte sich nur schützen, indem er den anderen schon zu Beginn des Scheidungsverfahrens in Höhe seiner Gerichtskostenhälfte auf PKV in Anspruch nimmt.
2187 BVerfG, FamRZ 2000, 474 (Verstoß gegen Art. 3 Abs. 1 GG).

mehr § 31 Abs. 3 GKG, so auszulegen, dass der darin enthaltene Haftungsausschluss sämtliche Gerichtskosten, also auch die bereits eingezahlten Gerichtskostenvorschüsse umfasst. Der unterlegene Beklagte braucht also die Vorschüsse nicht zu erstatten; der Kläger hat insoweit einen Anspruch gegen die Landeskasse analog § 2 Abs. 5 GKG.

3. Umfang der Kostenerstattungspflicht

Für PKH-Fälle, genauer: für Festsetzungsanträge gegen die Landeskasse aufgrund der Gewährung von PKH, gilt Folgendes: 2221

Wenn rechtskräftig auf die Erstattung nach den Bedingungen eines ortsansässigen Rechtsanwalts erkannt ist, erhält der Rechtsanwalt keine Fahrtkostenerstattung aus der Staatskasse; er kann sie dann von seinem Mandanten fordern und notfalls nach § 11 RVG gegen ihn festsetzen lassen.[2188] 2222

Bei freifinanzierten Prozessen und natürlich bei Erstattungsanträgen gegen den unterlegenen Gegner (§ 91 ZPO) ist dies anders. Am 01.01.2000 ist bekanntlich das anwaltliche **Lokalisationsprinzip** weggefallen. Seither kann eine klagende Partei nach Ansicht des **OLG Düsseldorf**[2189] einen an seinem Wohn- oder Geschäftssitz ansässigen Rechtsanwalt zum Prozessbevollmächtigten bestellen, und zwar in der Gewissheit, im Hinblick auf die Reisekostenerstattung des Rechtsanwalts keine Nachteile zu erleiden. Die Kosten hat der Gegner zu tragen. 2223

Das **OLG München**[2190] will diese Ansicht zu Recht nur für den Fall gelten lassen, dass die Reisekosten des Rechtsanwalts niedriger ausfallen als die Kosten einer Informationsfahrt zu einem am Prozessgericht praktizierenden Rechtsanwalt. Richtig ist deshalb auch die Entscheidung des **BGH** v. 12.12.2002,[2191] derzufolge eine Partei, die am eigenen Gerichtsstand verklagt wird, aber einen auswärtigen Rechtsanwalt beauftragt, dessen Reisekosten zu zahlen hat, und zwar auch dann, wenn der Rechtsanwalt schon vorprozessual in dieser Sache tätig war. 2224

Ergänzend der BGH: Wenn der Rechtsanwalt an einem **dritten** Ort wohnt, bekommt er höchstens die **fiktiven Kosten** für die Reise zwischen Wohn- oder Geschäftsort des Mandanten und dem Gerichtsort erstattet.[2192] 2225

Die Kosten eines **Verkehrsanwalts** (Korrespondenzanwalts) sind nur dann zu erstatten, wenn es einer Partei **nicht zumutbar** ist, einen am Prozessgericht praktizierenden 2226

2188 So OLG Nürnberg, FamRZ 2001, 1157; selbstverständlich vergisst das OLG hinzuzufügen, dass vom Mandanten in solchen Fällen nichts zu holen ist.
2189 OLG Düsseldorf, FamRZ 2002, 249.
2190 OLG München, FamRZ 2002, 250.
2191 BGH, FamRZ 2003, 524.
2192 BGH, FamRZ 2004, 618 (LS); BGH, FamRZ 2004, 939.

Rechtsanwalt mündlich oder schriftlich zu informieren. Hier sind **strenge Maßstäbe** anzulegen (krasse Unbeholfenheit des Mandanten, Komplexität der Sach- und Rechtslage, Missverhältnis von Streitwert und Entfernung zwischen Wohnort und Gerichtsort).[2193]

2227 Zu den Kosten gehören selbstverständlich auch die Kosten von **Sachverständigengutachten**.[2194] Wenn Privatgutachter den Wert von Immobilien festgesetzt haben und die Parteien sich im Verbund auf dieser Grundlage geeinigt haben, können i.Ü. auch die Kosten des Privatgutachters Gegenstand des Kostenfestsetzungsverfahrens sein.[2195]

2228 Die durch Kostenfestsetzungsbeschluss auszuwerfenden Beträge sind zu verzinsen, und zwar seit Inkrafttreten des ZPO-Reformgesetzes v. 27.07.2001 mit 5 % über dem Basiszins (§ 104 Abs. 1 Satz 2 ZPO, § 247 BGB). Alte Kostenfestsetzungsbeschlüsse, die noch nach der alten Fassung der Vorschrift die vierprozentige Verzinsung enthalten, können nicht i.S.d. Neufassung umgedeutet werden; die Rechtskraft des alten Titels steht dem entgegen.[2196]

2229 Die Verjährungsfrist für einen Kostenerstattungsanspruch aufgrund rechtskräftiger Kostengrundentscheidung beträgt 30 Jahre, § 197 Abs. 1 Satz 3 BGB.[2197]

V. Gegenstandswert im Scheidungsverfahren

2230 **Anwaltsgebühren** sind in Familiensachen wie in sonstigen zivilrechtlichen Streitigkeiten ausschließlich **streitwertorientiert**. Einfach gesagt: Je höher der Streitwert, desto höher ist die einzelne Gebühr. Es ist also – aus der Mandantenperspektive, aber auch aus der Sicht eines gewissenhaften Anwalts – sinnvoll, bei allen Maßnahmen, bei außergerichtlichen und gerichtlichen Verfahren, den jeweils entstehenden Gegenstandswert zu berücksichtigen.

2231 Wie hoch aber ist der Streitwert im Einzelfall?

Wenn A von B 500,00 € verlangt, ist die Sache einfach: Der Streitwert beträgt 500,00 € und die Anwalts- und Gerichtsgebühren bemessen sich nach diesem Wert.

2232 Welchen Streitwert aber hat eine Scheidung?

Hierauf gibt es leider keine klare Antwort. Die gesetzliche Grundlage hierzu findet unterschiedliche Auslegungen. In § 48 Abs. 2 GKG heißt es:

2193 OLG Brandenburg, FamRZ 2002, 253.
2194 Jedoch nur nach „erforderlicher Zeit", vgl. OLG Koblenz, FamRZ 2007, 301.
2195 OLG Nürnberg, FamRZ 2002, 1718.
2196 BGH, FamRZ 2003, 925.
2197 BGH, FamRZ 2006, 854; OLG Koblenz, FamRZ 2006, 874.

V. Gegenstandswert im Scheidungsverfahren

„In nichtvermögensrechtlichen Streitigkeiten ist der Wert des Streitgegenstandes unter Berücksichtigung aller Umstände des Einzelfalles, insbesondere des Umfangs und der Bedeutung der Sache und der Vermögens- und Einkommensverhältnisse der Parteien, nach Ermessen zu bestimmen. In Ehesachen ist für die Einkommensverhältnisse das in drei Monaten erzielte Nettoeinkommen der Eheleute einzusetzen."

Das bedeutet: Sind Umfang und Bedeutung der Scheidung durchschnittlich und ist das Vermögen mit Null zu bewerten, bleiben die Einkommensverhältnisse allein maßgeblich.[2198]   2233

Das heißt: **Summe beider Nettoeinkommen**[2199] **mal drei** beträgt der Streitwert der Scheidung selbst (also der Hauptsache, ohne Folgesachen!).[2200] Anders manche Gerichte, die sich in einem problematischen Grenzbereich bewegen, wenn sie, wie gelegentlich,   2234

- vom Nettoeinkommen den **Kindesunterhalt abziehen**,
- den Faktor 3 auf 2 oder 1 schrumpfen lassen,
- das Vermögen, wenn denn welches vorhanden ist, völlig außer Betracht lassen,
- Umfang und Bedeutung der Sache regelmäßig gering achten, weil sie die Bedeutung des Prozesses nur in dem Streitstoff sehen, der ggf. noch „übrig geblieben" ist.

Zwischenzeitlich hat das **BVerfG**[2201] aber abschließend erklärt, dass auch im Fall beiderseitiger Bewilligung von PKH die Reduzierung des Streitwerts im Scheidungsverfahren auf unterhalb der Grenze des Werts des Nettoeinkommens der Eheleute für drei Monate gegen Art. 12 Abs. 1 GG verstößt.   2235

Der Mindeststreitwert beläuft sich auf 2.000,00 €, der Maximalwert auf 1 Mio. €, § 48 Abs. 2 Satz 2, Abs. 3 Satz 2 GKG.

Der Streitwert der Hauptsache wird durch Art, Anzahl und Umfang **von Folgesachen nicht beeinflusst.**[2202]   2236

2198 Entscheidend ist der Zeitpunkt der Klageerhebung; nachfolgende Einkommensreduzierungen mindern den Wert nicht, so OLG München, FamRZ 1997, 34.
2199 Anwaltsfreundlich und deshalb eo ipso begrüßenswert ist die Auffassung des OLG Zweibrücken, FamRZ 2002, 255, wonach eine Verbesserung der Einkommensverhältnisse ab Antragstellung den Streitwert erhöht, eine Verschlechterung aber nicht zu einer Herabsetzung führt.
2200 So z.B. das OLG Koblenz, FamRZ 1993, 827 und das OLG Frankfurt am Main, FamRZ 1997, 35 (kein Abschlag bei einverständlicher Scheidung!).
2201 1 BvR 2407/06, FamRZ 2007, 1080; ebenso bei Gewährung von PKH mit Ratenzahlung, Az. 1 BvR 2697/06, FamRZ 2007, 1081.
2202 OLG Brandenburg, FamRZ 1997, 34.

2237 Selbstgenutztes Immobilieneigentum erhöht als **Vermögen** den Wert der Hauptsache um **5 %** des saldierten Werts.[2203]

2238 Die Anwendung **ausländischen Rechts** rechtfertigt eine **Erhöhung** des Streitwerts.[2204]

2239 Der **Wert der Berufung** ist allein der **Wert der Hauptsache**, wenn über Folgesachen nicht verhandelt wird; das gilt auch dann, wenn der Hilfsantrag auf Korrektur der Folgesachen abzielt.[2205]

VI. Vermögensrechtliche Streitwerte

2240 Die Streitwerte der hier interessierenden Prozesse sollen im folgenden alphabetischen Grobüberblick dargestellt werden:

Auskunft (im Unterhaltsprozess)	Im Regelfall 500,00 €, sonst ggf. 1/5 bis 1/3 des evtl. Zahlungsantrags, bei Stufenklage im späteren Zahlungsantrag enthalten (§ 44 GKG).
Auskunftsklage (im Zugewinnausgleichsprozess)	Der Wert ist, wenn das Scheidungsverfahren bereits anhängig ist, mit einem Fünftel des zu erwartenden Zugewinnausgleichsbetrages festzusetzen.[a] In isolierten Verfahren beträgt der Wert 1/4 bis 1/10 des Leistungsanspruchs,[b] nach vereinzelter Ansicht sogar 100 %.[c] Fehlen Anhaltspunkte für die Höhe, betrug der Wert bis zum 31.12.2001 nur 1.000,00 DM,[d] seitdem 500,00 €. Der Rechtsmittelstreitwert (**Beschwer**) bemisst sich gem. §§ 2, 3 ZPO[e] nach der Höhe des Aufwands an Zeit und Kosten für die Erteilung der Auskunft.[f]
Eidesstattliche Erklärung betr. Vollständigkeit und Richtigkeit der Endvermögensauskunft	Der Anspruch ist vermögensrechtlicher Natur; der Wert ist nach §§ 2, 3 ZPO zu schätzen auf allenfalls 500,00 €.[g]
Einstweilige Verfügung, Arrest	I.d.R. 1/3 des Hauptsachewerts.[h]

2203 OLG Schleswig, FamRZ 1997, 36; gegen Zugrundelegung einer Quote aus der Nettomiete: OLG Köln, FamRZ 1997, 37.
2204 OLG Hamm, FamRZ 1996, 501.
2205 OLG Hamm, FamRZ 1997, 41.

Elterliche Sorge	- Im Verbundverfahren 900,00 €[j] Festwert gem. § 48 Abs. 3 Satz 3 GKG, bei einstweiliger Anordnung 500,00 € Ausgangswert gem. § 24 RVG[j] - Im isolierten Verfahren 3.000,00 €, § 30 Abs. 2 KostO, bei vorläufiger Anordnung 500,00 € gem. § 24 RVG für jedes weitere Kind.
Ersetzungsverfahren nach § 1365 Abs. 2 BGB	Ist nach § 30 Abs. 2 KostO zu bestimmen und beträgt regelmäßig 3.000,00 €.[k]
Freistellung von gesamtschuldnerischen Verbindlichkeiten	Erzielen beide beteiligten Eheleute Einkünfte, sodass offenbleibt, wen der Gläubiger voraussichtlich in Anspruch genommen hätte oder in Anspruch nehmen wird, ist der Wert des Betrages zugrunde zu legen, in Höhe dessen die Freistellung erfolgt.[l] Wird eine Vereinbarung getroffen, derzufolge ein Ehepartner die Hälfte einer gesamtschuldnerischen Verbindlichkeit übernimmt, ist der Gegenstandswert eben diese Hälfte, nicht die volle Verbindlichkeit.[m]
Hausrat	Der **Verkehrswert** der herausverlangten Sachen (der bisweilen recht ansehnliche Wert wird nach der Reform des Gebührenrechts **nicht** mehr dadurch relativiert, dass in isolierten Hausratsteilungsverfahren die Gebühren nach den früheren §§ 63 Abs. 1, 31 BRAGO nur zur Hälfte entstehen);[n] vielmehr gibt es hier jetzt auch die 1,3-Verfahrensgebühr und die 1,2-Terminsgebühr nach dem Verkehrswert § 100 Abs. 3 KostO.
Kindesherausgabe	- Im Verbund 900,00 € Festwert gem. § 48 Abs. 3 Satz 3 GKG, bei einstweiliger Anordnung 500,00 € gem. § 24 RVG. - Im isolierten Verfahren 3.000,00 € gem. § 30 Abs. 2 KostO, bei vorläufiger Anordnung 500,00 € gem. § 24 RVG.
Sicherstellungsklage nach § 1389	Die Sicherheitsleistung selbst.[o]
Stufenklage	Entscheidend ist der Wert der Leistungsklage. Wenn der Rechtsstreit nicht auf diese (zweite) Stufe gelangt oder wenn der Leistungsanspruch nicht beziffert wird, ist allein auf die Bewertung des Auskunftsinteresses abzustellen.[p]

Stundung	Der Wert ergibt sich aus dem Stundungsinteresse, das mit 1/5 bis 1/6 angesetzt wird.[q]
Übertragung bestimmter Gegenstände nach § 1383	Umstritten; die Wertansätze orientieren sich alternativ am Zuteilungsinteresse, an einem Bruchteil des Werts und am Wert selbst.[r]
Umgangsrecht	- Im Verbund 900,00 € Festwert gem. § 48 Abs. 3 Satz 3 GKG, bei einstweiliger Anordnung 500,00 € gem. § 24 RVG. - Im isolierten Verfahren 3.000,00 € gem. § 30 Abs. 2 KostO, bei vorläufiger Anordnung 500,00 € gem. § 24 RVG.
Unterhalt	Der Gebührenstreitwert errechnet sich aus der **Summe der Unterhaltsrückstände** einschließlich des Monats der Klageerhebung[s] **und dem Jahresunterhalt**,[t] wobei im Fall monatlich variierender (steigender) Unterhaltsbeträge die ersten zwölf Monate nach Klageeinreichung maßgeblich sein sollen.[u] Eine anwaltsfreundliche Haltung vertritt (bei Klageerhöhung) das **OLG Köln**:[v] Danach ist der Jahresunterhalt ab Erhöhung zuzüglich der gesamten bis dahin aufgelaufenen Rückstände maßgeblich.
Versorgungsausgleich	Jahresbetrag der übertragenen Anwartschaften, mindestens aber 1.000,00 DM,[w] nunmehr 1.000,00 €.
Verteilung des gemeinschaftlichen Eigentums oder Vermögens nach DDR-Recht (§ 39 FGB)	Der volle Wert des zu verteilenden Vermögens.[x]
Vorzeitiger Zugewinnausgleich und Auskunftsklage	Wenn das Scheidungsverfahren bereits anhängig ist, jeweils mit 1/5 des zu erwartenden Zugewinnausgleichsbetrages festzusetzen.[y]
Wohnung	Jahresmiete.[z] Im isolierten Wohnungszuweisungsverfahren während des Getrenntlebens: Halbjahresmiete.[aa]

VI. Vermögensrechtliche Streitwerte

Zugewinnausgleich	Die Forderung. Bei **Klage und Widerklage** ist die Streitwertbemessung umstritten. OLG Köln:[ab)] Der Kostenwert ist die höhere der beiden Forderungen, nicht deren Summe. **OLG Bamberg**[ac)] sowie **OLG Köln**,[ad)] **OLG München**[ae)] und **OLG Karlsruhe**:[af)] Der Wert ist die Summe der von beiden Parteien eingeklagten Beträge.
Zutritt zu einem Grundstück zur Vorbereitung eines Differenzgutachtens	Das Bewertungsinteresse;[ag)] das gleiche Kriterium gilt für die Gegenseite (Interesse, den Auftritt des Sachverständigen nicht dulden zu müssen).[ah)]
Verzichts- und Erledigungserklärungen im Rahmen eines Vergleichs	Hier gelten niedrigere Werte.

Erläuterungen:
a) OLG Nürnberg, FamRZ 1998, 685.
b) BGH, FamRZ 2000, 948, 949.
c) OLG Zweibrücken, FamRZ 2000, 1512 (LS).
d) OLG Zweibrücken, FamRZ 2000, 1512 (LS).
e) BGH, FamRZ 2003, 1267 (dort 500,00 DM).
f) BGH, FamRZ 2003, 597 (dort 1.000,00 DM).
g) OLG Köln, FamRZ 1998, 1309.
h) Zöller/Herget, ZPO, § 3 Rn. 16 m.w.N.
i) Das FamG Ludwigslust beziffert den Wert mit 1.200,00 €, FamRZ 2005, 1763.
j) Vgl. Hartmann, Kostengesetze, § 24 RVG Rn. 3; OLG Koblenz, FamRZ 1999, 386.
k) OLG Koblenz, FamRZ 2002, 763.
l) OLG Karlsruhe, FamRZ 1998, 1311.
m) OLG Karlsruhe, 2 WF 130/97.
n) OLG Nürnberg, FamRZ 1998, 116.
o) OLG München, JurBüro 1977, 721.
p) OLG Schleswig, FamRZ 1997, 40; BGH, FamRZ 1990, 1497; BGH, FamRZ 1993, 1189: 1/4 – 1/10 des Leistungsinteresses.
q) OLG Karlsruhe, Kostenrechtsprechung, § 3 ZPO Nr. 35.
r) Gerhardt/Müller-Rabe, Handbuch Fachanwalt Familienrecht, S. 1254, Fn. 174 – 177.
s) KG, FamRZ 1991, 1216 im Einklang mit dem Schrifttum; a.A. OLG Celle, FamRZ 1996, 504, das den „Rechtshängigkeitsmonat" nicht den Rückständen zuschlägt.
t) Das gilt auch dann, wenn die Klägerin eine Abfindung haben will, die deutlich über den Jahresbetrag hinausgeht (OLG Thüringen, FamRZ 1999, 1680).
u) OLG Nürnberg, FamRZ 2002, 684; OLG Celle, FamRZ 2003, 1683.

v) OLG Köln, FamRZ 2004, 1226.
w) Zum Beschwerdewert, Gutdeutsch/Pauling, FamRZ 1998, 214.
x) OLG Brandenburg, FamRZ 1999, 798.
y) OLG Nürnberg, FamRZ 1998, 685.
z) OLG Karlsruhe, FamRZ 2005, 230.
aa) OLG Köln, FamRZ 1995, 562 und OLG Hamm, FamRZ 1997, 380.
ab) OLG Köln, FamRZ 1994, 641.
ac) OLG Bamberg, FamRZ 1995, 492.
ad) OLG Köln, FamRZ 1997, 41 und FamRZ 2001, 1386.
ae) OLG München, FamRZ 1997, 41.
af) OLG Karlsruhe, FamRZ 1998, 574.
ag) OLG Zweibrücken, FamRZ 1998, 1308: 2.400,00 DM
ah) BGH, FamRZ 1999, 647 (zum Rechtsmittelstreitwert = Beschwer).

VII. Anwaltliche Gebühren

2241 In § 2 Abs. 1 RVG findet sich die zentrale Regelung des anwaltlichen Vergütungsrechts. Danach werden die Gebühren nach dem Wert berechnet, den der Gegenstand der anwaltlichen Tätigkeit hat (**Gegenstandswert**).

2242 Abschnitt 2 mit dem Titel „**Gebührenvorschriften**" behandelt die nach dem Gegenstandswert entstehenden Gebühren des Rechtsanwalts. **§ 13 RVG** stellt die **Grundnorm** für die Gebühren dar, die sich nach dem Wert des Gegenstands richten, **§ 14 RVG** behandelt die Regelung für **Rahmengebühren** und **§ 15 RVG** stellt die zentrale Vorschrift für den **Abgeltungsbereich der Gebühren** dar.

2243 Die eigentlichen Gebührentatbestände, nach denen sich die Höhe der anwaltlichen Vergütung ergibt, finden sich im **Vergütungsverzeichnis (VV)**, das als Anlage zum RVG konzipiert ist, § 2 Abs. 2 Satz 1 RVG.

2244 Im Familienrecht sind v.a. Teil **1** (Allgemeine Gebühren), Teil **2** (Außergerichtliche Tätigkeiten), Teil **3** (Bürgerliche Rechtsstreitigkeiten und Verfahren der freiwilligen Gerichtsbarkeit) und Teil **7** (Auslagen) einschlägig.

1. Verfahren 1. Instanz

2245 In aller Regel werden in einem erstinstanzlichen Verfahren eine **Verfahrensgebühr (1,3)** und eine **Terminsgebühr (1,2)** anfallen. Diese Gebühren sind unter bestimmten Voraussetzungen ermäßigt. Andererseits kann zusätzlich eine **Einigungsgebühr (1,0)** anfallen.

2246 Im Einzelnen ergeben sich nach den Nummern des Vergütungsverzeichnisses **Gebühren in der jeweils folgenden Höhe**:

- Verfahrensgebühr (Nr. 3100 RVG VV)	1,3
- Verfahrensgebühr ermäßigt (Nr. 3101 RVG VV)	0,8
- Verfahrensgebühr-PKH (Nr. 3335 RVG VV)	1,0
- Verfahrensgebühr ermäßigt – PKH (Nr. 3307 RVG VV)	0,5
- Terminsgebühr (Nr. 3104 RVG VV)	1,2
- Terminsgebühr ermäßigt (Nr. 3105 RVG VV)	0,5
- Einigungsgebühr (Nr. 1000, 1003 RVG VV)	1,0
- Einigungsgebühr ohne Hauptsache (Nr. 1000 RVG VV)	1,5

a) **Verfahrensgebühr**

Die **Verfahrensgebühr** entsteht für das Betreiben des Geschäfts einschließlich der Information, Vorbem. 3 Abs. 2 RVG VV.[2206]   2247

Die Verfahrensgebühr entsteht, sobald der Anwalt in einem Verfahren bestellt ist und eine **den Gebührentatbestand auslösende Tätigkeit** entfaltet. Dazu gehören Beratungen mit dem Auftraggeber, Besprechungen auch mit dem Gegner und dem Gericht, Schriftwechsel, Einreichung von Anträgen und Schriftsätzen (mit Sachvortrag), Wahrnehmung von Terminen usw.   2248

Die Gebühr ist jedoch nach Nr. 3101 RVG VV auf 0,8 zu **ermäßigen**, wenn der Auftrag vorzeitig in einem bestimmten Stadium des Mandats endet, Nr. 3101 Nr. 1 RVG VV, nämlich vor Klageinreichung, Einreichung eines Schriftsatzes mit Anträgen oder Sachvortrag oder aber vor Erklärung der Klagrücknahme oder Sachvortrag.

> **Praxistipp:**
> Wenn Sachvortrag gehalten wird, bevor der Auftrag endet, ist die volle Gebühr verdient.

Ebenfalls lediglich eine ermäßigte Gebühr nach Nr. 3101 Nr. 2 RVG VV von 0,8 entsteht, wenn beantragt wird, eine Einigung der Parteien über in diesem Verfahren nicht rechtshängige Ansprüche zu Protokoll zu nehmen oder festzustellen. Wird der Vergleich zugleich über rechtshängige Ehescheidungsfolgen abgeschlossen, ist die Begrenzungsvorschrift des § 15 Abs. 3 RVG VV zu beachten.   2249

2206 Entsprechend dem Anwendungsbereich des früheren § 31 Abs. 1 Nr. 1 BRAGO.

b) Terminsgebühr

2250 Die **Terminsgebühr** ersetzt die frühere Verhandlungs-[2207] und Erörterungsgebühr.[2208]

Der **Anwendungsbereich ist weiter gefasst** als die früheren Gebührentatbestände und soll den Wegfall der Beweisgebühr kompensieren.

2251 In Scheidungsverfahren hat dies jedoch im Ergebnis zu einer Reduzierung der Gebühren um 0,5 geführt, da früher 1,0 Verfahrensgebühr, 1,0 Verhandlungsgebühr und 1,0 Beweisgebühr (Anhörung der Parteien im Termin) insgesamt 3,0 Gebühren ausmachten gegenüber nunmehr 2,5 Gebühren (1,3 Verhandlungs- und 1,2 Terminsgebühr).

2252 Die **Terminsgebühr entsteht** gem. Vorbem. 3 Abs. 3 zu Teil 3 RVG VV für die

- **Vertretung** in einem Verhandlungs-, Erörterungs- oder Beweisaufnahmetermin, wobei es auf tatsächliche sachliche Erörterungen oder Anträge nicht ankommt,[2209]
- **Wahrnehmung** eines von einem gerichtlich vereidigten Sachverständigen anberaumten Termins,[2210]
- **Mitwirkung** an auf die Vermeidung oder Erledigung des Verfahrens gerichteten Besprechungen ohne Beteiligung des Gerichts, allerdings nicht allein mit dem Auftraggeber.[2211]

c) Einigungsgebühr

2253 Zur Förderung der Streitbeilegung wurde die **frühere Vergleichsgebühr** des § 23 BRAGO mit 1,0 zu einer **Einigungsgebühr** umgestaltet und mit einem Satz von 1,5 bemessen, Nr. 1000 RVG VV.

2254 Der sachliche Anwendungsbereich der Einigungsgebühr bezieht sich in Familiensachen auf alle denkbaren Angelegenheiten. Eine **Sonderregelung** besteht allerdings für die in Abs. 5 der Anm. zu Nr. 1000 RVG VV angesprochenen **Ehesachen**, also die Verfahren auf Scheidung und Aufhebung der Ehe, Feststellung des (Nicht-)Bestehens einer Ehe oder auf Herstellung des ehelichen Lebens.[2212]

2207 § 31 Abs. 1 Nr. 2 BRAGO a.F.
2208 § 31 Abs. 1 Nr. 4 BRAGO a.F.
2209 Beim Anerkenntnisurteil entsteht die Gebühr auch dann, wenn tatsächlich keine mündliche Verhandlung stattgefunden hat, LG Stuttgart, NJW 2005, 3152.
2210 Garbe/Ullrich/Ebert, Prozesse in Familiensachen, § 13 Rn. 322.
2211 OLG Koblenz, FamRZ 2006, 220.
2212 Sowie auf Lebenspartnerschaftssachen.

Die Einigung ist eine „**Erfolgsgebühr**", sodass sie etwa in Fällen des Widerrufs oder der wirksamen Anfechtung[2213] wegfällt. 2255

Die **Mitwirkung des Anwalts** beim Abschluss des Einigungsvertrages ist erforderlich, nicht aber seine wesentliche Beeinflussung des Inhalts des Vertrages. Es genügt, wenn er bei den Vertragsverhandlungen mitwirkt, Abs. 2 der Anm. zu Nr. 1000 RVG VV, nicht aber, wenn nicht zumindest eine Mitursächlichkeit der anwaltlichen Tätigkeit festzustellen ist. 2256

> **Hinweis:**
> Die **Beweislast** für die fehlende Ursächlichkeit bei Mitwirkung an den Vertragsverhandlungen im Fall der Einigung trägt der Auftraggeber.[2214]

Beschränkt sich der Einigungsvertrag ausschließlich auf ein **Anerkenntnis oder einen Verzicht**, fällt die Einigungsgebühr nicht an. Bereits weitere Regelungen, etwa von **Ratenzahlungen** etc. lassen die Gebühr jedoch entstehen. 2257

Ebenso wenige Voraussetzungen sind an den **Umfang des Streits** zu stellen. Es genügt das Behaupten unterschiedlicher Rechtsauffassungen, um durch Einigung den Streit oder die Ungewissheit der Parteien über ein Rechtsverhältnis zu beseitigen. 2258

2. Berufungs- und Revisionsverfahren

Die Nr. 3200 bis 3205 RVG VV enthalten die Gebührentatbestände für das Berufungs- und Revisionsverfahren. 2259

Die **Gebühren** bemessen sich im Berufungs- bzw. Revisionsverfahren[2215] wie folgt:[2216] 2260

- *Verfahrensgebühr*	*Nr. 3200 RVG VV/1,6 (Nr. 3208 RVG VV/2,3)*
- *Verfahrensgebühr ermäßigt*	*Nr. 3201 RVG VV/1,1 (Nr. 3209 RVG VV/1,8)*
- *Terminsgebühr*	*Nr. 3202 RVG VV/1,2 (Nr. 3210 RVG VV/1,5)*
- *Terminsgebühr ermäßigt*	*Nr. 3203 RVG VV/0,5 (Nr. 3211 RVG VV/0,8)*
- *Einigungsgebühr*	*Nr. 1004 RVG VV/1,3 (Nr. 1004 RVG VV/1,3)*

Die Ermäßigung der Verfahrensgebühr in 2. und 3. Instanz ist in gleicher Weise geregelt wie die Gebührenermäßigung in 1. Instanz. 2261

2213 OLG Karlsruhe, OLGR 1999, 332.
2214 Vgl. Garbe/Ullrich/Ebert, Prozesse in Familiensachen, § 13 Rn. 334.
2215 Für die Revision in Klammern gesetzt.
2216 Nach Garbe/Ullrich/Ebert, Prozesse in Familiensachen, § 13 Rn. 379.

2262 Wird ein **Rechtsmittel fristwahrend** eingelegt und vor der Begründung zurückgenommen, ist dem Anwalt des Rechtsmittelgegners, dem ein Auftrag zur Prozessführung im Rechtsmittelverfahren erteilt worden ist, die ermäßigte Gebühr zu vergüten.

2263 Hat der gegnerische Anwalt jedoch bereits den **Antrag auf Zurückweisung des Rechtsmittels** gestellt, erwächst die **volle Verfahrensgebühr** aus Nr. 3200, 3206 oder 3208 RVG VV.

2264 Der **Kostenerstattungsanspruch** ist allerdings auf die ermäßigte Gebühr beschränkt, wenn vor Begründung des Rechtsmittels dessen Rücknahme erklärt wird.[2217]

3. Besonderheiten im Verbundverfahren

a) Verfahrensgebühr

2265 Wird im Scheidungsverfahren ein **Schriftsatz** eingereicht, der Sachvortrag enthält, sind die Voraussetzungen für eine Ermäßigung der Verfahrensgebühr nicht erfüllt. Der Anwalt erhält die **volle Verfahrensgebühr**. Ein Antrag zur Scheidung ist nicht erforderlich.

2266 Umgekehrt löst ein eigener Antrag zur Ehesache die Gebühr nach Nr. 3100 RVG VV aus.

2267 Im Verbund kann, wie bei isolierten Streitigkeiten, eine Begrenzung der Gebühren nach § 15 Abs. 3 RVG erfolgen. Dies ist der Fall, wenn hinsichtlich einer Folgesache eine Gebührenreduzierung eintritt, es bei der Scheidung selbst und/oder anderen Folgesachen aber bei der Gebühr nach Nr. 3100 RVG VV verbleibt.

2268 Ist **zuvor eine Geschäftsgebühr** nach dem Gegenstand angefallen, hat nach Abs. 4 der Vorbem. 3 RVG VV eine Anrechnung dieser Gebühr auf die Verfahrensgebühr zur Hälfte (max. zu 0,75) zu erfolgen.

b) Terminsgebühr

2269 Die **Terminsgebühr** kann sich wesensmäßig nur auf diejenigen Gegenstände beziehen, bei denen eine Vertretung im Termin auch stattgefunden hat. Wird also eine Folgesache erledigt, z.B. durch Antragsrücknahme, bevor der Verhandlungstermin stattfindet, entsteht zwar, evtl. ermäßigt, eine Verfahrensgebühr, nicht aber auf den Gegenstandwert der Folgesache bezogen, eine Terminsgebühr.

Im Fall der Verhandlung über bisher **nicht anhängige Folgesachen** werden diese jedoch **streitwerterhöhend** berücksichtigt.

2217 BGH, FamRZ 2003, 522, 523; BGH, FamRZ 2003, 1461.

VII. Anwaltliche Gebühren

Die Terminsgebühr ist auch bei mehreren Verhandlungsterminen **nur ein einziges Mal** abrechenbar. Verändert sich der Streitwert im Laufe des Verfahrens, ist der **höchste jemals maßgebliche Streitwert** anzusetzen. 2270

c) **Einigungsgebühr**

Die **Einigungsgebühr** betreffend eines im Scheidungsverfahren geschlossenen Vertrages über Folgesachen entsteht mit **Rechtskraft der Scheidung**. 2271

Wird im gerichtlichen Verfahren eine umfassende Scheidungsfolgenvereinbarung getroffen, die zuvor außergerichtlich ausgehandelt worden ist, stellt sich die Frage, ob einerseits die **Prozessvertretung**, andererseits aber auch **die außergerichtliche Tätigkeit** voll umfänglich abgerechnet werden kann. Der **BGH**[2218] geht grds. von der Vermutung eines **einheitlichen Prozessauftrages** aus. Dies bedeutet: Ein i.R.d. Scheidungsverfahrens über nicht anhängige Folgesachen abgeschlossener Vergleich ist in der Weise zu vergüten, dass eine Verfahrensgebühr i.H.v. 0,8 (Nr. 3101 Nr. 1, 2 RVG VV), eine Terminsgebühr i.H.v. 1,2 (Nr. 3104 RVG VV) und eine Einigungsgebühr i.H.v. 1,5 (Nr. 1000 RVG VV) anfallen. Zu beachten ist dabei allerdings die Kontrollrechnung nach § 15 Abs. 3 RVG. 2272

d) **Abtrennung von Folgesachen**

Erfolgt eine **Abtrennung von Folgesachen** zu elterlicher Sorge, Umgangsrecht oder Kindesherausgabe nach § 623 Abs. 2 Satz 2 ZPO oder der ergänzenden Abtrennung einer unterhaltsrechtlichen Folgesache nach § 623 Abs. 2 Satz 3 ZPO, werden diese Verfahren als isolierte, selbstständige Familiensachen fortgeführt. Dasselbe gilt für vorherige Folgesachen nach Rücknahme (§ 626 ZPO) oder Abweisung eines Scheidungsantrags (§ 629 ZPO). 2273

Ab dem Zeitpunkt der Beschlussfassung richten sich die gebührenrechtlichen Folgen nach den **Vorschriften für isolierte Familiensachen**. 2274

> **Hinweis:**
> Zu beachten ist bei der Abrechnung solcher Verfahren die Veränderung der Gegenstandswerte z.B für elterliche Sorge.[2219]

2218 NJW 1968, 52.
2219 Von 900,00 € (§ 48 Abs. 3 Satz 3 GKG) auf den Regelbetrag von 3.000,00 € (§§ 94 Abs. 2, 30 Abs. 2 KostO).

K. Kosten und Gebühren

e) Aussöhnungsgebühr

2275 Die **Aussöhnungsgebühr nach Nr. 1001 RVG VV** mit einem Gebührensatz von 1,5 soll der Bedeutung der Ehe und ihrer Erhaltung Rechnung tragen.

2276 Die Aussöhnung stellt keinen Vertrag dar, sodass eine solche Beendigung des Konflikts nicht von der Einigungsgebühr erfasst ist.

2277 Voraussetzung für den Anfall der Gebühr ist zunächst der **ernsthafte Wille, die Ehe aufzulösen** durch Erklärung gegenüber dem Ehepartner, die Ehe auflösen zu wollen. Die Stellung eines Scheidungsantrags ist nicht erforderlich. Es muss aber sodann, ebenso wie bei der Einigungsgebühr, tatsächlich zum **Erfolg**, also zur Aussöhnung kommen.

2278 Dabei muss der **Rechtsanwalt mitgewirkt** haben. Auf das Ausmaß seiner Bemühungen kommt es jedoch nicht an; Ratschläge des Rechtsanwalts genügen.

2279 Allerdings hat der Rechtsanwalt im Streitfall über diese Gebühr die **Nachweispflicht**, dass er eine (mit ursächliche) Tätigkeit ausgeübt hat, die zur Aussöhnung geführt hat. Die Anforderungen können hierbei aber **nicht streng** gefasst sein: es muss eine Glaubhaftmachung der Voraussetzungen des Gebührentatbestandes genügen.[2220]

2220 So auch Garbe/Ullrich/Ebert, Prozesse in Familiensachen, § 13 Rn. 418.

L. Steuerrecht im Scheidungsverfahren

Notare pflegen in Grundstücksübertragungsverträgen einen Paragrafen einzubauen, mit dem sie erklären, keine steuerliche Beratung durchgeführt zu haben, um nicht in eine entsprechende Haftung zu geraten. Gerade im Familienrecht tätige Anwälte kommen aber nicht umhin, sich mit steuerlichen Unterlagen zu beschäftigen. 2280

Die **Beratung des Mandanten** muss nach ständiger Rechtsprechung des BGH „**umfassend**" und „**erschöpfend**" sein,[2221] wobei sich der konkrete Umfang des Mandats aus dem erteilten Auftrag und den Umständen des Einzelfalls ergibt.[2222] 2281

Die Beratung erstreckt sich aber nicht nur auf **alle Rechtsfragen**, sondern auch auf die Betreuung in unmittelbar mit der Auftragsdurchführung zusammenhängenden **Wirtschaftsfragen**.[2223] Von Bedeutung kann dies im Familienrecht v.a. im Hinblick auf Streit über Unterhalt und Zugewinn, aber auch im Hinblick auf steuerliche Nachteile gewünschter Lösungen von Scheidungsfolgen sein. 2282

I. Veranlagung von getrennten und geschiedenen Ehegatten

Das Einkommensteuerrecht unterscheidet zwischen der **Einzelveranlagung** und den verschiedenen **Ehegattenveranlagungsformen**. 2283

Einzeln veranlagt werden Unverheiratete und Verheiratete, die von ihrem Ehegatten dauernd getrennt leben.[2224] 2284

Wenn **Ehegatten** zu irgendeinem beliebigen Zeitpunkt des Veranlagungszeitraums gleichzeitig 2285

- in gültiger Ehe leben,
- unbeschränkt steuerpflichtig sind, also ihren gewöhnlichen Aufenthalt im Inland haben, §§ 1 Abs. 1 EStG, 8, 9 AO und
- nicht dauernd getrennt leben

können sie nicht einzeln veranlagt werden. Sie haben dann das **Wahlrecht zwischen Zusammenveranlagung und getrennter Veranlagung**, § 26 Abs. 1 EStG.

2221 Feste Rechtsprechung seit dem Urteil des BGH v. 18.06.1968, VersR 1968, 969; vgl. zu den Pflichten ausführlich BGH v. 13.04.2000 – IX ZR 372/98, AnwBl. 2001, 62.
2222 BGH, NJW 1996, 2648.
2223 BGH, NJW 1998, 900.
2224 Zur Ermittlung des Einkommens bei Einzelveranlagung vgl. Garbe/Ullrich/Mittmann/Nöthen, Prozesse in Familiensachen, § 12 Rn. 8.

L. Steuerrecht im Scheidungsverfahren

1. Zusammenveranlagung

2286 Bei Zusammenveranlagung ist **nicht die Grundtabelle** anzuwenden, also das jeweilige Einkommen einzeln zu betrachten und zu bewerten; stattdessen ist die Splittingtabelle maßgebend. Nach ihr wird die Einkommensteuer von der Hälfte des zu versteuernden Einkommens nach der Grundtabelle berechnet und dann verdoppelt, § 32a Abs. 5 EStG.

2287 Dadurch wird die progressive Wirkung des Tarifs gemildert.[2225]

2288 Der **Splittingvorteil** beträgt allerdings **Null**, wenn

- beide Ehegatten gleich hohe Steuergrundlagen aufweisen oder

- beide Ehegatten ein zu versteuerndes Einkommen von mehr als 52.152,00 € haben und deshalb dem Spitzensteuersatz von 42 % unterliegen.

2289 Je mehr sich die Einkommen der Ehegatten unterscheiden, desto größer ist im Ergebnis der Splittingvorteil.
- *Beispiel 1:*
  Das zu versteuernde Einkommen des einen Ehegatten beträgt 60.044,00 €, der andere Ehegatte hat keine Einkünfte. Bei Einzelveranlagung oder getrennter Veranlagung beträgt die Einkommensteuer 18.174,00 €. Bei Zusammenveranlagung beträgt die Steuer nach der Splittingtabelle lediglich 11.931,00 €, eine Ersparnis von 6.243,00 €.
- *Beispiel 2:*
  Einkommen eines Ehegatten 45.032,00 €, des anderen Ehegatten 15.008,00 €. Steuerlast bei Einzelveranlagung oder getrennter Veranlagung: 11.544,00 € + 1.575,00 € = 13.119,00 €. Bei Zusammenveranlagung: 11.931,00, eine Ersparnis von 1.188,00 €.

2. Veranlagungswahlrecht

2290 Die **Wahl zwischen den Veranlagungsarten** wird regelmäßig durch Ankreuzen der dafür in den Vordrucken zur Einkommensteuererklärung vorgesehenen Kästchen getroffen.

Für die Ausübung des Wahlrechts gibt es aber **weder eine Frist noch eine Bindung** an die einmal getroffene Wahl. Die Wahl kann bis zur Unanfechtbarkeit des hierauf ergehenden Bescheides geändert werden.[2226]

3. Wiederheirat im Jahr der Ehescheidung

2291 **Heiratet** einer der geschiedenen Ehegatten **im Jahr der Scheidung** wieder und haben die Voraussetzungen des Veranlagungswahlrechts nach **§ 26 EStG** bei beiden Ehen

---

2225 Scholz/Stein/Tischler, Praxishandbuch Familienrecht ,Teil S Rn. 122 mit Bsp. Rn. 124 f.
2226 BFH, BStBl. 1992 II, S. 123.

vorgelegen, besteht das Veranlagungswahlrecht nur für die letzte Ehe, § 26 Abs. 1 Satz 2 EStG.[2227] Dies wird allerdings nur in den seltenen Ausnahmefällen möglich sein, in welchem die ehemaligen Eheleute noch im Jahr der Ehescheidung zusammengelebt haben und sodann im gleichen Jahr voneinander geschieden wurden, z.B. durch sog. Härtescheidung, § 1565 Abs. 2 BGB.

Wäre die Zusammenveranlagung mit dem früheren Ehepartner günstiger gewesen, hätte – bei entsprechender Bewertung des finanziellen Vorteils[2228] – die Eheschließung auf das nächste Jahr verschoben werden müssen. 2292

4. Zusammenveranlagung bei Getrenntleben

Eine Zusammenveranlagung ist nur dann möglich, wenn die Ehegatten **nicht im gesamten Veranlagungszeitraum dauernd getrennt gelebt** haben. 2293

Die Begriffe des Getrenntlebens i.S.d. § 1567 BGB und des „dauernden Getrenntlebens" i.S.d. § 26 Abs. 1 EStG stimmen im Wesentlichen überein.[2229] 2294

Gemäß **§ 1567 Abs. 2 BGB** hebt ein **Zusammenleben über kürzere Zeit**, das der Versöhnung dienen soll, das Getrenntleben nicht wieder auf. Die Regelung bezweckt, Eheleute nicht durch eine Unterbrechung der Trennungsfristen von Versöhnungsversuchen abzuhalten. 2295

Steuerrechtlich leben die Eheleute nicht dauernd getrennt, wenn der räumlich zunächst getrennt lebende Partner in die Ehewohnung zurückkehrt, auch wenn der Versöhnungsversuch **nur einige Wochen** dauert.[2230] 2296

Umgekehrt unterbrechen gelegentliche gemeinsame Übernachtungen, mehrtägige Besuche oder auch gemeinsame Urlaubsreisen steuerrechtlich das Getrenntleben nicht.[2231] 2297

Ein **kurzfristiger Versöhnungsversuch ermöglicht danach die Zusammenveranlagung**, wenn während seiner Dauer die möglichst durch Tatsachen belegbare Absicht bestand, die Lebens- und Wirtschaftsgemeinschaft wieder herzustellen. Ein bloßes „probieren", ob man es noch miteinander aushält, genügt hingegen nicht. Im Zweifel sollte „Beweisvorsorge" getroffen werden.[2232] 2298

2227 So auch BVerfG, BStBl. 1988 II, S. 395.
2228 Die Bewertung wird die künftige Ehefrau allerdings kaum teilen.
2229 BFH, BStBl. 1986 I, S. 486.
2230 Urteil des VG Hessen v. 14.04.1988, EFG 1988, 639.
2231 FG Köln v. 14.10.1992, EFG 1993 Nr. 379.
2232 Z.B. durch kurzfristiges ummelden, Mitteilung der Adressenänderung an Zeitschriftenverlage, Einholung von Angeboten von Umzugsunternehmen für den Wiedereinzug etc.

L. Steuerrecht im Scheidungsverfahren

2299 Die **Angaben** der Eheleute **im Scheidungsprozess** sind allerdings nicht bindend. Im Scheidungsprozess wird häufig das dauernde Getrenntleben vorgetragen, dem Finanzamt aber erklärt, man habe noch zusammen gelebt.

2300 Im Übrigen ist nach Auffassung des BFH die **Beiziehung der Scheidungsakten** durch das Finanzamt **unzulässig**, wenn die Eheleute ihr widersprechen und die unmittelbare Beweisaufnahme – z.B. durch Vernehmung der Eheleute – möglich ist.[2233] Für die sich aus unzulässigerweise beigezogenen Akten ergebenden Tatsachen besteht ein Verwertungsverbot. Vorhalten darf das Finanzamt den Betroffenen ihre Aussagen im Scheidungsprozess.[2234]

5. Getrennte Veranlagung

2301 Bei der getrennten Veranlagung, die denselben Voraussetzungen wie die Zusammenveranlagung unterliegt, sind **jedem Ehegatten die Einkünfte** zuzurechnen, die er bezogen hat.

2302 Es gelten aber folgende **Besonderheiten**:
- **Außergewöhnliche Belastungen** nach §§ 33 bis 33c EStG werden zunächst für die Ehegatten einheitlich so ermittelt, als würden sie zusammen veranlagt. Der ermittelte Betrag ist jeweils hälftig abzuziehen. Die Ehegatten können gemeinsam eine andere Aufteilung beantragen, § 26a Abs. 2 Satz 1 EStG, R 174a II EStG. Das kann wegen der zumutbaren Belastung nach § 33 Abs. 3 EStG empfehlenswert sein.
- **Sonderausgaben** werden dagegen nur bei der Veranlagung desjenigen Ehegatten abgezogen, der sie geleistet hat. Das gilt auch für das Realsplitting z.B. wegen der Unterhaltszahlungen an den früheren Ehegatten.

2303 Die getrennte Veranlagung ist naturgemäß dann günstiger, wenn Einkommensteile mit verminderter Einkommensteuer belastet sind.

2304 Aber auch andere Gründe können eine Rolle spielen: die getrennte Veranlagung kann von einem Ehegatten auch beantragt werden, um der gesamtschuldnerischen Haftung für die im Wege der Zusammenveranlagung festzusetzende Einkommensteuer (§ 44 AO) zu entgehen.[2235]

> **Praxistipp:**
> Diese häufig gewünschte Lösung ist jedoch nicht zu empfehlen. Stattdessen können es die Eheleute nämlich bei der Zusammenveranlagung belassen und bei

---

2233 Urt. v. 12.06.1991, BStBl. 1991 II, S. 806.
2234 BFH v. 26.09.2003 – III B 112/02, BFH/NV 2004, 210.
2235 Zu den Vorteilen der jeweiligen Veranlagung vgl. ausführlich Flesch, DStR 1998, 1081.

der Vollstreckung rückständiger Steuern beantragen, diese nach dem Verhältnis der Beträge aufzuteilen, die sich bei getrennter Veranlagung ergeben würden, §§ 268 ff. AO.

6. Streit um die Veranlagung

Konflikte um die Zusammenveranlagung können entstehen, wenn der **Besserverdienende die Zusammenveranlagung wünscht**, der andere Ehegatte sie jedoch, aus welchen Gründen auch immer, ablehnt. 2305

Zunächst gilt: Nach ständiger Rechtsprechung des **BFH** ist die **Wahl der getrennten Veranlagung** durch einen Ehegatten **unwirksam**, wenn dieser keine eigenen positiven wie negativen Einkünfte hatte oder die Einkünfte so gering waren, dass sie weder einem Steuerabzug unterlegen haben noch zur Einkommensteuerveranlagung führen können.[2236] 2306

> **Hinweis:**
> Liegt ein Fall unwirksamer Wahl vor, dürfte i.Ü. einer zivilrechtlichen Klage auf Zustimmung zur Zusammenveranlagung das Rechtsschutzbedürfnis fehlen.

Hält das Finanzamt den Antrag auf getrennte Veranlagung zu Unrecht für beachtlich, kann die Zusammenveranlagung im Einspruchsverfahren oder vor dem FG erstritten werden. 2307

Wenn das Finanzamt den Antrag des anderen Ehegatten auf getrennte Veranlagung zutreffend nicht für rechtsmissbräuchlich hält, kann der die Zusammenveranlagung begehrende Ehegatte **gegen seinen Bescheid Einspruch einlegen** und beantragen, das **Verfahren auszusetzen,** bis er die Zustimmung durch Klage nach § 894 ZPO vor einem Zivilgericht durchgesetzt hat. Anspruchsgrundlage für den Klagefall ist das familienrechtliche Gegenseitigkeitsverhältnis.[2237] 2308

Der Anspruchsberechtigte muss allerdings die dem anderen Ehegatten entstehenden wirtschaftlichen Nachteile ausgleichen.[2238]

2236 BFH, BStBl. 1992 II, S. 123; BFH, BStBl. 1992 II, S. 297 m.w.N.
2237 So Dostmann, Steuerrechtsfragen in der familienrechtlichen Praxis, Rn. 64.
2238 Dazu ausführlich oben Ziff. D. III. 4. a), Rn. 594 ff.

II. Steuerliche Auswirkungen von Scheidungsfolgenverträgen

1. Scheidungskosten

2309 **„Zwangsläufige"** Kosten von Rechtsstreitigkeiten können als außergewöhnliche Belastungen gem. § 33 EStG abgezogen werden, unterliegen daher nicht der Besteuerung.

2310 Grundsätzlich sind Kosten eines Zivilprozesses deshalb nicht absetzbar, weil sie nicht zwangsläufig entstehen. Dies betrifft auch bestimmte Kostenpositionen im Familienrecht. Die Kosten einer zivilrechtlichen Auseinandersetzung um das Vermögen der Ehegatten (ehelicher Zugewinn) sind grds. nicht zwangsläufig.[2239]

2311 Anderes gilt für die **Ehescheidung**, weil sie **nur durch gerichtliches Urteil** ausgesprochen werden kann.[2240] Die „Schuldfrage", soweit sie für das Scheidungsverfahren von Bedeutung war, spielt keine Rolle. Die Kosten des Scheidungsverfahrens sind auch dann abzugsfähig, wenn das Verfahren durch Rücknahme der Klage beendet wird.[2241]

2312 Abzugsfähig sind in diesem Zusammenhang auch die Kosten einer Mediation.[2242]

2313 **Alle anderen** mit der Scheidung zusammenhängenden **Kosten sind nicht abzugsfähig**, also Umzugskosten, Einrichtungskosten, Gebühren für Namensänderung usw.

2. Unterhalt

2314 **Unterhaltsleistungen** sind privat veranlasste Ausgaben und deshalb grds. nicht vom zu versteuernden Einkommen abziehbar.

2315 Die Abziehbarkeit kann sich jedoch nach **§ 10 Abs. 1 Nr. 1 – sog. Realsplitting – oder nach § 33a Abs. 1 EStG – außergewöhnliche Belastungen –** ergeben.

2316 Nach **§ 10 Abs. 1 Nr. 1 EStG** können Unterhaltsleistungen bis zur Höhe von **13.805,00 € jährlich** an den getrennt lebenden oder geschiedenen Ehegatten abgezogen werden, wenn der Geber dies mit Zustimmung des Empfängers beantragt.[2243]

2317 Dabei ist der Sonderausgabenabzug nach § 10 Abs. 1 Nr. 1 EStG (Realsplitting) für den Verpflichteten regelmäßig wesentlich günstiger als § 33a Abs. 1 EStG, weil der Abzugsbetrag höher ist (**13.805,00 € gegenüber 7.680,00 €**) und eine Anrechnung der

---

2239 BFH/NV 1996, 882.
2240 BFH, BStBl. 1975 I, S. 111.
2241 FG Hamburg, EFG 1982, 246.
2242 Bundeseinheitlicher Erlass v. 15.09.2000, BStBl. I.
2243 Zur Verpflichtung des Empfängers vgl. oben Ziff. D. III. 4. a), Rn. 594 ff.

II. Steuerliche Auswirkungen von Scheidungsfolgenverträgen

Einkünfte und Bezüge sowie eine Berücksichtigung des Vermögens des unterstützten Ehegatten unterbleibt.

Wenn an **mehrere Empfänger** Unterhalt geleistet wird, sind die Zahlungen **an jeden** bis zur Höhe von 13.805,00 € abziehbar. 2318

Werden Sachleistungen erbracht, z.B. Überlassung der im Eigentum stehenden Ehewohnung, zählen diese ebenfalls zu abzugsfähigen Posten. 2319

Das Realsplitting lässt beim Empfänger die Unterhaltsleistungen zu steuerpflichtigen Einkünften werden, § 22 Nr. 1a EStG.[2244] 2320

Die **Zustimmung des Empfängers** wirkt i.Ü. nicht nur für das betreffende Jahr, sondern **bis auf Widerruf**, es sei denn, die Zustimmung ist ausdrücklich auf ein bestimmtes Jahr bezogen. 2321

3. Zugewinnausgleich

Der Zugewinnausgleichsanspruch ist nach **§ 1378 BGB** auf Zahlung von Geld gerichtet. Die Zahlung liegt im Vermögensbereich und ist steuerlich nicht zu berücksichtigen. 2322

Es handelt sich **nicht um entgeltliche Geschäfte**; es wird kein Veräußerungsgewinn erzielt, es entstehen keine Anschaffungskosten. 2323

Ausgaben zur Erfüllung von Zugewinnausgleichsschulden sind deshalb weder Betriebsausgaben noch Werbungskosten, sodass auch in Zusammenhang damit anfallende Schuldzinsen nicht abgezogen werden können. 2324

Bei der **Übertragung von Wirtschaftsgütern** des Privatvermögens, also insbes. Grundstücksübertragungen, handelt es sich um entgeltliche Vorgänge. Deshalb kann es zur Anwendung des **§ 22 Nr. 2 i.V.m. § 23 EStG** (private Veräußerungsgeschäfte, früher sog. Spekulationsgeschäfte) oder des **§ 17 EStG** (Veräußerung von Anteilen an Kapitalgesellschaften bei wesentlicher Beteiligung) kommen.[2245] 2325

Handelt es sich um Grundstücke oder grundstücksgleiche Rechte und wird die Übertragung **vor Ablauf von zehn Jahren** nach dem Erwerb vorgenommen (bis 1998: zwei Jahre), so sind etwaige Veräußerungsgewinne nach § 23 EStG steuerpflichtig.[2246] 2326

2244 Zu etwaigem Verlust von Sozialleistungen etc. vgl. oben Ziff. D. III. 4. a), Rn. 594 ff.
2245 Dazu ausführlich oben Ziff. A. III. 3. b) cc), Rn. 127 ff.
2246 Vgl. OFD München, Der Betrieb 2001, 1553.

2327 Das gilt allerdings nicht bei Immobilien, die zu **eigenen Wohnzwecken** genutzt wurden, § 23 Abs. 2 EStG.[2247]

2328 Übertragungen zur Abgeltung eines Ausgleichsanspruchs sind i.Ü. nach § 3 Nr. 5 GrEStG von der Grunderwerbsteuer befreit.

[2247] Vgl. zu den „Stolpersteinen" eigener Nutzung das Beispiel oben Ziff. A. III. 3. b) cc), Rn. 127 ff.

M. Anhang

I. Merkblatt im Fall der Rechtskraft der Scheidung 2329

Sehr geehrte Mandantin,
sehr geehrter Mandant,

auch wenn Sie davon ausgehen, dass mit Rechtskraft der Scheidung alle familienrechtlichen Probleme gelöst bzw. beseitigt sind, können doch verschiedene Probleme auftreten bzw. müssen eventuell verschiedene Probleme beachtet werden.

Ich möchte Sie deshalb auf das Folgende hinweisen:

1. Scheidungsurteil

Anliegend überreiche ich Ihnen Ihr Scheidungsurteil mit Rechtskraftvermerk mit der Bitte, das Urteil zu Ihren Unterlagen zu nehmen und sorgfältig zu verwahren. Für bestimmte Rechtshandlungen benötigen Sie das Scheidungsurteil.

2. Namensänderung

Sofern Sie nach der Scheidung Ihren Geburtsnamen oder den Namen wieder annehmen möchten, den Sie bis zur Bestimmung Ihres jetzigen Ehenamens geführt haben, können Sie dies durch Erklärung gegenüber dem Standesbeamten tun. Hierbei müssen Sie das rechtskräftige Scheidungsurteil vorlegen.

3. Wohnungszuweisung

Falls Sie in der früheren gemeinsamen Ehewohnung verblieben sind, haben Sie binnen einem Jahr nach Rechtskraft der Scheidung die Möglichkeit, die Regelung des Mietverhältnisses einzuleiten. Dies ist notwendig, wenn Sie nicht ohnehin alleiniger Mieter der Wohnung sind. Nach Ablauf von einem Jahr nach Rechtskraft der Scheidung ist eine Regelung des Mietverhältnisses vom Einverständnis des Vermieters abhängig (§ 12 Hausratsverordnung), vorher nicht.

4. Krankenversicherung

Bei gesetzlicher Krankenkasse: Die Mitversicherung des Unterhaltsberechtigten in der gesetzlichen Krankenversicherung endet mit der Rechtskraft der Scheidung. Als nicht selbstständig versicherter Ehegatte haben Sie aber die Möglichkeit, innerhalb einer Frist von drei Monaten gegen Entrichtung eines Beitrages als freiwilliges Mitglied der gesetzlichen Krankenversicherung beizutreten. Stellen Sie rechtzeitig vor Ablauf dieser Drei-Monats-Frist diesen Antrag bei der gesetzlichen Krankenversicherung und lassen Sie sich den Eingang des Antrags schriftlich bestätigen. Sonst riskieren Sie, nicht mehr in die Versicherung aufgenommen zu werden.

Bei Beihilfe: Im öffentlichen Dienst endet mit der Rechtskraft des Scheidungsurteils die Beihilfeberechtigung für den Ehegatten des Bediensteten. Achten Sie darauf, Ihre private Krankenversicherung rechtzeitig aufzustocken oder für die rechtzeitige Beschaffung eines eigenen Versicherungsschutzes zu sorgen.

5. Versorgungsausgleich

Es können sich im Rentenalter Ansprüche aus schuldrechtlichem Versorgungsausgleich ergeben. Dieser kann sich auch z.B. gegen den Arbeitgeber des Ehepartners richten, wenn etwa vertraglich eine Hinterbliebenenversorgung vorgesehen ist. Dies gilt dann auch für den geschiedenen Ehepartner.

Weiter ist eine Abänderung des Versorgungsausgleichs denkbar, wenn ein Teil der Altersversorgung unverfallbar wird.

Ist i.R.d. Scheidungsverfahrens der Versorgungsausgleich zu Ihren Lasten durchgeführt worden, so besteht in den folgenden Fällen die Möglichkeit, dass Sie Ihre Rente gleichwohl ungekürzt erhalten:

a) Ihr Ehegatte verstirbt, bevor ihm Leistungen gezahlt wurden, die nennenswerte Leistungen (i.d.R. zwei Jahresbeträge) aus den übertragenen oder begründeten Rechten ausmachen.

b) Ihr Ehegatte verstirbt, bevor er überhaupt Leistungen aus den übertragenen Rechten erhalten hat.

c) Ihr Ehegatte bezieht noch keine Rente oder Pension aus den übertragenen Rechten und erhält keinen Unterhalt von Ihnen.

Hat das Gericht im Scheidungsurteil die Durchführung des Versorgungsausgleichs zu Ihren Gunsten vorbehalten, denken Sie daran, rechtzeitig bei Eintritt des Rentenfalls einen entsprechenden Antrag auf Durchführung zu stellen.

6. Kindesunterhalt

Erhalten Sie für die von Ihnen betreuten Kinder Kindesunterhalt, so achten Sie darauf, dass sich der Unterhaltsanspruch jedes Mal erhöht, wenn Ihre Kinder das 6., das 12. und das 18. Lebensjahr vollendet haben.

Die Erhöhung des titulierten Kindesunterhalts kann ab dem Zeitpunkt durchgesetzt werden, zu dem der Unterhaltsschuldner zum Zweck der Geltendmachung des (höheren) Unterhaltsanspruchs aufgefordert wurde, Auskünfte über seine Einkünfte und sein Vermögen zu erteilen oder zu dem er aufgefordert wurde, einen in Zahlen konkret angegebenen (höheren) monatlichen Unterhalt zu bezahlen.

Über das Einkommen des Unterhaltsverpflichteten kann grds. im 2-jährigen Turnus Auskunft verlangt werden.

Für minderjährige Kinder kann höherer Unterhalt sowohl dann gefordert werden, wenn das Einkommen des Verpflichteten gestiegen ist, Schulden weggefallen sind, als auch wenn das Kind die nächsthöhere Altersstufe erreicht hat.

Wichtig: Bei Volljährigkeit richtet sich der Unterhaltsanspruch gegen beide Elternteile. Unterhaltsberechtigt ist dann das Kind selbst (!), nicht der Elternteil, bei dem das Kind lebt.

7. Ehegattenunterhalt

Urteile, gerichtliche Vergleiche oder vollstreckbare Urkunden, mit denen Unterhaltsansprüche tituliert wurden, können bei wesentlicher Veränderung der Verhältnisse sowohl auf Betreiben des Unterhaltsberechtigten als auch des Unterhaltsverpflichteten abgeändert werden. Der Erhöhung des titulierten Unterhalts des geschiedenen Ehegatten kann ab dem Zeitpunkt durchgesetzt werden, zu dem der Unterhaltsschuldner in Verzug gesetzt oder der Unterhaltsanspruch rechtshängig (= Zustellung der Unterhaltsabänderungsklage an den Unterhaltsverpflichteten) wurde. Falls nachehelicher Unterhalt (zu unterscheiden vom Trennungsunterhalt, der mit Rechtskraft der Scheidung endet) nicht geltend gemacht ist, aber beansprucht wird, bitten wir zu beachten, dass solcher von Ihrem geschiedenen Ehegatten erst ab dem Zeitpunkt geschuldet ist, zu dem er entweder mit einer sog. Stufenmahnung (Aufforderung, Auskunft über Einkommen zu erteilen und Unterhalt in der Höhe zu bezahlen, wie sie sich aus der Einkommensauskunft ergibt) oder durch eine konkret bezifferte Zahlungsaufforderung in Verzug gesetzt wurde.

8. Elterliche Sorge, Umgangsrecht

Regelungen über die elterliche Sorge und/oder Umgangsrecht können abgeändert werden, wenn das Wohl des Kindes dies erfordert (auch nach Rechtskraft der Scheidung).

9. Zugewinn

Die Ansprüche auf Ausgleichsforderung wegen Zugewinns verjähren innerhalb von drei Jahren nach Kenntnis der berechtigten Person von der Rechtskraft des Scheidungsurteils, wobei die mündliche Mitteilung genügt (z.B. bei Rechtsmittelverzicht in der mündlichen Verhandlung mit Scheidungsurteil). Innerhalb dieser

Frist muss zur Unterbrechung der Verjährung Klage erhoben sein. Die Geltendmachung allein oder eine Mahnung unterbrechen die Verjährung nicht. Es würde den Rahmen dieses Merkblattes sprengen, auf die angesprochenen rechtlichen Probleme näher einzugehen. Ausdrücklich wird darauf hingewiesen, dass ohne konkrete Beauftragung insoweit laufende Fristen von uns weder überwacht noch Anträge gestellt oder gerichtliche Schritte eingeleitet werden.

Ich bitte Sie um Beachtung, falls eine oder mehrere angesprochene Punkte auf Sie zutreffen. Sprechen Sie uns ggf. an. Wir helfen Ihnen gern;

Ihre Kanzlei Dr. Horndasch, Dittrich, Klöhn und Rohlfs

durch:

Rechtsanwalt

II. Hinweisblatt zum PKH-Formular

Tipps zum Ausfüllen der Erklärung über die persönlichen und wirtschaftlichen Verhältnisse

Es müssen alle Felder ausgefüllt werden, auch wenn Sie die Angaben nicht genau wissen:

- Zum Beispiel muss auf jeden Fall das Einkommen Ihres Ehegatten eingetragen werden (ggf. mit ca.-Angaben). Sollten Sie die zweite Spalte im Feld E offen lassen, kommt der Antrag vom Gericht zurück.
- Im Feld G müssen Sie die letzte Spalte ausfüllen (Wert eines Fahrzeuges, Wert der Lebensversicherung etc.), auch hier reichen ca.-Angaben.
- Das Feld H müssen Sie auch ausfüllen, wenn Sie bei Ihrem Lebensgefährten mietfrei wohnen. In diesem Fall geben Sie die korrekten Zahlen an und machen einen Vermerk, dass Sie selbst die Miete nicht zahlen sondern der Lebenspartner.

Folgende Belege werden grds. in Fotokopie benötigt:

- Unterhaltszahlungen: Kontoauszüge
- Kindergeldzahlung: Kontoauszüge oder Benachrichtigung des Arbeitsamtes
- aktuelle Lohnbescheinigung
- bei Wohneigentum: Grundstückskaufvertrag
- aktueller Kontoauszug der Bausparkasse
- aktueller Kontoauszug des Girokontos, auch wenn kein Guthaben vorhanden ist
- Fotokopie des Sparbuchs

- Fahrzeugschein
- Versicherungsscheine von Lebensversicherungen, Rentenversicherungen
- bei Mietwohnungen: Mietvertrag und evtl. Nachträge zur Erhöhung der Nebenkosten
- bei Wohneigentum: Darlehensverträge etc. zur Finanzierung
- Darlehensverträge für Anschaffungen (Pkw etc.)

Die Belege sollten mit Nummern versehen werden und diese Zahl in die letzte Spalte (Beleg-Nr.) eingetragen werden. Am Schluss die Anzahl der Belege eintragen.

Der Antrag ist unten in der Mitte zu unterschreiben.

III. Hinweisblatt Versorgungsausgleich 2331

Fragebogen zum Versorgungsausgleich

Sie haben in Ihrem Scheidungsverfahren die amtlichen Fragebögen zum Versorgungsausgleich (3-fach) erhalten. Wir empfehlen, sich damit zu der für Sie zuständigen Beratungsstelle zu bemühen, soweit Rentenanwartschaften bei der Bundesversicherungsanstalt für Angestellte oder bei der Landesversicherungsanstalt für Arbeiter erworben wurden. Sie finden deren Anschriften im Telefonbuch.

Sie erhalten bei diesen Beratungsstellen auch weitere Formulare wie den Antrag auf Anrechnung von Kindererziehungszeiten oder den Kontenklärungsantrag. Dort füllt man alle erforderlichen Fragebögen und sonstigen Formulare zusammen mit Ihnen aus und Sie erfahren, welche weiteren Unterlagen noch beigebracht werden müssen. Die Tätigkeit der Beratungsstellen ist für Sie nicht mit Kosten verbunden.

Sind Sie nicht bei den eben genannten Versicherungsanstalten rentenversichert, weil Sie Beamter, Richter auf Lebenszeit, Arzt, Rechtsanwalt, Land- oder Forstwirt, Berufs- oder Zeitsoldat sind, stehen solche Beratungsstellen nicht zur Verfügung. Sie können sich in diesem Fall gerne an uns wenden, wenn Ihnen die Beantwortung der einzelnen Fragen Schwierigkeiten bereitet.

Beachten Sie bitte, dass alle Fragen beantwortet werden müssen. Anderenfalls erhalten Sie die Fragebögen zur Ergänzung zurück und das hat eine Verzögerung des Scheidungsverfahrens von einigen Wochen zur Folge.

Übermitteln Sie bitte sämtliche Fragebögen und sonstigen Dokumente an unsere Kanzlei, damit wir deren Vollständigkeit noch einmal überprüfen können, bevor wir sie an das Gericht weiterleiten.

Stellen Sie uns diese Unterlagen spätestens innerhalb von vier Wochen zur Verfügung, damit gerichtliche Anmahnung unter Androhung von Zwangsgeld oder gar Verhängung eines solchen vermieden werden kann.

Grundsätzlich ist es zwar möglich, das Verfahren über den Versorgungsausgleich vom Scheidungsverfahren abzutrennen, um vorab über den Scheidungsantrag zu entscheiden. Hierfür ist aber erforderlich, dass die Verfahrensdauer für die Partei, die geschieden werden will, unzumutbar ist und das ist nach der Rechtsprechung des BGH frühestens ab einer Verfahrensdauer von zwei Jahren der Fall. Bemühen Sie sich deshalb im Fall von Rückfragen Ihres Versicherungsträgers um schnellstmögliche Aufklärung offener Versicherungszeiten und halten Sie nach Möglichkeit auch Ihren Ehegatten dazu an.

Sich abzeichnende Verzögerungen bitten wir uns möglichst frühzeitig mitzuteilen, damit wir das Gericht entsprechend informieren können.

IV. Hinweisblatt Endvermögen

Hinweise Auskunftspflicht Endvermögen

Für Ihre Ehe gilt der gesetzliche Güterstand der Zugewinngemeinschaft. Der Ehescheidungsantrag wurde am ... durch das Familiengericht zugestellt. Allein dieses Datum ist nach der gesetzlichen Regelung der §§ 1375 Abs. 1, 1376 Abs. 2, 1384 BGB für die Erfassung und Bewertung des beiderseitigen Endvermögens maßgeblich. Gem. § 1379 Abs. 2 BGB ist im Fall eines Scheidungsantrags jeder Ehegatte verpflichtet, auf Verlangen Auskunft über den Bestand seines Vermögens am Stichtag zu erteilen. Die Gegenseite verlangt nun diese Auskunft, die wir in Form eines geordneten und systematischen Verzeichnisses erteilen und im Zweifel belegen müssen. Der Auskunftsanspruch besteht auf jeden Fall, auch wenn sich jetzt schon aus Ihrer Sicht mit Sicherheit abzeichnen sollte, dass die Gegenpartei keinen güterrechtlichen Ausgleichsanspruch hat. Der Auskunftsanspruch kann durch Klage zum Familiengericht durchgesetzt werden. Insoweit drohen vermeidbare Prozesskosten. Die Auskunft darf auch nicht zurückbehalten werden, bis die Gegenseite Auskunft erteilt. Die Anforderungen der Gerichte an die Auskunft sind streng. Es müssen alle aktiven und passiven Vermögensposten **genau zum Stichtag** aufgeführt werden, mit genauer Bewertung, jedenfalls bei klar bewertbaren Vermögensbestandteilen.

Dazu gehören z.B. **Bankkonten**, zu denen die Einholung einer schriftlichen Saldenbestätigung der Bank empfehlenswert ist. Aus der Saldenbestätigung oder einem Zusatzschreiben muss deutlich hervorgehen, dass es sich um Ihre gesamten Konten bei der jeweiligen Bank handelt. Einzubeziehen sind natürlich auch Sparguthaben, Festgelder, Depots, vermögenswirksame Leistungen, Schuldkonten

IV. Hinweisblatt Endvermögen

usw. Geleistete Bürgschaften sind als Sicherungsmittel im Regelfall kein zu berücksichtigender Passivposten, sollten aber angegeben werden, um die Haftungsverhältnisse gleich mit darzustellen.

Zum Endvermögen gehören **alle geldwerten Gegenstände**, auch Grundstücke, Eigentumswohnungen, Erbbaurechte, Anteile an Erbengemeinschaften oder Grundstücksgemeinschaften, Bausparverträge, Sparbriefe, Festgelder, Auslandsguthaben, private Darlehensforderungen, u.U. Steuererstattungsansprüche, Münzen, Sammlungen, Schmuck, Uhren, Reitpferde, Pkws, Krafträder, Wohnwagen, Anhänger, Fahrräder, Sportgeräte, in der Trennungszeit erworbener Hausrat, Kapitallebensversicherungen oder Lebensversicherungen mit noch nicht ausgeübtem Rentenwahlrecht.

Bei solchen **Kapitalversicherungen** besteht die Besonderheit, dass die Bewertung technisch nur zum Monatsersten (vor bzw. nach dem Stichtag) möglich ist. Bitte lassen Sie sich vom jeweiligen Versicherer schriftlich den wahren wirtschaftlichen Wert unter Einbeziehung von Dividendenguthaben schriftlich bestätigen. Dieser wirtschaftliche Wert ist nicht mit dem sog. Rückkaufwert identisch. Sollte der Versicherer den wahren Wert nicht kurzfristig mitteilen können, sollte zunächst der Rückkaufwert unter gesonderter Angabe von Dividenden oder Überschussguthaben ermittelt werden. Diese Werte liefern immerhin Anhaltspunkte. Auch Direktversicherungen sind aufzuführen, soweit sich zum Stichtag ein Rechtsanspruch auf sie ergibt. Eine Versicherung gehört, soweit nicht ausnahmsweise andere vertragliche Bindungen vereinbart sind, immer dem Versicherungsnehmer (VN). Es ist unerheblich, wer versicherte Person ist und wer im Todesfall begünstigt ist, solche Begünstigungen sind im Normalfall durch den VN widerruflich und abänderbar. Auch die Sicherungsabtretung von Versicherungsguthaben, z.B. an eine finanzierende Bank, ändert nichts daran, dass der Versicherungswert Teil des Gesamtvermögens ist.

Auch **Genossenschaftsanteile** (z.B. Volksbank, Raiffeisenbank), **Gesellschaftsbeteiligungen** aller Art (z.B. GmbH-Anteile), **Gewerbebetriebe** und freiberufliche **Praxen** oder Anteile daran, gehören zum Vermögen und müssen angegeben werden, wenngleich hier nicht auf Anhieb ein Wert mitgeteilt werden kann.

Um weitverbreiteten Missverständnissen vorzubeugen: Es kommt nur auf das am **Endstichtag objektiv vorhandene aktive und passive Vermögen** an. Wo es herstammt, wer es erarbeitet und gespart hat, ist **an dieser Stelle**, nämlich der Erfassung des beiderseitigen Endvermögens, unerheblich. Diesbezügliche Fragen (etwa in die Ehe eingebrachtes Vermögen, Verwandtenschenkungen, Erbschaften in der Ehezeit und dergleichen) sind später gesondert bei der Erfassung des Anfangsvermögens zu diskutieren. Jetzt geht es um die Erfüllung der Auskunftspflicht über ihr Endvermögen, aus dem derartige Posten, die mit dem Anfangsvermögen zusammenhängen, nicht ausgeklammert werden dürfen.

Eine nicht mit der nötigen Sorgfalt erstellte Auskunft berechtigt die Gegenpartei, gerichtliche Ableistung der Eidesstattlichen Versicherung über die Richtigkeit und Vollständigkeit Ihrer Auskunft zu verlangen. Das wäre ebenso ärgerlich wie teuer. Auch ergeben sich dann zwangsläufig strafrechtliche Risiken, da Irrtümer möglich sind. In diesem Zusammenhang sollten Sie auch an alte Sparbücher denken, die mit kleinen Guthaben in Vergessenheit geraten sind.

Zusammenfassend ist zu empfehlen, dass Sie ihr Endvermögen und die Belege dazu so schnell wie möglich zusammenstellen oder beschaffen. Bedenken Sie bitte, dass die Auskunft unsererseits fachkundig aufbereitet werden muss und dass dafür ausreichende Zeit erforderlich ist, wenn Fehler vermieden werden sollen.

Stichwortverzeichnis

Die Zahlen verweisen auf die Randnummern.

A

Abfindung, Einkommensermittlung 553
– Endvermögen 1411
– limitierte 1477
– Nichtselbstständiger 553
Abgeschlossenheitsbescheinigung, Ehewohnung 1760
Abholen, Hausratsauseinandersetzung 1656
Abschreibung, degressive 580
– lineare 579
Absetzung für Abnutzung, Einkommensermittlung 565
Abtrennung, Folgesachen 147 ff., 2273 f.
Abzüge, prägende 885 ff.
Abzugsfähige Position, Prozesskostenhilfe 2183 ff.
Additionsmethode 890
– Additionsstufe 894
– – Bedarf des Berechtigten 896
– Anrechnungsstufe 894
– – konkrete Unterhaltshöhe 897
– Bedarf des Berechtigten 894
– konkrete Unterhaltshöhe 894
Additionsstufe, Additionsmethode 894
– Bedarf des Berechtigten 896
Adoptiveltern, elterliche Sorge 167 ff.
Aktivvermögen, Abfindung 1411
– Anstandsschenkung 1434
– Benachteiligungsabsicht 1437
– Bruchteilsgemeinschaft 1416
– Endvermögen 1407 ff.
– Für-Prinzip 1425
– Gehalt 1412
– gemeinsames Endvermögen 1441 ff.
– Halbteilungsprinzip 1443

– illoyale Vermögensminderung 1429 ff.
– In-Prinzip 1425
– Mitarbeiterbeteiligung 1413
– Pflichtschenkung 1433
– Schmuckstück 1414
– Sparkassenbrief 1415
– Sparkonto 1415
– Steuererstattung 1417
– Unterhaltsforderung 1422
– Verdienstausfall 1423
– Verschwendung 1435
– Vorerbenstellung 1426
– Zurechnung 1427 ff.
Alkohol, Unterhalt wegen Krankheit 795
Alleineigentümer, Ehewohnung 1720
Alleinschulden, Endvermögen 1446 ff.
Alleinsorge, Bindung des Kindes 245 ff.
– des Antragstellers 240 ff.
– – Bindung des Kindes 245 ff.
– – Förderungsprinzip 241 ff.
– – Kindeswille 255 ff.
– – Kontinuitätsgrundsatz 250 ff.
– einvernehmliche 217 ff.
– Entscheidung des Gerichts 259 ff.
– Förderungsprinzip 242 ff.
– Kindeswille 255 ff.
– Kontinuitätsgrundsatz 250 ff.
– Streit 221 ff.
Alleinverdienerehe, Quotenmethode 891
Allgemeiner Verbraucherpreisindex 1500
Altehe 732
Altersrente, Ehegattenunterhalt 782
Altersstufe, Kindesunterhalt 423
Altersversorgung, betriebliche 1838 ff.
– – Versorgungszusage 1839

509

Altersversorgungssystem,
Versorgungsausgleich 1786
Altersvorsorge, laufende 1835
Altersvorsorgeunterhalt 950, 952 ff.
– Berechnung 962 ff.
– – Elementarunterhalt 963
– Ehevertrag 97
– Höhe 953
– Immobilien 957
– Leistungsfähigkeit 966
– Nachrangigkeit 972
– neben Krankenvorsorgeunterhalt 971
– nicht bestimmungsgemäße
Verwendung 973
– private 1846 ff.
– Rechtshängigkeit des Scheidungsverfahrens 952
– Tilgungsleistung 957
Amtsermittlungsgrundsatz,
Auskunftsanspruch 361
– elterliche Sorge 273
Amtsprinzip 1907
– Versorgungsausgleich 1902 ff.
Amtsverfahren, Regelverfahren 1934
– Versorgungsausgleich 1934 ff.
Anfangsvermögen 1297 ff.
– Anfangsvermögensstichtag 1307
– Auskunft 1512 ff.
– Ausstattung 1404
– Aussteuer 1404
– Bewertung 1459 ff.
– Bezugszeitraum 1300
– Endvermögensstichtag 1304
– Erbrecht 1313
– Erbschaft 1304 ff.
– Erwerbszeitpunkt 1304
– Hochrechnung mit Indexzahlen 1498 ff.
– Null-Linie 1398
– privilegierter Vermögenserwerb 1304 ff.
– privilegiertes 1304 ff.

– Restitutionsanspruch 1307
– Rückauflassungsvormerkung 1320
– Rückfallklausel 1320
– saldiertes Vermögen 1188
– Saldo am Tag der Hochzeit 1298 ff.
– Schenkung 1321 ff., 1323 ff.
– – Dritter 1324
– – von Eltern 1327
– – von Schwiegereltern 1327
– – Widerruf 1347 ff.
– Schenkungswiderruf 1347 ff.
– sonstige Bestandteile 1404 f.
– Tag der standesamtliche Trauung 1213
– unbenannte Zuwendung 1321 ff., 1334 ff.
– Verbindlichkeit 1301
– Zugewinnausgleich 1185
– Zuwendung, bei Gütertrennung 1385 ff.
– – von Schwiegereltern 1372 ff.
– – Widerruf 1347 ff.
– Zuwendungswiderruf 1347 ff.
Anfangsvermögensstichtag 1307
Angemessene Erwerbstätigkeit 806 ff.
– Arbeitsmarktrisiko 832
– Billigkeitsabwägung 817
– Ehedauer 810
– frühere Erwerbstätigkeit 806
– Lebensstandard 808
– Maßstab 806
Annahmeverzug, Hausratsauseinandersetzung 1657
Anrechnung, des Kindergeldes 474
– Zugewinnausgleich 1560, 1563 f.
Anrechnungsmethode 749
– trennungsbedingter Mehrbedarf 977
Anrechnungsstufe, Additionsmethode 894
– konkrete Unterhaltshöhe 897

Stichwortverzeichnis

Anrechnungszeit, gesetzliche
  Rentenversicherung 1812
Anrechte, Versorgungsausgleich 1920 ff.
  – – Ermittlung 1921 ff.
Ansparabschreibung, Einkommensermittlung 583
Anspruchsgrundlage, Ehegattenunterhalt 523
Anspruchshöhe, Ehegattenunterhalt 525, 906 ff.
Anstandsschenkung 1434
Antiquität, Hausrat 1622
Antrag, an Versorgungsträger 1907
Antragserfordernis, Versorgungsausgleich 1902 ff.
Anwaltsgebühr 2230, 2241 ff.
– Berufungsverfahren 2259 ff.
– Gebührenvorschrift 2242
– Gegenstandswert 2241
– Rahmengebühr 2242
– Revisionsverfahren 2259 ff.
– Verbundverfahren 2265 ff.
– – Abtrennung von Folgesachen 2273
– – Aussöhnungsgebühr 2275 ff.
– – Einigungsgebühr 2271 f.
– – Terminsgebühr 2269 f.
– – Verfahrensgebühr 2265 ff.
– Verfahren 1. Instanz 2245 ff.
– – Einigungsgebühr 2253 ff.
– – Terminsgebühr 2250 ff.
– – Verfahrensgebühr 2247 ff.
– Vergütungsverzeichnis 2243
Anwaltskanzlei, Goodwill 1484
Anwaltsprozess 2005 ff.
– Anwaltszwang 2005
– Lokalisierungsgrundsatz 2010
– Parteiverrat 2012
– postulationsfähiger Rechtsanwalt 2008
– Scheidungsverfahren, Anwaltszwang 2005
– – einvernehmliches 2012
Anwaltszwang 2005

– abgetrennte Folgesache 2091
– Hausratsteilungsverfahren 2093
– Kosten 2089
– negativer Zugewinnausgleich 2092
– Scheidungsverfahren 2005, 2031
– selbstständiges Verfahren 2006, 2031
Anwartschaften, auszugleichende 1788 ff.
– Versorgungsausgleich 1788 ff.
Arbeitnehmersparzulage, Ehegattenunterhalt 540
Arbeitslosengeld, Kinderbetreuung 711
Arbeitslosenversicherung, Einkommensermittlung 607
Arbeitslosigkeit, Ehegattenunterhalt 1087
Arbeitsmarktrisiko, angemessene Erwerbstätigkeit 832
Arbeitsvertrag, Ehegattenunterhalt 518
Architekt, Goodwill 1484
Armbanduhr, Hausrat 1628
Arrest, Streitwert 2240
Arrestantrag, Zugewinnausgleich 1235
Arzt, Goodwill 1484
Aufenthalt, nach Trennung 214
Aufenthaltsbestimmungsrecht 184 ff.
Aufhebung 5 ff.
– Ausschluss 10
– Ehe 4
Auflösung 5 ff.
– Ehe 3 ff.
Auflösungstatbestand 4
Aufrechnung, Hausratsauseinandersetzung 1659
Aufrechterhalten, der Ehe 52 ff.
– – behindertes Kind 52
– – Depression 55
– – Härte für den anderen Ehegatten 52 ff.
– – Krankenversicherungsschutz 52
– – Krebsleiden 52
– – langjährige Ehe 52

511

– – materielle Umstände 52
– – Multiple Sklerose 52
– – seelische Belastung 53
– – Suizidgefahr 52
– – wirtschaftliche Krise 52
Aufsicht, elterliche Sorge 204 ff.
– – Ausübung 206
– – Intensität 208
Aufstockungsunterhalt 779, 848 ff.
– angemessene Tätigkeit 854
– Begrenzung 1097
– Ehevertrag 97
– Einkommensdifferenz 852
– Einsatzzeit 848
– geringfügige Einkommensunterschiede 852
– Herabsetzung 856, 1097
– späteres Entstehen der Aufstockungslage 850
– Subsidiarität 848
– zeitliche Begrenzung 856
Aufteilungskriterien, Hausratsauseinandersetzung 1647 ff.
Aufwandsentschädigung, Prozesskostenhilfe 2107
Aufwendungen, berufsbedingt 615 ff.
– – Nichtselbstständiger 615
Ausbildung, Mehrbedarf 978
– nach Trennung 214
Ausbildungsbedingter Mehrbedarf 978
– Fortbildung 978
– Umschulung 978
Ausbildungsnachteil, ehebedingt 1098
Ausbildungsobliegenheit 833 ff.
– Erwerbsobliegenheit 834
– Prüfung 838
– Verletzung 841
– – Folgen 841
Ausbildungsunterhalt 861 ff.
– Ehevertrag 97
Ausgestaltung, Umgangsrecht 293
Ausgleich, des Zugewinns 1549 ff.

Ausgleichsanspruch, familienrechtlicher 1267
Ausgleichsforderung, Herabsetzung 1575 ff.
– Stundung 1575 ff., 1591 ff.
– Verjährung 1600 ff.
– Verschieben der Fälligkeit 1591 ff.
– Wegfall 1575 ff.
– Zurückbehaltungsrecht 1598 f.
Ausgleichspflicht, berücksichtigungsfähige Schulden 632
Ausgleichsteilung, Hausratsteilung 1650 ff.
Ausgleichszahlung, Ehewohnung 1702
Auskunft, Allgemeines 1507 ff.
– Anspruch 1505 ff.
– Endvermögen, Bestandsverzeichnis 1531 f.
– – eidesstattliche Versicherung 1538 ff.
– – Gegenstand 1520 ff.
– – Inhalt 1528 ff.
– – Verfahrensfragen 1542 ff.
– – Wertermittlungsanspruch 1533 ff.
– Streitwert 2240
– über das Anfangsvermögen 1512 ff.
– über das Endvermögen 1520 ff.
Auskunftsanspruch 341 ff., 1505 ff.
– Allgemeines 1507 ff.
– Anfangsvermögen 1512 ff.
– Ehegattenunterhalt 497 ff.
– – Arbeitsvertrag 518
– – Bilanz 517
– – eidesstattliche Versicherung 519
– – Einkommensteuerbescheid 517
– – Gehaltsabrechnung 517
– – Gewinn- und Verlustrechnung 517
– – Leistungsbescheid 517
– – Lohnabrechnung 517
– – nicht bestehen 505
– – Sachkontenbelege 517
– – Selbstoffenbarung 520
– – Überschussrechnung 517

– – Vorlage von Belegen	515 ff.	– – ungewöhnlich lange Trennungsdauer	1884
– – wechselseitige Auskunftspflicht	497	– – vertraglicher	1865 ff.
– Endvermögen	1520 ff.	– – vorausgegangene Finanzierung des Ehegatten	1879 f.
– Häufigkeit	358 f.		
– Inhalt	352 ff.	– – wirtschaftliche Fehlverhalten	1882
– – Häufigkeit	358 f.	**Ausschlussgrund**, Versorgungsausgleich	1905
– – persönliche Verhältnisse	352 ff.		
– – Vermögensverhältnisse	357 ff.	**Aussöhnungsgebühr**, Verbundverfahren	2275 ff.
– Regelungsgehalt	348 ff.		
– Umgangsrecht	341 ff.	**Ausstattung**, Anfangsvermögen	1404
– Verbundverfahren	144	**Aussteuer**, Anfangsvermögen	1404
– Verfahren	360 f.	**Ausübungskontrolle**, Ehevertrag	95
– – Amtsermittlungsgrundsatz	361	**Ausweispapier**, Hausrat	1628
– Versorgungsausgleich	1921	**Auszug**, aus Ehewohnung	1662 ff.
– – Durchsetzung	1922	– freiwilliger	1662 ff.
– – gegen Ehegatten	1923		
– – gegen sonstige Versicherungsträger	1923	**B**	
		BAföG, Ehegattenunterhalt	535
– – gegen Träger der gesetzlichen Rentenversicherung	1923	**Bagatellbetrag**, Versorgungsausgleich	1893
Auskunftserteilung, Ehegattenunterhalt	508 ff.	**Barunterhalt**	386 f.
		Barunterhaltsanspruch, Kindesunterhalt	379 ff.
Auskunftsklage, Streitwert	2240		
Auskunftspflicht, Ehegattenunterhalt	498	**Barunterhaltspflicht**, Kindesunterhalt	419
Ausland, elterliche Sorge	229	**Barwert**	1856
Auslandsverwendungszuschlag, Einkommensermittlung	549	**Barwertverordnung**	1855 ff.
		Beamtenversorgung	1823
Ausraster-Fall, Verwirkung, des Ehegattenunterhalts	1148	– Beamter auf Probe	1824
		– Beamter auf Zeit	1824
Ausschluss, Umgang	310 ff.	– Durchführung des Quasisplittings	1825 ff.
– Versorgungsausgleich	1864 ff.		
– – Ausgleich von Bagatellbeträgen	1893 f.	– Lebenszeitbeamter	1824
		– Pensionsanwartschaft	1823 ff.
– – durch Ehevertrag	1941 ff.	– Quasisplitting	1825 ff.
– – einseitige Erwerbsbemühungen	1881	– – erweitertes	1831 ff.
– – gerichtlicher	1869	**Beamter**, auf Lebenszeit	1824
– – gesicherte eigene Versorgung	1871	– auf Probe	1824
– – gröbliches Verhalten	1998 ff.	– auf Zeit	1824
– – Straftat	1883	**Bedarf**, des Berechtigten, Additionsstufe	896

- Ehegattenunterhalt 524, 531
Bedarfsbemessung, konkrete 899 f.
Bedarfsberechnung, konkrete 901
Bedarfsstufe, Nichterwerbseinkünfte 883
Bedrohung, unzumutbare Härte 41
Bedürftigkeit 906 ff.
- Betreuungskosten 718
- Ehegattenunterhalt 525, 531
- Leichtfertigkeit 1159
- mutwillige Herbeiführung 1158 ff.
- Nichterwerbseinkünfte 883
Befristung, nachehelicher Unterhalt 114
Begrenzung, Aufstockungsunterhalt 856, 1097
– – zeitliche 856
- Betreuungsunterhalt 1096
- Ehegattenunterhalt 1051 ff.
– – Darlegungslast 1089
– – Tod 1051
– – Unterhaltsrechtsreform 1070 ff.
– – wegen Unbilligkeit 1054
- zeitliche, Ehegattenunterhalt 1075 ff.
- Zugewinnausgleichsforderung 1565 ff.
Begriff, Güterstand 1241
- Hausrat 1619 ff.
- Zugewinn 1184
Behinderung, Aufrechterhalten der Ehe 52
Beitragsbemessungsgrenze 1805 ff.
Beitragszeit, gesetzliche Rentenversicherung 1810
Beleidigung, unzumutbare Härte 41
Bemühung, um Erwerbstätigkeit 846 ff.
– – ernsthaft 846
– – nachhaltig 846
– – reale Beschäftigungschance 847
Benachteiligungsabsicht 1437
- Zugewinnausgleich 1437
Beratungshilfe, Kosten 2088
Beratungskosten, Einkommensermittlung 561

Berechnung, Versorgungsausgleich 1784
Berechnungszeitraum,
Ehegattenunterhalt 541
Berechtigter, Einkünfte 907 ff.
Bereinigtes Nettoeinkommen 593
Bereitstellen, Hausratsauseinandersetzung 1656
Berücksichtigungszeit, gesetzliche Rentenversicherung 1816
Berufständische Versorgung 1845
Berufsunfähigkeitsrente 1818
Berufungsverfahren, Anwaltsgebühr 2259 ff.
Beschäftigungsbemühung 648
- Aussichtslosigkeit 648
Beschimpfung, unzumutbare Härte 41
Beschränkung, Umgang 301 ff.
Bestandsverzeichnis 1528, 1531 ff.
- Depot 1532
- Forderung 1532
- Freiberuflerpraxis 1532
- Gegenstände des persönlichen Bedarfs 1532
- Girokonto 1532
- Hausrat 1532
- Immobilien 1532
- landwirtschaftlicher Betrieb 1532
- Lebensversicherung 1532
- Pkw 1532
- Sammlung 1532
- Unternehmen 1532
- Verbindlichkeit 1532
Bestehen, einer gültigen Ehe 17 f.
Bestrafung, elterliche Sorge 174
Betragsprinzip, gesetzliche Rentenversicherung 1805 ff.
Betreuungsbonus 707
- pauschaler 719
Betreuungserfordernis 669
Betreuungskosten 707 ff.
- Arbeitslosengeld 711
- Bedürftigkeit 718

Stichwortverzeichnis

– berufsbedingte häusliche Abwesenheit	710
– Betreuungsbonus	707 f.
– – pauschal	719
– effektive	716
– Halbteilungsgrundsatz	719
– Pflegeperson	710
– reine Bonuslösung	712
– Surrogat	718
– Ursächlichkeit	714
– verbleibendes Einkommen	711
– weitere Einkommenskürzung	716
Betreuungsunterhalt	679, 774 ff.
– Aufstockungsunterhalt	779
– Ausnahme	776
– Begrenzung	1096
– Ehevertrag	97
– gemeinschaftliche Kinder	774
– Getrenntlebensunterhalt	775
– Herabsetzung	1096
– Höchstdauer	776
– Höhe	778
– Kinder, frühere Ehe	775
– – gemeinschaftliche	774
– – nach Scheidung geboren	775
– – Pflegekind	775
– Vollerwerbstätigkeit	778
– Zeitdauer	776
Betriebliche Altersversorgung	1838 ff.
– Versorgungszusage	1839
Betriebsalter, Goodwill	1483
Betriebskosten, Einkommensermittlung	560
Beweislast, Ehegattenunterhalt	981 ff.
– – Begrenzung	1089
– – Herabsetzung	1089
– Kindesunterhalt	401 ff.
Bewertung, allgemeiner Wertbegriff	1462 ff.
– des Vermögens	1459 ff.
– – allgemeine Wertbegriffe	1462 ff.
– – Bewertungsgrundsätze	1463 ff.
– – Bewertungsmethoden	1461 ff.
– – Ertragswert	1462
– – forstwirtschaftlicher Betrieb	1469 ff.
– – Gewerbebetrieb	1472 ff.
– – Goodwill	1472 ff.
– – Grundstück	1465 ff.
– – landwirtschaftlicher Betrieb	1469 ff.
– – Mittelwertverfahren	1462
– – reiner Sachwert	1462
– – Reproduktionswert	1462
– – Stichtagsmittelkurs	1459
– – Veräußerungswert	1462
– – Verkehrswert	1463
– Grundsätze	1462 ff.
– Methode	1461 ff.
– von Aktien	1459
– von Geld auf Konten	1459
Bewertungsgrundsätze, Vermögensbewertung	1459 ff.
Bewilligung, Prozesskostenhilfe	2120
Bewirtungskosten, Einkommensermittlung	561
Bezugszeitraum	1300
Bilanz, Ehegattenunterhalt	517
Bild, Hausrat	1622
Billigkeitsabwägung, angemessene Erwerbstätigkeit	817
Billigkeitsklausel, Zugewinnausgleich	1576 ff.
Billigkeitsprüfung, Verwirkung von Ehegattenunterhalt	1115
Billigkeitsunterhalt	864 ff.
– Ausnahmefall ehebedingter Bedürftigkeit	864
– Ehevertrag	97
– Einsatzzeitpunkt	865
– positive Billigkeitsklausel	864
Bonusbetrag, pauschaler	721
Briefmarkensammlung, Hausrat	1627
Brille, Hausrat	1628
Bruchteilsgemeinschaft, Endvermögen	1416

Buch, Hausrat 1621

C
CD-Sammlung, Hausrat 1628
Computer, Hausrat 1620

D
Darlegungs- und Beweislast,
  Einkommensermittlung 592
Darlegungslast, Ehegattenunterhalt 981 ff.
– – Begrenzung 1089
– – Herabsetzung 1089
– Kindesunterhalt 401 ff.
Darlehen, zinsloses, Nichterwerbseinkünfte 884
Dauer, Zeitunterhalt 1100
Depot, Bestandsverzeichnis 1532
Depression 55
Detektiv, Kosten 1142
Diagnose, Scheitern 20
Diebstahl, Verwirkung von
  Ehegattenunterhalt 1150
Dienstwagen, Einkommensermittlung 550
Differenzmethode 890
– Doppelverdienerehe 892
– trennungsbedingter Mehrbedarf 977
Dispositionsfreiheit, Sorgerecht 124
Doppelehe 6
Doppelverdiener 599
Doppelverdienerehe, Differenzmethode 892
Drogen, Unterhalt wegen Krankheit 795
Drohung, Ehevertrag 66
– Zugewinnausgleich 1230
Druckerei, Goodwill 1484
Durchschnittsentgelt, Rechtsverordnung 1809
Düsseldorfer Tabelle 901
Dynamiksystem 466

E
Ehe, Aufhebung 4 ff.
– Auflösung 3 ff.
– Auflösungstatbestand 4
– Aufrechterhalten, behindertes Kind 52
– – Depression 55
– – Krankenversicherungsschutz 52
– – Krebsleiden 52
– – Multiple Sklerose 52
– – seelische Belastung 53
– – Suizidgefahr 52
– – wirtschaftliche Krise 52
– Formverstoß 6
– Gescheitertsein 15
– gültige 17 f.
– – Beweislast 18
– – Vorlage der Heiratsurkunde 18
– Mehrverkehr 8
– phasenverschobene 1890
– Scheidung 4, 15
– Scheinehe 6
– Scheitern 2, 19 ff.
– Schwangerschaft 6
– trotz Geschäftsunfähigkeit 6
– Verwandtschaft 6
– vor Eintritt der Volljährigkeit 6
– Wiederherstellung 28 ff.
– – Dauer des Getrenntlebens 30
– – Indizien 30
– – kein Geschlechtsverkehr 30
– – nicht mehr miteinander sprechen 30
– – nicht zu erwarten 28 ff.
– – Trunksucht 30
– – unumstößliche Absicht zur Scheidung 30
– – Verbindung mit neuem Partner 30
– Willensmangel 6
Eheaufhebungsklage 14, 1797
Ehebedingte Zuwendungen 1334
– Verarmung 1355

Ehebruch, unzumutbare Härte 41
Ehedauer, angemessene
  Erwerbstätigkeit 810
  – kurze 1116 ff.
Ehegattenquote 524
Ehegattenunterhalt 494 ff.
  – Additionsmethode 890
  – Altersvorsorgeunterhalt 952 ff.
  – – neben Krankenvorsorgeunter-
  halt 971
  – angemessene Erwerbstätigkeit 806 ff.
  – Anspruchsgrundlage 522 f.
  – Anspruchshöhe 525, 906 ff.
  – Arbeitnehmersparzulage 540
  – Arbeitslosenversicherung 607
  – Arbeitslosigkeit 1087
  – Aufstockungsunterhalt 848 ff.
  – – angemessene Tätigkeit 854
  – – Einkommensdifferenz 852
  – – Einsatzzeit 848
  – – geringfügige Einkommensun-
  terschiede 852
  – – Herabsetzung 856
  – – späteres Entstehen 850
  – – Subsidiarität 848
  – – zeitliche Begrenzung 856
  – ausbildungsbedingter Mehrbe-
  darf 978
  – Ausbildungsobliegenheit 833 ff.
  – Ausbildungsunterhalt 861 ff.
  – Auskunftsanspruch 497 ff.
  – – Arbeitsvertrag 518
  – – Bilanz 517
  – – eidesstattliche Versicherung 519
  – – Einkommensteuerbescheid 517
  – – Gehaltsabrechnung 517
  – – Gewinn- und Verlustrechnung 517
  – – Leistungsbescheid 517
  – – Lohnabrechnung 517
  – – Sachkontenbelege 517
  – – Selbstoffenbarung 520
  – – Überschussrechnung 517
  – – Verbundverfahren 502
  – – Vorlage von Belegen 515 ff.
  – Auskunftserteilung 508 ff.
  – Auskunftspflicht 498
  – – Nichtbestehen 505
  – BAföG 535
  – Bedarf 522, 524, 531
  – Bedarfsstufe 883
  – Bedürftig-
  keit 522, 525, 531, 883, 906 ff.
  – begrenztes Realsplitting 603
  – Begrenzung 1051 ff., 1075 ff.
  – – Tod 1051
  – – wegen Unbilligkeit 1054
  – – zeitliche 1051 ff.
  – Bemühung um Erwerbstätig-
  keit 846 f.
  – Berechnung 869 ff.
  – – Additionsmethode 890
  – – Differenzmethode 890
  – Berechnungszeitraum 541
  – bereinigtes Nettoeinkommen 593
  – berücksichtigungsfähige
  Schulden 630 ff.
  – berufsbedingte Aufwendungen 615 ff.
  – Beschäftigungsbemühung 648
  – Bestimmung, der prägenden
  Einkünfte 871 ff.
  – – konkreter Bedarf 889 ff.
  – Betreuungskosten, Betreuungs-
  bonus 707
  – Betreuungsunterhalt 679, 774 ff.
  – – Aufstockungsunterhalt 779
  – – Ausnahme 776
  – – gemeinschaftliche Kinder 774
  – – Höchstdauer 776
  – – Höhe 778
  – – Kinder früherer Ehe 775
  – – nach Scheidung geboren 775
  – – Pflegekind 775
  – – Vollerwerbstätigkeit 778
  – – Zeitdauer 776

517

- Beweislast 981 ff.
- Billigkeitsunterhalt 864 ff.
- - Ausnahmefall ehebedingter
    Bedürftigkeit 864
- - Einsatzzeitpunkt 865
- - positive Billigkeitsklausel 864
- bis zur Erlangung von
    Erwerbstätigkeit 797 ff.
- - angemessene 800
- - Ausbildungsobliegenheit 833 ff.
- - Bemühung 846 f.
- - Eigenverantwortung 800
- - Einsatzzeitpunkt 798
- - Erwerbsobliegenheit 802 ff.
- bis zur Trennung begründete
    eheliche Schulden 885
- Darlegungslast 981 ff.
- Dauer 1100
- Differenzmethode 890
- Doppelverdiener 599
- eheangemessener Selbstbehalt 926 ff.
- Ehegattenquote 524
- EheRG 1057
- Einkommensentwicklung 877
- - außergewöhnliche 879
- - Grundstein für späteren beruflichen Werdegang 877
- - günstigere Besteuerung 877
- - Minderung der Einkünfte 878
- - regelmäßige berufliche Entwicklung 877
- - vor Trennung begonnene Fortbildungsmaßnahme 877
- - zu erwartende Beförderung 877
- Einkommensermittlung 530 ff., 542 ff.
- - Nichtselbstständiger und Rentner 542 ff.
- Einkünfte, aus Kapital 750
- - aus Land- und Forstwirtschaft 535
- - aus Vermögen 750 ff.
- - des Berechtigten 907 ff.
- - durch Sachentnahmen 753 ff.

- Einkunftsarten 534 ff.
- Elementarunterhalt 870
- Erbschaft 749
- erhebliche Ausweitung des
    Unternehmens 879
- Erkrankung 1086
- Erwerbsbemühung 655
- - Darlegungslast 660
- Erwerbseinkommen 723, 872 ff.
- Erwerbsobliegen-
    heit 655, 802 ff., 910 ff.
- Erwerbstätigkeit, angemessene 806 ff.
- Erziehungsgeld 540
- Feststellung des Restbedarfs 921 ff.
- fiktives Einkommen 639 ff.
- - Beschäftigungsbemühung 648
- - konkrete Berechnung 656
- - reale Beschäftigungschance 650
- freiwillige Leistungen Dritter 540
- freiwillige Unterhaltszahlung 912
- - Vertrauenstatbestand 912
- Geschenke 902
- Getrenntlebensunterhalt 775
- Gewerbebetreibender 541
- Gewerbebetrieb 535
- Gleichwertigkeit der Leistungen 723
- Grundsatz der Eigenverantwortlichkeit 494
- Grundsatz der nach der Scheidung fortwirkenden Mitverantwortung 495
- Grundsicherung für Arbeitsuchende 540
- Hausgeld 540
- Haushaltsführung 723
- Haushaltsgeld 902
- Herabsetzung 1051 ff., 1075 ff.
- - Beweislast 1089
- - Darlegungslast 1089
- - Tod 1051
- - Unterhaltsrechtsreform 1070 ff.

– – wegen Unbilligkeit	1054	– – wegen Alter	628 f.
– Höhe	869 ff.	– – wegen Krankheit	628 f.
– Kapital	535	– mietfreies Wohnen	535
– Karrieresprung	749, 879	– nachehelicher	751
– – Unterhaltsberechnung	881	– – Vermögensverwertung	751
– Kenntnis, des Einkommens	497	– nicht selbstständige Tätigkeit	535
– – des Vermögens	497	– Nichterwerbseinkünfte	882 ff.
– Kindergeld	536	– – Bedarfsstufe	883
– Kinderschutzklausel	1082	– – Bedürftigkeit	883
– Kindesbetreuung	662 ff.	– – Leistungsfähigkeit	883
– – altersabhängige	663 ff.	– – Pensionszahlung	882
– – Arbeitslosengeld	711	– – Rentenzahlung	882
– – Kosten	707 ff.	– – Wohnwert	882 f.
– Kindesunterhalt	532, 636 f.	– – Zinseinnahme	882
– – Abzugsposten	636	– – zinsloses Darlehen	884
– – eheliche Kinder	637	– Nichtselbstständiger	541
– – nichteheliche Kinder	637	– notwendiger Eigenbedarf	526
– – Vorwegabzug	637	– Pensionszahlung	882
– Kleidung	902	– Pflegegeld	539
– Krankenversicherungsbeitrag	607	– Pflegeversicherung	607
– Krankenvorsorgeunterhalt	870, 968 ff.	– Pflegeversicherungsvorsorge-	
– – Elementarunterhalt	970	unterhalt	973
– – Familienversicherung	968	– Pflichtteil	1052
– – kein Versicherungsschutz	969	– Pkw-Nutzung	902
– – neben Altersvorsorgeunterhalt	971	– prägende Abzüge	885 ff.
– krankheitsbedingter Mehrbedarf	979 f.	– prägende Einkünfte, Errech-	
– kulturelle Bedürfnisse	902	nung	876
– Lebenshaltungskosten	902	– prägendes Einkommen	723 ff., 749
– – sonstige	902	– – Altehe	732
– Lebensstandardgarantie	1074	– – Anrechnungsmethode	749
– Leistungen nach Hartz IV	535	– – betreutes Wohnen	736
– Leistungsbeförderung	879	– – Erbschaft	749
– Leistungsfähig-		– – gemeinsame Lebensleistung	729
keit	522, 526, 531, 883, 926 ff.	– – Kapitaleinkünfte	737
– – Einkommen	935 ff.	– – Lottogewinn	749
– Lottogewinn	749	– – Rente	731
– Mangelfall	526	– – Rentenbetrag	726
– Mangelfallberechnung	987 ff.	– – Schenkung	749
– Mehrbedarf	628 f., 870	– – Surrogat	724
– – ausbildungsbedingt	978	– – Vermögensbildung	749
– – krankheitsbedingt	979 f.	– – Versorgungsvermögen	730
– – trennungsbedingt	629, 974 ff.	– – Wohnvorteil	738

– Prämien	535	– – Miete	974
– private Krankenversicherung	973	– – Mietnebenkosten	974
– Probearbeitsverhältnis	859	– – Pkw	974
– Putzhilfe	902	– – Quotenunterhalt	976
– Quotenmethode	890	– – Umgangskosten	974
– Rangfrage	527	– – Umzugskosten	974
– Realsplitting	605	– – Versicherungen	974
– Reisen	902	– – Zeitung	974
– Rentenversicherung	607	– überobligationsmäßige Tätig-	
– Rentenzahlung	882	keit	662
– Rentner	541	– Überstundenvergütung	535
– Riester-Rente	608	– Überziehungskredit	885
– Sachentnahme	753 ff.	– Umschuldung	885
– – Schätzung	753	– Umschulung	655
– Schenkung	749	– Unterhalt, wegen Krankheit	788 ff.
– Selbstbehalt	526	– Unterhaltsbedarf	869 ff., 950 ff.
– selbstständige Tätigkeit	535	– – Altersvorsorgeunterhalt	952 ff.
– Selbstständiger	541	– – Elementarunterhalt	870
– Sonderbedarf	870	– – Krankenvorsorgeunterhalt	870
– sonstige Einkünfte	535	– – Mehrbedarf	870
– sonstige Lebenshaltungskosten	902	– – Sonderbedarf	870
– sonstige vermögenswerte Vorteile	535	– – Vorsorgeunterhalt	870
– Sozialhilfe	540	– Unterhaltskette	857
– sozialstaatliche Zuwendung	535	– unterhaltsrechtliche Einkunfts- arten	534 ff.
– Sozialversicherung	603	– Unterhaltstatbestände	757 ff.
– sportliche Aktivitäten	902	– Unterhaltsvorschuss	540
– Steuernachteil	604	– unvorhergesehene Marktent- wicklung	879
– Steuervorteil	602	– Urlaub	902
– – nach Wiederverheiratung	599	– Urlaubsgeld	535
– Stiefkind	601	– Verbundverfahren	502
– Tarifvertrag	659	– Verheiratetenzuschlag	600
– Tod	1051	– Vermietung	535
– trennungsbedingte Verbind- lichkeit	887	– Vermögensbildung	638, 749
– trennungsbedingter Mehrbe- darf, Anrechnungsmethoden	977	– Vermögensverwertung	751
– – Differenzmethode	977	– vermögenswirksame Leistun- gen	638
– – Energiekosten	974	– Verpachtung	535
– – Krankenversicherung	974	– Versicherungen	902
– – Lebenshaltungskosten	974	– Versorgung Verwandter	919 f.
– – Medikamente	974	– Versorgungsleistungen	915 ff.

Stichwortverzeichnis

- – für Dritte 535
- Verteilungsmasse 526
- Verwirkung 527, 1103 ff.
- – Anschwärzen beim Arbeitgeber 1162
- – Aufnahme intimer Beziehung zu wechselnden Partnern 1176
- – Ausraster-Fall 1148
- – Betrug 1156
- – Billigkeitsprüfung 1115
- – Diebstahl 1150
- – ehezerstörendes Verhalten 1176
- – einseitiges schwerwiegendes Fehlverhalten 1170 ff.
- – Existenzminimum 1115
- – Gefährdung von Vermögensinteressen 1162 ff.
- – gefährliche Körperverletzung 1148, 1150
- – grob beleidigendes Schreiben 1150
- – grobe Unterhaltspflichtverletzung vor Trennung 1165 ff.
- – Härtetatbestand 1108
- – intimes Verhältnis 1137
- – Kontakterzwingung 1176
- – Kontoabhebung 1150
- – kurze Ehedauer 1116 ff.
- – Mitverschulden 1149
- – mutwillige Herbeiführung der Bedürftigkeit 1158 ff.
- – mutwillige Verletzung von Vermögensinteressen 1150
- – objektive Unzumutbarkeit 1177
- – Prozessbetrug 1151
- – Rachefeldzug 1176
- – rücksichtsloses Sitzen lassen 1176
- – Scheckfälschung 1150
- – schwere Verleumdung 1150
- – sexuelle Verfehlung 1150
- – Strafanzeige 1163
- – Straftat 1147 ff.
- – Suchterkrankung 1160
- – Telefonterror 1176
- – Unterschieben eines außerehelich gezeugten Kindes 1176
- – Vereitelung des Umgangsrechts 1176
- – versuchter Diebstahl 1148
- – Zumutbarkeitsgrenze 1111
- – Zusammenleben in verfestigter Lebensgemeinschaft 1129 ff.
- voreheliche Schulden 885
- Vorsorgeaufwendung 607 ff., 902
- Vorsorgeunterhalt 870
- wechselseitige Auskunftspflicht 497
- wegen Alters 780 ff.
- – Alter 784
- – Altersrente 782
- – bei Scheidung vorhandene Fähigkeiten 784
- – berufliche Ausbildung 784
- – eheliche Lebensverhältnisse 784
- – Eigenverantwortung 786
- – Gesundheitszustand 784
- – reale Beschäftigungschance 785
- – Rentenalter 782
- – zeitliche Begrenzung 787
- wegen ehebedingter Ausbildungsnachteile 1098
- wegen Gebrechen 788 ff.
- – Einsatzzeitpunkt 792 ff.
- – Voraussetzung 788
- wegen Krankheit 788 ff.
- – Alkohol 795
- – Drogen 795
- – Einsatzzeitpunkt 792 ff.
- – Erwerbsunfähigkeit 794
- – Krankheitsbegriff 795
- – Medikamente 795
- – Sucht 795
- – Voraussetzung 788
- Wegfall nachhaltig gesicherter Tätigkeit 857 ff.
- Weihnachtsgeld 535
- Weiterbildungsmaßnahme 655

521

- Wohnen 902
- Wohngeld 537
- Wohnwert 882 f.
- Zinseinkünfte 750
- Zinseinnahme 882
- zinsloses Darlehen 884
- Zulagen 535
- Zusammenleben mit einem Dritten 915 ff.
-- gemeinsames Wirtschaften 917
-- Härtegrund 918
-- Höhe des Versorgungsentgelts 917
-- Lebenshaltungskosten 917
-- Leistungsfähigkeit des Partners 916
-- Versorgungsleistungen 915
- Zusatzfragen 522
- Zuwendung der Eltern 540
- Zuwendungen 915 ff.
Ehegattenveranlagungsform 2283
Eheliche Lebensgemeinschaft, Nichtbestehen 21 ff.
-- Diagnose 21
-- eheliche Gemeinsamkeit 27
-- getrennte Wohnung 25
-- häusliche Gemeinschaft 22
-- Inhaftierung 27
-- räumliche Trennung 24 f.
-- sexuelle Kontakte 26
-- völliges Getrenntleben 22
-- Weltreise 27
Eheliche Verbindlichkeiten 885 ff.
- bis zur Trennung begründete eheliche Schulden 885
- Tilgungsleistung 886
- trennungsbedingt 887
- Überziehungskredit 885
- Umschuldung 885
- Vermögensbildung 886
- voreheliche Schulden 885
- Zinszahlung 886
Ehename 1948 ff., 1950 ff.
- Kindesname 1960 ff.

- Kontinuität der Namensführung 1985
- nach der Scheidung 1955 ff.
-- Wahlrecht 1956
- Name des Kindes 1960 ff.
- Namensänderung nach Scheidung 1975 ff.
- Namensrechtsreform 1951 ff.
Eheprägendes Darlehen 634
EheRG 1057
Ehevertrag 63 ff.
- Ausübungskontrolle 95
- Drogen 66
- Ehewohnung 122 f.
- Gestaltung 97
-- Altersvorsorgeunterhalt 97
-- Aufstockungsunterhalt 97
-- Ausbildungsunterhalt 97
-- Betreuungsunterhalt 97
-- Billigkeitsunterhalt 97
-- Krankenvorsorgeunterhalt 97
-- Präambel 97
-- Unterhalt wegen Alters 97
-- Unterhalt wegen Erwerbslosigkeit 97
-- Unterhalt wegen Krankheit 97
-- Vereinbarung der Gütertrennung 97
-- Versorgungsausgleich 97
-- weitere Hinweise 97
- Hausrat 122 f.
- Judikatur 67
- Kindesunterhalt 102 f.
- nachehelicher Unterhalt 110 ff.
- Regelung bei Trennung und Scheidung 98 ff.
- Regelung der Scheidungsfolgen 63 ff.
- Regelung zu Beginn der Ehe 63 ff.
- Risikofaktoren 66
- Salvatorische Klausel 72
- Schwangerschaft 66

– Sorgerecht	124 ff.	– Nutzungsvergütung	1778
– steuerliche Auswirkungen	127 ff.	– Rechtsschutzbedürfnis	1676
– Täuschung	66	– Rechtsstellung der Ehepartner	1685 ff.
– Terminsnot	66	– Sondereigentum	1760
– Trennungsunterhalt	104 ff.	– Streitgericht	1778
– Umgangsrecht	124 ff.	– verbale Attacke	1671
– Versorgungsausgleich	119 ff.	– Verbundverfahren	143
– Wirksamkeitskontrolle	79	– Verfahrensrecht	1767 ff.
– wirtschaftliche Abhängigkeit	66	– Verkauf, an Dritten	1765 f.
– Zugewinn	118	– – freihändiger	1765 f.
– Zwangssituation	66	– – innerhalb der Gemeinschaft	1763 f.
Ehewohnung	122 f., 1660 ff.	– Vollstreckungsrecht	1767 ff.
– Abgeschlossenheitsbescheinigung	1760	– Wohnungseigentum	1711 ff.
– Alleineigentümer	1720	– – Vergütungsanspruch	1722
– Aufhebung des Eigentums	1750 ff.	– Wohnungsteilung	1703
– Aufteilung	1760 ff.	– Wohnungszuweisung, Räumungsfrist	1700
– – in Eigentumswohnungen	1760 ff.	– – schwere Härte	1666 ff.
– Ausgleichszahlung	1702	– Wohnungszuweisungsverfahren	1699
– beide Unterzeichner des Mietvertrages	1687	– Zuweisung, unbillige Härte	1679 ff.
– Belange der gemeinsamen Kinder	1675	**Ehezeit**, Versorgungsausgleich	1792 ff.
– einstweilige Anordnung	1769	**Eidesstattliche Erklärung**, Streitwert	2240
– erhebliches Gewaltpotenzial	1672	**Eidesstattliche Versicherung**	1538 ff.
– freiwilliger Auszug	1662 ff.	– Ehegattenunterhalt	519
– gerichtliche Wohnungszuweisung	1666 ff.	**Eigentum**, Aufhebung, Ehewohnung	1750 ff.
– Gerichtskosten	1779	– Feststellung, Hausrat	1635 ff.
– Miteigentum	1760	**Eigenverantwortung**, Erwerbstätigkeit	800
– Miteigentümer	1718	– Unterhalt, wegen Alters	786
– nach der Scheidung	1695 ff.	**Eilverfahren**, Zugewinnausgleich	1234 ff.
– – Eingriff in Vermieterrechte	1704	**Einbaumöbel**, Hausrat	1623
– – gerichtliche Wohnungszuweisung	1696 ff.	**Einfamilienhaus**, Schonvermögen	2129
– – Wohnungsteilung	1703	**Einigungsgebühr**, Verbundverfahren	2271 f.
– nach der Trennung	1660 ff.	– Verfahren 1. Instanz	2253 ff.
– – Wohnungseigentum	1711 ff.	**Einkommen**, bereinigtes Nettoeinkommen	935
– – Wohnungszuweisung	1666 ff.	– Beweislast	936
– Nichtunterzeichner des Mietvertrages	1686		
– Nutzungsentschädigung	1771, 1778		

523

- Darlegungslast 936
- Einsatz, Prozesskostenhilfe 2106 ff.
- fiktive Nebenverdienste 936
- fiktives 639 ff., 935
-- konkrete Berechnung 656
-- Tarifvertrag 659
- Leistungsfähigkeit 935 ff.
- Mangelfall 936
- Maßstab der Verhältnismäßigkeit 936
- prägendes 723 ff.
-- Altehe 732
-- Anrechnungsmethode 749
-- betreutes Wohnen 736
-- Erbschaft 749
-- gemeinsame Lebensleistung 729
-- Gleichwertigkeit der Leistungen 723
-- Haushaltsführung 723
-- Karrieresprung 749
-- Lottogewinn 749
-- Rente 731
-- Rentenbetrag 726
-- Schenkung 749
-- Surrogat 724
-- Vermögensbildung 749
-- Versorgungsvermögen 730
-- Wohnvorteil 738
- Strafhaft 948
- Teilungsversteigerung 942
- Verlust der Arbeitsstelle 944
Einkommensdifferenz, Aufstockungsunterhalt 852
Einkommensentwicklung,
 außergewöhnliche 879
- erhebliche Ausweitung des Unternehmens 879
- Grundstein für späteren beruflichen Werdegang 877
- günstigere Besteuerung 877
- Karrieresprung 879
- Leistungsbeförderung 879

- Minderung der Einkünfte 878
- normale 877
- regelmäßige berufliche Entwicklung 877
- unvorhergesehene Marktentwicklung 879
- vor Trennung begonnene Fortbildungsmaßnahme 877
- zu erwartende Beförderung 877
Einkommensermittlung 542 ff.
- Arbeitslosenversicherung 607
- begrenztes Realsplitting 603
- bereinigtes Nettoeinkommen 593
- berücksichtigungsfähige Schulden 630 ff.
- berufsbedingte Aufwendungen 615 ff.
- Beschäftigungsbemühung 648
- Betreuungskosten, Betreuungsbonus 707
- Betreuungsunterhalt 679
- Doppelverdiener 599
- Ehegattenunterhalt 530 ff., 542 ff.
-- prägendes Einkommen 723
- Einkommensteuer 594 ff.
- Einkünfte, aus Kapital 750
-- aus Vermögen 750 ff.
-- durch Sachentnahmen 753 ff.
- Erbschaft 749
- Erwerbsbemühung 655
-- Darlegungslast 660
- Erwerbseinkommen 723
- Erwerbsobliegenheit 655
- fiktives Einkommen 639 ff.
-- Beschäftigungsbemühung 648
-- konkrete Berechnung 656
-- reale Beschäftigungschance 650
- Gleichwertigkeit der Leistungen 723
- Haushaltsführung 723
- Karrieresprung 749
- Kindesbetreuung 662 ff.
-- altersabhängige 663 ff.

Stichwortverzeichnis

– – Arbeitslosengeld	711
– – Kosten	707 ff.
– Kindesunterhalt	636 f.
– – Abzugsposten	636
– – eheliche Kinder	637
– – nichteheliche Kinder	637
– – Vorwegabzug	637
– Kirchensteuer	594 ff.
– Krankenversicherungsbeitrag	607
– Lottogewinn	749
– Mehrbedarf, trennungsbedingt	629
– – wegen Alter	628 f.
– – wegen Krankheit	628 f.
– nachehelicher Ehegattenunterhalt	751
– Nichtselbstständiger	542 ff.
– – Abfindung	553
– – Auslandsverwendungszuschlag	549
– – Dienstwagen	550
– – Einkommensbelege	542
– – einmalige Zahlung	552
– – Essensspesen	546
– – häusliche Eigenersparnis	547
– – Nebentätigkeit	554
– – Reisekosten	545
– – Sachbezug	548
– – Spesen	545
– – Tagesspesen	546
– – Überstunden	543, 554
– Pflegeversicherung	607
– prägendes Einkommen	723
– – Altehe	732
– – Anrechnungsmethode	749
– – betreutes Wohnen	736
– – Erbschaft	749
– – gemeinsame Lebensleistung	729
– – Kapitaleinkünfte	737
– – Karrieresprung	749
– – Lottogewinn	749
– – Rente	731
– – Rentenbetrag	726
– – Schenkung	749

– – Surrogat	724
– – Vermögensbildung	749
– – Versorgungsvermögen	730
– – Wohnvorteil	738
– Realsplitting	605
– Rentenversicherung	607
– Rentner	542 ff.
– – Einkommensbelege	542
– Riester-Rente	608
– Sachentnahme	753 ff.
– – Schätzung	753
– Schenkung	749
– Selbstständiger	556 ff.
– – Absetzung für Abnutzung	565
– – Ansparabschreibung	583
– – Beiträge zu Verbänden	561
– – Beiträge zu Vereinen	561
– – Betriebskosten	560
– – Bewirtungskosten	561
– – Darlegungs- und Beweislast	592
– – degressive Abschreibung	580
– – Fahrzeugkosten	561
– – Forderungsabschreibung	585
– – Geschenke	561
– – Leasinggebühr	561
– – Lebensführungskosten	561
– – lineare Abschreibung	579
– – Miete und Raumkosten	561
– – Negativeinkünfte	591
– – Personalkosten	561
– – Porto	561
– – Privatentnahme	586
– – Provision	561
– – Rechtsberatungskosten	561
– – Reisekosten	561
– – Repräsentationskosten	561
– – Rückstellung	562
– – Schwarzgeld	590
– – Sonderabschreibung	583
– – sonstige Kosten	561
– – Spenden	561
– – Telefonkosten	561

525

– – Versicherungen 561
– – Werbekosten 561
– Sozialversicherung 603
– Steuernachteil 604
– Steuerrückzahlung 595
– Steuervorteil 601
– Steuervorteil nach Wiederverheiratung 599
– Stiefkind 601
– Tarifvertrag 659
– überobligationsmäßige Tätigkeit 662
– Umschulung 655
– Verheiratetenzuschlag 600
– Vermögensbildung 638, 749
– Vermögensverwertung 751
– vermögenswirksame Leistungen 638
– Vorsorgeaufwendung 607 ff.
– Weiterbildungsmaßnahme 655
– Zinseinkünfte 750
Einkommensgruppe, Kindesunterhalt 423
Einkommensteuer, Einkommensermittlung 594
Einkommensteuerbescheid, Ehegattenunterhalt 517
Einkommensteuerschulden, Endvermögen 1454
Einkünfte, aus Kapital 750
– aus Land- und Forstwirtschaft, Ehegattenunterhalt 535
– aus unzumutbarer Tätigkeit 922
– aus Vermögen 750 ff.
– des Berechtigten 907 ff.
– durch Sachentnahmen 753 ff.
– prägende, Bestimmung 871 ff.
– – Errechnung 876
Einmalausgleich, System 1786
– Versorgungsausgleich 1785
Einmalige Zahlung, Einkommensermittlung 552

Einsatz, Einkommen, Prozesskostenhilfe 2106 ff.
Einsatzzeit, Aufstockungsunterhalt 848
Einsatzzeitpunkt, Billigkeitsunterhalt 865
– Unterhalt bis zur Erlangung von Erwerbstätigkeit 798
– Unterhalt wegen Krankheit 792 ff.
– – Beendigung der Kindesbetreuung 793
Einstweilige Anordnung, Ehewohnung 1769
Einstweilige Verfügung, nichteheliche Kinder, Unterhalt 485
– Streitwert 2240
Einverständliche Scheidung 58 ff.
– Scheitern 61
– Voraussetzung 58 ff.
Einverständlichkeit, Scheidung 58 ff.
Einzelveranlagung 2283
Elementarunterhalt, Altersvorsorgeunterhalt 963
– – Aufschlag 964
– – fiktives Bruttoeinkommen 963
– Ehegattenunterhalt 870
– Krankenvorsorgeunterhalt 970
– Nachrangigkeit 972
Elterliche Sorge 165 ff.
– Adoptiveltern 167 ff.
– Alleinsorge des Antragstellers 240 ff.
– Aufenthaltsbestimmungsrecht 184 ff.
– Aufhebung 224 ff.
– Aufsicht 204 ff.
– – Ausübung 206
– – Intensität 208
– – Nebenpflicht 209
– Ausland 229
– Begründung 165 ff.
– einvernehmliche Alleinsorge 217 ff.
– gemeinsame 224 ff.
– – Aufhebung 224
– gemeinsames Sorgerecht 227

Stichwortverzeichnis

– Inhalt	165 ff.
– Kerngehalt	170 ff.
– Kindeswohl	227
– Kooperationsbereitschaft	227
– Kooperationsfähigkeit	227
– körperliche Bestrafung	174
– nach Trennung	213 ff.
– – Aufenthalt	214
– – Ausbildung	214
– – Gesundheit	214
– – Namensfrage	214
– – Reisen	214
– – Religion	214
– – Umgang	214
– – Vermögenssorge	214
– nicht verheiratete Kindesmutter	168
– räumliche Nähe	228
– Sabotageverhalten	235
– Sorgeerklärung	169
– Streitwert	2240
– Suchtverhalten	238
– Umzug	228
– Verbleibensanordnung	198, 202
– Verbundverfahren	143, 215 ff.
– – einvernehmliche Alleinsorge	217 ff.
– – Streit um Alleinsorge	221 ff.
– Verfahren, Amtsermittlungsgrundsatz	273
– Verfahrensfragen	272 ff.
– – Anhörung	276
– – Beiordnung eines Rechtsanwalts	275
– – Ermessen des Gerichts	273
– – Sachverständigengutachten	273
– – Zuständigkeit	272
– Verletzung der Unterhaltspflicht	237
Endvermögen	1406 ff.
– Abfindung	1411
– Aktivvermögen	1407 ff.
– Alleinschulden	1446 ff.

– Anstandsschenkung	1434
– Auskunft	1520 ff.
– – Bestandsverzeichnis	1531 ff.
– – eidesstattliche Versicherung	1538 ff.
– – Gegenstand	1520 ff.
– – Inhalt	1528 ff.
– – Verfahrensfragen	1542 ff.
– – Wertermittlungsanspruch	1533 ff.
– Barkonto	1415
– Benachteiligungsabsicht	1437
– Berechnung	1502 ff.
– Bewertung	1459 ff.
– Bruchteilsgemeinschaft	1416
– Erhalt	1412
– Ertragsteuer	1455
– Forderung der Eheleute untereinander	1457 f.
– Für-Prinzip	1425
– gemeinsames	1441 ff.
– gesamtschuldnerische Verbindlichkeit	1446 ff., 1451
– Halbteilungsprinzip	1443
– Hinweisblatt	2333
– illoyale Vermögensminderung	1429 ff.
– In-Prinzip	1425
– latente Steuerlast	1456
– Mitarbeiterbeteiligung	1413
– Pflichtschenkung	1433
– saldiertes Vermögen	1188
– Schmuckstück	1414
– Schulden	1447
– Sparkassenbrief	1415
– Steuererstattung	1417
– Steuerschulden	1454 ff.
– – Einkommensteuer	1454
– – Ertragsteuer	1455
– – latente Steuerlast	1456
– Tag der Rechtshängigkeit	1214
– Unterhaltsforderung	1422
– Unterhaltsrückstand	1422
– Verdienstausfall	1423
– Verschwendung	1435

527

– Vorerbenstellung 1426
– Zugewinnausgleich 1186
– Zurechnung 1427 ff.
– Zurechnung zum Vermögen 1427 ff.
Endvermögensstichtag 1214 ff., 1304, 1503
– Anfangsvermögen 1304
– Vorverlegung 1215 ff.
– – Ausnahme 1217 ff.
– Zugewinnausgleich 1214 ff.
– – Vorverlegung 1215 ff.
Energiekosten, trennungsbedingter Mehrbedarf 974
Entführungsgefahr, Umgangsrecht 314
Entgeltpunkt, gesetzliche Rentenversicherung 1811
– persönliche 1819
Entgeltumwandlung, Versorgungszusage 1840
Entscheidungsverbund 142
Erbrecht, Anfangsvermögen 1313
Erbschaft, Zugewinnausgleich 1304 ff.
Erfolgsaussicht, Prozesskostenhilfe 2140 ff., 2143
– – mangelnde 2159
Erfüllung, Zugewinnausgleich 1558 ff.
Erklärung, über die persönlichen und wirtschaftlichen Verhältnisse, Prozesskostenhilfe 2118
Erkrankung, Ehegattenunterhalt 1086
Erledigungserklärung, Streitwert 2240
Errungenschaftsgemeinschaft 1283 ff.
– Strukturmerkmal 1284
Ersatzbeschaffung, Hausrat 1643
Ersatzzeit, gesetzliche Rentenversicherung 1814
Ersetzungsverfahren, Streitwert 2240
Ertragsteuer 1455
Ertragswert 1462
– Grundstück 1465
Ertragswertverfahren, Mietshaus 1466

Erweiterung, Zugewinnausgleichsanspruch 1568 ff.
Erwerbsbemühung, Darlegungslast 660
– Einkommensermittlung 655
Erwerbseinkommen 723, 872 ff.
– fiktive Einkünfte 874
Erwerbsobliegenheit 655, 667, 802 ff., 910 ff.
– Ausbildungsobliegenheit 834
– Kindesbetreuung 662 ff.
– volle 675
Erwerbspflicht, des Unterhaltsberechtigten 910
Erwerbstätigkeit, angemessene 800, 803, 806 ff.
– – Arbeitsmarktrisiko 832
– – Lebensstandard 808
– – Maßstab 803, 806
– Bemühung 846 f.
– – ernsthaft 846
– – nachhaltig 846
– – reale Beschäftigungschance 847
– frühere 804, 806
Erwerbsunfähigkeit, Unterhalt wegen Krankheit 794
Erwerbsunfähigkeitsrente 1818
Erwerbszeitpunkt, Anfangsvermögen 1304
Erziehungsgeld, Ehegattenunterhalt 540
Essensspesen, Einkommensermittlung 546
Existenzminimum 1115
Existenzminimumbericht 468

F
Fahrrad, Hausrat 1628
Fahrtkosten, Prozesskostenhilfe 2107
Fahrzeug, Hausrat 1620
Fahrzeugkosten, Einkommensermittlung 561
Fälligkeit, Zugewinnausgleich 1550 ff.
Familiengericht, Zuständigkeit 1997 ff.

– – örtliche 1999 ff.
– – sachliche 1997 f.
Familienname 1948 ff., 1950 ff.
– Kindesname 1960 ff.
– Kontinuität der Namensführung 1985
– nach der Scheidung 1955 ff.
– – breites Wahlrecht 1956
– Name des Kindes 1960 ff.
– Namensänderung nach Scheidung 1975 ff.
– Namensrechtsreform 1951 ff.
Familienrechtsschutz 2094
Fehlerquelle, Versorgungsausgleich 1934 ff.
– – Amtsverfahren 1934 ff.
– – Ausschluss durch Ehevertrag 1941 ff.
– – Rentnerprivileg 1944 ff.
Fehlverhalten, einseitiges 1170 ff.
– persönliches 1579
– schwerwiegendes 1170 ff.
– vermögensbezogenes 1579
Ferienzeiten, Umgangsrecht 330
Festsetzungsverfahren, Prozesskostenhilfe 2152
Feststellung, Restbedarf 921 ff.
Fliegender Zugewinnausgleich 1612
Folgesache, abgetrennte, Anwaltszwang 2091
– Abtrennung 147 ff.
Forderung, Bestandsverzeichnis 1532
– der Eheleute untereinander 1457 ff.
Forderungsabschreibung, Einkommensermittlung 585
Förderungsprinzip 242 ff.
Formverstoß, Ehe 6
Forstwirtschaftlicher Betrieb, Vermögensbewertung 1469 ff.
Fortbildung, Mehrbedarf 978
Fragebogen, Versorgungsausgleich 2331
Freiberuflerpraxis, Bestandsverzeichnis 1532

Freistellung, Streitwert 2240
Freistellungsvereinbarung, Kindesunterhalt 416
Frist, Hausratsteilung 1618
Fristablauf, Scheidungsverbund 2046 ff.
Für-Prinzip, Endvermögen 1425

G
Gebot, des geringstmöglichen Eingriffs 311
Gebühren 2081 ff.
– anwaltliche 2241 ff.
– Rechtsschutzversicherung 2094 ff.
Gebührenvorschrift, Anwaltsgebühr 2242
Geburtsname 1960
Gefährdung, Zugewinnausgleich 1230
Gegenstandswert, Anwaltsgebühr 2241
Gehalt, Endvermögen 1412
Gehaltsabrechnung, Ehegattenunterhalt 517
Geldmittel, Hausrat 1629
Gemälde, Hausrat 1200
Gemeinsames Sorgerecht, elterliche Sorge 227 ff.
Gemeinsamkeiten, eheliche 27
Gemeinschaft, eheliche 21
– häusliche 22
– sozio-ökonomische 1132, 1142
Gerichtliche Kostenentscheidung 2199 ff.
Gerichtskosten, Ehewohnung 1779
Gesamtgut 1277
– Gütergemeinschaft 1272
Gesamtgutsschulden 1279
Gesamtschuldnerische Verbindlichkeit, Endvermögen 1451
Gescheitertsein, der Ehe 19
Geschenke 902
– Einkommensermittlung 561
Geschwistertrennung, Kindesunterhalt 414 ff.

Gesetzliche Rentenversicherung 1802 ff.
– Anrechnungszeit 1812
– Beitragsbemessungsgrenze 1805 ff.
– beitragsfreie Zeiten 1811
– Beitragsprinzip 1805 ff.
– Beitragszeit 1810
– Berücksichtigungszeit 1816
– Entgeltpunkt 1811
– Ersatzzeit 1814
– Grundstruktur 1803 f.
– Mitglied 1803
– – zeitweise 1804
– Pflichtversicherungsgrenze 1807
– Rentenformel 1805 ff., 1817
– Versicherungsbeitrag 1808
– Zurechnungszeit 1813
Gesetzlicher Güterstand 1241 ff.
Gestaltung, Ehevertrag 97
Gesundheit, nach Trennung 214
Getrennte Veranlagung 2301 ff.
Getrenntleben, Inhaftierung 27
– Weltreise 27
– Zusammenveranlagung 2293 ff.
Getrenntlebensunterhalt 775
Gewaltschutzgesetz 1679
Gewerbebetrieb 1472 ff.
– Ehegattenunterhalt 535
Gewinn- und Verlustrechnung, Ehegattenunterhalt 517
Girokonto, Bestandsverzeichnis 1532
Gleichwertigkeitsregel, Kindesunterhalt 379 ff.
– Nichtgelten 402
Goodwill 1472 ff.
– Alter des Betriebes 1483
– Architekt 1484
– Arzt 1484
– Druckerei 1484
– eingesessenes bekanntes Anwaltsbüro 1484
– Handelsvertreter 1484
– kleine Anwaltskanzlei 1484
– Kneipe 1484
– Kundenbindung 1483
– Lage 1483
– Notariat 1484
– Steuerberatersozietät 1484
– Steuerberatungsgesellschaft 1484
– Trennung des Rufs des Unternehmers vom Ruf des Unternehmens 1483
– Vermessungsingenieur 1484
– Versicherungsagentur 1484
– Wettbewerbsverbot 1483
– Zahnarzt 1484
Grober Undank, Schenkung 1350
– Zuwendung, von Schwiegereltern 1372
Großeltern, Kindesunterhalt 486 ff.
Grundelement, Versorgungsausgleich 1785
Grundlage, Versorgungsausgleich 1780
Grundprinzip, der Eigenverantwortung 757, 1073
– der fortwirkenden Solidarität 1073
– Zugewinnausgleich 1182 ff.
Grundschule, Kindesbetreuung 669
Grundstück, Bewertung 1465 ff.
– – Ertragswert 1465
– – Sachwert 1465
– – Veräußerungswert 1465
– Vermögensbewertung 1465 ff.
– Zutritt, Streitwert 2240
Grundstücksbelastung, Güterstand 1250
Grundwehrdienst, Kindesunterhalt 384
Gütergemeinschaft 1244, 1272 ff.
– Auseinandersetzung nach Beendigung 1278 ff.
– Gesamtgut 1272, 1277
– Sondergut 1272, 1274
– – der Frau 1272
– – des Mannes 1272

– Vorbehaltsgut	1272, 1275	**Handelsunternehmen**, Vermö-	
– – der Frau	1272	gensbewertung	1478
– – des Mannes	1272	**Handelsvertreter**, Goodwill	1484
Güterrecht, Verbundverfahren	143	**Härte**, unzumutbare	34 ff.
Güterrechtsreform	1224	– Versorgungsausgleich	1906
Güterstand	1241 ff.	– Wohnungszuweisung	1666 ff.
– Begriff	1241	– – schwere	1666 ff.
– DDR	1286 ff.	– – unbillige	1679 ff.
– – Fortgeltungserklärung	1287	**Härtefall**, Versorgungsaus-	
– – nach Wiedervereinigung	1286 ff.	gleich	1924 ff., 1932
– Errungenschaftsgemein-		– – Geltendmachung	1932
schaft	1244, 1283	**Härtegrund**, Zusammenleben	
– gesetzlicher	1241 ff., 1259	mit einem Dritten	918
– – Modifizieren	1259	**Hartz IV**, Ehegattenunterhalt	535
– Grundstücksbelastung	1250	**Hausgeld**, Ehegattenunterhalt	540
– Gütergemeinschaft	1244, 1272 ff.	**Haushaltsführung**, Einkom-	
– Gütertrennung	1244, 1263 ff.	mensermittlung	723
– – erbschaftsteuerlicher Aspekt	1268	**Haushaltsgeld**	902
– Modifizierung	1269	**Hausrat**	122 ff., 1613 ff.
– Rechtsnatur	1245 ff.	– Abgrenzung zum Vermögen	1198 ff.
– Schlüsselgewalt	1254 ff.	– Antiquität	1622
– Verfügungsbeschränkung	1248 ff.	– Armbanduhr	1628
– Wahlgüterstand	1257 ff.	– Auseinandersetzung	1644 ff.
– – Errungenschaftsgemeinschaft	1283	– Ausweispapiere	1628
– – Gütergemeinschaft	1272 ff.	– Begriff	1619 ff.
– – Gütertrennung	1263 ff.	– Berufsausübung	1199
– – Option	1258 ff.	– Bestandsverzeichnis	1532
– Zugewinnschaukel	1605 ff.	– Bild	1622
Güterstandsklasse	1242	– Briefmarkensammlung	1627
Gütertrennung	1244, 1263 ff.	– Brille	1628
– automatisches Eintreten	1266	– Buch	1621
– Ehevertrag	97	– CD-Sammlung	1628
– erbschaftsteuerlicher Aspekt	1268	– Computer	1620
– familienrechtlicher Ausgleichs-		– Einbaumöbel	1623
anspruch	1267	– Ersatzbeschaffung	1643
– Versorgungsausgleich	1875	– Fahrrad	1628
		– Fahrzeug	1620
H		– Feststellung des Eigentums	1635 ff.
Halbtagsbeschäftigung, Kin-		– Geldmittel	1629
desbetreuung	674	– Gemälde	1200
Halbteilungsgrundsatz	719	– Heizmaterialien	1627
Halbteilungsprinzip	1443	– Hochzeitsgeschenk	1639

531

- Hund 1630
- in die Ehe eingebrachte
  Gegenstände 1641
- Kapitalanlage 1199
- Kleidung 1628
- Kunstgegenstand 1200, 1622
- Mobilheim 1625
- Motoryacht 1626
- Münzsammlung 1627
- Musikinstrument 1620
- nach der Trennung ange-
  schaffte Gegenstände 1199
- persönliches Hobby 1199
- Pferd 1630
- Pkw 1199 f., 1624
- Porzellan 1200
- Qualitätsverbesserung 1643
- Quantitätsverbesserung 1643
- Rasierapparat 1628
- Schallplattensammlung 1628
- Schmuck 1628
- Segelyacht 1626
- selbst angefertigt 1640
- Spielsachen 1628
- Sportgerät 1620
- Streitwert 2240
- Teppich 1200
- Tiere 1630
- Verbundverfahren 143
- Vermögensauseinandersetzung 1632
- Versicherungsunterlagen 1628
- Vertrag 1628
- Vorräte 1627
- Weinsammlung 1627
- Wertsteigerung 1201
- Wohnmobil 1625
- Wohnungseinrichtung 1620
- Wohnwagen 1625
- Ziergegenstände 1200
- Zugewinnausgleich 1632
- Zweckbestimmung 1630
Hausratsauseinandersetzung 1644 ff.

- Abholen 1656
- Annahmeverzug 1657
- Aufrechnung 1659
- Aufteilungskriterien 1647 ff.
- Ausgleichszahlung 1650 ff.
- Bereitstellen 1656
- Durchführung 1655 ff.
- Herausgabeanordnung 1655
- Hinterlegung 1658
- Kaufpreisrestschulden 1653
- Versteigerung 1658
- Weggabe 1658
- Zahlungsmodalitäten 1652
- Zeitpunkt 1644 ff.
- Zurückbehaltungsrecht 1659
Hausratsteilung 1613 ff.
- Abgrenzung zum Zugewinn-
  ausgleich 1196 ff.
- Ausgleichsteilung 1650 ff.
- Frist 1618
- Grundsätze 1613 ff.
- Mediationsverfahren 1616
- Zahlungsmodalitäten 1652
Hausratsteilungsverfahren,
  Anwaltszwang 2093
Hausratsverordnung 1648 ff.
Heimfallprivileg 1925 ff.
- Versorgungsausgleich 1925 ff.
Heizmaterialien, Hausrat 1627
Herabsetzung, Aufstockungsun-
  terhalt 856, 1097
- Betreuungsunterhalt 1096
- Ehegattenunterhalt 1051 ff., 1075 ff.
- – Darlegungslast 1089
- – Tod 1051
- – Unterhaltsrechtsreform 1070 ff.
- – wegen Unbilligkeit 1054
- Zugewinnausgleich 1575 ff.
Herausgabe eines Kindes,
  Verbundverfahren 143
Hinterlegung, Hausratsausein-
  andersetzung 1658

Hinweisblatt, Endvermögen	2333	– mit Rentenwahlrecht	1846
– Versorgungsausgleich	2331	– Prozesskostenhilfe	2134
– zum Prozesskostenhilfeformular	2330	**Karrieresprung**	749
Hobby, Hausrat	1199	– Einkommensentwicklung	879
Höchstdauer, Betreuungsunterhalt	776	– Unterhaltsberechnung	881
Hochzeitsgeschenk, Hausrat	1639	**Kaufpreisrestschulden**, Hausratsteilung	1653
Höhe, Altersvorsorgeunterhalt	953	**Kind**, Betreuungsunterhalt	774
– Betreuungsunterhalt	778	– – frühere Ehe	775
– Ehegattenunterhalt	869 ff.	– – gemeinschaftliche	774
– Selbstbehalt	927	– – nach Scheidung geboren	775
Hund, Hausrat	1630	– Geburtsname	1960
		– Name	1960 ff.
I		– – Regelfall Nachname	1960 ff.
Immobilien, Altersvorsorgeunterhalt	957	**Kinderfreibetrag**	469
– Bestandsverzeichnis	1532	**Kindergeld**, Ehegattenunterhalt	536
Im-Stich-Lassen der Familie, unzumutbare Härte	41	**Kinderrechteverbesserungsgesetz**	1979
		Kinderschutzklausel	1082
Indexzahl	1498 ff.	**Kindesbetreuung**	662 ff.
Inhaftierung	27	– altersabhängige	663 ff.
Innengesellschaft	1385 ff.	– Betreuungserfordernis	669
– stillschweigende Vereinbarung	1393	– Betreuungsunterhalt	679
In-Prinzip	1800	– Erwerbsobliegenheit	667
– Endvermögen	1425	– – volle	675
– Versorgungsausgleich	1800	– Ferienzeit	669
Internationale Zuständigkeit	2003 f.	– Grundschule	669
Isoliertes Verfahren, Kostenentscheidung	2212 ff.	– Halbtagsbeschäftigung	674
		– Kosten	707 ff.
		– – Betreuungsbonus	707
J		– Krankheitszeit	669
Judikatur, Ehevertrag	67	– Problemkind	676
Jugendstrafe, Kindesunterhalt	384	– Teilzeittätigkeit	674
JVEG	617	– Unterhalt	678
		– unzumutbare Tätigkeit	662 ff.
K		– volle Erwerbsobliegenheit	675
Kapital, Ehegattenunterhalt	535	**Kindesdoppelname**	1990
Kapitalanlage, Hausrat	1199	**Kindesherausgabe**, Streitwert	2240
Kapitaleinkünfte, prägendes Einkommen	737	**Kindesinteresse**	51
		Kindesname, Anfechtung	1964
Kapitallebensversicherung	1846	– bei Verzicht auf Ehenamen	1963 ff.
– Lebensversicherung	1846	– Ehename	1960
– – mit Rentenwahlrecht	1876	– Entscheidung	1971

– Familienname	1960	– – gegen Eltern	374 ff.
– Geburtsname	1960	– – gegen Großeltern	386 ff.
– Kindesdoppelname	1990	– Mindestunterhalt	457 ff.
– Namensgebungsrecht	1972	– – Definition	458
– Namenswahl	1964	– Naturalunterhalt	386
– – Anfechtung	1964	– Naturalunterhaltsanspruch	379 ff.
– – Widerruf	1964	– nichteheliche Kinder	478 ff., 637
– nichteheliches Kind	1991	– – Beistand	478 ff.
– Regelfall des Nachnamens	1960 ff.	– – einstweilige Verfügung	485
– Widerruf	1964	– – fiktives Einkommen	481
Kindesunterhalt	102 f., 372 ff., 636 f.	– – Sonderbedarf	480
– Abzugsposten	636	– Notunterhalt	392
– Altersstufe	423	– Rechengröße	461
– Anrechnung des Kindergeldes	474	– Regelbetragverordnung	459
– Aufteilung der Kinder unter den Eltern	414 ff.	– Sättigungsgrenze	454
– Baruntherhalt	386	– Sittenwidrigkeit	418
– Baruntherhaltsanspruch	379 ff.	– Sonderbedarf	422 ff., 432 ff.
– Baruntherhaltspflicht	419	– – außergewöhnliche Kosten	446
– Beweislast	401 ff.	– – Begriff	432
– Darlegungslast	401 ff.	– – Höhe der Kosten	447
– Düsseldorfer Tabelle	422 ff.	– – Höhe des Baruntherhalts	447
– Dynamiksystem	466	– – Rechtsprechung	435
– Ehegattenunterhalt	532	– – Zeitspanne	447
– eheliche Kinder	637	– Taschengeldanspruch	393, 420
– Einkommensermittlung	636 f.	– Teilung der Betreuung durch die Eltern	403 ff.
– Einkommensgruppe	423	– Unterhalt	422 ff.
– Existenzminimumbericht	468	– Unterhaltsbedürftigkeit	384
– Freistellungsvereinbarung	416	– Unterhaltshöhe	423
– Geschwistertrennung	414 ff.	– Verbundverfahren	381
– Gleichwertigkeitsregel	379 ff., 402	– Verhältnismäßigkeitsgrundsatz	399
– – Ausnahme	402	– Verrechnung	415
– Grundwehrdienst	384	– Vorwegabzug	637
– höherer Unterhaltsanspruch	417	– Wechselmodell	403 ff.
– Jugendstrafe	384	**Kindeswille**	255 ff.
– Kinderfreibetrag	469	**Kindeswohl**, elterliche Sorge	227
– Klageantrag	431	– Umgangsrecht	328
– Konfirmationskosten	438 ff.	**Kindschaftsrechtsreformgesetz**	283
– Kosten, Arbeitslosengeld	711	**Kirchensteuer**, Einkommensermittlung	594
– Mehrbedarf	422 ff., 428, 430		
– – Begriff	430	**Klageantrag**, Kindesunterhalt	431
– minderjähriges Kind	374 ff.	**Kleidung**	902

– Hausrat	1628
Kneipe, Goodwill	1484
Konfirmationskosten, Sonderbedarf	438 ff.
Kontakterzwingung	1176
Kontinuität der Namensführung	1985
Kontinuitätsgrundsatz	250 ff.
Kontoabhebung, Verwirkung von Ehegattenunterhalt	1150
Kooperationsbereitschaft, elterliche Sorge	227
Kooperationsfähigkeit, elterliche Sorge	227
Körperverletzung, gefährliche, Verwirkung des Ehegattenunterhalts	1148
– Verwirkung von Ehegattenunterhalt	1150
Korrekturmöglichkeit, Versorgungsausgleich	1785
Kosten	2081 ff.
– Anwaltszwang	2089
– Beratungshilfe	2088
– des Umgangs	297
– Detektiv	1142
– gerichtliche Kostenentscheidung	2199 ff.
– negativer Zugewinnausgleich	2092
– Prozesskostenhilfe	2088
– Rechtsschutzversicherung	2094 ff.
– Umfang Kostenerstattungspflicht	2221 ff.
Kostenaufhebung, Verbundverfahren	2203 f.
Kostenentscheidung, gerichtliche	2199 ff.
– im isolierten Verfahren	2212 ff.
– im Verbundverfahren	2201
– – Quotelung	2205 ff.
– – Regelfall Kostenaufhebung	2203 f.
Kostenentstehung	2087

Kostenerstattungspflicht, Lokalisationsprinzip	2223
– Umfang	2221 ff.
Kostenfrage	2085
Kostenrisiko	2086
Krankenversicherung, Einkommensermittlung	607
– trennungsbedingter Mehrbedarf	974
Krankenversicherungsschutz	52
– Aufrechterhalten der Ehe	52
Krankenvorsorgeunterhalt	950, 968 ff.
– Ehegattenunterhalt	870
– Ehevertrag	97
– Elementarunterhalt	970
– Familienversicherung	968
– kein Versicherungsschutz	969
– Nachrangigkeit	972
– neben Altersvorsorgeunterhalt	971
– nicht bestimmungsgemäße Verwendung	973
Krankheitsbedingter Mehrbedarf	979 ff.
Krankheitsbegriff	795
Krebsleiden	52
– Aufrechterhalten der Ehe	52
Kulturelle Bedürfnisse	902
Kundenbindung, Goodwill	1483
Kunstgegenstand, Hausrat	1622
Kürzung, Versorgungsausgleich	1864 ff.

L

Lage, Goodwill	1483
Landwirtschaftlicher Betrieb, Bestandsverzeichnis	1532
– Vermögensbewertung	1469 ff.
Leasing	1488 ff.
– Vermögensbewertung	1488 ff.
Leasinggebühr, Einkommensermittlung	561
Lebensbedarf, angemessener	1077
Lebensführungskosten, Einkommensermittlung	561

Lebenshaltung, Preisindex	1498
Lebenshaltungskosten	902
– Geschenke	902
– Hausgeld	902
– Kleidung	902
– kulturelle Bedürfnisse	902
– Pkw-Nutzung	902
– Putzhilfe	902
– Reisen	902
– sonstige	902
– sportliche Aktivitäten	902
– trennungsbedingter Mehrbedarf	974
– Urlaub	902
– Versicherungen	902
– Vorsorgeaufwendungen	902
– Wohnen	902
– Zusammenleben mit einem Dritten	917
Lebenspartnerschaft, Versorgungsausgleich	1783
Lebensstandard, angemessene Erwerbstätigkeit	808
Lebensstandardgarantie	1074
Lebensversicherung	1846
– Bestandsverzeichnis	1532
– Kapitallebensversicherung	1846
– – mit Rentenwahlrecht	1876
– private Unfallversicherung	1846
– Rentenversicherung	1846
– Risikolebensversicherung	1846
– Versorgungsausgleich	1204, 1846
Leistungen, vermögenswirksame	638
Leistungsbeförderung, Einkommensentwicklung	879
Leistungsbescheid, Ehegattenunterhalt	517
Leistungsfähigkeit	926 ff.
– Altersvorsorgeunterhalt	966
– eheangemessener Selbstbehalt	926 ff.
– Ehegattenunterhalt	526, 531, 926 ff.
– – eheangemessener Selbstbehalt	926 ff.
– – Einkommen	935 ff.
– Einkommen	935 ff.
– Nichterwerbseinkünfte	883
Leistungsunfähigkeit, Strafhaft	948
Liquidationswert	1464
Liquidationswertmethode	1474
Lohnabrechnung, Ehegattenunterhalt	517
Lokalisationsprinzip	2223
Lokalisierungsgrundsatz	2010

M

Mangelfall	1080
– Berechnung	987 ff.
– – frühere Methode	991
– – geltende	1011 ff.
– – Mangelfallentscheidung des BGH von 2003	992 ff.
– – Rangfolge	1016 ff.
– – Selbstbehaltsentscheidung des BGH	1007 ff.
– – Unterhaltsrechtsreform	987 ff.
– Ehegattenunterhalt	526
– Einkommen	936
– Rangfolge	1016 ff.
Mangelfallberechnung	987 ff.
– Begründung des Gesetzgebers zur Rangfolge	1016 ff.
– frühere Berechnungsmethode	991 ff.
– geltende	1011 ff.
– Mangelfallentscheidung des BGH von 2003	992 ff.
– Rangfolge	1016 ff.
– Rangunterschied	1011
– Selbstbehaltsentscheidung des BGH von 2006	1007 ff.
– Struktur der Unterhaltsrechtsreform	987 ff.
– Unterhaltsrechtsreform	987 ff.
– Vereinfachung	1012
– Verhinderung	1012

– verschiedene Verteilungsmassen	1011
Manipulation, Umgangsrecht	323
Marktentwicklung, unvorhergesehene, Einkommensentwicklung	879
Maßstab, Angemessenheit der Erwerbstätigkeit	803
Materielles Scheidungsrecht	1 ff.
– Einleitung	1 f.
Mediationsverfahren, Hausratsteilung	1616
Medikamente, trennungsbedingter Mehrbedarf	974
– Unterhalt wegen Krankheit	795
Mehrbedarf	950
– ausbildungsbedingt, Fortbildung	978
– – Umschulung	978
– ausbildungsbedingter	870, 978
– Begriff	430
– Ehegattenunterhalt	870
– Fortbildung	978
– Kindesunterhalt	422 ff., 428, 430
– krankheitsbedingter	870, 979 ff.
– trennungsbedingter	629, 974 ff.
– – Differenzmethode	977
– – Energiekosten	974
– – Krankenversicherung	974
– – Lebenshaltungskosten	974
– – Medikamente	974
– – Miete	974
– – Mietnebenkosten	974
– – Pkw	974
– – Quotenunterhalt	976
– – Umgangskosten	974
– – Umzugskosten	974
– – Versicherungen	974
– – Zeitung	974
– Umschulung	978
– wegen Alter	628 f.
– wegen Krankheit	628 f.
Mehrverkehr	8
Merkblatt, Fall der Rechtskraft der Scheidung	2329
Miete, Einkommensermittlung	561
– trennungsbedingter Mehrbedarf	974
Mietfestsetzung, Ehewohnung	1747 ff.
Mietfreies Wohnen, Ehegattenunterhalt	535
Mietnebenkosten, trennungsbedingter Mehrbedarf	974
Mietshaus, Ertragswertverfahren	1466
Mietwohnung	1660 ff.
– nach der Scheidung	1695 ff.
– – Wohnungszuweisung	1696 ff.
– nach Trennung	1660 ff.
Mindestunterhalt, Kindesunterhalt	457 ff.
– – Definition	458
Misshandlung, unzumutbare Härte	41
Mitarbeiterbeteiligung, Endvermögen	1413
Miteigentum, Ehewohnung	1718, 1760
Mittelwertverfahren	1462
Mitverschulden, Verwirkung des Ehegattenunterhalts	1149
Mobilheim, Hausrat	1625
Morddrohung, unzumutbare Härte	41
Motoryacht, Hausrat	1626
Multiple Sklerose	52
– Aufrechterhaltung der Ehe	52
Münzsammlung, Hausrat	1627
Musikinstrument, Hausrat	1620
Mutwilligkeit, Prozesskostenhilfe	2143

N

Nachehelicher Unterhalt, Unterhaltsverzicht	111 ff.
– Wertsicherungsklausel	116
– zeitliche Begrenzung	114
Nachname, Regelfall	1960 ff.
Name, des Kindes	1960 ff.
– – Regelfall des Nachnamens	1960 ff.

Namensfragen, nach Trennung 214
Namensführung, Kontinuität 1985
Namensgebungsrecht, Kindesname 1972
Namensrecht 1948 ff.
Namensrechtsreform 1951 ff.
Naturalunterhalt 386, 388
Naturalunterhaltsanspruch, Kindesunterhalt 379 ff.
Nebentätigkeit, Einkommensermittlung 554
Negativeinkünfte, Einkommensermittlung 591
Negativer Zugewinnausgleich, Anwaltszwang 2092
Nettoeinkommen, Arbeitslosenversicherung 607
– begrenztes Realsplitting 603
– bereinigtes 593, 921, 935
– – Vorsorgeaufwendung 607
– berücksichtigungsfähige Schulden 630 ff.
– berufsbedingte Aufwendungen 615 ff.
– Doppelverdiener 599
– Einkommensteuer 594 ff.
– Kindesunterhalt 636 f.
– – Abzugsposten 636
– – eheliche Kinder 637
– – nichteheliche Kinder 637
– – Vorwegabzug 637
– Kirchensteuer 594 ff.
– Krankenversicherung 607
– Mehrbedarf 628 f.
– – trennungsbedingt 629
– – wegen Alters 628 f.
– – wegen Krankheit 628 f.
– Pflegeversicherung 607
– Realsplitting 605
– Rentenversicherung 607
– Riester-Rente 608
– Sozialversicherung 603
– Steuernachteil 604
– Steuervorteil 602
– Steuervorteil nach Wiederverheiratung 599
– Stiefkind 602
– Verheiratetenzuschlag 600
– Vermögensbildung 638
– vermögenswirksame Leistungen 638
Neuer Partner, unzumutbare Härte 46
Nichtbestehen, eheliche Lebensgemeinschaft 21 ff.
– – Inhaftierung 27
– – Weltreise 27
Nichteheliche Kinder, Kindesunterhalt 478 ff.
Nichterwerbseinkünfte 882 ff.
– Bedarfsstufe 883
– Bedürftigkeit 883
– Leistungsfähigkeit 883
– Pensionszahlung 882
– Rentenzahlung 882
– Wohnwert 882 f.
– Zinseinnahme 882 ff.
– zinsloses Darlehen 884
Nichtgeltendmachung, Trennungsunterhalt 107
Nichtselbstständiger, Ehegattenunterhalt 541 f.
– Einkommensermittlung 542
Nießbrauch 1491 ff.
Notariat, Goodwill 1484
Notunterhalt, Kindesunterhalt 392
Notwendiger Eigenbedarf, Ehegattenunterhalt 526
Null-Linie, Anfangsvermögen 1398
– Zugewinnausgleich 1191
Nutzungsentschädigung, Ehewohnung 1771, 1778
Nutzungsvergütung, Ehewohnung 1778
Nutzungszuweisung, Wohnungseigentum 1728 ff.

O

Öffentlicher Dienst, Zusatzversorgung 1841 ff.

P

Parental Alienation Syndrom 323
Parteiverrat 2012
Pensionsanwartschaft 1823 ff.
Personalkosten, Einkommensermittlung 561
Pferd, Hausrat 1630
Pflegegeld, Ehegattenunterhalt 539
– Prozesskostenhilfe 2107
Pflegekind, Betreuungsunterhalt 775
Pflegeversicherung, Einkommensermittlung 607
Pflegeversicherungsvorsorgeunterhalt 973
Pflichtschenkung 1433
– Endvermögen 1433
Pflichtteil, Ehegattenunterhalt 1052
Pflichtverletzung, vermögensbezogene 1580
Pflichtversicherungsgrenze 1807
Phasenverschobene Ehe 1890
Pkw, Bestandsverzeichnis 1532
– Hausrat 1199 f., 1624
– Nutzung 902
– trennungsbedingter Mehrbedarf 974
Porto, Einkommensermittlung 561
Porzellan, Hausrat 1200
Präambel, Ehevertrag 97
Prägende Abzüge 885 ff.
– trennungsbedingte Verbindlichkeit 887
Prägende Einkünfte, Bestimmung 871
Prämie, Ehegattenunterhalt 535
Praxisbetrieb, Vermögensbewertung 1478
Preisindex, für Lebenshaltung 1498
Private Altersversorgung 1846 ff.
Private Krankenversicherung, Ehegattenunterhalt 973
Privatentnahme, Einkommensermittlung 586
Privilegierter Vermögenserwerb, Zugewinnausgleich 1304 ff.
Probearbeitsverhältnis, Ehegattenunterhalt 859
Problemkind 676
Prognose, Scheitern 20
Prostituierte, unzumutbare Härte 41
Provision, Einkommensermittlung 561
Prozessbetrug, Verwirkung von Ehegattenunterhalt 1151
Prozesskostenarmut 2101 ff.
– Ankoppelung an Sozialhilfesätze 2184
– Einsatz des Einkommens 2106 ff.
– Einsatz des Vermögens 2125 ff.
– – Beleihung von Grundvermögen 2131
– – Einfamilienhaus 2129
– – fiktives 2138
– – Grundvermögen 2132
– – Kapitallebensversicherung 2134
– – Rentenlebensversicherung 2134
– – Schonvermögen 2126
– fiktives Vermögen 2138
Prozesskostenhilfe 2098 ff.
– abzugsfähige Position 2183 ff.
– Aufwandsentschädigung 2107
– Beleihung von Grundvermögen 2131
– Bewilligung 2120
– Einfamilienhaus 2129
– Einkommen, Fahrtkosten 2107
– Einsatz des Einkommens 2106 ff.
– – Pflegegeld 2107
– Einsatz des Vermögens 2125 ff.
– entscheidungserhebliche Unterlagen 2118
– Erfolgsaussicht 2143

- Erklärung über die persönlichen und wirtschaftlichen Verhältnisse 2118
- Fahrtkosten 2107
- Festsetzungsverfahren 2152
- fiktives Vermögen 2138
- Grundvermögen 2132
- hinreichende Erfolgsaussichten 2140 ff.
- Hinweisblatt zum Formular 2330
- isoliertes Verfahren 2152
- Kapitallebensversicherung 2134
- Kosten 2088
- mangelnde Erfolgsaussicht 2159
- Mutwilligkeit 2143
- Pflegegeld 2107
- Prozesskostenarmut 2101 ff.
- – Einsatz des Einkommens 2106 ff.
- – Einsatz des Vermögens 2125 ff.
- Prozesskostenvorschuss 2193 ff.
- Regelgebühr 2111
- Rentenlebensversicherung 2134
- sachlicher Umfang, im Scheidungsverbund 2161 ff.
- Scheidungsverbund 2161 ff.
- Schonvermögen 2126 ff.
- Sterbegeldversicherungsbetrag 2137
- Subsidiarität 2194
- Vermögenseinsatz 2125 ff.
- Versagung 2119

Prozesskostenvorschuss 2193 ff.
- Subsidiarität 2194

Prüfung, Ausbildungsobliegenheit 838

Putzhilfe 902

Q

Qualitätsverbesserung, Hausrat 1643

Quantitätsverbesserung, Hausrat 1643

Quasisplitting 1825 ff.
- erweitertes 1831 ff.

Quotelung, Verbundverfahren 2205 ff.

Quotenmethode 890

- Alleinverdienerehe 891

Quotenunterhalt 899, 976
- Übergang zur konkreten Bedarfsbemessung 899

R

Rachefeldzug 1176

Rahmengebühr, Anwaltsgebühr 2242

Rangfolge, Mangelfallberechnung 1016 ff.

Rangfrage, Ehegattenunterhalt 527

Rangunterschied, Mangelfallberechnung 1011

Rasierapparat, Hausrat 1628

Raumkosten, Einkommensermittlung 561

Räumungsfrist, Ehewohnung 1700

Rauswurf, unzumutbare Härte 41

Realsplitting 605, 2315
- begrenztes 603

Realteilung, Versorgungsausgleich 1787

Rechtsanwalt, Beiordnung, elterliche Sorge 275
- Versorgungsausgleich 1904

Rechtsberatungskosten, Einkommensermittlung 561

Rechtskraft, Scheidungsverbund 2035 ff.

Rechtsmittel, Scheidungsverbund 2035 ff.
- – Folgesache 2042 ff.
- – Fristablauf 2046 ff.
- – Wiedereinsetzung in den vorigen Stand 2063 ff.
- – Wiedereinsetzungsgesuch 2076

Rechtsnatur, Güterstand 1245 ff.

Rechtsschutzversicherung 2094 ff.

Regelbetragverordnung 459

Regelgebühr 2111

Regelung, bei Scheidung 98 ff.
- bei Trennung 98 ff.
- – Ehewohnung 122 f.

– – Hausrat	122 f.
– – Kindesunterhalt	102 f.
– – nachehelicher Unterhalt	110 ff.
– – Sorgerecht	124 ff.
– – steuerliche Auswirkung	127 ff.
– – Trennungsunterhalt	104 ff.
– – Umgangsrecht	124 ff.
– – Versorgungsausgleich	119 ff.
– – Zugewinn	118
– der Scheidungsfolgen	63 ff.
– – Ehevertrag	63 ff.
Regelverfahren, Versorgungsausgleich	1903
Reisekosten, Einkommensermittlung	545, 561
Reisen	902
Religion, nach Trennung	214
Rente, prägendes Einkommen	731
Rentenalter, Ehegattenunterhalt	782
Rentenartfaktor	1817 f.
Rentenbetrag, prägendes Einkommen	726
Rentenformel	1817
– aktueller Rentenwert	1817
– gesetzliche Rentenversicherung	1805 ff.
– Rentenartfaktor	1817
Rentenlebensversicherung, Prozesskostenhilfe	2134
Rentenversicherung	1846
– Einkommensermittlung	607
– gesetzliche	1802 ff.
– – Anrechnungszeit	1812
– – Beitragsbemessungsgrenze	1805 ff.
– – Beitragsprinzip	1805 ff.
– – Beitragszeit	1810
– – Berücksichtigungszeit	1816
– – Entgeltpunkt	1811
– – Ersatzzeit	1814
– – Grundstruktur	1803 f.
– – Mitglieder	1803
– – Rentenformel	1805 ff., 1817
– – Versicherungsbeitrag	1808
– – zeitweise Mitglieder	1804
– – Zurechnungszeit	1813
– Lebensversicherung	1846
– mit Kapitalwahlrecht	1846
Rentenwert, aktueller	1817, 1819
Rentner, Ehegattenunterhalt	541 f.
– Einkommensermittlung	542
Rentnerprivileg	1944 ff.
Repräsentationskosten, Einkommensermittlung	561
Reproduktionswert	1462
Restbedarf, Feststellung	921 ff.
Restitutionsanspruch, Anfangsvermögen	1307
Revisionsverfahren, Anwaltsgebühr	2259 ff.
Riester-Rente	608
Risikolebensversicherung	1846
– Lebensversicherung	1846
Rückauflassungsvormerkung, Anfangsvermögen	1320
Rückfallklausel, Anfangsvermögen	1320
Rücknahme, Scheidungsantrag, selbstständiges Verfahren	2029
– – Versorgungsausgleich	1915
Rückstellung, Einkommensermittlung	562
S	
Sabotageverhalten, elterliche Sorge	235
Sachbezug, Einkommensermittlung	548
Sachentnahme	753
– Einkommensermittlung	753 ff.
– Schätzung	753
Sachkontenbelege, Ehegattenunterhalt	517
Sachverständigengutachten, elterliche Sorge	273
Sachwert, Grundstück	1465
Saldiertes Vermögen	1188
– Anfangsvermögen	1188

– Endvermögen 1188
Salvatorische Klausel, Ehevertrag 72
Sammlung, Bestandsverzeichnis 1532
Sättigungsgrenze 454
– Unterhaltsberechnung 898
Schadensersatzpflicht,
  Umgangsrecht 298
Schallplattensammlung, Hausrat 1628
Schätzung, Sachentnahme 753
Scheckfälschung, Verwirkung
  von Ehegattenunterhalt 1150
Scheidung 15
– Aufhebung 15
– Auflösung 15
– Ehe 4
– einverständliche 58 ff.
– – Ehevertrag 63 ff.
– – Regelung der Scheidungsfol-
  gen 63 ff.
– – Scheitern 61
– – Voraussetzung 58 ff.
– ohne räumliche Trennung 25
– Regelung 98 ff.
– – einverständliche 99 ff.
– – Hausrat 122 f.
– – Kindesunterhalt 102 f.
– – nachehelicher Unterhalt 110 ff.
– – Sorgerecht 124 ff.
– – steuerliche Auswirkung 127 ff.
– – Trennungsunterhalt 104 ff.
– – Umgangsrecht 124 ff.
– – Versorgungsausgleich 119 ff.
– – Zugewinn 118
– streitige 139 ff.
– Trennungsunterhalt 104 ff.
– Verbundverfahren, Zuständig-
  keit 2001
– Verfahren 2012 ff.
– Zuständigkeit 2001
Scheidungsfolgen, Regelung 63 ff.
– – zu Beginn der Ehe 63 ff.
Scheidungsfolgenvertrag 2309 ff.

– Scheidungskosten 2309 ff.
– steuerliche Auswirkung 2309 ff.
– – Scheidungskosten 2309 ff.
– – Unterhalt 2314 ff.
– – Zugewinnausgleich 2323 f.
– Unterhalt 2314 ff.
– Zugewinnausgleich 2322 ff.
Scheidungsgrund 15
– Ausnahme 33 ff.
– – Härte für den anderen Ehegat-
  ten 52 ff.
– – Kindesinteresse 51
– – unzumutbare Härte für den
  antragstellenden Ehegatten 34 ff.
– einziger 33 ff.
Scheidungskosten 2309 ff.
– Scheidungsfolgenvertrag 2309 ff.
– steuerliche Auswirkung 2309 ff.
– zwangsläufige Kosten 2309
Scheidungsrecht, Einleitung 1 f.
– materielles 1 ff.
Scheidungsverbund,
  Fristablauf 2046 ff.
– Prozesskostenhilfe 2161 ff.
– Rechtskraft 2035 ff.
– Rechtsmittel 2032 ff., 2035 ff.
– – Folgesache 2042 ff.
– – Fristablauf 2046 ff.
– – Wiedereinsetzung in den vori-
  gen Stand 2063 ff.
– – Wiedereinsetzungsgesuch 2076
Scheidungsvereinbarung 63 ff., 127 ff.
– Ausübungskontrolle 95
– Judikatur 67
– Salvatorische Klausel 72
– steuerliche Auswirkung 127 ff.
– – Anschaffung 128
– – Eigennutzung 132
– – Übertragung von Grundstücken 127
– – Veräußerung 128
– – Veräußerungsgewinn 130
Scheidungsverfahren 2012 ff.

– allgemeine Vorschriften	2012 ff.
– Anwaltszwang	2005, 2031
– einvernehmliches	2012
– Folgesache als selbstständiges Verfahren	2024 ff.
– Gegenstandswert	2230 ff.
– Rechtsmittel	2032 ff.
– Scheidungsantrag	2028 ff.
– – Rechtsmittel	2032 ff.
– – Rücknahme	2029
– – Zurückweisung	2028
– selbstständiges Verfahren	2024 ff.
– – Anwaltszwang	2031
– – Rücknahme	2024, 2029
– – Zurückweisung	2024, 2028
– Steuerrecht	2280 ff.
– Zurückweisung	2028
Scheidungsvoraussetzungen	16 ff.
– Bestehen einer gültigen Ehe	17 f.
– einverständliche Scheidung	58 ff.
– materielle	16 ff.
– Scheitern der Ehe	19 ff.
– streitige Scheidung	139
Scheinehe	6
Scheitern, Ausnahmen	33 ff.
– der Ehe	19 ff.
– Diagnose	20
– einverständliche Scheidung	61
– Härte für den anderen Ehegatten	52 ff.
– Kindesinteresse	51
– Nichtbestehen der ehelichen Lebensgemeinschaft	20 ff.
– – Diagnose	21
– – eheliche Gemeinsamkeiten	27
– – getrennte Wohnung	25
– – häusliche Gemeinschaft	22
– – räumliche Trennung	24
– – sexuelle Kontakte	26
– – völliges Getrenntleben	22
– Prognose	20
– unzumutbare Härte	34 ff.
– Wiederherstellung nicht zu erwarten	28 ff.
Schenkung	1321 ff., 1323 ff.
– Dritter	1324
– gemischte	1375
– grober Undank	1350
– Verarmung	1348
– von Eltern	1327
– von Schwiegereltern	1327
– Widerruf	1353
– Zugewinnausgleich	1321 ff.
Schlüsselgewalt, Güterstand	1254 ff.
Schmuck, Hausrat	1628
Schmuckstücke, Endvermögen	1414
Schonvermögen	2126
– Einfamilienhaus	2129
– Sterbegeldversicherungsbetrag	2137
– Wohnwagen	2130
– Zweitwagen	2130
Schreiben, beleidigendes, Verwirkung von Ehegattenunterhalt	1150
Schulden, berücksichtigungsfähige	630 ff.
– – Ausgleichspflicht	632
– – bis zur Trennung	631
– – eheprägendes Darlehen	634
– bis zur Trennung begründete eheliche	885
– Endvermögen	1447
– voreheliche	885
Schuldrechtlicher Versorgungsausgleich	1785, 1859 ff.
Schutz, vor unangemessener Benachteiligung	63
Schwangerschaft, Ehevertrag	66
– unzumutbare Härte	39
Schwarzgeld, Einkommensermittlung	590
Schwere Straftat, unzumutbare Härte	37
Segelyacht, Hausrat	1626
Selbstbehalt, eheangemessener	926 ff.
– Ehegattenunterhalt	526

Stichwortverzeichnis

– Höhe 927, 932
Selbstbehaltsentscheidung, des BGH 1007 ff.
Selbstoffenbarung, Ehegattenunterhalt 520
Selbstständiger, Ehegattenunterhalt 541
Sexueller Missbrauch, Umgangsrecht 314
Sicherheitsleistung 1232 ff.
Sicherstellungsklage, Streitwert 2240
Sittenwidrigkeit, Kindesunterhalt 418
Sitzen lassen, eines hilflosen Partners 1176
– eines kranken Partners 1176
– rücksichtsloses 1176
Solidarisierung, Umgangsrecht 323
Solidarität, nacheheliche 1151
Sonderabschreibung, Einkommensermittlung 583
Sonderbedarf, außergewöhnliche Kosten 446
– Begriff 432
– Ehegattenunterhalt 870
– Höhe der Kosten 447
– Höhe des Barunterhalts 447
– Kindesunterhalt 422 ff., 432 ff.
– Konfirmationskosten 438 ff.
– Rechtsprechung 435
– Zeitspanne 447
Sondereigentum, Ehewohnung 1760
Sondergut 1274
– Gütergemeinschaft 1272
Sonstige Einkünfte, Ehegattenunterhalt 535
Sorge, elterliche 165 ff.
Sorgeerklärung, elterliche Sorge 169
Sorgerecht 124 ff.
– Dispositionsfreiheit 124
– Entzug 323
– Verzicht 125 f.
Sozialhilfesätze, Prozesskostenarmut 2184

Sozialversicherung, Einkommensermittlung 603
Sozio-ökonomische Gemeinschaft 1132, 1142
Sparkassenbrief, Endvermögen 1415
Sparkonto, Endvermögen 1415
Spenden, Einkommensermittlung 561
Spesen, Einkommensermittlung 545
Spielsachen, Hausrat 1628
Splittingvorteil 2288
Sportgerät, Hausrat 1620
Sportliche Aktivitäten 902
Sterbegeldversicherungsbetrag, Schonvermögen 2137
Steuerberatersozietät, Goodwill 1484
Steuerberatungsgesellschaft, Goodwill 1484
Steuererstattung, Endvermögen 1417
– zwischen Eheleuten 135 ff.
Steuerlast, latente 1456
Steuerliche Auswirkung, Scheidungsfolgenvertrag 2309 ff.
– – Anschaffung 128
– – Eigennutzung 132
– – Veräußerung 128
– – Veräußerungsgewinn 130
Steuernachteil, Einkommensermittlung 604
Steuerrecht 2280 ff.
Steuerrückzahlung, Einkommensermittlung 595
Steuerschulden, Endvermögen 1454 ff.
Steuervorteil 602
– nach Wiederverheiratung 599
Stichtagsmittelkurs 1459
Stiefkind, Einkommensermittlung 601
Stillstand, Versorgungsausgleich 1915
– – nachhaltiger 1916
Strafhaft, Leistungsunfähigkeit 948
Straftat, gegen Unterhaltsverpflichteten 1147 ff.
– unzumutbare Härte 37

– Versorgungsausgleich	1883
– Verwirkung, Ehegattenunterhalt,	1147 ff.
Streit, Veranlagung	2305 ff.
Streitgericht, Ehewohnung	1778
Streitige Scheidung	139 ff.
Streitwert, Arrest	2240
– Auskunft	2240
– Auskunftsklage	2240
– eidesstattliche Erklärung	2240
– einstweilige Verfügung	2240
– elterliche Sorge	2240
– Erledigungserklärung im Rahmen eines Vergleichs	2240
– Ersetzungsverfahren	2240
– Freistellung	2240
– Hausrat	2240
– Kindesherausgabe	2240
– Sicherstellungsklage	2240
– Stufenklage	2240
– Stundung	2240
– Übertragung bestimmter Gegenstände	2240
– Umgangsrecht	2240
– Unterhalt	2240
– vermögensrechtlicher	2240
– Versorgungsausgleich	2240
– Verteilung des gemeinschaftlichen Eigentums nach DDR-Recht	2240
– Verzichtserklärung im Rahmen eines Vergleichs	2240
– vorzeitiger Zugewinnausgleich	2240
– Wohnung	2240
– Zugewinnausgleich	2240
– Zutritt zu einem Grundstück	2240
Struktur, Zugewinnausgleich	1179 ff.
Stufenklage, Streitwert	2240
Stundung, Ausgleichsforderung	1591 ff.
– Streitwert	2240
– Zugewinnausgleich	1575 ff.

Subsidiarität, Aufstockungsunterhalt	848
Suchterkrankung	795, 1160
Suizidgefahr	52, 55
– Aufrechterhalten der Ehe	52
Surrogat, Betreuungskosten	718
– prägendes Einkommen	724
Surrogatstheorie	727
System des Einmalausgleichs	1786

T

Tagesspesen, Einkommensermittlung	546
Tarifvertrag, Einkommensermittlung	659
Taschengeldanspruch, Kindesunterhalt	393, 420
Tätigkeit, Ehegattenunterhalt, nicht selbstständige	535
– – selbstständige	535
– überobligationsmäßige	662
– – altersabhängige Kindesbetreuung	663 ff.
– – Betreuungskosten	707 ff.
– – Kindesbetreuung	663 ff.
Tätigkeit, unzumutbare	922 ff.
– – Betreuungskosten	707 ff.
– Wegfall, nachhaltig gesicherter	857 ff.
Tatverdacht, unzumutbare Härte	37
Täuschung, Ehevertrag	66
Teilung, Hausrat	1613 ff.
– Wohnungseigentum	1735 ff.
Teilungsdurchführung, Hausratsauseinandersetzung	1655 ff.
– Einkommen	942
– Wohnungseigentum	1738
Teilverzicht, Trennungsunterhalt	106
Teilzeittätigkeit, Kindesbetreuung	674
Telefonkosten, Einkommensermittlung	561
Telefonterror	1176

Teppich, Hausrat	1200
Terminsgebühr, Verbundverfahren	2269
– Verfahren 1. Instanz	2250 ff.
Terminsnot, Ehevertrag	66
Tiere, Hausrat	1630
Tilgung, eheprägendes Darlehens	634
Tilgungsleistung, eheliche Verbindlichkeiten	886
– Unterhalt	957
Tod, Ehegattenunterhalt, Begrenzung	1051
– – Herabsetzung	1051
Trennung, Kindesunterhalt	102 f.
– räumliche	24
– Regelung	98 ff.
– – Ehewohnung	122 f.
– – einverständliche	99
– – Kindesunterhalt	102 f.
– – nachehelicher Unterhalt	110 ff.
– – Sorgerecht	124 ff.
– – steuerliche Auswirkung	127 ff.
– – Trennungsunterhalt	104 ff.
– – Umgangsrecht	124 ff.
– – Versorgungsausgleich	119 ff.
– – Zugewinn	118
Trennungsbedingter Mehrbedarf	974 ff.
– Anrechnungsmethoden	977
– Differenzmethode	977
– Energiekosten	974
– Krankenversicherung	974
– Lebenshaltungskosten	974
– Medikamente	974
– Miete	974
– Mietnebenkosten	974
– Pkw	974
– Quotenunterhalt	976
– Umgangskosten	974
– Umzugskosten	974
– Versicherungen	974
– Zeitung	974
Trennungsunterhalt	104 ff.
– Nichtgeltendmachung	107
– Teilverzicht	106
– Unterhaltsvereinbarung	108
– Unterschreitung	106
– Unterwerfungsklausel	108
– Vermögensverwertung	752
– Verzicht	106
– Verzicht auf Zahlung	109
Treuepflicht, eheliche	1171

U

Übergabe, betreute	309
Überschussrechnung, Ehegattenunterhalt	517
Überstunden, Einkommensermittlung	543, 554
Überstundenvergütung, Ehegattenunterhalt	535
Übertragung bestimmter Gegenstände, Streitwert	2240
– – Zugewinnausgleich	1560
Überziehungskredit, Ehegattenunterhalt	885
Umfang, Kostenerstattungspflicht	2221 ff.
Umgang, Ausschluss	310 ff., 326
– Aussetzung	310 ff.
– begleiteter	303 ff., 309
– Beschränkung	301 ff.
– betreute Übergabe	309
– betreute Umgangsanbahnung	309
– Betreuer	309
– kontrollierter	309
– nach Trennung	214
– Verbundverfahren	143
Umgangsanbahnung	309
Umgangsausschluss	326
Umgangskosten, trennungsbedingter Mehrbedarf	974
Umgangsrecht	124 ff., 165 ff., 282 ff.
– Ausgestaltung	289 ff., 293
– Auskunftsanspruch	341 ff.

Stichwortverzeichnis

– – Amtsermittlungsgrundsatz	361		– – Zuständigkeit	331
– – Inhalt	352 ff.		– Verweigerung	298
– – persönliche Verhältnisse	352 ff.		– Verzicht	125 f.
– – Regelungsgehalt	348 ff.		– Vollstreckung	335 ff.
– – Vermögensverhältnisse	357 ff.		– – Beschwerde	340
– Ausschluss des Umgangs	310 ff.		– – Beugemittel	339
– Ausschluss eines bestimmten Kontaktes	294		– – Zwangsgeld	337 ff.
			– Widerstand der Mutter	314
– Aussetzung des Umgangs	310 ff.		– Widerstand des Kindes	314
– begleiteter Umgang	303 ff.		– Wohl des Kindes	289, 295
– betreute Übergabe	309		– Zeitdauer	281
– betreute Umgangsanbahnung	309		– Zwangsgeldandrohung	284
– betreuter Umgang	309		**Umschuldung**, Ehegattenunterhalt	885
– Dispositionsfreiheit	124		**Umschüler**, Selbstbehalt	932
– enger Bezugsperson	362 ff.		**Umschulung**, Einkommensermittlung	655
– Entführungsgefahr	314			
– Entzug des Sorgerechts	323		– Mehrbedarf	978
– Ferienzeiten	330		**Umzug**, elterliche Sorge	228
– Gebot des geringstmöglichen Eingriffs	311		**Umzugskosten**, trennungsbedingter Mehrbedarf	974
– Geschwister	363		**Unangemessene Benachteiligung**, Schutz	63
– Großeltern	363			
– Häufigkeit	281		**Unbenannte Zuwendung**	1334 ff.
– Kindeswohl	328		– Wegfall der Geschäftsgrundlage	1362
– Kindschaftrechtsreformgesetz	283			
– kontrollierter Umgang	309		– Widerruf	1353
– Kosten des Umgangs	297		– Zugewinnausgleich	1321 ff.
– Manipulation	323		**Unfallversicherung**, Lebensversicherung	1846
– Parental Alienation Syndrom	323			
– Rechtsnatur	282 ff.		– private	1846
– Schadensersatzpflicht	298		**Unterhalt**, Berechnung, Quotenmethode	890
– sexueller Missbrauch	314			
– Solidarisierung	323		– Betreuung	774 ff.
– Streitwert	2240		– bis zur Erlangung von Erwerbstätigkeit	797 ff.
– Umgangsausschluss	326			
– Umgangsverantwortung	345		– – angemessene	800
– Vereitelung	1176		– – angemessene Erwerbstätigkeit	806 ff.
– Verfahrensfragen	331 ff.		– – Ausbildungsobliegenheit	833 ff.
– – allgemeines Verfahren	331 ff.		– – Bemühung	846 f.
– – isoliertes Verfahren	332		– – Eigenverantwortung	800
– – Verbundverfahren	332		– – Einsatzzeitpunkt	798
– – Vollstreckung	335 ff.		– – Erwerbsobliegenheit	802 ff.

- Ehegattenunterhalt 494 ff.
- Höhe 869 ff.
- Kindesunterhalt 372 ff., 422 ff.
- nachehelicher, Verbundverfahren 143
- Scheidungsfolgenvertrag 2314 ff.
- steuerliche Auswirkungen 2314 ff.
- Streitwert 2240
- Verbundverfahren 143
- wegen Alters 780 ff.
- – Alter 784
- – bei Scheidung vorhandene Fähigkeit 784
- – berufliche Ausbildung 784
- – eheliche Lebensverhältnisse 784
- – Ehevertrag 97
- – Eigenverantwortung 786
- – Gesundheitszustand 784
- – reale Beschäftigungschance 785
- – zeitliche Begrenzung 787
- wegen Betreuung eines Kindes 678
- wegen Erwerbslosigkeit, Ehevertrag 97
- wegen Gebrechen 788 ff.
- – Einsatzzeitpunkt 792 ff.
- – Voraussetzung 788
- wegen Krankheit 788 ff.
- – Alkohol 795
- – Drogen 795
- – Ehevertrag 97
- – Einsatzzeitpunkt 792 ff.
- – Erwerbsunfähigkeit 794
- – Krankheitsbegriff 795
- – Medikamente 795
- – Sucht 795
- – Voraussetzung 788

Unterhaltsänderungsgesetz 759, 1058

Unterhaltsanspruch, wegen ehebedingter Ausbildungsnachteile 1098

Unterhaltsbedarf 869 ff., 950 ff.
- Additionsmethode 890
- Altersvorsorgeunterhalt 950, 952 ff.
- Bestimmung der prägenden Einkünfte 871 ff., 882 ff.
- Bestimmung, konkreter Bedarf 889 ff.
- Differenzmethode 890
- Ehegattenunterhalt 869 ff., 950
- Erwerbseinkommen 872 ff.
- Krankenvorsorgeunterhalt 870, 950
- Mehrbedarf 870, 950
- Nichterwerbseinkünfte 882 ff.
- prägende Abzüge 885 ff.
- Quotenmethode 890
- Sonderbedarf 870
- Vorsorgeunterhalt 870

Unterhaltsbedürftigkeit, Kindesunterhalt 384

Unterhaltsberechnung, Additionsmethode 890
- Differenzmethode 890
- Karrieresprung 881
- konkrete Bedarfsberechnung 901
- Lebenshaltungskosten 902
- Quotenmethode 890
- Sättigungsgrenze 898

Unterhaltsforderung, Endvermögen 1422

Unterhaltshöhe, Kindesunterhalt 423

Unterhaltskette 857

Unterhaltspflichtverletzung, vor Trennung 1165 ff.

Unterhaltsprivileg 1928 ff.
- Versorgungsausgleich 1928 ff.

Unterhaltsrecht, Abgrenzung zum Zugewinnausgleich 1206

Unterhaltsrechtsreform, Ehegattenunterhalt 1070 ff.
- Mangelfallberechnung 987 ff.

Unterhaltsrückstand, Endvermögen 1422

Unterhaltstatbestand 757 ff.

Unterhaltsvereinbarung, Trennungsunterhalt 108

Stichwortverzeichnis

Unterhaltsverzicht 111, 113
– Form 111
Unterhaltsvorschuss, Ehegattenunterhalt 540
Unterhaltszahlung, freiwillige 912
– – Vertrauenstatbestand 912
Unternehmen, Bestandsverzeichnis 1532
Unterschieben, eines außerehelich gezeugten Kindes 1176
Unterschreitung, Trennungsunterhalt 106
Unterwerfungsklausel 108
Unzumutbare Härte, Aufnahme eines anderen Mannes 41
– Bedrohung 41
– Beschimpfung 41
– Ehebruch 41
– Einzelfälle 43
– feindliche Willensrichtung 45
– für antragsstellenden Ehegatten 34 ff.
– Im-Stich-Lassen der Familie 41
– körperliche Misshandlung 41
– Morddrohung 41
– Prostitution 41
– Rauswurf 41
– Schlagen 45
– Schwangerschaft 39
– schwerste Beleidigung 41
– Töten der Kinder 45
– Verdacht der sexuellen Nötigung 45
– Verdacht einer Vergewaltigung 45
– Verhalten nach übermäßigem Alkoholgenuss 41
– Zusammenleben mit einem neuen Partner 46
Unzumutbarkeit 41
– Erscheinungsbild in der Öffentlichkeit 37
– hinreichender Tatverdacht 37
– schwere Straftat 37

Unzumutbarkeitsfall, Zugewinnausgleich 1229
Urlaub 902
Urlaubsgeld, Ehegattenunterhalt 535
Ursächlichkeit, Betreuungskosten 714

V

Veranlagung, geschiedener Ehegatten 2283 ff.
– getrennte 2301 ff.
– – außergewöhnliche Belastung 2302
– – Sonderausgabe 2302
– getrennter Ehegatten 2281 ff.
– Streit 2305 ff.
– Wahlrecht 2290
– Wiederheirat im Jahr der Ehescheidung 2291 f.
– zusammen 2286 ff.
– Zusammenveranlagung bei Getrenntleben 2293 ff.
Veranlagungswahlrecht 2290
Verantwortung, der früheren Ehepartner füreinander 757
Verarmung, ehebedingte Zuwendung 1355
– Schenkung 1348
Veräußerungswert 1462, 1464
– Grundstück 1465, 1467
Verbindlichkeit, Anfangsvermögen 1301
– Bestandsverzeichnis 1532
– eheliche 885 ff.
– – bis zur Trennung begründete Schulden 885
– – Überziehungskredit 885
– – Umschuldung 885
– gesamtschuldnerische, Endvermögen 1451, 1446 ff.
– trennungsbedingt 887
– Schulden 885
Verbleibensanordnung, elterliche Sorge 198, 202

549

Verbraucherpreisindex, allgemeiner 1500
Verbund, Ende 156 ff.
– gewillkürt 140 ff.
– Versorgungsausgleich 1785, 1908 ff.
– Zwang 140 ff.
Verbundverfahren 140 ff.
– Abtrennung von Folgesachen 147 ff.
– Auskunftsanspruch 144
– – Ehegattenunterhalt 502
– Aussöhnungsgebühr 2275 ff.
– eheliches Güterrecht 143
– Ehewohnung 143
– Einigungsgebühr 2271 f.
– elterliche Sorge 143, 215 ff.
– – einvernehmliche Alleinsorge 217 ff., 221 ff.
– Ende, des Verbundes 156 ff.
– – rechtskräftige Entscheidung 157
– – Rücknahme des Scheidungsantrags 157
– Entscheidungsverbund 142
– gewillkürter Verbund 140 ff.
– Hausrat 143
– Herausgabe eines Kindes 143
– Kindesunterhalt 381
– Kostenaufhebung 2203 f.
– Kostenentscheidung 2201 ff.
– – Quotelung 2205 ff.
– – Regelfall der Kostenaufhebung 2203 f.
– nachehelicher Unterhalt 143
– Quotelung 2205 ff.
– Rücknahme des Scheidungsantrags 159
– schuldrechtlicher Versorgungsausgleich 143
– Terminsgebühr 2269 f.
– Trennung von Folgesachen 2273 f.
– Umgang 143
– Unterhalt 143
– Verfahrensgebühr 2265 ff.

– Verhandlungsverbund 142
– Zuständigkeit 2001
– Zwangsverbund 140 ff.
Verdacht, sexuelle Nötigung, unzumutbare Härte 45
– Vergewaltigung, unzumutbare Härte 45
Verdienstausfall, Endvermögen 1423
Vereinbarung der Gütertrennung, Ehevertrag 97
Vereinfachung, Mangelfallberechnung 1012
Vereitelung, des Umgangsrechts 1176
Verfahren, isoliertes, Prozesskostenhilfe 2152 ff.
– – Versorgungsausgleich 1908 ff.
Verfahrensfragen, elterliche Sorge 272 ff.
– Versorgungsausgleich 1902 ff.
Verfahrensgebühr, Verbundverfahren 2265 ff.
– Verfahren 1. Instanz 2247 ff.
Verfahrensrecht 1996 ff.
– allgemeine Verfahrensregeln 1996 ff.
– Anwaltsprozess 2005 ff.
– Ehewohnung 1767 ff.
– internationale Zuständigkeit 2003 f.
– örtliche Zuständigkeit 1999 ff.
– – des Familiengerichts 1999 ff.
– sachliche Zuständigkeit 1997 f.
– – des Familiengerichts 1997 f.
– Scheidungsverfahren 2012 ff.
– Teilungsverbund, Rechtsmittel 2032 ff.
Verfahrensregeln, allgemeine 1996 ff.
Verfehlung, sexuelle, Verwirkung von Ehegattenunterhalt 1150
Verfügungsbeschränkung, Güterstand 1248 ff.
Vergütungsanspruch, Wohnungseigentum 1722

Vergütungsverzeichnis,
   Anwaltsgebühr 2243
Verhalten, ehezerstörendes 1176
Verhältnismäßigkeitsgrundsatz, Kindesunterhalt 399
Verhältnisse, Auskunftsanspruch, persönliche 352 ff.
– – Vermögen 357
Verhandlungsverbund 142
Verheiratetenzuschlag 600
Verhinderung, Mangelfallberechnung 1012
Verjährung, Zugewinnausgleich 1600 ff.
Verkauf, Ehewohnung 1763
– – an Dritten 1765 f.
– – freihändiger 1765 f.
– – innerhalb der Gemeinschaft 1763 f.
Verkehrswert 1462
– Liquidationswert 1464
– Veräußerungswert 1464
Verletzung, von Vermögensinteressen, Verwirkung Ehegattenunterhalts 1150
Verleumdung, Verwirkung von Ehegattenunterhalt 1150
Vermessungsingenieur, Goodwill 1484
Vermieterrecht, Eingriff 1704
Vermietung, Ehegattenunterhalt 535
Vermögen, Abgrenzung zum Hausrat 1198 ff.
– saldiertes 1188
– – Anfangsvermögen 1188
– – Endvermögen 1188
– Zurechnung 1427 ff.
Vermögensauseinandersetzung, Hausrat 1632
Vermögensbewertung 1459 ff.
– allgemeiner Wertbegriff 1462 ff.
– Bewertung, von Aktien 1459
– – von Geld 1459
– Bewertungsgrundsätze 1462 ff.
– Bewertungsmethode 1461 ff.

– Endvermögen 1502
– Endvermögensstichtag 1503
– Ertragswert 1462
– forstwirtschaftlicher Betrieb, Ertragswert 1469 ff.
– Gewerbebetrieb 1472 ff.
– – Goodwill 1472 ff.
– – Liquidationswertmethode 1474
– Grundstück 1465 ff.
– – Ertragswert 1465
– – Veräußerungswert 1467
– Handelsunternehmen 1478
– Hausgrundstück 1465
– – Sachwert 1465
– – Veräußerungswert 1465
– Hochrechnung mit Indexzahlen 1498 ff.
– land- und forstwirtschaftliche Betriebe 1469 ff.
– landwirtschaftlicher Betrieb 1469 ff.
– – Ertragswert 1469 ff.
– Leasing 1488 ff.
– Mietshaus 1466
– – Ertragswertverfahren 1466
– Mittelwertverfahren 1462
– Nießbrauch 1491 ff.
– Praxisbetrieb 1478
– reiner Sachwert 1463
– Reproduktionswert 1462
– Stichtagsmittelkurs 1459
– Veräußerungswert 1462
– Verkehrswert 1463
– Wohnrecht 1491 ff.
Vermögensbildung, eheliche Verbindlichkeiten 886
– Einkommensermittlung 638
Vermögenseinsatz, Prozesskostenhilfe 2125 ff.
Vermögensermittlung, Gewerbebetrieb, limitierte Abfindung 1477
Vermögensinteressen, Gefährdung 1162 ff.

Vermögensminderung, illoyale 1429 ff.
Vermögensrechtliche Streitwerte 2240
Vermögenssorge, nach Trennung 214
Vermögensverwertung, nache-
  helicher Ehegattenunterhalt 751
– Trennungsunterhalt 752
Verpachtung, Ehegattenunterhalt 535
Verrechnung, Kindesunterhalt 415
Versagung, Prozesskostenhilfe 2119
Verschwendung, Zugewinnaus-
  gleich 1435
Versicherung, eidesstattliche 1538 ff.
– Einkommensermittlung 561
Versicherungen 902
– trennungsbedingter Mehrbe-
  darf 974
Versicherungsagentur, Goodwill 1484
Versicherungsbeitrag, gesetz-
  liche Rentenversicherung 1808
Versicherungsunterlage, Hausrat 1628
Versorgung, berufständische 1845
– laufende 1834 ff.
Versorgungsanwartschaft,
  Versorgungsausgleich 1874
Versorgungsausgleich 119 ff., 1780 ff.
– Abgrenzung zum Zugewinn-
  ausgleich 1196 ff., 1202
– Amtsprinzip 1902 ff.
– Amtsverfahren 1934 ff.
– Antrag an Versorgungsträger 1907
– Antragserfordernis 1902 ff.
– Anwartschaften 1788 ff.
– Auskunftsanspruch 1921 ff.
– – Durchsetzung 1922
– – gegen Ehegatten 1923
– – gegen sonstige Versicherungsträger 1923
– – gegen Träger der gesetzlichen
  Rentenversicherung 1923
– ausländische Anrechte 1920
– Ausschluss 1864 ff.
– – Ausgleich von Bagatellbeträgen 1893 f.
– – einseitige Erwerbsbemühungen
  des Ausgleichspflichtigen 1881
– – gerichtlicher 1869
– – gesicherte eigene Versorgung 1871
– – gröbliches Verhalten 1998 ff.
– – Straftat 1883
– – ungewöhnlich lange Trennungsdauer 1884
– – vertraglicher 1865 ff.
– – vorausgegangene Finanzierung
  des Ehegatten 1879 f.
– – wirtschaftliche Fehlverhalten
  des Partners 1882
– Ausschlussgrund 1905
– auszugleichende Anwart-
  schaften 1788 ff.
– Bagatellbetrag 1893
– Beamtenversorgung 1823 ff.
– – erweitertes Quasisplitting 1831 ff.
– – Quasisplitting 1825 ff.
– Beitragsbemessungsgrenze 1805 ff.
– Berechnung 1784
– berufständische Versorgung 1845
– betriebliche Altersversorgung 1838 ff.
– – Versorgungszusage 1839
– Bewertung der Versorgungs-
  rechte 1852 ff.
– Ehevertrag 97
– Ehezeit 1792 ff.
– Einmalausgleich 1785
– Ermittlung der Anrechte 1921 ff.
– Fehlerquellen 1934 ff.
– – Amtsverfahren 1934 ff.
– – Ausschluss durch Ehevertrag 1941 ff.
– – Rentnerprivileg 1944 ff.
– Fragebogen 2331
– Geltendmachung von Härtefäl-
  len 1932 f.
– gemeinsame Lebensleistung 1781
– gerichtliche Kürzung 1869

- gerichtlicher Ausschluss 1869
- gesetzliche Rentenversicherung 1802 ff.
- - Anrechnungszeit 1812
- - beitragsfreie Zeit 1811
- - Beitragsprinzip 1805 ff.
- - Beitragszeit 1810
- - Berücksichtigungszeit 1816
- - Entgeltpunkt 1811
- - Ersatzzeit 1814
- - Grundstruktur 1803 f.
- - Mitglied 1803
- - Pflichtversicherungsgrenze 1807
- - Rentenformel 1805 ff., 1817
- - Versicherungsbeitrag 1808
- - zeitweises Mitglied 1804
- - Zurechnungszeit 1813
- gleichberechtigte Teilhabe 1780
- Grundelement 1785
- Grundlagen 1780 ff.
- Gütertrennung 1875
- Härtefall, Geltendmachung 1932
- - nach Durchführung 1924 ff.
- Heimfallprivileg 1925 ff.
- Hinweisblatt 2331
- In-Prinzip 1800
- isoliertes Verfahren 1908 ff.
- Kapitallebensversicherung 1846
- - mit Rentenwahlrecht 1846
- Korrekturmöglichkeit 1785
- Kürzung 1864 ff.
- - gerichtliche 1869
- laufende Altersversorgung 1835
- laufende Versorgung 1834 ff.
- Lebenspartnerschaft 1783
- Lebensversicherung 1204, 1846
- - auf Rentenbasis 1204
- Pensionsanwartschaft 1823 ff.
- private Altersversorgung 1846 ff.
- - Lebensversicherung 1846
- private Unfallversicherung 1846
- Realteilung 1787
- Rechtshängigkeit des Scheidungsantrags 1794
- Regelverfahren 1903
- Rentenversicherung 1846
- Rentnerprivileg 1944 ff.
- Risikolebensversicherung 1846
- Rücknahme des Scheidungsantrags 1915 ff.
- schuldrechtlicher 1785, 1859 ff.
- sonstige Versorgungen 1845 ff.
- Stillstand des Verfahrens 1915
- - nachhaltiger 1916
- Streitwert 2240
- System des Einmalausgleichs 1786
- Tätigkeit des Rechtsanwalts 1904
- Unterhaltsprivileg 1928 ff.
- Verbund 1785, 1908 ff.
- Verbundverfahren 143
- Verfahrensfragen 1902 ff.
- verfassungswidrige Härte 1906
- verschiedene Altersversorgungssysteme 1786
- Versorgungsanwartschaft 1874
- vertraglicher Ausschluss 1865 ff.
- Verzögerung der Durchführung 1908
- vorzeitige Versorgungsbezüge 1873
- Wiederauffüllungsbeitrag 1801
- wirtschaftlicher Wert 1780
- Zusatzversorgung des öffentlichen Dienstes 1841 ff.

Versorgungsentgelt, Höhe 917
Versorgungsrechte, Bewertung 1852 ff.
Versorgungsvermögen, prägendes Einkommen 730
Versorgungszusage 1839
- Entegeltumwandlung 1840
- Vorruhestandsregelung 1840
Versteigerung, Hausratsauseinandersetzung 1658
Verteilung des gemeinschaftlichen Eigentums nach DDR-Recht, Streitwert 2240

553

Verteilungsmasse	526
– Ehegattenunterhalt	526
– verschiedene, Mangelfallberechnung	1011
Vertrag, Hausrat	1628
Vertrauenstatbestand, freiwillige Unterhaltszahlung	912
Verwandter, Versorgung	919 f.
Verwandtschaft, Ehe	6
Verweigerung, Umgangsrecht	298
Verwirkung, Ehegattenunterhalt	527, 1103 ff.
– – Anschwärzen beim Arbeitgeber	1162
– – Aufnahme intimer Beziehung zu wechselnden Partnern	1176
– – Ausraster-Fall	1148
– – Betrug	1156
– – Billigkeitsprüfung	1115
– – Diebstahl	1150
– – ehezerstörendes Verhalten	1176
– – einseitiges schwerwiegendes Fehlverhalten	1170 ff.
– – Existenzminimum	1115
– – Gefährdung von Vermögensinteressen	1162 ff.
– – gefährliche Körperverletzung	1148, 1150
– – grob beleidigendes Schreiben	1150
– – grobe Unterhaltspflichtverletzung vor Trennung	1165 ff.
– – intimes Verhältnis	1137
– – Kontakterzwingung	1176
– – Kontoabhebung	1150
– – kurze Ehedauer	1116 ff.
– – Mitverschulden	1149
– – mutwillige Herbeiführung der Bedürftigkeit	1158 ff.
– – mutwillige Verletzung von Vermögensinteressen	1150
– – objektive Unzumutbarkeit	1177
– – Prozessbetrug	1151
– – Rachefeldzug	1176
– – rücksichtsloses Sitzen lassen	1176
– – Scheckfälschung	1150
– – schwere Verleumdung	1150
– – sexuelle Verfehlung	1150
– – Strafanzeige	1163
– – Straftat	1147 ff.
– – Suchterkrankung	1160
– – Telefonterror	1176
– – Unterschieben eines außerehelich gezeugten Kindes	1176
– – Vereitelung des Umgangsrechts	1176
– – Verhältnismäßigkeit	1144
– – versuchter Diebstahl	1148
– – Zumutbarkeitsgrenze	1111
– – Zusammenleben in verfestigter Lebensgemeinschaft	1129 ff.
– Härtetatbestand	1108
– Zumutbarkeitsgrenze	1111
Verzicht, Trennungsunterhalt	106
Verzichtserklärung, Streitwert	2240
Verzögerung, Versorgungsausgleich	1908
Vollerwerbstätigkeit, Betreuungsunterhalt	778
Vollstreckungsrecht, Ehewohnung	1767 ff.
Vorausempfang, Zugewinnausgleich	1563 f.
Vorbehaltsgut	1275
– Gütergemeinschaft	1272
Vorrat, Hausrat	1627
Vorruhestandsregelung, Versorgungszusage	1840
Vorsorgeaufwendung	607 ff., 902
– Arbeitslosenversicherung	607
– Ehegattenunterhalt	870
– Einkommensermittlung	607 ff.
– Krankenversicherung	607
– nach Trennung erheblich erhöht	614
– Pflegeversicherung	607
– Rentenversicherung	607

Stichwortverzeichnis

- Riester-Rente 608
- Selbstständiger 612
- – berufsständische Versorgung 612
- – Krankenversicherung 612
- – Lebensversicherung 612
- – Rentenversicherung 612
Vorteile, vermögenswerte, Ehegattenunterhalt 535
Vorverlegung, Endvermögensstichtag, Zugewinnausgleich 1215 ff.
Vorzeitiger Zugewinnausgleich 1224 ff.
- Güterrechtsreform 1224
- Klage 1224
- Streitwert 2240
Vorzeitigkeitsfälle, Zugewinnausgleich 1227 ff.

W

Wahlgüterstand 1257 ff.
- Gütergemeinschaft 1272 ff.
- Gütertrennung 1263
- modifizieren 1259
- Option 1258
Wahlrecht, Name nach der Scheidung 1956
Wechselmodell, Kindesunterhalt 403 ff.
Wegfall, nachhaltig gesicherter Tätigkeit 857 ff.
- Zugewinnausgleich 1575 ff.
Weggabe, Hausratsauseinandersetzung 1658
Weihnachtsgeld, Ehegattenunterhalt 535
Weinsammlung, Hausrat 1627
Weiterbildungsmaßnahme, Einkommensermittlung 655
Weltreise 27
Werbekosten, Einkommensermittlung 561
Wertbegriff, Vermögensbewertung 1459 ff.
Wertermittlungsanspruch 1533 ff.
Wertsteigerung, Hausrat 1201

Wettbewerbsverbot, Goodwill 1483
Widerruf, Zuwendung, bei Gütertrennung 1385 ff.
- – von Schwiegereltern 1372 ff.
Widerstand Umgangsrecht, der Mutter, 314
- – des Kindes 314
Wiederauffüllungsbeitrag 1801
Wiedereinsetzung in den vorigen Stand, Scheidungsverbund 2063 ff.
Wiedereinsetzungsgesuch, Scheidungsverbund 2076
Wiederherstellung der Ehe 28 ff.
- nicht zu erwarten 28 ff.
- – Indizien 30
Wirksamkeitskontrolle, Ehevertrag 79
Wirtschaftliche Abhängigkeit, Ehevertrag 66
wirtschaftliche Krise 52
- Aufrechterhalten der Ehe 52
Wohnen 902
Wohngeld, Ehegattenunterhalt 537
Wohnmobil, Hausrat 1625
Wohnrecht 1491 ff.
Wohnung, Streitwert 2240
Wohnungseigentum, Ehewohnung 1711 ff.
- nach Scheidung, Mietfestsetzung 1747 ff.
- – Nutzungszuweisung 1728 ff.
- – Teilung 1735 ff.
- – Zuweisung bei konkurrierenden Rechten der Ehepartner 1741 ff.
- nach Trennung 1711 ff.
- Nutzungszuweisung 1728 ff.
- – an Miteigentümer 1735 ff.
- – an Nichteigentümer 1728 ff.
- Teilung 1735 ff.
- Teilungsversteigerung 1738
Wohnungseinrichtung, Hausrat 1620
Wohnungsteilung, Ehewohnung 1703

Wohnungszuweisung, alleinige 1670
– Belange der gemeinsamen
 Kinder 1675
– erhebliches Gewaltpotenzial 1672
– gerichtliche 1666 ff., 1696 ff.
– schwere Härte 1674
– verbale Attacke 1671
Wohnungszuweisungsverfahren 1699
Wohnvorteil, prägendes Einkommen 738
Wohnwagen, Hausrat 1625
– Schonvermögen 2130
Wohnwert, Nichterwerbseinkünfte 883

Z
Zahlung, Zugewinnausgleich 1559
Zahlungsmodalität, Haushalts-
 teilung 1652
Zahnarzt, Goodwill 1484
Zeitdauer, Betreuungsunterhalt 776
Zeitliche Begrenzung, Ehegat-
 tenunterhalt, 1075 ff.
– Unterhalt, wegen Alters 787
Zeitpunkt, Hausratsauseinan-
 dersetzung 1644 ff.
Zeitung, trennungsbedingter
 Mehrbedarf 974
Zeitunterhalt, Dauer 1100
Zinseinkünfte, Einkommenser-
 mittlung 750
Zinsen, Zugewinnausgleich 1550 ff.
Zinszahlung, eheliche Verbind-
 lichkeiten 886
ZSEG 617
Zugewinn 118
– Begriff 1184
– Errungenschaftsgemeinschaft 1244
– Gütergemeinschaft 1244
– Gütertrennung 1244
Zugewinnausgleich 1179 ff., 1549 ff.
– Abfindung 1411
– Abgrenzung 1196 ff.
– – Hausrat und Vermögen 1198 ff.
– – zum Unterhaltsrecht 1206
– – zum Versorgungs-
  ausgleich 1196 ff., 1202
– – zur Hausratsteilung 1196 ff.
– Anfangsvermögen 1185, 1297 ff.
– – Bewertung 1459 ff.
– – Bewertungsmethode 1461 ff.
– – Erbrecht 1304 ff., 1313
– – Hochrechnung mit
  Indexzahlen 1498 ff.
– – privilegierter Vermögens-
  erwerb 1304 ff.
– – privilegiertes 1304 ff.
– – Saldo am Tag der Hochzeit 1298 ff.
– – Schenkung 1321 ff., 1323 ff.
– – Schenkungswiderruf 1347 ff.
– – sonstige Bestandteile 1404 f.
– – Stichtag 1307
– – unbenannte Zuwen-
  dung 1321 ff., 1334 ff.
– – Zuwendung bei Güter-
  trennung 1385 ff.
– – Zuwendung von Schwieger-
  eltern 1372 ff.
– – Zuwendungswiderruf 1347 ff.
– Anrechnung 1560
– – Vorausempfänge 1563 f.
– Anspruch, Herabsetzung 1575 ff.
– – Stundung 1575 ff.
– – Wegfall 1575 ff.
– Auskunftsanspruch 1505 ff.
– Begrenzung 1565 ff.
– Bestandsverzeichnis 1531 ff.
– Bewertung 1459 ff.
– – Grundstück 1465 ff.
– – Vermögen 1459 ff.
– Bewertungsmethode 1461 ff.
– Billigkeitsklausel 1576 ff.
– Drohung 1230
– Eilverfahren 1234 ff.
– – Arrestantrag 1235
– Einkommensteuerschulden 1454

– Endvermögen 1186, 1406 ff.
– – Abfindung 1411
– – Aktivvermögen 1407 ff.
– – Alleinschulden 1446 ff.
– – Anstandsschenkung 1434
– – Benachteiligungsabsicht 1437
– – Berechnung 1502 ff.
– – Bewertung 1459 ff.
– – Bewertungsmethode 1461 ff.
– – Bruchteilsgemeinschaft 1416
– – Einkommensteuerschulden 1454
– – Endvermögensstichtag 1503
– – Ertragsteuer 1455
– – Forderung der Eheleute untereinander 1457 f.
– – Für-Prinzip 1425
– – Gehalt 1412
– – gemeinsames 1441 ff.
– – gesamtschuldnerische Verbindlichkeit 1446 ff., 1451
– – Halbteilungsprinzip 1443
– – In-Prinzip 1425
– – latente Steuerlast 1456
– – Mitarbeiterbeteiligung 1413
– – Pflichtschenkung 1433
– – Schmuckstück 1414
– – Schulden 1447
– – Sparkassenbrief 1415
– – Sparkonto 1415
– – Steuererstattung 1417
– – Steuerschulden 1454 ff.
– – Stichtag 1304
– – Unterhaltsforderung 1422
– – Unterhaltsrückstand 1422
– – Verdienstausfall 1423
– – Verschwendung 1435
– – Vorerbenstellung 1426
– – Zurechnung 1427 ff.
– – Zurechnung zum Vermögen 1427 ff.
– Endvermögensstichtag 1503
– Erbschaft 1304 ff.
– Erfüllung 1558 ff.
– – Zahlung 1559
– erhebliche Gefährdung 1230
– Errungenschaftsgemeinschaft 1283 ff.
– Ertragsteuer 1455
– Ertragswert 1462
– Erweiterung des Anspruchs 1568
– Fälligkeit 1550 ff.
– fliegender 1612
– forstwirtschaftlicher Betrieb 1469 ff.
– Für-Prinzip 1425
– Gehalt 1412
– Gestaltungsmöglichkeiten 1213 ff.
– Gewerbebetrieb 1472 ff.
– Goodwill 1472 ff.
– Grundprinzip 1182 ff.
– Grundstück 1465 ff.
– Gütergemeinschaft, Auseinandersetzung nach Beendigung 1278 ff.
– – Gesamtgut 1272, 1277
– – Sondergut 1272, 1274
– – Vorbehaltsgut 1272, 1275
– Güterrechtsreform 1224
– Güterstände 1241 ff.
– – DDR 1286 ff.
– – Errungenschaftsgemeinschaft 1283 ff.
– – Gütergemeinschaft 1272 ff.
– – Gütertrennung 1263 ff.
– – Option 1258 ff.
– – Rechtsnatur 1245 ff.
– – Schlüsselgewalt 1254 ff.
– – Verfügungsbeschränkung 1248 ff.
– Gütertrennung, erbschaftssteuerlicher Aspekt 1268
– Halbteilungsprinzip 1443
– Hausrat 1632
– Herabsetzung 1565 ff.
– In-Prinzip 1425
– landwirtschaftlicher Betrieb 1469 ff.
– latente Steuerlast 1456
– Mitarbeiterbeteiligung 1413
– Mittelwertverfahren 1462

- negativer, Anwaltszwang 2092
- – Kosten 2092
- Null-Linie 1191
- objektive verschuldensunabhängige Gesichtspunkte 1579
- persönliches Fehlverhalten 1579
- privilegierter Vermögenserwerb 1304 ff.
- reiner Sachwert 1463
- Reproduktionswert 1462
- Scheidungsfolgenvertrag 2322
- Schenkung 1321 ff., 1323 ff.
- – Widerruf 1347 ff.
- Schlüsselgewalt 1254 ff.
- Schmuckstück 1414
- Schulden 1447
- Sicherheitsleistung 1232 ff.
- Sicherung des Ausgleichsanspruchs 1232
- Sparkassenbrief 1415
- Sparkonto 1415
- Steuererstattung 1417
- steuerliche Auswirkungen 2322 ff.
- Stichtage 1213 ff.
- Streitwert 2240
- Struktur 1179 ff.
- Stundung 1565 ff., 1591 ff.
- Übertragung von Gegenständen 1560
- unbenannte Zuwendung 1321 ff., 1334
- Unterhaltsforderung 1422
- Unterhaltsrückstand 1422
- Unzumutbarkeitsfall 1229
- Veräußerungswert 1462
- Verdienstausfall 1423
- Verfügungsbeschränkung 1248 ff.
- Verjährung 1600 ff.
- Verkehrswert 1463
- Vermögensbewertung 1459 ff.
- – Bewertungsmethode 1461 ff.
- – Ertragswert 1462

- – forstwirtschaftlicher Betrieb 1469 ff.
- – Gewerbebetrieb 1472 ff.
- – Grundstück 1465 ff.
- – Handelsunternehmen 1478
- – Hochrechnung mit Indexzahlen 1498 ff.
- – landwirtschaftliche Betriebe 1469 ff.
- – Leasing 1488 ff.
- – Mittelwertverfahren 1462
- – Nießbrauch 1491 ff.
- – Praxisbetrieb 1478
- – Reproduktionswert 1462
- – Sachwert 1462
- – Veräußerungswert 1462
- – Verkehrswert 1463
- – Wohnrecht 1491 ff.
- vermögensbezogene Pflichtverletzung 1580
- vermögensbezogenes Fehlverhalten 1579
- Verschieben der Fälligkeit 1591 ff.
- Vorverlegung des Endvermögensstichtags 1215
- vorzeitiger 1223 ff.
- – Güterrechtsreform 1224
- – Klage 1224
- – Streitwert 2240
- Vorzeitigkeitsfälle 1227 ff.
- Wegfall 1575 ff.
- Zahlung 1559
- Zinsen 1550 ff.
- Zugewinnmasse 1182
- Zurechnung 1427 ff.
- Zurückbehaltungsrecht 1598 f.
- Zuwendung, bei Gütertrennung 1385 ff.
- – von Schwiegereltern 1372 ff.
- – Widerruf 1347 ff.

Zugewinnausgleichsanspruch 1575 ff.
- Billigkeitsklausel 1576 ff.
- Herabsetzung 1575 ff.
- – Billigkeitsklausel 1576 ff.

– Stundung	1575 ff., 1591 ff.
– – Billigkeitsklausel	1576 ff.
– Verjährung	1600 ff.
– vermögensbezogene Pflichtverletzung	1580
– Verschieben der Fälligkeit	1591 ff.
– Wegfall	1575 ff.
– – Billigkeitsklausel	1576 ff.
– Zurückbehaltungsrecht	1598 f.
Zugewinngemeinschaft, gesetzlicher Güterstand	1241 ff.
Zugewinnschaukel	1605 ff.
Zulage, Ehegattenunterhalt	535
Zurechnung, Aktivvermögen	1427 ff.
– Zugewinnausgleich	1427 ff.
– zum Vermögen	1427 ff.
Zurechnungszeit, gesetzliche Rentenversicherung	1813
Zurückbehaltungsrecht, Hausratsauseinandersetzung	1659
– Zugewinnausgleich	1598 f.
Zurückweisung, Scheidungsantrag	2028
– – selbstständiges Verfahren	2028
Zusammenleben mit einem neuen Partner, unzumutbare Härte	46
Zusammenleben, mit einem Dritten, Ehegattenunterhalt	915 ff.
Zusammenveranlagung	2286 ff.
– bei Getrenntleben	2293 ff.
Zusatzversorgung, des öffentlichen Dienstes	1841 ff.
Zuständigkeit, elterliche Sorge	272
– internationale	2003 f.
– örtliche	1999 ff.
– sachliche	1997 f.
– Verbundverfahren Scheidung	2001
Zutritt zu einem Grundstück, Streitwert	2240
Zuwendung, bei Gütertrennung, Widerruf	1385 ff.
– ehebedingt	1334
– sozialstaatliche, Ehegattenunterhalt	535
– unbenannte	1321 ff., 1334 ff.
– – Widerruf	1353
– von Schwiegereltern	1372 ff.
– – gemischte Schenkung	1375
– – grober Undank	1372
– – Störung der Geschäftsgrundlage	1372
– – Zuwendungsadressat	1373
– Widerruf, bei Gütertrennung	1385 ff.
– – von Schwiegereltern	1372 ff.
Zuwendungsadressat, Zuwendung von Schwiegereltern	1373
Zuwendungsausgleich, Schenkungswiderruf	1347 ff.
Zwangsgeldandrohung, Umgangsrecht	284
Zwangssituation, Ehevertrag	66
Zwangsverbund	140 ff.
– Verbundverfahren	140 ff.
Zweckbestimmung, Hausrat	1630
Zweitwagen, Schonvermögen	2130

www.lexisnexis.de/info

Erfolg mit Methode
– im Familienrecht

Lauter zufriedene Mandanten: Mit der Online-Rechtsrecherche für eine optimale Beratung. Durch die bewährte Kombination aus tagesaktuellen Urteilen und Gesetzestexten, vielen relevanten Kommentaren sowie praxisbezogener Fachliteratur haben Sie die fundierte Antwort schnell zur Hand. Kennen Sie einen besseren Weg, Ihre Mandanten zufrieden zu stellen?

Außerdem: Profitieren Sie vom Fachmodul Familien- und Erbrecht u.a. mit Damrau: „Praxiskommentar Erbrecht" und Bonefeld: „Der Fachanwalt für Erbrecht"!

**LexisNexis® *Recht* –
In jedem Fall die bessere Lösung**

Fordern Sie noch heute unverbindlich Ihr kostenfreies Info-Material an unter:

www.lexisnexis.de/info
Tel.: 0 18 05-53 97 99
(14 Cent/Minute aus dem dt. Festnetz)

LexisNexis and the Knowledge Burst logo are trademarks of Reed Elsevier Properties Inc., used under license. © 2008 LexisNexis, a division of Reed Elsevier Inc. All rights reserved.

PRAXISLÖSUNGEN FÜR RECHT & VERWALTUNG

Mandantengewinnung | Recherche-Lösungen | Kanzlei-Management | Wissensmanagement

Behalten Sie das Wesentliche im Auge!
ZFE – das Plus für jeden Anwalt des Familien- und Erbrechts!

ZFE – Zeitschrift für Familien- und Erbrecht
Preis Jahresabo: 139,80 € zzgl. Versand
Erscheinungsweise: monatlich
ISSN 1619-7003

Im Fokus der ZFE: Das Wesentliche

Die ZFE – Zeitschrift für Familien- und Erbrecht – präsentiert Ihnen jeden Monat sämtliche praxisrelevanten Informationen und bietet Ihnen **das entscheidende Informations-Plus** durch interdisziplinäres Wissen für Ihr erfolgreiches Mandat.

Prägnant kombiniert die Zeitschrift das Familien- und Erbrecht und macht dabei nicht Halt an den Schnittstellen des Steuerrechts, des Internationalen Privatrechts und weiterer Rechtsgebieten.

Am besten sofort bestellen:
Telefon: 0 22 03/10 02 79
Fax: 0 22 03/10 02 195 oder
E-Mail: bestellung@lexisnexis.de

Praxisbewährte Tipps zur steuerrechtlichen Gestaltung, zu taktischen Vorgehensweisen im Prozess und zu Ihrem verdienten Anwaltshonorar werden regelmäßig in jeder Ausgabe auf den Punkt gebracht.

Konkret und effektiv: Am Puls der Praxis

Keine wissenschaftlichen Theorien, sondern zeitsparende Formulierungsvorschläge, komplette Vertragsmuster sowie Beispielrechnungen ersparen Ihnen langwierige Recherchen und sorgen für eine **direkte Umsetzung in die Praxis**.

Durch zielgerichtete Auswertung und praxisbezogene Aufbereitung der aktuellen Rechtsprechung bringt Sie die ZFE in kürzester Zeit auf den neuesten Stand.

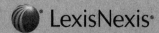

Zimmermann.
Der Kommentar, der mehr kann.

Kommt Ihnen diese Situation bekannt vor? Erst nach langer Suche im **Kommentar** haben Sie die Lösung Ihres Problems gefunden. Sie nehmen ein **Formularbuch** zur Hand. Aber wo ist das passende Muster, um mit wenig Aufwand den Schriftsatz anzufertigen? Erneut heißt es für Sie: **Suchen!**

VizepräsLG a.D.
Prof. Dr. Walter Zimmermann
Zivilprozessordnung
8. Auflage 2008
1.628 Seiten,
gebunden mit CD-ROM
Preis 88,– €
ISBN 978-3-89655-281-5

Nicht mit dem neuen Zimmermann. Die 8. Auflage des ZPO Kommentars für Praktiker enthält eine **Sammlung mit mehr als 300 Prozessformularen**. Verfasst von den Rechtsanwälten **Dr. Egon Schneider**, Deutschlands wahrscheinlich bekanntestem Prozessrechtler, **Norbert Schneider** und **Norbert Monschau**.

Das praktische Plus für Sie: Sie finden die **Ordnungsnummer** des zugehörigen Formulars **direkt unter der Kommentierung**. Mit wenigen Mausklicks rufen Sie sich das Formular von der beiliegenden CD-ROM auf – und schon beginnen Sie mit der Arbeit!

Die Stärke des ZPO Kommentars von **Prof. Dr. Walter Zimmermann** liegt seit jeher in seiner praxisorientierten Ausrichtung. Auf einzigartige Weise gelingt es ihm, **klare Strukturen** im Zivilprozess herauszuarbeiten, **Zusammenhänge** zu vermitteln und gangbare Wege bei der **Problemlösung** aufzuzeigen. Mit der neuen, integrierten Formular- und Mustersammlung übertrifft er sich noch einmal selbst!

Am besten sofort bestellen:
Telefon: 0 22 03/10 02 79 · Fax: 0 22 03/10 02 195 oder
E-Mail: bestellung@lexisnexis.de

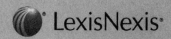